사료의 정석

史師 사료한국사

PART 1 원시 사회의 해체와 국가의 형성

CHAPTER 01 우리 민족의 기원과 원시 사회 — 006

CHAPTER 02 고조선과 여러 나라의 성장 — 007

PART 2 전근대사 – 정치

CHAPTER 01 삼국 및 남북국 시대 — 020

CHAPTER 02 고려 시대 — 042

CHAPTER 03 조선 시대 — 065

CHAPTER 04 통치 제도 — 089

PART 3 전근대사 – 경제

CHAPTER 01 토지 제도·조세 제도 — 100

CHAPTER 02 고대·고려의 경제 — 111

CHAPTER 03 조선의 경제 — 116

PART 4 전근대사 – 사회

CHAPTER 01 고대·고려의 사회 — 128

CHAPTER 02 조선의 사회 — 141

PART 5 전근대사 – 문화

CHAPTER 01 사상사 — 162

CHAPTER 02 각종 문화유산 — 184

목차 INDEX

PART 6 근대 사회의 전개

CHAPTER 01 흥선 대원군의 개혁과 개화 정책 … 198
CHAPTER 02 근대 국가 수립을 위한 노력 … 218
CHAPTER 03 국권 피탈과 저항 … 246
CHAPTER 04 경제적 침탈과 저항 … 262
CHAPTER 05 근대 사회·문화의 변화 … 271

PART 7 일제 강점과 민족 독립운동

CHAPTER 01 일제의 식민 통치와 경제 수탈 … 284
CHAPTER 02 민족 독립운동 … 301
CHAPTER 03 사회·경제적 민족 운동 … 334
CHAPTER 04 민족 문화 수호 운동 … 354

PART 8 현대 사회의 발전

CHAPTER 01 광복과 분단 … 364
CHAPTER 02 민주주의의 시련과 발전 … 388
CHAPTER 03 남북 관계의 진전 … 410
CHAPTER 04 현대의 경제·사회·문화 … 416

PART 1

원시 사회의 해체와 국가의 형성

CHAPTER 01 우리 민족의 기원과 원시 사회
CHAPTER 02 고조선과 여러 나라의 성장

CHAPTER 01_ 우리 민족의 기원과 원시 사회

1 우리 민족의 기원

한민족의 주류
p.8

부여는 …… 그 도장에 예왕지인(濊王之印)이라고 새겨져 있다. 그 나라에는 오래된 성이 있는데, 이름을 예성(濊城)이라고 한다. 본래 예맥의 지역인데, 부여가 그 가운데 왕으로 있었다.
- 『삼국지』 -

오늘날 한민족의 주류는 예(濊), 맥(貊), 한(韓) 등의 종족이다.

CHAPTER 02_ 고조선과 여러 나라의 성장

1 고조선

고조선의 위치 p.19

예는 북쪽으로는 고구려와 옥저, 남쪽으로는 진한과 접하였고, 동쪽은 넓은 바다로 막혔으며, 서쪽은 낙랑에 이른다. 예 및 옥저, 고구려는 본래 모두 고조선의 땅이다.

- 『후한서』 -

단군의 고조선 건국 p.19

• 『위서(魏書)』에 이르기를, "지금으로부터 2천여 년 전에 단군왕검이 있어 아사달에 도읍을 정하였다. 나라를 개창하여 조선(朝鮮)이라 했으니 고(高)와 같은 시대이다.

- 『삼국유사』 -

• 고기(古記)에 이런 말이 있다. 옛날 환인의 아들 환웅이 천부인 3개와 3,000의 무리를 이끌고 태백산 신단수 밑에 내려왔는데 이곳을 신시라 하였다. 그는 풍백, 우사, 운사로 하여금 인간의 360여 가지의 일을 주관하게 하였는데, 그중에서 곡식, 생명, 질병, 형벌, 선악 등 다섯 가지 일이 가장 중요한 것이었다. 이로써 인간 세상을 교화시키고 인간을 널리 이롭게 하였다. 이때 곰과 호랑이가 사람이 되기를 원하므로 환웅은 쑥과 마늘을 주고 이것을 먹으면서 100일간 햇빛을 보지 않는다면 사람이 될 것이라고 하였다. 곰은 금기를 지켜 21일 만에 여자로 태어났고 환웅과 혼인하여 아들을 낳았다. 이가 곧 단군왕검이었다.

- 『삼국유사』 -

• 처음에 누가 나라를 세워 세상을 열었는가? 석제(釋帝)의 자손으로 이름은 단군이라네. [본기에 이르기를, '상제 환인에게 서자가 있는데 환웅이라 하였다. 일러 말하기를, "내려가 삼위태백(三危太白)에 이르면 인간을 널리 이롭게 할 수 있겠는가(弘益人間)?"라고 하였으므로 환웅은 천부인(天符印) 3개를 받고 귀신 3,000명을 데리고 태백산 꼭대기 신단수 아래로 내려왔으니, 이분을 일러 단웅천왕(檀雄天王)이라 하였다.'라고 하였다. 손녀에게 약을 먹여 사람의 몸이 되게 하고 단수신(檀樹神)과 혼인하게 하여 남자 아이를 낳게 하니, 이름하여 단군이라 하였다.]

- 『제왕운기』 -

• 선민사상: 천손
• 제사 중시
• 청동기 시대 주거지
• 생명·질병, 곡식, 형벌·선악을 주관
• 사유 재산과 공권력의 존재
• 홍익인간의 통치 이념 제시
• 토테미즘
• 부족 간 연합 또는 정복
• 제정일치

제시된 사료는 고려 후기에 이승휴가 지은 『제왕운기』 중 일부이다. 고려 후기 원의 침략으로 민족적 자긍심을 고취하기 위해 지식인들은 역사서를 많이 편찬하였다. 이 책은 우리 민족 역사의 시작을 중국과 대등하게 두고, 우리나라를 중국과 다른 역사와 문화를 지닌 독자적 천하로 파악하였다.

『제왕운기』의 고조선 인식 p.19

[조선 지역에 웅거하여 왕이 되었으니, 시라(尸羅)·고례(高禮)·남옥저·북옥저·동부여·북부여·예·맥이 모두 단군의 후손이다. (단군은) 1038년을 다스리다가 아사달산(阿斯達山)에 들어가 신이 되었다.] 요 임금과 함께 무진년에 나라를 세워 순 임금 때를 지나 하나라 때까지 왕위에 계셨도다. 은나라 무정(武丁) 8년 을미년에 아사달산으로 들어가 산신이 되었네.

- 『제왕운기』 -

고조선과 연의 대결 p.21

『위략』에 보면 이런 말이 있다. 옛날에 주가 쇠하고 연이 자기 스스로 높여 왕이라 칭하며 동쪽으로 땅을 빼앗으려 하자, 기자의 후손 조선후도 또한 왕이라 칭하고 군사를 일으켜 연을 쳐서 주왕실을 높이려고 하였다. 그러나 그 나라 대부 예가 간언하므로 그만두었다. 그리고 예를 서쪽으로 파견하여 연을 설득하게 하니 연도 전쟁을 중지하고 침공하지 않았다. 그 뒤 자손들이 점점 교만하고 포학해지자 연은 장군 진개를 보내 조선의 서쪽을 쳐서 2천여 리의 땅을 빼앗고 만번한에 이르러 국경을 삼았으니, 마침내 조선은 쇠약해졌다.

- 『삼국지』-

위만 조선의 성립 p.21

- 위만이 망명하여 동쪽으로 준왕에게 가서 항복하고 서쪽 국경 지방에 살게 해줄 것을 청하였다. 준왕은 위만을 믿고 사랑하여 박사로 삼아 서쪽 변방을 지키게 하였다.

- 『위략』-

- 준(準)이 왕이 된 지 20여 년에 진·한이 일어나 천하가 어지러우매 연, 제, 조의 백성들이 괴로워하다가 도망하여 준에게로 갔다. 준은 이들을 서쪽 경계에 살게 하였다. 한이 노관으로 연왕(燕王)을 삼자 조선은 연과 추수로 경계를 이루었다. 관이 반란을 일으켜 흉노로 들어가자 연나라 사람 위만이 망명하여 호복(胡服) 차림으로 동쪽으로 추수를 건너 준왕에게 항복하고 청하기를, "서쪽 국경에 살며 망명 무리를 거두어 조선의 변병으로 삼고자 한다."라고 하였다. 준왕이 이를 믿고 사랑하여 박사로 삼고 규(圭)를 주어 100리를 봉하여 서쪽 변방을 지키도록 하였다. …… 위만이 거짓으로 준왕에게 사람을 보내 한의 병사가 열 길로 쳐들어오니 들어가 지키겠다 하고는 결국 준왕을 공격하였다. 준왕은 위만과 싸웠으나 이기지 못하고 좌우 궁인을 거느리고 달아나 바다를 건너 한(韓) 땅에 살며 스스로 한왕이라 하였다.

- 『삼국지』-

기원전 2세기 초, 연나라 지역에서 위만이 1,000여 명의 무리를 이끌고 고조선으로 망명하였다. 위만이 조선의 변병(藩屛)이 되겠다고 하자 준왕은 위만에게 서쪽 변방의 수비를 맡겼고, 여기서 세력을 확대한 위만은 준왕을 축출하고 왕위에 올랐다(기원전 194). 이후 위만 조선은 철기 문화를 본격적으로 수용하며 발전하였고, 중국과 한반도 남부 사이에서 중계무역을 통해 번영을 누렸다. 그러나 일부 세력이 이탈하는 등 지도층의 내분과 한(漢)의 침입으로 멸망하였고, 고조선의 영토에는 한4군이 설치되었다.

고조선의 멸망 p.22

- 조선상(朝鮮相) 역계경(歷谿卿)이 우거왕에게 간언하였으나 받아들여지지 않자 동쪽의 진국(辰國)으로 갔다. 그때 백성으로서 그를 따라간 자가 2천여 호나 되었다.

- 『삼국지』-

- 원봉(元封) 2년, 한나라의 사신 섭하가 우거왕을 회유하였지만 끝내 황제의 조서를 받들지는 않았다. 섭하가 돌아가면서 국경 부근에 이르러 패수(浿水)에 임하였는데 마부로 하여금 섭하의 송별을 맡은 조선비왕(朝鮮裨王) 장(長)을 척살하도록 하고, 즉시 패수를 건너서 새내(塞內)로 달려갔다. 마침내 돌아와 천자에게 보고하기를 "조선의 장수를 죽였다."라고 하니, 천자가 그 공적이 훌륭하다고 생각해 힐난하지 않았으며, 섭하에게 벼슬을 내려 요동 동부도위로 삼았다. 이에 조선은 섭하를 원망해 군사를 일으켜 그를 기습 공격해 살해하였다. 이에 천자가 죄인을 모집해 조선을 공격하였다. …… 좌장군(순체)이 …… 급히 조선을 공격하였다. 조선 상 노인, 상 한음, 장군 왕겹 등이 서로 모의하기를 …… 모두 도망하여 한(漢)에 항복하였는데, 노인은 도중에 죽었다. …… 원봉 3년 여름 니계상 참이 사람을 시켜 조선 왕 우거를 죽이고 항복해 왔다. 그러나 왕검성은 함락되지 않았다. 죽은 우거의 성기(成己)가 또 한(漢)에 반하여 다시 군리(軍吏)들을 공격하였다. 좌장군은 우거의 아들 장항(長降)과 상 노인(路人)의 아들 최(最)로 하여금 그 백성을 달래고 성기를 죽이도록 하였다. 드디어 조선을 평정하고 4군을 삼았다.

- 『사기』-

한무제는 1년여의 공격에도 왕검성이 함락당하지 않자 고조선의 주화파를 이용하여 이간질을 통해 내분을 일으켰다. 결국 일부 세력이 한무제에게 항복함으로써 고조선은 멸망하고 말았다.

고조선의 8조 범금과 사회 풍속
p.24

백성들에게 금하는 법 8조를 만들었다. 그것은 대개 사람을 죽인 자는 즉시 죽이고, 남에게 상처를 입힌 자는 곡식으로 갚는다. 도둑질한 자는 노비로 삼는다. 용서받고자 하는 자는 한 사람마다 50만 전을 내야 한다. 비록 용서를 받아 보통 백성이 되어도 풍속에 역시 그들은 부끄러움을 씻지 못하여 결혼하고자 해도 짝을 구할 수 없다. 이러해서 백성들은 도둑질을 하지 않아 대문을 닫고 사는 일이 없었다. 여자들은 모두 정조를 지키고 신용이 있어 음란하고 편벽된 짓을 하지 않았다. 농민들은 대나무 그릇에 음식을 먹고, 도시에서는 관리나 장사꾼들을 본받아서 술잔 같은 그릇에 음식을 먹는다.

- 『한서』 -

② 여러 나라의 성장

『삼국지』의 부여
p.25

부여는 만리장성의 북쪽에 있고 현도로부터 천 리나 되며 사방은 약 2천 리이고 8만 호가 된다. 그곳의 백성들은 토착민이고 궁전과 창고와 감옥이 있다. 산과 언덕이 많고 넓은 늪이 있어 동이의 지역에서는 가장 평평한 땅이다. 오곡을 심는 데 알맞고 과실은 나지 않는다. 그곳 사람들의 외모는 거칠고 장대하며 성품은 강인하고 용맹하다. 또 근실하고 후덕하며 도적질을 하지 않는다. 나라에는 군왕이 있고 벼슬아치로는 육축의 이름을 딴 마가, 우가, 저가, 구가가 있으며 대사, 대사자, 사자도 있다. 부락에는 호민이 있고 그 밑에는 그 밑에는 민(하호 및 노비)이 있다. 제가들은 따로 사출도를 관장하였으며 큰 자는 수천 호를 다스리고 작은 자는 수백 호를 다스린다. 제사와 잔치에는 모두 조두라는 그릇을 사용하며 여럿이 모이면 술잔을 나누고 서로 양보하면서 출입한다. 은나라 달력으로 정월에 하늘에 제사를 지낸다. 나라에서 대회가 열리면 연일 먹고 마시며 노래하고 춤을 춘다. 이를 '영고'라고 한다. 이때 감옥에서는 형벌을 다스리지 않고 죄수들을 풀어준다. 흰옷을 좋아하여 국내에서는 흰 베로 만든 소매가 넓은 도포와 바지를 입고 가죽신을 신는다. 그러나 외국에 나갈 때에는 비단옷에 수를 놓아 입기를 좋아하고 대인들은 여우, 너구리, 원숭이, 또는 희거나 검은 담비의 가죽 옷을 더하고 모자에 금은으로 장식을 한다. 통역하는 사람이 통역할 때는 땅에 손을 짚고 꿇어 엎드려 조용한 목소리로 말하고, 형벌은 엄하게 행하며 사정을 봐주지 않는다. 살인한 자는 반드시 죽이고 그 가족들은 데려다가 노비로 삼는다. 절도하면 12배의 책임을 지게 한다. 방탕한 남녀와 투기하는 부인은 모두 죽인다. 특히 투기하는 것을 미워하여 이미 죽은 자라도 그 시체를 나라의 남쪽 산에 갖다 버린다. 여자의 집에서 소나 말을 주면 이 시체를 찾아갈 수 있다. 형이 죽으면 동생이 형수를 아내로 맞이하는데 이는 흉노의 풍습과 같다. 짐승을 잘 기른다. 명마와 적옥(주옥)과 담비와 검은 원숭이가 나고 아름다운 구슬이 산출된다. 큰 구슬은 대추만하다. 활과 칼과 창으로 병기를 삼고 집집마다 갑옷과 무기가 있다. 나라의 노인들은 스스로 옛날에 도망 온 자들이라고 한다. 성책을 둥글게 만든다. 마치 감옥과 같다. 그들은 다닐 때도 어른과 아이, 밤과 낮을 가리지 않고 노래해서 그 소리가 온 종일 끊이지 않는다. 군사에 관한 일이 있으면 소를 잡아 하늘에 제사를 지낸다. 잡은 소의 발굽을 보고 길한지 아니면 흉한지를 점치는데 소 발굽이 갈라졌으면 흉하고 합해졌으면 길하다고 여긴다. 적이 쳐들어오면 벼슬아치인 제가들은 스스로 싸우고 하호들은 모두 양식을 날라 군사들을 먹인다. 사람이 죽으면 여름에는 얼음을 사용하고 후하게 장사지낸다. 곽은 있으나 관은 쓰지 않는다. 사람을 순장하는 풍습이 있어서 많을 때는 백여 명을 순장하기도 한다.

부여는 본래 현도에 속한다. 한(漢)나라 말에 공손탁이 해동에서 세력을 펴게 되자 밖의 이(夷)족들을 무력으로 복종시켰다. 이리하여 부여왕 위구대는 다시 요동에 소속되었다. 이 때는 고구려와 선비가 강성한 때였다. 공손탁은 부여의 왕녀를 부인으로 삼았다. 위구대가 죽고 간위거가 즉위하였다. 그에게는 적자가 없고 서자 마여가 있었다. 간위거가 죽자 제가들은 마여를 왕으로 세웠다. 우가 형의 아들도 이름이 위거였다. 그는 대사의 벼슬에 올라 있었으나 재산을 가벼이 여기고 베풀기를 좋아하여 나라 사람들이 모두 그를 따랐다. 해마다 사신을 위나라의 서울에 파견하여 조공하였다. 정시 때 유주자사 관구검이 고구려를 토벌하면서 현도태수 왕기를 부여에 파견하였을 때 위거는 대가로 하여금 교외까지 나가서 맞도록 하고 군량을 공급해 주었다. 위거는 그의 작은 아버지 우가가 두 마음이 있다고 해서 그 부자를 죽이고 재산을 몰수해서 사신을 통해 관청으로 보냈다. 옛날 부여에 장마가 들거나 가뭄으로 기후가 고르지 않아서 오곡이 익지 않으면 왕에게 허물이 있기 때문이라고 여기는 풍습이 있었다. 그래서 일부 사람들은 왕을 갈아치워야 한다고 했고 또 다른 일부 사람들은 죽여야 마땅하다고도 했다. 마여가 죽고 여섯 살 난 그의 아들 의려를 왕으로 삼았다. 한(漢)나라 때 부여왕의 장례에는 옥갑을 사용하였다. 미리 준비해서 현도군에 두었다가 왕이 죽으면 이를 가져다가 장사지냈다. 공손연이 피살되었을 때도 현도의 창고에는 옥갑 한 구가 있었다. 현재 부여의 창고에는 귀하게 여기는 옥벽과 홀과 제기 또는 술그릇이라고 하는 찬이 있다. 여러 대에 걸쳐 보물로 전해왔는데 노인들은 이것을 선대 때 하사받은 물건들이라고 하였다. 그 나라에는 "예왕지인(濊王之印)"이라고 새겨진 도장이 있고 예성이라고 하는 옛 성도 있다. 원래 예맥의 땅이다. 그리고 부여는 그 가운데서 왕 노릇을 하였으며 스스로를 '도망 온 자'라고 하니 있을 수도 있는 일이다.

- 『삼국지』 -

『삼국지』 위서 동이전에 따르면 부여인들은 국내에 있을 때에는 흰옷을 즐겨 입고, 외국에 나갈 때는 비단 옷, 모직 옷을 즐겨 입었다 하며, 대인은 그 위에 가죽 옷을 입고 금과 은으로 모자를 장식했다는 기록이 있어 지배층의 화려한 생활을 짐작해 볼 수 있다. 중국 지린성 류수의 라오허선 유적에서 발견된 부여의 아름다운 금동드리개 장식 또한 기록을 뒷받침하고 있다.

『진서』의 부여   p.27

그 나라는 매우 부강하여 선대로부터 다른 나라와의 전쟁에서 패한 일이 없다. 그 왕의 인장에는 '예왕지인(穢王之印)'이라는 글이 새겨져 있다. 나라 가운데에 옛 예성이 있으니, 그것은 본래 예맥의 성이다. 서진(西晋) 무제 때에 자주 와서 조공을 바쳤는데, 태강(太康) 6년(285, 고구려 서천왕 16)에 이르러 모용외의 습격을 받아 패하여 왕 의려는 자살하고 그의 자제들은 옥저로 달아나 목숨을 보전하였다. 무제는 다음과 같은 조서를 내렸다. "부여왕이 대대로 충과 효를 지키다가 몹쓸 오랑캐에게 멸망되었음을 가엾게 생각하노라. 만약 그의 유족으로서 복국(復國)할 만한 사람이 있으면 방책을 강구하여 나라를 세울 수 있도록 하게 하라." 유사(有司)가 보고하기를, "호동이교위(護東夷校尉) 선우영이 부여를 구원하지 않아서 대응할 기회를 놓쳤습니다."고 하였다. (무제는) 조서를 내려 영을 파면시키고 하감으로 교체하였다. 이듬해 부여후왕 의라(依羅)는 하감에게 사자를 파견하여, 남은 무리를 이끌고 돌아가서 옛 나라를 회복하기를 원하며 원조를 청하였다. 감은 전열을 정비하고 독우(督郵) 가침을 보내 군사를 거느리고 (사자를) 호송하게 하였다. 외 또한 그들을 길에서 기다리고 있었으나, 침이 외와 싸워 크게 깨뜨리니, 외의 군대는 물러가고 의라는 나라를 회복하였다.

- 『진서』 -

『삼국지』의 고구려

고구려는 요동의 동쪽 천 리에 있으며, 남으로는 조선과 예맥, 동으로는 옥저, 북으로는 부여와 이웃하고 있다. 도읍은 환도 아래에 정했다. 사방이 약 2천 리이고 3만 가호가 있다. 그곳은 큰 산과 깊은 계곡이 많고 평야나 못은 없다. 모두 산골짜기를 따라서 살고 계곡물을 마신다. 좋은 밭이 없기 때문에 힘써 농사를 지어도 배불리 먹지 못한다. 식량을 절약하고 궁실을 잘 꾸미는 것을 좋아한다. 거처하는 곳의 좌우에 큰 집을 지어서 사직과 농사를 주관하는 별인 영성에게 제사를 지낸다. 또 그들은 품성이 흉악하고 급하며 노략질하기를 좋아한다. 나라에는 왕이 있고, 그 밑의 상가, 대로, 패자, 고추가, 주부, 우대승, 사자, 조의 그리고 선인의 벼슬이 있으며 그들에게는 각기 높고 낮은 등급이 있다. 동이의 옛말에 고구려는 부여의 별종이라고 했다. 언어와 여러 가지 습속은 부여와 같은 것이 많았으나 그 성품이나 의생활은 각각 달랐다. 고구려에는 본래 연노부, 절노부, 순노부, 관노부 그리고 계루부 등의 다섯 부족이 있었다. 본래 연노부에서 왕이 나왔으나 점차 약해져서 지금은 계루부에서 왕위를 차지하고 있다. 한(漢)나라 때 북치고 피리 부는 재주꾼을 주었다. 그들은 현도군에 나아가 조복과 머리에 쓰는 책을 받아갔고 그에 따른 문서는 고구려가 하도록 하였다. 후에 조금씩 교만하고 방자해져서 다시 와서 뵙지 않았다. 그 동쪽 경계에 조그만 성을 쌓고 조복과 책을 그곳에 두면 해마다 와서 이를 가져가게 하였다. 지금도 호족들은 이 성을 책구루라고 한다. 구루란 고구려의 말로 성이라는 뜻이다. 그곳에서는 관리를 둘 때 대로를 두면 패자를 두지 않고 패자가 있으면 대로를 두지 않는다. 왕의 종족과 그 대가들은 모두 고추가라고 부른다. 연노부가 원래 국주였다. 지금은 왕은 아니지만 계통을 이은 대가이기 때문에 고추가라는 칭호를 얻었고, 또한 종묘를 세워서 영성과 사직에 제사지낸다. 절노부는 대대로 왕실과 혼인하였고 고추의 칭호를 더했다. 모든 대가들은 또 스스로 사자와 조의, 선인을 두고 이들의 직함을 왕에게 고하였다. 이들 경(卿)이나 대부의 가신은 왕가의 사자의 반열에 앉을 수 없었고 걸을 때도 왕가의 사자의 행렬에 조의, 선인은 낄 수가 없었다. 그 나라의 대가(大家)는 농사를 짓지 않고 놀고 먹는 자가 만여 명이나 되었고 하호들은 쌀과 양식과 생선과 소금을 멀리서 져다가 제공하였다. 그 나라 백성들은 노래와 춤을 좋아해서 밤에도 모든 촌락에는 남녀가 무리로 모여 노래하고 논다. 나라에 큰 창고가 없는 대신 각자의 집에 스스로 '부경'이라고 부르는 작은 창고를 갖고 있다. 사람들은 깨끗한 것을 좋아하고 음식을 저장할 줄 알며 술을 잘 담근다. 꿇어 절할 때 다리 하나를 길게 뻗는 것이 부여와 다르다. 걸을 때는 달음박질하듯 한다. 10월에 하늘에 제사를 지내는 '동맹'이라는 큰 모임이 있다. 그들은 공적인 일로 모일 때 모두 비단과 금은으로 장식한 옷을 입는다. 또 대가와 주부는 머리에 책을 썼는데 그 모양은 관과 같으나 뒤가 없는 형태이고, 소가는 그 형태가 고깔과 같은 절풍을 썼다. 그 나라의 동쪽에 '수'라고 하는 큰 굴이 있다. 10월 나라의 큰 대회에는 임금이 그곳으로 가서 나무로 만든 수신을 신좌에 모시고 제사를 지낸다. 그곳에는 감옥이 없다. 죄지은 사람이 있으면 제가들이 모여서 의논하여 죽이고 그 처자는 몰수해서 노비로 삼는다. 혼인 풍습은 정혼한 여자의 집 뒤에 서옥이라는 작은 집을 짓고 사위 될 사람이 여자의 집 대문 밖에 가서 꿇어 절하면서 신부로 맞이하기를 청한다. 이러기를 두세 번 하면 신부의 부모는 그 청을 들어주어 작은 집에서 머물도록 허락한다. 이때 신랑은 돈과 비단을 내놓는다. 아들을 낳아 장성한 후에 데리고 제 집으로 돌아온다. 남녀가 혼인하면 조금씩 장례를 위한 옷을 준비한다. 죽은 자를 위해서 금은과 재물을 후하게 들여서 장사지내며 돌을 쌓아 봉분을 만들고 소나무와 잣나무를 줄지어 심는다. 그 나라에서 키우는 말은 모두 체구가 작아서 산을 오를 때 이용하기에 편리하다. 그 사람들은 힘이 세고 전투하는 방법을 익힌다. 옥저와 동예는 모두 그들에게 소속되었다.

또 소수맥이 있었다. 고구려는 나라를 세우고 압록강을 따라서 살았다. 서안평현의 북쪽에 작은 강이 있고 그 강물은 남쪽으로 흘러 바다로 들어간다. 고구려의 별종이 작은 강을 따라 나라를 세웠다고 하여 이름을 소수맥이라 한다. 여기서 맥궁이라고 하는 좋은 활이 난다. 신나라 왕망 초에 고구려의 병사를 징발하여 호족을 치도록 했다. 그러나 그 군사들이 가려고 하지 않아 억지로 보냈더니 그들은 모두 도망쳐 국경 요새를 빠져나가 도적이 되었다. 요서대윤 전담이 이들을 추격하다가 도리어 그들에 의해 죽였다. 이 일을 주나 현과 같은 고을에서는 모두 구려후 도의 탓으로 돌렸다. 엄우는 글을 보내 "이것은 맥 사람들이 죄를 범한 것으로 그 허물이 도에게 있지 않습니다. 오히려 그를 위로하는 것이 옳을 것입니다. 만일 그에게 이와 같은 큰 죄를 씌운다면 그가 도리어 반란을 일으킬까 심히 두렵습니다."라고 했다. 그러나 왕망은 듣지 않고 엄우에게 그를 치도록 지시했다. 엄우는 도를 꾀어 중국으로 들어가게 하고 도가 중국에 이르자 그의 목을 베어 장안의 왕망에게 보냈다. 왕망이 매우 기쁘게 여기고 이 사실을 천하에 공포하면서 고구려의 이름을 하구려로 부르게 하였다. 이때 고구려는 제후국이었는데 한(漢)나라 광무제 8년(32)에 고구려의 사신이 와서 조공한 후에 비로소 왕이라고 칭하였다. 상제와 안제 연간(105~125)에 고구려왕 궁은 여러 차례 요동을 침략하였다. 이를 다시 현도군에 소속시켰다. 요동태수 채풍과 현도태수 요광은 궁을 두 군에 해가 되는 것으로 여겨서 군사를 일으켜 그를 공격하였다. 궁이 거짓으로 항복하는 체하고 화친을 청하자 두 군에서는 더 진격하지 않았다. 그러자 궁은 비밀히 군사를 보내 현도를 쳐서 성을 불사르고 요동으로 들어가 관리와 백성들을 죽였다. 후에 궁은 다시 요동을 침범하였다. 채풍이 군사를 보내 토벌했지만 모두 패하고 말았다. 궁이 죽고 그의 아들 백고가 왕이 되었다. 순제와 환제 연간(125~167)에 백고는 다시 요동을 쳤고 신안과 거향을 노략질하고 또 서안평을 공격하여 대방령을 죽이고 낙랑태수의 처자를 포로로 사로잡았다. 영제 건녕 2년(169)에 현도태수 경림이 이를 토벌해서 백여 명을 죽이니 백고가 항복을 해서 요동에 소속시켰다. 희평 연간(172~177)에 백고는 현도에 소속되기를 청하였다. 공손탁의 위엄이 바다의 동쪽까지 뻗쳤다. 백고는 대가 우거와 주부 연인을 파견해 공손탁을 도와서 부산에 있는 적을 공격하여 대파시켰다. 백고가 죽었다. 그에게는 장자 발기와 처자 이이모 등 두 아들이 있었다. 발기는 현명하지 못하다 하여 나라 사람들은 함께 이이모를 왕으로 세웠다. 백고가 살아 있을 때 여러 번 요동을 침략해서 망명한 만주 호족 5백여 가를 받아 들였다. 건안 연간(196~219)에 공손강이 군사를 내어 고구려를 쳐서 격파하고 촌락을 불살랐다. 발기는 장자이면서도 왕으로 추대받지 못한 것을 원망하여 연노부의 가와 하호 3만여 명을 데리고 공손강에게 투항하여 비류수 근처에 가서 살았다. 이때 백고에게 망명했던 호족도 이이모를 배반하자 이이모는 지금의 소재지에 다시 새로운 나라를 세웠다. 발기는 요동의 공손강에게로 갔으나 그 아들은 고구려국에 남아있었다. 지금의 고추가 교위거가 바로 이 사람이다. 그 후에 이이모는 다시 현도를 쳤고 현도는 요동과 합세 공격하여 그들을 대파시켰다. 이이모에게는 아들이 없었다. 본래 왕실과는 관계가 없는 관노부의 여자와 관계하여 위궁이라는 아들을 낳았다. 이이모가 죽자 위궁을 왕으로 삼았다. 위궁의 증조부 이름이 궁이었는데 그는 태어나면서부터 눈을 뜨고 사물을 보았으므로 그 나라 백성들이 모두 기이하게 생각하였다. 그가 장성하였으나 성품이 포악하고 잔학하여 여러 번 군사를 일으켜 국력이 약해졌다. 고구려 사람들은 닮은 것을 '위'라고 했다. 지금 왕도 역시 태어나면서 곧 눈을 뜨고 사람을 볼 수 있는 것이 그의 조부를 닮았다 하여 이름을 위궁이라고 한 것이다. 위궁은 힘이 세고 용맹하며 말을 잘 타고 수렵도 잘하였다. 경초 3년(242)에 위궁은 서안평을 공격하였으나 5년(244)에 유주자사 관구검에게 패하였다. 이 사실은 『관구검전』에 실려 있다.

- 『삼국지』 -

고구려의 제가들은 자신의 군사력을 보유하고 자기 지역을 통치하는 독자 세력이었다. 제가회의를 통해 국가 중대사에 관여하였으며, 독자적으로 사자, 조의, 선인 등의 관료를 거느렸다. 하호는 일반 평민들을 지칭하는 말로, 주로 농업에 종사하며 세금과 역 부담을 지고 있었다.

『삼국지』의 동옥저

동옥저는 고구려 개마산의 동쪽에 바다를 끼고 있다. 그 지형이 동서로는 좁고 남북으로는 길어서 천 리나 된다. 북쪽으로는 읍루와 부여, 남쪽으로는 예맥과 접해 있다. 5천 가호로 대군왕이 없고 각 촌락에 통솔자가 있다. 언어는 고구려와 비슷하나 약간의 차이가 난다. 한(漢)나라 초에 연나라의 망명자인 위만이 조선의 왕이 되었고 옥저도 모두 이에 소속되었다. 한무제 원봉 2년(109)에 조선을 쳐서 위만의 손자 우거를 죽이고 그 땅을 4군으로 나누었으며 옥저성을 현도군으로 삼았다. 후에 이맥이 침략하여 고구려의 서북쪽으로 옮겨갔다. 지금 현도의 옛 부(府)가 바로 그 곳이다. 옥저는 다시 낙랑에 속하게 되었다. 한(漢)나라는 그곳의 땅이 넓고 멀다고 여겨 단단대령의 동쪽에 동부도위를 나누어 설치하고 불내성을 다스렸다. 따로 영동 동쪽의 7현을 주관하였는데 옥저도 그 7현 중 하나가 되었으며 건무 6년(30)에 변방군을 줄이는 과정에서 도위는 폐지되었다. 이로부터 그 현안에 있는 통수자를 현후로 삼았고 불내와 화려와 옥저 등 여러 현은 모두 후국(候國)이 되었다. 동이는 다시 서로 공격하고 싸웠으나 다만 불내예후만은 지금까지 공조와 주부를 두었고 그 관직을 예의 백성들이 맡았다. 옥저의 여러 읍락을 통수자들은 옛 현국(縣國)의 제도에 따라 모두 삼로라고 자칭한다. 동옥저는 나라가 작고 큰 나라 사이에 끼어있어서 핍박을 받다가 결국 고구려에 신속하게 되었다. 고구려는 다시 그 나라의 대인을 사자로 삼아서 감독하고 다스리게 하였다. 그 나라의 조세로 맥포(貊布), 어류, 소금 그리고 바다에서 나는 식품 등을 천 리를 짊어지고 와서 조공하였고 그 나라의 미녀를 비첩으로 삼았다. 그 땅은 기름지고 산을 등지고 바다를 향하고 있어서 오곡을 심기에 알맞고 밭농사가 잘된다. 사람들의 품성은 곧고 용맹하고 씩씩하다. 소와 말은 적고 창을 들고 도보로도 잘 싸운다. 음식과 거처와 의복과 예절은 고구려와 비슷하다. 사람을 장사지내는 데에는 길이가 10여 장이나 되는 큰 나무곽의 한쪽에 문을 만들고 죽은 이를 가매장해 두었다가 살이 모두 빠진 뒤에 뼈만을 추려서 이 곽 속에 장사지낸다. 한 가족은 모두 한 곽에 장사지내고 죽은 자의 수대로 그 생시의 모습을 나무에 새긴다. 또 기와로 만든 솥에 쌀을 넣고 엮어서 곽의 끝에 매달아 둔다. 관구검이 고구려를 토벌하자 고구려왕 위궁은 옥저로 도망갔고 관구검이 그를 추격하자 위궁은 다시 북옥저로 도망갔다. 관구검은 3천여 구의 목을 베고 옥저의 촌락을 모두 짓밟았다.

- 『삼국지』 -

함경도의 동해안에 위치했던 옥저는 높은 산맥과 해안을 끼고 있는 지리적 특성으로 외부의 영향이 적었다. 옥저의 장례 풍속은 가족 공동묘를 쓰는 것이 특징이었다. 죽은 사람의 모습을 새긴 나무인형[木偶]를 만들어 목곽 입구에 두어 그 숫자로 목곽 내의 죽은 사람의 수를 헤아릴 수 있었고, 질그릇에다 쌀을 넣어 목곽에 입구에 달아두었다.

『삼국지』의 북옥저

북옥저를 일명 치구루라고도 한다. 남옥저와의 거리가 8백여 리이고 남으로는 읍루를 접하고 있으며 그들의 풍속은 모두 남쪽과 같았다. 읍루 사람들이 배를 타고 다니면서 노략질을 하기 때문에 북옥저 사람들은 이들을 두려워해 매년 여름에는 바위 사이의 깊은 동굴에 숨어서 살다가 겨울이 되어 뱃길이 얼어 통하지 않게 되어야 촌락으로 내려와서 살았다. 왕기가 따로 사람을 파견해서 위궁을 토벌할 때 동쪽 경계 끝에서 그곳에 사는 노인에게 "바다의 동쪽에도 사람이 살고 있습니까?"라고 물었다. 노인은 "일찍이 바다에서 물고기를 잡다가 바람을 만나 수십 일 동안 동쪽으로 흘러 한 섬에 닿았는데 그곳의 풍습은 7월에 동녀를 취하여 바다에 빠뜨린다."라고 하였다. 그는 또 말하기를 "한 나라가 바다 한가운데 있고 그곳에는 여자만 있고 남자는 없다."라고 하였고 또 "바다 가운데에 떠 있는 옷 하나를 주웠는데 그 모양은 중인의 옷과 같았으나 양쪽 소매의 길이는 3길이나 되었다고 한다. 또 부서진 배 한 척이 파도를 따라 해안에 떠왔다. 그 배 안에는 사람이 살아있었고 그의 머리에 또 하나의 얼굴이 있었다. 언어가 통하지 않아 아무 것도 먹지 못하고 죽었다."라고 하였다. 그 지역은 모두 옥저의 동쪽 바다 가운데 있다.

『삼국지』의 읍루   p.30

읍루는 부여의 동북 천여 리에 있으며 큰 바닷가에 닿았고 남쪽으로는 북옥저와 접하고 북쪽 끝은 어디에 이르는지 알지 못한다. 그 나라의 지형은 산이 많고 험준하고 사람들의 생김새는 부여 사람을 닮았으나 언어는 부여나 고구려와 같지 않았다. 오곡과 소와 말과 삼베가 있다. 그 나라 사람들은 용맹하고 힘이 세며 촌락에 대군장은 없고 각각 대인이 있다. 모두 산림 사이의 동굴에서 산다. 대가는 9개의 사다리를 놓아야 하는 동굴 깊은 곳에 사는데 그 사다리의 수가 많을수록 좋다고 여긴다. 기후는 부여보다 춥다. 그곳 사람들은 돼지를 잘 키워서 그 고기는 먹고 가죽은 옷을 만들어 입는다. 겨울에는 몸에 돼지기름을 수 푼이 되도록 두껍게 발라서 추운 바람을 막고 여름에는 발가벗고 1자쯤 되는 천 조각으로 앞뒤만 가린다. 이 사람들은 돼지우리를 집 가운데 만들고 그 주위에 둘러 거주하고 있어서 불결하다. 그들의 활의 길이는 4자나 되고 그 활의 힘은 마치 돌활과 같다. 그리고 싸리나무를 사용해서 그 길이가 1자 8치나 되는 화살을 만드는데 촉에는 청석을 사용하였다. 옛날 숙신씨의 나라이다. 그들은 사격을 잘한다. 사람을 쏘면 모두 눈을 맞추고 화살에는 독을 발라서 맞으면 모두 죽는다. 적옥과 좋은 담비 가죽이 산출되는데 소위 읍루의 담비가 바로 이것이다. 한(漢)나라 이래 부여에 소속되었다. 부여는 읍루에게 과중한 세금을 책임지도록 하였기 때문에 황초(220~226) 때 부여를 배반하였고 부여는 여러 번 이들을 쳤다. 그 나라 사람의 수는 비록 적었으나 산은 험준하고 그들의 활과 화살을 두려워해서 다른 이웃 나라들이 소속시키지 못하였다. 그 나라 사람들은 배를 타고 다니면서 노략질을 했다. 노략질을 당하는 이웃들은 이를 재난으로 여겼다. 동이에서 음식을 먹을 때는 모두 조두라는 그릇을 사용하였지만 읍루에는 없다. 읍루의 법과 풍습에는 기강이 없었다.

『삼국지』의 예   p.30

예는 남쪽으로는 진한과 인접하고, 북쪽으로는 고구려와 옥저, 동쪽으로는 큰 바다에서 끝난다. 지금 조선의 동쪽은 모두 그들의 땅이며 약 2만 가호가 산다. 옛날에 기자가 조선에 와서 그들에게 8조의 교훈을 지어서 가르친 일이 있어 도적질하는 자가 없으므로 문을 닫지 않고 산다. 그 후 40여 대를 지나 조선후(侯) 준에 이르러 비로소 왕이라고 하였다. 진승 등이 일어나고 천하가 진(秦)을 배반하면서 연, 제나라 지역과 조나라 지역 사람들이 난을 피해 조선으로 간 수가 수만 호나 되었다. 연나라 사람 위만이 들어와서 상투를 틀고 만이의 옷을 입고 살면서 조선의 왕이 되었다. 한무제가 조선을 쳐서 멸망시키고 그 땅을 나누어 4군을 설치하였다. 이때부터 만주의 호족과 한(漢)족을 구별하였다. 거기에는 대군장이 없고 한(漢)나라 이래 후와 읍군 그리고 삼로가 하호를 주로 다스린다. 연로한 자들은 자기들이 고구려와 같은 족속이라고 말한다. 그 나라 사람들의 품성은 우직하고 욕심이 적고 염치를 알며, 언어와 법속은 고구려와 서로 비슷하나 의복은 달랐다. 남녀 모두 둥근 깃의 옷을 입고 남자들은 은으로 만든 꽃으로 장식한 허리띠를 사용하는데 그 넓이가 여러 치가 된다. 단단대산령의 서쪽은 낙랑에 속하고, 영의 동쪽의 7현은 도위가 다스리는데 모두 예나라 백성이다. 그 후에 도위관을 없애고 그 지방의 거수를 후로 봉하였다. 지금의 불내예가 모두 그 종족이다. 한(漢)나라 말에 다시 고구려에 소속되었다. 여기서는 산천을 소중히 여긴다. 산천마다 각각 부의 경계가 있어서 서로 간섭하거나 들어가지 않는다. 같은 성씨끼리는 혼인하지 않고 가리는 것이 많아 질병에 걸려 죽으면 그 집을 헐고 새 집을 짓는다. 삼을 심어서 베를 짜고 누에를 쳐서 면포를 만든다. 별자리를 볼 줄 알아 미리 그 해가 풍년인지 흉년인지를 예측한다. 주옥을 보배로 여기지 않는다. 10월이면 하늘에 제사를 지내고 밤낮으로 술 마시고 노래를 부르는데 이를 '무천'이라고 한다. 또 호랑이를 신으로 섬겨 제사지낸다.

마을에 범하는 자가 있으면 그 집 소나 말을 잡아서 벌을 주는데 이것을 '책화'라고 한다. 사람을 죽인 자는 반드시 죽인다. 형벌이 엄하기 때문에 도둑질하는 자가 적다. 길이가 3길이나 되는 창이 있다. 간혹 여러 사람이 이것을 함께 갖기도 한다. 도보로도 전쟁을 잘한다. 낙랑에서 단궁이 출토되었다. 바다에서는 반어의 껍질이 산출되고 얼룩무늬가 있는 표범이 많다. 체구가 작은 조랑말도 있다. 한(漢)나라 환제 때에 이것을 조공하였다. 정시 6년(245)에 낙랑태수 유무와 대방태수 궁준이 다스리는 동예에서 "우리는 고구려에 속한다."라고 했다. 유무와 궁준은 군대를 일으켜 이들을 쳤다. 불내후 등의 여러 읍락이 함께 항복하였다. 8년(247)에 대궐에 나와서 조공하였으며 황제가 조서를 보내 다시 불내예왕으로 삼았다. 불내예왕은 백성들과 섞여서 살며 계절마다 낙랑과 대방군에 나아가 배알하였다. 낙랑, 대방 양 군에 군사가 필요할 때 징병하는 일과 조세를 내는 일과 사역을 공급하는 의무를 수행하였고 이들을 백성과 똑같이 대우하였다.

- 『삼국지』 -

『삼국지』의 한
p.31

한(韓)나라는 대방의 남쪽에 있고, 동과 서쪽은 바다가 경계이고, 남쪽은 왜와 인접하며 사방이 약 4천 리이다. 한(韓)에는 세 종족이 있으니 첫째는 마한이요, 둘째는 진한이요, 셋째는 변한이다. 진한은 옛 진국이다. 마한은 서쪽에 있으며 그 백성들은 토착민이다. 곡식을 심고, 뽕나무를 키워 누에치고, 면포를 짤 줄 안다. 각각 통수자가 있어 큰 자는 스스로를 '신지'라 하고 그 다음은 '읍차'라고 하며 산과 바다에 흩어져 사는데 성곽은 없다. 여기에는 원양국, 모수국, 상외국, 소석색국, 대석색국, 우휴모탁국, 신분고국, 백제국, 속노불사국, 일화국, 고탄자국, 고리국, 노남국, 월지국, 자리모노국, 소위건국, 고원국, 막노국, 비리국, 점비리국, 신혼국, 지침국, 고누국, 비미국, 감해비리국, 고포국, 치리국국, 염로국, 아림국, 사로국, 내비리국, 감해국, 만노국, 벽비리국, 구사오단국, 일리국, 불미국, 지반국, 구소국, 첩노국, 모노비리국, 신소도국, 막노국, 고납국, 임소반국, 신운신국, 여래비리국, 초산도비리국, 일러국, 구해국, 불운국, 불사분사국, 원지국, 건마국, 초리국 등 모두 50여 국이 있다. 대국은 만여 호이고, 소국은 수천 가호이며 합하면 십여만 호가 된다. 진왕은 월지국을 다스린다. 신지에게는 또 신운 견지보안사숙지분신리아불례구사진지염이라는 칭호를 더하기도 했으며 그들의 벼슬에는 위솔선, 읍군, 귀의후, 중랑장, 도위 그리고 백장 등이 있다. 후(侯)인 준은 스스로 왕이라 칭하였지만 연나라의 망명자인 위만에게 나라를 빼앗기고 좌우 사람들과 궁인들을 데리고 바다를 건너 한(韓) 땅에 이르러 한(韓) 왕이라 자칭하였으나 그 뒤에 망했다. 지금도 한(韓) 사람들은 그의 제사를 지낸다. 한(漢)나라 때는 낙랑군에 속해 있었기 때문에 철마다 조정에 나아가 배알하였다. 환제와 영제 말년에는 한(韓)나라와 예가 강성하여 군현에서 이들을 통제할 수가 없었으며 한(漢)나라의 백성들이 한(韓)나라로 흘러들어갔다. 건안 연간(196~220)에 공손강이 둔유현을 나누어 남쪽의 황량한 곳을 대방군으로 삼고 공손모와 장창 등을 보내 한(漢)나라의 유민을 모아 군사를 일으켜서 한(韓)나라와 예를 공격하게 하였더니 한(漢)나라의 백성들이 차츰 나오기 시작하였다. 이후에 왜와 한(韓)나라는 대방에 속했다. 경초 중(237~239)에 공손강이 둔유현을 나누어 남쪽의 황량한 곳을 대방군으로 삼고 공소모와 장창 등을 보내 한(漢)나라의 유민을 모아 군사를 일으켜서 한(韓)나라와 예를 공격하게 하였더니 한(漢)나라의 백성들이 차츰 나오기 시작하였다. 이후에 왜와 한(韓)나라는 대방에 속했다. 경초 중(237~239)에 명제는 비밀히 대방태수 유흔과 낙랑태수 선우사를 파견하여 바다를 건너 두 군을 평정한 다음 한(韓)나라의 여러 신지에게 읍군의 인수를 주었고 그 다음은 읍장을 시켰다. 그들은 머리에 쓰는 책이라고 하는 두건을 좋아한다. 그래서 군에 가서 배알할 때는 모두 책을 빌려다 썼는데 그 수가 천여 명이나 되었다.

부종사 오임은 낙랑이 본래 한(韓)나라와 통하였다고 하여 진한 여덟 나라를 낙랑에게 떼어 주었으나 통역자가 사실과 다르게 전했기 때문에 신지가 분하게 여기고 대방군 기리영을 공격하였다. 이에 대방태수궁준과 낙랑태수 유무는 병사를 일으켜 한(韓)나라를 쳐서 없앴다. 이 싸움에서 궁준이 전사하였다. 그 나라에 통수자가 있었으나 촌락에 백성들과 섞여 살고 있어서 그들을 잘 다스리고 통제할 수가 없었다. 때문에 기강이 서있지 않았다. 그들에게는 꿇어 절하는 예절이 없다. 풀과 흙을 섞어 집을 만드는데 그 모양이 마치 무덤과 같으며 윗부분에 문을 내고 온 가족이 함께 살며 어른과 어린이, 남자와 여자를 구별하지 않는다. 사람이 죽어 장사지낼 때는 관은 있으나 곽은 사용하지 않는다. 소나 말을 탈 줄 모르기 때문에 장례용으로 써 버린다. 금은과 비단은 보배로 여기지 않지만 구슬은 보배로 소중히 여겨 어떤 사람들은 옷에 매달아 장식하기도 하고, 목걸이로 이용하기도 한다. 그들의 품성은 강직하고 용맹하며 머리에 상투를 튼 모습이 마치 병사와 같다. 베로 만든 도포를 입고 짚이나 가죽으로 만든 신을 신는다. 그 나라에 일이 있거나 관가에서 성곽을 쌓을 때는 젊고 용맹하고 건장한 사람을 모두 밧줄로 등가죽을 꿰어 지나가게 묶어 1길이나 되는 큰 나무에 매어 놓고 온종일 소리를 지르면서 잡아당긴다. 그래도 이들은 아픈 줄 모르고 일하며 이것을 모두 단련하는 것으로 여긴다. 해마다 5월에 씨뿌리기가 끝나면 신에게 제사를 지내고 무리가 모여서 노래하고 춤추며 밤낮으로 술을 마신다. 그들의 춤은 수십 명이 땅을 밟으며 낮추었다 올렸다 하기도 하고 손과 발을 서로 맞추는데 그 박자와 리듬이 마치 탁무와 같다. 10월에 농사일이 끝나면 또 다시 이와 같이 한다. 나라의 읍락에서는 천신에게 제사를 지낸다. 이때 한 사람을 천군으로 세워 제사를 주관하게 하였다. 나라의 여러 읍락에서는 '소도'라고 하는 큰 나무를 세우고 방울과 북을 달아서 신으로 섬겼다. 도망자들이 이곳에 이르면 돌아가지 않고 도둑질을 일삼았다. 그 소도를 세운 뜻이 절의 부도와 같다고 했는데 선과 악을 행하는 소이가 서로 다르다. 그 북쪽 군현에서 가까운 여러 나라는 예절을 조금 알고 먼 곳에 사는 사람들은 죄수와 노비들이 서로 모여서 사는 것과 같았다. 값나가는 보화가 없다. 금수와 초목은 대략 중국과 같다. 밤이 많이 나는데 그 크기가 마치 배 만하다. 또 5자가 넘는 긴 꼬리를 가진 닭을 기른다. 그곳의 남자들은 간혹 문신을 하기도 한다. 또 마한의 서쪽 바다 가운데 있는 큰 섬에 주호라는 땅이 있으며 그곳 사람들은 키가 작다. 언어도 한(韓)나라와 같지 않고 모두 머리를 깎은 것이 선비족과 같다. 가죽옷을 입고 소와 돼지를 잘 키운다. 그들의 옷은 윗도리만 있고 아래는 없어 마치 벗은 것과 같다. 배를 타고 다니면서 한(漢)나라와 장사한다.

- 『삼국지』 -

『삼국지』의 진한

진한은 마한의 동쪽에 있다. 진(秦)나라의 노력을 피해서 한(韓)나라로 간 망명자들에게 한(韓)나라가 동쪽 경계의 땅을 떼어 주어서 살도록 했다고 한다. 그곳에는 성책이 있다. 그들의 언어는 마한과 달라서 나라를 '방'이라고 하고, 활을 '호'라고 하며, 도적을 '구'라고 한다. 술잔을 돌리는 것은 '행상'이라고 한다. 서로를 '도'라고 부르는데 진(秦)나라 말과 흡사하나 연과 제나라 물건의 명칭과는 다르다. 동방 사람들은 낙랑 사람을 '아잔'이라고 하고, 나를 '아'라고 한다. 낙랑 사람들을 아잔이라고 하는 것은 그 근본이 잔여인(殘餘人)이라는 뜻이다. 지금도 이들을 진한(秦韓)이라고 부르기도 한다. 처음에는 6국이었고 후에 12국으로 나뉐다.

- 『삼국지』 -

『삼국지』의 변진

변진 역시 12국이다. 여러 읍이 있고 통수자를 거수라고 하며 그 중 세력이 큰 사람은 신지라고 한다. 그 다음이 험측이며, 그 다음은 번예이고, 또 그 다음은 살해, 그 다음은 읍차이다. 12국은 이지국, 불사국, 변진미리미동국, 변진접도국, 근기국, 난미리미동국, 변진고자미동국, 변진고순지국, 염해국, 변진반로국, 변진 낙노국, 군미국(변미진국), 변진미오사마국, 여감국, 변진감로국, 호로국, 주선국(마연국), 변진구사국, 변진주조마국, 변진안사국(마연국), 변진독노국, 사로국, 우유국이다. 변한과 진한은 모두 24국이다. 대국은 4내지 5천 호이고, 소국은 6내지 7백호이며 총 4내지 5만 호이다. 변진의 12국은 진왕 소속이며 진왕은 항상 마한 사람이 대대로 세습하였다. 따라서 진한 사람은 왕 노릇을 할 수가 없었다. 땅은 비옥하여 오곡을 가꾸기에 알맞고 누에를 칠 줄 알며 비단과 베를 짠다. 또 소와 말을 타고 다닌다. 시집, 장가가는 예속에는 남자와 여자가 각각 다르다. 장사지낼 때는 큰 새털로써 죽은 자를 보내는데 그 뜻은 죽은 사람이 날아갈 수 있게 하기 위함이다. 그 나라에서 철이 나는데 한(韓), 예, 왜는 모두 그 나라에서 가져간다. 중국 시장에서 물건을 사고 팔 때 돈을 사용하는 것과 같이 그곳 시장에서는 철을 주고받는다. 그들은 또 철을 주고받는다. 그들은 또 철을 두 군에 공급한다. 그곳 사람들은 가무와 음주를 즐긴다. 비파와 흡사한 큰 거문고가 있다. 아이를 낳으면 돌로 머리를 눌러 납작하게 한다. 그래서 지금의 진한 사람들은 모두 머리가 납작하다. 남자와 여자는 왜와 같이 몸에 문신을 하기도 한다. 보병전을 잘한다. 무기는 마한과 같다. 길에서 만나면 서로 양보하며 변진과 진한은 섞여 살고 성곽이 있다. 의복이나 거처는 진한과 같다. 언어와 법속은 서로 흡사하나 신을 제사하는 데는 차이가 있다. 부뚜막을 모두 집의 서쪽에 둔다. 그 중 독로국은 왜와 인접해 있고 12국에는 각기 왕이 있다. 그 사람들은 모두 장대하며 의복은 청결하나 장발이다. 그들은 가는 베로 만든 폭 넓은 옷을 입으며 그 법속은 특히 엄준하다.

- 『삼국지』 -

PART 2

전근대사 - 정치

CHAPTER 01 삼국 및 남북국 시대

CHAPTER 02 고려 시대

CHAPTER 03 조선 시대

CHAPTER 04 통치 제도

CHAPTER 01 삼국 및 남북국 시대

1 삼국의 성립과 고대 국가로의 성장

고구려의 건국
p.37

• 낙랑에 조선현이 있고 현도에 고구려현이 있다.

— 『구당서』 —

• 시조 동명성왕은 성이 고씨이며, 이름은 주몽이다. …… 부여의 금와왕이 태백산 남쪽에서 한 여자를 만나게 되어 물은즉, 하백의 딸 유화라 하는지라. …… 금와왕이 이상히 여겨 그녀를 방에 가두어 두었는데, 햇빛이 따라 비추었다. 그녀는 몸을 피하였으나, 햇빛이 따라와 기어 이 그녀를 비추었다. 이로 인하여 그녀는 잉태하였고, 마침내 알 하나를 낳았다. …… 한 사내아이가 껍데기를 깨고 나왔는데 기골과 모양이 뛰어나고 기이하였다. 일곱 살에 의연함이 더하였고, 스스로 활을 만들어 쏘는 데 백발백중이었다. 부여의 속어에 활 잘 쏘는 것을 주몽이라 하니, 이로써 이름을 삼았다. …… 졸본천으로 갔다. 그곳 땅이 기름지고 아름다우며 산천이 험하였다. 마침내 이곳에 도읍하기로 하였다. …… 나라 이름을 고구려라 하고, 고를 그의 성씨로 삼았다. …… 주몽이 졸본 부여에 이르렀다. 그 왕에게 아들이 없었는데 주몽을 보고는 범상치 않은 사람인 것을 알고 그 딸을 아내로 삼게 하였다. 왕이 죽자 주몽은 왕위를 이었다. …… 왕(주몽)이 비류국에 도착하였다. 그 나라 왕 송양이 보고 말하기를 …… "나는 여러 대에 걸쳐 왕 노릇을 하였다. …… 그대가 나에게 붙는 것이 어떤가." 하자 왕이 분하게 여겨 말다툼하고 또한 서로 활을 쏘아 재주를 겨루었는데 송양이 대항할 수 없었다. …… 36년 여름 6월에 송양이 항복해 왔다.

— 『삼국사기』 —

유리왕과 신나라의 충돌
p.37

왕망의 초에 고구려의 군사를 징발하여 흉노를 정벌하게 하였으나 …… 엄우(嚴尤)는, "맥인(貊人)이 법을 어긴 것은 그 죄가 추(騶)에게서 비롯된 것이 아니므로, 그를 안심시키고 위로해야 함이 마땅합니다."라고 아뢰었다. 그러나 왕망은 그 말을 듣지 않고 우(尤)에게 고구려를 치도록 명하였다. 엄우는 고구려후 추를 만나자고 유인하여 그가 도착하자 목을 베어 그 머리를 장안에 보내었다. 왕망은 크게 기뻐하면서 천하에 포고하여 고구려란 국호를 바꾸어 하구려(下句麗)라 부르게 하였다.

— 『삼국지』 —

태조왕의 정복 활동
p.37

(태조왕) 4년(56) 가을 7월에 동옥저를 정벌하고 그 땅을 빼앗아 성읍(城邑)으로 삼았다. 영토를 넓혀 동쪽으로 창해(滄海)에 이르고 남쪽으로 살수에 이르렀다. …… 20년(72) 봄 2월에 관나부(貫那部)의 패자(沛者) 달가(達賈)를 보내 조나(藻那)를 정벌하고, 그 왕을 사로잡았다. …… 22년(74) 겨울 10월에 왕이 환나부(桓那部)의 패자(沛者) 설유(薛儒)를 보내 주나(朱那)를 정벌하고, 그 왕자인 을음(乙音)을 사로잡아 고추가로 삼았다. ……[94년(146)]가을 8월에 왕이 장수를 보내 한의 요동군 서안평현을 습격하여 대방현령[帶方令]을 죽이고 낙랑태수의 처자를 잡아왔다.

— 『삼국사기』 —

고구려는 정복 국가를 성읍으로 편입하여 지배하기도 하였고, 정복지의 왕족을 우대하는 정책도 펼쳤다.

진대법

겨울 10월에 왕이 질산 남쪽에서 사냥을 하다가 …… 흉년이 들어 부모를 섬길 수 없다며 우는 사람을 보고 다음과 같은 명령을 내렸다. "아아! 내가 백성의 부모가 되어 백성들을 이 지경에 이르게 했으니, 이는 나의 죄다. …… 매년 봄 3월부터 가을 7월까지 관의 곡식을 내어 …… 빌려 주었다가 겨울 10월에 갚게 하는 것을 일정한 법으로 삼도록 하라."

- 『삼국사기』 -

> 진대법을 실시한 왕은 고국천왕이다. 고국천왕 때 이전보다 강력해진 왕권을 바탕으로, 왕을 포함한 중앙 정부가 어려운 백성들에게 국가 차원의 구제책을 실시하는 모습을 반영하고 있다.

미천왕의 즉위

봉상왕은 그의 동생 돌고(咄固)가 반역할 생각을 가졌다고 의심하여 그를 죽였다. 그의 아들 을불은 자기에게도 해가 미칠 것이 두려워 도망쳤다. …… 처음에 수실촌 사람 음모의 집에 가서 고용살이를 하였다. 음모는 그가 어떤 사람인지 알지 못하고 매우 고되게 부렸다. 그 집 옆의 연못에 개구리가 울면, 을불을 시켜 밤에 기와나 돌을 던져 그 소리를 못 내게 하고, 낮에는 그를 독촉하여 땔나무를 해오게 하여 잠시도 쉬지 못하게 하였다. [을불은] 고난을 이기지 못하고 1년 만에 그 집을 떠나, 동촌(東村) 사람 재모와 함께 소금 장사를 하였다. 배를 타고 압록에 이르러 소금을 내려놓고 강 동쪽 사수촌 사람의 집에 머물렀다. 그 집의 할멈이 소금을 달라고 하므로 한 말 정도 주었다. 재차 달라고 하여 주지 않았더니, 그 할멈이 원망스럽고 성이 나서 소금 속에 몰래 신을 넣어 두었다. 을불은 알지 못하고 짐을 지고 길을 떠났는데, 할멈이 쫓아와 신을 찾아내고는 신을 숨겼다고 꾸며서 압록재(鴨淥宰)에게 고소하였다. 압록재는 신 값으로 소금을 빼앗아 할멈에게 주고 태형(笞刑)을 가하고 놓아주었다. 이에 용모가 마르고 여위었으며 의복이 남루하여 사람들이 그를 보고도 그가 왕손인 줄을 알지 못하였다. 이때 국상 창조리(倉助利)가 장차 왕을 폐위하고자 하여, 먼저 북부의 조불과 동부의 소우 등을 보내 산과 들로 을불을 찾게 하였다.

- 『삼국사기』 -

고구려의 서안평·낙랑 공격

- 태조왕: 동옥저를 정벌하여 그 땅을 취하여 성읍을 만들며 국경을 개척하였는데, 동으로는 창해(동해)에 이르고 남으로는 살수에 이르렀다. …… 왕이 군사를 일으켜 요동 서안평을 습격하고, 대방령을 죽이고 낙랑 태수의 처자를 잡아왔다.

- 동천왕: 16년(242)에 왕이 장수를 보내 요동 서안평을 습격하여 격파하였다.

- 미천왕: 16년(313) 10월, 낙랑군을 공격하여 남녀 2천여 명을 포로로 잡았다. 15년(314) 9월, 대방군을 침략했다.

- 『삼국사기』 -

- 정시 2년(242)에 궁(宮)이 서안평을 침입했다.

- 『삼국지』 -

광개토 대왕릉비 관련 사료   p.39

내가 일찍이 광개토 대왕릉비를 구경하기 위해 집안현에 이르러 여관에서 만주인 영자평이란 소년을 만나 필담을 나누었는데, 광개토 대왕릉비에 대해 다음과 같이 이야기했다. 광개토 대왕릉비가 오랫동안 초래(草萊)에 묻혀 있다가 최근에 이 지방 영희(英禧)에 의해 발견되었습니다. 그런데 광개토 대왕릉비 가운데 고구려가 중국 토지를 침탈했다는 자구들이 들어 있었으므로, 중국인들이 그것을 칼과 도끼로 쪼아냈습니다. 그 다음 일본인들이 광개토 대왕릉비를 차지하여 영업적으로 탁본을 만들어 팔기 시작했습니다. 일본인들은 닳아 없어지거나 이지러진 부분을 석회로 떼어 발랐는데, 이 때문에 그동안 인식할수 없었던 자구가 도리어 생겨나 참된 사실은 삭제되고 위조된 사실이 첨가된 것 같습니다.

> 광개토대왕릉비는 아들 장수왕이 아버지의 업적을 기리기 위해 세운 비석이다. 높이가 6.39m에 이르며 4면에 걸쳐 총 44행 1,775자가 새겨져 있다. 추모왕(주몽)의 건국 신화와 함께 북으로는 요동, 남으로는 백제 및 신라와 가야 지역까지 진출한 광개토 대왕의 정복사업이 적혀 있으며 이를 통해 고구려의 천하관과 당시의 팽창 정책을 파악할 수 있다.

장수왕의 등거리 외교   p.40

(고구려는) 배를 타고 바다로 다녀서 사신 왕래가 항상 있었다. 또한 북위에도 사신을 보냈지만 그들은 강성해서 제약을 받지 않았다. 북위에서는 여러 나라 사신이 거처하는 집을 두었는데 남제의 사신이 첫째이고 고려(고구려)가 그 다음이었다.

— 『남제서』 —

장수왕의 한성 함락   p.40

(개로왕) 21년(475) 가을 9월에 고구려 왕 거련(장수왕)이 군사 3만 명을 거느리고 와서 수도 한성을 포위하였다. 왕은 성문을 닫고 능히 나가 싸우지 못하였다. 고구려인이 군사를 네 길로 나누어 양쪽에서 공격하였고,…… 왕은 곤궁하여 어찌할 바를 몰라 기병 수십을 거느리고 성문을 나가 서쪽으로 달아났다. 고구려인이 쫓아가 살해하였다. 이에 앞서 고구려 왕이 백제를 도모하려 하여 몰래 간첩할 만한 자를 구하였다. 이때에 승려 도림이 응하였고, …… 도림이 도망쳐 돌아가 아뢰니 장수왕이 기뻐하며 장차 백제를 정벌하려고 장수들에게 군사를 주었다. …… 문주는 이에 목협만치(木劦滿致)·조미걸취(祖彌桀取)와 함께 남쪽으로 갔다. 이때에 이르러 고구려의 대로(對盧) 제우(齊于)·재증걸루(再曾桀婁)·고이만년(古尒萬年) 등이 군사를 이끌고 와서 북성(北城)을 공격하여 7일 만에 빼앗고 옮겨서 남성(南城)을 공격하니 성 안에서는 위태롭고 두려워하였다. 왕이 나가서 도망하자 고구려 장수인 걸루 등이 왕을 보고 말에서 내려 절한 다음에 왕의 얼굴을 향해 세 번 침을 뱉고는 그 죄를 나열한 다음 포박하여 아차성(阿且城) 아래로 보내 죽였다. 재증걸루와 고이만년은 본래 백제 사람이었는데, 죄를 짓고 고구려로 도망했다.

— 『삼국사기』 —

충주 고구려비   p.40

5월 중에 고려대왕 조왕(祖王) 공(公)…이 신라 매금(寐錦)과 대대로 형제처럼 상하가 돕고 하늘의 도리를 지키기를 바라여 동쪽으로 왔다. 매금 기(忌) 태자 공(共) 전부(前部) 대사자 다우환노 주부 귀[덕] …… 대태자(大太子) 공이 전상(墼上)을 향하여 말하고, 공간(共看), 이때 [신라 매금에게] 태곽추(太霍鄒)를 하사하였다. 교를 내려 동이매금의 의복을 건립하는 곳에서 사용한 음식을 하사하였고, …… 노객(奴客) 제위(諸位)에 교를 내려 [신라의] 상하에게 의복을 하사하였다. 동이매금에 교를 내려 [신라로] 돌아가게 하였다. …… 갑인에 동이 매금의 상하가 우벌성(于伐城)에 이르렀다.

고구려의 천하관 p.40

하백의 자손이며, 태양과 달의 자식인 추모(동명) 성왕은 본래 북부여에서 태어났다. 세상 모든 나라가 이 나라의 성스러움을 알지니 ……

- 모두루 묘지명 -

안원왕 대의 왕위 계승 분쟁 p.40

(흠명천황 7년) 이 해에 고구려에서 난리가 크게 일어나 싸우다 죽은 자가 2,000여 인이었다. 『백제본기』에서는 다음과 같이 전한다. 고구려에서는 정월 병오에 중부인(中夫人)의 아들을 왕으로 삼았는데 나이가 8세였다. 고구려 왕에게는 3명의 부인이 있었는데 정부인(正夫人)은 아들이 없었고, 중부인은 세자를 낳았는데 그 외가가 추군이었다. 소부인(小夫人)도 아들을 낳았는데 그 외가가 세군이었다. 왕의 병이 심해지자 추군과 세군이 각자 그 부인의 아들을 왕위에 세우고자 하였으니, 그런 까닭에 세군에서 죽은 자가 2,000여 인이었다.

- 『일본서기』 -

> 흠명천황은 539~571년에 재위하였다. 6세기 들어 고구려에서는 왕권이 약화되고 귀족들의 내분이 벌어졌다. 안원왕은 즉위와 함께 중국 남조의 양나라와 북위로부터 왕위 계승을 인정받아 대외적으로 안정을 도모했으나, 왕위 계승을 둘러싸고 두 왕비간에 암투가 심하여 귀족간의 싸움이 벌어졌다.

백제의 건국 이야기 p.41

주몽이 부여(북부여)에서 도망하여 왔다. 왕은 아들이 없고 딸만 있어 주몽을 사위로 삼았다. 오래지 않아 왕이 죽자 주몽이 왕위에 올랐다. 주몽은 두 아들을 두었는데 비류와 온조라고 했다. 주몽은 부여(북부여)에도 아들 유리를 두었는데 그가 고구려로 찾아오자 그를 태자로 삼았다. 비류와 온조는 태자가 자기들을 받아들이지 않을 것이라 두려워하여 신하들을 거느리고 남쪽으로 떠났다. 마침내 온조는 한강 하류에 이르러 도읍을 정하고 백제를 세웠다.

- 『삼국사기』 -

백제의 법령 정비 p.41

• 내신좌평을 두어 왕명 출납을, 내두좌평은 물자와 창고를, 내법좌평은 예법과 의식(儀式)을, 위사좌평은 숙위 병사를, 조정좌평은 형벌과 송사를, 병관좌평은 지방의 군사에 관한 일을 각각 맡게 하였다. …… 왕이 영을 내려 6품 이상은 자줏빛 복장을 하고 은꽃으로 장식하고, 11품 이상은 붉은 복장을, 16품 이상은 푸른 복장을 입게 하였다.

• (고이)왕이 정월에 영을 내려, 무릇 관인으로서 재물을 받은 자와 도적질한 자는 장물의 3배를 징수하고, 종신 금고하게 하였다.

- 『삼국사기』 -

평양성 전투 p.41

371년 고구려가 군사를 일으켜 침입해 왔다. 왕은 이 말을 듣고 패하(浿河) 위에 매복하고 그들이 오기를 기다렸다 급히 공격하니 고구려 군사는 패하여 돌아갔다. 겨울에 왕은 태자와 더불어 정병 3만 명을 거느리고 고구려로 침입하여 평양성을 공격하니 고구려 왕 사유는 이를 막아 싸우다가 화살에 맞아 전사하였다.

- 『삼국사기』 -

백제의 요서 진출   p.41

- 백제국은 본래 고려(고구려)와 함께 요동의 동쪽 1,000여 리에 있었다. 그 후 고려가 요동을 차지하니 백제는 요서를 차지하였다. 백제가 통치한 곳을 진평군(진평현)이라 한다.
  - 『송서』 -

- 처음 백가(百家)로서 바다를 건넜다 하여 백제라 한다. 진晉 대에 구려(句麗)가 이미 요동을 차지하니 백제 역시 요서·진평의 두 군의 땅을 차지하였다.
  - 『통전』 -

- 백제는 고구려와 더불어 요동의 동쪽에 있었다. 진나라 시대에 고구려가 요동을 점유하니 백제는 요서, 진평 두 군을 점거하여 스스로 백제군을 두었다.
  - 『양서』 -

개로왕이 북위에 보낸 국서   p.42

18년(472) 위(魏)나라에 사신을 보내 조알(朝謁)하고 표문(表文)을 올려 다음과 같이 말하였다. "신이 동쪽 끝에 나라를 세웠는데, 승냥이와 이리가 길을 막으니, 비록 대대로 영험한 교화를 받았으나 번국(藩國)의 예를 받들 수 없었습니다. 멀리 천자의 궁궐을 바라보면서 달려가고 싶은 마음은 끝이 없었습니다. …… 신은 고구려와 함께 근원이 부여(扶餘)에서 나왔기에 선대에는 예전의 우의를 돈독하게 유지하였으나 그 조상인 쇠(釗)가 이웃 나라와의 우호를 가볍게 저버리고 친히 군사를 이끌고 신의 국경을 함부로 짓밟았습니다. 신의 조상인 수(須)가 군사를 정비하여 번개같이 달려가 기회를 타서 재빠르게 공격하니 화살과 돌이 잠시 오가다가 쇠의 머리를 베어 효수하였습니다. 이로부터 [고구려는] 감히 남쪽을 넘보지 못하였습니다. [그러나] 풍씨(馮氏)의 운수가 다하여 남은 무리들이 [고구려로] 도망해오자 추악한 무리들이 점점 번성해져서 마침내 [우리는] 능멸과 핍박을 당하게 되었습니다. 원한을 맺고 병화(兵禍)가 이어진 지 30여년이 되니 재물이 다하고 힘도 고갈되어 점점 약해지고 위축되었습니다. …… 지금 연(璉)은 죄가 있어 나라가 스스로 으깨어지고, 대신과 힘센 귀족들을 살육하기를 그치지 않아 죄가 차고 악이 쌓였으며 백성들은 무너지고 흩어졌습니다. 이는 멸망시킬 수 있는 적기요, [폐하의] 손을 빌려야 할 때입니다. 또 풍씨 일족의 군사와 말들은 새와 짐승이 주인을 따르는 정이 있고, 낙랑(樂浪)의 여러 군(郡)은 고향을 그리워하는 마음을 품고 있으니, 천자의 위엄[天威]을 한번 일으키신다면 정벌은 있을지언정 전쟁은 없을 것입니다. …… 또 고구려는 의롭지 못하여 거스르거나 속이는 일은 한 번이 아닙니다. 겉으로는 외효(隗囂)가 번국(藩國)으로서 낮추어 썼던 말을 본받으면서 속으로는 흉악한 재앙과 저돌적인 소행을 품어, 혹은 남쪽으로 유씨(劉氏)와 통하고, 북쪽으로는 연연(蠕蠕)과 맹약하여 서로 입술과 이처럼 의지하면서 폐하의 책략을 능멸하려고 도모하고 있습니다.
  - 『삼국사기』 -

백제의 8대 성씨   p.42

백제 왕의 성은 부여씨이다. …… 나라 안에는 여덟 씨족의 대성(大姓)이 있으니, 사씨·연씨·해씨 등이다. 그 나라의 왕은 해마다 매 계절의 중간달에 하늘과 오제의 신에게 제사를 지낸다.
  - 『북사』 -

[사료의 정석] 史師 **사료한국사**

무령왕릉 지석　　　　　　　　　　　　　　　　　　　　　　　　　　　p.42

- 영동대장군인 백제 사마왕은 나이가 62세 되는 계묘년 5월(병술일이 초하루인데) 임진일인 7일에 돌아가셨다. 을사년 8월 (계유일이 초하루인데) 갑신일인 12일에 안장하여 대묘에 올려 뫼시며 기록하기를 이와 같이 한다.

- 병오년 12월 백제국 대왕비가 천명대로 살다가 돌아가셨다. 정서방(正西方)에서 삼년상을 마치고 기유년 2월(계미일이 초하루인데) 갑오일인 12일에 다시 대묘(大墓)로 옮겨서 정식 장례를 지내며 기록하기를 이와 같이 한다.

- (이면) 돈 1만매, 우 1건
을사년 8월 12일 영동대장군 백제 사마왕은 상기의 금액으로 토왕(土王), 토백(土伯), 토부모(土父母), 상하 여러 관리 이천 석에게 문의하여 서남방향[申] 토지를 매입해서 능묘를 만들었기에 문서를 작성하여 증명을 삼으며 모든 율령(律令)에 구애받지 않는다[不從律令].

성왕 관련 사료　　　　　　　　　　　　　　　　　　　　　　　　　　　p.42

- 성왕의 이름은 명농이니 무령왕의 아들이다. 지혜와 식견이 뛰어나고 일을 처리함에 결단성이 있었다. 무령왕이 죽고 왕위에 올랐다.

- 왕 26년, 고구려왕 평성이 예와 공모하여 한수 이북의 독산성을 공격해왔다. 왕이 신라에 사신을 보내 구원을 요청하였다. 신라왕이 장군 주진을 시켜 갑병 3천 명을 거느리고 떠나게 하였다. 주진은 밤낮으로 행군하여 독산성 아래에 이르렀는데, 그곳에서 고구려 군사들과 일전을 벌여 크게 이겼다.

- 왕 31년 가을 7월, 신라가 동북 변경을 빼앗아 신주를 설치하였다. 겨울 10월, 임금의 딸이 신라로 시집갔다.

- 왕 32년, 신라를 습격하기 위해 왕이 직접 보병과 기병 50명을 거느리고 구천에 이르렀는데, 신라 복병을 만나 그들과 싸우다가 신라군에게 살해되었다.
　　　　　　　　　　　　　　　　　　　　　　　　　　　　　　　- 『삼국사기』 -

- 진흥왕 14년 가을 7월, 백제 동북 변경을 빼앗아 신주를 설치하고, 아찬 무력(武力)을 군주로 삼았다.

- 백제 왕 명농이 가야와 함께 관산성을 공격하였다. …… 신주의 군주인 김무력이 주의 군사를 이끌고 나아가 교전하였는데, 비장인 삼년산군의 고간 도도가 급히 공격하여 백제왕을 죽였다.
　　　　　　　　　　　　　　　　　　　　　　　　　　　- 『삼국사기』 신라본기 -

- 흠명천황 12년(551), 백제 성명왕이 백제군과 두 나라(신라·가야)의 군사를 이끌고 고려를 정벌하여 한성을 먼저 차지한 다음, 이어서 평양을 공략하고 무릇 6군(郡)의 고지(故地)를 수복하였다.

- 흠명천황 13년, 백제가 한성과 평양을 버렸다.
　　　　　　　　　　　　　　　　　　　　　　　　　　　　　　　- 『일본서기』 -

성왕은 백제의 중흥을 꾀하였던 왕으로, 웅진보다 넓고 교통이 편리한 사비로 천도하는 한편 국호를 남부여로 고치고 한강 유역을 일시 회복하기도 하였다. 그러나 진흥왕의 배반으로 관산성 전투에서 사망하며 백제는 오히려 이후 왕권이 약해지고 혼란기를 맞게 되었다.

신라의 왕호   p.43

- 시조 성은 박씨고 이름은 혁거세이다. …… 거서간은 진의 말로 왕이며 혹자는 귀인을 부르는 칭호라고도 한다.
- 남해 차차웅이 즉위하다. …… 차차웅은 방언으로 무당을 가리킨다. 무당이 귀신을 섬기고 제사를 받들기 때문에 이를 경외하여 부르게 되었다. (24년) 유리 이사금이 즉위하였다. …… (탈해가 말하기를) "내가 들으니 성스럽고 지혜로운 사람은 치아가 많다고 한다. 떡을 물어 시험해 보니 유리의 치아가 많으므로 그를 받들어 이사금이라 하였다. …… 연장(年長, 나이)을 기준으로 후계를 이었으므로 이사금이라 칭하였다."
- 눌지 마립간이 왕위에 올랐다. 김대문이 말하였다. "방언에서 말뚝을 이른다. …… 왕의 말뚝은 중심이 되고 신하의 말뚝은 그 아래에 배열되었다. 이로 말미암아 이름으로 삼았다."

                                                     - 『삼국사기』 -

> 거서간이란 군장, 대인 정도의 의미로 보이며 시조인 1대 박혁거세에게만 사용되었다. 정치적 군장과 제사장의 기능이 분리되면서 거서간과 차차웅의 칭호가 나뉘었고 2대 남해는 제사장을 의미하는 차차웅 칭호를 사용하였다. 박, 석, 김 세 부족이 연맹하여 그 연맹장을 3부족에서 교대로 선출하게 될 때에 연맹장이란 의미에서 이사금을 칭하였다. 3대 유리 때부터였다. 이후 김씨가 왕위 세습권을 독점하게 되면서 그 왕권의 강화를 표시하기 위해 대수장이라는 의미의 마립간으로 바꾸었다. 17대 내물 혹은 19대 눌지 때부터라고 전한다.

내해이사금의 가야 구원   p.44

- 6년(201) 봄 2월에 가야국(加耶國)이 화친하기를 청하여 왔다.
- 14년(209) 가을 7월에 포상 8국(浦上八國)이 가라(加羅)를 공격할 것을 모의하자, 가라 왕자가 (신라에) 와서 도와줄 것을 요청하였다. 왕이 태자 석우로(昔于老)와 이벌찬 이음(利音)에게 6부 병사들을 거느리고 가서 가라를 구해주라고 명령하였다. (석우로와 이음은) 포상 8국의 장군들을 죽이고, 포로로 잡혀갔던 (가라인) 6,000명을 빼앗아 돌려주었다.
- 17년(212) 봄 3월에 가야가 왕자를 볼모로 보내왔다.

                                                     - 『삼국사기』 -

혼인 동맹   p.44

- (소지)왕 6년 7월, 고구려가 북쪽 변경을 침략하므로 우리 군사와 백제 군사가 모산성 아래에서 함께 공격하여 그들을 대파하였다.
- (소지)왕 15년 3월, 백제왕 모대가 사신을 보내 혼인을 청하므로 왕은 이벌찬 비지의 딸을 보냈다.

                                                     - 『삼국사기』 -

지증왕의 체제 정비   p.45

여러 신하들이 아뢰기를, "저희의 생각으로는, 신(新)은 '덕업이 날로 새로워진다'라는 뜻이고 라(羅)는 '사방을 망라한다'라는 뜻이므로 이를 나라 이름으로 삼는 것이 마땅하다고 여겨집니다. 또 살펴보건대 예부터 국가를 가진 이는 모두 제(帝)나 왕(王)을 칭하였는데, 우리 시조께서 나라를 세운 지 지금 22대에 이르기까지 단지 방언만을 칭하고 높이는 호칭을 정하지 못하였으니, 이제 뭇 신하가 한마음으로 삼가 신라국왕(新羅國王)이라는 칭호를 올립니다."라고 하였다. 왕이 이에 따랐다.

                                                     - 『삼국사기』 -

영일 냉수리비

계미년 9월 25일, 사훼부(沙喙部)의 지도로갈문왕(至都盧葛文王)·사덕지아간지(斯德智阿干支)·자숙지지 벌간지(子宿智居伐干支)와 훼부(喙部)의 이부지일간지(尒夫智壹干支)·지심지거벌간지(只心智居伐干支)와 본피부(本彼部)의 두복지간지(頭腹智干支)와 사피부(斯彼部)의 모사지간지(暮斯智干支), 이 7왕들이 공론(共論)하여 교시하였으니, 전세(前世)의 두 왕의 교시로써 증거를 삼아 …… 얼룩소를 잡아서 (하늘에) 널리 알리었다.

울진 봉평비

갑진년(524년) 정월 15일에 훼부(喙部)의 모즉지매금왕(牟卽智寐錦王), 사훼부(沙喙部)의 사부지 갈문왕(徙夫智葛文王) …… 등이 교시하신 일이다. 별도로 교시하시기를, '거벌모라(居伐牟羅) 남미지(男弥只)는 본래 노인(奴人)이었는데 …… 이야은성(尒耶恩城)에 마음대로 불을 내고 성을 태워 우리 대군을 일으키게 되었다. …… 대노촌(大奴村)은 그 대가를 치르도록 하고 나머지 일들은 여러 노인법(奴人法)에 따라 처벌하라'고 하시었다. …… 어즉근리(於卽斤利)는 장(杖) 100대에 처한다.

진흥왕의 국사 편찬

이찬 이사부가 왕에게 "나라의 역사라는 것은 임금과 신하들의 선악을 기록하여, 좋고 나쁜 것을 만대 후손들에게 보여 주는 것입니다. 이를 책으로 편찬해 놓지 않는다면 후손들이 무엇을 보겠습니까?"라고 말하였다. 왕이 깊이 동감하고 대아찬 거칠부 등에게 명하여 선비들을 널리 모아 그들로 하여금 역사를 편찬하게 하였다.

- 『삼국사기』 -

신라 진흥왕 순수비(황초령비)

8월 21일 계미에 진흥태왕이 관경(管境)을 □□하고 돌에 새겨 기록하였다. …… 세상의 도리가 진실에서 어긋나고, 그윽한 덕화(德化)가 펴지지 아니하면 사악함이 서로 다툰다. □로 제왕은 연호를 세워 스스로를 닦아 백성을 편안히 하지 않음이 없다. 그러나 짐은 …… 태조의 기틀을 이어받아 왕위를 계승하여, 몸을 조심하고 스스로 삼가면서 □□□할까 두려워하였다. □하늘의 은혜를 입어 운수를 열어 보여, 명명(冥冥)한 중에서도 신기(神祇)에 감응되어 …… 사방으로 영토를 개척하여 백성과 토지를 널리 획득하니 이웃 나라가 신의를 맹세하고 화호(和好)를 요청하는 사신이 서로 통하여 오도다.

진흥왕은 한강 하류 지역을 장악한 후에 세운 북한산비, 가야 지역을 차지한 후 세운 창녕비, 함경도 지역으로 영토를 확장한 후 세운 황초령비와 마운령비 등 4개의 비석이 발견되었다. 이에 앞서 진흥왕은 고구려의 영토였던 적성을 점령한 뒤에 민심을 안정시키기 위해 단양 적성비를 세웠다.

금관가야의 건국 이야기

이 나라에는 왕이 없어서 아홉 명의 족장이 백성을 다스리고 있었다. 어느 날, 김해에 있는 구지봉에서 소리가 들려왔다. 족장들은 백성들을 구지봉에 모아 놓고 신이 하라는대로 흙을 파헤치고 춤을 추며 노래를 불렀다. "구하구하(龜何龜何) 수기현야(首其現也) 약불현야(若不現也) 번작이끽야(燔灼而喫也)." 그러자 하늘에서 금으로 만들어진 상자가 내려왔고, 그 상자에는 붉은 보자기로 싼 여섯 개의 황금알이 들어 있었다.

- 『삼국유사』 -

대가야의 건국 이야기
p.47

시조는 이진아시왕이고, 그로부터 도설지왕까지 대략 16대 520년이다. 최치원이 지은 『석이정전』에는 "가야 산신 정견모주가 천신 이비가지에게 감응되어 대가야왕 뇌질주일과 금관국왕 뇌질청예 두 사람을 낳았다. 뇌질주 일은 대가야의 시조인 이진아시왕의 별칭이고, 뇌질청예는 금관국의 시조인 수로왕의 별칭이다."라고 하였다.

- 『신증동국여지승람』 -

가야의 대외 교류
p.47

가라국은 삼한의 종족이다. 건원 원년(479) 국왕 하지의 사신이 와서 공물을 바쳤다. 조서를 내려 "…… 가라왕 하지가 먼 동쪽의 바다 밖에서 관문에 이르러 폐백을 받드니 가히 보국장군 본국왕을 제수한다."라고 하였다.

- 『남제서』 -

가야의 멸망
p.48

- 법흥왕 19년, 금관국주 김구해가 왕비, 노종, 둘째 덕무와 셋째 무력의 세 아들과 함께 보물을 가지고 항복하니, 왕은 이들을 예로써 대접하고 상등의 지위를 주어 그 본국을 식읍으로 삼게 하였다. 무력은 조정에 벼슬하여 각간까지 이르렀다.
- 진흥왕 23년 9월, 가야가 반란을 일으켜 왕이 이사부에게 명하여 치게 하니 사다함이 그를 도왔다. 사다함이 5천의 기병으로 먼저 전단문에 들어가 백기를 세우니, 성 안의 사람들이 두려워 어찌할 바를 알지 못하였다. 이때 이사부가 구사를 이끌고 도달하니 성 안이 일시에 항복하였다.

- 『삼국사기』 -

2 고구려의 대외 항쟁과 신라의 삼국 통일

걸사표
p.49

진평왕 30년, 왕은 고구려가 빈번하게 국토를 침범하는 것을 근심하여 수의 군사를 청해 고구려를 치려고 원광을 시켜 청병하는 글[乞師表]을 짓게 했더니 원광이 말하기를 "자기가 살려고 남을 없애는 것은 승려로서 할 일이 아니오나, 제가 대왕의 땅에 살고 대왕의 물과 곡식을 먹으면서 어찌 감히 명령을 좇지 않겠습니까!" 하고 곧 글을 지어 올렸다. 33년에 왕이 수나라에 사신을 보내어 표문을 바치고 출병을 청하니, 수나라 양제가 이를 받아들이고 군사를 일으켰다.

- 『삼국사기』 -

살수대첩
p.49

을지문덕은 다시 사자를 보내 거짓 항복하며 우문술에게 청하였다. "만약 군대를 돌리시면 왕을 모시고 (황제의) 처소로 알현하겠습니다." …… 우문술 등이 방형의 진을 이루고 되돌아가는데, …… 가을 7월 살수에 이르러 (수나라 군대의) 절반이 건넜을 때 우리 군사가 뒤에서 후군을 쳤다. 이에 여러 군대가 모두 무너져서 걷잡을 수 없게 되어 장수와 사졸들이 달아나 돌아갔다.

- 『삼국사기』 -

연개소문의 집권   p.50

동부대인 대대로가 사망하자, 아들인 연개소문이 마땅히 그 뒤를 이어야 할 것이지만, 나라 사람들이 성품이 잔인하고 포악하다 하여 미워하였기 때문에 뒤를 잇지 못하게 되었다. 그가 머리를 조아리며 여러 사람들에게 사죄하고 그 직위를 임시로 맡기기를 청하면서, 만약 옳지 않은 행위를 하면 폐하여도 후회하지 않겠다고 하였다. 여러 사람들이 불쌍히 여겨 마침내 그 직에 오를 것을 허락하였다.

- 『삼국사기』 -

7세기에는 귀족들의 힘이 강성하여 대대로를 귀족끼리 선임하고, 심지어 무력으로 그 자리를 탈취하기도 하였다고 전한다. 이 가운데 아버지의 뒤를 이어 대대로직을 물려받았고, 그 과정에서 귀족들의 반대에 부딪쳤으나 이를 무마하였던 인물이 연개소문이었다.

연개소문의 정변   p.50

• 여러 대인(大人)과 왕은 몰래 연개소문을 죽이고자 논의하였는데 일이 새어나갔다. 개소문은 부병(部兵)을 모두 모아 놓고 마치 군대를 사열할 것처럼 꾸몄다. 그리고 성 남쪽에다 술과 안주를 성대히 차려두고, 여러 대신을 불러 함께 사열식을 보자고 하였다. 손님들이 이르자 모두 살해하니 모두 100여 명이었다. 말을 달려 궁궐로 들어가 왕을 시해하고, (시신을) 잘라 여러 토막으로 내고 도랑에 버렸다. 연개소문은 왕제(王弟)의 아들 장(臧)을 왕으로 세우고 스스로 막리지(莫離支)가 되었다. 그 관직은 당나라 병부상서 겸 중서령의 관직과 같았다. 이에 연개소문은 전국을 호령하였고 나라의 일을 마음대로 하였다.

- 『삼국사기』 -

• 정관 16년에 …… 여러 대신들과 건무가 의논하여 개소문을 죽이고자 하였다. 일이 누설되자 개소문은 부병을 모두 불러 모아 군병을 사열한다고 말하고 …… 왕궁으로 달려 들어가 건무를 죽인 다음 대양의 아들 장을 왕으로 세우고 스스로 막리지가 되었다.

- 『구당서』 -

제시된 사료는 연개소문이 정변을 일으켜 왕을 폐위하고 스스로 대막리지에 올라 정권을 장악하는 장면을 보여주고 있다. 고구려는 6세기에 접어들면서 수나라와의 전쟁으로 인해 국력이 소모되었고, 귀족 연합 정권의 혼란이 극에 달하였다. 수의 멸망 이후 새로 건국된 당과 고구려 사이에 긴장감이 감도는 가운데, 천리장성의 축조를 담당했던 연개소문은 당에 대해 유화 정책을 폈던 당시 왕(영류왕)을 위시한 친당 세력을 제거하였다. 이어 보장왕을 옹립하고 대막리지로서 전권을 장악하여 대당강경책을 추진하였다.

요동성 전투   p.50

이세적이 요동성을 공격하기를 밤낮으로 쉬지 않고 12일 동안이나 계속하였다. 황제가 정예군을 이끌고 와서 합세하여 그 성을 수백 겹으로 포위하니 북소리와 고함소리가 천지를 진동하였다. …… 황제가 날랜 군사를 보내 충차의 장대 끝에 올라가 성의 서남쪽 다락에 불을 지르게 하고, 불이 성 안으로 번지자 장병들을 지휘하여 성으로 올라가게 했다. 우리 군사들이 힘껏 싸웠으나 끝내 이기지 못하였다. …… 이세적이 백암성 서남방으로 진공하고 황제가 그 서북쪽에 이르니, 성주 손대음이 심복을 몰래 보내 항복을 청하였다. …… 황제가 성 안의 남녀 만여 명을 붙잡아, 물가에 장막을 치고 항복을 받았다.

- 『삼국사기』 -

안시성 전투   p.50

• 세상에 전하기를, "중국 황제가 고구려를 공격할 적에 눈에 화살을 맞고 돌아갔다."라고 하는데, 통감(通鑑) 등 중국 사서에 모두 실려 있지 않다. …… 나는 생각하기를, 당시에 비록 이러한 일이 있더라도 사관(史官)이 중국을 위해 숨겼을 것이니, 기록하지 않은 것은 이상할 것이 없다.

- 『필원잡기』 -

• 만춘이 중국 황제의 눈을 쏘아 맞히매, …… 그가 떠나면서 양만춘에게 비단 백 필을 하사하고, 성을 굳게 지킴을 칭찬하였다.

- 『열하일기』 -

- 후주 무제가 군대를 출동하여 요동을 침략하자 왕은 군대를 이끌고 배산(拜山)의 들판에 가서 이를 맞아 싸웠는데, 온달이 선봉이 되어 힘껏 싸워 수십여 명을 베었다. 여러 군사들이 이러한 승리를 타고 쳐들어가 크게 이겼다. 전쟁이 끝나고 나서 전공을 논하는 데 온달을 제일로 치지 않는 자가 없었다. 이에 왕은 기뻐하면서 "이 자가 내 사위다"라고 말하고 나서 예를 갖추어 맞아들이고 대형의 벼슬을 내렸다. 이후 왕의 총애가 더욱 두터워지고 권위가 더욱 성하였다. 영양왕이 즉위하자 온달이 아뢰어 말하기를 "신라가 우리 한강 유역의 땅을 빼앗아 군현으로 만들었습니다. 백성들은 이를 한스럽게 생각하고 있으며 부모의 나라를 잊은 적이 없습니다. 원컨대 대왕께서는 신을 어리석다 생각하지 마시고 병사를 맡겨주시면 가서 반드시 우리 땅을 찾아오겠습니다." 하였다. 왕이 이를 허락하였다.

― 『삼국사기』 ―

의자왕

- 무왕의 맏아들로서 씩씩하고 용감하며 대담하고 결단성이 있었다. 무왕이 재위 33년(632)에 태자로 삼았다. 부모에게 효도하고, 형제에 우애가 있어서 당시에 해동증자(海東曾子)라고 불렸다. 무왕이 돌아가시자 태자가 왕위를 이었다. [당나라] 태종이 …… 주국(柱國) 대방군왕 백제왕으로 책봉하였다.

― 『삼국사기』 ―

- 642년 2월, …… 백제 조문사가 대답하기를 "지난 해 11월 대좌평 지적이 죽었습니다. 또 백제 사신이 곤륜의 사신을 바다에 던졌습니다. 금년 정월에 국왕의 어머니가 죽었고, 또 아우 왕자의 아들 교기(翹岐)와 그 누이동생의 딸 4명, 내좌평 기미 그리고 이름높은 사람 40여 명이 섬으로 추방되었습니다"라고 하였다.

― 『일본서기』 ―

- 642년 8월 장군 윤충을 보내 군사 10,000명을 거느리고 신라 대야성을 공격하였다. 성주 품석이 처자와 함께 나와 항복하자 윤충이 모두 죽이고 그 머리를 베어 왕도로 보냈으며, 남녀 1천여 명을 사로잡아 …….

- 643년 11월 왕이 고구려와 화친을 맺었는데, 신라의 당항성을 빼앗아 [당나라로] 조공하러 가는 길을 막으려고 한 것이었다. 마침내 군사를 내어 [당항성을] 공격하니, 신라왕 덕만(德曼)이 사신을 보내 당나라에 구원을 요청하였다. 왕이 그 말을 듣고 군사를 철수시켰다.

진평왕

(신라 제26대 진평왕은) 왕위에 오른 첫해에 하늘에서 사신이 궁전 뜰로 내려와 왕에게 말하였다. "상제께서 저에게 명하시어 이 옥대를 전해 주라고 하셨습니다." 왕이 친히 꿇어앉아 그것을 받자, 사신이 하늘로 올라갔다. 무릇 교외와 종묘에서 큰 제사를 지낼 때면 모두 이 옥대를 사용하였다.

― 『삼국유사』 ―

남산신성비

신해년 2월 26일, 남산신성(南山新城)을 지을 적에, 법에 따라서 (성을) 지은 지 3년이 지나서 붕파(崩破)한다면 죄를 내릴 것이라 교사(敎事)하였으니, 교를 알려서 이를 서사(誓事)토록 한다.

― 남산신성비 1비 ―

선덕여왕   p.51

- 왕 11년 7월에 백제 왕이 크게 군사를 일으켜 나라 서쪽의 40여 성을 쳐서 빼앗았다. 8월에 또 고구려와 함께 모의하여 당항성을 빼앗아 당으로 가는 길을 끊으려 하니, 왕이 당 태종에게 사신을 보내 위급한 사정을 알렸다.
  - 『삼국사기』 -

- 어느 날 국왕이 신하들을 불러 "내가 죽으면 도리천에 장사지내도록 하라. 이는 낭산 남쪽에 있다."라고 하였다. 이후 국왕이 죽은 뒤 신하들은 왕을 낭산 남쪽에 장사 지냈다. 이후 문무왕 대에 이르러 국왕의 무덤 아래 사천왕사를 세웠다. 이는 불경에 '사천왕천 위에 도리천이 있다.'라는 내용이 실현된 것이었다.

- 당 태종이 붉은색, 자주색, 흰색의 3색의 모란꽃 그림과 그 씨 3되를 보내왔다. 그는 꽃 그림을 보고 "이 꽃은 절대로 향기가 없을 것이다."라고 말했다. 이에 씨를 뜰에 심어 그 꽃이 피어 떨어지기를 기다리니 과연 그 말과 같았다.

- 왕이 죽기 전에 여러 신하들이 왕에게 아뢰었다. "어떻게 해서 모란꽃에 향기가 없고, 개구리 우는 것으로 변이 있다는 것을 아셨습니까." 왕이 대답했다. "꽃을 그렸는데 나비가 없으므로 그 향기가 없는 것을 알 수가 있었다. 이것은 당나라 임금이 나에게 짝이 없음을 희롱한 것이다."
  - 『삼국유사』 -

> 선덕여왕은 지략이 출중하여, 당에서 희롱하는 의미의 모란 꽃 그림을 보내오자 이에 대응하여 분황사를 창건하였고, 백제 장인 아비지를 초빙하여 황룡사 9층 목탑을 지었다. 또한 왕의 신성성을 보장받기 위해 첨성대를 건립하는 등 다양한 문화 업적을 남겼다.

비담의 난   p.51

- 정월에 비담과 염종 등이 서로 말하기를 "국왕은 정치를 잘하지 못한다."하고, 이내 모반하여 군사를 일으켰다가 이기지 못하였다. 8월에 국왕이 돌아가니 낭산에 장사 지냈다.
  - 『삼국사기』 -

- 왕 원년 정월 17일에 비담을 베어 죽였는데, 이에 연루되어 죽은 이가 30명이었다. 2월에 이찬 알천을 상대등에 임명하고, 대아찬 수승을 우두주의 군주에 임명하였다. 당 태종이 사신에게 부절(符節)을 주어 보내서, 전(前) 왕을 광록대부로 추증하고, 아울러 왕을 주국(柱國)으로 삼고 낙랑군왕으로 책봉하였다.
  - 『삼국사기』 -

백제 멸망   p.52

- 태종 무열왕 7년 7월 9일, 김유신 등이 황산(黃山) 들판으로 진군하였다. 백제 장군 계백(堦伯)이 병사를 거느리고 와서 먼저 험한 곳을 차지하여 세 군데에 진을 치고 기다렸다. 유신 등이 병사를 세 길로 나누어 네 번 싸웠으나 이기지 못하였다. 장수와 병졸들의 힘이 다하자, 장군 흠순(欽純)이 아들 반굴(盤屈)에게 말하였다. "신하에게는 충성만한 것이 없고, 자식에게는 효도만한 것이 없다. 이렇게 위급할 때 목숨을 바친다면 충과 효 두 가지를 다하게 된다." 반굴이 "명을 받들겠습니다." 하고 곧장 적진에 뛰어들어 힘을 다해 싸우다 죽었다.
  - 『삼국사기』 -

- 관창은 신라 장군 품일의 아들이다. …… 황산벌에 이르러 양쪽의 군대가 서로 대치하였다. 아버지 품일이 이르기를, "너는 비록 어린 나이지만, 뜻과 기개가 있으니 오늘이 바로 공명을 세워 부귀를 취할 수 있는 때이다. 어찌 용기가 없을 것인가?"라고 하였다.
  - 『삼국사기』 -

- 왕이 대신들의 말을 그럴듯하게 여겼다. 또 당과 신라 군대가 이미 백강과 탄현을 지났다는 소식을 듣고, 장군 계백으로 하여금 결사대 5천 명을 거느리고 황산(黃山)에 나아가 신라군과 싸우게 하였다. 네 번을 싸워 모두 이겼으나 군사 수가 워낙 적고 힘이 다해 마침내 패배하고 말았다. 계백도 그 싸움에서 전사하였다. …… 18일에 의자가 태자와 웅진 방령의 군사 등을 거느리고 웅진으로부터 와서 항복하였다.

  - 『삼국유사』 -

백제 부흥 운동 p.52

- 의자왕 22년 7월. …… 유인원과 신라왕 김법민은 육군을 거느려 나아가고, 유인궤와 부여융은 수군과 군량을 실은 배를 거느리고 …… 백강으로 가서 육군과 모여서 동시에 주류성으로 가다가 백강 어귀에서 왜국 군사를 만나 네 번 싸워서 다 이기고 그들의 배 4백 척을 불태우니 연기와 불꽃이 하늘을 찌르고 바닷물이 붉어졌다.

  - 『삼국사기』 -

- 백제의 주류성이 마침내 당에 항복하였다. …… 좌평 복신이 세웠던 공으로 귀실집사*에게 소금하(小錦下)라는 관위를 내렸다. 또한 백제 남녀 4백여 인을 근강국(近江國) 신전군(神前郡)에 살게 하였다.

  *귀실집사: 일본으로 망명한 백제 귀족의 이름
  - 『일본서기』 -

백제인의 일본 망명 p.52

(671년 1월) 대금하를 (백제에서 건너온) 사택소명에게, 소금하를 (복신의 아들) 귀실집사에게, 대산하를 달솔 곡나진수에게 제수하였다.

  - 『일본서기』 -

연개소문 사후 국정 혼란 p.52

보장왕 25년(666) 개소문이 죽고 장자인 남생이 막리지가 되었다. 처음 국정을 맡고 여러 성에 나아가 순행하면서, 그의 동생 남건과 남산에게 남아서 뒷일을 맡게 하였다. 어떤 사람이 두 동생에게 말하기를, "남생은 두 아우가 핍박하는 것을 싫어하여 제거하려고 하니 먼저 계책을 세우는 것이 낫습니다"라고 하였다. 두 동생이 처음에는 이를 믿지 않았다. 또 어떤 사람이 남생에게 알리기를, "두 동생은 형이 돌아와 그 권력을 빼앗을까 두려워하여 형을 막고 들이지 않으려 합니다."라고 하였다. 남생이 몰래 친한 사람을 보내 평양에 가서 그들을 살피게 하였는데 두 아우가 그를 붙잡았다. 이에 왕명으로 남생을 불렀으나 남생은 감히 돌아오지 못하였다. 남건이 스스로 막리지가 되어 병력을 내어 그를 토벌하니 남생이 달아나 국내성에 웅거하면서 그 아들 헌성(獻誠)에게 당에 나아가 구원을 청하게 하였다.

  - 『삼국사기』 -

고구려의 멸망

- 보장왕 27년 가을 9월, …… 글필하력(契苾何力)이 먼저 군사를 이끌고 평양 밖에 도착하고 이적의 군사가 뒤따라 와서 한 달이 넘도록 평양을 포위하였다. 보장왕 장이 연남산으로 하여금 수령 98명을 거느리고 백기(白旗)를 들고 이적에게 항복하였다. 그러나 연남건은 오히려 성문을 닫고 수비하며 대항하였다. …… 5일 뒤에 승려 신성(信誠)이 성문을 열었다. …… 남건은 스스로 칼을 들어 자신을 찔렀으나 죽지 않았다.
  - 『삼국사기』 -

- 고구려 대신 연정토(淵淨土)가 12성 763호 3543명을 이끌고 투항하였다. 연정토 및 함께 온 관리 24명에게 의복과 식량과 집을 주고 서울과 주(州)·부(府)에 안주시켰다. 12성 중 8성은 온전했으므로 군사를 보내 지키도록 하였다.

고구려 부흥 운동

- 고구려 수림성 사람 대형 모잠이 유민을 수습하여 궁모성에서 패강 남쪽에 이르러 당나라 관리와 승려 법안 등을 죽였다. 이후 신라로 향하여 서해의 사야도에 이르러 고구려 대신 연정토의 아들 안승을 만나 한성으로 맞아들여 임금으로 삼고 소형 다식 등을 신라에 보내 애절하게 하소연하였다. "망한 나라를 일으키고 끊어진 세대를 잇게 하는 것은 천하의 공익이니 대국의 처분을 바랄 뿐이다. 우리 선왕은 도를 잃어 멸망을 당하였거니와 지금 신 등이 본국의 귀족 안승을 받들어 임금을 삼고서 귀국의 번병이 되어 영세토록 충성을 다하겠다." 이에 문무왕은 안승을 나라 서쪽의 금마저에 있게 하였다.

- 보장왕의 서자 안승이 4천여 호를 거느리고 신라에 귀부하였다. 여름 4월에 당 고종이 고구려 3만 8천 3백 호를 강남·회남 및 산남·경서 여러 주의 빈 땅으로 옮겼다.
  - 『삼국사기』 -

나·당 연합의 결렬

- 정관 22년(648)에 …… (당은) "두 나라를 바로잡으면 평양 이남의 백제 땅은 모두 너희 신라에 주어 길이 편안하게 하겠다."라고 하였다.

- "당나라가 배를 수리하는 것은 겉으로 왜를 정벌한다지만 실은 신라를 치려고 하는 것이다." 하여 백성들이 그 말을 듣고 놀라 불안해하였다. …… 지도를 살펴보니 백제의 옛 땅을 모두 (웅진도독부에) 돌려주도록 하는 것이었다. …… 신라 백성은 모두 본래의 희망을 잃었다.

- 문무왕 10년(670) 안승을 고구려의 왕으로 봉하였다. …… "왕(안승)은 마땅히 남은 백성들을 어루만져 옛 영광을 잇고 영원히 이웃 나라가 되어 형제처럼 섬겨야 할 것이다." …… 문무왕 20년(680) 보덕왕 안승에게 예물을 주고 왕의 여동생의 딸을 아내로 삼게 하였다.
  - 『삼국사기』 -

매소성 전투와 기벌포 해전   p.53

- 이근행이 군사 20만 명을 이끌고 매소성에 진을 쳤다. 신라군이 (이근행의 군사를) 공격하여 패주시키고, 말 3만여 필과 그 만큼의 다른 병기를 얻었다.

- 이날 소정방이 부총관 김인문 등과 함께 기벌포에 도착하여 백제 군사와 마주쳤다. …… 정방은 신라군이 늦게 왔다는 이유로 군문에서 신라 독군 김문영의 목을 베고자 하니, 그가 군사들 앞에 나아가 "황산 전투를 보지도 않고 늦게 온 것을 이유로 우리를 죄주려 하는구나. 죄도 없이 치욕을 당할 수는 없으니, 결단코 먼저 당나라 군사와 결전을 한 후에 백제를 쳐야겠다."라고 말하였다.

삼국 통일 완수   p.53

우리나라는 두 나라 사이에 끼어서 북쪽은 정벌을 당하고, 서쪽은 침략을 당하여 잠시도 편안한 해가 없었다. 선왕께서 백성의 참혹한 죽음을 불쌍히 여겨 임금의 귀중한 몸을 잊으시고, 바다를 건너 당에 가서 황제를 보고 친히 군사를 청하였다. 그 본의는 두 나라를 평정하여 영구히 전쟁을 없애고, 여러 해 동안 깊이 맺혔던 원수를 갚고 백성의 죽게 된 목숨을 보전코자 함이다.

삼한 일통 의식   p.53

- 대왕을 도와 조그마한 공을 이루어 삼한을 한 집으로 만들었으며, 백성은 두 마음이 없게 되었습니다[三韓爲一家, 百姓無二心]. 비록 아직 태평한 세상에 이르지는 못했으나, 조금 편안한 상태가 되었습니다.

                                                                          - 『삼국사기』 -

- 사악함을 벌하고 백성을 (사랑하였고), 삼한을 통합하여 땅을 넓혔으며, 창해에 살면서 위세를 떨치시니 …… .

                                                      - 청주 운천동 사적비(686) -

> 신라는 실제로 삼국 유민의 통합을 위해 노력했으며 이후 삼한은 동국, 해동, 진단, 청구 등과 함께 우리 민족을 일컫는 한자 표현으로 쓰였다.

삼국 통일에 대한 상반된 인식   p.53

- 전쟁에서 산 자와 죽은 자에게 모두 상을 내리고, 내외의 관직과 작위를 골고루 나눠 주었고, 무기를 녹여 농기구를 만들어 백성을 인수(仁壽)의 터전에 살게 하였다. 세금을 가볍게 하고 요역을 덜어 주니 집집마다 넉넉하게 되어 민생이 안정되고 국내에 근심이 없어졌다.

                                                          - 『삼국사기』 -

- 다른 종족을 끌어들여 같은 종족을 멸망시키는 것은 도적을 불러들여 형제를 죽이는 것과 다를 바 없는 것이다. …… 민족 전체로 보면 민족적 역량과 영토의 축소를 가져왔으며, 외세와 결탁한 반민족적인 것이며, 사대주의적 나쁜 요소를 심었다.

                                                          - 『독사신론』 -

③ 남북국 시대의 정치 변화

민족 융합 정책

- 문무왕 13년(673) 백제인에게 관등을 주었으며 그 관등은 본국(백제)에서 받았던 관등에 견주었다. 신문왕 6년(686) 고구려인에게 경관(17관등)을 주었는데 그 본국(고구려)의 관품(관등)에 맞게 헤아려 주었다.
  - 『삼국사기』 -

- 백제의 달솔 조복과 은솔 파가가 무리와 함께 항복하자, 조복에게는 급찬의 관등을 주어 고타야군 태수로 삼았고, 파가에게는 급찬의 관등과 아울러 토지와 집, 옷 등을 내려 주었다.
  - 『삼국사기』 -

- 문무왕 12년(672)에 백제민들로 당(백금서당)을 만들었다. …… 다섯 번째는 신문왕 3년에 고구려 백성으로 구성된 황금서당이고, …… 여섯 번째는 신문왕 3년에 말갈 백성으로 구성된 흑금서당이고, …… 아홉 번째는 신문왕 7년에 백제 유민으로 구성된 청금서당이다.
  - 『삼국사기』 -

김흠돌의 난

- 8일에 소판 김흠돌, 파진찬 흥원, 대아찬 진공 등이 모반을 일으키다가 죽임을 당하였다. …… 16일에 왕이 교서를 내렸다. …… "적괴 흠돌, 흥원, 진공 등은 능력으로 높은 벼슬에 올라간 것이 아니라 왕의 은혜를 입어 올라간 것인데 제 마음대로 위세를 부리더니 …… 온갖 악인들과 함께 기일을 정하여 반역하려 하였다. …… 이에 병사를 모아 역적들을 없애려 하니, …… 요사한 무리가 진압되어 근심이 없어졌으니 소집하였던 병마는 속히 돌아가게 하고 사방에 포고하여 이 뜻을 알게 하라."

- 이찬 군관(軍官)을 죽이고 교서를 내렸다. "임금을 섬기는 법은 충성을 다하는 것이 근본이요, 신하의 도리는 두 마음을 갖지 않는 것이 으뜸이다. 병무령 이찬 군관은 반역자와 관계하여 역모 사실을 알고도 일찍 말하지 아니하였다. 군관과 맏아들은 스스로 목숨을 끊게 하고 온 나라에 포고하여 두루 알게 하라."
  - 『삼국사기』 -

신문왕은 김흠돌의 난을 진압하면서 이찬 군관을 불고지죄로 처형하였다. 이어 왕권 강화를 위해 집사부의 기능을 강화하고 6두품을 시랑직에 등용하여 시중을 보좌하게 하였다.

만파식적

임오년(682) 5월 초하룻날, 파진찬 박숙청이 아뢰었다. "동해 가운데 작은 산이 감은사를 향해 와서 파도가 노는 대로 왔다갔다 합니다." 왕이 이상하게 여겨 일관(천문을 맡은 관리)에게 점을 치게 했다. 일관이 아뢰었다. "폐하께서 해변으로 나가 보신다면 반드시 값으로 치를 수 없는 큰 보물을 얻을 것입니다." …… 왕이 배를 타고 산으로 들어가니 용이 검은 옥띠를 바쳤다. 왕이 같이 앉아 물었다. "이 산과 대나무가 어떤 때는 갈라지고 어떤 때는 맞붙고 하니 무슨 까닭인가?" 용이 대답했다. "비유로 말씀드리면 한 손으로 치면 소리가 나지 않고 두 손으로 쳐야 소리가 나는 것과 같습니다. 이 대나무는 합쳐야만 소리가 납니다. 폐하께서 소리로써 천하를 다스릴 좋은 징조입니다. ……" 왕이 행차에서 돌아와 대나무로 피리를 만들게 했다. 이 피리를 불면 적병이 물러가고 병이 나았다. 가뭄에는 비가 오고 장마가 끝나고 바람이 자고 파도가 그쳤다. 이 피리를 만파식적(萬波息笛, 거센 물결을 자게 하는 피리)이라 하였다.
  - 『삼국사기』 -

신문왕의 체제 정비
p.54

- 신문왕 5년(685) 봄에 다시 완산주를 설치하고 용원으로 총관을 삼았다. 거열주를 승격하여 청주를 설치하니 비로소 9주가 갖추어져서 대아찬 복세로 총관을 삼았다. 3월 남원 소경을 설치하고 여러 주와 군의 백성들을 옮겨 살게 하였다.
- 신문왕 9년(689) 봄 정월에 내외관의 녹읍을 폐지하고 해마다 차등을 두어 조(租)를 주도록 하고, 이를 고정된 법식으로 삼았다. 왕이 달구벌로 서울을 옮기려다 실현하지 못하였다.
- 마침내 9주를 두었다. 본국(本國) 경계 내에 3주를 두었는데, 왕성(王城) 동북의 당은포(唐恩浦)로 향하는 길목에 있는 곳을 상주라 하고, 왕성의 남쪽을 양주라 하고, 서쪽을 강주라 하였다. 옛 백제국의 경계에 3주를 두었는데, 백제의 옛성 북쪽의 웅진 어귀를 웅주라 하고 서남쪽을 전주라 하고 다음에 남쪽을 무주라 하였다. 옛 고구려의 남쪽 경계에 3주를 두었는데, 서쪽으로부터 첫 번째가 한주이고 그 다음 동쪽이 삭주이고 또 그 다음 동쪽이 명주이다.
- 왕은 사벌주를 상주로 바꾸는 등 9주의 명칭을 개정하고, 군현의 이름도 한자식으로 고쳤다. 또한 중앙 관성의 관직명도 중국의 예에 맞추어 한자식으로 바꾸었다.

— 『삼국사기』 —

대문의 난
p.54

3년 겨울 10월, 보덕왕 안승(安勝)을 불러 소판으로 삼고, 김씨 성을 주어 서울에 머물게 하고 훌륭한 집과 좋은 밭을 주었다. …… 4년 11월, 안승의 조카뻘인 장군 대문(大文)이 금마저(金馬渚)에서 반역을 꾀하다가 일이 발각되어 사형을 당하였다. 남은 무리들이 관리들을 죽이고 읍을 차지하여 반란을 일으켰다. 왕이 군사들에게 명하여 토벌하였다. 마침내 그 성을 함락하여 그곳 사람들을 나라 남쪽의 주와 군으로 옮기고, 그 땅을 금마군으로 삼았다. …… 5년 봄, 완산주를 다시 설치하고 용원(龍元)을 총관으로 삼았다. 거열주를 승격하여 청주(菁州)를 설치하니 비로소 9주가 갖추어졌는데, 대아찬 복세(福世)를 총관으로 삼았다. 3월 남원 소경을 설치하고 여러 주와 군의 백성들을 옮겨 살게 하였다.

— 『삼국사기』 —

신라는 나당 전쟁 과정에서 고구려 왕족인 안승을 보덕국왕에 책봉하고 회유하였으나, 통일을 완수한 후 진골 귀족으로 편입하는 조치를 취했다. 이에 안승의 조카인 대문이 금마저에서 반란을 도모했고, 신문왕은 이를 진압한 후 그 세력을 분산시키고 금마군을 설치하였다. 신문왕은 삼국 통일 과정에서 강력해진 왕권을 이어받아 전제 왕권을 확립하였다.

안민가
p.55

임금은 아버지요, 신하는 사랑하실 어머니요, 백성은 어린 아이라고 생각하시면 백성이 나라의 사랑을 알 것입니다. 꾸물거리며 사는 백성들은 이를 먹임으로써 다스려져 "내가 이 땅을 버리고 어디로 가랴"라고 백성들이 말한다면 나라가 유지될 줄을 아실 것입니다. 아, 임금은 임금답게 신하는 신하답게 백성은 백성답게 할지면 나라가 평안할 것입니다.

96각간의 난
p.55

대공 각간이 반란을 일으키자, 수도와 5도의 주와 군 등 96각간이 서로 싸워 크게 어지러워졌다. 대공 각간의 집이 망하자 그 집의 보물과 비단 등을 왕궁으로 옮겼다. …… 난리가 석 달이나 지속되었다. 상을 받은 사람도 제법 많았지만 죽임을 당한 사람도 셀 수 없이 많았다.

— 『삼국사기』 —

[사료의 정석] 史師 사료한국사

김지정의 난 p.55

이찬 김지정이 난을 일으켜 무리를 모아 궁궐을 에워싸고 침범했다. 여름 4월에 상대등 김양상이 이찬 경신과 함께 군사를 일으켜 김지정 등을 죽였으나, 왕과 왕비는 반란군에게 살해되었다.

- 『삼국사기』 -

신라 하대의 왕위 계승 분쟁 p.55

- 원화 7년(812)에 중흥(애장왕)이 돌아가니 재상 김언승을 세워 왕(헌덕왕)으로 삼았다. …… 아울러 재상 김숭빈 등 세 사람에게 극(두 갈래 창)을 내려 주었다.

- 『구당서』 -

- 희강왕 3년(838) 봄, 상대등 김명 등이 군사를 일으켜 난을 꾸며 왕의 측근을 해치니 왕은 자신이 온전치 못할 것을 알고 궁중에서 목을 매었다. 한편 민애왕이 즉위한 다음 해인 839년 김양은 병사를 모아 청해진으로 들어가 우징을 만났다. 아찬 우징은 김명의 왕위 찬탈 소식을 듣고 이의 원수를 갚고자 장보고에게 군사를 요청하였다. 마침내 839년 김양의 군사가 민애왕을 시해하였다.

- 『삼국사기』 -

신라인의 도당 유학 p.56

- 신라는 당에 조공한 이래 항상 왕자를 숙위(宿衛)로 파견하였고, 또 학생들을 태학에 입학시켜 학업을 닦게 하였는 바, 그 기간은 10년이었다. 그외 학생들로서 그곳에 입학한 자들이 100여 명에 이르렀다. 이때 책 살 돈은 본국(신라)에서 지급하였으며 그외 책값이나 숙식비는 당의 홍로시(鴻臚寺)에서 공급하였으므로 유학생의 수가 끊이지 않았다.

『동사강목』

- 신라 당국은 숙위학생과 수령首領을 뽑아 입조하면서 동시에 국자감에 부속하여 공부할 수 있게 요청하였다. 이에 인명수와 성명을 갖추어 아뢰었는데, 학생은 최신지 등 8명, 대수령은 기작 등 8명, 소수령은 소은 등 2명이었다.

- 『동문선』 -

호족의 대두 p.56

처음 스님께서 옥룡사에 자리 잡지 않고, 지리산에 암자를 짓고 수행하고 있었는데, …… 스님께서 기이하게 여겨 약속했던 곳으로 찾아가서 과연 그 사람을 만났다. 그는 곧 모래를 끌어모아 산천에 대한 순역[순종과 거역]의 형세를 만들어 보여 주었다. 돌아다보니 그 사람은 이미 없었다. …… 이로 말미암아 스님은 스스로 홀연히 깨닫고, 더욱 음양오행의 술을 연구하였다. …… 그 후 신라의 정치와 종교가 점차 쇠퇴하여 국가 위망의 조짐이 보이기 시작하였다. 스님은 장차 성인이 천명을 받아 일어날 사람이 있을 줄 알고, 그 길로 송악군[현재의 개성 일대]으로 갔더니, 그때 우리 세조께서 살 집을 짓고 있었다. 스님께서는 그의 문 앞을 지나면서 이르기를, "아! 이곳은 마땅히 왕자(왕건)가 출생할 곳이언만, 다만 살고 있는 자만 알지 못하고 있을 뿐이라." 하였다.

- 광양 옥룡사 선각국사(도선)비 -

신라 말 극심한 왕위 쟁탈전이 전개되었고, 지방에서는 호족이 성장하였다. 그리고 호족들은 풍수지리설을 근거로 지방에서 독자적인 기반을 형성하였다.

김헌창의 난(822) p.56

3월 웅천주 도독 헌창이 그의 아버지 주원이 왕이 되지 못한 것을 이유로 반란을 일으켜 나라 이름을 장안이라 하고 …… 여러 군사가 성을 에워싸고 열흘 동안 공격하여 성이 장차 함락되려 하자 헌창은 화를 면할 수 없음을 알고 스스로 죽었다.

― 『삼국사기』 ―

장보고 p.57

- 적산 동쪽 언저리에 도착하였다. 산에는 절이 있어 그 이름을 적산 법화원이라 하는데 본래 장보고가 처음으로 세운 것이다. …… 대사의 교관선이 단산포에 도착하였다는 소식을 들었다.

― 『입당구법순례행기』 ―

- 장보고가 살아 있을 때 당나라 물건을 사기 위해 비단을 주고 그 대가로 물건을 얻을 수 있었는데, 그 수가 적지 않았다. 이제 장보고 죽어 물건을 얻을 수 없게 되었다.

― 『속일본후기』 ―

장보고의 난 p.57

- 장보고는 신라로 돌아와 흥덕왕을 찾아보고 말하기를 "중국에서는 널리 우리 사람들을 노비로 삼으니 청해진을 만들어 적으로 하여금 사람들을 약탈하지 못하도록 하기를 원하나이다."라고 하였다. 청해는 신라의 요충으로 지금의 완도를 말하는데, 대왕이 그 말을 따라 장보고에게 군사 만 명을 거느리고 해상을 방비하게 하니, 그 후로는 해상으로 나간 사람들이 잡혀가는 일이 없었다.

- 문성왕 8년(846) 봄 청해진에 있던 궁복은 왕이 자신의 딸을 받아들이지 않은 것에 원한을 품고 반란을 일으켰다. …… 무주 사람 염장이라는 자가 거짓으로 나라를 배반하는 척하고 청해진에 몸을 의탁하였다. …… 궁복이 술에 취하자 그의 칼을 빼앗아 목을 베었다. …… (문성왕) 13년(851) 2월에 청해진을 파하고, 그곳 백성들을 벽골군으로 옮겼다.

― 『삼국사기』 ―

장보고는 산둥 반도 적산에 법화원이라는 사찰을 세우고, 일본과 당 사이에서 해상 교역권을 주도하였다. 또한 그는 청해진을 설치하고, 신라의 왕위 계승 분쟁에 가담했다가 실패하였다.

신라 하대의 전란 p.57

- 진성왕 3년(889), 나라 안의 여러 주·군에서 공부(貢賦)를 바치지 않으니 창고가 비어 버리고 나라의 쓰임이 궁핍 해졌다. 왕이 사신을 보내어 독촉하였지만, 이로 말미암아 곳곳에서 도적이 벌 떼같이 일어났다. 이에 원종·애노 등이 사벌주(상주)에 의거하여 반란을 일으키니 왕이 나마 벼슬의 영기에게 명하여 잡게 하였다. 영기가 적진을 쳐다보고는 두려워하여 나아가지 못하였다.

- 도적들이 나라의 서남쪽에서 일어났는데, 붉은색 바지를 입어 모습을 다르게 하였기 때문에 적고적(赤袴賊)이라고 불렸다. 그들은 주와 현을 도륙하고, 수도의 서부 모량리까지 와서 민가를 노략질하고 돌아갔다.

― 『삼국사기』 ―

해인사묘길상탑기

당나라 19대 소종이 중흥을 이룰 때에 전쟁과 흉년의 재앙이 서쪽[중국]에서는 멈추었으나 동쪽으로 오니, 악 중의 악이 없는 곳이 없었고 굶어 죽고 싸우다 죽은 시체가 들판에 즐비하였다. 해인사의 별대덕인 승훈이 이를 애통해 하더니 도사의 힘을 베풀어 미혹한 무리들의 마음을 이끌며 각자 벼 한 줌을 내게 하여 함께 옥돌로 삼층을 쌓았다.

남북국 시대론

- 고려가 발해사를 편찬하지 않았으니, 고려의 국세가 떨치지 못하였음을 알 수 있다. 부여씨가 망하고 고씨가 망한 다음 김씨가 남쪽을 차지하고, 대씨가 북쪽을 차지하고는 발해라 했으니, 이것을 남북국이라 한다.

— 『발해고』 —

- 삼한의 여러 나라들이 통합되어 삼국을 이루었으니 신라, 가야, 백제가 그것이다. 그 후 가야가 망하고 고구려가 남쪽으로 천도하여 다시금 삼국을 이루었다. 고구려와 백제가 멸망한 뒤 50년 만에 발해가 다시 고구려의 옛 땅을 이어받아 신라와 더불어 200여 년간 남북국을 이루었다.

— 『대동지지』 —

중국이 주장하는 동북공정의 근거

- 고구려는 중국의 고대 민족이 세운 중국 고대의 지방 정권이다.
- 고구려는 한사군의 현도군 고구려현 경내에서 건국하였고, 427년 낙랑군 경내인 평양으로 천도하였으므로 시종일관 중국 영역 내에 존재하였다.
- 고구려는 중국 왕조의 책봉을 받고 조공을 하였던 중국의 지방 정권이다.
- 수·당과 고구려의 전쟁은 중국 내부의 통일 전쟁으로, 중앙에 항거한 지방 정권의 반란을 평정한 것이었다.
- 고려는 고구려를 계승한 나라가 아니다.

고구려사 갈등 해소를 위한 한국과 중국의 노력

1. 고구려사 문제가 양국 간 중대 현안으로 대두된 데 대해 중국 측이 유념하고 있다.
2. 양측은 향후 역사 문제로 인해 한·중 간 우호 협력 관계가 손상되는 것을 방지하기 위해 노력하고, 1992년 8월의 한·중 수교 공동 성명 및 1993년 7월 양국 정상 간 공동 성명에 따라 전면적인 협력·동반자 관계 발전을 위해 노력한다.
3. 양측은 한·중 협력 관계라는 커다란 틀 아래에서 고구려사 문제의 공정한 해결을 도모하고 필요한 조치를 취해서 고구려사 문제가 정치화하는 것을 방지하는 노력을 한다는 데 공동 인식을 같이한다.
4. 중국 측은 중앙 및 지방 정부 차원에서 고구려사 관련 기술에 대한 한국 측의 관심에 이해를 표명하고 필요한 조치를 취해 나감으로써 복잡해지는 것을 방지한다.
5. 양측은 학술 교류의 조속한 개최를 위해 노력하면서 학술 교류와 양국 국민의 이해 증진에 도움이 되는 방향으로 한다.

— 한·중 구두 양해 5개항(2004) —

발해사에 대한 인식
p.58

옛 고구려의 장수 대조영은 태백산의 남쪽 성에 자리를 잡을 수 있어서
측천무후 원년에 나라를 열어 발해라고 하였네.
우리 태조 8년에 그 나라 사람들이 서로 이끌어 개경에 와서 뵈니,
누가 변란을 미리 알고 먼저 귀부하였나? 예부경과 사정경이었다네.

- 『제왕운기』 -

대조영의 출자
p.58

발해말갈의 대조영은 본래 고구려의 별종이다. 고구려가 망하자 대조영은 그 무리를 이끌고 영주로 이사하였다. …… 대조영은 드디어 그 무리를 이끌고 동쪽 계루의 옛 땅으로 들어가 동모산을 거점으로 하여 성을 쌓고 거주하였다. 대조영은 용맹하고 병사 다루기를 잘하였으므로 말갈의 무리와 고구려의 남은 무리가 점차 그에게 들어갔다.

- 『구당서』 -

발해의 고구려 계승
p.58

- (대)무예(무왕)는 열국(列國)에 해당되어 여러 나라를 다스렸다. 그래서 고구려의 옛 땅을 수복하고, 부여의 유속을 이어받았다. …… 어진 이와 친하게 지내 도움을 맺으면서 예전 법도에 맞게 하고자 사신을 보내 이웃을 방문 함이 오늘에야 이루어졌다.

- 『속일본기』 -

- 일본 천황은 삼가 고려국왕(문왕)에게 문안한다. …… 지금 보내온 글을 보니 …… 천손이라는 참람한 칭호를 써 놓았다. …… 아무런 이유도 없이 함부로 구생(舅甥)을 칭하였으니, 이는 예를 잃은 것이다.

- 『일본서기』 -

정효공주 묘지명에 나타난 발해의 독립성
p.58

공주는 우리 '대흥보력효감금륜성법대왕(大興寶曆孝感 金輪聖法大王)'의 넷째 딸이다. …… 아아, 공주는 대흥(大興) 56년(792) 여름 6월 9일 임진일에 궁 밖에서 사망하니, 나이는 36세였다. 이에 시호를 정효공주(貞孝公主)라 하였다. 이 해 겨울 11월 28일 기묘일에 염곡(染谷)의 서쪽 언덕에 배장하였으니, 이것은 예의에 맞는 것이다. 황상(皇上)은 조회를 파하고 크게 슬퍼하여, 정침(正寢)에 들어가 자지 않고 음악도 중지시켰다.

무왕과 문왕의 연호 사용
p.58

시조가 죽자 그 아들 무예가 왕위에 올라 영토를 크게 개척하였다. 동북의 오랑캐들이 두려워하여 그에 복종하였다. 사사로이 연호를 인안(仁安)으로 하였다. …… 왕이 신하들을 불러 논의하며 말하기를, "흑수(黑水)가 처음에는 우리에게 길을 빌려 당나라와 왕래했고, 일이 있으면 모두 우리에게 알렸다. …… 지금은 당나라에 벼슬을 청하면서 우리에게 알리지 않고 있으니, 이는 반드시 우리를 배반하여 당과 함께 우리를 앞뒤에서 치려는 것이다."라고 하였다. 이어 왕은 그의 아우 대문예와 외숙 아아상을 보내 흑수를 공격하게 하였다. …… 무예가 죽자 그 아들 흠무가 왕위에 올라 연호를 대흥으로 고치니, 당 현종이 그에게 아비의 직위를 이으라는 조서를 내렸다.

[사료의 정석] 史師 **사료한국사**

발해의 대외 관계 p.58

- 발해 무왕 8년(726), 왕이 말하기를 "흑수말갈이 당나라에 벼슬을 청하면서 우리에게 알리지 않았으니, 이는 반드시 당나라와 우리를 앞뒤에서 치려는 것이다."라고 하였다.
- 무왕 9년(727), 사신 고인의 등 24인을 일본에 파견하여 국서를 전했다.
- 장문휴는 등주 자사를 죽이고 그곳에 주둔하고 있던 당나라의 군대를 격파하였다. 이에 당은 신라인 김사란을 귀국시켜 신라로 하여금 발해의 남쪽을 치도록 요구하였다. 신라는 당의 요구에 응하여 신라 군대를 발해의 남쪽 국경에 파견하였다.
- 신라 성덕왕 32년(733), 발해가 당의 등주를 공격하였다. 당 현종이 신라에 원병을 청하자 왕은 즉시 병력을 출동시켜 발해의 남쪽 지방을 치게 했다.
- 원성왕 6년(790) 3월에 일길찬 백어(伯魚)를 북국(발해)에 사신으로 보냈다.
- 헌덕왕 4년(814) 9월에 급찬 숭정(崇正)을 북국(발해)에 사신으로 보냈다.

- 『삼국사기』 -

발해는 동경을 거쳐 동해를 가로지르는 일본도와 동경과 남경을 거쳐 한반도 동해안을 따라 남하하는 신라도를 개설하였다. 또한 당을 비롯한 주변국에 자기, 불상, 말 등을 수출하였는데 공예 문화가 매우 발달했던 것으로 보인다.

당과 신라의 발해 압박 p.58

흑수말갈이 사신을 보내 내조하므로, 조(詔)를 내려 그 땅에 주(州)를 설치하고 장사를 두었으며 사신을 보내어 감독하였다. 이에 무예가 속료들에게 이르기를, "흑수말갈이 우리 국경을 지나서 처음으로 당과 서로 통하였다. 지난날 돌궐에 토둔(吐屯)의 관직을 청할 때는 우리에게 먼저 알리고 함께 갔었다. 이제 뜻밖에 곧바로 중국에 벼슬을 청하였으니, 이는 반드시 당과 공모하여 앞뒤에서 우리를 협공하려는 것이다."라고 하였다. …… (현종은) 조를 내려 문예를 유주에 파견하고 군사를 징발하여 반격하는 한편, 태복원외경 김사란으로 하여금 신라로 가서 군사를 내게 하여 남쪽 변경을 치도록 하였다.

- 『구당서』 -

발해 중대성이 일본국 태정관에게 보내는 첩(牒) p.58

귀국에 가서 알현할 사신 정당성 좌윤 하복연과 그 일행 105명을 파견합니다. …… 일본 땅은 동쪽으로 멀리 있고, 요양(遼陽)은 서쪽으로 멀리 있으니, 양국이 서로 떨어져 있는 거리가 1만 리나 되고도 남음이 있습니다.

정안국 p.59

981년 정안국의 왕 오현명이 여진의 사신을 통해 표문을 올렸는데, "신은 본래 고구려의 옛 땅에 자리 잡았던 발해의 유민으로서 한쪽 귀퉁이에 웅거하여 …… 본성대로 살고 있습니다."라고 하였다.

- 『송서』 -

CHAPTER 02 고려 시대

1 후삼국 통일과 고려의 건국

후백제의 건국 p.60

견훤은 상주 가은현(경북 문경 가은) 사람으로 본래의 성은 이씨였는데 후에 견으로 성씨를 삼았다. 아버지는 아자 개이니 농사로 자활하다가 후에 가업을 일으켜 장군이 되었다. …… 당 경복(景福) 원년은 진성왕(眞聖王) 6년인데, 아첨하는 소인들이 왕의 곁을 둘러싸고 정권을 농락하니, 기강은 문란해지고 흉년마저 겹쳐 백성들은 유리되고 도적들이 벌떼처럼 들고 일어났다. 이에 그는 은근히 반란할 뜻을 품고 무리를 모아 서울 서남의 주현을 공격하니, 가는 곳마다 호응하여 불과 한 달 동안에 군사가 5,000여 명에 이르렀다. 드디어 무진주(武珍州)를 습격하고 자칭 왕이라 하였으나 감히 공공연히 왕이라고는 못하였다. …… "지금 내가 도읍을 완산(전주)에 정하고, 어찌 감히 의자왕의 쌓인 원통함을 씻지 아니하랴" 하고, 드디어 후백제 왕이라 스스로 칭하고 관부를 설치하여 직책을 나누었다.

- 『삼국사기』 -

신라의 서남 지방을 방어하던 장수였던 견훤은 무진주를 점령하고 스스로 왕이 되었다. 900년에는 도읍을 완산주로 정하고 백제왕을 칭하며 국가 체제를 갖추었다. 신라 왕족 출신 궁예는 사회가 혼란해지자 북원의 양길 밑으로 들어가 세력을 키운 뒤 901년 고구려의 부흥을 내세우며 스스로 왕위에 올랐다.

후고구려의 건국 p.60

궁예는 신라 사람으로, 성은 김씨이고, 아버지는 제47대 헌안왕 의정이며, 어머니는 헌안왕의 후궁이었다. …… 머리를 깎고 승려가 되어 스스로 선종(善宗)이라고 이름하였다. 신라 말에 정치가 잘못되고 백성이 흩어져 지방의 주 현들이 반란 세력에 따라 붙는 자가 거의 반에 이르고 먼 곳과 가까운 곳에서 도적들이 벌떼처럼 일어나 그 아래에 백성이 개미처럼 모여드는 것을 보고 이런 혼란기를 틈타 무리를 모으면 자신의 뜻을 이룰 수 있다고 생각하여 대순 2년 신해년에 죽주의 도적 괴수 기훤에게 의탁하였다. 기훤이 얕보고 거만하게 대하자, 경복 원년 임자년에 북원의 도적 양길에게 의탁하니, 양길이 잘 대우하여 일을 맡기고 드디어 병사를 나누어 주어 동쪽으로 땅을 점령하도록 하였다. …… 이에 저족(猪足), 성천(狌川), 부약(夫若), 금성(金城), 철원(鐵圓) 등의 성을 격파하였다. 군세(軍勢)가 매우 왕성하니 패서(浿西)의 도적들[賊寇] 중 와서 항복하는 자가 매우 많았다. 선종은 무리가 많으므로 나라를 세워 임금을 칭할 수 있다고 스스로 생각하고, 처음으로 서울과 지방의 관직을 설치하였다. …… 선종이 왕이라 자칭하고 사람들에게 이르기를 "이전에 신라가 당나라에 군사를 청하여 고구려를 격파하였기 때문에 옛 서울 평양은 오래되어서 풀만 무성하게 되었으니 내가 반드시 그 원수를 갚겠다."라고 하였다.

- 『삼국사기』 -

궁예는 신라 왕족으로, 죽주의 기훤, 북원 지방의 도적 집단인 양길에게 차례로 의탁하며 이 세력을 토대로 강원도, 경기도 일대의 중부 지방을 점령하고 예성강 유역의 황해도 지역까지 세력을 넓혔다. 이어 그는 송악에 도읍하여 후고구려를 건국하였다가, 이후 국호를 마진으로 바꾸고 철원으로 천도하였다.

궁예 p.60

• 궁예가 미륵불을 자칭하고 머리에 금관을 쓰고 몸에 가사를 입었다. 큰아들을 청광보살, 막내아들을 신광보살로 삼아 외출할 때는 항상 흰말을 탔는데 말갈기와 꼬리를 고운 비단으로 장식하였으며 소년 소녀로 하여금 깃발, 일산과 향기 나는 꽃을 들고 앞에서 인도하게 하였고 비구 승려 200여 명을 시켜 범패를 부르며 뒤를 따르게 하였다. 또한, 불교 경전 20여 권을 지었는데 그 말이 요망하여 모두 바른 말이 아니었으며, 때때로 반듯하게 앉아 불법을 강설하였다. 승려 석총이 이를 평하기를 "모두 사특한 설과 괴이한 말이니 교훈이 될 수 없다."라고 하자 이를 듣고 노하여 철퇴로 쳐 죽였다.

- 『삼국사기』 -

- 신라의 제도를 따라 백관을 설치하였다. 국호를 마진, 연호를 무태라 하였다. 패강도 10여 주현이 이에 투항하였다.

궁예와 견훤
궁예는 본래 신라의 왕자로서 도리어 제 나라를 원수로 삼아 심지어는 선조(先祖)의 화상(畫像)을 칼로 베었으니 그 행위가 매우 어질지 못하였다. 견훤은 신라의 백성으로서 신라의 녹을 먹으면서 세력을 키우다가 화(禍)를 일으킬 마음을 품고 (신라의) 도읍을 침범하여 임금과 신하를 살해하니 (그 행위가) 마치 짐승과 같았다. 참으로 천하의 으뜸가는 악인이로다. 그러므로 궁예는 그 신하로부터 버림을 당하였고, 견훤은 그 아들에게서 화가 생겨났으니 모두 스스로 불러들인 것인데 누구를 원망한단 말인가.
- 『삼국유사』 -

포석정 사건
견훤은 왕의 족제(族弟)인 김부에게 왕위를 잇게 하였다. 그런 후에 왕의 아우 효렴과 재상 영경을 사로잡았다.
- 『삼국유사』 -

견훤의 투항
넷째 아들 금강은 몸이 크고 지략이 많았다. 견훤이 특별히 그를 총애하여 왕위를 물려주려고 하였다. 그의 형 신검, 양검, 용검 등이 이를 알고서 번민하였다. …… 견훤이 요청하여 말하기를, "늙은 신하가 멀리 바다를 건너 성군(聖君)의 교화에 투항하였으니, 바라건대 그 위엄에 기대어 역적인 아들을 베고자 할 뿐입니다."라고 하였다.

경순왕의 항복
- 경순왕은 신검에게 대항할 길이 없자, 군신 회의를 열고 왕건에게 항복할 것을 결정하였다. 그러나 태자는 천 년 사직을 하루아침에 버릴 수 없다고 통곡하며, 마의(베옷)를 입고 개골산(금강산)으로 들어갔다.
- 본국(신라)에 장차 화란이 일어날 것 같고 이미 나라의 운세가 다하였는데, 다행히 천자의 광채를 뵙게 되었습니다. 원하옵건대 신하의 예를 갖추고자 합니다.
- 『보한집』 -

신라 경순왕이 고려에 항복하면서 올린 글로, 태조 왕건을 천자라 불렀다.

2 통치 체제의 정비

왕건
p.62

왕께서는 궁예를 섬겼는데 그처럼 시기가 많고 포악한 임금이 삼한 땅의 3분의 2를 차지하게 된 것은 사실 왕의 공이었다. …… 왕께서는 즉위한 후 …… 자주 서도(西都)에 행차하여 친히 북방의 국경 지역을 순시하셨다. 그 뜻도 또한 고구려 동명왕의 옛 땅을 내 집에 대대로 전해온 보배로 생각하고서 반드시 석권하여 차지하려 한 것이니, 결코 닭이나 오리같이 하찮은 것을 얻는데 만족한 것이 아니었다.

왕건의 호족 통합
p.62

• 태조 신혜 왕후 유씨는 …… 유천궁(개경 부근 정주 출신 호족)의 딸이다. 유천궁은 큰 부자여서 고을 사람들이 장자(長者) 집이라고 불렀다. 태조가 …… 늙은 버드나무 밑에서 말을 쉬고 있는데 왕후(유씨)가 길 옆 시냇가에 서 있었다. 태조가 그녀의 얼굴이 덕성스러움을 보고 …… 그 집에 가서 숙박하였다.

- 『고려사』 -

• 공직(龔直)은 연산(燕山) 매곡(昧谷) 사람이다. 어려서부터 용맹하였고, 신라 말 본읍의 장군이 되었다. 당시 바야흐로 어지러운 시기였는데, 마침내 백제를 섬겨 견훤의 심복이 되었다. 장자 직달(直達)·차자 금서(金舒)와 딸 하나를 백제에 인질로 보내었다. 공직이 일찍이 백제에 조회하러 갔다가 견훤의 무도함을 보고는 직달에게 일러 말하기를, "지금 이 나라를 보니 사치스럽고 도가 없다. 내 비록 그에게 붙어 있지만 다시는 오고 싶지 않다. 듣건대 고려 왕공(王公)의 문덕(文德)이 백성을 편안케 하기에 충분하고, 무덕(武德)이 포악한 이들을 막기에 충분하다고 한다. 그러므로 사방에서 그의 위엄을 경외하고 그의 덕을 마음에 품지 않은 이가 없다. 나는 귀부하고자 하는데, 너의 뜻은 어떠하냐?"라고 하였다. …… 견훤은 공직이 항복하였다는 소문을 듣고 크게 분노하였다. 직달, 금서와 그의 딸을 가두어 다리 근육을 지지고 끊으니 직달이 죽었다. 백제가 멸망한 뒤 나주에서 포로로 잡은 백제 장군 구도(具道)의 아들 단서(端舒)와 금서를 교환하여 부모에게 돌려보냈다. 22년(939)에 공직은 좌승(佐丞)을 지내다가 죽었다. 태조가 사신을 보내어 조문하게 하였고 정광(政匡)으로 추증하였다.

- 『고려사』 -

• 발해국 세자 대광현이 백성 수만 명을 데리고 와서 귀화하였다. 그에게 '왕계'라는 이름을 주어 왕실 족보에 등록하고, 특히 원보의 품계를 주어 백주 고을 일을 맡아보게 하면서 자기 조상의 제사를 받들게 하였다. 그의 관리들에게는 작위를, 군사들에게는 토지와 주택을 각각 차등 있게 주었다.

- 『고려사』 -

• 견훤이 막내아들 능예, 딸 애복, 애첩 고비 등을 데리고 나주로 달려와서 고려에 들어가기를 청하였다. (태조가) 장군 유금필 …… 등을 시켜 전함 40여 척을 가지고 바닷길로 가서 견훤을 맞이하게 하였다. 견훤이 들어오자 (태조는) 다시 그를 상부(尙父)라고 불렀으며, 남쪽 궁궐을 주고 지위는 모든 관리의 위에 있게 하고 양주를 식읍으로 주었다. 또한, 금과 은을 주고 노비 40명과 10필의 말을 주었다.

- 『고려사』 -

사심관 제도와 기인 제도

- 태조 18년 신라왕 김부(경순왕)가 항복해 오니 신라국을 없애고 경주라 하였다. 김부로 하여금 경주의 사심이 되어 부호장 이하의 임명을 맡게 하였다. 이에 여러 공신이 이를 본받아 각기 자기 출신 지역의 사심이 되었다.
- 건국 초에 향리의 자제를 뽑아 서울에 볼모로 삼고, 또한 출신지의 일에 대하여 자문에 대비하게 하였다.

- 『고려사』 -

태조의 민생 안정책

임금(태조)이 명을 내리기를 …… (몰락한 사람들에게) 조세를 면제해 주고 농업을 권장하지 않으면, 어찌 집집마다 넉넉하고 사람마다 풍족하게 될 수 있으랴. 백성에게 3년 동안 조세와 부역을 면제해 주고, 사방에 떠돌아다니는 자는 농토로 돌아가게 하며, 곧 대사면을 단행하여 함께 휴식하게 하라 하였다.

- 『고려사절요』 -

만부교 사건

10월에 거란 사신이 낙타 50필을 가지고 왔다. 태조가 "거란은 일찍이 발해와 동맹을 맺고 있다가 갑자기 의심을 품어 약속을 배신하고 그 나라를 멸망시켰다. 이처럼 도리가 없는 나라와는 친선 관계를 맺을 수 없다."라고 말하였다. 드디어 국교를 단절하고 그 사신 30명은 섬으로 귀양을 보냈으며, 낙타는 만부교 아래에 매어 두었더니 모두 굶어 죽었다.

- 『고려사』 -

> 고려의 북진정책은 거란과의 국경 분쟁을 낳아 태조 때에는 만부교 사건이 벌어졌고, 후에는 4차례에 걸친 침략을 받기도 했다

훈요 10조

내 듣건대 순(舜) 임금은 역산(歷山)에서 농사를 짓다가 요 임금의 선양을 받았고 한(漢) 고조(高祖)는 패택(沛澤)에서 일어나 드디어 한의 왕업을 이룩하였다. 나도 미천한 가문에서 일어나 사람들의 추대를 받아서, 여름에는 더위를 두려워하지 않고, 겨울에는 추위를 피하지 않으며, 몸과 마음을 괴롭힌 지 19년 만에 나라를 통일하였다. 왕위에 오른 지 25년이 되니, 몸은 이미 늙었다. 행여 후대의 임금들이 방탕하여 기강을 문란하게 할까 두려워하여 가르침을 전하노니, 조석으로 읽어 길이 귀감으로 삼으라.

1조 국가의 대업은 여러 부처의 호위를 받아야 하므로 …… 간신과 승려의 간청에 따라 각기 사원을 경영, 쟁탈하지 못하게 하라.
2조 사원은 도선이 산수를 점쳐놓은 데 따라 세운 것이다. 정해놓은 이외의 땅에 함부로 절을 세우지 말라.
3조 맏아들이 왕위를 계승하는 것이 법도이나, 만일 맏아들이 어리석으면 둘째 아들이 왕위를 잇게 하고, 둘째 아들이 불초하면 나머지 형제 가운데 많은 사람들이 추대하는 자를 왕이 되게 하라.
4조 우리 동방은 예로부터 당의 풍속을 숭상하여 예악 문물을 모두 거기에 좇고 있으나, 풍토와 인성이 다르므로 반드시 같이할 필요는 없다. (더욱이) 거란은 금수의 나라이므로 풍속과 말이 다르니 의관 제도를 본받지 말라.

5조 나는 우리나라 산천의 신비력에 의해 통일의 대업을 이룩하였다. 서경의 수덕은 순조로워 우리나라 지맥의 근본을 이루고 있어 길이 대업을 누릴 만한 곳이니 …….
6조 나의 소원은 연등(燃燈)과 팔관(八關)에 있는 바, …… 후세의 간신이 신위와 의식 절차의 가감(加減)을 건의하지 못하게 하라.
7조 임금이 신민의 마음을 얻는다는 것은 매우 어려우나, 그 요는 간언(諫言)을 받아들이고 참소를 멀리하는 데 있으니 …… 또, 백성을 부리되 때를 가려 하고 용역과 부세를 가벼이 하며 농사의 어려움을 안다면, 자연히 민심을 얻고 나라가 부강하고 백성이 편안할 것이다.
8조 차현 이남 공주강 밖은 산지와 강의 형세가 역(逆)의 지세이므로, 그곳의 인심 또한 그러할 것이다. 그들을 등용하여 권력을 주면 반란을 일으킬 수 있다.
9조 나라의 관직을 함부로 늘리거나 줄이지 말라. 공이 없는 자, 사사로이 친한 자, 친척 등에게 관직을 주어 백성의 원망을 사는 일이 없도록 하라.
10조 국가를 가진 자는 항상 무사한 때를 경계할 것이며, 널리 경사(經史)를 섭렵하여 예를 거울로 삼아 현실을 경계하라.

노비안검법 p.63
광종 7년에 노비를 조사해서 옳고 그름을 분명히 밝히도록 명령하였다. 이 때문에 주인을 배반하는 노비들을 도저히 억누를 수 없었으므로, 주인을 업신여기는 풍속이 크게 유행하였다. 사람들이 모두 수치스럽게 여기고 원망하였다. 왕비도 간절히 말렸지만 받아들이지 않았다.

과거 제도와 공복 제도 p.63
삼국 이전에는 과거법이 없었다. 고려 태조가 처음으로 학교를 세웠으나 과거로 인재를 뽑는 데까지는 이르지 못하였다. 광종이 쌍기의 의견을 받아들여 과거로 인재를 뽑게 하였다. 이때부터 문풍(文風)이 일어났고, 그 법은 대체로 당나라 제도를 따른 것이다. 우리나라의 예식과 복장 제도는 삼한 시대부터 나라별로 풍속을 지켜왔다. 신라 태종 무열왕이 당의 복장 제도를 도입하려고 한 뒤부터 관복 제도가 중국과 비슷하게 되었다. 고려 태조가 나라를 세울 때는 모든 것이 새로 시작하는 것이 많아서, 관복 제도도 우선 신라에서 물려받은 그대로 두었다. 광종 때에 와서 비로소 백관의 공복을 제 정하였다. 이때부터 귀천과 상하의 차별이 명확해졌다.
- 『고려사』 -

광종은 왕권을 강화하기 위해 공복을 제정하고 과거제를 실시했으며, 노비안검법을 실시하고 왕명에 저항하는 훈신들을 숙청하여 귀족 세력을 억누르고자 하였다.

성종 p.65
(성종 원년) 6월에 제(制)하기를, "임금의 덕은 오직 신하의 보필에 달려 있다. 짐이 새로 정무를 총괄하게 되었으니 잘못된 정사가 있을까 걱정된다. 경관(京官) 5품 이상은 각기 봉사를 올려 시정(時政)의 잘잘못을 논하라." 하였다. 정광·행선관어사·상주국(正匡·行選官御事·上柱國) 최승로(崔承老)가 상서(上書)하였다.
- 『고려사』 -

5조정적평(五朝政績評) p.65
앞서 가신 다섯 임금의 정치와 교화가 잘 되었거나 잘못된 것을 기록하여 조목별로 아뢰겠습니다. …… 광종이 즉위한 해로부터 8년간 정치와 교화가 깨끗하고 공평하였고, 형벌과 표창을 남용하지 않았습니다. 그러나 쌍기를 등용하여 과거를 시행한 후로부터 문사(文士)를 존중하고 대우하는 것이 지나치게 후하였습니다. 이런 까닭에 재주 없는 자가 부당하게 등용되고, 차례도 없이 벼슬을 뛰어올라 1년이 못 되어도 문득 재상이 되곤 하였습니다. …… 노비가 주인의 비행을 논하여 상하가 마음이 유리되고, 군신의 은의(恩義)는 갈려 옛 신하와 장수는 하나하나 죽임을 당하였습니다.
- 『고려사절요』 -

최승로의 시무 28조   p.65

저는 비록 어리석으나 국가 중직에 있으면서 진언할 마음도 있었고, 또 회피할 길도 없으므로 당면한 시국 대책 조항을 첨부하여 올립니다.

제7조 국왕이 백성을 다스림은 집집마다 가서 날마다 일을 보는 것이 아닙니다. 그런 까닭으로 수령을 나누어 보내어 가서 백성에게 이익이 되는 일과 손해가 되는 일을 살피게 하는 것입니다. …… 청컨대, 외관(外官)을 두소서. 비록 한꺼번에 다 보낼 수는 없더라도 먼저 10여 곳의 주현에 1명의 외관을 두고, 그 아래에 각각 2~3명의 관원을 두어서 백성 다스리는 일을 맡기소서.

제11조 중국의 제도를 따르지 않을 수는 없지만, 사방의 풍습이 각기 그 토성(土性)에 따르게 되니 다 고치기는 어려울 것 같습니다. 그 예악(禮樂)·시서(詩書)의 가르침과 군신·부자의 도리는 마땅히 중국을 본받아 비루함을 고쳐야 되겠지만, 그밖에 거마(車馬), 의복의 제도는 우리의 풍속대로 하여 사치함과 검소함을 알맞게 할 것이며, 구태여 중국과 같이 할 필요가 없습니다.

제20조 불교를 행하는 것은 몸을 닦는 근본이며 유교를 행하는 것은 나라를 다스리는 근원이니, 몸을 닦는 것은 내생(來生)을 위한 것이며 나라를 다스리는 것은 오늘의 일입니다. 오늘은 지극히 가깝고 내생은 지극히 먼 것이니, 가까운 것을 버리고 먼 것을 구하는 일이 또한 그릇된 일이 아니겠습니까.

제22조 우리 조정의 양천(良賤)의 법은 그 유래가 오래되었거니와, 우리 태조께서 창업하신 초기에 여러 신하들 중 본래부터 노비를 소유하고 있던 자를 제외한 나머지 본래부터 소유하지 않았던 자들은 혹은 군대를 따라 전쟁에 나가서 포로를 얻거나, 혹은 재물로 사서 노비로 삼았습니다. 태조께서는 일찍이 포로들을 풀어주어 양민으로 삼고자 하였으나 공이 있는 신하들의 마음을 동요시킬까 염려되어 편의대로 하도록 허락하였더니, 60여년에 이르는 기간 동안 하소연 하는 이가 없었습니다. 광종 때에 이르러 공신들의 노비를 조사하여 불법으로 소유한 노비를 가려 내라고 명령하시자, 공신들은 탄식하고 원망하였습니다. 다만 대목왕후(大穆王后)께서 그만둘 것을 요청하였지만 임금께서는 받아들이지 않았습니다. 이로 인해 천민과 노비들이 귀한 사람들을 업신여겼으며, 허위 사실로 주인을 모함한 것을 이루다 기록할 수 없었습니다. …… 전하께서는 지난 일을 거울삼아 천한 노비들이 귀한 이들을 업신여기지 못하게 하시고, 노비와 주인의 본분에 있어서 그 중도(中道)를 잡아 처리하십시오. …… 오직 지금의 판결을 상세하고 분명하게 하는 데에 힘쓰시되, 앞선 조정에서 결정한 바는 거슬러 따져서 분란을 만들어 낼 필요는 없습니다.
- 『고려사절요』 -

성종은 왕위에 오른 후 경관 5품 이상에게 글을 올려 당시의 정치나 행정의 득실을 논하게 하였고, 최승로가 이에 28개조에 이르는 시무책과 함께 앞선 5명의 왕의 행적에 대한 평가글을 올렸다. 최승로가 올린 시무책 28개 조항이 성종 대 정책의 기조를 이루게 되었다. 성종은 최승로의 시무 28조를 채택하여 실행함으로써 유교 이념에 따라 국가 기반을 정립하였다.

강조의 정변 p.66

강조의 군사들이 궁문으로 마구 들어오자, 목종이 모면할 수 없음을 깨닫고 태후와 함께 목놓아 울며 법왕사로 옮겼다. 잠시 후 황보유의 등이 대량원군(大良院君) [순(詢)]을 받들어 왕위에 올렸다. 강조가 목종을 폐위하여 양국공으로 삼고, 군사를 보내 김치양 부자와 유행간 등 7인을 죽였다. …… 적성현에 이르자 강조가 사람을 시켜 목종을 죽인 후 자결하였다고 보고하였으며, 그 시신은 문짝으로 만든 관에 넣어 객관에 임시로 안치하였다.
- 『고려사』-

고려 중기의 황제국 체제 p.67

• 현종 12년 3월 철리국에서 사신을 보내 예전처럼 복종할 것을 청하는 표문(황제에게 올리는 글)을 올렸다.
- 『고려사』-

• 천자(天子)의 따님이여, 보름달 같으셨네. 저 흰 구름 타고 하늘 위에 오르셨는가.
쫓아가려 해도 따를 수 없으니, 바람은 쓸쓸하고 하늘만 푸르고 푸르네.
한마디 말로 묘지를 지으니, 천년만년 잊히지 않으리라.
- 복령 궁주 묘지명 -

국립중앙박물관에 소장된 복령 궁주의 묘지명에 새겨진 글의 일부이다. 복령 궁주 왕씨(1096~1133)는 고려 숙종의 넷째 딸이자 예종의 친동생이다. 묘지명에서는 고려가 중국 송의 연호를 사용하면서도 복령 궁주를 '천자의 딸'이라고 부르고 있다.

3 문벌 사회의 동요

이자겸 p.69

• 이자겸의 여러 아들들이 앞을 다투어 큰 집을 지어 집들이 거리에 이어졌다. 세력이 더욱 커짐에 따라 뇌물이 공공연히 오고 갔다. 사방에서 바치는 음식과 선물이 넘치게 되니, 썩어서 버리는 고기가 항상 수만 근이나 되었다. 남의 토지를 빼앗고 종들을 시켜 수레와 말을 빼앗았다. 가난한 백성들이 모두 수레를 부숴 버리고 말을 팔아 버리니 길이 시끌벅적하였다.

• 그는 스스로 국공(國公)에 올라 왕태자와 동등한 예우를 받았으며 자신의 생일을 인수절(仁壽節)이라 칭하였다. 그는 남의 토지를 빼앗고 공공연히 뇌물을 받아 집에는 썩는 고기가 항상 수만근이나 되었다.
- 『고려사』-

당시 왕실 외척 인주 이씨 이자겸의 권세를 엿볼 수 있다.

김부식 p.70

• 김돈중이 아우 김돈시와 함께 아버지 김부식이 세운 관란사를 중수하고 왕을 위해 복을 비는 것이라고 소문을 내었다. 왕이 김돈중 등에게 말하기를 "듣건대 경들이 과인을 위해 복을 빈다고 하니 매우 가상하다. 장차 가서 보겠노라."라고 하였다. 김돈중 등이 또 절의 북쪽 산은 민둥하여 초목이 없으므로 인근의 백성을 모아 소나무, 잣나무 등과 그 밖의 진귀한 꽃과 기이한 화초를 심고, 단을 쌓아 임금의 방을 만들었는데, 아름다운 색채로 장식하고 대의 섬돌은 모두 괴석을 사용하였다. 하루는 왕이 이 절에 행차하니 김돈중 등이 절의 서쪽 대에 잔치를 베풀었다. 휘장, 장막과 그릇이 매우 사치스럽고, 음식이 극히 진기하여 왕이 재상 및 가까운 신하들과 흡족하게 즐기고, 김돈중·김돈시에게 백금 각 3정과 비단 각 10필, 거란산 실 70근을 하사하였다.
- 『고려사』-

[사료의 정석] 史師 **사료한국사**

- 돈중, 돈시는 김부식의 아들이다. …… 김돈중은 인종 때 과거에 장원급제하였다. 지공거 한유충 등이 처음에 김돈중을 제2등으로 정하였다. 왕이 아버지를 위로하려고 장원으로 급제시켰다.

— 『고려사』 —

서경 천도 운동 p.70

- 묘청이 글을 올리기를, "신 등이 서경 임원역 땅을 보니 이는 음양가가 말하는 대화세입니다. 만약 궁궐을 세워 옮기시면 천하를 합병할 수 있을 것이요, 금나라가 폐백을 가지고 스스로 항복할 것이며, 36국이 다 신하가 될 것입니다."라고 하였다. …… 황주첨이 묘청과 정지상의 뜻에 따라 칭제건원할 것을 주청하였으나 (왕이) 듣지 않았다. 인종 13년에 묘청이 서경을 거점으로 난을 일으켰다. …… 이들은 국호를 대위라 하고, 건원하여 연호를 천개라 하였다.

- 김부식(金富軾)이 아뢰어 말하기를, "금년 여름 서경 대화궁에 30여 군데나 벼락이 떨어졌습니다. 서경이 만약 좋은 땅이라면 하늘이 이렇게 하였을 리 없습니다. …… 또 서경은 아직 추수가 끝나지 않았습니다. 지금 행차하시면 농작물을 짓밟을 것입니다. 이는 백성을 사랑하고 물건을 아끼는 뜻과 어긋납니다."라고 하였다.

— 『고려사』 —

김부식의 윤언이 탄핵 p.70

- 중군(中軍) 김부식이 아뢰기를 "윤언이는 정지상과 결탁하여 생사를 함께하기로 맹세한 당(黨)이 되어 크고 작은 일마다 실제로 함께 의논하였습니다. 또한 임자년에 왕께서 서경으로 행차하실 때, 글을 올려 연호를 세우고 황제로 칭하기를 청하였습니다. …… 이는 모두 금나라를 격노하게 하여 이때를 틈타 방자하게도 자기 당이 아닌 사람을 처치하고 반역을 도모한 것이니 신하의 마음이 아니었습니다."라고 하였다.

— 『고려사』 —

- 윤언이가 이르기를, "연호를 세우자고 청함은 우리 임금을 높이는 정성에 근본한 것이니 태조와 광종이 연호를 세운 일이 있고 신라와 발해도 그러하였습니다. 저는 대화(大華)라는 말에는 참여하지도 않았고, 정지상과도 같지 않았음은 폐하께서 잘 아실 것입니다."

— 『고려사』 —

신채호의 서경 천도 운동 인식 p.70

"무슨 사건이 종교, 학술, 정치, 풍속 각 방면에 노예성을 산출하였는가? 나는 일언으로 화답하여 가로되 고려 인종 13년 서경 전역(西京戰役) 즉 묘청이 김부식에게 패함이 그 원인이라 한다. 서경 전역을 역대의 사가들이 다만 왕사(王師, 김부식)가 반적(反賊)을 친 전역으로 알았을 뿐이었으나, 이는 근시안의 관찰이다. 그 실상이 이 전역이 즉 낭(郎)·불(佛) 양가 대 유가(儒家)의 싸움이며, 국풍파(國風派) 대 한학파(漢學派)의 싸움이며, 독립당 대 사대당의 싸움이며, 진취 사상 대 보수 사상의 싸움이니, 묘청이 곧 전자의 대표요 김부식은 곧 후자의 대표였던 것이다. 이 전역에 묘청 등이 패하고 김부식이 이겼으므로 조선사가 사대적, 보수적, 속박적 사상인 유교 사상에 정복되고 말았거니와, 만일 이와 반대로 김부식이 패하고 묘청 등이 이겼더라면 조선사가 독립적, 진취적 방면으로 진전하였을 것이니, 이 전역을 어찌 '일천년래 제일대사건(一千年來第一大事件)'이라 하지 아니하랴."

— 『조선사연구초』 —

신채호는 서경 천도 운동의 실패로 낭가 사상으로 일컬어지는 독립 사상이 사라지고 사대주의가 판을 치게 되었다고 개탄하였다. 그는 이 사건을 '일천년래 제일대 사건'이라 일컬으며 우리 역사의 큰 전환점으로 인식하였다.

벽사 사건과 의종의 향락 p.71

• 정중부는 대궐을 지키던 경비 장교였다. 어느 날 내시 김돈중이 촛불로 정중부의 수염을 태우니 정중부는 그를 잡아 때리고 욕하였다. 김돈중의 아버지 김부식이 화가 나서 인종에게 말하여 정중부를 매질하려고 하니 왕이 이를 허락하였다. 그러나 왕은 정중부의 사람됨을 뛰어나게 여겨 몰래 도망시켜 화를 면하게 하였다.

- 『고려사』-

• 왕(의종)이 수시로 거동하면서 아름다운 곳에 이를 적마다 행차를 멈추고, 가까이 총애하는 문신들과 술 마시고 글을 읊으며 돌아갈 줄 몰랐으니, 호위하던 장수들이 피곤하여 불평을 토로하였다. …… "문신들은 의기양양하여 취하도록 마시고 배부르게 먹고 있는데 무신들은 모두 굶주리고 피곤하니, 이 어찌 참을 수 있겠습니까?"

- 『고려사절요』-

보현원 사건 p.71

의종 24년 8월 그믐날, 수박희를 하였다. 대장군 이소응이 이기지 못하고 달아나려 하였다. 이때 한뢰가 갑자기 나서서 이소응의 뺨을 후려쳐 섬돌 아래로 떨어지게 하였다. 왕과 여러 신하들이 손뼉을 치며 크게 웃었다. 정중부, 김광미, 양숙, 진준 등은 낯빛을 바꾸어 서로 눈짓을 하더니 정중부가 날카로운 소리로 한뢰를 꾸짖었다. "이소응이 비록 무관이나 벼슬이 3품인데, 어찌 이렇게 심한 모욕을 주는가." 왕이 정중부의 손을 잡고 달래서 말렸다. 이고가 칼을 뽑고 정중부에게 눈짓하였으나 정중부가 그만두게 하였다. …… 처음에 정중부와 이의방 등이 약속하여 말하기를, "우리들은 오른쪽 어깨를 드러내고 관모를 벗을 것이다. 그렇게 하지 않은 사람은 모두 죽이자."라고 하였다.

- 『고려사』-

정중부의 난 p.71

정중부 등이 왕을 모시던 신하 20여 명을 살해하였다. 왕은 수문전(修文殿)에 앉아서 술을 마시며 영관(伶官)들에게 음악을 연주하게 하였으며 밤중에서야 잠이 들었다. 이고와 채원이 왕을 시해하려고 했으나 양숙이 막았다. …… 정중부가 왕을 협박하여 군기감으로 옮기고, 태자는 영은관으로 옮겼다.

정중부를 비롯한 무신들이 정변을 일으키고 군인전을 제대로 지급받지 못했던 하급 무인들이 여기에 동조하여, 무신들의 시대가 열렸다.

무신정변 당시 문신들의 처지 p.71

의종 때 유자량이 나이 16세에 유학자제들과 만든 계(契)에 무인 오광척과 문장필을 가입시키려 하였으나 계원(契員)이 반대하였다. 유자량이 말하기를, "친구를 사귀는 데에는 문무가 함께 겸비되는 것이 좋다. 만약 무인의 가입을 거절하면 뒷날 반드시 후회할 것이다." 하니 모두 따랐다. 얼마 후 정중부의 난이 일어나자 문신 계원들은 오광척과 문장필의 도움으로 화를 면하였다.

- 『고려사』-

무신 집권기의 반 무신란 p.71

• 병진년 동북면병마사 간의대부 김보당이 동계에서 군사를 일으켜 전(前) 왕을 복위시키고자 하였다. 동북면 지병마사 한언국이 군사를 일으켜 이에 호응하여 장순석 등으로 하여금 거제에 이르러 전왕을 받들어 계림에서 거처하게 하였다.

50

[사료의 정석] 史師 **사료한국사**

- 조위총이 동계·북계의 여러 성에 격문을 돌려 말하길, "소문에 따르면 개경의 중방에서 '북계의 여러 성들을 토벌해야 한다.'며 군사를 동원했다고 하니, 우리가 어찌 가만히 앉아서 그냥 죽을 수 있겠는가. 각자 군사와 말을 소집해 빨리 서경으로 달려가야 한다."라고 하였다. 이에 철령 이북의 40여 성들이 호응했다.
- 1193년(명종 23) 7월 남적(南賊)이 봉기하였다. 그중 심한 것은 김사미와 효심인데, 이들은 유랑하는 무리를 불러 모아 각 고을에서 노략질하였다. 왕이 이를 근심하여 대장군 김존걸로 하여금 장군 이지순, …… 등을 지휘해 토벌에 나서게 하였다.

- 『고려사』 -

> 정중부는 무신들의 회의체였던 중방을 중심으로 권력을 행사하였고, 이에 동북 병마사 김보당, 서경유수 조위총, 교종 승려인 귀법사 승려 등이 난을 일으켰으나 이내 진압되었다.

이의민　　　　　　　　　　　　　　　　　　p.72
이의민은 경주 사람으로 부친 이선은 소금과 체를 파는 직업이었고, 모친은 연일현 옥령 사노비였다. …… 정중부의 난 때 이의민이 살해한 사람이 제일 많았다. 그리하여 이의민은 중랑장으로 되었다가 즉시 장군으로 승진하였다.

- 『고려사』 -

무신 정권 초기의 상황　　　　　　　　　　p.72
이의민이 두경승과 함께 재상이 되어 중서성에 있으면서 "어떤 사람이 용맹함을 자랑하기에 내가 그 사람을 이렇게 때려 눕혔소."라고 하며 주먹으로 기둥을 치니 서까래가 흔들렸다. 두경승이 말하기를, "언젠가 내가 맨주먹으로 치니 사람들이 달아났소."라고 하면서 벽을 치자 구멍이 뚫렸다. 어떤 사람이 시를 지어 조롱하기를 "나는 이의민과 두경승이 두렵네. 그 당당한 모습이야말로 진짜 재상답구나!"라고 하였다.

- 『고려사』 -

최충헌　　　　　　　　　　　　　　　　　　p.72
사신(史臣)이 말하기를, "신종은 이 사람이 세웠다. 사람을 살리고 죽이고 왕을 폐하고 세우는 것이 다 그의 손에서 나왔다. (신종은) 한 갓 실권이 없는 왕으로서 신민(臣民)의 위에 군림하였지만, 허수아비와 같았으니, 애석한 일이다."라고 하였다.

- 『고려사』 -

> 최충헌은 신종뿐만 아니라 이후 희종, 강종, 고종까지 4명의 왕을 갈아 치울 정도로 막강한 권력을 가졌다.

최충헌의 봉사 10조　　　　　　　　　　　　p.72
봉사(封事)를 올려 말하였다. "엎드려 살펴보건대, 적신 이의민(李義旼)은 성품이 맹수처럼 잔인하여 임금님을 업신여기고 아랫사람들을 능멸하였으며, 임금의 자리[神器]마저 흔들려고 했기 때문에 화가 불꽃처럼 일어나고 민들은 살길이 아득해졌습니다. 신들은 폐하의 신령스러운 위엄을 빌어 단번에 그들을 소탕하였습니다. 원하건대 폐하께서는 낡은 제도를 혁파하고 새로운 정치를 도모하심에 오로지 태조(太祖)의 올바른 법을 따르시어 중흥의 길을 환히 여시길 바랍니다. 삼가 10가지 사항을 아뢰옵니다.
1. 국왕은 참위설을 믿어 새로 지은 궁궐에 들지 않고 있는데, 길일을 택하여 들어갈 것
2. 근래 관제에 어긋나게 많은 관직을 제수해 녹봉이 부족하게 되었으니, 원 제도에 따라 관리의 수를 줄일 것

3. 근래 벼슬아치들이 공·사전을 빼앗아 토지를 겸병함으로써 국가의 수입이 줄고 군사가 부족하게 되었으니, 토지대장에 따라 원주인에게 돌려줄 것
4. 세금을 거두는데 향리의 횡포와 권세가의 거듭되는 징수로 백성의 생활이 곤란하니, 유능한 수령을 파견하여 금지케 할 것
5. 근래 각 지역의 관리들이 공물 진상을 구실로 약탈 행위를 일삼고 사취하기도 하니, 공물 진상을 금할 것
6. 지금 한두 명의 승려가 국왕의 총애를 등에 업고 폐단을 야기하는데도 그들로 하여금 삼보(三寶)를 관장하게 하여 백성을 수탈하니, 승려의 고리대를 금할 것
7. 근래 군현 향리들이 탐학을 일삼으므로, 양계 병마사와 5도 안찰사에게 지방관의 능력을 재조사하여 능력 있는 자를 발탁하고 탐관오리는 징벌하게 할 것
8. 조정 관리들이 가옥과 의복을 보석으로 장식하여 사치가 심하니, 관리의 사치를 금하고 검소함을 숭상케 할 것
9. 태조 대에 풍수지리에 맞춰 사원을 지었는데 후대에는 장상 군신(將相群臣)이 함부로 사찰을 건립하여 재변이 자주 일어나므로, 음양을 살펴 비보사찰 이외의 원당 건립을 금할 것
10. 지금 신하들이 모두 머뭇거리며 구차하게 영합하니, 국왕께서는 사람을 택한 후 그로 하여금 조정에서 직언하게 하고 신하들의 간언을 용납할 것

교정도감 p.72

(희종) 5년(1209), 청교역(青郊驛) 서리 3명이 최충헌 부자를 죽일 것을 모의하면서, 거짓 공첩(公牒)을 만들어 여러 사원의 승도를 불러 모았다. 그 공첩이 이르자 귀법사 승려들은 공첩을 가져온 사람을 잡아서 최충헌에게 고발하였다. (최충헌은) 즉시 영은관에 교정별감을 설치한 뒤 성문을 폐쇄하고 대대적으로 그 무리들을 색출하였다. 청교역 사람들이 우복야 한기(韓琦)를 무고하니, 최충헌이 한기와 그의 아들 3명을 죽였으며, 또 장군 김남보(金南寶) 등 9명을 죽이고 추종자들을 먼 섬으로 유배 보냈다.

- 『고려사』 -

정방 p.72

• 고종 12년(1225)에는 최우가 정방을 자기 집에 두고 여러 관리를 선발해 배치하였는바 문사(文士)를 뽑아 여기에 소속시키고 "비칙치"라고 불렀다. 옛 법에 의하면 이부는 문관의 선발을 담당하고, 병부는 무관의 선발을 맡았는데, 관리들의 근속 연월 수를 고려하며 그 근면과 태만을 구별하고 공로와 허물을 표준하며 재능의 유무를 평가하여 다 서면에 기록하여 두고 이것을 정안(政案)이라고 불렀다. 이것을 가지고 중서성에서 승진과 해직에 대해 논의하고 왕에게 보고하면, 문하부에서는 왕명을 받아 집행하였다.

- 『고려사』 -

• 백관의 폐출은 모두 정방으로 하여금 주의(注擬)하게 하였는데, 왕에게 올리면 왕은 하는 수 없이 모두 이를 옳다고 하여 시행하였으며, 재상은 말도 못하고 두 손을 맞잡고 문서를 받들어 행할 뿐이었다.

- 『역옹패설』 -

- 옛날에 평장사 금의, 수상 김창, 상서 박훤과 같은 명사들도 모두 정방을 통해서 진출하였으니, 최씨 무신 정권 시대에는 이것을 영광스럽게 여기고 부끄러워해야 할 것인 줄을 몰랐다. 문정공 유경이 김인준과 함께 최의를 죽이고 정권을 왕실에 돌려보낸 다음에도 정방 그대로 혁파되지 않았다. 왕실의 중요한 직책을 권세가에서 사사롭게 부르던 대로 계속해 사용한 것은 탄식할 만한 일이다.

  - 『역옹패설』 -

서방

고종 14년, 최이는 교정도감으로 하여금 금내(禁內) 6관(官)에 첩을 보내, 각자 과거에는 합격하였지만 아직 관료가 되지 못한 사람 중에서 재주와 행실이 좋은 사람을 천거하도록 하였다. 과거에 최충헌이 교정도감을 설치하여 여러 가지 일을 담당하도록 하였는데, 최이도 이를 따랐다. 최이의 문객들은 당대에 이름난 학자들이 많았는데, 이들을 3번(番)으로 나누어 돌아가면서 서방에서 숙직하도록 하였다.

  - 『고려사』 -

최우의 능문능리 등용

최이(최우)가 일찍이 조정 선비의 등급을 매길 때, 문장에 능하고 실무에 능한 것을 제일로 삼고, 문장에 능하나 실무에 능하지 못한 것을 다음으로 삼았으며, 실무에는 능하나 문장에 능하지 못한 것을 또 그 다음으로 삼고, 문장과 실무에 모두 능하지 못한 것을 하등으로 삼았다.

  - 『고려사절요』 -

최씨 정권기의 권력 기구

- 최충헌은 권력을 잡은 뒤 시행하려는 것은 반드시 교정도감을 통하였다.
- 백관이 최우의 집에 가서 인사 관련 장부를 올리니, 최우가 마루에 앉아서 이를 받았다. 이때부터 최우는 정방을 자기 집에 설치하고 정방에서 백관의 인사를 결정하였다.
- 최우의 문객들은 당대에 이름난 학자들이 많았는데, 이들을 세 무리로 나누어 돌아가면서 서방에서 숙직하도록 하였다.
- 최우는 날마다 도방과 마별초를 소집하여 격구를 하거나 창을 자유자재로 다루게 하거나 말을 타고 활을 쏘게 하였다.

  - 『고려사』 -

최우는 아버지 최충헌이 설치했던 교정도감을 통해 정치 권력을 장악했고, 정방을 설치하여 인사권을 장악하였다. 또한 서방을 설치하여 문학과 행정 능력을 갖춘 문신들이 정책을 자문하도록 하였으며, 이들 중 일부를 관료로 추천하였다.

4 원의 간섭과 고려의 정치 변동

원의 내정간섭

- 고려에 왔던 사신 장수지가 어느 날 한희유에게 "성(省)을 지금 무엇이라고 고쳐 부르는가?" 하고 묻자 '첨의부'라고 일러주었다. 다시 추밀원의 고친 이름을 묻기에 모른다고 대답하였다. 장수지가 "그대는 어떻게 해서 재상이 되었는가?"라고 핀잔을 주기에 전쟁에서 세운 공이라고 응수하니 장수지가 입을 가리고 웃었다.

• 다루가치가 왕을 비난하면서 말하기를, "선지(宣旨)라 칭하고, 짐(朕)이라 칭하고, 사(赦)라 칭하니 어찌 이렇게 참람합니까?"라고 하였다. …… 이에 (왕이) 선지를 왕지(王旨)로, 짐을 고(孤)로, 사를 유(宥)로, 주(奏)를 정(呈)으로 고쳤다.

- 『고려사』 -

고려는 왕실과 정치 제도 등의 지위가 격하되어 중서문하성과 상서성은 합쳐져 첨의부로, 중추원은 밀직사로, 어사대는 감찰사로 격하되었고 6부는 4사로 통폐합되었다.

정동행성 p.73

제주 만호 임숙(林淑)이 몹시 탐욕스러워 우리 백성들은 그 고통을 견딜 수가 없었습니다. 죄를 지어 정동행성에 갇혀 있던 그를 제주로 복귀시키려 하다니 도대체 우리가 무슨 죄가 있습니까? 이는 정동행성의 관리들이 임숙으로부터 뇌물을 받고 풀어주었기 때문입니다. 그를 심문하여 처벌하지 않는다면 원의 조정에 고소할 것입니다.

겁령구 p.73

장순룡은 원래 이슬람 사람으로, 본명은 삼가였다. …… 장순룡은 제국 공주의 겁령구로서 고려에 와서 낭장에 임명된 후 여러 번 승진하여 장군이 되었으며, 지금의 이름으로 바꾸었다.

- 『고려사』 -

응방 p.74

박의는 밀양 사람으로, 매를 바치러 원에 다녀와 응방을 관리하였다. 그는 꽁지깃이 드물게 14개인 매를 중국 황제에게 진상하고 그 답례로 황제가 자신을 장군으로 임명하였다고 왕에게 알려 장군이 되었다. …… 충선왕이 즉위하여 첨의찬성사를 더하였고, 밀양군에 봉하였다.

- 『고려사』 -

입성책동(立省策動) p.74

유청신은 충숙왕을 따라 원에 갔을 때 심왕 고가 왕위를 엿보고 있음을 알았다. 조적 등과 함께 왕을 배반하고 고를 부추겨 갖은 모략과 간계를 꾸몄다. 또 오잠과 함께 원 조정에 우리나라에 성(省)을 설치하여 원나라와 같이 할 것을 요청하였다.

- 『고려사』 -

권문세족의 토지 겸병 p.74

• 요즘 들어 간악한 도당들이 남의 토지를 겸병함이 매우 심하다. 그 규모가 한 주(州)보다 크기도 하고, 군郡 전체를 포함해 산천으로 경계를 삼는다. 남의 땅을 조상으로부터 물려받은 땅이라고 우기면서 주인을 내쫓고 땅을 빼앗아 한 마지기의 주인이 대여섯 명이 넘기도 하며, 농민들은 세금으로 생산량의 8~9할을 내야 한다.

- 『고려사』 -

• 나라에 사건 사고가 많았던 뒤로 일이 예전과 달라 …… 권세가는 토지를 겸병하고, 혹독한 관리는 지나치게 거두어 토지는 송곳 세울 만한 곳도 없고, 집에는 아무것도 없어 탄식만 있을 뿐이다.

- 『가정집』 -

권문세족

- 윤수의 아버지 윤양삼은 무뢰배이기에 강화도에서 사형을 당하였다. …… (윤수는 고려를) 배반하고 몽골에 들어갔다. 충렬왕이 몽골에 있을 때 …… 매와 사냥개로 총애를 얻게 되었다. (왕이) 즉위하자 윤수는 심양에서 가족을 데리고 귀국하여 응방을 관리하면서 권세를 믿고 제멋대로 악한 일을 하였다.

- 조인규는 나면서부터 영특하였고, 자라나 공부하여 글의 뜻을 어느 정도 알게 되었다. 그때 나라에서 나이 어린 소년들 중에서 똑똑한 아이들을 골라서 몽골어를 배우게 하였는데, 조인규도 여기에 선발되었다. …… 3년 동안 몽골어를 공부한 결과, 마침내 능통하게 되었다. 원의 황제 앞에서 통역을 잘 한 것으로 유명해져 나중에 장군으로 승진하였다.

— 『고려사』 —

충선왕

휘(諱)는 장(璋)이고, 몽고의 휘는 익지례보화(益智禮普化-이지르부카)이다. 선왕의 맏아들이며 어머니는 제국대장공주(齊國大長公主)이다. 을해년 9월 정유일에 출생하였다. 성품이 총명하고 굳세며 결단력이 있었다. 이로운 것을 일으키고 폐단을 제거하여 시정에 그런대로 볼 만한 것이 있었으나 부자(父子) 사이는 실로 부끄러운 일이 많았다. 오랫동안 상국(上國)에 있었는데, 스스로 귀양가는 욕을 당하였다. 왕위에 있은 지 5년이며, 수는 51세였다.

— 『고려사절요』 —

충선왕의 복위 교서

이제부터 만약 종친으로서 같은 성에 장가드는 자는 황제의 명령을 위배한 자로서 처리할 것이니, 마땅히 여러 대를 내려오면서 재상을 지낸 집안의 딸을 취하여 부인을 삼을 것이며, 재상의 아들은 왕족의 딸과 혼인함을 허락할 것이다. 만약 집안의 세력이 미비하면 반드시 그렇게 할 필요는 없다. …… 철원 최씨, 해주 최씨, 공암 허씨, 평강 채씨, 청주 이씨, 당성 홍씨, 황려 민씨, 횡천 조씨, 파평 윤씨, 평양 조씨는 다 여러 대의 공신 재상의 종족이니 가히 대대로 혼인할 것이다. 남자는 종친의 딸에게 장가가고 딸은 종비(宗妃)가 됨직하다.

— 『고려사』 —

> 충선왕은 아버지인 충렬왕을 내몰고 왕위에 올랐다가 재차 충렬왕에게 밀려났고, 폐위되어 있는 동안 원에 머물렀는데, 원 무종의 즉위에 기여하여 심양왕(후에 심왕)에 봉해지고 충렬왕이 죽은 뒤 고려 왕에도 복위하였다-중조(重祚).

전농사

- 각 도(道)의 무농사(務農使)인 이후(李厚)와 육희지(陸希贄), 최백륜(崔伯倫) 등을 불러 당부하기를, "내가 전농사(典農司)를 설치한 이유는 한(漢)의 상평창(常平倉) 제도를 본받아 백성들의 곡식을 사들이고 되팖으로써 긴급한 일을 구제하려는 것이지 사적인 일에 쓰려는 것이 아니다. 또한 국가에는 3년 동안 쓸 수 있는 비축이 없으면 국가가 아닌 것이다. 만약 긴급한 일을 구원하고자 갑자기 백성에게서 거두어들이고도 백성들이 원망하지 않기를 바란다면 일을 이루는 것이 가능하겠는가? 무릇 백성이 호강(豪强)한 가문에 숨어든 자는 날로 부유해져서 안락해지지만, 외롭게 남아있는 잔민(殘民)들은 세금 징수로 궁핍해지니 이는 오로지 명령을 받은 자가 사적인 것을 따르고 공적인 것을 배반하였기 때문으로 내가 심히 부끄럽도다. 그대들은 각자 나의 뜻을 본받아 그와 같은 폐단을 통렬히 혁파하라. 따르지 않는 자가 있으면 위법 정도에 따라 처결한 연후에 첨의부(僉議府)에 보고하라."라고 하였다.

— 『고려사』 —

• 충선왕 즉위년 11월 대사령을 선포하고 하교하였다. "…… 요즈음 간신이 세력을 잡고 국권을 우롱하며 기강을 어지럽히고 있다. 논밭과 노비를 모두 간신에게 빼앗겨 백성들은 살기 어려워졌다. 나라의 창고는 비었으나 권세가의 집에는 부가 넘치니 통탄하는 바이다. 이에 사자를 뽑아 보내 백성의 논밭은 경계를 분명히 하고 조세를 공평히 부과하여 옛 법도를 되찾으려 한다."

- 『고려사』 -

이승휴의 원나라 인식 p.75

요동에 별도의 하늘과 땅이 있으니, 별자리도 중국과 구분된다네. 처음에 어느 누가 나라를 열었던가. 제석의 손자, 이름은 단군이로다. …… 공주와 혼인하는 은총을 입으니, 성대하도다. 황제를 보필하는 이로움이여! 몸소 효도를 행하고, 왕위에 오르는 복을 받았네. 천자의 누이(원공주)는 대궐을 관장하고, 황제의 외손자(충선왕)는 세자가 되었네. 조상의 기업은 다시 빛나고, 황제의 은혜는 멀리에서 적셔 온다.

- 『제왕운기』 -

충숙왕의 중조 p.76

원에서 유수 보수와 전이문 낭중 장백상 등을 보내어 황제의 명령을 전하기를, "이미 1월 3일에 상왕의 복위를 명하였다."라고 하니, 왕과 좌우 신하들이 모두 깜짝 놀랐다. 장백상이 국새를 회수하고 모든 창고를 봉하였다. 왕은 원으로 갔다.

- 『고려사절요』 -

원명 교체기의 상황 p.76

우리 동방은 예를 다하여 중국을 섬기면서 누가 천하의 의로운 군주인가를 살폈을 뿐입니다. 근래 원이 쫓겨나고 명이 천하를 장악하였습니다. 원이 나라를 잃고 와서 음식을 구하는 것은 잠시 목숨을 연장해 보려는 것입니다. 명에서는 이미 우리를 의심하고 있을 텐데 우리가 원과 통한다는 것을 들으면 죄를 묻는 군사가 수륙으로 한꺼번에 쳐들어올 것입니다. 국가에서는 장차 무슨 말로 그들을 대하겠습니까?

- 『고려사』 -

공민왕의 반원 자주 정치 p.76

• 공민왕이 원의 제도를 따라 변발을 하고 호복(胡服)을 입고 전상(殿上)에 앉아 있었다. 이연종이 간하려고 문밖에서 기다리고 있었더니, 왕이 사람을 시켜 물었다. (이연종이) 말하기를 "임금 앞에 나아가 직접 대 면해서 말씀드리기를 바라나이다."라고 하였다. 이미 들어와서는 좌우를 물리치고 말하기를 "변발과 호복은 선왕(先王)의 제도가 아니오니 원컨대 전하께서는 본받지 마소서."라고 하니, 왕이 기뻐하면서 즉시 변발을 풀어 버리고 그에게 옷과 요를 하사하였다.

• 원을 섬긴 때부터 머리를 땋아 변발하고 호복을 입은 것이 거의 100년이었다. 명나라 태조 홍무제에게서 공민왕이 면복을 하사받고 왕비와 군신들도 모두 하사받은 것이 있었으니, 이때부터 관복과 문물이 빛나고 다시 새로워졌으며 옛날만큼 갖추어지게 되었다.

공민왕의 반원 자주 정치

• 왕이 원의 연호 사용을 중지하도록 하고 교서를 내리기를, "근래에 나라의 풍속이 일변해 오직 권세만 추구하게 되었으니, 기철 일당이 임금조차도 무시하고 마구 위세를 부려 나라의 법도를 뒤흔드는 일이 벌어졌다. 지금부터는 더욱 정치에 마음을 다 쏟을 것이며, 법령을 밝게 다듬고 기강을 정돈하여 조종이 세운 법을 회복해 온 나라 백성들과 함께 새롭게 출발하고자 한다."라고 하였다.

- 『고려사』 -

기철 제거

• 왕이 어느 날 행성으로 가 황제의 생일을 축하하려고 하였다. 기철이 임금과 말을 나란히 하며 이야기하려고 하자, 왕이 호위 군사를 시켜 앞뒤로 갈라놓고 곁에 오지 못하게 하였다.

- 『고려사』 -

• 다행히 요사이 조상의 신령에 힘입어 기철 등이 처형되었고, 손수정 같은 무리도 법전에 정한 형벌에 따라 처형 되었도다. …… 태조와 역대 선왕에게 존칭하는 칭호를 더 올리고, 그 제사에 힘써 극진히 정결하게 하고 능을 지키는 능지기는 요역을 면제해 줄 것이다.

- 『동국통감』 -

> 공민왕은 원명 교체기를 이용하여 반원 자주책을 펼쳤고, 결국 기황후의 일족인 기철을 제거하였다. 이를 구실로 원이 요양의 동녕부를 근거지로 하여 고려를 공격하자 공민왕은 요양을 일시 정벌하였다.

신돈

• 신돈은 어려서 승려가 되었다. 이름은 편조이다. …… 어머니가 신분이 천해서(계성현 옥천사의 여종) 승려들 사이에 끼지 못하고, 항상 산속 방에 거처하였다. …… 이승경이 이 모습을 보고, "나라를 어지럽힐 사람이 이 승려일 것이다."라고 하였으며, 정세운도 요사스러운 승려라며 죽이려 하여 공민왕이 몰래 피신시켰다.

• 천민, 노예로서 양민이라고 호소하는 자는 모두 다 양민으로 만들어 주었으므로 노예로서 주인을 배반한 사람들이 들고 일어나 "성인이 나왔다."라고 하였다. …… 신돈의 성품이 사냥개를 무서워하며 활 쏘고 사냥하는 것을 싫어하였다. 또 호색 음탕해서 늘 검은 닭과 흰말을 잡아먹고 양기를 돋우었다. 그래서 당시 사람들이 그를 늙은 여우의 요정이라고 하였다.

• 신돈이 유숙을 미워하여 왕에게 참소하여 그를 죽였으며, 또 김문현의 참소를 듣고 김문현의 아버지 김달상을 죽이고 …… 신돈이 자신의 권력이 지나치게 강해진 것을 알고, 왕이 자신을 멀리할까 두려워하여 비밀리에 역모를 꾀하였다.

- 『고려사』 -

> 승려 사이에서도 인식이 좋지 못했던 신돈은 공민왕에게 발탁되어 전민 변정 도감을 통해 개혁을 추진하였다. 특히 불법적 농장과 노비를 몰수함으로써 백성들의 지지를 받았다. 그러나 권문세족의 반발과 세력 기반의 미약함으로 인해 성공을 거두지는 못하였다.

전민변정도감

• 요사이 기강이 크게 무너져 사람들이 탐욕스럽고 포학하게 되어 종묘, 학교, 사원 등의 토지와 대대로 내려오는 토지와 노비를 권세가가 거의 다 빼앗아 차지하고는, 혹 이미 돌려주도록 판결난 것도 그대로 가지고 있으며, 혹 양민을 노예로 삼고 있다. …… 이제 도감을 두어 고치도록 하니 잘못을 알고 스스로 고치는 자는 죄를 묻지 않을 것이나, 기한이 지나 일이 발각되는 자는 엄히 다스릴 것이다.

- 신돈이 전민변정도감을 둘 것을 청원하고 스스로 판사가 되어 각 처에 알리는 포고문을 붙였다. "부유하고 힘있는 자들이 백성이 대대로 농사지어 오던 땅을 거의 다 빼앗아 버렸다. …… 이제 (전민변정)도감을 설치하여 이를 바로잡고 …… ." 이 명령이 발표되자 권세가 중 다수가 빼앗은 토지와 백성을 그 주인에게 돌려주니 전국에서 기뻐하였다.

  - 『고려사』 -

물푸레 공문　　p.78

우왕이 화원(花園)에서 말을 조련하다 좌우를 돌아보며 말하기를, "물푸레나무[水靑木] 공문(公文)을 가져오라. 내가 장차 이 말을 길들이겠다." 하였다. 당시 이인임, 임견미, 염흥방이 자신들이 거느리는 못된 종을 시켜 좋은 토지를 가진 사람이 있으면 모두 물푸레로 때리고 이를 빼앗았다. 땅 주인이 관가의 문권을 가지고 있더라도 감히 항변하지 못하였다. 이때 사람들이 이것을 물푸레 공문이라 불렀는데, 우왕이 이를 듣고 미워하였기 때문에 말할 때마다 그것을 언급하였다.

  - 『고려사절요』 -

이인임의 집권　　p.78

왕이 시해당하자 태후가 종실에서 [후사를] 골라 세우고자 하니, 시중 이인임이 백관을 거느리고 우왕을 세웠다.

  - 『고려사』 -

최영　　p.78

좋은 말 살지게 먹여 시냇물에 씻겨 타고
서릿발 같은 칼 잘 갈아 어깨에 둘러메고
대장부의 위국충절을 세워 볼까 하노라.

  - 호기가(豪氣歌) -

최영은 홍건적의 침입을 막아내고, 수많은 왜구와의 전투에서 몸을 아끼지 않고 싸워 혁혁한 공을 세웠다. 1384년 최고 관직인 문하시중에 오르는 등 정치적인 성공을 거두었다.

왜구의 침입　　p.78

- 조령을 넘어 동남쪽으로 바닷가까지 수백 리를 가면 흥해라는 고을이 있다. 땅이 매우 궁벽하고 험하나, 어업, 염업이 발달하고 비옥한 토지가 있다. 옛날에는 주민이 많았는데 왜란을 만난 이후 점점 줄다가 경신년(1380) 여름에 맹렬한 공격을 받아 고을은 함락되고 불탔으며 백성이 살해되고 약탈당해 거의 없어졌다.

  - 『양촌집』 -

- 왜구가 함주(咸州) 등지에 침입하였다. 찬성사 심덕부 등이 크게 패하자, 이성계가 가서 물리치겠다고 자청하였다. …… 몸소 사졸들의 선두에 서서 공격하니, 향하는 곳마다 적이 쓰러졌다. 이에 적의 무리가 무너져 한 사람도 도망한 자가 없었다. 우왕이 그에게 정원십자공신(定遠十字功臣)의 칭호를 내렸다.

  - 『고려사』 -

14세기 중엽 이후 일본의 내란으로 수많은 왜구가 발생하였으나 이를 저지할 세력이 없었다. 14세기 후반에는 왜구가 연안 뿐 아니라 내륙까지 침범하였고 예성강 어귀에까지 왜구가 나타나 천도를 해야 한다는 주장이 등장하기도 하였다. 우왕 때에는 최영(홍산), 최무선(진포), 이성계(황산) 등이 왜구 격퇴에 공을 세웠고 창왕 때 박위는 쓰시마를 정벌하기도 하였다.

진포 대첩과 황산 대첩　　　　　　　　　　　　　　　　p.78

- 우왕 6년(1380) 8월 추수가 거의 끝날 무렵, 왜구는 500여 척의 함선을 이끌고 진포로 쳐들어와 충청·전라·경상도의 3도 연해의 주군(州郡)을 돌며 약탈과 살육을 일삼았다. 고려 조정에서는 나세, 최무선, 심덕부 등이 나서서 최무선이 만든 화포로 왜선을 모두 불태워 버렸다. 배가 불타갈 곳이 없게 된 왜구는 옥천, 영동, 상주, 선산 등지로 다니면서 이르는 곳마다 폐허로 만들었다.

- 이성계가 이끄는 토벌군이 남원에 도착하니, 왜구는 인월역에 있다고 하였다. 운봉을 넘어온 이성계는 적장 가운데 나이가 어리고 용맹한 아지발도를 사살하는 등 선두에 나서서 전투를 독려하여 아군보다 10배나 많은 적군을 섬멸하였다. 이 싸움에서 아군은 1,600여 필의 군마와 여러 병기를 노획하였고, 살아 도망간 왜구는 70여 명밖에 없었다고 한다.

　　　　　　　　　　　　　　　　　　　　　　　　　　- 『고려사』 -

요동정벌론과 4불가론　　　　　　　　　　　　　　　　p.78

- 최영이 모든 재상들과 정료위(定遼衛, 명이 통보한 철령 이북에 세워질 통치 기구를 공격할 것인지 또는 화친할 것인지를 논의하자, 모든 재상들이 화친을 요청하자고 하였다. …… 최영이 모든 관리를 모아 철령 이북의 땅을 떼어 주는 여부를 논의하자 관리들이 모두 반대하였다. 우왕은 최영과 비밀리에 요동을 공격할 것을 의논하였고, 최영이 이를 권하였다.

- 지금 요동을 정벌하는 일에는 네 가지의 옳지 못한 점이 있습니다. 작은 나라로서 큰 나라에 거역하는 것이 첫 번째 옳지 못함이요, 여름철에 군사를 동원하는 것이 두 번째 옳지 못함이요, 온 나라의 군사를 동원하여 멀리 정벌하러 가면 왜적이 그 허술한 틈을 탈 것이니 세 번째 옳지 못함이요, 이제 곧 덥고 비가 많이 올 것이므로 활의 아교가 풀어지고 많은 군사가 전염병을 앓을 것이니 네 번째 옳지 못함입니다.

　　　　　　　　　　　　　　　　　　　　　　　　　　- 『고려사』 -

> 1388년 명이 철령 이북의 땅을 자신들이 지배하겠다고 통보하자 최영은 이성계를 시켜 요동 정벌을 단행하려 하였으나, 이성계는 제시된 '4불가론'을 올려 반대하였다. 그러나 우왕과 최영이 명 정벌을 강행하자 이성계는 위화도에서 군사를 돌려 최영을 제거하였다(위화도 회군).

이방원의 하여가　　　　　　　　　　　　　　　　　　p.79

이런들 어떠하리 저런들 어떠하리
만수산 드렁칡이 얽어진들 어떠하리
우리도 이같이 얽어 백년까지 누리리라

정몽주의 단심가　　　　　　　　　　　　　　　　　　p.79

이몸이 죽고 죽어 일백 번 고쳐 죽어
백골이 진토되어 넋이라도 있고 없고
임 향한 일편단심이야 가실 줄이 있으랴

> 정몽주는 당시 성리학에 대한 이해 체계의 근간을 세워 이후 '동방이학의 조'라 불리었다.

5 고려의 대외 관계

서희의 담판　　　　　　　　　　　　　　　　　　　　p.80

당시 소손녕은 고려 정벌의 이유로 다음과 같이 말하였다. "당신 나라는 신라 땅에서 일어났으니 고구려 옛 땅은 우리 것임에도 불구하고 당신 나라가 침식하고 있다. 또한, 우리와 접경하고 있으면서 바다 건너 송을 섬겼으므로 오 늘 정벌하는 것이니, 땅을 바치고 조공하면 무사할 것이다."

곧 태조 이래의 북진 정책과 대송 외교를 구실로 삼은 것이다. 이에 서희는 다음과 같은 대답으로 강동 6주를 획득하였다. "우리나라는 고구려를 계승한 나라이므로 국호를 고려라 하였고, 서경을 중시한 것이다. 경계를 논하자면 당신 나라의 동경(현재의 요양)도 우리 영역이니 이를 어찌 침식한다고 하는가. 또한, 압록강 안팎의 여진이 방해하기 때문에 조빙하지 못하는 것이니 여진을 몰아내고 도로가 개통되면 감히 어찌 조빙을 하지 않겠는가."

- 『고려사』 -

거란의 2차 침입

거란 임금은 통주(通州)의 성 밖에서 추수하는 남녀를 사로잡아 각각 비단옷을 하사하고 종이로 감싼 화살 한 개를 주었으며, 군사 300여 명으로 하여금 흥화진까지 호송하여 항복을 권유하게 하였다. 화살에 밀봉한 편지가 있어 이르기를, "짐은 전왕[목종] 왕송(王誦)이 (우리) 조정에 복속하고 섬겼는데, 그 유래가 오래되었다. 지금 역신 강조가 임금을 시해하고 어린 아이를 세웠으니, 이 때문에 친히 정예군을 거느리고 이미 국경에 당도하였다. 너희들이 강조를 체포하여 짐[朕] 앞으로 보내면 그 즉시 회군하겠지만, 그렇지 않으면 바로 개경으로 쳐들어가서 너희 처자들을 죽일 것이다."라고 하였다.

- 『고려사』 -

양규의 흥화진 전투

거란의 군사들이 곽주로 침입하였다. …… 성이 결국 함락되었다. 적은 군사 6천 명을 남겨 지키게 하였다. 양규가 흥화진으로부터 군사 7백여 명을 이끌고 통주까지 와서 군사 1천여 명을 수습하였다. 밤중에 곽주로 들어가서 지키고 있던 적들을 급습하여 모조리 죽인 후 성 안에 있던 남녀 7천여 명을 통주로 옮겼다.

- 『고려사』 -

강감찬의 흥화진 전투

흥화진(興化鎭)에 이르러 기병 12,000명을 뽑아 산골짜기에 매복시킨 후에, 큰 동아줄을 소가죽에 꿰어서 성 동쪽의 큰 냇물을 막고 그들을 기다렸다. 적들이 오자 막아 놓았던 물줄기를 터놓고 복병을 돌격시켜 크게 패배시켰다. 소손녕이 군사를 이끌고 바로 개경으로 진격하자, 강민첨은 자주(慈州)의 내구산(來口山)까지 쫓아가서 다시 크게 패배시켰다. 시랑(侍郎) 조원(趙元)은 또 마탄(馬灘)에서 공격하여 목 벤 것이 10,000여 급이었다.

- 『고려사』 -

귀주 대첩

현종 10년 2월, 거란 군사가 귀주를 지나니 강감찬 등이 동쪽 들에서 맞아 크게 싸웠다. 양면 군사가 서로 버티어 승패가 결정되지 않았다. …… 갑자기 비바람이 남쪽에서 불어 깃발이 북쪽을 가리켰다. 우리 군사가 형세를 타서 힘을 내어 치니 용기가 저절로 배가 되었다. 거란 군사가 패하여 북쪽으로 도망쳤다. 우리 군사가 뒤쫓아 쳐서 석천을 건너 반령에 이르렀다. 시체가 들판을 덮고 사로잡은 군사와 말, 낙타, 갑옷, 투구, 병기는 이루 다 헤아릴 수 없었다. 살아 돌아간 자가 겨우 수천 명이었다. 거란 군사의 패전함이 이때와 같이 심한 적이 없었다.

- 『고려사절요』 -

강감찬의 귀주대첩으로 거란이 물러 간 후 동아시아에는 한동안 고려, 송, 요의 세력 균형이 이루어졌다.

[사료의 정석] 史師 **사료한국사**

고려의 대거란 관계
p.80

고려의 문신 왕가도는 거란이 압록강 남쪽에 설치한 성과 다리를 허물고 붙잡아 둔 고려의 사신을 돌려보내라고 거란에게 요구할 것을 건의하였다. 거란에 이를 요구하였으나 들어주지 않자 고려 왕은 신하들에게 명령을 내려 대책을 논의하게 하였다. 서눌 등 29명은 거란과 우호 관계를 끊을 것을 주장하였고, 황보유의 등 39명은 우호 관계를 지속할 것을 주장하였다. 왕은 서눌 등의 의견에 따라 사신 파견을 중지하되, 거란의 연호는 계속 사용하기로 하였다.

- 『고려사』 -

송과 거란 사이에서 세력 균형 유지
p.80

• 왕(문종)이 탐라와 영암에서 목재를 베어 큰 배를 만들어 송과 통하려 하였다. 내사문하성에서 아뢰기를, "우리나라는 거란과 우호 관계를 맺어 변경에 위급한 일이 없고 백성들의 생활이 안정되고 있으니 이런 방법으로 나라를 보전하는 것이 상책입니다. 지난 경술년에 보내온 거란의 외교 문서에 '동으로는 여진과 결탁하고 서로는 송과 왕래하니, 이는 무슨 계책을 꾸미려는 것인가'라고 하였습니다. …… 더군다나 우리나라의 문화와 예악이 흥왕한 지가 벌써 오래라 상선들이 끊임없이 오가며 귀중한 보배들이 들어오고 있사오니 송에서는 실로 도움을 받을 것이 없습니다. 만일 거란과의 국교를 영원히 끊지 않으려면 송과 사절을 교환해서는 안 됩니다."라고 하였다.

- 『고려사』 -

• 송은 매번 왕(문종)을 칭송하고 상을 내리는 글을 보냈으며, 요는 해마다 왕의 생신을 축하하는 예를 표시하였다. 동으로는 일본이 바다를 건너와 진기한 보물을 바쳤고, 북쪽으로는 맥이 관문(關門)을 두드리고 살아갈 터전을 얻었다.

- 『고려사』 -

고려인이 본 여진족
p.81

풍속이 흉노와 같아서 모든 부락에는 성책이 없고, 산과 들에 흩어져 살며, 문자가 없이 언어나 노끈 매듭으로 언약과 증거물로 삼았다. 그 지방에는 돼지, 양, 소, 말들이 흔하며, 말은 우수한 것이 많고 어떤 것은 하루에 천 리를 달리는 것도 있었다. 사람들은 사납고 날쌔다. 아이 때부터 활을 잘 다루어 그것으로 새와 쥐를 쏘며, 크면 활을 잡고 말을 달려 전투를 연습하여 강한 병사가 되지 못하는 사람이 없었다. 모든 부락이 제각기 뽐내어 그들을 통일시킬 수가 없었다. 그 지역이 서쪽으로는 거란에 닿고 남쪽으로는 우리나라와 이웃하여 있으므로 일찍이 거란과 우리나라를 섬겨왔다.

- 『고려사』 -

여진은 고구려와 발해의 피지배층이었던 말갈족의 후예로, 후에 후금, 청을 건국한 만주족과도 같은 이들이었다.

고려와 송의 대금 정책
p.81

• 금나라는 바닷가 모퉁이에 모여 살던 보잘것없는 종족인데, 거란을 멸망시키더니, 드디어 중국을 모욕하고 간사함과 횡포가 더욱 심해지고 있다. 장차 천하의 군사를 일으켜 작고 형편없는 족속들의 죄를 묻고자 하니, 왕은 군사를 통솔하고 우리(송나라) 군대와 힘을 합쳐 적에게 천벌을 내리도록 하라.

• 송 황제가 비밀히 유시하기를, "들으니 너희 나라는 여진과 접경하여 있다고 하는데, 다음 해에 조회하러 올 때에는 여진 두어 명을 불러 함께 오는 것이 어떠냐"라고 하였다.

윤관의 별무반 편성 p.81

윤관이 왕에게 아뢰기를, "제가 보기에는 여진의 세력이 완강하여 무슨 변을 일으킬지 예측하기 어려우니 마땅히 병졸과 군관을 휴식시켜 후일에 대비해야 합니다. 또한 제가 전일에 패한 원인은 여진은 말을 탔고, 우리는 보행으로 전투한 까닭에 대적할 수가 없었던 것입니다." 이때부터 비로소 별무반을 만들기로 결정하였다. 문·무 산관, 이서, 상인, 농민들 가운데 말을 가진 자를 신기군으로 삼았고, 과거에 합격하지 못한 20살 이상 남자들 중 말이 없는 자를 모두 신보군에 속하게 하였다. 또 승려를 뽑아서 항마군으로 삼았다.

- 『고려사절요』 -

> 윤관은 숙종 때 여진을 토벌하려다 패배한 후, 기병과 보병, 승병 등으로 구성된 별무반을 만들었다. 그리고 예종 때, 별무반을 앞세워 여진을 토벌하고 동북 9성을 쌓았다.

별무반 p.81

민영(閔瑛)은 사람됨이 호방하며 의협심이 있었다. 어려서부터 매와 개를 데리고 사냥하고 말을 달려 격구하는 것을 좋아하였으며, 벼슬을 구하지 않았다. 그의 부친 민효후가 동계 병마판관이 되어 적에 맞서 싸우다 사망하였다. 그는 이를 한스럽게 여겨 복수를 하여 부친의 치욕을 갚으려 하였다. 때마침 예종이 동쪽 오랑캐를 정벌하려 하자, 민영이 자청해 별무반의 신기군에 편성되었다. …… 매번 군대의 선봉이 되어서 말을 타고 돌격하여 적군을 사로 잡고 물리친 것이 한두 번이 아니었다.

- 민영 묘지명 -

동북 9성 반환 p.81

- (왕이) 선정전 남문에 거둥하여 (사신) 요불과 사현 등 6인을 접견하고 입조한 연유를 묻자 요불 등이 아뢰기를, "현재 태사를 맡고 있는 유야소도 역시 고려를 부모의 나라로 삼고 있습니다. …… 만약 9성을 되돌려 주어 우리의 생업을 편안하게 해주시면, 우리는 하늘에 맹세하여 자손대대에 이르기까지 공물을 정성껏 바칠 것이며 감히 기와 조각 하나라도 국경에 던지지 않겠습니다."라고 하였다.

- (왕이) 선정전 남문에 거둥하여 요불 등을 접견하고 9성의 반환을 허락하자, 요불이 감격하여 울며 감사의 절을 올렸다.

- 지금 나라에 사고가 많아 백성이 편안하지 못한데 임금께서는 자주 여러 신하들과 더불어 주연을 즐기고 있습니다. 더욱이 지금 동쪽 변방에서는 싸움이 그치지 않고 있으며 저들의 군사도 물러가지 않고 있습니다. 최근에는 저들이 거짓으로 화친을 청하는데 국가에서는 이를 믿고 지난 해 쌓은 9성을 돌려주려 하니 이는 심히 불가합니다.

- 『고려사』 -

금의 사대 요구 p.81

형인 대 여진 금국 황제는 아우인 고려 국왕에게 편지를 보내오. …… 거란은 무도하게 우리의 강역을 유린하고 우리의 백성을 노예로 삼았으며, 아무 명분도 없이 자주 군사를 일으켜 왔소. 우리는 부득이 그들에게 대항하였고, 하늘의 보살핌으로 그들을 섬멸하였소. 왕은 우리와 화친을 허락하고 형제의 관계를 맺어 대대로 끝없는 우호 관계를 이루기를 바라오.

- 『고려사』 -

금의 사대 요구에 대한 대응

- 장차 금[大金]이 한창 왕성하여 우리 조정으로 하여금 [금에 대해] 신하를 칭하게 하고자 했다. 중론이 뒤섞여 어지러웠는데, 공이 홀로 간쟁하여 말하기를, "임금의 근심은 신하의 치욕이니, 신이 감히 그 죽음을 아끼겠습니까. 여진(女眞)은 본래 우리 조정 사람의 자손이었습니다. 그러므로 신복(臣僕)이 되어 연이어 천자를 조회하였고, 국경과 가까이 있는 사람들은 모두 우리 조정의 호적(戶籍)에 속한 지가 오래되었습니다. 우리 조정이 어찌 도리어 신하가 되겠습니까."라고 하였다. 당시에 권신(權臣)이 왕명을 제멋대로 하였으므로 이에 [금나라에게] 신하를 칭하고 이로 인하여 서표(誓表)를 올렸다. 진실로 인종의 본심[淸夷]에서 나온 것이 아니었으니, 공이 매우 슬프게 여겼다. 머지않아 금[大金]이 군사를 거느리고서 우리를 도모하려 하였고, 안에서는 난(亂)이 크게 일어났다. 공의 식견이 훤하게 밝음을 더욱 알 수 있으니, [공은] 장래의 변고를 일찍 알았다.
  - 윤언이 묘지명 -

- 아! 이 연호를 세우자는 청은 본래 임금을 높이려는 정성으로 우리나라에서는 태조와 광종의 고사가 있습니다. 그 옛 글을 살펴보면 비록 신라와 발해가 그렇게 하여도 대국은 일찍이 정벌하지 않았으며 소국은 감히 잘못이라고 논의하지 않았습니다. 어찌하여 성세(聖世)에 오히려 참람한 행위라고 하겠습니까. 신이 일찍이 이것을 논의하였으니 죄라고 한다면 그렇습니다. 그러나 사당(死黨)을 맺었다거나 금을 격노하게 한다는 말은 비록 매우 크지만 앞뒤가 서로 맞지 않습니다. 어떻게 가정한다 하여도 강한 적이 우리 영토를 침범하면 다만 막는데도 어려워 겨를이 없을 것인데 어찌 틈을 타서 일을 벌일 수 있겠습니까? …… 하물며 신은 대화궁을 건설하자는 말에 찬성하지 않아 정지상과 같지 않으며, 백수한을 천거하는 일에도 참여하지 않았다는 것은 오직 폐하께서 명백하게 아시는 것입니다.
  - 『고려사』 -

- 인종 4년, 대부분의 신하들은 사대할 수 없다고 주장하였다. 그러나 이자겸과 척준경이 말하였다. "옛날의 금은 소국으로 거란과 우리를 섬겼다. 하지만 지금은 갑자기 강성해져서 거란과 송을 멸망시키고, 정치적 기반을 굳건히 함과 동시에 군사력을 강화하였다. 또 우리와 영토가 맞닿아 있으므로 정세가 사대하지 않을 수 없게 되었다. 작은 나라가 큰 나라를 섬기는 것은 선왕의 법도이다. 마땅히 먼저 사신을 보내어 예를 닦는 것이 옳다." 하여, 인종이 이 건의를 받아들였다.
  - 『고려사절요』 -

윤관은 예종 때 여진을 정벌한 후 동북쪽 국경 밖에 9개의 성을 쌓아 고려의 영토로 삼았다. 그러나 고려는 여진이 9성을 돌려달라고 요구하는데다가, 9성 간의 거리가 멀어 방어하는 데 어려움이 있어 9성을 돌려주었다(1109). 이후 여진은 성을 발판으로 힘을 키워 금(金)을 세우고 황제를 칭하며 거란을 멸망시켰다. 금은 고려에 군신관계의 예를 요구했고, 당시의 보수적인 분위기에서 집권하고 있던 문벌귀족 세력은 이 요청을 받아들였다.

대몽 항쟁

- 김윤후는 고종 때의 사람으로 일찍이 중이 되어 백현원에 있었다. 몽골병이 이르자, 윤후가 처인성으로 난을 피하였는데, 살리타가 처인성을 공격하니 살리타를 쏘아 죽였다. 국가에서 그 공을 가상하게 생각하여 상장군의 벼슬을 주었으나, 그 승려가 공을 다른 사람에게 돌리며, "한창 싸울 때에 나는 활과 화살이 없었는데, 어찌 감히 함부로 과분한 상을 받겠습니까." 하고 사양하고 받지 않았다. 이에 섭낭장으로 삼으니, 이 승려가 바로 김윤후이다.

- 처음 충주 부사 우종주가 매양 장부와 문서로 인하여 근자에 판관 유홍익과 틈이 있었는데, 몽골병이 장차 쳐들어온다는 말을 듣고 성 지킬 일을 의논하였다. 그런데 의견상 차이가 있어서 우종주는 양반별초(兩班別抄)를 거느리고, 유홍익은 노군(奴軍)과 잡류별초(雜類別抄)를 거느리고 서로 시기하였다. 몽골병이 오자, 우종주와 유홍익은 양반 등과 함께 모두 성을 버리고 도주하고, 오직 노군과 잡류만이 힘을 합하여 이를 쫓았다.

대몽 항쟁

p.82

• 몽골군이 쳐들어와 70여 일간 충주성을 포위하니 군량이 거의 바닥났다. 김윤후가 군사들을 북돋으며 말하기를, "너희들이 힘을 다해 싸운다면 귀천을 가리지 않고 모두 관작을 제수할 것이다."라고 하였다. 그러고는 관노(官奴) 문서를 불사르고, 소와 말도 나누어주었다. 이에 모두 죽음을 무릅쓰고 싸워 몽골군을 물리쳤다.

— 『고려사』 —

백성들의 대몽 항쟁

p.82

• 처음 충주 부사 우종주가 매양 장부와 문서로 인하여 근자에 판관 유홍익과 틈이 있었는데, 몽골병이 장차 쳐들어온다는 말을 듣고 성 지킬 일을 의논하였다. 그런데 의견상 차이가 있어서 우종주는 양반 별초(兩班別抄)를 거느리고, 유홍익은 노군(奴軍)과 잡류 별초(雜類別抄)를 거느리고 서로 시기하였다. 몽골병이 오자, 우종주와 유홍익은 양반 등과 함께 모두 성을 버리고 도주하고, 오직 노군과 잡류만이 힘을 합하여 이를 쫓았다.

• 고종 42년(1255)에 다인철소의 주민들이 몽골군을 방어하는 데 공을 세웠으므로, 소를 익안현(翼安縣)으로 승격하였다.

— 『고려사』 —

세조 구제

p.82

첫째, 옷과 머리에 쓰는 관은 고려의 풍속에 따라 바꿀 필요가 없다.
둘째, 사신은 오직 원 조정이 보내는 것 이외에 모두 금지한다.
셋째, 개경으로 다시 돌아가는 것은 고려 조정에서 시간을 조절할 수 있다.
넷째, 압록강 둔전과 군대는 가을에 철수한다.
다섯째, 전에 보낸 다루가치는 모두 철수한다.
여섯째, 몽골에 자원해 머무른 사람들은 조사하여 돌려보낸다.

원 세조(쿠빌라이 칸)는 고려가 요구했던 내용을 수락하는 파격적인 조건으로 양국 관계를 제시하였다. 이때 세조가 약속한 것을 '세조 구제'라 한다.

삼별초

p.82

• 적이 진도에 들어가 웅거하고 주군을 노략하므로, 왕이 김방경에게 명하여 가서 치게 하였다. 이듬해 방경이 몽골 원수와 함께 삼군을 거느리고 적을 격파하니, 적이 모두 처자를 버리고 도망하였고 김통정이 남은 무리를 거느리고 탐라에 들어가 숨었다.

— 『고려사』 —

• 전의 문영 5년(1268년, 원종 9)의 장(狀)에서는 몽골의 연호를 사용했는데, 이번 문영 8년(1271년, 원종 12)의 장에서는 연호를 사용하지 않았다. 이전 문서에서는 몽골의 덕에 귀의하여 군신 관계를 맺었다고 하였는데, 이번 문서에서는 "위취자(葦蘥者)들은 멀리 내다보는 생각을 하지 않는다."라고 하며 강화로 도읍을 옮긴 지 40년에 가깝지만, 오랑캐의 풍습을 미워하여 진도로 도읍을 옮겼다고 한다.

— 고려첩장불심조조(高麗牒狀不審條條) —

삼별초는 개경 환도가 결정되자 배중손을 중심으로 진도로 근거지를 옮겨 왕족인 '온'을 추대하여 항몽 정권을 수립하였다. 삼별초는 일본에 독자적 외교 문서를 보내기도 하였는데, 그러한 사실이 일본의 '고려첩장불심조조'에 실려 있다.

CHAPTER 03 조선 시대

1 조선의 건국과 초기 체제 정비 과정

조선 건국의 정당화 p.83

고려의 서운관에 간직한 비기에 있는 '건목득자(建木得子)'의 이야기가 있고, 또 '왕씨가 멸망하고 이씨가 일어난다.'라는 말이 이때에 세상에 나타나게 되었다. 또 조명(早明)이란 말이 있는데, 뒤에 국호를 조선이라 한 뒤에 곧 조선을 이른 것인 줄을 알게 되었다.

- 『태조실록』 -

국호 제정 p.83

지금 천자께서, "오직 조선이란 칭호가 아름다울 뿐 아니라, 그 유래가 오래되었으니 이 이름을 근본으로 삼아 그대로 지킬 만하다. 하늘을 본받아 백성을 다스리면, 후손이 영원히 번창하리라"라고 명하셨다. 이는 주 무왕이 기자에게 명한 것처럼 전하에게 명한 것이니, 이름이 이미 바르고 말이 이미 순조롭게 되었다.

- 『조선경국전』 -

새로운 도읍지, 한양 p.83

높고 높은 화악(華嶽, 북한산)이요, 도도하게 흐르는 한강이로다. 빙 둘러싸기를 완전하고 견고하게 하였으니, 하늘이 지은 나라로다. 맑은 기운이 쌓이어 우리 덕 있는 이를 열어 주었도다. …… 배와 수레가 모이는 곳, 하늘이 지은 나라도다. …… 자손이 잇고 이어 억만 년에 뻗치리라.

- 『태종실록』 -

정도전의 정치론 p.83

- 군주는 천명의 대행자이지만, 천명과 천심은 고정불변의 것이 아니라 민심에 의해 바뀔 수도 있다. 따라서 군주가 자기의 의무와 책임을 저버려 민심을 잃게 되면 천명과 천심이 바뀌며, 천명과 천심이 바뀌면 군주는 교체될 수 있다.

- 재상의 직책에 대하여서는 신이 치전(治典)에서 논하였다. 그러나 재상이 된 사람은 훌륭한 인군을 만나야 위로는 도가 행해지고 아래로는 백성에게 은혜가 미치게 되며, 살아서는 일신이 명예로워지고 죽어서는 후세에 이름이 떨치게 된다. 그런데 인군과 신하가 서로 잘 만나기란 옛날부터 어려운 일이다. …… 아! 신하가 명군(明君)을 만나기도 진실로 어렵거니와, 인군이 양신(良臣)을 만나기도 역시 어렵다. 바야흐로 지금은 명군과 양상이 서로 만나서 성의로써 서로 믿음성을 보이며 함께 유신의 정치를 도모하고 있으니, 천 년이나 백 년에 한 번 맞이하는 융성한 시대이다. 그래서 재상의 연표를 작성하는 데 있어서 시중(侍中)만을 적는 것은, 총재는 여러 직책을 겸임하고, 인주의 직책은 한 사람의 재상을 잘 선택하는 데 있으며, 모든 집사(執事) 이하는 여기에 참여되지 못한다는 것을 보여주려는 것이다.

- [치전(治典)은 총재가 관장하는 것이다. 사도(司徒) 이하가 모두 총재의 소속이니, 교전(敎典) 이하 또한 총재의 직책인 것이다. 총재에 그 훌륭한 사람을 얻으면 6전(典)이 잘 거행되고 모든 직책이 잘 수행된다. 그러므로, '인주(人主)의 직책은 한 사람의 재상을 논정(論定)하는 데 있다.' 하였으니, 바로 총재를 두고 한 말이다. 총재라는 것은 위로는 군부를 받들고 밑으로는 백관을 통솔하

며 만민을 다스리는 것이니, 그 직책이 매우 큰 것이다. 또 인주의 자질에는 어리석은 자질도 있고 현명한 자질도 있으며 강력한 자질도 있고 유약한 자질도 있어서 한결같지 않으니, 총재는 인주의 아름다운 점은 순종하고 나쁜 점은 바로잡으며, 옳은 일은 받들고 옳지 않은 것은 막아서, 인주로 하여금 대중(大中)의 지경에 들게 해야 한다. 그러므로 상(相)이라 하니, 즉 보상(輔相)한다는 뜻이다. 백관은 제각기 직책이 다르고 만민은 제각기 직업이 다르니, 재상은 공평하게 해서 그들로 하여금 각기 그 적의함을 잃지 않도록 하고, 고르게 해서 그들로 하여금 각기 그 처소를 얻게 해야 한다. 그러므로 재(宰)라 하니, 즉 재제(宰制)한다는 뜻이다.]

- 『삼봉집』 -

정도전은 불교를 비판하고 정치 이념으로서 성리학을 정착시켰던 인물로, 고려 말 『학자지남도』, 『심문천답』 등을, 조선 개국 후에는 『불씨잡변』을 저술하였다.

1차 왕자의 난   p.84

정도전, 남은, 심효생 등이 여러 왕자를 해치려 꾀하다가 성공하지 못하고 참형을 당하였다. …… 이에 정안군이 도당(都堂)으로 하여금 백관을 거느리고 소를 올리게 하였다. "후계자를 세울 때에 장자로 하는 것은 만세의 상도(常道)인데, 전하께서 장자를 버리고 어린 아들을 세웠으며, 정도전 등이 세자를 감싸고서 여러 왕자를 해치고자 하니 화를 예측할 수 없습니다. 다행히 천자와 종사의 신령에 힘입게 되어 난신(亂臣)이 참형을 당하였으니, 원컨대 전하께서는 적장자인 영안군을 세워 세자로 삼으십시오."라고 하였다.

태종은 두 차례의 왕자의 난을 통해 정도전을 중심으로 한 개국 공신 세력을 제거하고 왕위에 오른 후 국왕 중심의 통치 체제를 정비하고자 하였다.

정종 대 이방원 세자 책봉   p.84

• 참찬문하부사(參贊門下府事) 하륜(河崙) 등이 청하기를, "정몽주(鄭夢周)의 난에 만일 정안공(靖安公, 태종)이 없었다면, 큰 일이 거의 이루어지지 못하였을 것이고, 정도전(鄭道傳)의 난에 만일 정안공이 없었다면, 또한 어찌 오늘이 있었겠습니까? 또 어제 일로 보더라도 천의(天意)와 인심(人心)을 또한 알 수 있는 것입니다. 청하건대, 정안공을 세워 세자(世子)를 삼으소서." 하였다. 임금이 말하기를, "경(卿) 등의 말이 심히 옳다." 하고, 드디어 도승지 이문화(李文和)에게 명하여 도당(都堂)에 전지(傳旨)하였다.

• "저이(儲貳, 세자)를 세우는 것은 국본(國本)을 정하는 것이요, 위호(位號)를 높이는 것은 인심을 정하는 것이다. 이에 전장(典章)에 따라서 책례(冊禮)를 거행한다. 너 정안공은 자질이 문무(文武)를 겸하고, 덕이 영명(英明)한 것을 갖추었다. 태상(太上)께서 개국(開國)하던 처음을 당하여 능히 대의(大義)를 주장하였고, 과형(寡兄)이 정사(定社)하던 날에 미치어 특히 큰 공을 세웠다. 하물며, 구가(謳歌)의 돌아가는 것이 있으니, 마땅히 감무(監撫)를 맡겨야 하겠다. 이로써 너에게 명하여 왕세자로 삼는다.

- 『정종실록』 -

태종의 관제 개편   p.84

• 문하부 좌우 정승을 고쳐 의정부 좌우 정승으로 하고, 문하시랑찬성사를 의정부찬성사로 하고, …… 참지의정부사 두 사람을 더 두어 질(秩)은 종2품으로 하고, 문하부의 이름을 혁파하고, 낭사를 고쳐 사간원으로 하고, …… 삼사(三司)를 사평부로 하고, 의흥 삼군부를 승추부로 하고, 학사를 제학(提學)으로 하고, 예문춘추관을 갈라 두 관(館)으로 만들어, 예문은 녹관(祿官)으로 하고, 춘추는 겸관(兼官)으로 하고 …… 도승지(都承旨)를 승추부지신사(承樞府知申事)로 하고, 승지를 대언(代言)으로 하고, 승선방(承宣房)을 대언사(代言司)로 하여 …….

- 『태종실록』2, 1년 7월 -

• 관제를 고쳤다. 국초에는 전조(前朝)의 구제(舊制)에 따라 의정부에서 각사를 총관하고, 사평부(司平府)에서 전곡을 관장하고, 승추부(承樞府)에서 갑병(甲兵)을 관장하고, 상서사(尙瑞司)에서 전주(銓注)를 관장하게 하고, 좌·우정승(左右政丞)으로 판사(判事)를 겸하게 하여, 육조에서는 조정(朝政)에 참여하지 못하였는데, 이때에 이르러 사평부를 혁파하여 호조로 귀속시키고, 승추부를 병조로 귀속시켰으며, 동서반 전선(銓選)을 이조와 병조로 귀속시키고, 의정부의 서무를 나누어서 육조로 귀속시켰으며, 육조에 각각 판서 한 명을 두고, 직질(職秩)을 정2품으로 하였으며, 전서(典書)와 의랑(議郞) 각각 두 사람씩 없애고 좌·우참의(左右參議) 각각 하나씩을 두었는데, 계급은 통정(通政)으로 하고, 정랑(正郞)과 좌랑(佐郞) 각각 한 사람씩 새로 더 두었다.

- 『태종실록』9, 5년 1월 -

• 정부(政府)의 모든 일을 나누어서 육조에 돌렸다. 처음에 하윤이 알현하기를 청하여 아뢰었다. "마땅히 정부를 개혁하여 육조로 하여금 계사(啓事)하게 하여야 합니다." …… 이 때에 예조에서 계목(啓目)을 올리었다. " …… 바라건대, 육조로 하여금 각각 직사(職事)를 바로 아뢰게[直啓]하고 왕지(王旨)를 받들어 시행하게 하며, 의논할 일이 있으면, 육조 장관이 같이 의논하여 아뢰게 하소서. 나이와 덕망이 아울러 높고 정치의 대체(大體)에 통달한 자를 의정부에 두어서 군국의 중요한 일을 의논하여 아뢰도록 하소서." …… 임금이 말하였다. "내가 일찍이 송도(松都)에 있을 때 정부(政府)를 파하자는 의논이 있었으나 지금까지 겨를이 없었다. 지난 겨울에 대간(臺諫)에서 작은 허물로 인하여 정부를 없앨 것을 청하였던 까닭에 윤허하지 않았다. 지난번에 좌정승(左政丞)이 말하기를 '중조(中朝)에도 또한 승상부(丞相府)가 없으니, 마땅히 정부(政府)를 혁파해야 한다.'고 하였다. 내가 골똘히 생각해 보니, 모든 일이 내 한 몸에 모이면 진실로 재결(裁決)하기가 어렵겠으나, 그러나 이미 나라의 임금이 되어서 어찌 노고스러움을 피하겠느냐?" …… 육조로 하여금 서무(庶務)를 분장하도록 하고 의정부에 영부사(領府事) 1인, 판부사(判府事) 2인, 동판부사(同判府事) 2인, 사인(舍人)을 그대로 두고, 참찬(參贊) 1인, 지부사(知府事) 2인, 참지부사(參知府事) 2인을 파하였다. …… 처음에 임금이 정부의 권한이 무거운 것을 염려하여 이를 개혁할 생각이 있었으나 정중히 여겨 서둘지 않았는데, 이 때에 이르러 단행하여 정부의 관장하는 것은 오직 사대 문서(事大文書)와 무거운 죄수[重囚]를 다시 안핵하는 것뿐이었다. 이제 비록 의정부의 권한이 무거운 폐단을 개혁하였다고 하나, 권력이 육조에 분산되어 통일되는 바가 없고 모든 일을 제때에 품승(稟承)하지 못하여 일이 많이 막히고 지체되었다고 한다.

- 『태종실록』27, 14년 4월 -

사병 혁파와 삼군부 설치

p.85

• "이제부터 서울에 머물러 있는 각 도의 여러 절제사를 모조리 혁파하고, 서울과 외방의 군마를 모두 삼군부에 통합해서 …… 사병으로 하여금 병기를 가지고 따르는 일이 없게 하여 예전의 집에 병기를 감추지 않는다는 뜻에 응하고 후일에 서로 의심하여 난을 꾸미는 폐단을 막으면 국가에 심히 다행스럽겠습니다."라는 상소가 올라가니 임금이 세자와 더불어 의논하고 곧 시행하게 하였다.

• 문하시랑찬성사(門下侍郞贊成事) 하륜(河崙)에게 명하여 관제를 다시 정하게 하였다. 도평의사사를 고쳐 의정부로 하고, 중추원(中樞院)을 고쳐 삼군부(三軍府)로 하여, 직임이 삼군(三軍)을 맡은 자는 삼군에만 전적으로 나가게 하고, 의정부에는 참예하지 못하게 하고, …… 중추원 승지(中樞院承旨)를 고쳐 승정원 승지(承政院承旨)로 하고, 도평의사사 녹사(都評議使司錄事)를 고쳐 의정부 녹사(議政府錄事)로 하고, 중추원 당후(中樞院堂後)를 승정원 당후(承政院堂後)로 하였다.

- 『정종실록』 -

의정부 서사제

교서를 내리시기를, " …… 우리 태조께서 개국하시던 처음에 도평의사사를 설치하여 일국의 정치를 도맡게 했으며, 뒤에 의정부가 되어서도 그 임무는 당초와 같았는데, 지난 갑오년에 예조에서 아뢰기를, '대신은 작은 일까지 친히 간섭할 필요가 없고, 군사에 관계되는 나라의 중대한 일만을 의정부에서 회의하여 아뢰게 하고, 그 외의 일은 육조로 하여금, 맡은 자가 직접 아뢰어서 시행하게 하소서.' 하였으므로, 이로부터 일의 경중과 대소 없이 모두 육조로 돌아가고, 정부에서는 관계하지 않게 되어, 정부에서 참예하여 아뢰는 것은 오직 사형 죄수들의 논결(論決)뿐이었다. 그러므로, 옛날 대신에게 위임하던 일과 어긋남이 있고, 갑오년에 입법(立法)하던 본의(本意)도 이렇지는 아니하였다. 하물며, 조종께서 이미 제정하여 놓은 법령을 다만 수시로 손익할 뿐이니, 지금 태조께서 제정하여 놓으신 법에 의하여 육조에서는 각각 맡은 직무를 먼저 정부에 품의(稟議)하고, 의정부에서는 가부를 의논하여 아뢴 뒤에 분부를 받아서 도로 육조로 돌려보내서 시행하게 하고, 오직 이조와 병조에서의 관리 제수나, 병조에서 군사를 쓰는 것, 형조에서 사형수 이외의 형결은 해당 조(曹)로 하여금 직접 아뢰어서 시행하게 하고 즉시 정부에 보고하여, 만일에 합당하지 못한 일이 있으면 정부에서는 이에 따라 반대하고 다시 계문해서 시행하게 하라. 이렇게 되면 거의 옛날 재상에게 전임(專任)하는 본의에 합당할 것이니, 예조에서는 중외에 밝게 알리라."하고, 의정부에 전교하기를, "옛날 의정부에서 정사에 서명할 때에, 다만 좌우 의정(左右議政)만이 도맡아 다스리게 되고 영의정은 참예하지 않으므로, 옛날의 삼공(三公)에게 전임(專任)하는 본의에 틀리니, 이제부터 영의정 이하가 함께 가부를 논의해서 시행하게 하라." 하였다.

- 『세종실록』72, 18년 4월 -

한명회와 세조의 결탁

세종 이래 정치와 교화가 나날이 새로워지고 예악(禮樂)이 제정되어 태평스런 시대를 빛내게 되자, 글 잘하고 절의를 지닌 선비들이 조정으로 모여들었다. …… 그때에 여러 왕자들이 다투어 빈객을 맞아들였는데, 문인(文人)과 재사(才士)들이 모두 안평대군에게 의탁하여 세조에게는 이들보다 나은 인재들이 없었다. 한명회가 세조를 찾아가 신임을 얻게 되자 은밀하게 책략을 올리기를, "세도(世道)에 변고가 있을 때에는 문인들이 쓸모가 없으니 모름지기 무사들과 결탁하소서."라고 하였다.

- 『연려실기술』 -

한명회가 조언한 대로 무사들과 결탁하였던 수양대군은 이후 계유정난을 일으켜 김종서와 황보인 등을 제거하였다. 수양대군은 권력을 장악하고 조카였던 단종으로부터 양위의 형식을 빌어 왕위에 올랐다.

사육신

성삼문이 아버지 성승 및 박팽년 등과 함께 상왕의 복위를 모의하여 중국 사신에게 잔치를 베푸는 날에 거사하기로 기약하였다. …… 일이 발각되어 체포되자, 왕이 친히 국문하면서 꾸짖기를 "그대들은 어찌하여 나를 배반하였는가?" 하니 성삼문이 소리치며 말하기를 "상왕을 복위시키려 했을 뿐이오. …… 하늘에 두 개의 해가 없듯이 백성에게도 두 임금이 있을 수 없기 때문이오."라고 하였다.

성삼문, 박팽년, 하위지 등은 계유정난 이후 공신에 책록되고, 승지·참판 등에 오르는 우대를 받았다. 이들은 계유정난은 방관하였지만 세조의 즉위는 용납하지 못하였고, 세조와 세자를 살해하려다가 실패하였다.

세조의 6조 직계제

상왕(단종)이 어려서 무릇 조치하는 바는 모두 대신에게 맡겨 논의 시행하였다. 지금 내(세조)가 명을 받아 왕통을 계승하여 군국 서무를 아울러 모두 처리하며 조종의 옛 제도를 모두 복구한다. 지금부터 형조의 사형수를 제외한 모든 서무는 6조가 각각 그 직무를 담당하여 직계한다.

- 『세조실록』 -

2 사림의 등장과 사화의 발생

김종직

김종직은 경상도 사람이며, 학문이 뛰어나고, 문장을 잘 지으며 가르치기를 즐겼는데, 전후에 그에게서 수업한 자 중에 과거에 급제한 사람이 많았다. 그러므로 경상도의 선비로서 조정에서 벼슬사는 자들이 종장으로 추존하여, 스승은 제 제자를 칭찬하고, 제자는 제 스승을 칭찬하는 것이 사실보다 지나쳤는데, 조정 안의 신진 무리도 그 그른 것을 깨닫지 못하고, 따라서 붙좇는 자가 많았다. 그때 사람들이 이것을 비평하여 '경상도 선배의 무리'라고 하였다.

- 『성종실록』 -

무오사화

• 전지하기를, "김종직은 미천한 선비로 세조 때에 과거에 급제하였고, 성종 때에 발탁되어 경연에 두어 오랫동안 시종侍從의 자리에 있었고, 종경에는 형조판서까지 이르러 은총이 조정을 경도하였다. 병으로 물러나자 성종은 소재지의 관리로 하여금 특별히 미곡을 내려주어 그 명을 마치도록 하였다. 지금 제자 김일손이 찬수한 사초에 도리에 어긋난 말로 선왕 때의 일을 거짓으로 기록하고 스승 종직의 조의제문을 실었도다. …… 동·서반 3품 이상과 대간·홍문관으로 하여금 형을 의논하여 아뢰도록 하라." 하였다.

- 『연산군일기』 -

• 유자광이 하루는 소매 속에서 한권의 책자를 내놓았는데 바로 김종직의 문집이었다. 그중에서 '조의제문(弔意帝文)'과 술주시(述酒時)의 내용을 지적하면서 여러 추관에게 "이는 다 세조를 지목한 것이다. 김일손의 악은 모두가 김종직이 가르쳐서 이루어진 것이다."라고 하였다. 그리고 즉시 스스로 주석을 만들어 글귀마다 풀이하여 왕께 아뢰기를 "김종직이 우리 전하(세조)를 헐뜯는 것이 이에 이르렀으니, 그 부도덕한 죄는 마땅히 대역으로 논해야 하고, 그가 지은 다른 글로 세상에 남아 있는 것이 마땅히 못하오니, 아울러 모두 불태워 버리소서." 하니 왕이 이를 허락하였다.

훈구와 연산군은 김일손이 자신의 스승이었던 김종직의 『조의제문』을 사초에 실은 것이 세조를 비난한 일이라 하여 김종직 문인들을 제거하는 사화를 일으켰다.

조의제문

정축 10월, 어느 날에 나는 밀성으로부터 경산으로 향하면서 답계역에서 자는데, 꿈에 신이 칠장(七章)의 의복을 입고 헌칠한 모양으로 와서 스스로 말하기를 "나는 초나라 회왕인데, 서초 패왕에게 살해되어 빈 강에 잠겼다."라고 하고 문득 보이지 아니하였다. 나는 꿈을 깨어 놀라 '회왕은 남초 사람이요, 나는 동이 사람으로, 거리가 만여 리가 될 뿐만 아니라, 세대의 전후도 역시 천 년이 훨씬 넘는데, 꿈속에 와서 감응하니, 이것이 무슨 상서일까'라 생각하였다.

- 『연산군일기』 -

갑자사화

생모 윤씨를 폐비하는 의논에 참여한 자와 (어머니에게) 존호(尊號)를 올려서는 안 된다고 주장한 자를 모두 중형으로 다스려, 죽은 자는 그 시체를 베고 가산을 몰수하였으며, 그 가족이나 친족은 연좌하였다. 살아 있는 자는 매[杖]로 때리며 심문한 후 멀리 귀양보냈다.

조광조의 도학 정치   p.94

- 경연에서 매번 "도학(道學)을 숭상하고 인심을 바로잡으며 성현을 본받고 지치(至治)를 일으켜야 한다."라는 말을 반복해서 계달하였고, 그 말이 지극히 간절하므로 중종이 경청하였다.
— 『조정암선생문집』 —

- 아랫사람들을 일으켜 세우는 것은 윗사람에게 달린 것입니다. 성상께서 먼저 덕을 닦아 감동시킨다면 아래서도 감동되지 않는 사람이 없어, 정치가 지극히 바르게 될 것입니다. …… 공무를 처리하지 않을 수는 없습니다. 그러나 마땅히 큰 줄기만 관장하면서 나머지는 모두 아랫사람들에게 맡기시고 오로지 학문에 전념하셔야 합니다.
— 『중종실록』 —

현량과 실시   p.94

- 경연에서 조광조가 중종에게 아뢰기를, "국가에서 사람을 등용할 때 과거 시험에 합격한 사람을 중요하게 여깁니다. 그러나 매우 현명한 사람이 있다면 어찌 꼭 과거 시험에만 국한하여 등용할 수 있겠습니까. 중국 한을 본받아 현량과를 실시하여 덕행이 있는 사람을 천거하여 인재를 찾으십시오."라고 하였다.

- 조광조가 아뢰기를, "…… 지방의 경우에는 관찰사와 수령, 서울의 경우에는 홍문관과 육경(六卿), 그리고 대간들이 모두 능력 있는 사람을 천거하게 하십시오. 그 후 대궐에 모아 놓고 친히 여러 정책과 관련된 대책 시험을 치르게 한다면 인물을 많이 얻을 수 있을 것입니다. 이는 역대 선왕께서 하지 않으셨던 일입니다."라고 하였다.
— 『중종실록』 —

위훈 삭제   p.94

대사헌 조광조 등이 아뢰기를, "…… 반정 때에 공이 있었다면 기록되어야 하겠으나, 이들은 또 그다지 공도 없습니다. 무릇 이들을 공신으로 중히 여기면 공(功)과 이(利)의 근원을 막아야 합니다. ……"라고 하였다.

기묘사화   p.94

- 조광조·김정·김식·김구 등은 서로 붕당을 맺고서 자기에게 붙는 자는 천거하고 자기들과 뜻이 다른 자는 배척하여 서로 의지하여 권요(權要)의 자리를 차지하고 후진을 유인하여 궤격이 버릇이 되게 하고 국론과 조정을 그릇되게 하였다.
— 『중종실록』 —

- 정암은 타고난 자질이 참으로 아름다웠으나 학문에 충실하지 못하여 시행한 것에 지나침이 있었기 때문에 결국 실패하고 말았다. …… 요순 시대의 임금과 백성같이 되게 하는 것이 아무리 군자의 뜻이라 하더라도 때와 역량을 헤아리지 못한다면 안 되는 것이다. 기묘(己卯)의 실패는 여기에 있었다.
— 『퇴계집』 —

기묘사림의 급격한 개혁 추진은 '때와 역량을 헤아리지 못한' 것이라는 퇴계의 평가처럼 결국 훈구의 반발을 사고 말았다. 기묘사화로 인해 조광조가 사사되는 등 사림파는 큰 피해를 입었고, 기묘사림이 추진한 정책 역시 부정되었다. 그러나 조광조는 선조 1년에 신원되어 영의정에 추증되었으며, 선조 2년 '문정'이라는 시호를 받았다.

을사사화

- 정유년 이후부터 조정 신하들 사이에는 대윤, 소윤의 설이 있었는데 군소배들이 부회하여 말이 많았다. 이기 등은 윤원형 형제와 은밀히 결탁하였다. 인종이 승하한 뒤에 윤원형이 기회를 얻었음을 기뻐하며 비밀리에 보복할 생각을 품고 위험한 말을 꾸며 다른 사람들을 두렵게 하니 소문이 위에까지 들리고 자전(왕의 어머니)은 밀지를 윤원형에게 내렸다. 이에 이기 등이 변을 고하여 큰 화를 만들어냈다.

- 교서에, "…… 윤임은 화심(禍心)을 품고 오래도록 흉계를 쌓아 왔다. 처음에는 동궁(東宮)이 외롭다는 말을 주창하여 사림들 사이에 의심을 일으켰고, 중간에는 정유삼흉(丁酉三凶)의 무리와 결탁하여 국모를 해치려고 꾀하였고, 동궁에 불이 난 뒤에는 부도(不道)한 말을 많이 발설하여 사람들을 현란시켜 걱정과 의심을 만들었다. …… 유인숙(柳仁淑)은 윤임과 혼인을 맺고 음모를 조성하며 속으로 권세를 잃어버릴까 근심을 쌓았는데, 내가 즉위하자 자기에게 불리하다고 여겨 몰래 사부(師傅)를 불러다가 나의 현부(賢否)를 물었으며, 나에게 병이 있다고 지칭하고 다른 사람이 혹시 내가 현명하다는 말이라도 하게 되면 기뻐하지 않는 기색이 역력하였다. 이는 모두 몰래 다른 뜻을 품고 자기의 욕망을 이루려고 꾀한 것이니 죄가 종사에 관련되어 법으로 용서할 수가 없다. 진실로 율에 따라 죄를 정함이 마땅하다. 다만 선왕조의 구신(舊臣)이므로 차마 지나친 형벌을 가할 수 없다는 생각에서 이에 윤임·유관·유인숙 세 사람에게는 사사(賜死)만 명한다. 이미 간인을 제거하는 법을 바로잡았으니 사유(赦宥)하는 은전(恩典)을 미루어 거행함이 마땅하다." 하였다.

- 이덕응이 공초하기를, "윤임과는 항상 대윤(大尹)·소윤(小尹)이란 말 때문에 화환이 생길 것을 걱정하여 서로 경계하였을 뿐이고, 흉모에 대해서는 모르겠습니다." 하다가, 신장 4번을 치자 공초하기를, "인종의 병세가 위중할 적에, 윤임이 나와서 신에게 '주상이 전혀 소생할 기미가 없으니 만약 대군이 왕위를 계승하여 윤원로가 뜻을 얻게 되면 우리 집안은 멸족당할 것이다. 여러 왕자들 중에 어진 사람을 골라 세운다면 봉성군을 세워야 한다. 만약 문안차 들어가 입시(入侍)하게 되면 그 일을 도모할 수 있을 것이다.' 하기에 신이 '순리로 추대해야 된다.' 하였습니다."

— 『명종실록』 —

중종의 첫 왕비 장경왕후의 외척인 윤임 일파를 대윤, 계비 문정왕후의 외척인 윤원형 형제 일파를 소윤이라고 했는데, 중종이 승하하고 인종이 왕위에 오르자 대윤파가 득세하였다. 그러나 인종이 중종의 계비인 문정왕후의 뜻을 얻지 못한 채 재위 8개월 만에 승하하자, 문정왕후 소생인 명종이 12세의 나이로 즉위하였다. 이에 모후인 문정왕후가 수렴청정을 하여 대윤파를 처단한 사건이 을사사화였다.

③ 붕당 정치의 전개

동인과 서인의 분당

김효원이 알성 과거에 장원으로 합격하여 (이조) 전랑의 물망에 올랐으나, 그가 윤원형의 문객이었다 하여 심의겸이 반대하였다. 그 후에 (심의겸의 동생) 심충겸이 장원 급제를 하자 전랑으로 천거하려고 하였다. 김효원이 "외척은 쓸 수 없다." 하며 막으니, 심의겸이 "외척이 원흉의 문객보다는 낫지 않으냐." 하였다. 이때 김효원 편을 드는 사람들은 "효원의 말은 공론에서 나온 것이다. 그런데 의겸이 사사로운 혐의로 좋은 선비를 배척하니 매우 옳지 못하다." 하였다. …… 이때, 양편 친지들이 각기 다른 주장을 내세우며 서로 배척하여 동인, 서인이라는 말이 여기서 비롯하였다. 효원의 집이 동쪽 건천동에 있고 의겸의 집이 서쪽 정동에 있었기 때문이었다.

— 『연려실기술』 —

이조 전랑   p.96

무릇 내외의 관원을 선발하는 것은 오로지 이조에 속하게 하였고, 또 이조의 권한이 무거워질 것을 염려하여 3사 관원의 선발은 낭관에게 맡겼다. 따라서 이조의 정랑과 좌랑이 또한 3사의 언론권을 주도하게 되었다. …… 이 때문에 전랑의 권한이 3정승과 견줄 만하였다.

남인과 북인   p.97

홍문관에서 아뢰기를, "윤국형은 우성전과 유성룡의 심복이며 또한 이성중과 한 집안 사람입니다. 당초 선묘 연간에 양사에서 정철을 탄핵할 때에 옥당은 여러 날 동안이나 거론하지 않았습니다. …… 유성룡이 다시 재상이 되자 윤국형 등이 선비들을 구별하여 자기들에게 붙는 자를 남인이라 하고, 뜻을 달리하는 자를 북인이라 하여 결국 당쟁의 실마리를 크게 열어 놓았습니다. 이처럼 유성룡이 사당(私黨)을 키우고 사류(士類)를 배척하는 데에 모두 윤국형 등이 도왔던 것입니다."라고 하였다.

붕당 형성의 배경   p.97

붕당은 싸움에서 생기고, 싸움은 이해관계에서 생긴다. 이해관계가 절실하면 붕당이 깊어지고, 이해관계가 오래될수록 붕당이 견고해진다. 이렇게 되는 이유는 무엇인가? 지금 열 사람이 함께 굶주리고 있는데, 한 그릇 밥을 같이 먹게 되면 그 밥을 다 먹기도 전에 싸움이 일어날 것이다. …… 조정의 붕당도 이와 다르지 않다. …… 과거를 자주 보아 인재를 너무 많이 뽑았고, …… 이것이 이른바 관직은 적은데 써야 할 사람은 많아서 모두 조처할 수 없다는 것이다.

- 『곽우록』 -

붕당에 대한 비판과 옹호   p.97

· 삼공과 육경 또한 그 잘못을 말하지 않으니 점차 붕당을 이루어 군주가 위에 고립되게 하였다. 이와 같이 임금을 능멸하는 기풍은 혁파하지 않을 수 없다.

- 『연산군일기』 -

· 아! 진실로 군자라면 당이 있는 것을 염려하지 말고 오직 당이 적게 되는 것을 염려해야 한다. 나 또한 주희의 설을 따라 이이와 성혼의 당에 들어가기를 원하노라.

- 『선조실록』 -

· 이이가 …… 상소하였다. "붕당에 관한 설이 어느 시대라고 없었겠습니까만은, 그 취지는 다만 군자의 당인지 소인의 당인지를 잘 분별하라는 것일 뿐입니다. 군자라면 무리를 짓더라도 많으면 많을수록 더욱 좋은 법이지만, 소인이라면 한 사람이라도 용납해서는 안되는데 하물며 붕당을 허용하겠습니까."

- 『선조수정실록』 -

· 왕이 이준경이 유언으로 남긴 상소에 "조정 신하들이 붕당을 만들어 마침내 허위 풍조가 형성되었다."라고 한 말을 보고 크게 놀라 대신에게 말했다. "만약 붕당이 있다면 조정이 어지러워질 것이다." 이에 대신이 그 의심을 풀어주었는데, 왕도 끝까지 따지지 않았다.

- 『선조수정실록』 -

- 임금(인조)이 말씀하셨다. "무릇 정치를 행함에 있어 끼리끼리 당을 만들지 못하도록 힘써야 한다." 공(이귀)은 이에 대답하였다. "임금께서 만약 당을 없앤다는 마음을 가지시면 소인들은 그 틈을 타서 군자를 잘못된 당이라고 모함하여 일망타진할 것입니다. 주자는 '임금을 끌어들여서 같은 당원으로 삼는다.'라고 하셨습니다. 선조께서도 '이이와 성혼의 당에 들어가기를 바란다.'라고 하셨습니다. 임금은 오직 어진 사람을 얻어 믿고 맡기실 뿐입니다. 어찌 끼리끼리 만든 당이라고 해서 신하를 의심하여 소인이 들어설 단서를 열어놓으십니까?"
  - 『묵재일기』 -

공론에 따른 정치 운영 p.98

- 공론(公論)이란 나라의 원기(元氣)입니다. 공론이 조정에 있으면 그 나라가 다스려지고 공론이 여항(閭巷)에 있으면 그 나라가 어지러워지며, 만약 위아래에 모두 공론이 없으면 그 나라가 망합니다. …… 금일의 조정에 공론이 신장되지 않고 있으므로 려항에서 과연 시비를 의논하는 자가 있습니다. 이것은 선비로 자처하는데 있어 진실로 잘못되었습니다. 그 자리에 있지 않고서 본래 그 정치를 논의해서는 안됩니다. 만약 윗사람으로서 자신에 대해 의논하는 것을 싫어하여 금절(禁絶)한다면 주(周)·진(秦)의 멸망을 재촉한 유법(遺法)과 같습니다. 나라에 공론이 없으면 망하는데 어찌 금절할 수 있습니까.
  - 『율곡전서』 -

- 홍문관 부제학 정광적 등이 …… 공론은 국가의 움직이는 힘입니다. 공론이 행해지지 않으면 시비가 밝지 않아 망하는 것이 따르니, 어찌 크게 두려워할 일이 아니겠습니까. …… 지금 남은 당인(黨人)에게 죄를 더하는 일로 여러 날 논의하고 있는데 성상의 들으심은 더욱 멀어져 한 번도 윤허를 받지 못하였습니다. …… 죄를 더하지 않는다면 신들이 그렇지 않다는 점을 밝히겠습니다.
  - 『광해군일기』 -

계축옥사 p.98

양사(兩司)가 합계하기를, "영창 대군 이의를 왕으로 옹립하기로 했다는 설이 이미 역적의 입에서 나왔는데 이에 대해 자복(自服)한 역적만도 한두 명에 그치지 않습니다. …… 왕법은 지극히 엄한 만큼 결코 용서해주기 어려우니 유사로 하여금 법대로 적용하여 처리하게 하소서."라고 하였다.

당시 광해군과 대북 정권은 왕권에 위협이 되는 영창대군을 없애려 하였고, 이에 김제남과 소북 세력, 일부 서인들을 묶어 역모 사건을 꾸몄다.

인조반정 p.98

- 적신 이이첨과 정인홍(鄭仁弘) 등이 또 그의 악행을 종용하여 임해군(臨海君)과 영창 대군을 해도(海島)에 안치하여 죽이고 …… 대비를 서궁(西宮)에 유폐하고 대비의 존호를 삭제하는 등 그 화를 헤아릴 수 없었다. 선왕조의 구신들로서 이의를 두는 자는 모두 추방하여 당시 어진 선비가 죄에 걸리지 않으면 초야로 숨어버림으로써 사람들이 모두 불안해하였다. 또 토목 공사를 크게 일으켜 해마다 쉴 새가 없었고, 간신배가 조정에 가득 차고 …… 임금이 윤리와 기강이 이미 무너져 종묘사직이 망해가는 것을 보고 개연히 난을 제거하고 반정反正할 뜻을 두었다.
  - 『인조실록』 -

- 왕대비가 교서를 내려 중외에 선유하였는데, 내용은 다음과 같다. "하늘이 만백성을 내고 그 중에다 임금을 세운 것은, 대개 인륜을 펴고 기강을 세워 위로는 종묘를 받들고 아래로는 온 백성을 안정시키기 위해서이다. 선조 대왕께서 불행히도 적사(嫡嗣)가 없어 임시방편으로 장유(長幼)의 차

례를 어기고 광해로 세자를 삼았었는데, 동궁으로 있을 때 이미 실덕(失德)이 드러나 선묘(宣廟) 말년에 자못 후회하여 마지않았다. 즉위한 처음부터 못 하는 짓이 없이 도리를 어겼는데, 우선 그중 큰 것만을 거론하겠다. 내 비록 부덕하나 천자의 고명(誥命)을 받아 선왕의 배우자가 된 사람으로 일국의 국모가 된 지 여러 해가 되었으니, 선묘의 아들이 된 자는 나를 어미로 삼지 않을 수 없는 것이다. 그럼에도 광해는 참소하는 간신의 말을 믿고 스스로 시기하여 나의 부모를 형살하고 나의 종족을 어육으로 만들고 품 안의 어린 자식을 빼앗아 죽이고 나를 유폐하여 곤욕을 주는 등 인륜의 도리라곤 다시 없었다. 이는 대개 선왕에게 품은 감정을 펴는 것이라 미망인에게야 그 무엇인들 하지 못하랴. 심지어는 형을 해치고 아우를 죽이며 여러 조카를 도륙하고 서모를 쳐 죽였고, 여러 차례 큰 옥사를 일으켜 무고한 사람들을 해쳤다. 그리고 민가 수천 채를 철거하고 두 채의 궁궐을 건축하는 등 토목 공사를 10년 동안 그치지 않았으며, 선왕조의 구신들은 하나도 남김없이 다 내쫓고 오직 악행을 조장하며 아첨하는 인아(姻婭)와 부시(婦寺)들만을 높이고 신임하였다. …… 이것뿐이 아니다. 우리나라가 중국 조정을 섬겨온 것이 2백여 년이라, 의리로는 곧 군신이며 은혜로는 부자와 같다. 그리고 임진년에 재조(再造)해 준 그 은혜는 만세토록 잊을 수 없는 것이다. 선왕께서 40년 동안 재위하시면서 지성으로 섬기어 평생에 서쪽을 등지고 앉지도 않았다. 광해는 배은망덕하여 천명을 두려워하지 않고 속으로 다른 뜻을 품고 오랑캐에게 성의를 베풀었으며, 기미년 오랑캐를 정벌할 때에는 은밀히 수신(帥臣)을 시켜 동태를 보아 행동하게 하여 끝내 전군이 오랑캐에게 투항함으로써 추한 소문이 사해에 펼쳐지게 하였다. 중국 사신이 본국에 왔을 때 그를 구속하여 옥에 가두듯이 했을 뿐 아니라 황제가 자주 칙서를 내려도 구원병을 파견할 생각을 하지 않아 예의의 나라인 삼한(三韓)으로 하여금 오랑캐와 금수가 됨을 면치 못하게 하였으니, 그 통분함을 어찌 이루 다 말할 수 있겠는가. 천리를 거역하고 인륜을 무너뜨려 위로는 종묘 사직에 득죄하고 아래로는 만백성에게 원한을 맺었다. 죄악이 이에 이르렀으니 그 어떻게 나라를 통치하고 백성에게 군림하면서 조종조의 천위(天位)를 누리고 종묘사직의 신령을 받들겠는가. 그러므로 이에 폐위하고 적당한 데 살게 한다.

- 『인조실록』 -

이괄의 난 p.98

앞서 왕에게 이괄 부자가 역적의 우두머리라고 고해바친 자가 있었다. 하지만 임금은 "필시 반역은 아닐 것이다."라고 하면서도, 이괄의 아들인 이전을 잡아오라고 명하였다. 이전은 그때 이괄의 군영에 있었고 이괄은 결국 금부도사 등을 죽이고 여러 장수들을 위협하여 난을 일으켰다.

이괄은 인조반정 후 논공행상에 불만을 품고 반란을 일으켰으며 패배한 후 후금으로 피신하여 조선의 정세가 후금에 알려지게 되었다.

북벌에 대한 비판 p.99

지금 축성·훈련·군기 보수 등의 사업이 동시에 실시되고 있습니다. 군병을 징집하고 훈련하는 데 쉴 틈이 없고, 혼자 두 가지 신역을 진 사람은 농사도 짓지 못하고 오랫동안 대기해야 합니다. …… 국가의 근심거리는 남쪽 왜와 북쪽 청나라에 있는 것이 아니라 바로 국내에 있습니다.

- 『효종실록』 -

기사환국 p.100

"지금 왕장의 명호를 원자(元子)로 정하는 것은 간사한 마음을 품은 자가 아니라면 다른 말이 없어야 마땅합니다. 송시열은 방자하게도 상소를 올려 민심을 어지럽혔으니, 멀리 유배 보내소서."

갑술환국

임금이 "기사년 송시열의 상소는 한때의 실수였을 뿐 그가 어찌 다른 뜻을 가졌겠는가. 이제 그동안 잘못된 일이 다 해결되었으니 특별히 그의 관직을 회복하고 제사를 지내게 하라."라고 하교하였다.

회니시비와 병신처분

- 이에 앞서 봉조하(奉朝賀) 송시열을 양조(兩朝)에서 예우(禮遇)하던 유현(儒賢)이라 하여 왕이 빈사(賓師)로 대접했는데, 그 문도(門徒) 윤증이 역적 윤휴에게 빌붙어 오래 전부터 송시열에게 이의를 제기하고자 하였다. 송시열이 윤증의 아버지인 윤선거의 묘문(墓文)을 찬술할 때 유양(揄揚)한 바가 그의 기대에 맞지 않자, 윤증은 이 일로 인해 유감을 품고 제 마음대로 고쳐서 물리쳤다. 또 송시열에게 보내는 의서(擬書)를 지어 죄상(罪狀)을 늘어놓으니, 이에 유림(儒林)은 분열되고, 조정의 의논은 마구 흩어져 반세(半世) 동안 윤증이 스승을 배반한 것을 당연한 도리로 여기는 데로 쏠렸다. 왕도 또한 그 일의 실상을 통촉하지 못하고, 일찍이 '아버지와 스승은 경중(輕重)이 있다.'고 하교(下敎)하였는데, 병신년에 이르러 묘문(墓文)과 의서(擬書)를 직접 얻어 읽어 보자 비로소 그 빙자하여 허구날조한 정상을 살피고 드디어 하교하기를, '아버지와 스승의 경중(輕重)에 대한 설(說)을 일찍이 이미 하교하였으나, 한 번 의서와 묘문을 상세히 본 뒤로 내가 깊이 의리를 연구하여 시비가 크게 정해졌으니, 후세에 할 말이 있게 되었다. 나의 자손된 자들은 모름지기 이 뜻을 따라 굳게 지키고 흔들리지 않아야 옳을 것이다.' 하였다. 이때에 이르러 또 비지(批旨)에다 춘궁(春宮)을 교유(敎諭)하니, 반복된 정녕(丁寧)한 가르침이 일성(日星)처럼 밝게 걸려 만세에 연익(燕翼)의 계획을 남겨주었다. 사륜(絲綸)이 한 번 전파되자 사림이 모두 펄쩍 뛰며 경하하였다. 왕이 또 손수 화양(華陽)·흥암(興巖) 두 서원의 액호(額號)를 써서 걸게 하고, 관원을 보내 제사를 내렸다. 하교하기를, '인주(人主)가 현인(賢人)을 존경하는 것이 지극한 정성에서 나온다면 거의 선비의 추향을 바로잡고 사설(邪說)을 사라지게 할 수 있을 것이니, 나의 뜻이 어찌 우연한 것이겠는가?' 하였다. 화양은 곧 송시열을 조두(俎豆)하는 곳이고, 흥암은 곧 송준길을 조두하는 곳이다.

   - 『숙종실록』 -

- 사헌부에서 처치하여 이정겸을 체직하라 아뢰니, 임금이 비답을 내려 심하게 꾸짖음이 특출(特出)하였다. 송(宋)·윤(尹) 양가의 다툼이 조금 장단점은 있으나 군자로서는 모두 잘못이 있다. 부사(父師) 사이는 의(義)를 모두 온전하게 하기 어려웠으니, 비록 혹 주선을 잘못함이 있다 하더라도 결코 곧바로 스승을 배반했다는 죄과로 몰 수는 없는 것이다. 요는 일이 사사로운 집안에 관계되는 것이니 조정으로 미루어 올릴 수 없는 것인데, 당초에 두 대신이 경솔하게 임금에게 알리어 한 쪽으로만 치우치게 죄를 주게 한 것은 실로 잘못된 것이며, 당인(黨人)들이 중대함을 빙자하여 서로 깨물어 뜯어 수십 년 간의 피로 얼룩진 싸움을 초래한 것은 더욱 매우 옳지 않다. 이에 이르러 임금이 자세하게 백여 마디의 비답을 내려 명백하게 열어보여서 아버지와 스승 사이에 누가 중하고 누가 가벼운가 하는 말과, 애초에 조정에서 알 바가 아니라고 하교하였으니, 사의(辭意)가 간절하고 의리가 정당하여 족히 백세(百世)의 단안(斷案)이 되었다. 이로부터 사류(士類)들은 세도(世道)를 서로 경하하게 되고, 당인(黨人)들은 두려워하여 꺼리는 바가 있게 되었다.

   - 『숙종실록보궐정오』 -

붕당 정치의 폐해
p.101

신축·임인(1721·1722년) 이래로 조정에서 노론, 소론, 남인의 삼색(三色)이 날이 갈수록 더욱 사이가 나빠져 서로 역적이라는 이름으로 모함하니 이 영향이 시골에까지 미치게 되어 하나의 싸움터를 만들었다. 그리하여 서로 혼인을 하지 않을 뿐만 아니라, 다른 당색(黨色)끼리는 서로 용납하지 않는 지경까지 이르렀다. …… 대체로 당색이 처음 일어날 때에는 미미하였으나, 자손들이 그 조상의 당론을 지켜 200년을 내려오면서 마침내 굳어져 깨뜨릴 수 없는 당이 되고 말았다. …… 근래에 와서는 사색이 모두 진출하여 오직 벼슬만 할 뿐, 예부터 저마다 지켜 온 의리는 쓸모없는 물건처럼 되었고, 사문(斯文, 유학)을 위한 시비와 국가에 대한 충역은 모두 과거의 일로 돌려 버리니 …….

- 『택리지』-

『택리지』는 이익의 문인이었던 실학자 이중환이 저술한 책이다.

4 탕평책과 세도 정치

영조의 탕평 교서
p.102

- 나라를 위하여 몸과 마음을 다 바치고 무리와 주위 사람들과 화목하게 지낼 도리를 생각하지 않고 오로지 당습에 어긋날까 염려하니 이것이 어찌 이효이겠는가. …… 탕평하는 것은 공이요, 당에 물드는 것은 사인데 여러 신하는 공을 하겠는가, 사를 하겠는가.

- 전교하기를, "붕당의 폐단이 요즈음보다 심한 적이 없었다. 처음에는 사문(斯文)에 소란을 일으키더니, 지금에는 한편 사람을 모조리 역당(逆黨)으로 몰고 있다. 세 사람이 길을 가도 어진 사람과 어리석은 사람이 있게 마련인데, 어찌 한편 사람이라고 모두가 같은 투일 리가 있겠는가? …… 우리나라는 본래 치우쳐 있고 작아서 사람을 쓰는 방법 역시 넓지 못한데, 요즈음에 이르러서는 그 사람을 임용하는 것이 모두 당목(黨目) 가운데 사람이었으니, 이와 같이 하고도 천리(天理)의 공(公)에 합하고 온 세상의 마음을 복종시킬 수 있겠는가? 지난해까지 함께 벼슬하였던 조정이 지금은 왜 전과 같지 않은가? 이렇게 하기를 그만두지 않으면 띠를 매고 조정에 있을 자가 몇 사람이나 되겠는가? …… 피차가 서로 공격하여 공언(公言)이 막히고 역당(逆黨)으로 지목되면 옥석(玉石)이 구분되지 않을 것이니, 저가 나를 공격하는 데에서 그 장차 가려서 하겠는가, 가리지 않고 하겠는가? 충직(忠直)한 사람을 뒤섞어 거론하여 헤아릴 수 없는 죄과(罪科)로 몰아넣는 것은 그들이 처음으로 한 것이 아니라 이는 나의 말이다. …… 저 귀양을 간 사람들은 금오(金吾)로 하여금 그 경중(輕重)을 참작해 대신(大臣)과 더불어 등대(登對)하여 소석(疏釋)하고, 전조(銓曹)에서는 탕평(蕩平)하게 거두어 쓰라."

- 『영조실록』-

- 신의가 있고 아첨하지 않는 것은 군자의 마음이요, 아첨하고 신의가 없는 것은 소인의 사사로운 마음이다.[周而弗比乃君子之公心比而弗周寔小人之私意]

- 탕평비 -

영조는 무신년에 일어난 이인좌의 난을 진압한 후 붕당 간의 다툼을 금하고자, 친필 비석을 성균관 반수교에 세웠다. 영조는 이복 형인 경종이 사망하자 유일한 '삼종혈맥(효종·현종·숙종의 3대의 혈통만이 왕위를 계승할 수 있다는 숙종의 유시)'으로서 왕위에 올랐다. 영조는 즉위 후 탕평책을 실시하였다. 이는 경종 재위기 왕세제 책봉과 대리청정에서부터 노·소론간의 당론이 충역론으로 확산되면서 그 자신이 죽을 위기에까지 몰렸기 때문이다. 따라서 영조는 왕과 신하사이의 의리를 바로 세워야 한다고 주장하면서 붕당 자체를 없애자는 논리에 동조하는 탕평파를 중심으로 정국을 운영하였다.

정조의 탕평
p.103

붕당의 이름이 생긴 이래로 삼상(三相)이 오늘과 같은 적은 아마도 처음 있는 일일 듯하다. 그러므로 이번 일로 나는 자부하는 마음이 든다. 경들 세 사람은 모름지기 각자 마음을 다해 나로 하여금 좋은 결과를 볼 수 있게 하라. 오늘의 급한 일은 조정에서 의심하여 멀리하는 것을 없애는 데 있을 뿐이다.

- 『정조실록』-

규장각 설치

- 창경궁 내원(內苑)에다 규장각(奎章閣)을 세우고 영종 어제(英宗御製)의 편찬 인쇄가 끝나자 하교하기를, "우리나라 관방(官方)이 송(宋)의 제도를 그대로 준용하고 있으면서 용도(龍圖)·천장(天章)의 제도 같이 어제(御製)를 모셔두는 곳은 없다. …… 그리하여 내 그 열성조의 뜻을 이어 열성조 어제를 모두 모으고 후원에다 규장각을 지어 송나라가 그랬던 것처럼 열성조 모훈(謨訓)을 그곳에다 모시기로 한 것이다. …… 우리나라 제학(提學)이 송(宋)으로 치면 바로 학사(學士)이고, 직제학(直提學)은 곧 송의 직학사(直學士)이니 용도각(龍圖閣)의 학사·직학사처럼 규장각에도 제학·직제학을 두라. 그리고 또 직각(直閣)·대교(待敎)를 두어 송의 직각(直閣)·대제(待制)를 둔 것 같이하면 그게 모두 근거있는 제도가 될 것이다." 하였다.

- 하교하기를, "내가 어진(御眞) 1본(本)을 모사(摹寫)하려 하는데, 이는 장대(張大)시키려는 의도는 아니다. …… 송(宋)나라의 천장각(天章閣) 등에 어제(御製)·어용(御容)을 봉안한 데 대한 글이 있으니, 이번에 그림을 그린 뒤에는 규장각(奎章閣)에다 봉안하면 비용이 덜수 있을 뿐만이 아니라, 실로 고례(古例)를 원용(援用)하는 것이 된다. 나의 의견은 이러한데, 제신(諸臣)들의 의견은 어떠한가?" 하니, …… 이어 화사(畵師) 한종유(韓宗裕)·신한평(申漢枰)·김홍도(金弘道)에게 각기 1본씩 모사(摹寫)하라고 명하였다.

> 규장각은 본래 역대 왕의 글과 책을 수집, 보관하기 위한 왕실 도서관의 기능을 가지는 기구로 설치되었으나, 정조는 여기에 비서실의 기능과 문한 기능을 통합적으로 부여하고, 과거 시험의 주관과 문신 교육의 임무까지 부여하였다.

만천명월주인옹 자서(萬川明月主人翁 自序)

왕은 행차 때면 길에 나온 백성들을 불러 직접 의견을 들었다. 또한, 척신 세력을 제거하여 정치의 기강을 바로 잡았고, 당색을 가리지 않고 어진 이들을 모아 학문을 장려하였다. 침전에는 '탕탕평평실(蕩蕩平平室)'이라는 편액을 달았으며, "하나의 달빛이 땅 위의 모든 강물에 비치니 강물은 세상 사람이요, 달은 태극이며 그 태극은 바로 나다."라고 하였다.

신해통공

- 좌의정 채제공이 아뢰다. "시전에 금난전권을 부여한 것은 그들이 나라의 일에 응하므로 이익을 독점하게 하려는 뜻이었습니다. 지금은 무뢰배들이 시전이 되어 생필품을 판매하는 사람들까지 난전으로 몰아 물건을 빼앗고 형조와 한성부에 고발합니다. 이제 육의전을 제외하고 금난전권을 없애면 상인과 주민들의 이익이 늘어날 것입니다." 임금이 그대로 하라고 하였다.
  - 『정조실록』 -

- 형조와 한성부에 분부하여 육의전 이외에 (다른 이에게) 난전이라 하여 잡혀 오는 사람들에게는 벌을 주지 마시옵소서. …… 장사하는 사람들은 서로 매매하는 이익이 있을 것이고 백성도 곤궁한 걱정이 없을 것입니다.
  - 『정조실록』 -

통공 정책의 결과

제가 장단 적소에 있을 때 면포 상인의 왕래가 끊이지 않는 것을 보았는데, 길 가는 사람들이 통공 발매(신해통공)의 효과라 하였습니다. 작년 겨울 서울의 면포 가격이 이 때문에 등귀하지 않아 서울 사람들이 생업을 즐길 수 있게 되었습니다.
  - 『승정원일기』 -

문체반정   p.103

근래 문풍이 날로 비속해지고 있다. 과문(科文)을 놓고 보더라도 패관소품(稗官小品)의 문체를 사람들이 모두 모방하여 경전 가운데 늘상 접하여 빠뜨릴 수 없는 의미들이 소용없는 것으로 전락하였다. 내용이 빈약하고 기교만 부려 전연 옛사람의 체취는 없고 조급하고 경박하여 평온한 세상의 문장 같지 않다. …… 오늘날 문풍이 이와 같은 것은 그 근본을 캐보건대 박지원의 죄가 아님이 없다. 『열하일기』를 내가 이미 숙람(熟覽)하였으니 어찌 감히 속일 수 있으랴? 『열하일기』가 세상에 돌아다닌 뒤로 문체가 이와 같아졌으니, 마땅히 결자(結者)가 해지(解之)해야 할 것이다. 속히 한 가지 순정(純正)한 글을 지어 곧 바로 올려 보내 죄를 속죄한다면 비록 남행(南行:음직)의 문임(文任:홍문관·예문관의 제학)이라도 어찌 아까울 것이 있겠는가.

> 제시된 글은 정조가 박지원의 『열하일기』를 평가한 글이다. 실학자였던 박지원은 당시 지식인들이 사용하던 글과는 전혀 다른 문체(패관소품체)의 글을 쓰는 등 문체 혁신을 시도하였다. 이와 같은 문체가 유행하자 정조는 이를 불순한 문체로 여겨 배척하고 정통 고문으로 환원시키는 정책을 펼쳤다(문체반정).

세도 정치의 폐단   p.105

가을에 한 늙은 아전이 대궐에서 돌아와 처와 자식에게 "요즘 이름있는 관리들이 모여서 온종일 이야기를 하여도 나랏일에 대한 계획이나 백성에 대한 걱정을 전혀 하지 않는다. 오직 각 고을에서 보내오는 뇌물의 많고적음과 좋고나쁨에만 관심을 가지고, 어느 고을의 수령이 보내온 물건은 극히 정묘하고, 또 어느 수령이 보낸 물건은 매우 넉넉하다고 말한다. 이름있는 관리들이 말하는 것이 이러하다면, 지방에서 거둬들이는 것이 반드시 늘어날 것이다. 나라가 어찌 망하지 않겠는가?"라고 한탄하며 눈물을 흘렸다.

- 『목민심서』 -

> 정조가 급사하고 나이 어린 순조가 즉위하자 김조순, 박종경 등 소수의 권세가들이 정권을 장악하고 횡포를 부리는 세도정치가 시작되었다. 순조~철종 3대 60여 년간 안동 김씨, 풍양 조씨, 반남 박씨 등 왕실의 외척 가문이 권력을 독점하였다.

5 조선 전기의 대외 관계와 임진왜란

사대 외교의 의미   p.106

• 제나라 선왕이 물었다. "이웃 나라와 사귐에 도(道)가 있습니까" 맹자께서 대답하셨다. "있습니다. 오직 인자만이 대국을 가지고 소국을 섬길 수 있습니다. …… 오직 지자만이 소국을 가지고 대국을 섬길 수 있습니다. …… 대국을 가지고 소국을 섬기는 자는 천명을 즐겁게 따르는 자요, 소국을 가지고 대국을 섬기는 자는 천명을 두려워하는 자이니, 천명을 즐겁게 따르는 자는 천하를 보존하고, 천명을 두려워하는 자는 그 나라를 보전합니다."

- 『맹자』, '양혜왕편' -

• 내가 생각하건대, 옛날 성인들이 중국을 다스릴 적에 많은 나라를 세우고 제후들과 친하였다. 큰 나라는 작은 나라를 돌보고 작은 나라는 큰 나라를 섬기도록 하여 각기 그 정성을 다하게 한 것은 먼 나라나 가까운 나라나 할 것 없이 화합하게 하려 한 것이었다. 삼가 생각하건대, 명이 만방을 달래고, 인이 깊고 덕을 두텁게 하여, 무릇 하늘과 땅 사이에 있는 동물이나 식물 모두 그 은덕에 젖었다. 그러므로 해외에 있는 우리나라도 일시동인(一視同仁)의 덕화를 입게 되어 …… 천명에 따르고 작은 나라를 돌보는 인(仁)이 지극한 일이다.

- 『양촌집』 -

생흔과 모만   p.106

① 양절(兩浙)의 불량한 자가 중국의 소식을 조선에 전한 까닭에 이미 수십 가를 살륙하였으니 이것이 생흔(生釁)의 제1이다.

② 사람을 요동에 보내서 행례(行禮)를 가장하고 포백(布帛)과 금은으로써 요동의 변장(邊將)을 유인하니 이것이 생흔의 제2이다.
③ 최근에 비밀리 사람을 요동에 보내서 여진을 유인하여 그 가족 500여 명과 함께 압록강을 건너갔으니 이것이 생흔의 제3이다.
④ 입으로는 조공한다고 하면서 늘 작고 쓸 수 없는 말을 보내니 이것이 모만(侮慢)의 제1이다.
⑤ 국호를 개정하여 주었음에도 불구하고 아무 소식이 없으니 이것이 모만의 제2이다.

요동 정벌

- 남은(南誾)과 깊이 결탁하여 은(誾)으로 하여금 아뢰게 하기를, "사졸은 이미 훈련되었고 군량도 갖추어졌으니, 때를 타서 동명왕(東明王)의 옛 강토를 회복할 만합니다." 하니, 태상왕이성계은 자못 그렇지 않다고 하였다. 은이 여러 번 말하므로, 태상왕이 도전(道傳)에게 물으니, 그가 지나간 옛일에 외이(外夷)가 중원(中原)에서 왕이 되었던 일들을 차례로 들어 논하여 은의 말이 믿을 만하다고 말하고, 또 도참(圖讖)을 인용하여 그 말에 붙여서 맞추었다.

— 『태조실록』 —

- 판의흥삼군부사 정도전이 일찍이 『오진도(五陣圖)』와 『수수도(蒐狩圖)』를 만들어 바치니, 임금이 좋게 여기어 명하여 훈도관(訓導官)을 두어 가르치고, 각 절제사(節制使)·군관, 서반 각품 성중애마(成衆愛馬)로 하여금 『진도(陣圖)』를 강습하고, 또 잘 아는 사람을 각도에 나누어 보내어 가서 가르치게 하였다. 당시 정도전·남은(南誾)·심효생(沈孝生) 등이 군사를 일으켜 국경에 나가기를 꾀하여 임금께 의논을 드렸는데, 좌정승 조준(趙浚)의 집에 가서 유시(諭示)하였다. 준(浚)이 병으로 앓고 있다가 즉시 가마를 타고 대궐에 나와 극력 불가함을 아뢰었다. "본국은 옛날부터 사대(事大)의 예를 잃지 않았고, 또 새로 개국한 나라로서 경솔히 이름 없는 군사를 출동시키는 것은 심히 불가합니다. 이해관계로 말하더라도 천조(天朝)가 당당하여 도모할 만한 틈이 없으니, 신은 거사하여야 성공하지 못하고 뜻밖에 변이 생길까 염려되옵니다." 임금은 이름 듣고 기뻐하였다. 남은이 부여히 아뢰었다. "두 정승(政丞)은 몇 말 몇 되를 출납하는 데는 가하지마는 큰 일은 더불어 도모할 수 없습니다." 이것으로 말미암아 남은 등이 조준과 틈이 생겨 뒤에 남은이 조준을 임금에게 무함하니, 임금이 노하여 질책(叱責)하였다.

— 『태조실록』 권11, 6년 6월 —

조선 초의 대명 외교

- 황제께서 후하게 대우하고, "너희 나라 사신의 행차가 왕래하는 데 길이 멀어서 비용이 많이 드니, 지금부터는 3년 만에 한 번 조회하라."라고 명령하였습니다.

— 『태조실록』 —

- (태종의 즉위에 대해) 명 예부에서 자문을 보내다. "조선은 본래 예의의 나라이므로 …… 왕위를 전하거나 직위를 승계하는 일은 천리를 어기고 인륜에 어긋나는 일이 없거든 자기 나라에서 스스로 주관하여 하도록 하라."

— 『태종실록』 —

- 여러 주변 국가에서 온 사절들은 조공을 바치고 답례품을 받은 후 숙소 부근에서 3일이나 5일간 물품을 교역할 수 있다. 조선과 유구의 사신은 기한에 구애받지 아니한다.

— 『대명회전』 —

조선은 건국 초 국제적으로 지위를 승인받고 경제적인 실리를 얻기 위해 사대교린의 이중적 외교 정책을 펼쳤다. 명에게는 사대 정책을 추진하면서 조공 무역의 형식으로 경제적 이익을 도모했는데, 그러면서도 자주성에 훼손이 있을 때에는 외교 갈등을 빚기도 했다.

세종 대 대여진 강경책
p.107

- 성상의 방책이 신묘하시어 한 사람의 아전도 매질하지 아니하고, 한 사람의 백성도 형벌하지 아니하고도 수만이나 되는 군중이 겨우 한 달이 지나자마자 새 땅에 다 모이어, 대사가 쉽게 성취되고 새 고을이 영구하게 세워졌으니, 곧 성공하였다가 곧 실패한 것과는 같다고 말할 수 없습니다. …… 오늘날 네 고을을 설치하는 것은 오로지 북방을 수습하려는 것이며, 오늘날의 성곽을 쌓은 것은 오로지 변방을 공고히 하려 함이며, 오늘날의 변방을 수어(守禦)하는 것은 역시 저들 적을 방어하여 우리 백성을 편안케 하려는 것입니다.

- 왕 16년, 옛 땅의 회복을 논의하였다. 소다로(所多老)의 땅이 넓고 기름지며 적들이 오가는 요충지이기 때문에, 옛 터전의 북쪽인 회질가(會叱家)의 땅에다 벽성(壁城)을 설치하고, 남도(南道)의 민호(民戶)를 이주시켜 채우고 경원 도호부를 옮겨 판관과 토관을 두었다.

- 왕 16년 2월, 함길도 감사 김종서가 경원·영북진 두 고을에 모두 판관을 둘 것을 청하니, 즉시 이조에 명을 내려 두 의정(議政)에게 동의를 얻어 문무가 구비된 자를 택하여 보고하게 하였다.

- 김종서가 아뢰다. "오랑캐들에게는 은혜와 위력을 함께 보여야 합니다. 저들이 쳐들어와 백성을 죽이고 가축을 약탈해 가도 용서하고 정벌하지 않는다면 저들은 우리가 두려워하고 겁낸다 생각하여 훗날에 지금보다 더 심하게 해독을 마음대로 부릴 것입니다. …… 내년 가을에 본 도의 정병(精兵)을 동원하여 정벌하려 합니다."

- 『세종실록』 -

세종대에는 북방 여진족을 방어하기 위해 최윤덕, 김종서로 하여금 4군과 6진을 개척하게 하여 압록강~두만강 일대의 국경선을 확보하였다. 이어 삼남 주민들을 이주시켜 거주하게 하고, 귀순한 여진족이나 토착 세력들을 관리로 임명하는 토관 제도를 실시하였다.

조선 초기의 북방 영토 경영
p.107

- 경성·경원 지방에 야인의 출입을 금하지 아니하면 혹은 떼 지어 몰려들 우려가 있고, 일절 끊고 금하면 야인이 소금과 쇠를 얻지 못하여서 혹은 변경에 불상사가 생길까 합니다. 원하건대, 두 고을에 무역 소를 설치하여 저들로 하여금 와서 물물 교역을 하게 하소서.

- 『태종실록』 -

- 옛날부터 제왕들은 국토를 개척하여 나라의 근본으로 삼는 일을 소중하게 여기지 않은 이가 없었다. 우리나라는 북쪽으로 두만강을 경계로 하였으니, 하늘이 만들고 땅이 이루어 놓은 땅이다. 조상에게 물려받은 국토를 지키고, 변방 백성이 수비하는 노고를 조금이나마 덜어 주고자 할 뿐이다.

- 『세종실록』 -

조선 초의 대일본 관계
p.107

- 일본 국왕이 박서생 등에게 말하기를, "부왕(父王)의 뜻을 이어받아 중국에 조공하고자 하나, 혹 전날의 일로 구류(拘留)를 당하지나 않을까 우려되어 청하오니, 돌아가거든 귀국 왕에게 고하여 내 뜻을 중국에 전달하게 하여 먼 곳에 있는 저희 오랑캐도 명 천자의 덕을 입게 도와주소서."라고 하였다.

- 대마도 좌위문대랑이 예조에 글을 올리기를, "…… 좌우도 각지의 항구에 마음대로 다니며 무역할 수 있도록 허가하여 주소서."라고 하였다. 답서를 보내기를, "…… 상선이 정박하는 장소에 대하여는 삼가 나라에 보고를 드리어 과거에 지정하였던 내이포(제포)와 부산포 이외에 울산의 염포에서도 무역을 허가하기로 하였으니 그리 알라."라고 하였다.

- 『세종실록』 -

- 국왕의 사신은 날짜에 제한이 없고 여러 영주의 사신 이하는 날짜의 한도를 지나면 일수를 계산하여 식량을 깎는다. 병이 나거나 홍수가 져서 짐을 실어 나를 수 없어 어쩔 수 없이 지체한 경우에는 머물렀던 곳의 관가에서 증명서를 받아와야 하며, 돌아갈 때도 이와 같다.

  - 『해동제국기』 -

- 일본인들의 습성은 굳세고 사나우며, 칼과 창을 능숙하게 쓰고 배를 부리는 데 익숙합니다. 우리나라와는 바다를 사이에 두고 서로 바라보고 있는데, 그들의 법도에 맞게 진무하면 예를 갖추어 조빙하지만, 법도에 어긋나게 하면 곧 방자하게 노략질합니다.

  - 『해동제국기』 -

일본에서 우리나라와 가장 가까운 섬 대마도(쓰시마)는 예로부터 한국과 일본 사이의 중계지로서, 고려 말부터는 우리에게 조공을 바치고 쌀·콩 등을 답례로 받아갔다. 그러나 왜가 이곳을 근거지로 하여 노략질을 일삼자, 고려 말 1389년(창왕 원년)에는 박위가 함선 100여 척을 이끌고 이곳을 쳐서 적선 300여 척을 불태웠다.

유구와의 교역   p.107

유구 국왕의 사신이 와서 토산물을 바쳤다. 그 자문(咨文)에 이르기를, 유구는 지난해 예물과 함께 대장경(大藏經)을 하사받았는데 사례를 하려 하나 바닷길에 익숙하지 못한 까닭으로 일본 사람 종구(宗久)를 보내어 다음의 예물을 봉헌하겠습니다."라고 하였다. 예물은 침향 40근, 목향 50근, 소목 6천 근, 화석 2천 근, 단향 2백 근, 정향 1백 근이었다.

  - 『세조실록』 -

비변사 설치   p.108

- 사간원에서 임금께 아뢰기를, "비변사라는 것은 조상대에는 없었다가 중종 말년부터 설치된 것입니다. 당시 대신들이 병무에 익숙하지 못하였기에 임금께 아뢰어서 설립한 것으로 훗날의 폐단이 이렇게 극에 달할 줄 알지 못하였습니다. 청컨대 선대의 고사에 의거하여 비변사를 혁파하시고, 병무 관련 정사를 병조에 통합시키십시오. 만일 군사 관련 업무에 난처한 일이 생기면 삼정승이 의논하여 정하도록 하시되, 무신 가운데 변방 사무에 능통한 자는 곧 병조와 의정부의 부름을 기다렸다가 동참하여 의논토록 하소서." 하니, 임금께서 답하시기를, "조상대에서도 지변사재상에게 양계 변방의 사무를 전담하여 살피도록 하였다. 요즘 변방에 사단이 없지 아니하므로, 특별히 지변사재상을 뽑아야 할 따름이다. 윤허할 수 없다"고 하였다. 후에도 여러 차례 아뢰었으나 윤허하지 않았다.

  - 『명종실록』 -

- 사헌부가 아뢰기를, "국가에서 관청을 만들고 직무를 나누어 삼정승이 모든 관료들을 통솔하고, 육조가 각사를 나누어 다스려 각기 관장하는 바가 있으니, 진실로 서로 침해할 수가 없는 것입니다. 비록 비변사를 설치하게 된 시초는 알 수 없지만, 명칭으로 그 뜻을 생각해 보면 반드시 변방의 방비에 대한 긴급한 일 등이 있을 경우 대신과 변방 일을 잘 아는 재상들이 한 자리에 모여 계책을 세우기 위하여 설치한 것입니다. 지금은 팔도 및 육조의 공적인 업무가 거의 모두 비변사로 들어가는데, 그 가운데 다소 중요한 것은 대신이 친히 기초를 잡아 임금께 아뢰고, 나머지는 모두 유사 당상의 손에 맡겨지는데, 유사 한두 명이 어찌 온 나라의 공적인 업무를 홀로 처리할 수 있겠습니까? 육조의 해당 관원은 곧 비변사로부터 명령을 받느라 제때에 스스로 결단할 수가 없으니, 문서가 처리되지 않고 쌓이는 것은 실로 여기에 연유한 것입니다. 수많은 당상관이 매일 출근하여, 다만 보내고 보내지 않는 단자에 이름을 올리는 것으로 책임만 메울 뿐 전혀 하는 일이 없는가 하면, 그에 따라 본래의 업무도 버려두고 있습니다. 또한 임금께서 대신을 접견하시는 자리는 체모가 매우 정제한 곳이나, 허다한 재상들이 늘 무리를 지어 모이니 인정이 습성에 젖어 공경하고 삼가는 뜻은 없고 도리어 담소를 하는 자리가 되었습니다. 조정의 체면이 날로 떨어지는 것도 또한

여기에서 유래한 것입니다. 하찮은 호소나 번거로운 첩정(牒呈)이 어지럽게 몰려 마치 송사를 맡은 관원 같기도 하고, 나아가 둔전에서 부세를 거두고 소금을 구워 파는 일까지 처리하지 않은 것이 없습니다. 비변사를 설치한 것이, 어찌 그런 일까지 하기 위한 것이겠습니까? 청컨대 이 시간 이후로는 변방을 방비하는 데 관계된 군국의 중요한 일 외에는, 크고 작은 공적인 업무를 모두 각기 해당 관서의 유사에게 맡겨 그들에게 직무를 수행하게 하되, 그 가운데 처리하기 어려운 것은 대신에게 보고하여 결단하게 해서 조정의 체통을 높이는 한편, 관련 관청을 침범하고 일을 그르치는 폐단이 없게 하소서." 하였다.

- 『선조실록』 -

• 이것은 일시적인 전쟁 때문에 임시로 설치한 것으로서 국가의 중요한 모든 일을 참으로 다 맡긴 것은 아니었습니다. 그런데 오늘에 와서는 큰일이건 작은 일이건 귀중하지 않은 것이 없는데, 의정부는 한갓 헛된 이름만 지니고 6조는 모두 그 직임을 상실하였습니다. 명칭은 '변방의 방비를 담당하는 것'이지만 과거 시험에 대한 판정이나 비빈(妃嬪)을 간택하는 등의 일까지도 모두 여기를 경유하여 나옵니다.

- 『효종실록』 -

비변사는 여진 및 왜구 등에 대비하여 조선의 변방을 의논하는 임시 기구로 설치되었으나 명종 때의 을묘왜변을 계기로 상설기구화 되었다. 점차로 권한이 커져서 의정부와 6조가 유명무실해졌다는 비판이 계속해서 제기되었음에도 특정 세력의 권력 기반으로 계속 유지되었다. 특히 서인 정권은 국방력의 강화를 내세워 군영을 새로이 설치하는 한편 비변사를 장악하여 정치·군사권을 독점하는 수단으로 삼았다. 세도정치기에도 비변사는 최고 국정기구로서 유지되었고 비변사를 장악한 특정 가문의 권력 독점을 심화시켰다.

정발의 부산진 전투 p.109

4월 14일 왜적이 쳐들어왔다. 부산첨사 정발이 절영도에 사냥갔다가 급히 돌아와 전선을 침몰시키고 병사와 백성을 모두 입성시켜 성을 지켰다. 다음 날 아침 왜적이 겹겹이 에워싸고 서쪽 성 밖 높은 곳에 올라가 비오듯 발포하였다. 정발은 화살이 다하고 적탄에 맞아 전사하고 끝내 성은 함락되었다.

- 『선조수정실록』 -

신립의 탄금대 전투 p.109

왜적이 복병을 설치하여 우리 군사의 후방을 포위하였으므로 우리 군사가 크게 패하였다. 삼도순변사 신립은 포위를 뚫고 달천의 월탄가에 이르러, "전하를 뵈올 면목이 없다." 하고 빠져 죽었다.

선조의 몽진 p.109

고개를 돌려 도성 안을 바라보니 남대문 안 큰 창고에서 불이 일어나 연기가 이미 하늘에 치솟았다. …… 벽제관에 이르니 비가 더 심하게 내려 일행이 다 비에 젖었다. …… 한 사람이 밭에서 바라보고 통곡하며 말하기를 "나랏님이 우리를 버리고 가시면 우리는 누구를 믿고 삽니까?"라고 하였다. 임진강에 이르러서도 비는 그치지 않았다.

- 『징비록』 -

『징비록』은 임진왜란 때 선조를 호종하며 임진왜란을 겪은 류성룡이 임진왜란 이후에 직접 서술한 책으로, 임진왜란의 참상이 잘 드러나 있다.

한산도 대첩 p.109

전라수군절도사 이순신이 경상우수사 원균, 전라우수사 이억기 등과 함께 적병을 거제도 바다 가운데에서 크게 격파하였다. …… 이보다 먼저 적장 고니시 유키나가는 평양에 이르러 글을 보내 말하기를 "일본의 수군 10만여 명이 서해에 서 올 것입니다. 알지 못하겠습니다만 대왕의 행차를 이로부터 어디로 가시겠습니까?" 하였는데, 대체로 적은 수군과 육군이 합세하여 서쪽으로 내려오려고 하였던 것이다. 그런데 이 한 번의 싸움에 힘입어 한 쪽 팔이 끊어져 버렸다. 그래서 고니시 유키나가는 평양성을 빼앗았다고 하더라도 형세가 외로워서 다시는 전진하지 않았다. 이로 인하여 나라에서는 전라도와 충청도를 확보할 수 있었고 황해도와 평안도 연안 일대로 보전할 수 있고, 군량을 조달하고 호령을 전달할 수 있어서 나라의 중흥을 이룩할 수 있었다.
- 『징비록』 -

의병의 활약 p.109

여러 도에서 의병이 일어났다. 경상, 전라, 충청 3도의 병사들은 모두 인심을 잃어서 왜란이 일어난 뒤에 군인과 양곡을 독촉하자 백성들은 다 이들을 미워하여 왜적을 만나면 흩어져 도망가 버렸다. 마침내 도내의 거족으로 명망 있는 사람과 유생 등이 조정의 명을 받들어 의를 부르짖고 일어나니 소문을 들은 자들은 격동하여 원근에서 이에 응모하였다. 비록 크게 이긴 싸움은 없었지만 민심을 얻어서 국가의 명맥은 이에 힘입어 유지할 수 있었다.
- 『선조수정실록』 -

조·명 연합군의 평양성 수복 p.109

명군이 칠성문(평양성 북문)으로 들어가고 우리 군사는 함구문(평양성 서문)으로 들어가 내성에 이르니, 총알을 난사하여 우리 사졸이 많이 다쳤다. …… 포위망을 풀어 적이 달아날 길을 열어 주었더니, 그 밤에 적은 대동강을 따라 얼음을 타고 도주하였다.
- 『서애집』 -

권율의 행주대첩 p.109

왜적들은 세 개로 부대를 나누어 번갈아가며 쳐들어왔으나 모두 패하고 달아났다. 때마침 날이 저물자 왜적들은 서울로 돌아갔다. 권율은 군사들로 하여금 왜적의 시체를 나뭇가지에 걸어놓아 그 맺혔던 한을 풀었다.

휴전 회담 p.110

명의 사신이 배에 오르자 우리 사신 일행도 배에 올랐다. 이에 앞서 사카이[堺]에 도착했을 때, 우리나라에서 잡혀 온 사람들이 다투어 찾아왔다. …… 왜장들도 말하기를 화친이 이루어지면 사신과 함께 포로들을 돌려보내겠다고 하더니 …… 이때에 이르러 화친이 성사되지 못해 다시 죽이려 한다는 말을 듣게 되자, 목 놓아 우는 포로들이 얼마인지 알 수 없었다.
- 『일본왕환일기』 -

『일본왕환일기』는 조선의 문신 황신이 1596년 명나라의 책봉사로 임명된 심유경과 양방형을 따라 일본에 다녀와 쓴 사행일기이다.

명량 대첩 p.110

벽파정 뒤에 명량이 있는데 숫자가 적은 수군으로서는 명량을 등지고 진을 칠 수 없었다. 이에 여러 장수들을 불러 모아 말하기를, "반드시 죽고자 하면 살고 살려고 하면 죽는다." 하였다.

임진왜란의 참상
p.110

• 하루에 죽어 가는 사람이 몇 명이나 되는지 알 수 없을 정도이고, 쓰러져 죽은 사람이 길에 가득하고 썩어가는 시신이 하천을 막을 정도이다.
- 『선조실록』 -

• 명의 병사들이 끊임없이 오가며 소주와 꿀, 병아리 등의 물건을 찾는 일이 많고, 조금만 여의치 않으면 큰 몽둥이로 마구 매질하며 고을 수령까지 모욕했다. 그들이 가는 곳의 관원은 맞이하고 보내는 근심이 있을 뿐 아니라 이처럼 난리가 벌어지지 않는 날이 없으니, 그 괴로움을 견딜 수가 없다.
- 『쇄미록』 -

• 남의 나라에 붙들려 있은 지 다섯 해, 구차하게 목숨을 보존하고 스스로 죽지 못한 것은 다만 살아서 고국에 돌아가 우리 부모를 다시 보려는 희망 때문입니다.
- 『동사록』 -

약조제찰비 내용
p.111

1. 출입을 금한 경계 밖으로 넘어 나온 자는 크고 작은 일을 논할 것 없이 사형으로 다스린다.
2. 노부세(路浮稅)를 주고받은 것이 발각되면 준 자와 받은 자를 모두 사형으로 다스린다.
3. 개시(開市)하였을 때 각 방에 몰래 들어가 암거래를 하는 자는 피차 사형으로 다스린다.
4. 4, 5일마다 여러 가지 물건을 공급할 때 아전(衙前)·창고지기·통역 등은 일본인을 붙들어 끌어내어 때리는 일이 없도록 한다. 피차 범죄인은 왜관 문 밖에서 함께 형을 집행한다.
5. 왜관에 있는 여러 사람은 만약 용무가 있으면 왜관 사직(司直)의 통행증을 가지고 훈도와 별차가 있는 곳에 왕래할 수 있다.

통신사
p.111

• 일본 사람이 우리나라의 시문을 구하여 얻은 자는 귀천현우(貴賤賢愚)를 막론하고 우러러보기를 신선처럼 하고 보배로 여기기를 주옥처럼 하지 않음이 없어, 비록 가마를 메고 말을 모는 천한 사람이라도 조선 사람의 해서나 초서를 두어 글자만 얻으면 모두 손으로 이마를 받치고 감사의 성의를 표시한다.

• 관사에 도착하자, 관원은 물론 심부름하는 일본인과 승려들이 종이와 벼루, 먹을 가지고 와서 날마다 글과 글씨를 청하므로 어쩔 수 없이 붓을 휘둘러 써주느라 고역을 치러야 했다.

6 정묘·병자호란과 조선 후기의 대외 관계

중립 외교
p.112

• 이시언이 아뢰기를, "오랑캐의 실정을 듣자니 누르하치가 홀적(忽賊)을 크게 이긴 뒤로부터 형세가 나날이 강성해져 우리의 서북 지역에 좋지 않을 듯합니다."라고 하였다. …… 왕이 "명이 만일 토벌을 나간다면 누르하치를 정벌할 수 있겠는가?"라고 물으니, 이시언이 다음과 같이 아뢰었다. "신이 일찍이 여진이 행군하는 것을 보았는데, 호령이 엄숙하고 기계가 날카로웠습니다. 지금 만일 명이 그들의 소굴로 깊이 들어간다면 주객의 형세가 아주 다를 것이니, 신은 크게 염려됩니다."
- 『광해군일기』 -

[사료의 정석] 史師 사료한국사

- 중국은 임진왜란 때 위급한 상황을 구제해 준 큰 은혜가 있다. 따라서 중국에 사변이 발생했을 때 우리나라의 군신들은 모든 역량을 총동원하여 달려가서 선봉에 서야 한다. …… 다만, 누르하치는 천하 강적이다. 군병 수천 명을 뽑아 중국 국경과 가까운 의주 등에 정비시켜 대기하게 한 뒤 형세를 지어 성원하는 것이 적합할 듯하다.

- 요즘 서쪽 변방의 보고를 보건대, 서쪽 변경의 장수와 군사들이 다 적을 격멸하려고 한다니 그들의 의리는 가상하나 먼 앞날에 대한 생각은 없는 것 같다. 여기에 온 적을 쳐서 얼마간 이긴다 하더라도 달병(達兵) 3만을 우리나라의 잔약한 군사로써 어떻게 당해낼 것이냐. 더군다나 한번 서로 싸우게 되면 광녕(廣寧)으로 향하던 적이 반드시 먼저 우리나라로 향할 것이다. 옛사람들이 경솔히 행동하지 않은 것은 다 이유가 있는 것이다. 일의 변화란 무궁한 것이니, 만일 적이 먼저 성을 공격하여 어지럽힌다면 어찌 다른 것을 생각할 수 있을 것인가. 정세를 살펴 잘 처리하는 것이 옳은 것이다.

- 『광해군일기』 -

- 국왕이 도원수 강홍립에게 지시하였다. "원정군 가운데 1만은 조선의 정예병만을 선발하여 훈련했다. 이제 장수와 병사들이 서로 숙달하게 되었노라. 그러니 그대는 명군 장수들의 명령을 그대로 따르지만 말고 신중하게 처신하여 오직 패하지 않는 전투가 되도록 최선을 다하라."

- 『광해군일기』 -

- 경들은 이 오랑캐를 어찌할 것인가? 우리나라의 병력으로 추호라도 막을 만한 형세가 된다고 생각하는가? 지난번 군대를 요청하는 글이 명나라에서 두 번이나 왔을 적에 내가 걱정한 바는 곧 원병을 보내고자 한 것이 아니라, 우리나라의 인심이 본래 굳건하지 못하고 군사가 평소에 훈련이 되어 있지 않아 전투에 도움을 주지 못함을 알리는 것이었다. …… 경들이 내 뜻을 헤아리지 못하고 한갓 내 말을 틀어막고 우리 군사가 항복한 사정을 명나라에 알리려고만 드니 어찌 이런 어그러진 사리가 있는가?

- 『광해군일기』 -

- 갑자년에 이르러 한윤이 탈출하여 오랑캐의 땅으로 들어가 홍립을 만나 우리 조정이 그 가족들을 멸족했다고 속여 홍립의 효심을 자극하고 함께 칼을 거꾸로 잡고 조선을 공격할 계책을 세웠다. 1월에 철기(鐵騎)를 규합하여 의주로 들어닥치니 이르는 곳마다 닭과 개의 씨를 말려 평양과 황주까지 이르렀다. 백성들은 놀라 흩어지고 조야(朝野)가 흉흉하게 두려워하여 대가(大駕)는 강도(江都)로 들어가고 동궁은 전주로 남하했다.

- 『양호거의록』 -

- 명 조정에서 우리나라에 군사를 파견하기를 청하였는데 …… 명의 장수 교일기는 우리나라 군사 만여 명을 독촉하여 원수 강홍립 등을 거느리고 그 동쪽을 쳤다. …… 한 오랑캐(여진인)가 진 앞에 와서 연달아 통역관을 부르자, 강홍립이 곧 통역관 황연해를 시켜 나가서 응접하게 하고 말하기를, "우리나라가 너희들과 본래 원수진 일이 없는데 무엇 때문에 서로 싸우겠느냐. 지금 여기 들어온 것은 부득이한 것임을 너희 나라에서는 모르느냐."라고 하니, 드디어 적과 왕래하면서 강화를 의논하였다.

- 『연려실기술』 -

『양호거의록』은 양호 지방, 즉 호남과 호서 지방의 유생들이 거의한 내용을 담아 정조 때 지은 책이다.

최명길의 주화론   p.113

자기의 힘을 헤아리지 아니하고 경망하게 큰소리를 쳐서 오랑캐들의 노여움을 도발, 마침내 백성이 도탄에 빠지고 종묘와 사직에 제사 지내지 못하게 된다면 그 허물이 이보다 클 수 있겠습니까? …… 오랑캐의 병력이 강성하니 정묘년 때 맹약을 잠시라도 지켜서 몇 년이나마 화(禍)를 늦춰야 합니다. 그 사이 어진 정치를 베풀어 민심을 수습하며 성을 쌓고 군량을 비축해야 합니다. 또 방어를 더욱 튼튼히 하고 군사를 집합시켜 일사불란하게 해야 합니다. 그런 다음 적의 허점을 노리는 것이 우리로서는 최상의 계책일 것입니다.

- 『지천집』 -

『지천집』은 최명길의 문집이다.

윤집의 척화론   p.113

중국은 우리나라에 있어 곧 부모요, 오랑캐는 부모의 원수입니다. 신하된 자로서 부모의 원수와 형제가 되어서 부모를 저버리겠습니까? 임진왜란의 일은 터럭만 한 것도 황제의 힘이어서 우리나라가 살아 숨 쉬는 한 은혜를 잊기 어렵습니다.

- 『인조실록』 -

김상헌의 척화론   p.113

• 예조 판서 김상헌이 아뢰다. "옛날이나 지금이나 천하에 망하지 않는 나라는 없으니, 만약 군신이 굳게 지켜 뜻을 확고히 한다면 비록 망하더라도 무엇이 부끄럽겠습니까. 지금 형세가 곤궁에 처해 있다고 하여 곧바로 항복한다면 세상에서 무어라 하겠으며 후세에서 무어라 하겠습니까. 지금 저들이 성을 나와 항복하라고 요구하는데, 이후 군신의 의리를 내세우며 멋대로 명령을 내리면 장차 어찌하겠습니까?"

- 『승정원일기』 -

• 최명길이 마침내 국서를 가지고 비변사에서 다시 수정하였다. 예조판서 김상헌이 밖에서 들어와 그 글을 보고는 통곡하면서 찢어 버리고, 왕께 아뢰기를 "명분이 일단 정해진 뒤에는 적이 반드시 우리에게 군신의 의리를 요구할 것이니 성을 나가는 일을 면하지 못할 것입니다. …… 깊이 생각하소서."라고 하였다.

병자호란 결과   p.114

청군이 돌아가는 날, 세자와 빈궁과 대군과 대군 부인도 모두 함께 가야만 하였다. 또한, 청군은 조선인 남녀 수백 명을 세 줄로 세워 한꺼번에 끌고 갔는데 종일토록 그치지 않았다.

- 『연려실기술』 -

효종대의 북벌론   p.114

• 병자년 일이 완연히 어제와 같은데, 날은 저물고 갈 길은 멀다고 하셨던 성조의 하교를 생각하니 나도 모르게 눈물이 솟는구나. 사람들은 그것을 점점 당연한 일처럼 잊어가고 있고 대의(大義)에 대한 관심도 점점 희미해져 북녘 오랑캐를 가죽과 비단으로 섬겼던 일을 부끄럽게 생각지 않고 있으니 그것을 생각한다면 그 아니 가슴 아픈 일인가.

- 저 오랑캐(청)는 반드시 망할 날이 있다. …… 여러 신하들이 내(효종)가 군대의 일을 하지 않기를 바라는데, 내가 굳이 받아들이지 않는 것은 천시(天時)와 인사(人事)에 언제 좋은 기회가 올지 알 수 없기 때문이다. 그래서 정예 포병 10만을 양성하여 자식같이 아껴서 모두 죽음을 두려워하지 않는 용사로 만들고자 한다. 그 후에 저들에 틈이 있기를 기다려 불시에 중국으로 쳐들어가면 중원의 의사와 호걸이 어찌 호응하지 않겠는가?

  - 『송서습유』 -

- 우리나라는 실로 명 신종 황제의 은혜를 입어 임진왜란 때 나라가 이미 폐허가 되었다가 다시 보존되고 백성이 거의 죽었다가 다시 소생하였으니 우리나라 나무 한 그루와 풀 한 포기와 백성의 터럭 하나하나에도 황제의 은혜가 미치는 바 아님이 없습니다. 그런즉 오늘날에 있어 원통·분통해 하는 자가 천하를 들어도 누가 우리만 하겠습니까?

  - 『송자대전』 -

- 오늘날에 시세를 헤아리지 않고 경솔히 오랑캐와의 관계를 끊다가 원수는 갚지 못하고 패배에 먼저 이르게 된다면, 또한 선왕께서 수치를 참고 몸을 굽혀 종사를 연장한 본의가 아닙니다. 삼가 원하건대 전하께서는 마음에 굳게 정하시기를 '이 오랑캐는 임금과 아버지의 큰 원수이니, 맹세코 차마 한 하늘 밑에 살 수 없다'고 하시어 원한을 축적하십시오.

  - 『송자대전』 -

> 의욕적으로 북벌 정책을 추진하고 있던 효종은 산림으로 정국에 커다란 영향력을 지니고 있던 이조판서 송시열과 단 둘이 국정에 관해 논의하였다. 사관과 승지까지도 내보낸 채 이루어지는 독대는 제도적으로 금지되어 있었던 것으로 매우 이례적인 일이었다. 『악대설화』 등 이날의 대화에 대해 송시열이 기록한 책에는 임금과 함께 북벌에 관한 내용과 이이·성혼 등 오현(五賢)의 종사 문제, 강빈의 옥사에 관련된 문제 등을 논의했다고 전한다.

숙종대의 북벌론 p.115

병자·정축의 일로 말하면 하늘이 우리를 돌보지 않아 금수에게 치욕을 당한 것이었는데, 그때 인조 대왕께서는 종묘사직과 만백성을 위해 한번 죽고 싶은 것도 참고 수치를 견디셨습니다. …… 임진년의 왜란으로 팔도 백성들이 도마 위의 고기 신세가 되었을 때에 명 신종께서 군대를 동원하여 우리를 구출하여 편하게 만들어 주셨습니다. …… 우리나라는 정예한 병력과 화포가 있으니 군대를 더 선발하고 무기를 갖춘 후 노련한 장수를 임명하여 북으로 연경을 향해 진군하면 그들을 정벌할 수 있습니다.

- 『갑인봉사소』 -

북벌론 비판 p.115

- 지금 축성·훈련·군기 보수 등의 사업이 동시에 실시되고 있습니다. 군병을 징집하고 훈련하는데 쉴 틈이 없고, 혼자 두 가지 신역을 진 사람은 농사도 짓지 못하고 오랫동안 대기해야 합니다. …… 국가의 근심거리는 남쪽 왜와 북쪽 청나라에 있는 것이 아니라 바로 국내에 있습니다.

  - 『효종실록』 -

- 남의 나라를 치려면 먼저 첩자를 보내지 않고는 성공할 수 없는 법이다. …… 나라 안의 자제들을 가려 뽑아 변발하고 호복을 입혀서 저 나라의 실정을 정탐하는 한편, 저 땅의 호걸들과 결탁한다면 한번 천하를 뒤집고 국치(호란의 치욕)를 씻을 수 있을 것이다. …… 원수를 갚겠다고 하면서, 그까짓 머리털 하나를 아끼고, 또 장차 말을 달리고 칼을 쓰고 창을 던지며, 활을 당기고 돌을 던져야 할 판국에 넓은 소매의 옷을 고쳐 입지 않고 딴에 예법이라고 한단 말이냐.

  - 『허생전』 -

• 여기(청)에 있는 사람들을 모조리 오랑캐라 하고 중국의 법마저 폐기해 버린다면 크게 옳지 않다. 진실로 백성에게 이롭기만 한다면, 그 법이 비록 오랑캐에게서 나왔다 하더라도 성인은 취할 것이다. …… 명을 위해 원수를 갚아 주고 우리의 부끄러움을 씻으려면 20년 동안 힘껏 중국을 배운 다음, 함께 의논하여도 늦지 않을 것이다.

- 『북학의』 -

이익의 안용복 평가

p.115

안용복은 동래부 전선에 예속된 노를 젓는 군사이다. …… 안용복이 오랑도 도주에게 "울릉과 우산(독도)은 원래 조선에 속해 있으며, 조선은 가깝고 일본은 먼데 어찌 나를 감금하고 돌려보내지 않는가?" 하니, 오랑도 도주가 백기주로 보냈다. 이에 백기주 태수가 극진히 대우하고 많은 은자를 주니 모두 사양하고 받지 않았다. 백기주 태수가 "그대가 하고자 하는 것은 무엇인가?" 하니 안용복이 전후 사실을 말하고 이르기를, "침략을 금지하여서 이웃 나라끼리 친선을 도모함이 소원이다."라고 하였다. 백기주 태수가 이를 승낙하고 에도 막부에 보고하여 문서를 주고 돌아가게 하였다. …… 안용복은 영웅호걸이라고 생각한다. 미천한 군졸로서 죽음을 무릅쓰고 나라를 위해 강적과 겨뤄 간사한 마음을 꺾어버리고 여러 대를 끌어온 분쟁을 그치게 했으며 한 고을의 토지를 회복했으니, 영특한 사람이 아니면 할 수 없는 일이다. 그런데 조정에서는 포상하지 않았을 뿐만 아니라 앞서는 형벌을 내리고 나중에는 귀양을 보냈으니 참으로 애통한 일이다. 울릉도는 척박하다. 그러나 대마도는 한 조각의 농토도 없고 왜인의 소굴이 되어 역대로 우환이 되어왔는데, 울릉도를 한번 빼앗기면 이것은 대마도가 하나 더 생겨나는 것이니 앞으로의 앙화(殃禍)를 이루 말하겠는가. 그러니 안용복은 한 세대의 공적을 세운 것만이 아니었다. …… 그런 사람을 나라의 위기 때 병졸에서 발탁해 장수로 등용해 그 뜻을 펴게 했다면, 그 성취가 어찌 여기서 그쳤겠는가.

- 『성호사설』 -

백두산 정계비

p.115

오라총관 목극등이 …… 국경을 정하기 위하여 백두산에 이르렀다. 우리나라에서는 접반사 박권, 함경도 순찰사 이선부, 역관 김경문 등을 보내어 응접하게 하였다. …… 목극등이 중천(中泉)의 물줄기가 나뉘는 위치에 앉아서 말하기를, "이곳이 분수령이라 할 수 있다."라고 하고, 그곳에 경계를 정하고 돌을 깎아서 비를 세웠다. 그 비문(碑文)에, '오라총관 목극등이 황제의 명을 받들어 국경을 조사하기 위해 여기에 이르러 살펴보니, 서쪽은 압록강이며, 동쪽은 토문강(土門江)이므로 분수령 위에다 돌에 새겨 표를 삼는다' 하였다" 한다.

- 『만기요람』 -

CHAPTER 04 통치 제도

1 중앙 제도

삼국의 귀족 회의 p.116

• 관등은 모두 12등급이 있는데, 대대로(大對盧)는 토졸(吐捽)이라고도 하며 국정을 총괄한다. 3년에 한 번씩 바꾸는데 직책을 잘 수행하면 바꾸지 않기도 한다. 무릇 교체하는 날 복종하지 않는 자가 있으면 서로 싸우는데, 왕은 궁문을 닫고 지키기만 하면 이긴 자를 인정해 준다. 그 아래는 울절(鬱折)로 호적과 문서를 관장한다. 태대사자(太大使者)가 있고 그 다음에 조의두대형(早衣頭大兄)이 있는데, 조의(早衣)는 선인(先人)을 말하는 것이다.

— 『신당서』 —

• 호암사에 정사암이라는 바위가 있다. 국가에서 재상을 뽑을 때 후보자 3~4명의 이름을 써서 상자에 넣어 바위 위에 두었다. 얼마 뒤에 열어 보아 이름 위에 도장이 찍혀 있는 자를 재상으로 삼았다. 이 때문에 정사암이라는 이름이 생기게 되었다.

— 『삼국유사』 —

• 큰일이 있을 때에는 반드시 중의를 따른다. 이를 화백이라 부른다. 한 사람이라도 반대하면 통과하지 못하였다.

— 『신당서』 —

중서문하성 p.120

문하부는 나라의 온갖 정무를 맡아 본다. 문하부의 낭사는 임금에 대하여 충고를 하며 임금의 명령이 백성에게 불편한 것일 때에는 그것을 고치고 바로잡아 주는 일을 맡는다. 건국 초기에는 내의성이라고 하였는데 성종 원년에 내사문하성이라고 고쳤고, 문종 15년에는 중서문하성이라고 고쳤다. 충렬왕 원년에는 상서성과 중서문하성을 합쳐서 첨의부를 실시하였다. 공민왕 5년에 원에서 첨의부에 정4품의 도장을 보내 주었으며 7년에는 원에서 첨의부의 품계를 높여 종3품으로 하였다. 19년에는 원에서 첨의부의 명칭을 도첨의사사로 고치게 하고 또 품계를 종2품으로 올리게 하였다. 공민왕 5년에 다시 중서문하성으로 고치고 상서성은 따로 설치하였다. 11년에 또다시 도첨의부라 하였다가 18년에 문하부로 고쳤다.

어사대 p.121

어사대에서 아뢰기를, "간신 이자의 등이 사사로이 수만 석의 미곡을 축적하였습니다. 이는 모두 백성을 착취하여 모은 것이니 관에서 몰수하기를 청합니다." 하니 그 말을 따랐다.

— 『고려사절요』 —

도병마사와 도평의사사 p.121

• 도병마사에서 아뢰기를, "안변도호부의 경내에서는 상음현이 국경 지대의 요충이오니 성과 보루를 쌓아서 외적을 방비하기를 청합니다." 하니 좇았다.

— 『고려사절요』 —

• 국가가 도병마사를 설치하여 시중·평장사·참지정사·정당문학·지문하성사로 판사를 삼고, 판추밀 이하로 사를 삼아, 큰일이 있을 때마다 회의하였다. 한 해에 한 번 모이기도 하고 여러 해 동안 모이지 않기도 하였다. …… 그 뒤에 도평의사(都評議使)로 고쳤고 혹은 식목도감사(式目都監使)라 일컫기도 하였다. 원나라에 사대(事大)한 이후 급한 일이 많아 첨의(僉議)·밀직(密直)이 항상 합좌하였다. …… 합좌(合坐)의 예식(禮式)은 먼저 온 사람이 자리를 떠나 북쪽을 향하여 서고, 뒤에 온 사람이 그 지위에 따라 한 줄로 서서 읍(揖)한 다음 함께 자리 앞에 이르러 남쪽을 향하여 두 번 절하고, 자리를 떠나 북쪽을 향하여 엎드려서 서로 인사말을 주고받는다. …… 녹사(錄事)가 논의할 일을 앞에 가서 알리면, 각기 자신의 의사대로 그 가부(可否)를 말한다. 녹사는 그 사이를 왔다 갔다 하면서 논의가 한 가지로 결정되도록 하며, 그렇게 한 뒤에 시행한다. …… 그런데 지금은 첨의와 밀직을 증원하고 또 각각 상의(商議)하는 관원이 있으니, 판삼사사(判三司事)는 아상 윗자리에 앉고 좌사(左使)·우사(右使)는 평리(評理)의 윗자리와 아랫자리에 앉으며, 여럿이 떼 지어 드나들고 이따금 큰 소리로 떠들고 웃으면서, 부부간의 사사로운 일이나 시정의 쌀값·소금 값의 이익에 이르기까지 말하지 않는 것이 없으니, 위에 말한 기홍수·차약송이 공작과 모란을 문답한 말과 비교해 볼 때도 또한 시대가 다른 것이다.

- 『역옹패설』 -

도병마사는 본래 양계 지역에 부임한 병마사를 중앙에서 통제하기 위해 설치되었으며 양계의 병졸에 대한 상벌, 양계의 축성 및 군사 훈련, 국경 문제 및 대외 관계 등 변경의 군사적인 문제를 의논하고 결정하는 일을 담당하였다. 또한 민생 문제에도 관여하여 변경 주민의 생활 안정에 대해 논의하다 후에는 백성 전반의 구휼 방법까지 관리하였다. 원 간섭기에 도평의사사로 개편되었고, 이후 도평의사사는 만장일치의 합좌 회의를 통해 국가 중대사를 결정하였다.

대간과 간관 p.121

대간은 마땅히 위엄과 명망이 우선되어야 하고 탄핵은 뒤에 하여야 한다. 왜냐하면, 위엄과 명망이 있는 자는 비록 종일토록 말하지 않더라도 사람들이 스스로 두려워 복종할 것이요, 이것이 없는 자는 날마다 수많은 글을 올린다 하더라도 사람들은 더욱 두려워하지 않기 때문이다. 대개 강의(剛毅)한 뜻과 정직한 지조가 본래 사람들에게 알려지지 못한 채 한갓 탄핵만으로 여러 신하들을 두렵게 하고 안과 밖을 깨끗이 하려 한다면 기강은 떨쳐지지 못하고 원망과 비방이 먼저 일어날까 두렵다. …… 천하의 득실과 백성들을 이해하고 사직의 모든 일을 간섭하고 일정한 직책에 메이지 않는 것은 홀로 재상만 이행할 수 있으며, 간관만이 말할 수 있을 뿐이니, 간관의 지위는 비록 낮지만, 직무는 재상과 대등하다.

- 『삼봉집』 -

경연 p.124

간관이 상소하기를 "군주의 학문은 한갓 외우고 설명하는 것만이 아닙니다. 날마다 선비를 맞이하여 강론을 듣는 까닭은 첫째, 어진 사대부를 만나는 시간을 늘려 그 덕성을 배우려는 것이고, 둘째, 환관 및 궁첩과 친하게 지내는 시간을 줄여 게으름에서 떨쳐 일어나려는 것입니다. …… 삼가 원하옵건대, 전하께서는 날마다 경연을 여시어 『대학』을 가져와 강론하게 하소서." 하니, 임금이 이를 윤허하였다.

- 『태조실록』 -

조선 시대의 경연은 왕의 교육 제도였을 뿐 아니라 정책 협의 기구로서의 기능도 컸다. 경연에는 삼사의 관원 외에 의정부나 육조, 승정원 등의 고위 인사들이 참석하기도 하였기 때문에 이 자리에서 정부 현안을 논의하기도 하였다.

2 지방 제도

상수리 제도 p.125

문무왕의 서제인 거득공(車得公)이 민정을 시찰하기 위해 거사의 모습을 하고 여러 지방을 거쳐 무진주(武珍州)에 이르니 주리(州吏) 안길(安吉)이 그를 비범한 사람이라 생각하고 극진히 대접하였다. …… 이튿날 아침 거사가 떠나면서 말하기를 "나는 서울 사람으로 이름은 단오이며, 집은 황룡과 황성 두 절 사이에 있으니 서울에 올라오면 찾아 달라."라고 하였다. 거득공은 서울로 돌아와 재상이 되었다. 나라에서는 매년 각 주의 향리 한 사람을 서울 안에 있는 여러 관청에 올려보내어 지키게 하였다. 안길이 지킬 차례가 되어 서울에 왔다. …… "무진주에 사는 안길이 상공을 뵈러 왔습니다." 하였다. 거득공이 그 말을 듣고 쫓아 나와 손을 붙잡고 궁으로 들어가 공의 부인을 함께 불러내어 잔치를 열었다.

- 『삼국유사』 -

사료는 문무왕의 이복 동생이 지방에 내려 갔다가 만났던 인물이, 이후 수도에 상수리로 올라와 재회하는 내용을 담고 있다. 신라는 통일 후 지방의 유력 세력을 통제하고자 서울에 상경하여 숙위케하는 제도를 운영하였다.

발해의 지방 행정 구역 p.126

• 처음에 발해 왕들이 자주 학생들을 보내어 장안의 태학에 가서 고금의 제도를 배우도록 하였는데, 지금에 이르러 해동성국이 되었다. 땅에 5경 15부 62주가 있다. 숙신 옛 땅에 상경을 두고 용천부라 하였는데, 용·호·발 3주를 거느렸다. 남경을 중경으로 삼고 현덕부라 하였는데, 노·현·철·탕·영·흥 6주를 거느렸다. 예맥 옛 땅을 동경으로 삼고 용원부, 책성부라 하였는데, 경·염·목·하 4주를 거느렸다. 옥저 옛 땅을 남경으로 삼고 남해부라 하였는데, 옥·정·초 3주를 거느렸다. 고구려 옛 땅을 서경으로 삼고 압록부라 하였는데, 신·환·풍·정 4주를 거느렸다.

- 『신당서』 -

• 곳곳에 촌리가 있는데 모두 말갈 부락이다. 그곳의 백성들은 말갈이 많으며 토인(재지 세력가)은 적다. 모두 토인으로 촌장을 삼았는데 …… 백성들이 모두 수령이라 부른다.

• 발해는 고구려의 옛 땅이다. 그 넓이는 2,000리이고, 주·현의 숙소나 역은 없으나 곳곳에 마을이 있는데, 대다수가 말갈의 마을이다. 백성은 말갈인이 많고 원주민은 적다. 모두 원주민을 마을의 우두머리로 삼는데, 큰 마을은 도독이라고 하고 그 다음 마을은 자사라 한다. 백성들은 마을의 우두머리를 수령이라고 부른다.

- 『유취국사』 -

부와 주 아래의 유력 부락에는 중앙에서 도독이나 자사를 파견하였으나, 촌락은 수령으로 불리는 토착 세력이 다스렸다. 수령은 지방 행정을 담당하였을 뿐만 아니라 중국 및 일본에 외교 사절로 파견되어 교역을 담당하기도 하였다.

고려와 조선의 지방 통치 p.127

우리 고향 비옥(경북 의성 비안면)은 오랫동안 상주(尙州)의 속현이었다. …… 가끔 급한 일이 있어 상주의 주리(州吏)가 비옥현에 오면 현리(縣吏)와 현민(縣民)을 욕보이고 해독을 끼치는 일을 이루 말할 수 없었다. 전조(前朝) 말 일이 많고 겨를이 없어 현(縣)의 세력이 날로 궁핍하였다. 아조(我朝)에 이르러 이 까닭을 알게 되니 여러 속현과 주 사이가 멀리 떨어진 곳은 모두 감현관(監縣官)을 한 사람씩 두어 다스리게 한 뒤에야 이(吏)와 민(民)이 점점 나아졌다.

- 『신증동국여지승람』 -

조선 시대 모든 지역에 관리가 파견됨에 따라 향리의 권한은 행정 실무 보좌역으로 축소되었고, 속현이나 속군, 특수 행정 구역이 소멸하여 국가의 통치권이 향촌 사회에 미칠 수 있게 되었다.

수령 7사   p.129

- 농사철에 맞추어 씨를 뿌리게 할 것[農桑盛].
- 백성들이 편하게 살 수 있게 하여 사람들이 모여들게 할 것[戶口增].
- 유생에게 경전을 교육하고 제술을 시험하여 유학 및 문학에 정진토록 할 것[學校興].
- 때맞춰 군사 훈련을 실시하고, 기강을 엄히 할 것[軍政修].
- 부역을 부과하는데 차별 없이 공평하고 균등히 할 것[賦役均].
- 법을 잘 지켜 백성에게 올바름을 보여줄 것[詞訟簡].
- 용모를 잘 관찰하여 간사하고 교활한 자를 없앨 것[奸猾息].

원악향리처벌법   p.129

형조에서 아뢰기를, "이제 향리로서 영세민을 침해하여 도죄(징역형)를 범한 자는, 청하건대 장형을 집행한 후에 영구히 그 도의 잔폐한 역의 역리로 귀속하고, …… 그 백성을 침해한 향리를 사람들로 하여금 고발하게 하고, 다시 심리하지 않은 관리도 아울러 법률에 따라 죄를 결단하도록 하소서."라고 하니, 그대로 따랐다.

3 군사 제도

중방   p.131

서반(西班). 태조 초에 마군장군(馬軍將軍)과 마군대장군(馬軍大將軍)이 있었는데, 이들은 무직(武職)이었다. 2년(919)에 6위(衛)를 설치하였다. 목종 5년(1002)에 6위의 직원을 마련하여 두었는데, 뒤에 응양군(鷹揚軍)과 용호군(龍虎軍) 2군을 설치하고, 6위의 위에 있게 하였다. 뒤에 또 중방을 설치하고, 2군·6위의 상장군과 대장군으로 하여금 모두 회합하게 하였다. 의종과 명종 이후 무신들이 권력을 잡으면서 중방의 권한이 더욱 강해졌다. 충선왕 때에 폐지하였다가 다시 설치하였으며, 고려의 치세가 끝날 때까지 폐지하지 못하였다. 공양왕 때에 이르러 2군·6위를 아울러 8위라고 불렀다.

- 『고려사』 -

훈련도감   p.133

- 비망기(備忘記)로 전교하였다. "오늘의 적세(賊勢)가 매우 염려되는데 전부터 일을 처리하는 것이 이완(弛緩)되어 적의 난리를 겪는 2년 동안 군사 한 명을 훈련시키거나 기계(機械) 하나를 수리한 것이 없이, 중국군만을 바라보며 적이 제발로 물러가기만을 기다렸으니 불가하지 않겠는가. 전일에 군대를 훈련시킬 것으로 전교하였으나 내 말이 시행될 수 없었다. 그러나 이처럼 세월만 보내면서 망할 때만을 기다리고 있어서는 안 될 것 같다. 이제 산릉도감(山陵都監)도 이미 일이 다 끝났으니 나의 생각에는 따로 훈련도감(訓鍊都監)을 설치하여 합당한 인원을 차출(差出)해서 장정(壯丁)을 뽑아 날마다 활을 익히기도 하고 포(砲)를 쏘기도 하여 모든 무예(武藝)를 훈련시키도록 하고 싶으니, 의논하여 처리하라."

- 비망기(備忘記)로 전교하였다. "오늘의 적세(賊勢)가 매우 염려되는데 전부터 일을 처리하는 것이 이완(弛緩)되어 적의 난리를 겪는 2년 동안 군사 한 명을 훈련시키거나 기계(機械) 하나를 수리한 것이 없이, 중국군만을 바라보며 적이 제발로 물러가기만을 기다렸으니 불가하지 않겠는가. 전일

에 군대를 훈련시킬 것으로 전교하였으나 내 말이 시행될 수 없었다. 그러나 이처럼 세월만 보내면서 망할 때만을 기다리고 있어서는 안 될 것 같다. 이제 산릉도감(山陵都監)도 이미 일이 다 끝났으니 나의 생각에는 따로 훈련도감(訓鍊都監)을 설치하여 합당한 인원을 차출(差出)해서 장정(壯丁)을 뽑아 날마다 활을 익히기도 하고 포(砲)를 쏘기도 하여 모든 무예(武藝)를 훈련시키도록 하고 싶으니, 의논하여 처리하라."

• 비변사가 아뢰기를, "당초 도감에서 포수들을 교련시키는 일을 이일과 조경에게 좌우영으로 나누어 담당하게 하려 하였습니다. 1영은 군사 수효가 이미 찼으므로 조경이 바야흐로 교련시키고 있습니다만, 1영은 군사 수효가 아직 미비합니다. 어제 인견하셨을 때에 내리신 분부대로 또 이 일로 하여금 말을 타고 활쏘는 법을 전적으로 관장하게 하소서." 하니 왕이 따랐다.

— 『선조실록』 —

> 훈련도감은 임진왜란 중 왜군의 조총 부대에 효과적으로 대처하기 위해 설치한 임시 부대였으나 점차 5위의 중앙군을 대체하는 핵심 부대로 자리잡았다. 급료병으로 구성하여 임진왜란 이후 이 부대를 위한 별도의 세금을 징수하기도 하였으며, 영조 대에 『속대전』에 법제화되었다가 1881년 별기군 설치와 함께 법적으로는 폐지되었다.

속오군 p.133

신역(身役)의 유무와 공사천(公私賤)을 막론하고 조련을 감당할 만한 자로 모아서 대오를 편성한 것으로 …… 천인뿐만 아니라 양반·유사(儒士)·아전의 무리로서 토목의 역사(役事)를 견디지 못하는 자까지도 그 속에 섞여 있습니다.

— 『선조실록』 —

> 속오군은 양반부터 노비에 이르기까지 평상시에는 생업에 종사하던 이들이 유사시에 동원되는 체제였다.

4 관리 선발 및 교육 제도

고려의 관리 등용 제도 p.134

과거에는 제술·명경 두 업이 있었고, 의복·지리·법률·서학·산학 …… 등의 잡업이 있었는데, 그 전문 과목에 대해서는 시험을 치고 벼슬에 나갈 수 있는 자격을 주었다. …… 비록 이름 있는 높은 관리라고 할지라도 반드시 과거를 통해 관직에 나가는 것은 아니었다. 과거를 보는 것 이외에도 숨은 인재의 추천, 공로 있는 사람의 후손 등용, 임금을 모시는 신하들의 선발과 배치, 남반과 잡로(雜路)를 통한 승전(陞轉)이 있어서 관리로 진출하는 길은 하나가 아니었다.

— 『고려사』 —

고려의 과거제는 처음에는 매년 시행되다가 성종 때에는 3년에 한 번씩 실시하였고, 현종 이후로는 대체로 매년 또는 격년으로 시행하였다. 문과의 합격 정원은 후기에 가면 약 33명 정도였고, 이전까지는 그보다 적은 수가 급제하였다. 따라서 당시에는 과거에 합격하는 것을 큰 영광으로 여겼다.

> 고려의 과거는 크게 제술과 명경과 잡과 승과로 구성되며, 제술과의 경우 조선 시대 소과에 해당하는 국자감시와 최고 시험인 예부시로 구성되었다.

좌주·문생 관계 p.135

문생(門生)이 종백(宗伯)을 대할 때는 아버지와 자식 사이의 예를 차린다. …… 평장사 임경숙은 4번 과거의 시험관이 되었는데, 몇 해 지나지 않아 그의 문하에 벼슬을 한 사람이 10여 명이나 되었고, …… (유경이) 문생들을 거느리고 들어가 뜰 아래에서 절하니 임경숙은 마루 위에 앉아 있고, 악공들은 풍악을 울렸다. 보는 사람들이 하례하고 찬탄하지 않는 이가 없었다.

— 『보한집』 —

고려의 음서제 p.135

- 음서(蔭敍). 무릇 음서로 출신(出身)하는 자는 모두 나이 18세 이상으로 제한한다.
- (목종 즉위년) 위봉루에 행차하고 사면령을 반포하여 3년간 역을 면제하고 …… 문무 관리에게 관직을 1급 더해 주며, 5품 이상 관리의 자손에게는 음직을 수여하였다.
- 현종 5년(1014) 12월에 교서를 내리기를, "양반의 직사(職事) 관원 5품 이상은 아들·손자나 아우·조카[姪] 1명이 벼슬길에 들어서는[入仕] 것을 허락한다."라고 하였다.
- 숙종 즉위년(1095)에 조서를 내리기를, "직사(職事) 관원 4품 이상 및 치사(致仕)한 관원은 호당 아들 1명에게 작(爵)을 주라."라고 하였다.
- 숙종 5년(1100) 2월에 조서를 내리기를, "개경과 서경의 문·무반 현직(顯職) 4품 이상 및 급사중승(給舍中丞)과 각 조(曹)의 낭중(郎中)으로 치사(致仕)하여 현재 생존해 있는 자는 아들 1명에게 음직을 허용한다."라고 하였다.
- 예종 3년(1108) 2월에 조서를 내리기를, "개경·서경의 문·무반 5품 이상은 각기 아들 1명에게 음관을 허용하되, 친아들이 없는 자에게는 수양아들[收養子] 및 손자에게 허용한다."라고 하였다.

— 『고려사』 —

- 유인저는 음서로 종7품 위위주부라는 관직에 임명되었고, 예종 3년에 과거에 급제하였다. 종4품 합문지후에서 시작하여 관직을 두루 거쳐 종2품 참지정사에 이르렀다.

— 『고려사』 —

고려에서는 과거를 거치지 않고도 음서를 통해 관료가 될 수 있었다. 그럼에도 불구하고 고려의 관료들은 과거에 합격하기를 열망하였다. 과거 합격률이 높은 사립학교가 국자감보다 융성하였고, 음서로 관직을 얻은 뒤에 다시 과거를 보는 일도 흔하였다. 『고려사』 열전에 기록된 인물 650명 가운데 과거에 합격하여 관료가 된 사람이 340명, 음서 출신자가 40명이고, 나머지 270명은 출신이 불확실하다. 음서 출신자 40명 가운데 9명은 다시 과거를 치러 급제하였다. 따라서 열전에 등재된 인물 중 순수한 음서 출신자는 30여 명에 지나지 않았다.

음서로 관직에 나아간 유인저는 왜 과거를 보았을까? 과거에 합격해 자신의 능력을 인정받으면 관직 승진에 조금 더 유리하였기 때문이다. 이러한 분위기 속에서 과거 응시를 준비하려는 사람들이 늘면서 사학 열풍이 불었다.

조선의 문과 p.136

진사과 초시 합격자 700명 중, 한성부 200명, 경기도 60명, 충청도 90명, 전라도 90명, 경상도 100명, 강원도 45명, 평안도 45명, 황해도 35명, 함경도 35명으로 합격자의 수를 할당한다. 대과 초시 합격자 240명 중 성균관 50명, 한성부 40명, 경기도 20명, 충청도 25명, 전라도 25명, 경상도 30명, 강원도 15명, 평안도 15명, 황해도 10명, 함경도 10명으로 합격자의 수를 할당한다.

— 『경국대전』 —

과거의 비중 p.136

- 황수신은 항상 "대장부가 홍지(문과 급제자에게 준 증서) 위에 이름을 쓰지 못하면 족히 볼 것이 없다."라고 하였다. 그는 익성공 황희의 아들로 과거를 거치지 않고 출신하였으므로 이같이 말했으니, 대개 이유가 있어 말한 것이다.

— 『성호사설』 —

- 김극개는 문음 출신으로 벼슬길에 오른지 이제 겨우 4년이고, 남들보다 뛰어난 것도 없는데 갑자기 승지로 승진되어 관작의 외람됨이 지난날의 폐단과 다를 것이 없습니다. 더구나 승지는 중요한 자리입니다. 오래 비우는 것이 합당치 못하나, 어찌 한 사람의 일 때문에 공론을 돌보지 않을 수 있겠습니까?
- 영의정 정광필이 아뢰기를, "초직에 6품직을 주는 것은 가볍지 않습니다. 신의 이 말은 비록 속되오나 우리나라에서 사람을 쓰는 데는 과거를 중요시합니다. 비록 과거를 거쳐 들어온 자라도 갑과 제1인이 아니면 6품직을 주지 못합니다. ……"라고 하였다.

[사료의 정석] 史師 사료한국사

고구려의 경당 p.137
서적을 좋아하는 풍속이 있어 미천한 집안에까지 이르렀다. 거리마다 큰 집을 지어 경당이라 부른다. 결혼 전의 자제들이 밤낮으로 이곳에서 책을 읽고 활쏘기를 익힌다. 그 책은 오경 및 『사기』, 『한서』 …… 등이 있다.
- 『구당서』 -

고려의 교육 p.138
민간 마을에 경관(經館)과 서사(書舍)가 두세 개씩 늘어서 있다. 그리하여 그 백성의 자제로 아직 결혼하기 전인 자들이 무리 지어 살면서 스승한테 경서를 배우는 데 아래로 병졸과 아동까지 향선생에게 글을 배운다.
- 『고려도경』 -

9재 학당 p.138
현종 이후 전란이 겨우 잠잠해졌으나 문교(文敎)에 미처 겨를이 없더니 최충이 후진을 모아 가르침에 학도가 모여들어 거리를 메우게 된지라. 마침내 9재로 나누니 악성(樂聖)·대중(大中)·성명(誠明)·경업(敬業)·조도(造道)·솔성(率性)·진덕(進德)·대화(大和)·대빙(待聘)이라 하고, 이것을 시중 최공도라 일컬었다. 무릇 과거에 응하는 자는 반드시 그 중에 속하여 공부하였는데 매년 여름에는 귀법사 승방을 빌려서 여름 공부를 하고, 학도 중에서 과거에 합격하고 박식하면서도 벼슬하지 못한 자를 교도로 삼아 9경·3사를 가르치게 하였다.
- 『고려사』 -

성균관 중영 p.139
성균관을 다시 짓고 이색을 판개성부사 겸 성균관 대사성으로 삼았다. …… 이색이 다시 학칙을 정하고 매일 명륜당에 앉아 경(經)을 나누어 수업하고, 강의를 마치면 서로 더불어 논란하여 권태를 잊게 하였다. 이에 학자들이 많이 모여 함께 눈으로 보고 마음으로 느끼는 가운데 정주(程朱) 성리학이 비로소 흥기하게 되었다.
- 『고려사』 -

조선의 성균관 p.139
우리 태조께서 즉위하시고 국학(國學)을 동북쪽에 설립하였는데, 그 규모와 제도가 완전하지 않은 것이 없었다. 건물을 지어 스승과 제자가 강학하는 장소로 삼고, 이를 명륜당이라고 하였다. 학관(學官)은 대사성 이하 몇 사람을 두는데, 아침에 북을 울리어 학생을 뜰 아래 도열시키고, 한 번 읍한 다음에 명륜당에 올라 경(經)을 가지고 논쟁하며, 군신, 부자, 장유, 부부, 붕우의 도를 강론하였다.

조선의 향교 p.139
향교를 역을 피하는 곳으로 삼거니와, 어쩌다 글을 아는 자가 있어도 도리어 향교에 이름을 두는 것을 부끄럽게 여겨 온갖 방법으로 교묘히 피하므로, 훈도·교수가 되는 자가 초동(樵童)·목수(牧豎)의 나머지를 몰아다가 그 부족한 수를 채워 살아갈 길을 도모하고 있습니다.
- 『중종실록』 -

향교는 국립 중등 교육 기관으로 부·목·군·현에 각각 하나씩 설립되었으며, 중앙에서 교수 또는 훈도를 파견해 교육시켰다.

조선의 서원
p.140

서원을 설치한 것은 당초에 학문을 하고 심신을 수양하는 선비들을 대우하기 위한 것이니, 따라서 향사(享祀)의 대상이 될 사람은 사표(射表)가 될 만한 사람이어야 합니다. 그런데 지금은 그렇지 않아서 선비라는 사람은 학문을 일삼지 않고, 향사할 사람은 당치 않은 인물이기도 하여 사원(祠院)은 많으나 사문(斯文)은 더욱 침체되니 실로 한스럽습니다. …… 지금부터 새로 창설하는 곳에 대해서는, 모두 예조(禮曹)에 보고하여 조정에서 함께 의논해서 공론으로 허용된 후에 창설하도록 하는 것이 타당하겠습니다.

MEMO

PART 3

전근대사 – 경제

CHAPTER 01 토지 제도·조세 제도

CHAPTER 02 고대·고려의 경제

CHAPTER 03 조선의 경제

CHAPTER 01 토지 제도·조세 제도

1 토지 제도

통일 신라의 토지 제도   p.145

- 신문왕 7년(687) 5월 문무 관료전을 지급하되, 차등을 두었다.
- 신문왕 9년(689) 1월 내외관의 녹읍을 혁파하고 매년 조(租)를 내리되, 차등이 있게 하여 이로써 영원한 법식을 삼았다.
- 성덕왕 21년(722) 8월 처음으로 백성에게 정전을 지급하였다.
- 경덕왕 16년(757) 3월 여러 내외관의 월봉을 없애고, 다시 녹읍을 나누어 주었다.
- 소성왕 원년(799) 3월 청주 거노현으로 국학생의 녹읍을 삼았다.

- 『삼국사기』 -

녹읍   p.145

왕이 예산진(禮山鎭)에 행차하여 조서(詔書)를 내려 이르기를, "지난날 신라(新羅)의 정치가 쇠퇴하자 도적 무리가 다투어 일어나 백성은 어지러이 흩어지고 거친 들판에는 해골이 나뒹굴었다. …… 마땅히 너희들 공경(公卿)이나 장상(將相)과 같이 나라의 봉록을 받는 이들은 내가 백성을 자식처럼 사랑하는 마음을 헤아려 너희들의 녹읍(祿邑)에 편제되어 있는 백성을 불쌍히 여겨야 한다. ……"라고 하였다.

전시과   p.145

고려 전제는 대개 당나라 제도를 모방하여, 개간한 토지의 넓이를 총괄해서 기름지고 메마른 것을 나누어 문무 백관부터 부병·한인까지 과에 따라 전지를 주었고, 과에 따라 초채지를 주었는데, 이를 전시과라고 한다. 죽은 다음에는 모두 나라에 다시 바쳐야 했다. 그러나 부병만은 나이 20세가 차면 처음으로 지급받고 60세가 되면 (국가에) 되돌려주었으며, 자손이나 친척이 있으면 전정(田丁)을 전하게 하였다. (토지를 받은 부병에게) 자식이 없으면 감문위(監門衛)에 소속시켰다가 70세 이후에는 구분전을 지급하고 나머지 땅을 환수하였다. 죽은 다음에 후계자가 없는 자와 전사한 자의 아내에게는 모두 구분전을 지급하였다.

- 『고려사』 -

구분전   p.146

- 현종(顯宗) 15년(1024) 5월 판(判)하기를, "무릇 아들이 없이 죽은 군인(軍人)의 아내[妻]에게는 구분전(口分田)을 지급한다."라고 하였다.
- 문종(文宗) 원년(1047) 2월 판(判)하기를, "6품 이하 7품 이상으로서 연립(連立)할 자손이 없는 자의 처(妻)에게는 구분전(口分田) 8결(結)을 지급하고, 8품 이하와 전사(戰死)한 군인에게는 〈연립할 자손이 없는 경우〉 모두 그 처에게 구분전 5결을 지급한다. 5품 이상 호(戶)의 남편과 처가 모두 죽었는데, 아들은 없고 시집가지 않은 딸[女子]만 있는 경우에는 구분전 8결을 지급하되, 딸이 시집간 뒤에 관청에 〈구분전을〉 돌려주게 한다."라고 하였다.

- (문종) 23년(1069) 10월에 판(判)하기를, "군인으로서 늙었거나 병이 든 자는 자손이나 친족이 〈역(役)을〉 대신하는 것을 허용한다. 자손이나 친족이 없는 자는, 나이가 70세에 찰 때까지는 감문위(監門衛)에 소속시키며, 70세 이후에는 단지 구분전(口分田) 5결(結)만을 지급하고 나머지 토지는 거두어들인다. 해군(海軍)에 대해서도 또한 이 예에 의거한다."라고 하였다.

- 『고려사』 -

공음전 p.146

- 경종(景宗) 2년(977) 3월 개국공신(開國功臣) 및 의(義)를 좇아 귀순한 성주(城主) 등에게 훈전(勳田)을 50결부터 20결에 이르기까지 차등 있게 하사하였다.

- 현종(顯宗) 12년(1021) 10월 판(判)하기를, "공음전(功蔭田)은, 직자(直子)가 죄를 범하면 그 손자에게 옮겨 지급하라."라고 하였다.

- 문종(文宗) 3년(1049) 5월 양반공음전시법(兩班功蔭田柴法)을 제정하였다. 1품(品)은 문하시랑평장사(門下侍郞平章事) 이상으로 전지(田地) 25결(結), 시지(柴地) 15결이다. …… 5품은 전지 15결, 시지 5결이다. 이를 자손에게 전하여 주게 한다. 산관(散官)은 5결을 삭감하며, 악공(樂工)이나 천구(賤口), 양인(良人)으로 해방되어 관원[員吏]이 된 자는 모두 받을 수 없다. 공음전을 받은 자의 자손이 사직을 위태롭게 할 것을 꾀하거나 모반이나 대역에 연좌되거나, 여러 공죄(公罪)나 사죄(私罪)를 범하여 제명(除名)된 것 이외에는 비록 그 아들에게 죄가 있더라도 그 손자에게 죄가 없다면 공음전시의 3분의 1을 지급한다.

- (문종) 27년(1073) 정월 판(判)하기를, "아들이 없는 사람의 공음전은 사위[女壻], 친조카[親姪], 양자(養子), 의자(義子)에게 전하여 지급한다."라고 하였다.

- 『고려사』 -

녹과전 p.147

녹과전(祿科田). 원종 12년(1271) 2월 도병마사가 말하기를, "근래에 전쟁이 발생한 것 때문에 창고가 텅 비어 백관의 녹봉을 지급하지 못하였으므로 선비들을 권면(勸勉)할 수 없습니다. 청하옵건대 경기 8현에서 품계에 따라 녹과전을 지급하십시오."라고 하였다. 당시 제왕(諸王) 및 국왕 측근에서 총애를 받는 자들이 기름진 땅을 널리 차지하고 온갖 방법으로 훼방을 놓으니 왕이 자못 이들의 말에 현혹되었는데, 우승선(右承宜) 허공(許珙) 등이 여러 차례 이에 대해 말하였으므로 왕이 마지못해 따랐다. 13년(1272) 정월 의논하여, 품관의 녹봉이 감소하였으므로 문무관(文武官)에게 경기의 토지를 차등 있게 나누어 지급하게 하였다. …… 충렬왕 5년(1279) 2월 전지하기를, "공신들이 받은 사전(賜田) 중에 경기의 8현에 있는 것은 녹과전에 충당하지 말라."라고 하였다. 당시 경기 지역 현의 토지를 권귀(權貴)들이 모두 사패(賜牌)로써 각기 차지하고 있었기 때문에 도병마사가 말하기를, "사패를 따지지 말고 헤아려 직전(職田)으로 지급하십시오."라고 하니 왕이 이를 허락하였으나, 다시 사패를 받은 자들의 요청을 듣고 이러한 명령이 있었던 것이다.

고려 말의 농장　　　　　　　　　　　　　　　　　　p.147

• 조정의 사대부들이 겉모양으로는 서로 사이가 좋으나, 마음속으로는 시기하여 심지어 은밀하게 중상하는 지경에까지 이르렀으니, 이것은 사전이 함정이 되었기 때문입니다. 근년에 이르러 겸병이 더욱 심하여져서 간악하고 흉악한 무리들은 주(州)를 타넘고 군(郡)을 포괄하며 산과 내를 표지로 삼아 모두 가리켜 조업전(祖業田)이라고 하면서 서로 물리치며 서로 빼앗으니, 한 이랑의 주인이 5~6명을 넘고 1년에 조(租)를 거두는 것이 8~9차례에 이릅니다.

　　　　　　　　　　　　　　　　　　　　　　　　－『고려사』－

• 공민왕(恭愍王) 원년(1352)에 이색(李穡)이 복상(服喪) 중에 글을 올려 말하기를, "…… 400여 년 동안 말세의 폐단이 어찌 없을 수 있겠습니까. 전제(田制)가 특히 심합니다. 경계가 바르지 못하면 권세가가 겸병하게 되니, …… 만약에 땅 주인이 하나라면 다행이겠지만 혹 3~4집이거나 혹 7~8집인 경우도 있습니다. …… 청컨대 토지대장을 위주로 공문서에 표시된 내용을 참작한다면 (땅을) 빼앗으려 다투는 것은 바로잡힐 것이며 새로 개간하는 것은 따라서 헤아려질 것입니다. ……"라고 하였다.

　　　　　　　　　　　　　　　　　　　　　　　　－『고려사』－

전민변정도감　　　　　　　　　　　　　　　　　　p.147

신돈이 전민변정도감을 둘 것을 청원하고 스스로 판사가 되어 각 처에 포고문을 붙였다. "요사이 기강이 크게 무너져 탐묵함이 풍속을 이루어서 종실·학교·창고·사사·녹전·군수전과 나라 사람들의 세업 전민을 세도가가 거의 모두 독점하고는 이미 (돌려주도록) 판결 난 것도 그대로 가지고 있으며 민을 노예로 삼으니, 주현의 역리·관노·백성 가운데 역을 피해 도망한 자들이 모두 빠져나가 숨어서 농장이 설치되었으므로, 백성들이 병들고 나라가 여위어 이에 대한 감응으로 가문이 오고 질병도 그치지 않는다. …… 이제 도감을 두어 이를 가려 정비하고, 서울은 15일, 여러 지방은 40일을 기한하여 잘못을 알고 고치는 자는 묻지 않을 것이며, 기한을 지나 발각되는 자는 규찰하여 다스릴 것이다. 그러나 망령되이 고소하는 자는 도리어 죄를 줄 것이다."

　　　　　　　　　　　　　　　　　　　　　　　　－『고려사』－

조준의 전제개혁 상소　　　　　　　　　　　　　　　p.148

• 우왕(禑王) 14년(1388) 7월 대사헌(大司憲) 조준(趙浚) 등이 상서(上書)하여 말하기를, …… 조정의 사대부들이 겉모양으로는 서로 사이가 좋으나, 마음속으로는 시기하여 심지어 은밀하게 중상하는 지경에까지 이르렀으니, 이것은 사전이 함정이 되었기 때문입니다. 근년에 이르러 겸병이 더욱 심하여져서 간악하고 흉악한 무리들은 주(州)를 타넘고 군(郡)을 포괄하며 산과 내를 표지로 삼아 모두 가리켜 조업전(祖業田)이라고 하면서 서로 물리치며 서로 빼앗으니, 한 이랑의 주인이 5~6명을 넘고 1년에 조(租)를 거두는 것이 8~9차례에 이릅니다.

• 창왕(昌王) 원년(1389) 8월 대사헌(大司憲) 조준(趙浚) 등이 상소하여 말하기를, …… 삼가 말씀드리면, 마땅히 경기(京畿)의 토지는 사대부로써 왕실을 시위(侍衛)하는 사람들의 토지로 삼아 그 생계의 바탕으로 삼고 그들의 생업을 두터이 해야 합니다. 나머지 모두는 없애서 공상(供上)과 제사의 비용으로 충당하고 녹봉과 군수의 비용을 넉넉하게 하십시오. 겸병이 일어나는 문을 막고 소송이 일어나는 길을 끊어 영원히 남을 법전으로 만드십시오."라고 하였다.

- 창왕(昌王) 원년(1389) 12월 공양왕(恭讓王)이 즉위하니, 대사헌(大司憲) 조준(趙浚) 등이 또 상소하여 토지제도[田制]에 대해 논하여 말하기를, …… 지금 6도(道)의 관찰사(觀察使)가 보고한 경작지[墾田]의 액수는 50만 결(結)에도 차지 않았으나, 공상(供上)은 풍족하게 하지 않으면 안 되기 때문에 10만 결을 우창(右倉)에 소속시키고 3만 결은 사고(四庫)에 소속시켰으며, 녹봉을 후하게 하지 않으면 안 되기 때문에 10만 결을 좌창(左倉)에 소속시켰으며, 조정의 선비[朝士]들을 우대하지 않으면 안 되기 때문에 경기의 토지 10만 결을 이들에게 나누어 지급하였으니, 나머지는 17만 결에 그칠 뿐입니다. 무릇 6도의 군사, 진(津)·원(院)·역(驛)·절[寺]의 토지, 향리(鄕吏)·사객(使客)·늠급(廩給)·아록(衙祿)의 용도로도 오히려 부족하니, 군수(軍需)가 나올 땅이 없습니다.
  - 『고려사』 -

과전법
p.149

- 경기는 사방의 근본이니 마땅히 과전을 설치하여 사대부를 우대한다. 무릇 경성에 거주하여 왕실을 시위(侍衛)하는 자는 직위의 고하에 따라 과전을 받는다. 토지를 받은 자가 죽은 후, 그의 아내가 자식이 있고 수신(守信)하면 남편의 과전을 모두 물려받고 자식이 없이 수신하는 자는 반을 물려받는다. 부모가 모두 사망하고 그 자손이 유약한 자는 휼양전으로 아버지의 과전을 전부 물려받고, 20세가 되면 본인의 과에 따라 받는다.

- 공전이나 사전을 막론하고 수조자는 논 1결에 최고 미(米) 30두(斗), 밭 1결에 잡곡 30두의 조(租)를 바치며, 만일 그 이상을 징수하는 자가 있으면 엄벌한다.
  - 『고려사』 -

> 과전법을 통해 신진 사대부는 자신들의 경제 기반을 확보할 수 있었다.

직전법
p.149

직전·사전(賜田)의 세와 초가는 경창에 내며(기한은 이듬해 3월 초 10일까지이다), 군자감의 미두로 바꾸어 준다. 짚 1뭇은 쌀 2승(升)으로 계산한다. 직전·사전에서는 1결마다 2두씩을 관에서 거둬들인다.
  - 『경국대전』 -

> 과전법 체제에서 토지가 세습되어 신진 관료에게 지급일 토지가 부족해지자 15세기 후반 현직 관리에게만 수조권을 지급하고 수신전·휼양전을 폐지하는 직전법을 시행하였다.

직전법 실시에 대한 반대
p.149

대사헌(大司憲) 양성지(梁誠之)가 상소(上疏)하기를, "…… 과전(科田)은 사대부(士大夫)를 기르는 것입니다. 신(臣)이 듣건대, 장차 직전(職田)을 두려고 한다 하지만, 그러나 조사(朝士)는 이미 그 봉록(俸祿)을 먹고서 또 직전(職田)을 먹게 되는데, 치사(致仕)한 신하와 무릇 공경 대부(公卿大夫)의 자손(子孫)들은 장차 1결(結)의 전지(田地)도 먹을 수 없게 되니, 이른바 대대로 국록(國祿)을 주는 뜻에 어긋나는 듯합니다. 우리 나라의 토지가 척박하고 백성은 가난하여 사(士)와 농(農)이 각기 다르니, 만약 봉록을 먹지 않고 조세(租稅)를 먹지 않는다면 서민과 다름이 없을 것입니다. 서민과 다름이 없게 된다면 나라에 세신(世臣)이 없을 것이니, 이것을 염려하지 않을 수 없는 것입니다."
  - 『세조실록』 -

관수관급제

- 대비가 말하기를, "직전(職田)은 사람들이 모두 폐단이 있다고 말한다. 특히 그 주인이 지나치게 거둘 뿐 아니라 바치기를 독촉하는 노복들이 갖가지 방법으로 징색(徵索)하니 백성들이 심히 고통스럽게 여긴다." 하니 이극증이 말하기를, "이전에는 과전은 아비가 죽고 자식이 받은 것을 휼양전이라 칭하고, 남편이 죽고 아내가 전해 받은 것은 수신전이라 칭하여 대대로 그 조세를 거두었는데, 지금은 고쳐 직전으로 만들었기 때문에 그 세를 거두는 자가 혹 지나치게 받아 원망을 사는 경우가 있으니, 만일 관官으로 하여금 거두어서 주게 하면 백성이 수납하는 괴로움을 면하고 지나치게 거두는 폐단도 없어질 것입니다." 하였다.

- 경기 관찰사(京畿觀察使) 이계손(李繼孫)이 치계(馳啓)하기를, "얼마 전에 내리신 전지를 받들었는데, '직전(職田)·공신전(功臣田)·별사전(別賜田)의 조세(租稅)를, 어떤 이는 백성들로 하여금 경창(京倉)에 스스로 바치게 하여 관(官)에서 나누어 주도록 하는 것이 좋겠다 하고, 어떤 이는 경창으로 바치는 것이나 지주(地主)의 집으로 바치는 것이나 민폐(民弊)는 다를 것이 없으니 그전대로 하는 것이 좋겠다 하는데, 이 두 가지 중에 백성들에게 어느 것이 좋겠느냐?' 하셨기에, 신이 여러 고을로 하여금 민정(民情)의 원하는 것을 물었더니, 모두 경창에 스스로 바치고자 합니다." 하였는데, 호조(戶曹)에서 여기에 의거하여 아뢰기를, "모든 농지의 세(稅)를 백성들로 하여금 초가(草價)까지 아울러 경창에 스스로 바치도록 하고, 그것을 녹봉(祿俸)의 예(例)에 따라 나누어 주도록 하소서." 하니, 그대로 따랐다.

- 『성종실록』 -

세조 때 직전법이 실시되자 관리들이 직접 세액을 결정하여 정해진 양 이상의 세금을 거두는 폐단이 생겨났다. 그러자 성종 때에는 조세를 관에서 거두어 관리에게 지급하는 관수관급제가 실시되었다.

2 조세 제도

삼국의 조세 제도
p.150

- (고구려에서) 세(인두세)는 포목 5필에 곡식 5점이다. 조(租)는 (3등호제에 따라) 상호가 1섬이고, 그 다음이 7말이며, 하호는 말을 낸다.
  - 『수서』 -

- 인세(人稅)로 포 5필과 곡물 5석을 낸다. 유인(遊人)은 3년에 한 번 10명이 세포(細布) 1필을 낸다. 조(租)로서 호(戶)마다 1석을 내고, 차등호(次等戶)는 7두, 그 다음 호는 5두를 낸다.
  - 『수서』 -

- (백제에서) 세는 포목, 명주실, 삼, 쌀을 내었는데, 풍흉에 따라 차등을 두어 받았다.
  - 『주서』 -

신라의 군역 제도
p.150

설씨녀는 율리 백서의 집 딸이었다. …… 진평왕 때 그녀의 아버지가 나이가 많았는데 정곡 땅의 변경 수비로 나가게 되었다. …… 사량부 소년 가실이 "내 비록 나약한 사내이나 일찍이 의협심이 있다고 자처하는 터이니 변변치 못한 몸으로 그대 아버지의 병역을 대신하고자 합니다."라고 하였다. …… 나라에 일이 있어 6년이 흘렀는데도 가실은 돌아오지 못하였다. 그녀의 아비가 딸에게 말하여, 처음 3년으로 기한을 정하였는데 이미 기한이 넘었으니 다른 이에게 시집을 가라 하였다. …… 가실이 돌아왔는데 모습이 깡마르고 옷이 남루하여 마을 사람이 아무도 그가 누구지 몰랐다.
  - 『삼국사기』 -

통일 신라의 민정 문서
p.150

당현의 사해점촌을 조사해보니 지형이 산과 평지로 이루어져 있고, 촌의 범위는 주위 5,725보이다. 공연의 수는 합하여 11호이고, 계연은 4, 나머지 3인이다. 이 가운데 중하연이 4호, 하상연이 2호, 하하연이 5호이다. 마을의 모든 사람을 합하면 147명인데, …… 정이 29명(노 1명 포함), 조자가 7명(노 1명 포함), 추자가 12명, 소자가 10명, 3년동안에 태어난 소자가 5명, 제공이 1명이다. …… 말은 모두 25마리(전부 터 있던 것 22마리와 3년 동안에 보충된 말 3마리)이고, …… 뽕나무는 모두 1,004그루(3년 동안에 심은 것 90그루와 그전부터 있던 것 914그루)이다.

고려의 양전
p.151

호부가 보고하였다. "상주가 관할하는 중모현, …… 장단이 관할하는 임진, 임강 등 현(縣)에서 민전의 많고 적음과 비옥하고 메마른 (땅의 파악이) 균형을 이루지 못하고 있습니다. 사람을 보내어 이를 다시 측량하십시오."

고려의 공납
p.151

- 문종 20년, "여러 주현에서 매년 상례로 공납하는 소가죽과 힘줄, 뿔은 베로써 값을 계산하여 대납하라."라고 하였다.

- 중찬 홍자번이 백성에게 편리한 일을 조목별로 상서하기를, "근래 지방에서 사고가 많아 공물을 납부하는 때를 놓치고 있습니다. 여러 관청의 관리와 모리배들이 먼저 자기의 물건을 바치고, 그에 대한 문서를 받아서 지방에 내려가 그 값을 과도하게 받고 있습니다. 백성이 감당하기 어려우니 진실로 이것을 마땅히 금해야 합니다."라고 하였다.

고려의 요역 　　　　　　　　　　　　　　　　　　　　　　　　p.152

- 나라 제도에 나이 열여섯이 되면 정(丁)으로 삼아 비로소 국역에 복무하고 예순이 되면 역을 면해 준다. 주군(州郡)에서 해마다 호구를 헤아려 호적을 만들어 호부에 바치면, 병사를 징발하고 역을 조절하여 뽑는 일은 호적으로 뽑아 정하였다.

- 수도에 사는 신분이 높고 낮은 사람들의 자제들이 요역을 회피하기 위해 (지방의) 본관에 있는 친척의 호적에 (이름을) 올려 사실과 이름이 헛갈리니, 지금부터 수도 사람이 지방 호적에 (이름을) 올리는 일을 엄격히 금지한다.

- 중미정이라는 정자를 지을 때 일하러 나오는 백성은 자기 먹을 양식을 스스로 준비해야 했다. 한 일꾼이 가난하여 음식을 준비해 오지 못하자 다른 사람들이 밥을 나누어 주었다. 하루는 그의 아내가 음식을 가지고 와서 남편에게 "친한 사람과 함께 드세요."라고 말하였다. 남편이 "집이 가난한데, 어떻게 장만하였는가?"라고 물었다. 아내가 "머리카락을 잘라 팔아서 장만해 왔어요."라며 머리를 보였다. 그 일꾼이 목이 메어 먹지 못하고 이를 본 다른 사람들도 함께 슬퍼하였다.

　　　　　　　　　　　　　　　　　　　　　　　　　　　　　　 - 『고려사』 -

공법 　　　　　　　　　　　　　　　　　　　　　　　　　　　p.152

- 전제 상정소에서 의논하기를, "…… 연분(年分)을 9등으로 나누고 10분 비율로 정하여 전실(全實)을 상상년(上上年)으로 하고, 9분실(九分實)을 상중년(上中年), 8분실(八分實)을 상하년(上下年), 7분실을 중상년(中上年), 6분실을 중중년, 5분실을 중하년, 4분실을 하상년, 3분실을 하중년, 2분실을 하하년으로 하여서, …… 조세액은 상상년은 20말, 상중년은 18말, 상하년은 16말, 중상년은 14말, 중중년은 12말, 중하년은 10말, 하상년은 8말, 하중년은 6말, 하하년은 4말로 되옵니다. …… 수전과 한전을 각각 등급을 나누어서, '아무 고을 수전 아무 등년(等年), 한전 아무 등년(等年)'으로써 아뢰게 하고, 1분실(分實)은 9등분에는 미치지 아니하니, 마땅히 조세를 면제할 것입니다. ……"하니, 그대로 따랐다.

- 각 도의 수전(水田)·한전(旱田)의 소출 다소를 자세히 알 수가 없으니 공법(貢法)에서의 수세액을 규정하기가 어렵습니다. 지금부터는 전척(田尺)으로 측정한 매 1결에 대하여 상상(上上)의 수전에는 몇 석을 파종하고 한전에서는 무슨 곡종 몇 두를 파종하여, 상상년에는 수전은 몇 석, 한전은 몇 석을 수확하며, 하하년에는 수전은 몇 석, 한전은 몇 석을 수확하는지, 하하(下下)의 수전에서는 역시 몇 두를 파종하고 한전에서는 무슨 곡종을 몇 두를 파종하여 상상년에는 수·한전 각기의 수확이 얼마며, 하하년에는 수·한전 각기의 수확이 얼마인지를, …… 각 관의 관둔전에 대해서도 과거 5년간의 파종 및 수확의 다소를 위와 같이 조사하여 보고토록 합니다.

　　　　　　　　　　　　　　　　　　　　　　　　　　　　　　 - 『세종실록』 -

조선의 조운
p.153

• 여러 도의 조전(漕轉)은 기한 내에 배가 떠나 상납한다. 충청도·황해도는 2월 20일 이전에 떠나 3월 10일 이전에 상납한다. 전라도는 3월 15일 이전에 떠나 4월 10일 이전에 상납한다. 경상도는 3월 25일 이 전에 떠나 5월 15일 이내에 상납한다.

• 조선(漕船)·사선(私船)을 가리지 않고 적재량은 1,000석으로 한정하며(잡비조로 필요한 물품은 보태 실을 수 있다), 감관(監官)과 색리(色吏)가 함께 타서 원산에서 점검을 받고, 연안의 읍진에서 이를 호송하여야 하며, 사사로운 물품을 더 실은 경우에는 몰수한다.

『경국대전』의 요역 규정
p.154

무릇 전지(田地) 8결에서 인부 1명을 내되, 1년 부역 일수는 6일을 넘지 못한다. 만약 길이 멀어서 6일 이상 걸리면 다음 해의 부역 일수를 그만큼 줄여 주고, 만약 한 해에 두 번 부역을 시켜야 할 경우에는 반드시 왕에게 아뢰고서 시행한다. 수령이 징발을 균등하게 하지 않거나, 영역관이 일을 지체해서 기한을 넘기게 하는 경우에는 법에 따라 죄를 준다.

전세의 문란
p.154

전세에도 여러 명목의 잡세가 있습니다. 백성이 당해 낼 수가 있겠습니까? 어쩌다 밭을 팔아 빚을 갚으면 이익은 부잣집으로 들어갑니다. 집에 여유가 없어 사방으로 흩어지면 친척을 구박하고 이웃에게 떠안겨 빼앗아 냅니다. 이 때문에 마을이 비어가고 …… 들판은 더욱 황폐해 갑니다.

- 『중종실록』 -

군역의 문란
p.154

• 지사 홍숙(洪淑)이 아뢰기를, "군사들의 원망과 고통은 과연 더욱 심합니다. 각 고을의 경주인(京主人)들이 본 고을에 내려가 온 고을의 보병(步兵) 및 선상(選上)의 대가(代價)를 전부 가두어, 배로 수송하거나 육지로 운반하여 서울에 도착하게 되면 더러는 악포(惡布)로 주고 더러는 수량을 감해서 주고 대역(代役)할 사람을 세우므로, 경주인들이 취득하는 이익은 매우 크지만 군사들이 받는 폐해는 이러하여 잘못됨이 지극히 심하니, 이는 마땅히 엄중하게 다스려야 합니다. 신이 도총관(都摠管) 때 보니, 기병(騎兵)도 모두 대신으로 세웠었는데 이는 전에는 있지 않던 일입니다. 심지어 충순위(忠順衛)·충찬위(忠贊衛)는 모두 관대(冠帶)를 갖추는 사람들이고, 별시위(別侍衛)는 곧 취재(取才)한 군사인데도 오히려 대신으로 세웠으니, 만일 국가에 일이 있게 된다면 이런 사람들을 장차 어디다 쓰겠습니까? 그 전에 도총부로 하여금 적발(摘發)하여 대가로 받은 베는 관청에 몰수하고 날 수를 배나 물려서 번서게 했으니 이는 엄중하게 금단하려 한 것인데 그래도 적발하지 못했고, 전일에는 적간(摘奸)하여 의금부에 잡아다 주며 추문(推問)하도록 했지만 모두 성명이 틀리지 않아 간사한 거짓이 없는 듯하므로 놓아주었습니다. 그런데 그 뒤에 듣건대 대신 선 사람들이 그 속에 많이 있었다고 했으니 이는 가장 적간하기 어려운 일입니다."

- 『중종실록』 -

• 정병 등을 모두 다른 사람으로 대립(代立)시키는데, 그 대립자는 역이 고되다 하여 값을 많이 받으니, 2개월에 면포 17~18필에 이르기도 한다.

- 『성종실록』 -

요역의 문란
p.154

• 우리나라에서 백성을 부리는 법도에는 8결에 1인의 역군을 내게 하고 1년 동안 사역하는 것이 6일에 지나지 않게 하였습니다. 그런데 수령들이 국가에서 백성을 어루만지려는 뜻을 따르지 않고 수시로 백성을 사역하여 자기의 사정에 따라 마음대로 씁니다.

- 『성종실록』 -

• 서울과 지방의 양역 명목은 매우 많아서 하나하나 그 예를 들 수 없사오나, 그 중에도 이른바 조예(皂隸) 나장(羅將) 등은 가장 고역입니다. 이들 역시 면포로써 그 역을 대신할 수 있게 되었는데, 소속 관청에서는 이미 다른 사람으로 대립시켜 놓고 갑자기 독촉하여 그 역의 대가를 내게 하니, 이들은 이자까지 붙여 액수의 세 곱절을 내게 됩니다.

- 『율곡전서』 -

공납의 문란
p.155

• 김개가 아뢰기를 "신이 지난번 전라도에 있을 때 들은 바로는 '사다새의 살을 약으로 사용하므로 전라도 바닷가 7읍에서 번갈아 진상한다.'라고 하였습니다. 당초 생산되었는지 아닌지는 알 수 없지만 지금은 생산되지 않은 지 오래되었습니다. 비록 1년에 진상하는 것이 한 마리에 지나지 않지만, 그 지방의 산물이 아니므로 가격이 매우 높습니다. 진상할 차례가 돌아오면 백성은 그 값을 징수해서 평안도 산지에 가서 사 옵니다. 또한, 서울 상인이 가지고 있으면 먼저 바치고 그 고을에서 값을 받기도 합니다."라고 하였다.

- 『명종실록』 -

• 방납의 폐단이 나날이 심해집니다. …… 각 고을에서 공물을 상납하려 할 때 각 관청의 사주인(방납인) 들이 여러 가지로 농간을 부려 좋은 것도 불합격 처리하기 때문에 바칠 수가 없습니다. 이리하여 방납 인들은 자기가 갖고 있는 물품으로 관청에 대신 내고, 그 고을 농민들에게 자기가 낸 물건값을 턱없이 높게 쳐서 열 배의 이득을 취하니 이것은 백성들의 피땀을 짜내는 것입니다.

- 『선조실록』 -

• 조식이 아뢰었다. "지금처럼 서리가 나라를 마음대로 하는 것은 들어보지 못하였습니다. 지방 토산물의 납입을 일체 막아서 바칠 때 본래 값의 1백 배가 되지 않으면 받지도 않습니다. 백성들이 이기지 못하여 세금을 못 내고 도망하는 자가 줄을 이었으니, 어찌 주현 백성의 공납을 간사한 아전들이 나누어 갖게 되리라고 생각이나 하였으며, 전하께서 이들이 방납한 물자에 의지하게 되리라고 생각이나 하였겠습니까?"

- 『선조실록』 -

대동법
p.156

• 고을에서 진상하는 공물이 관청의 방납인에 의해 막혀 물건값이 3, 4배 혹은 수십, 수백 배까지 되어 그 폐해가 극심합니다. 마땅히 별도로 1청을 설치하여 매년 봄, 가을에 백성에게 쌀을 거두되, 토지 1결마다 두 번에 걸쳐 8두씩 거두어 본청에 수납하게 하소서.

- 『광해군일기』 -

• 영의정 이원익이 아뢰기를, "지금 하나의 관청을 설치하여 매년 봄, 가을 백성에게서 쌀을 거두어들이되 당 8두씩 거두어 본청에 보내게 합니다. 그러면 본청은 당시 공물의 가격을 보고 넉넉히 값을 쳐서 공인에게 지급하고, 때맞춰 구입하도록 하여 물가를 올리는 길을 끊어야 합니다. 그리

고 두 차례 거둘 때마다 1두씩 빼서 해당 고을에 지급하고 수령의 공사비용으로 삼게 하십시오." 하니 왕이 이를 따랐다.

- 『광해군일기』 -

- 강원도에는 대동법을 싫어하는 이가 없는데, 충청도·전라도에는 좋아하는 이와 싫어하는 이가 있습니다. 왜 그렇겠습니까? 강원도에는 토호가 없으나 충청도·전라도에는 토호가 있기 때문입니다. 특히 전라도에 싫어하는 이가 더 많은데 이는 토호가 더 많은 까닭입니다. 이렇게 볼 때 토호들만 싫어할 뿐, 백성들은 대동법을 보고 모두 기뻐합니다.

- 선혜법(대동법)을 경기 지방에 실시한 지 지금 20년이 되어 가는데, 백성이 매우 편하게 여기고 있습니다. 팔도 전체에 통용시키면 팔도 백성들이 그 혜택을 받을 수 있을 텐데, …… 그 편리한 점을 알면서도 시행하지 못한 지 오래입니다. 현재 갖가지 부역이 중첩되고 백성들이 도탄에 빠졌으니, 반드시 대대적으로 고쳐서 민심을 위안할 소지를 만들어야 합니다.

- 『인조실록』 -

- 우의정 김육이 아뢰었다. "백성이 편안한 연후에야 나라가 안정될 수 있습니다. …… 대동법은 역을 고르게 하여 백성을 편안케 하니 실로 시대를 구할 수 있는 좋은 계책입니다. 비록 여러 도(道)에 두루 행하지는 못하더라도 경기도와 강원도에 이미 시행하여 힘을 얻었으니, 호남과 호서 지방에서 시행하면 백성을 편안케 하고 나라에 도움이 되는 방도로 이것보다 더 큰 것이 없습니다. …… 다만 교활한 아전은 명목이 간단함을 싫어하고 모리배들은 방납하기 어려움을 원망하여 반드시 헛소문을 퍼뜨려 어지럽게 할 것입니다. 삼남에는 부호가 많은데 이 법의 시행을 부호들이 좋아하지 않으나 국가에서 법령을 시행할 때에는 마땅히 소민들이 원하는 대로 해야 합니다." 임금이 이르기를, "대동법을 시행하면 대호가 원망하고, 시행하지 않으면 소민이 원망한다고 하는데, 어느 쪽의 원망이 더 큰가?" 하니, 여러 신하들이 모두 "소민의 원망이 큽니다."라고 하였다. 임금은 "대소를 참작하여 시행하라."라고 하였다.

- 『효종실록』 -

- 좌의정 이원익의 건의로 이 법을 비로소 시행하여 백성의 토지에서 미곡을 거두어 서울로 옮기게 했는데, 먼저 경기에서 시작하고 드디어 선혜청을 설치하였다. …… 우의정 김육의 건의로 충청도에도 시행하게 되었으며 …… 황해도 관찰사 이언경의 상소로 황해도에도 시행하게 되었다.

- 『만기요람』 -

대동법은 유성룡의 건의로 실시되었던 대공수미법의 편익을 체험한 한백겸과 이원익에 의해 광해군 때 처음으로 경기도에서 시범 실시되었다. 이후 효종 때 충청도와 전라도의 해읍, 현종 때 전라도의 산군들과 함경도, 숙종 때 경상도와 황해도의 순으로 실시되어 100년만에 비로소 전국적으로 실시되었다. 이로 인해 땅을 가지지 못한 백성들은 세금의 부담에서 벗어나게 되었고, 과세가 공평하게 이루어질 수 있었다.

대동법 시행 반대 p.157

지방에서 온 사람의 말을 듣건대 민간이 모두 한꺼번에 납부하는 것을 고통스럽게 여긴다고 하였습니다. …… 20결을 소유한 자는 20석을 내도록 되어 있으니, 이런 식으로 될 경우 전결이 많으면 많을수록 더욱 고통스럽게 여길 것은 당연합니다. …… 대가(大家)와 거족(巨族)이 불편하게 여기며 원망을 하는 것이라면 이 또한 쇠퇴한 세상에서 우려스러운 일이라 할 것입니다.

- 『인조실록』 -

군역의 문란 p.157

10여만 호로서 50만 호가 져야 할 양역을 감당해야 하니 한 집안에 비록 남자가 4, 5명이 있어도 모두 군역에서 벗어나지 못합니다. 그리고 한 사람의 신포(身布) 값이 4, 5냥이니 한 집안의 4, 5명에 모두 소용되는 비용은 20여 냥이나 됩니다. 이들은 물려받은 재산도 없고 가진 땅도 없어 모두 남의 땅을 소작하고 있으니, 수입이 많아도 10석을 넘기지 못합니다. 그것마저 절반을 땅 주인에게 바쳐야 하니, 그 나머지로 어떻게 20여 냥이나 되는 비용을 마련할 수 있겠습니까? 비록 날마다 매질을 하여도 그것을 마련할 수 없어 마침내는 죽지 않으면 도망을 가게 됩니다. 도망가거나 죽은 자의 몫을 채울 수 없으니, 이에 백골징포, 황구첨정의 폐단이 생겨나고, 일족과 이웃에게 거두게 되니 죄수가 옥에 가득하게 되고 원통하여 울부짖으니 화기(和氣)를 상하게 합니다.

- 『영조실록』 -

양역변통론 p.157

임금이 이르다. "양역을 끝내 변통하지 못한다면 조선은 반드시 망할 것이다. 어찌 변통할 방도가 없겠는가? 여러 신하는 이에 대한 대책을 아뢰도록 하라."

- 『영조실록』 -

균역법 시행 p.157

• 양역을 절반으로 줄이라고 명하였다. 왕이 하교하였다. "구전은 한 집안에서 거둘 때 주인과 노비의 명분이 문란해지고, 결포는 이미 정해진 세율이 있어 더 부과하기 어렵다. 호포나 결포는 모두 문제점이 있으므로 이제 1필로 줄이도록 결정할 것이니 경들은 대책을 강구하라."

- 『영조실록』 -

• 감면한 것을 모두 계산하면 모두 50여만 필에 이른다. 돈으로 계산하면 1백여만 냥이다. 아문과 군대의 비용을 줄인 것이 50여만 냥이다. 부족한 부분은 어세, 염세, 선세와 선무군관에게 받은 것, 은여결에서 받아들이는 것을 모두 합치면 십 수만 냥이다. 평안·함경도를 제외한 지역의 토지 1결마다 쌀 2씩이나 혹은 돈 5전씩 거두기로 하였다. 이렇게 징수하면 대략 30여만 냥이 되는데, 이는 부족한 액수와 숫자가 대략 서로 같다.

- 『균역사실』 -

• 균역법이 시행된 후 바닷가 백성의 원성이 하늘까지 이르고 여러 사람들의 원망이 들끓었기 때문에 신이 몇 차례 상소하여 말씀드린 바 있습니다. 이 법의 시행으로 부족해진 경비를 여기저기에서 끌어모아 충당하느라 오히려 그 폐단이 심하니, 신의 생각에는 가호별로 세금을 거두거나 토지에 세금을 부과하는 것만 못한 것 같습니다.

- 『영조실록』 -

선무군관포 p.157

충청도 관찰사 이익보가 상서하다. "국가의 법령에 따라 뽑아 정원을 채우고 아들에게는 과거 응시를 허락하여 무반직에 진출할 수 있는 기회를 주었습니다. 이들은 문관도 아니고 무관도 아니며 양반도 아니고 상민도 아니며 농사짓는 이들도 있고 장사하는 자들도 있습니다. 평소에 사대부의 의관을 모방하여 군역을 모면하고 있었는데 지금 군관이라는 명칭을 주어 군포를 거두니 일반 정군이나 보인과 차이가 없게 되었습니다. 반드시 모면하기를 도모하는 것은 진실로 이 때문입니다."

- 『영조실록』 -

CHAPTER 02 고대·고려의 경제

1 삼국의 경제

고구려의 교역
p.160

고구려에서 담비가 산출된다. 어떤 짐승이 함께 구덩이 속에 사는데 모습은 사람과 비슷하고 키는 3척이다. 능히 담비를 잡을 수 있고 손칼을 좋아한다. 그 습속에 사람이 담비 가죽을 얻고자 하면 칼을 그 구덩이 입구에 던져 놓는다. 그 짐승은 밤에 구덩이를 나와 담비 가죽을 칼 옆에 놓아둔다. 기다리던 사람이 가죽을 가져가면, 그 후에 비로소 칼을 집어 간다.
- 『이원』 -

아라비아 인들의 신라에 대한 기록
p.160

• 신라를 방문한 사람들은 누구나 다시 나오고 싶어하지 않는다. 그 까닭은 그 나라가 매우 풍부하고 이로운 것이 많기 때문이다. 그 가운데에도 금은 너무나 흔하다. 심지어 그곳 사람들은 개의 목 끈이나 원숭이 목테도 금으로 만든다.
- 알 이드리시, 『로제왕의서』 -

• 신라는 중국 맨 끝에 있는 엄청 좋은 나라다. 그 나라는 공기가 깨끗하고 물이 맑고 땅이 비옥해서 불구자를 볼 수 없다. 만약 살고 있는 집에 물을 뿌리면 기분 좋은 향기가 난다. 전염병이나 질병도 드물며 파리나 갈증도 적다. 다른 곳에서 질병에 걸린 사람도 신라에 오면 곧 낫는다.
- 알 카즈위니, 『여러나라의 유적과 인류의 소식』 -

> 실크로드의 종착점에 있었던 신라는 당시 '황금의 나라'라 불리었는데, 아라비아 인들은 울산을 통해 들어와 신라에 귀화하기도 하고 각종 국제 교역을 주도했던 것으로 보인다.

고구려의 귀족
p.160

• 그 나라는 3만 호인데 …… 그중에서 대가(大家)들은 경작하지 않고 먹는 자가 1만 명이나 되며, 하호는 먼 곳에서 쌀, 낟알, 물고기, 소금 등을 져서 날나나 내가에 공급하였다.
- 『삼국지』 -

• 대가들은 밭갈이하지 않고 하호들은 부세를 바치며 노비와 같다.
- 『위략』 -

2 남북국 시대의 경제

통일 신라 귀족의 생활상
p.162

재상가에는 녹(祿)이 끊이지 않았다. 노동(奴)이 3,000명이고 비슷한 수의 갑옷과 무기, 소, 말, 돼지가 있었다. 바다 가운데 섬에서 길러 필요할 때 활로 쏘아서 잡아먹었다. 곡식을 꾸어서 갚지 못하면 노비로 삼았다.
- 『신당서』 -

발해의 특산물
p.163

발해에서 귀하게 여기는 것에는 태백산의 토끼, 남해부의 곤포(다시마), 책성부의 된장, 부여부의 사슴, 막힐부의 돼지, 솔빈부의 말, 현주의 포(베), 옥주의 면(누에솜), 용주의 주(명주), 위성의 철, 노성의 쌀, 미타호의 붕어가 있고, 과일에는 환도의 오얏, 낙유의 배가 있다.
- 『신당서』 -

3 고려의 경제

고려의 권농정책
p.164

임금(태조)이 명령을 내리기를 "…… (몰락한 사람들에게) 조세를 면제해주고 농업을 권장하지 않으면 어찌 집집마다 넉넉하고 사람마다 풍족하게 될 수 있으랴. 백성에게 3년 동안의 조세와 부역을 면제해 주고, 사방으로 떠돌아다니는 자는 농토로 돌아가게 하며, 곧 대사면을 행하여 함께 휴식하게 하라."라고 하였다.

- 『고려사절요』 -

고려의 진전 규정
p.164

진전(陳田)을 개간하여 경작하는 자는 사전(私田)의 경우 첫 해에는 수확의 전부를 가지고, 2년째부터 경작지의 주인과 수확량을 반씩 나눈다. 공전(公田)의 경우는 3년까지 수확의 전부를 가지고, 4년째부터 법에 따라 조(租)를 바친다.

- 『고려사』 -

경시서
p.165

신우 7년(1381) 8월, 개성 물가가 치솟았는데 장사하는 자들이 조그마한 이익을 가지고 서로 다투므로 최영이 이를 미워하여, 무릇 시장에 나오는 물건은 모두 경시서에서 물건 값을 평가하고 세를 바쳤다는 도장을 찍게 한 뒤 비로소 사고팔게 하였고, 도장을 찍지 않은 물건을 사고파는 자는 척추 힘줄을 갈고리로 꿰어 죽이겠다고 하였다. 그리하여 경시서에다가 큰 갈고리를 걸어두고 지나는 사람들에게 보였더니 장사하는 자들이 벌벌 떨었다. 그러나 실행하지는 못하였다.

- 『고려사』 -

건원중보의 강제 유통 철회
p.166

내(목종) 선대의 조정에서는 이전의 법도와 양식을 따라서 조서를 반포하고 화폐를 주조하니 수년 만에 돈꿰미가 창고에 가득 차서 화폐를 통용할 수 있게 되었다. …… 이에 선대의 조정을 이어서 전폐(錢幣)는 사용하고 추포(麤布)를 쓰는 것을 금하게 함으로써 세상을 놀라게 하는 일은, 국가의 이익을 이루는 것이 아니라 한갓 백성들의 원성을 일으키는 것이라 하였다. …… 문득 근본을 힘쓰는 마음을 지니고서 돈을 사용하는 길을 다시 정하니, 차와 술과 음식 등을 파는 점포들에서는 교역에 전과 같이 전폐를 사용하도록 하고, 그 밖에 백성들이 사사로이 서로 교역하는 데에는 임의로 토산물을 쓰도록 하라.

- 『고려사』 -

화폐 유통의 부진
p.166

대개 그 풍속이 점포는 없고 오직 한낮에 시장을 벌여 남녀노소, 관리, 공장들이 저마다 가진 것으로 교역하고, 화폐는 쓰지 않았다. 오직 저포, 은병으로 가치를 표준하여 교역하고, 필이나 냥에 미치지 못하는 세세한 일용품은 쌀로 치수를 계산하여 되갚는다. 그러나 백성들은 오래도록 그런 풍속에 익숙하여 스스로 편하게 여긴다.

- 『고려도경』 -

의천의 주전론

대저 전화(錢貨)의 물건으로 말하면, 하나의 몸에 네 가지 뜻을 내포하고 있습니다. 첫째는 전(錢)이라고 하니, 이는 바탕이 둥글고 구멍이 네모진 것으로서, 둥근 것은 하늘을 본뜨고 네모진 것은 땅을 본뜬 것인바, 하늘처럼 덮어 주고 땅처럼 실어 주며 끝없이 유통되는 것을 의미합니다. 둘째는 천(泉)이라고 하니, 이는 두루 통하여 흘러 퍼지는 것이 끝없이 솟아 나오는 샘물과 같다는 뜻입니다. 셋째는 포(布)라고 하니, 이는 민간에 배포하여 상하에 고루 미치게 하면서 영원히 막히지 않게 한다는 뜻을 지니고 있습니다. 넷째는 도(刀)라고 하니, 이는 큰 이익을 남겨 빈부에게 공평하게 분할하고 날마다 쓰면서도 무디어지지 않는다는 뜻을 담고 있습니다. 삼가 생각건대, 과거에 환법(圜法)을 실시한 공효를 지금 본받아서 시행한다면 그 효과가 갑절은 될 것입니다.

- 『대각국사문집』 권12, '청화폐지용소(請貨幣之用疏)' -

화폐 사용

- 숙종(肅宗) 6년(1101) 4월 주전도감(鑄錢都監)에서 아뢰기를, "나라 사람들이 비로소 전폐(錢幣) 사용의 이로움을 알아 편리하게 되었으니 바라건대 종묘(宗廟)에 고하소서."라고 하였다. 이 해에 또한 은병(銀甁)을 사용하여 화폐로 삼았는데, 그 제도는 은 1근으로 만들되 우리나라 지형을 본뜬 것으로 속칭 활구(濶口)라고 하였다.

- 왕 7년 9월에 왕이 명령을 내려 이르기를 "사민(사농공상)은 저마다 자기 직업에 전문으로 종사하는 것만이 참으로 국가의 근본이 된다. 그런데 지금 들으니 서경에서는 민간 풍습이 상업에 힘을 쓰지 않아 백성이 이익을 얻어 내지 못한다고 하니, 유수관은 화천별감 2명을 대신하여 임명하도록 하여 날마다 시장과 상점들을 감독하게 하여 상인들로 하여금 모두 매매 교환을 장려하여 이익을 얻도록 할 것이다.

- 왕 9년 7월에 주, 현에 명령하여 미곡을 내어 주식점을 열게 하여 백성들에게 사고팔고 할 것을 허락하여 화폐의 유리함을 알도록 하였다. 당시 화폐가 통용된 지 3년이나 되었지만 백성들이 가난하여 활발하게 통용시킬 수가 없었으므로 이러한 명령을 내렸다.

- 『고려사』 -

화천별감

숙종 7년 9월에 왕이 명령을 내려 이르기를 "사민(사농공상)은 저마다 자기 직업에 전문으로 종사하는 것만이 참으로 국가의 근본이 된다. 그런데 지금 들으니 서경에서는 민간 풍습이 상업에 힘을 쓰지 않아 백성이 이익을 얻어 내지 못한다고 하니, 유수관은 화천별감 2명을 대신하여 임명하도록 하여 날마다 시장과 상점들을 감독하게 하여 상인들로 하여금 모두 매매 교환을 장려하여 이익을 얻도록 할 것이다.

- 『고려사』 -

화폐 유통 비판

공방은 사람됨이 밖은 둥글고 안은 모지며, 때에 따르며 변화에 따라 처신하는 데 뛰어났다. …… 백성과 조그만 이익을 다투고 물가를 올리고 내리며 곡식을 천하게 하고 돈을 중하게 해서 백성들이 근본(농업)을 버리고 작은 이익(상업)을 따르게 하였다.

- 『공방전』 -

고려의 산업 p.166

- 땅이 넓지 못하나 백성은 매우 많다. …… 산림이 매우 많고 땅이 평평한 데가 적기 때문에 경작하는 농민이 수공업자만 못하다. 주와 군에서 나는 토산물은 모두 관가로 들어가므로 상인은 멀리 가지 않는다. 다만 대낮에 고을에 가서 각각 가지고 있는 것을 가지고 있지 않은 것으로 서로 바꾸는 것으로 만족한다.

  - 『고려도경』 -

- 큰 산과 깊은 골이 많아 험준하고 평지가 적기 때문에 농토가 산간에 많이 있는데, 그 지형의 높고 낮음에 따랐으므로 갈고 일구기가 매우 힘들며, 멀리서 바라다보면 사다리나 층층계와도 같다.

  - 『고려도경』 -

- 압록강 이남은 대개 산이고, 비옥하여 묵지 않고 해마다 농사를 지을 수 있는 토지는 해안지역에 있습니다.

  - 『고려사』 -

- 내가 맹성(평북 맹주)에 수령으로 나갔을 때 도독부의 문서를 받았는데, 궁궐에서 쓸 먹 5천 정(挺)을 만들어 올리라는 것이었다. 다음 해 봄까지 납부해야 하기에 급히 말을 타고 공암촌에 이르렀다. 백성을 독려하여 송연(松烟, 소나무 그을음) 100곡(斛)을 채취하게 하고 일 잘하는 기술자를 모아 직접 일을 감독하여 두 달 만에 마칠 수 있었다. 얼굴과 옷에 모두 그을음이 묻어 있어 다른 곳으로 가서 씻는 고생을 오래 한 후에 성으로 돌아왔다. 그 후 먹을 보면 비록 한 마디 작은 것이라고 할지라도 천금같이 귀하게 여기고 감히 소홀히 하지 못했다.

  - 『파한집』 -

고려 후기의 사원 경제 p.167

- 어떤 비구니가 공주에게 흰 모시를 바쳤는데, 가늘기가 매미의 날개같이 얇았고 꽃무늬도 수놓아져 있었다. 공주가 시장의 상인들에게 보이니 이전에도 보지 못하던 물품이라고 말하였다. 비구니에게 누가 만들었냐고 물어보자, "제가 데리고 있는 여종이 만들었습니다."라고 대답하였다. 공주가 그 여종을 달라고 요구하자 비구니는 하는 수 없이 공주에게 바쳤다.

- 지금 요역을 피하려는 무리들이 불교에 이름을 걸어 놓고 고리대로 생활하거나 농사와 축산을 업으로 삼고 장사하는 것이 보통이 되었다. 계율의 법문을 어겨도 바로잡는 법규가 없다. 어깨에 걸치는 가사는 함부로 술 항아리 덮개가 되고 범패를 부르는 장소는 파, 마늘밭이 되었다. 장사꾼과 통하여 물건을 사고팔았다. 손님과 어울려 술 먹고 노래를 불러 절간이 떠들썩하고 난분(불교 행사의 하나)을 더럽힌다.

  - 『고려사』 -

고려 후기의 왕실 경제 p.167

- (충혜왕이) 남궁신을 시켜 포목 2만 필과 금, 은과 초(원의 화폐)를 가지고 원의 유와 연 지방에 가서 무역하게 하였다.

- 제국대장 공주는 일찍이 잣과 인삼을 중국 강남으로 수출하여 많은 이익을 얻었다. 그 후로는 내시들을 각처에 보내서 그 물건을 구하였고, 비록 그것이 생산되지 않는 지방에서까지도 받아들였으므로 백성이 심히 괴로움을 받았다.

  - 『고려사』 -

고려 후기의 왕실 경제 p.167

- (충혜왕이) 남궁신을 시켜 포목 2만 필과 금, 은과 초(원의 화폐)를 가지고 원의 유와 연 지방에 가서 무역하게 하였다.
- 제국대장 공주는 일찍이 잣과 인삼을 중국 강남으로 수출하여 많은 이익을 얻었다. 그 후로는 내시들을 각처에 보내서 그 물건을 구하였으며, 비록 그것이 생산되지 않는 지방에서까지도 받아들였으므로 백성이 심히 괴로움을 받았다.

― 『고려사』 ―

벽란도 p.167

- 조수는 밀렸다가 다시 밀려가고 오고 가는 뱃머리는 서로 잇대었구나. / 아침에 이 누각 밑을 떠나면 한낮이 안 되어 남만 하늘에 이른다. / 사람들은 배를 물 위의 역마라고 하는데 바람처럼 달리는 준마도 이것만 못하네.

― 『동국이상국집』 ―

- 조류를 따라 예성항에 이르자, 정사와 부사는 신주(중국 사신이 탄 큰 배)로 옮겨 탔다. 낮 12쯤 정사와 부사가 …… (송 황제의) 조서를 봉안하였다. 1만 명이 되는 고려인들이 병기, 갑옷 입은 말, 깃발, 의장물을 가지고 해안가에 늘어서 있고 구경꾼이 담장같이 둘러섰다. …… 벽란정(碧瀾亭)으로 들어가 조서를 봉안하고 그 일이 끝나자 지위에 따라 나뉘어 잠시 휴식을 취하였다. 다음 날 육로를 따라 왕성(개경)으로 들어갔다.

― 『고려도경』 ―

아라비아 상인의 방문 p.167

정종(靖宗) 6년 11월 병(丙)에 대식국 상인 보나합(保那盍) 등이 와서 수은·용치(龍齒)·점성향(占城香)·몰약(沒藥)·대소목(大蘇木) 등의 물품을 바쳤다. 담당자에게 명하여 객관(客館)에서 후하게 대우하고 돌아갈 때에 금과 비단을 후하게 내려 주도록 하였다.

― 『고려사』 ―

백문보의 수차 건의 p.168

공민왕 11년(1362), …… "논을 다루는 우리나라 사람은 반드시 크고 작은 도랑에서 물을 끌어들일 뿐이요, 수차(水車)로 하면 물을 쉽게 댈 수 있다는 것을 알지 못합니다. 이렇기 때문에 논 아래로 웅덩이가 있고 깊이가 한 길이 채 못 되어도 그 물을 내려다만 보지 감히 퍼 올리지 못합니다. 그러므로 낮은 땅은 물이 항상 괴어 있고, 높은 땅은 항상 풀이 무성해 있는 것이 십중팔구나 됩니다. 계수관에게 명령하여 수차를 만들게 하고 그 만드는 법을 배우게 한다면, 민간에 전해 내려갈 수 있게 될 것입니다. 이것은 가뭄에 대비하고 황무지를 개간하는 데 있어 제일의 계책입니다."

― 『고려사』 ―

CHAPTER 03 조선의 경제

1 조선의 경제

조선의 권농 정책
p.169

성세창이 아뢰기를 "임금이 나라를 다스리는 데 백성을 교화시키는 것이 중요합니다. 그러나 먼저 살게 한 뒤에 교화시키는 것이 옳습니다. 세종 임금이 농상(농업과 뽕나무심기)에 적극 힘 쓴 까닭에 수령들이 사방을 돌면서 살피고 농상을 권하였으므로 경작지 않은 땅이 없었습니다. 요즘에는 백성 중에 힘써 농사짓는 사람이 없고, 수령도 들에 나가 농상을 권하지 않습니다. 감사 또한 권하지 않습니다. 특별히 지방에 타일러 농상에 힘쓰도록 함이 어떻습니까?"라고 하였다. 왕이 8도 관찰사에게 농상을 권하는 글을 내렸다.

- 『중종실록』 -

조선 전기의 농법
p.169

- 땅을 간 뒤, 곰방매로 흙덩이를 깨뜨리고, 써레로 종횡으로 골라 흙을 연하게 한다. 볍씨 한 말을 숙분(宿糞)이나 오줌재 한 섬과 섞은 뒤 이를 발꿈치로 홈을 치고 심고 새를 쫓는다. 모가 성장할 때까지 물을 대 주어서는 안 된다. 잡초가 생기면, 가뭄이 들어 모가 말라도 호미질을 게을리해서는 안 된다.

- 함경도는 땅이 비옥하여 논을 만들 곳이 많으나 풍속이 농사에 게으르고, 논에서 물이 몸에 젖고 흙이 발에 묻는 괴로움을 꺼려 밭농사만을 하므로 한 번 비가 와서 땅이 질척거리면 반드시 흉년이 들어 굶주리게 된다.

- 『농사직설』 -

성리학적 경제관
p.169

우리나라는 이전에 공업과 상업에 관한 제도가 없어, 게으르고 놀기 좋아하는 자들이 수공업과 상업에 종사하였기 때문에 농사를 짓는 백성들이 줄어들었으며, 말작(상업)이 발달하고 본실(농업)이 피폐하였다. 이를 염려하지 않을 수 없다.

- 『조선경국전』 -

장시의 출현과 확산
p.170

- 장사꾼이 의복 등속을 판매하며, 심지어는 신·갓끈·빗·마늘·분(粉) 같은 물품을 가지고, 무지한 백성에게 교묘하게 말하여 미리 그 값을 정하고 주었다가 가을이 되면 그 값을 독촉해서 받는다.

- 『세종실록』 -

- 경인년(1470) 흉년 때 전라도 백성들이 서로 모여들어 점포를 열어 장문(場門)이라 칭하고, 사람들이 이에 의지하여 목숨을 유지하였다.

- 『성종실록』 -

- 임진왜란 이후 백성들은 정해진 곳 없이 교역으로 생활하는 것이 마침내 풍속이 되었다. …… 각 읍에서 장시가 서는 것이 적어도 3~4곳이 되어 …… 한 달 30일 이내에 시장이 열리지 않는 날이 없다.

- 『선조실록』 -

'한 달에 세 번, 모두 같은 날에 장이 서게 하자.'라는 주장은 장시가 전국으로 확산되는 상황에서 나왔다. 정부는 장시를 금지했지만, 농민과 수공업자는 필요한 물품을 교환할 수 있는 장시가 필요하였고, 일부 지배층도 흉년 극복에 도움이 된다며 장시 허용을 주장하였다. 이러한 상황에서 장시가 5일장으로 정착되어 가자, 전국의 장날을 국가가 통제하자는 주장이 나온 것이다.

- (장시가) 오늘은 이곳에 서고 내일은 이웃 고을에 서며, 다음 날에는 다른 고을에 서서 한 달 30일 동안 장이 서지 않는 날이 없습니다. …… 규정을 마련해 큰 고을은 두 곳에서, 작은 고을은 한 곳에서 한 달에 세 번 모두 같은 날 개시(開市)하는 외에는 일체 금지하여 민심을 진정시키소서.
- 『선조실록』 -

회취법 p.171

양인(良人) 김감불(金甘佛)과 장례원(掌隸院) 종 김검동(金儉同)이, 납[鉛鐵]으로 은(銀)을 불리어 바치며 아뢰기를, "납 한 근으로 은 두 돈을 불릴 수 있는데, 납은 우리나라에서 나는 것이니, 은을 넉넉히 쓸 수 있게 되었습니다. 불리는 법은 무쇠 화로나 남비 안에 매운재를 둘러놓고 납을 조각 조각 끊어서 그 안에 채운 다음 깨어진 질그릇으로 사방을 덮고, 숯을 위아래로 피워 녹입니다." 하니, 전교하기를, "시험해 보라." 하였다.
- 『연산군일기』 -

② 조선 후기 농업의 발전과 농민층의 분화

이앙법 p.173

- 모내기하면 파종하는 것에 비해 힘이 4/5가 적게 든다. 그러므로 일할 사람이 많으면 한없이 경작할 수 있고, 땅이 없는 자는 빌려서 농사지을 수도 없다.
- 『성호사설』 -

- 금령에도 불구하고 농민들은 이익을 위해 모내기를 합니다. 혹시라도 가뭄이 들면 그만 농사를 망치게 되니 안타깝습니다. 파종 시기를 놓치지 않도록 여러 도에 엄히 신칙(申飭)해야 합니다.
- 『정조실록』 -

- 이앙을 하는 것은 세 가지 이유가 있다. 김매기의 노력을 더는 것이 첫째요, 두 땅의 힘으로 하나의 모를 기르는 것이 둘째요, 좋지 않은 것은 솎아 내고 싱싱하고 튼튼한 것을 고를 수 있는 것이 셋째이다. 어떤 사람은 큰 가뭄을 만나면 모든 노력이 헛되니 이를 위험하다고 하나 그렇지 않다. 벼를 심는 논은 반드시 하천이 있어 물을 끌어들일 수가 있으며, 하천이 없다면 논이 아니다. 논이 아니더라도 가뭄을 우려하는데 어찌 이앙만 그렇다고 하는가?
- 『임원경제지』 -

『임원경제지』는 농촌 생활의 모든 정보를 담은 농업 백과사전이다.

상품 작물의 재배 p.173

한양 근교와 각 지방 대도시 주변의 파, 마늘, 배추, 오이밭에서는 네 마지기에서 많은 수입을 올린다. 서북 지방의 담배, 관북 지방의 삼, 한산의 모시, 전주의 생강, 강진의 고구마, 황주의 지황 밭은 토질이 가장 좋은 논에서 거두는 수입과 비교하더라도 이익이 열 배나 된다. 요즘은 인삼도 모두 밭에서 재배하는 데 이익이 많다고 하니 이제는 토지의 질이 중요하다고 말할 수가 없게 되었다. 홍화, 대청 등의 약재도 이익이 매우 많다.
- 『경세유표』 -

농민층의 분화   p.173

- 부농층은 땅이 넓어서 빈민을 농업 노동에 고용함으로써 농사를 짓지 않고서도 향락을 누릴 수 있으며, 빈농층 가운데 어떤 농민은 지주의 농지를 빌려 경작할 수 있지만 어떤 자는 농지를 얻을 수가 없으므로 임금 노동자가 되어 타인에게 고용됨으로써 생계를 유지한다. 그리고 그것도 할 수 없는 농민들은 농촌을 떠나 이리저리 떠돌아다니며 먹을 것을 구걸하게 된다.
  - 『농포문답』 -

- 정조 22년 5월 이병모가 말하였다. "직파법으로 불과 10두락 농사짓던 사람이 이앙법으로 농사지으면 적어도 20~40두락을 농사지을 수 있습니다. 같은 힘으로 넓은 땅에서 농사를 지을 수 있으니 넓은 땅을 경작하는 사람이 늘어났습니다. 하지만 가난하고 힘없는 농민들은 토지를 확보하는 것이 어려워 늘 근심합니다."
  - 『일성록』 -

> 『일성록』은 1760년(영조 36)부터 1910년(융희 4)까지 국왕의 동정을 중심으로 국정 운영에 관해 매일 기록한 일기로 2001년 유네스코 세계 기록 유산에 등재되었다.

③ 상품 화폐 경제의 발달

도고   p.174

- "내 조금 시험해 볼 일이 있어 그대에게 만 금(萬金)을 빌리러 왔소." 하였다. 변씨는 "그러시오." 하고 곧 만 금을 내주었다. …… 허생은 만 금을 얻어 생각하기를 "저 안성은 기호(畿湖)의 어우름이요, 삼남의 어귀이다." 하고는 이에 머물러 살았다. 그는 안성의 한 주막에 자리 잡고서 밤, 대추, 감, 배, 귤 등의 과일을 모두 사들였다. 허생이 과일을 도거리로 사 두자, 온 나라가 잔치나 제사를 치르지 못할 지경에 이르렀다. 따라서 과일값은 크게 폭등하였다. 허생은 이에 10배의 값으로 과일을 되팔았다. 이어서 허생은 그 돈으로 곧 칼, 호미, 삼베, 명주 등을 사 가지고 제주도로 들어가서 말총을 모두 사들였다. 말총은 망건의 재료였다. 얼마 되지 않아 망건값이 10배나 올랐다. 이렇게 하여 허생은 50만 냥에 이르는 큰 돈을 벌었다.
  - 『열하일기』 -

- 영의정 김상철이 말하기를, "도성 백성들이 의지하여 살아가는 것은 오로지 시사(市肆)를 벌여 놓고 유무 간에 팔고 사며 교역하는 데 달려 있습니다. 그런데 근래에는 기강이 엄하지 않아서 간세한 무리들이 어물과 약재 등의 물종은 물론이고 도고라 이름하면서 중앙에서 이익을 독점하는 폐단이 그 단서가 한둘이 아닙니다. 그래서 전후하여 대조(大朝)께서 여러 차례 번거롭게 엄칙하였으나, 근래에는 이 법이 점차 더욱 해이해져 백 가지 물건이 등귀한 것이 오로지 이에 말미암은 것이라고 합니다. 평시서와 집법사(執法司)에서 참으로 적발하여 통렬하게 다스린다면 어찌 이런 일이 있겠습니까? 다시 각별히 엄금을 가하시되, 이것들에 대해 들은 것이 한결같이 이와 같으니, 능히 금칙하지 못한 관원은 중죄를 면하기 어렵다는 것으로 조목을 만들어 신칙하는 것이 좋겠습니다." 하였다.
  - 『영조실록』 -

- 광주(廣州) 삼전도의 부호 손도강은 경강 근처에 근거지를 두었는데, 양주(楊洲)와 광주의 부민과 계약을 체결하여 수천만 금을 마련하였다. 한편으로는 원산의 생산지에서 모든 배를 도고하여 쌓아두면서 조종하였고, 다른 한편으로는 양주, 포천 등지에서 기다리다가 북어 상들로부터 북어를 사서 모아 마음대로 팔고 있다.
  - 『각전기사』 -

> 도고는 조선 후기에 상품을 매점매석하여 가격 상승과 매매 조작을 노리던 상행위의 한 형태로, 그러한 상행위를 하던 상인도 도고라고 불렀다. 특히 경강상인과 개성상인의 도고는 전국에 걸쳐 행해졌고 규모 엄청나서 폐단이 심하였다. 실학자인 유수원, 박지원 등은 도고의 폐단을 비판하였다.

난전

• 이현(梨峴)과 칠패(七牌)는 모두 난전(亂廛)이다. 도고 행위는 물론 집방(執房)하여 매매하는 것이 어물전의 10배에 이르렀다. 또 이들은 누원점의 도고 최경윤, 이성노, 엄차기 등과 체결하여 동서 어물이 서울로 들어오는 것을 모두 사들여 쌓아두었다가 이현과 칠패에 보내서 난매(亂賣)하였다.
- 『각전기사』 -

• 모자전 강덕일 등이 원정(原情)을 한 즉, '판매하는 물화는 각종 색향, 삼승, 전축, 모자, 침자 등 여러 종류인데 침자 일종을 요즘 상전 상인이 몰래 판매하였습니다. 동상전이 평시서 서원과 한통 속이 되어 시전 대장을 몰래 훔쳤습니다. 훔친 상전 물화 가운데 관자의 '관(貫)'자를 칼로 도려내고 우리 시전 물화 가운데 침자의 '침(針)'자를 거짓으로 올렸다가 마침내 발각되어 …… 상전인들은 도리어 이익을 독점하려는 꾀를 내어 본서에 거듭 고소를 하여, 반안의 판결문을 받고 난전이라 칭하였습니다. 무려 4,5백 명이 몽둥이를 들고 고함을 치며 들어오매 나이 많고 적고 할 것 없이 난타를 당하였습니다.'라고 하였다.
- 『일성록』 -

• 호조에서 아뢰기를, …… 바늘 매매는 어제 오늘의 일이 아닙니다. 당초에는 주관하는 것이 반드시 그 장소가 있었습니다. 그러나 양 전의 사람들이 갑자기 시끄러움을 야기하고 있어서 누차 번거롭게 호소하는 것이 참으로 그 까닭을 알지 못하겠습니다. 참으로 원망하는 바가 있다면 해사(該司)에 제기하는 것이 사리에 당연한데 지금 지극히 자잘한 일로 임금님의 귀를 놀라게 하다니 백성의 습속이 놀랄만합니다. 장두(狀頭)는 신의 조(曹)에서 율에 비추어 감처(勘處)하고 본 송(訟)은 시안을 상세히 고찰하여 공평하게 처결하여 어지러이 억울함을 호소하는 폐단이 없게 하도록 평시서에 분부하는 것이 어떻겠습니까?"하니, 임금이 답하기를, "평시서가 속히 공평하게 판결을 내려주도록 묘당에서 엄중 신칙하라. 만일 하나를 지목하여 말끔히 해결하지 않고 다시 번거롭게 호소하는 폐단이 있다면 해당(該堂)이 그 책임을 면하기 어려울 것이다. 백성의 습속도 엄히 징계하지 않으면 안 된다. 이 뜻을 일체 분부하라." 하였다.
- 『비변사등록』 -

『각전기사』는 조선 후기에 평시서에서 시전과 난전 사이의 분쟁 사건을 적은 기록물이다. 동대문 밖의 이현, 남대문 밖의 칠패 등이 조선 후기에 새로운 상권으로 성장함에 따라, 도성 내의 시전과 대립하였다. 이 시기에는 무역업, 운송업 등을 통해 거상으로 성장하는 지방 상인들이 많았다.

객주(여각)

이들은 배가 닿는 곳마다 점포를 차려놓고 상선이 도착하면 그 화물을 주관하면서 이동하지 못하게 한다. 스스로 거간꾼이 되어 마음대로 조종해서 그 값을 올렸다 내렸다 하고, 배가 떠나는 날에 장부를 놓고 계산해 보면 상인의 이익 절반은 이들에게 돌아간다.

객주는 선상과 포구에 몰려든 상인들 사이에서 거간꾼 역할을 하며 각종 서비스업에 종사한 이들로, 거대한 상업적 특권을 바탕으로 성장하였다.

포구 상업

우리나라는 동·서·남의 3면이 모두 바다이므로, 배가 통하지 않는 곳이 거의 없다. 배에 물건을 싣고 오 가면서 장사하는 장사꾼은 반드시 강과 바다가 이어지는 곳에서 이득을 얻는다. 전라도 나주의 영산포, 영광의 법성포, 흥덕의 사진포, 전주의 사탄은 비록 작은 강이나 모두 바닷물이 통하므로 장삿배가 모인다. 충청도 은진의 강경포는 육지와 바다 사이에 위치하여 바닷가 사람들과 내륙 사람들이 모두 여기에서 서로의 물건을 교역한다. 매년 봄, 여름 생선을 잡고 해초를 뜯을 때는 비린내가 마을에 넘치고, 큰 배와 작은 배가 밤낮으로 포구에 줄을 서고 있다.
- 『택리지』 -

보부상   p.175

이들(보부상)의 무리는 여러 곳을 부평초같이 떠돌아다니면서 그 삶을 도모하는 자들이다. 도로에 오랫동안 돌아다니며, 의식(衣食)을 팔방에서 얻는다. 두목을 선택하여 뽑고, 공원과 집사를 뽑아 술주정을 하거나 잡기에 물드는 폐단을 막는다.

— 『임홍청금록』 —

장시의 확대   p.175

• 이현과 종루 그리고 칠패, 이는 도성(한양)의 3대 시장이라네.
온갖 수공업자가 다 모여 있고 사람들은 분주한데,
수많은 화물이 값을 다투며 수레가 줄을 이었네.
봉성의 털모자, 연경의 비단실, 함경도의 마포, 한산의 모시, 쌀, 콩, 기장, 조, 피, 보리 ……
어떤 사람은 소에 실은 나무를 사려고 고삐를 끌기도 하고,
어떤 사람은 말 이빨을 보고 나이를 알려고 허리에 채찍을 꽂고 있으며
어떤 사람은 눈을 껌뻑이며 말 중개인을 부르기도 하네.

— 성시전도시 —

• 어떤 사람은 팔고 어떤 사람은 사고 어떤 사람은 거간 붙이며, 해 뜨면 모였다가 해 지면 파한다. 시장에서 걸어 다니는 사람은 어깨와 등이 부딪힐 정도이고 서 있는 사람은 관이 바를 수가 없다.

— 이옥, '시간기' —

'성시전도시'는 정조가 규장각 문신들에게 '성시전도'를 보고 장편의 시를 사흘 안에 적어낼 것을 명한 결과 나온 여러 편의 시 중 박제가의 것이다.

홍삼 무역   p.175

홍삼은 당초 역관들의 경비 충당을 위해 설정된 것이었으나, 그 기능이 한 번 변하여 의주의 만상이 중국과 무역하는 상품이 되고, 두 번 변하여 사민들의 생업을 위한 상품이 되었으며, 세 번 변하여 정부의 주요 재원이 되었다.

— 『비변사등록』 —

대청 무역의 전개   p.175

• 경원에서 열리는 교역 모습을 보니 사람과 가축이 바글바글하고 사방에서 다투고 흥정하는 모습이 우리나라 장시와 다름이 없다.

— 『북막일기』 —

• 시장에서 거래되는 소 한 마리 가격은 담비 가죽 100장이나 모자 80개에 이르니 우리 측 이익이 몇 배에 달합니다. 또 백미 서너 되와 백동(白銅) 담뱃대를 바꾸니 이익이 열 배나 됩니다. 그래도 저들은 다행으로 생각하니 추운 지방이라 곡식이 귀하기 때문입니다. …… 거래할 때에 조선 상인들과 청 상인들 간에 다툼이 일어나면 청 상인들이 얻어맞기도 하는데 크게 다쳐도 감히 고소하지 못합니다.

— 『북관기사』 —

• 동지사 부사 정준일이 아뢰기를, "청에서 사용할 은이 해마다 늘어 6, 7천 금인데 가져간 은으로는 부족합니다. 이는 왜에서 들어오는 은이 극도로 줄어들고 은광 생산량이 미치지 못하기 때문입니다."라고 하였다.

— 『비변사등록』 —

중강 개시 p.175

국내의 기근으로 말미암아 재상 유성룡이 건의하여, 요동에 공문을 보내어 압록강의 의주에 시장을 열어 교역하게 하니 이것이 중강 개시의 시초였다.

- 『만기요람』 -

책문 후시 p.175

숙종 26년(1700) (청국) 예부에 청하여 중강을 혁파하였으나, 책문 후시는 지금도 행한다. …… 사행이 책문(만주 봉황성 국경 마을)을 출입할 때는 의주 상인과 개성 상인 등이 인삼을 몰래 가지고 인부나 마필 속에 숨겨 물건을 팔고 이익을 꾀하였다. 되돌아올 때는 걸음을 일부러 늦추어 사신을 먼저 책문으로 나가게 하여 거리낄 것이 없게 한 뒤에 저희 마음대로 매매하고 돌아오는데 이것을 책문 후시라 한다.

- 『만기요람』 -

대일 무역의 전개 p.176

• 호조판서 김상성이 아뢰기를, "전에는 품질 좋은 강계 삼의 가격이 2냥에 지나지 않았으나 지금은 값이 뛰어 아주 귀한 지경이 되었습니다. 나라 안 사대부와 서민은 물론 의원이라도 비싼 값을 주고 사려고 해도 이를 구할 수 없습니다. …… 근래 강계에 몰래 들어가 삼을 사들이는 상인들은 동래 왜관에서 매매하기 위한 것입니다. 허가받지 않은 상인들을 처벌하는 법은 속대전에 실려 있으니 엄히 다스려야 합니다."

- 『비변사등록』 -

• 처음 왜관에서 개시를 허락하였을 때에는 중국의 물품이 우리나라를 거쳐 동래부에서 왜인들에게 팔렸기 때문에 이익이 자못 많았다. 그러나 근래에는 왜인들이 장기도(長崎島)에서 출발하여 중국 남경과 직접 거래하니 왜관 개시는 이름만 남아 있을 뿐이다.

- 『연려실기술』 -

• 동래부에서 인삼을 밀거래한 일본인을 처벌할 것을 요구하자 왜관의 우두머리가 말하기를, "일본에서는 인삼이 재배되지 않아 모두 귀하게 여깁니다. 또한, 쓰시마 도주가 쇼군에게 바치기 위해 많은 인삼이 필요하여 밀거래한 것입니다."라고 하였다.

- 『숙종실록』 -

왜관의 중계무역 p.176

일본이 이전에는 나가사키에서 (중국) 남경과 무역하였으나 지금은 청국이 무역을 금하였다. 그리하여 조선이 청에서 사들인 백사(白絲)는 모두 왜관에서 거래되었다. …… 북경에서 은 60냥으로 백사 100근을 구입해서 왜관에 가면, 백사 100근의 가격은 은 160냥이 되었다.

- 『승정원일기』 -

청, 일본과의 교역에 따른 문제점 p.176

• 나라 안에서 생산되는 은을 모두 연경으로 보내어 금세 떨어지는 비단이나 쓸데없는 그릇, 사치스러운 식품으로 바꾸며 부족하면 일본에서 수입한 은으로 충당하는데, 일본 은은 쌀이나 포목과

바꾸어 얻은 것이다. 이 때문에 나라의 창고가 항상 비어 있게 된다.

- 『성호사설』 -

- 역관이 당상관으로 진급하면 영광스럽다고 할 만한데도 동료들이 마음에 들지 않는 자를 꾸짖을 때는 반드시 "너는 지지리도 복이 없으니 빨리 당상관이나 되어라."라고 한다. 당상관이 되면 중국으로 갈 기회가 드물어져서 당하관보다 이득이 적기 때문이다.

- 『효빈잡기』 -

조선 시대 화폐 유통   p.177

- 숙종 4년 1월 을미, 돈은 천하에 통행하는 재화인데 우리나라에서는 옛날부터 누차 행하려고 하였으나 행할 수 없었다. 동전이 토산이 아닌 데다 풍속이 중국과 달라서 막히고 방해되어 행하기 어려운 폐단이 있었기 때문이었다. 이때에 이르러 대신 허적과 권대운 등이 시행하기를 청하였다. 왕이 신하들에게 물으니, 신하들이 모두 그 편리함을 말하였다. 왕이 그대로 해당 관청에 명하여 상평통보를 주조하여 돈 400문을 은 1냥 값으로 정하여 시중에 유통하게 하였다.

- 『숙종실록』 -

- 전화가 유통된 뒤부터 풍속이 날로 변하고 물가는 날로 오른다. 늙은이나 아이들까지도 모두 곡식을 버리고 돈을 찾는다. 농민들은 곡물을 가지고도 필요한 물품으로 바꿀 수 없어서 부득이 곡물을 헐값에 팔아 돈을 가진다.

- 『숙종실록』 -

- 지금 돈이 귀해진 것은 조정에서 간직하고 부유한 백성들이 쌓아 두어 유통이 되지 않는 까닭입니다. 만일 관가의 돈을 쌓아 두는 폐단을 없애고 민간의 돈을 유통시키는 효과가 있게 한다면, 전황의 폐단을 해결할 수 있을 것입니다.

- 『영조실록』 -

- 우리 숙종 때 옛날 제도를 고증하여 비로소 동전을 주조하였는데 나라의 재용이 이 때문에 넉넉해지고 백성들이 그 혜택을 입었으며, 시행한 지 1백여 년이 되었어도 위아래가 다 편리하게 여기고 있습니다. 다만 일본 구리의 값이 비싸고 주조하는 비용이 많이 들기 때문에 돈의 품귀가 근래에 심해졌고 은의 생산도 줄고 하여 장사치와 역관들이 생업을 잃게 되었습니다.

- 『정조실록』 -

- 천하는 지극히 넓고 생산되는 재물은 각각 다르니 형편상 재물이 유통되지 않을 수 없는데, 이것이 돈이 만들어진 이유이다. 돈은 쓸모없는 물건인데 특별히 권하여 그것을 마땅히 함은 재물이 쓰임을 사용하게 하고자 함이다. 그러나 지나온 시기 연혁을 보면, 그 변론이 각각 명백하다. 그것을 폐지하면 곡식을 적시고 비단이 얇아지는 걱정이 있으며, 그것을 사용하면 이익을 중히 여겨 말업만을 쫓는 폐단이 있다.

- '논전폐(論錢幣)' -

민영 수공업   p.176

각 고을에 점(수공업 작업장)의 폐단이 있다. 이른바 무쇠점, 침점, 옹기점 등 다양한 점들이 생겨나 군역을 져야 할 사람들조차도 점으로 몰려들고 있다.

- 『승정원일기』 -

공장안 폐지

여러 관청 중에서 사섬시·전함사·소격서 등은 지금 없어졌고, 또 내자시·내섬시 등은 소속 장인이 없어졌으며, 그 밖의 여러 관청들은 장인의 종류도 서로 달라졌고, 정해진 인원도 상당히 들쭉날쭉하다. 그리고 장인들을 공조에 등록하던 규정들은 점차 폐지되어 시행되지 않고 있다.

- 『대전통편』 -

선대제 수공업

- 3월에 삼씨 뿌려 7월에 삼을 쪄서 / 닷새 동안 실 잇고 이어 열흘 동안 씻고 씻어 / 가는 손에 북을 들고, 가는 베 짜냈더니 / 잠자리 날개 같아 한 줌 안에 담뿍 들 듯 / 아깝게도 저 모시, 남쪽 장사치에 다 주고 / 베 값이라 받은 돈은 관청 빚에 다 털렸는데 / 베 짜는 저 아가씬, 언제 보나 석새삼베 / 그나마 너무 짧아 정강이도 채 못 가리누나.

- 『이계집』 -

- 조리목전(목재 판매 시전 상인) 상인들이 호소하였다. "저희는 본래 목재 장인을 한 달에 9냥씩 주고 일을 시켜왔는데, 이들이 작년에 갑자기 26냥씩 임금을 지불하라 하고는 선공감(繕工監)에 고발하고, 저희의 매매 물품을 탈취하려 하였으니 매우 억울합니다. 저희는 이미 시안(市案) 등록하였고, 임금에 대해서는 정해진 규칙이 있으니, 이들의 횡포를 처벌하여 주십시오."라고 하였다.

- 『비변사등록』 -

설점수세제

우리나라는 물력(物力)이 부족하고 요역이 매우 무거운데, 매번 나라에서 채굴하면 비용이 많이 들 것입니다. 은광 채굴을 담당하는 관리로 하여금 은혈(銀穴)을 찾아서 개발한 이후 백성을 모집하여 채굴할 것을 허락해 주고 세를 바치게 하되 많고 적음을 적당하게 헤아려 수량을 정한다면 나라의 힘을 허비하지 아니하여도 세입(稅入)이 절로 많게 될 것입니다.

- 『증보문헌비고』 -

조선 후기 광산의 모습

- 억조창생 모여들어 수천가에 잠겼으니 / 조석연기 창천하니 현운무가 자욱하네 / 계명성이 자로 나니 별유천지 여기로다 / 성영주(제련 업주)와 혈주(채광 업주)들은 동서남북 모여들어 / 편수(제련기술 노동자) 별패(풍구질꾼) 연군(채굴 노동자)들은 벌 떼같이 날아들어 / 백호동에 혈을 파고 개암같이 출입할제

- 『동점별곡』 -

- 전 평안 감사 이성원이 아뢰기를 "평안도 곳곳에서 금을 캐는데 심하면 남의 산을 침범하고 남의 밭을 무너뜨리기도 합니다. 백성들도 태반이 금광에 몰려드니 평안도 농사가 근년에 잘되지 못한 것은 바로 이 때문입니다. 각별히 금해야 합니다."라고 하였다.

- 『정조실록』 -

- 황해도 관찰사의 보고에 의하면, 수안에는 본래 금광이 다섯 곳이 있었다. 두 곳은 금맥이 다하였고, 세 곳만 금맥이 풍성하였다. 그런데 지난해 장마가 심해 작업이 중지되어 광군들이 대부분 흩어졌다. 금년(1799) 여름 새로이 9개소의 금혈을 팠는데, 550여 명의 광군들이 모여들었다. 이

들은 일부가 도내의 무뢰배들이지만, 대부분은 사방에서 이득을 쫓아 몰려온 무리들이다. 그리하여 금점 앞에는 700여 채의 초막이 세워졌고, 광군과 그 가족, 좌고, 행상, 객주 등 인구도 1,500여 명에 이른다. 갑자기 많은 사람이 모여들어 그곳에서는 생필품의 값이 폭등하는 사태가 종종 일어나고 있다고 한다.

- 『비변사등록』 -

• 조정에서 은이 나는 곳에 은점을 설치하도록 허가해 주면, 돈 많은 장사꾼은 각자 재물을 내어 일꾼을 모집할 것입니다. 땅이 없어 농사를 짓지 못하는 백성이 점민이 되어 그곳에 모여 살며, 은을 캐서 호조와 각 영, 고을에 세를 바치고 남는 대로 물주에게 돌릴 것이니 공사 간에 유익한 일입니다.

- 『경제야언』 -

PART 4

전근대사 – 사회

CHAPTER 01 고대·고려의 사회

CHAPTER 02 조선의 사회

CHAPTER 01 고대·고려의 사회

1 고대의 사회

고대의 신분제
p.180

- 고구려왕은 파란색, 붉은색, 흰색, 검은색, 노란색으로 만든 옷을 입고 흰 비단으로 만든 관을 쓴다. 가죽띠는 모두 금테를 둘렀다. 대신은 푸른색 비단 관을 쓰고 …… 서민은 거친 털옷을 입고 고깔을 쓴다.
  - 『신당서』 -

- 대가들은 경작하지 않고 먹는 자가 1만 명이나 되며, 하호(평민)는 먼 곳에서 쌀, 낟알, 물고기, 소금 등을 져서 날라다 대가에게 공급하였다.
  - 『삼국지』 -

- 『위략』에 이르기를 대가들은 경작하지 않고, 하호들은 세금을 바치며 노비와 같다.
  - 『태평어람』 -

- 고구려에서는 채무자가 빚을 갚지 못하는 경우, 그 자녀를 노비로 삼았다.

- 신라의 귀족들은 곡식을 빌려주고 이자를 받는데, 채무자가 이를 갚지 않을 경우 노비로 삼았다.

고대 농민의 처지
p.180

진정 법사는 출가하기 전 군졸이었다. 집이 가난하여 장가도 가지 못하고 동원되었는데, 역을 지지 않는 남는 시간에 날품팔이를 하여 홀어머니를 봉양하였다. 집에 있는 재산이라고는 한쪽 다리가 부러진 솥뿐이었다. 하루는 어떤 스님이 문 앞에 와서 절을 짓는 데 필요한 철을 구하자, 그 어머니는 이 솥을 시주하였다.
  - 『삼국유사』 -

> 진정 법사는 군역 징발 기간 이외에 날품팔이를 통해 생계를 유지했으므로 임노동 계층의 존재도 유추할 수 있다.

백제의 풍속과 법률
p.181

- (고구려 승려) 도림은 거짓으로 죄를 짓고 도망하여 온 것 같이하여 백제로 들어왔다. 이때 백제 근개루왕이 바둑과 장기를 좋아하였다. …… 왕이 불러들여 바둑을 두어 보니 과연 국수(國手)였다. 이에 그를 높여 최고 손님으로 삼고 매우 친하게 지냈다.
  - 『삼국사기』 -

- 백제는 율령을 시행하였으며, 반역, 살인, 절도, 간통, 뇌물 수수 등에 대한 형량을 법률로 정하였다. 초기에는 죄인을 사형시키거나 노비로 삼는 등 직접 처벌이 많았으나, 후기에는 노비나 재물을 제공하는 등으로 간접 배상하는 일이 많아졌다. 백제인들은 투호, 바둑, 주사위 놀이, 쌍육 등 다양한 오락을 즐겼다. 또한 말타고 활 쏘는 무예 시합을 즐겼는데, 백제 왕자들은 왜에서 매사냥을 가르치고 씨름 경기를 주관하기도 하였다.

- 모반, 퇴군 및 살인자는 목을 베고, 도둑은 유형에 처하며 훔친 물건의 2배를 징수한다. 결혼한 부인이 간통하면 그 신분을 박탈하고 남편 집의 종으로 삼았다.
  - 『주서』 -

- 반역자는 그 가족과 재산을 몰수하고, 살인자는 노비 3인을 제공하면 속죄되며, 관리로서 뇌물을 받거나 도둑질한 자는 그 액수의 3배를 배상하고 금고형을 받는다.
  - 『구당서』 -

골품제의 성립 배경, 골품제의 생활 규제   p.182

- 신라는 …… 그 관료를 세울 때 친속(親屬)을 우선시하며, 그 족의 이름은 제1골, 제2골이라 하여 나뉜다. 형제의 딸이나 고종 자매, 이종 자매를 모두 처로 맞아들인다. 왕족을 1골로 하여 처도 같은 족인데 자식을 낳으면 모두 제1골로 한다. 제2골의 여자와 혼인하지 않으며 비록 혼인하더라도 언제나 첩으로 삼는다.

  - 『신당서』 -

- 4두품에서 백성에 이르기까지는 방의 길이와 너비가 15척을 넘지 못한다. 느릅나무를 쓰지 못하고, 우물천장을 만들지 못하며, 당기와를 덮지 못하고, 짐승 머리 모양의 지붕 장식이나 높은 처마 …… 등을 두지 못하며, 금은이나 구리 …… 등으로 장식하지 못한다. 섬돌로는 산의 돌을 쓰지 못한다. 담장은 6척을 넘지 못하고, 또 보를 가설하지 않으며 석회를 칠하지 못한다. 대문과 사방문을 만들지 못하고, 마구간에는 말 2마리를 둘 수 있다.

  - 『삼국사기』 -

- 설계두는 신라의 귀족 자손이다. 일찍이 친구 네 사람과 술을 마시며 각기 그 뜻을 말할 때, "신라는 사람을 쓰는 데 골품을 따져서 그 족속이 아니면 비록 뛰어난 재주와 큰 공이 있어도 한도를 넘지 못한다. 나는 멀리 중국에 가서 출중한 지략을 발휘하고 비상한 공을 세워 영화를 누리며, 높은 관직에 어울리는 칼을 차고 천자 곁에 출입하기를 원한다."라고 하였다. 그는 621년 몰래 배를 타고 당으로 갔다.

  - 『삼국사기』 -

통일 신라의 귀족   p.183

- 왕이 신하들과 함께 월상루에 올라 사방을 바라보니 서울(경주)의 민가들이 즐비하게 늘어섰고 노래와 풍악 소리가 그치지 않았다. 왕이 시중 민공을 돌아보며 말하기를 "내가 들으니 지금 민간에서는 집의 지붕을 기와로 이고 짚으로 잇지 않으며 밥을 숯으로 짓고 나무로 짓지 않는다 하니 과연 그러한가?" 하니 민공이 대답하기를 "신도 일찍이 그런 말을 들었습니다."라고 하였다.

  - 『삼국사기』 -

- 사절유택이 있으니 봄에는 동야택, 여름에는 곡량택, 가을에는 구지택, 겨울에는 가이택이다. 제49대 헌강왕 때에는 성안에 초가집이 하나도 없었으며, 추녀가 맞닿았고 담장이 이웃집과 이어졌다. 노래와 풍류 소리가 길에 가득 차서 밤낮 그치지 않았다.

  - 『삼국유사』 -

- 재상 집에는 녹이 끊이지 않으며, 노비가 3,000명이나 되고, 갑병과 소, 말, 돼지도 이에 맞먹는다. 가축은 바다 가운데 섬에서 길러 필요할 때 활로 쏘아 잡아먹었다. 곡식을 꾸어서 갚지 못하면 노비로 삼았다.

  - 『신당서』 -

흥덕왕의 사치 금지령   p.183

흥덕왕 즉위 9년, 태화(太和) 8년에 하교하여 이르기를 "사람은 위아래가 있고 지위는 높고 낮음이 있어 칭호와 법식이 같지 아니하며 의복 또한 다르다. 그런데 세속이 점차 경박해져서 백성들이 다투어 사치와 호화를 일삼아 오직 외래품의 진기한 것만을 좋게 여기고 토산물은 오히려 야비하다 싫어하니, 신분에 따른 대우가 무너져 거의 참람함에 가깝고 풍속이 쇠퇴하기에 이르렀다. 이에 옛 법에 따라 하늘이 내린 도리를 펴고자 하노니, 참으로 혹시라도 일부러 범하는 자가 있을진대 나라에 일정한 법도가 있음을 알려 국법에 따라 처벌할 것이다."라고 하였다.

- 『삼국사기』 -

통일 신라 농민의 생활   p.183

효녀 지은(知恩)은 신라 한기부 백성 연권(連權)의 딸인데 천성이 효도에 지극하였다. 어려서 아버지를 여의고 홀로 그 어머니를 봉양하여 나이 32세가 되었으되 시집을 가지 않고 혼정신성(昏定晨省)하여 좌우를 떠나지 아니하며 봉양할 것이 없으면 품팔이라도 하고 혹 나가서 밥을 빌어다 먹이기도 하였다. 그러기를 오래 하자 피곤함을 견디지 못하여 부잣집을 찾아가 종으로 팔리기를 자원하여 쌀 10여 석을 얻어 두고 종일토록 그 집에서 일하다가 저녁이면 밥을 지어 가지고 와서 봉양하여 삼사일 지났다. 그 어머니가 딸더러 이르기를 "지난날에는 밥을 먹어도 달았는데 요즘은 밥은 좋으나 맛이 전만 못하고 마치 칼로 심장을 에는 것 같으니 이것이 무슨 심사냐" 하니 딸이 실정을 말하였다. 그 어머니는 "나 때문에 네가 종이 되었으니 내가 빨리 죽는 것만 못하다."하고 이냥 소리를 놓아 크게 우니 딸도 따라 울어 슬픔이 길가는 나그네를 감동케 하였다.

- 『삼국사기』 -

발해의 주민 구성   p.183

그 나라는 사방 2천 리에 이른다. 주와 현 및 객사와 역참이 없고 곳곳에 촌락이 있는데 모두 말갈 부락이다. 그 백성은 말갈이 많고 토인이 적다. 모두 토인으로 촌장을 삼는데, 큰 촌은 도독이라 하고, 그 다음 촌은 자사라고 하며, 그 아래는 백성들이 모두 수령이라 한다.

- 『유취국사』 -

발해 여성의 지위   p.184

부인은 모두 사납고 투기하였다. …… 거란, 여진 등 여러 나라에는 …… 양인이 모두 작은 부인이나 시중 드는 계집종을 거느렸으나 오직 발해만이 이와 같은 것이 없었다.

- 『송막기문』 -

2 고려의 사회

고려 귀족의 삶   p.184

• 공경들의 저택이 십 리에 뻗치니 커다란 누각은 춤추는 듯 서늘한 마루, 따스한 방이 즐비하게 갖춰있어 그 벽이 휘황하고 단청이 늘어섰네. 비단으로 기둥 싸고 오색 양탄자로 땅을 깔고 온갖 진기한 나무와 이름난 화초들, 봄의 꽃과 여름의 열매, 푸른 숲에 붉은 송이. 그윽한 향내 서늘한 그늘이 한껏 곱게 아양을 떠네.

- 『보한집』 -

• 차약송은 기홍수에게 '공작새가 잘 있는가?'라고 물었다. 기홍수는 '생선을 먹이다가 가시가 목구멍에 걸려 죽었다.'라고 답하였다. 이어서 모란 기르는 방법을 물으니 이에 대하여 차약송이 자세히 설명하였다.

- 『고려사』 -

고려의 문벌

- 우리나라는 태조 이래로 귀천을 물론하고 마음대로 옷을 입어서 관직이 비록 높더라도 집이 가난하면 공복을 갖추지 못하고, 비록 관직이 없어도 집이 부유하면 화려한 비단을 사용하였습니다. …… 원하건대 백관으로 하여금 조회에서는 …… 제대로 된 공복을 갖추어 입도록 하고 …… 서인(庶人)은 무늬 있는 고운 비단옷을 입지 못하게 하고 거친 명주로 된 옷만 입을 수 있게 하소서.
  - 최승로의 상소문, 『고려사』 -

- (이자연의 손자이고 이자겸의 사촌인) 이자덕은 …… 독서와 불교를 좋아하였다. 음서로 경시서승에 임명되었다. 여러 번 승진하여 중서시랑평장사가 되었다.
  - 『고려사』 -

- 권부의 아들 권준, 권고, 권후, 권겸과 사위 이제현 및 종실의 왕도, 왕순(두 명은 왕씨 성을 받음)이 모두 군(君: 종1품의 작위)으로 임명되었다. 또 아들인 권종, 권정은 승려였지만 역시 광복군(廣福君)으로 임명되어 세상에서는 한 집안에 9명이 군이 되었다고 하였다.
  - 『고려사』 -

- 동남쪽의 여러 나라 중 고려의 인재가 가장 많다. 나라에 벼슬하는 자는 바로 귀한 가문 출신의 관리들이며, 이들은 가문의 명망으로 서로를 높인다. …… 나라의 재상은 대부분 훈척(勳戚)을 임명한다. 선종부터 이씨의 후손을 비로 맞이하였는데, 예종도 세자 때 이씨의 딸을 맞아 비로 삼았다.
  - 『고려도경』 -

- (이자연에게는) 세 명의 딸이 있었는데 모두 임금(문종)에게 시집갔다. …… 대대로 번성함이 이어져 가문의 명성이 빛난 것은 글자가 생겨난 이래로 공(이자연)과 비교하여 말할 수 있는 자를 보지 못하였다.
  - 『이자연 묘지명』 -

- 공(최충)의 저택은 12개의 누각과 높은 건물에 진주와 비취가 나무처럼 빽빽이 늘어섰고, 진기한 꽃과 이상한 풀들이 울긋불긋 어울려 있다. 이는 마치 신선의 누각에 올라 아득히 옥황상제가 사는 곳을 바라보는 것 같으니 귀와 눈으로 그 모습을 형용할 수가 없다. 그러나 이는 특히 높은 관리들의 저택에서는 흔히 볼 수 있는 일이니, 기이하다고 할 것은 못 된다.
  - 『보한집』 -

- 최사추는 문헌공 최충의 손자이다. 어려서부터 공부에 힘써 글을 잘하였다. 문종 때에 과거에 급제하였다. …… 최사추의 아들은 최원과 최진이다. 최원은 여러 차례 승진하여 상서우복야가 되었고, 최진은 문하시랑평장사가 되었다. 이자겸과 문공미, 유인저가 모두 최사추의 사위이니, 문벌의 성대함이 당시에 비길 바가 없었다.
  - 『고려사』 -

권문세족 p.185

- 이제부터 만약 종친으로서 같은 성에 장가드는 자는 황제의 명령을 위배한 자로서 처리할 것이니, 마땅히 여러 대를 내려오면서 재상을 지낸 집안의 딸을 취하여 부인을 삼을 것이며, 재상의 아들은 왕족의 딸과 혼인함을 허락할 것이다. 만약 집안의 세력이 미비하면 반드시 그렇게 할 필요는 없다. …… 철원 최씨, 해주 최씨, 공암 허씨, 평강 채씨, 청주 이씨, 당성 홍씨, 황려 민씨, 횡천 조씨, 파평 윤씨, 평양 조씨는 다 여러 대의 공신 재상의 종족이니 가히 대대로 혼인할 것이다. 남자는 종친의 딸에게 장가가고 딸은 종비(宗妃)가 됨직하다.
  － 『고려사』 －

- 이인임, 임견미, 염흥방이 자신들이 거느리는 못된 종을 시켜 좋은 토지를 가진 사람이 있으면 모두 물푸레로 때리고 이를 빼앗았다. 땅 주인이 관가의 문권을 가지고 있더라도 감히 항변하지 못하였다. 이때 사람들이 이것을 물푸레 공문이라 하였다.
  － 『고려사절요』 －

- 윤수의 아버지 윤양삼은 무뢰배이기에 강화도에서 사형을 당하였다. …… (윤수는 고려를) 배반하고 몽골에 들어갔다. 충렬왕이 몽골에 있을 때 …… 사냥개로 총애를 얻게 되었다. (왕이) 즉위하자 윤수는 심양에서 가족과 귀국하여 응방을 관리하면서 권세를 믿고 제멋대로 악한 일을 하였다.

- 조인규는 나면서부터 영특하였고, 자라나 공부하여 글의 뜻을 어느 정도 알게 되었다. 그때 나라에서 나이 어린 소년들 중에서 똑똑한 아이들을 골라서 몽골어를 배우게 하였는데, 조인규도 여기에 선발되었다. …… 3년 동안 몽골어를 공부한 결과, 마침내 능통하게 되었다. 원의 황제 앞에서 통역을 잘한 것으로 유명해져 나중에 장군으로 승진하였다.

- 기철의 누이동생이 원에 들어가 황후가 되자 기철은 세력을 믿고 방자하였으며, 그의 친척들도 연줄을 믿어 교만하고 횡포하였다. …… 기철 등은 황실과 인척 관계를 맺어 상국의 위엄을 빌려 권세를 떨치면서 임금을 협박하였고, 남이 소유한 노비를 끝없이 빼앗았으며, 남이 소유한 토지는 탈취하지 않은 것이 없었다.
  － 『고려사』 －

권문세족은 원의 권력을 등에 업고 음서나 정방을 통해 권력의 요직을 독점했으며, 대농장을 소유하였다.

향리의 승진 규정 p.186

문종(文宗) 5년(1051) 10월에 판(判)하기를, "모든 주현(州縣)의 향리(鄕吏)들은 첫 관직을 후단사(後壇史)로 하고, 두 번 옮기면 병사(兵史)·창사(倉史), 세 번 옮기면 주·부(府)·군(郡)·현의 사(史), 네 번 옮기면 부병정(副兵正)·부창정(副倉正), 다섯 번 옮기면 부호정(副戶正), 여섯 번 옮기면 호정(戶正), 일곱 번 옮기면 병정(兵正)·창정(倉正), 여덟 번 옮기면 부호장(副戶長), 아홉 번 옮기면 호장(戶長)으로 한다. …… "라고 하였다.
  － 『고려사』 －

상위 향리의 신분적 처지 p.186

- 각 주현의 부호장 이상의 손자와 부호정 이상의 아들로서 제술업과 명경업에 응시하려는 자는 소재지의 관원이 시험하여 (개경에) 추천하도록 한다. 상서성, 국자감에서는 (그들이) 지은 시와 부가 격식에 어긋나는 자들이나, 명경에서 1~2궤를 읽지 못하는 자를 심사하고 살펴, 그를 시험하여 추천한 관원을 처벌한다.
  － 『고려사』 －

- 이영은 자가 대년이고 안성군 사람이다. 아버지 이중선은 안성군의 호장으로 경군으로 선발되었다. …… 아버지가 돌아가시자 영업전을 물려받아 서리가 되려 하였다. 정조(6부 중 이부와 병부)의 주사에게 서류를 제출하면서 읍만 하고 절을 하지 않으니 주사가 노여워하며 욕하였다. 이영이 즉시 그 서류를 찢어 버리며 말하기를 "내가 급제하여 조정에 출사할 수 있거늘, 어찌 너 같은 무리에게 예를 차리겠는가?"라고 하였다. 숙종 때에 을과에 뽑혀 직사관의 관직을 얻었다.
  - 『고려사』 -

- 엄수안은 영월군의 아전이었는데 키가 크고 담력이 있었다. …… 원종 때 과거에 급제하여 도병마녹사가 되었다. …… 충청도, 서북도의 지휘사, 서경 유수를 역임하였는데, 이르는 곳마다 유능하다는 명성이 있었다. 부지밀직사사로 치사하였다.
  - 『고려사』 -

> 고려의 향리는 행정 단위에 따라 주리(州吏), 부리(府吏), 현리(縣吏), 역리(驛吏), 부곡리(部曲吏) 등으로 불리었다. 고려의 향리는 촌이나 향·부곡·소 등의 백성에 대해 조세, 공물의 수취와 역 징발의 사무를 맡아봄으로써 권한이 강하였고, 외역전을 지급받았으며, 과거에 응시하여 문반 상승이 가능하였다.

정호 p.187

각 역(驛)의 정호를 나누어 6과(科)로 하였다. …… 1과는 정(丁) 75, 2과는 정60, 3과는 정 45, 4과는 정 30, 5과는 정 12, 6과는 정 7이다. …… 토지가 있으나 정호의 수가 부족하면 그 역의 백정 자제 중 자원하는 자로 충당하여 세웠다.
- 『고려사』 -

> 고려 시대에는 정호가 사망하면 그 직역과 토지를 자손에게 물려주었다. 그러나 해당 직역을 담당할 정호가 부족하면 백정층에서 정호를 충당하기도 하였다.

백성들의 삶 p.187

- 선비로서 도덕을 실천하는 이는 드물고 집집마다 토지를 늘리고자 경쟁하여 풍속은 어지러워지고 사람들은 원통한 마음이 있어도 이를 풀어 줄 곳이 없다.
  - 『졸고천백』 -

- 가난한 선비로서 널리 배우고 독실하게 실천하는 자가 과연 누구이며 벼슬아치로서 덕을 이루고 통달한 인재가 과연 얼마나 되는가. 선비도 이러한데 백성들은 어떠하겠는가.
  - 『익재난고』 -

고려의 특수 구역 p.187

신라가 주군을 설치할 때, 그 전정(田丁)이나 호구가 현에 미달하는 것은 향·부곡을 두어 소재 읍에 속하게 하였다. 고려 때에는 또한 소라 칭하는 것이 있었는데, 여러 종류의 구별이 있어 각기 그 물건을 바쳤다. 또, 처·장이라 칭하는 것이 있었는데, 각각 궁전과 사원 및 내장택에 소속되어 세를 바쳤다. 위의 여러 곳에는 모두 토성이민(土姓吏民)이 있었다.
- 『신증동국여지승람』 -

> 특수 행정 구역의 주민들은 신분이 양인이므로 국역을 부담하는 것이 원칙이었으며, 일반 군현민에 비해 많은 세를 부담하였다.

부곡인의 신분 상승 p.187

유청신은 초명이 비이며, 장흥부 고이부곡인이다. 나라 제도에 부곡리(部曲吏)는 비록 공이 있더라도 5품을 얻을 수 없다 하였다. …… 몽골어를 익혀 여러 차례 원나라에 사신으로 가서 잘 응대하였다. 이로 말미암아 충렬왕의 총 애를 받아 낭장에 임명되었다. 교하기를 "청신은 조인규를 따라 힘을 다해 공을 세웠으므로 비록 가세가 5품에 한정해야 하나 본인에게는 3품까지 허용하며, 고이부곡을 고흥현(高興縣)으로 승격하라."라고 하였다.
- 『고려사』 -

고려의 노비
p.188

- 우리나라의 양천에 관한 법은 유래가 오래입니다. 태조께서 국가를 창건한 초기에 여러 신하 중에서는 전부터 노비를 소유하고 있던 자를 제외하고, 본래 노비가 없었던 자는 전쟁에 나가서 포로를 얻었거나 혹은 돈을 주고 종으로 삼았습니다. 태조께서는 일찍이 포로를 석방하여 양민으로 만들려고 하였으나 공신들의 뜻에 맞지 않을까 염려하여 그들이 하는 대로 내버려두셨던 것입니다.

- 고종 45년 2월에 최의가 집안 노비인 이공주를 낭장으로 삼았다. 옛 법제에 노비는 비록 대공이 있다 하더라도 돈과 비단으로 상을 주었을 뿐 관작을 제수하지는 않게 되어 있다. 그런데 최항이 집정해서는 인심을 얻고자 처음으로 집안 노비인 이공주와 최양백·김인준을 별장으로 삼고, 섭장수는 교위로 삼았다.

— 『고려사』 —

노비의 가격
p.188

- 노비가 아무리 천하다 하여도 역시 사람인데 보통 재물과 같이 취급하여 공공연히 이를 사고 판다. 혹은 말과 소와 교환하는데 말 한 필에 2, 3명씩 주고도 오히려 말값에 모자라니, 이는 말과 소를 사람의 생명보다 중하게 여기는 것이 된다.

- 노비의 나이가 15세 이상 60세 이하일 때의 몸값은 포 100필로 하고, 15세 이하와 60세 이상은 50필로 한다. 여자의 경우는 나이가 15세 이상 50세 이하일 때는 120필로 하고, 15세 이하와 50세 이상은 60필로 한다.

— 『고려사』 —

노비의 신분 상승
p.188

평량은 평량사 김영관의 집안 노비로 경기도 양주에 살면서 농사에 힘써 부유하게 되었다. 그는 권세가 있는 중요한 길목에 뇌물을 바쳐 천인에게 벗어나 산원동정의 벼슬을 얻었다. 그의 처는 소감 왕원지의 집안 노비인데, 왕원지는 집안이 가난하여 가족을 데리고 가서 위탁하고 있었다. 평량이 후하게 위로하여 서울로 돌아가기를 권고는 길에서 몰래 처남과 함께 원지의 부처와 아들을 죽이고 스스로 그 주인이 없어졌으므로 계속해서 양민으로 행세할 수 있음을 다행으로 여겼다.

— 『고려사』 —

무신집권기의 유학자
p.188

나는 시골에서 쓸쓸히 지내니 / 세파의 곤궁함을 어찌 견디리.
목 내밀고 한번 나가고 싶으니 / 부디 도와주시면 얼마나 좋겠소.

— 『동국이상국집』 —

무신 집권기의 농민
p.189

장안의 부호한 집에는 / 구슬과 패물이 산같이 쌓였는데 / 절구로 찧어낸 구슬 같은 쌀밥을 / 말이나 개에게도 먹이며 / 기름처럼 맑은 청주를 / 종들도 마음껏 마시네 / 이 모두 농부에게서 나온 것 / 하늘로부터 받은 것이 아니로세 …… 노는 사람들도 이와 같은데 / 농부들을 어찌 못먹게 하는가?

— 『동국이상국집』 —

망이·망소이의 난

- 망이가 무리를 불러 모아 산행병마사(山行兵馬使)라 칭하고 공주를 공격하여 함락시켰다. …… 망이 등이 다시 봉기하여 홍경원(弘慶院)을 불태우고 기거하는 승려 10여 인을 죽였으며, 주지를 핍박하여 글을 가지고 개경으로 가게 하였다. 그 글에, "이미 우리 고을을 현으로 승격시키고 수령을 두어 위로하다가, 다시 군사를 보내 우리 어머니와 처를 붙잡아 가두니 그 뜻이 어디에 있는가. 차라리 창칼 아래 죽을지언정 항복하여 포로는 되지 않을 것이며, 반드시 왕경(王京)에 쳐들어가고야 말 것이다."라고 하였다.

- 『고려사절요』 -

- (명종 6년 정월) 공주 명학소 사람 망이·망소이 등이 무리를 불러 모아 공주를 공격하여 무너뜨렸다. …… (명종 6년 6월) 망이의 고향인 명학소를 승격하여 충순현으로 삼고, 내원승 양수탁을 현령으로, 내시 김윤실을 현위로 삼아 달래게 하였다.

- 『고려사』 -

- 우리 고향(명학소)을 현으로 올려 주고, 수령까지 보내 백성을 위로하더니, 곧 군사를 보내 우리 고을을 치고 어머니와 아내를 잡아 가두니 이것은 무슨 까닭인가? 차라리 싸우다가 죽을지언정 끝까지 굴복하지 않을 것이며, 반드시 개경까지 가고야 말겠다.

- 홍경원에서 망이·망소이가 주지에게 쓰도록 한 편지 -

만적의 난

신종 1년, 최충헌의 사노(私奴)인 만적은 개경 북산에 공사노비를 소집하여 말하기를 "경계란(庚癸亂) 이후 국가의 공경대부는 전부 천예에서 나왔다. 왕후장상이라고 어찌 처음부터 씨가 따로 있으랴. 때가 오면 누구든지 할 수 있는 것이다. 우리는 먼저 최충헌을 죽이고 각자의 상전을 죽이고, 노예 문적을 불살라 삼한에 천인을 없게 하자."라고 하여 반란을 꾸몄으나, 한충유의 가노(家奴)인 순정(順貞)의 밀고로 실패하였다.

- 『고려사』 -

최광수의 난

최광수가 서경성에서 반란을 일으키고 스스로를 고구려 부흥 병마사 금오위섭상장군(金吾衛攝上將軍)이라 부르며 관원을 두고 정예한 군사를 불러 모았다. 그리고 북계의 여러 성에 격문을 전하여 장차 큰일을 일으키려 하였다.

- 『고려사절요』 -

몽골 침입시 백성의 생활

고종 42년(1255) 3월, 여러 도의 고을들이 난리를 겪어 황폐해지고 지쳐 조세, 공부, 요역 이외의 잡세를 면제하고, 산성과 섬에 들어갔던 자를 모두 나오게 하였다. 그때 산성에 들어갔던 백성들로서 굶주려 죽은 자가 매우 많았고, 늙은이와 어린이가 길가에서 죽었다. 심지어는 아이를 나무에 붙잡아 매고 가는 자가 있었다. 4월 도로가 비로소 통하였다. 병란과 흉년이 든 이래로 해골이 들을 덮었고, 포로가 되었다가 도망하여 서울로 들어오는 백성이 줄을 이었다. 도병마사가 날마다 쌀 한 되씩을 주어 구제하였으나 죽는 자를 헤아릴 수가 없었다.

- 『고려사절요』 -

최씨 정권의 강화도 생활 p.189

최이(최우)가 왕족과 고관들을 불러 자기 집에서 잔치를 열었는데, 비단으로 산더미같이 장막을 만들고 가운데 그네를 매었다. …… 악공 1,350여 명이 모두 호화롭게 단장하고 뜰에서 연주하니 거문고와 북, 피리 소리가 천지를 진동하였다. 악공에게 각각 은 3근씩 주고 기녀, 광대에게도 각각 비단을 주니 그 비용이 엄청났다.

- 『고려사절요』 -

원 간섭기 백성의 삶 p.189

- 내 촌집에 들러 늙은 농부에게 물으니 / 늙은 농부 나를 보고 자세히 얘기한다.
  요사이 세력 있는 사람들 백성의 토지를 빼앗아 / 산이며 내로써 한계지어 공문서 만들었소
  혹은 토지에 주인이 많아서 / 조세를 받은 뒤 또 받아 가기 쉴 새 없소.
  혹은 홍수와 가뭄을 당하여 흉작일 때에는 / 해묵은 타작마당엔 풀만 엉성하다.
  살을 긁고 뼈를 쳐도 아무 것도 없으니 / 국가의 조세는 어떻게 낼꼬.
  몇천 명 장정은 흩어져 나가고 / 늙은이와 약한 사람만 남아 빈집을 지키누나.
  차마 몸을 시궁창에 박고 죽을 수 없어 / 마을을 비우고 산에 올라 도토리를 줍는다.

- 『동문선』, '상률가' -

- (충렬왕 6년) 3월 임인 초하루 대장군(大將軍) 인후(印侯)와 장군(將軍) 고천백(高天伯)이 탑납(塔納, 타나)과 함께 원(元)에서 돌아왔다. 탑납이 절령참(岊嶺站)에 도착하자 옹진(甕津) 등 여러 현(縣)에서 점심을 대접하였는데, 어떤 사람이 탑납에게 말하기를, "우리 고을 사람들은 모두 응방(鷹坊)에 예속되어 있어서 얼마 남지 않은 빈민들이 무엇으로써 국가의 경비를 감당하겠습니까? 주기(朱記)를 나라에 반환하고 죽음을 기다리는 것이 낫겠습니다."라고 하였다.

- 『고려사』 -

몽골풍과 고려양 p.189

- 왕이 이분희 등에게 변발을 하지 않았다고 책망하였더니 그들이 대답하기를 "신 등이 변발하는 것을 싫어해서가 아니라 오직 뭇 사람들이 그렇게 하여 상례(常例)가 되기를 기다렸을 뿐입니다."라고 하였다. …… 왕은 입조(入朝)하였을 때에 이미 변발하였지만, 나라 사람들이 아직 하지 않았기 때문에 이를 책망한 것이다. 훗날 송송례와 정자여가 변발을 하고 조회에 들어오자 다른 사람들이 모두 이를 따랐다.

- 『고려사절요』 -

- 보초 서는 병사들은 고려 말을 배우네. 어깨동무하고 우물가 배나무 아래서 나지막하게 노래하네.

- 「연하곡」 -

- 궁중 의복 새롭게 고려 양식을 숭상하니, 저고리는 허리 아래까지 덮지만 반팔이 드러나네. 밤마다 궁중에서 앞다투어 구경하니 …….

- 「원궁사」 -

- 공민왕이 원의 제도를 따라 변발을 하고 호복(胡服)을 입고 전상(殿上)에 앉아 있었다. 이연종이 간하려고 문밖에서 기다리고 있었더니, 왕이 사람을 시켜 물었다. (이연종이) 말하기를 "임금 앞에 나아가 직접 대 면해서 말씀드리기를 바라나이다."라고 하였다. 이미 들어와서는 좌우(左右)를 물리치고 말하기를 "변발과 호복은 선왕(先王)의 제도가 아니오니 원컨대 전하께서는 본받지 마소서."라고 하니, 왕이 기뻐하면서 즉시 변발을 풀어 버리고 그에게 옷과 요를 하사하였다.

- 『고려사』 -

원 간섭기의 아라비아 인

쌍화점에 쌍화를 사러가니 회회아비가 내 손목을 쥐여이다.
이 소문이 가게 밖으로 나거들랑 조그만 새끼 광대 네가 한말로 알리라.

- 쌍화점 -

공녀

우리나라의 자녀들이 뽑혀서 서쪽으로 들어가기를 거른 해가 없었다. 비록 왕실 친족같이 귀한 신분이라도 (자식을) 숨길 수 없고, 어미와 자식이 한 번 이별하면 아득하게 만날 기약이 없었다. 슬픔이 골수에 사무치고 심지어 병들어 죽는 이도 한둘이 아니었으니, 천하에 지극히 원통한 일로 이보다 더한 것이 어디 있겠는가?

- 수령옹주 묘지명 중에서 -

왜구의 피해

조령을 넘어 동남쪽으로 바닷가까지 수백 리를 가면 흥해라는 고을이 있다. 땅이 매우 궁벽하고 험하나, 어업, 염업이 발달하고 비옥한 토지가 있었다. 옛날에는 주민이 많았는데, 왜란을 만난 이후 점점 줄다가, 경신년(1380) 여름에 맹렬한 공격을 받아 고을은 함락되고 불탔으며, 백성들이 살해되고 약탈당해 거의 없어졌다. 그중에서 겨우 벗어난 사람들은 사방으로 흩어져 마을과 거리는 빈터가 되고 가시덤불이 길을 덮으니, 수령으로 온 사람들이 먼 고을로 가서 움츠리고 있고 감히 들어오지 못한지 여러 해가 되었다.

- 『양촌집』 -

목욕과 세탁[澣濯]

옛 사서(史書)에 따르면 고려의 풍속은 (사람들이) 모두 깨끗하다고 기록되어 있는데, 지금도 여전히 그러하다. 그들은 항상 중국인이 때가 많은 것[垢膩]을 비웃는다. 그래서 아침에 일어나면 먼저 목욕을 한 후 집을 나서며, 여름에는 하루에 두 번씩 목욕을 한다. 흐르는 시냇물에 많이 모여 남녀 구별 없이 모두 의관을 언덕에 놓고 물이 흐르는 것을 따라 속옷을 드러내는 것을 부끄럽게 여기지 않는다. 의복을 빨고 명주나 삼[麻]을 표백[湅涗]하는 것은 다 부녀자의 일인데, 밤낮으로 일해도 힘들다고 하지 않는다. 우물을 파고 물을 긷는 것은 대개 내[川] 가까운 데서 한다. 위에 도르래[鹿盧]를 걸고 물통[槽]으로 물을 길어 올리는데, 그 물통은 배[舟] 모양과 비슷하다.

- 『고려도경』 -

효행에 대한 포상

위초는 본래 거란인이다. (무신 집권기인) 명종 때에 산원 동정이 되었다. 아버지 위영성이 나쁜 병에 걸렸는데, 의원이 말하기를, "자식의 살코기를 쓰면 고칠 수 있을 것이다."라고 하니, 위초가 곧 다리살을 베어 경단 속에 섞어 넣어 먹이니 병이 조금 나았다. 왕이 이를 듣고 명령을 내리기를, "위초의 효행은 고금에 으뜸이다. …… 위초의 효행은 반드시 상을 주어야 할 것이다."라고 하였다.

- 『고려사』 -

향도   p.190

소승이 향도 천 명과 더불어 크게 발원(發願)하여 침향(沈香)을 땅에 묻고 미륵보살이 하생(下生)되기를 기다려서 용화회(龍華會) 위에 세 번이나 모셔 이 매향 불사(埋香佛事)로 공양을 올려 …… 미륵보살께서 우리의 동맹을 위하여 미리 이 나라에 나시고, …… 모두가 구족(具足)한 깨달음을 이루어 임금님의 만세와 나라의 융성, 그리고 중생의 안녕을 비옵니다.

- 사천 매향비 -

팔관회   p.191

팔관회를 열었다. 신봉루에 나아가 백관에게 연회를 베풀고 법왕사에 행차하였다. 다음날에는 큰 법회를 열어 또다시 연회를 베풀고 풍악을 관람하였다. 중앙과 지방에서 표를 올려 축하하였다. 송의 상인과 동번·서번·탐라가 토산물을 바치니, 자리를 내려 주어 예식에 참석하게 하였으며, 후에 이를 기본으로 삼았다.

- 『고려사절요』 -

고려 시대 일부일처제   p.192

박유가 왕에게 글을 올려 말하기를 "우리나라는 남자는 적고 여자가 많은데, 지금 신분의 높고 낮음을 막론하고 처를 하나 두는 데 그치고 있으며, 아들이 없는 자들까지도 감히 첩을 두려고 생각하지 않고 있습니다. …… 그러므로 청컨대 여러 신하, 관료들로 하여금 여러 처를 두게 하되, 품위(品位)에 따라 그 수를 점차 줄이도록 하여 보통 사람에 이르러서는 1처 1첩을 둘 수 있도록 하며, 여러 처에서 낳은 아들들도 역시 본처가 낳은 아들처럼 벼슬을 할 수 있게 하기를 원합니다. 이렇게 한다면 나라 안에 원한을 품고 있는 남자와 여자들이 없어지고 인구도 늘게 될 것입니다."라고 하였다. 때마침 연등회 날 저녁 박유가 왕의 행차를 호위하여 따라갔는데, 어떤 노파가 그를 손가락질하면서 "첩을 두고자 요청한 자가 저놈의 늙은이다."라고 하니, 듣는 사람들이 서로 전하여 서로 가리키니 거리마다 여자들이 무더기로 손가락질하였다. 당시 재상들 가운데 그 부인을 무서워하는 자들이 있었기 때문에 그 건의를 정지하고 결국 실행되지 못하였다.

- 『고려사』 -

고려 시대 균분 상속   p.192

• 어머니가 일찍이 재산을 나누어 줄 때 나익희에게는 따로 노비 40구를 물려주었다. 나익희는 "제가 6남매 가운데 외아들이라 해서 어찌 사소한 것을 더 차지하여 여러 자녀들로 하여금 화목하게 살게 하려 한 어머니의 거룩한 뜻을 더럽히겠습니까?"라고 하면서 사양하자 어머니가 옳게 여기고 그 말을 따랐다.

- 『고려사』 -

• 자손이 없이 죽은 경우에 (아내가 죽고 남편만 살았을 경우) 그 남편은 아내의 노비 전부를 얻어 가지고, (남편이 죽고 아내만 살았을 경우) 그 아내는 신의(信義)를 지키면 또한 남편의 노비 전부를 얻어 가질 것이지만, 본인이 살아있을 때까지만 허락하며, 죽은 뒤에는 각각 본손(本孫)에게 돌려주되 별도로 문계(文契)가 있는 자는 이것에 제한을 받지 않게 하십시오.

- 『고려사』 -

• 어떤 남매가 서로 송사를 했는데 남동생은 "둘 다 같은 부모에게서 태어났는데, 왜 부모 유산을 누이가 독차지하고 동생인 나는 나누어 주지 않느냐?"라고 하였다. 누이는 "아버지가 돌아가실 때 재산 전부를 나에게 주었으며 너에게 준 것은 옷 한 벌, 갓 하나, 미투리 한 켤레, 종이 한 권뿐이다. 증거 서류가 있으니 어떻게 어길 수 있느냐?"고 반박했다. …… 부임해 간 손변이 둘을 불러다가 앞에 세웠다. …… "그때 너희의 나이는 각각 몇 살이었느냐?" "누이는 먼저 결혼을 했고, 동생은 미성년이었습니다." 손변이 남매에게 타일렀다. "부모의 마음은 어느 자식에게나 같은 법이다. 어찌 장성해서 출가한 딸에게만 후하고 어미도 없는 미성년 아이에게는 박하게 했겠는가? 생각해 보니 너희 아버지는 아들이 의지할 곳은 누이밖에 없는데 재산을 나누어 준다면 혹시 누이의 사랑과 양육이 부족할까 염려했던 것 같다. 아이가 장성해서 분쟁이 생기면 이 종이에 소를 쓰고, 검정 옷과 검정 갓, 미투리를 착용한 채 관에 고소하면 이를 잘 분관해 줄 관원이 있을 것으로 생각해서 이 네 가지 물건만을 남겨 주었을 것이다." 누이와 동생은 그 말을 듣고 깨달아 서로 붙들고 울었다. 손변이 재산을 남매에게 각각 나누어 주었다.

- 『고려사』 -

고려 시대 외가·처가의 비중   p.192

• 지금은 남자가 장가들면 여자 집에 거주하며, 남자가 필요로 하는 것은 모두 처가에서 해결하고 있습니다. 그리하여 장인과 장모의 은혜가 부모의 은혜와 똑같습니다. 아, 장인께서 저(이규보)를 두루 보살펴 주셨는데 돌아가셨으니, 저는 장차 누구를 의지해야 합니까.

- 『동국이상국집』 -

• 담당 관리가 청하기를 "왕의 이름과 같은 글자를 쓰는 것을 피하기 위하여 탁(卓)씨 성을 가진 자들은 모두 외가의 성을 따르도록 하고, 만약 친가와 외가의 성이 같을 때에는 친조모나 외조모의 성을 따르도록 하소서."라고 하였다.

- 『고려사』 -

• 고려의 옛 풍습에 혼인 예법은 남자가 여자 집에 가서 자손을 낳으면 외가에서 자라므로, 외친(外親)의 은혜가 무거웠다. 이에 외조부모와 처부모의 장례 시에는 모두 30일 동안 휴가를 주었다.

- 『태종실록』 -

• 고려의 풍속은 차라리 아들을 따로 살게 할지언정 딸은 내보내지 않습니다. 이는 중국 진(秦)나라의 데릴사위와 비슷합니다.

- 『고려사』 -

고려 시대의 혼인   p.192

정가신은 나주 사람이다. 일찍이 승려 천기를 따라 개경에 왔는데, 가난하여 의지할 곳이 없었다. 천기는 (그를) 부잣집에 데릴사위로 보내려 하였지만, 아무도 응하지 않았다. 태부소경 안홍우가 결혼을 허락하였지만 나중에 후회하길 "내가 비록 가난하지만 사족 가문인데, 어찌 시골 진사의 아들을 받아들일 것인가."라고 하였다. 안홍우가 죽고 집안이 날로 가난해지자 그제야 결혼을 허락하였다.

- 『고려사』 -

고려 시대에 혼인은 대체로 비슷한 신분 간에 이루어졌다.

고려 시대 여성의 재가

- 의붓아버지가 가난을 이유로 공부시키지 않고…… (이승장의) 어머니는 그럴 수 없다며 고집하기를, "…… 내가 전 남편과의 의리를 저버렸지만, (남편의) 유복자가 다행히 잘 자라 학문에 뜻을 둘 나이가 되었으니, 그 친아버지가 다니던 사학에 입학시켜 뒤를 잇게 해야 해요. 안 그러면 죽은 뒤에 내가 무슨 낯으로 전 남편을 보겠어요."라고 하였다. 마침내 (이승장을) 솔성재(率性齋)에서 공부하게 하니, 전 남편의 옛 학업을 뒤따르게 한 것이다.
   - 이승장 묘지명 -

- 순비 허씨는 공암현 사람으로 중찬 허공의 딸이다. 일찍이 평양공 왕현에게 시집가서 3남 4녀를 낳았으나, 그가 죽자 충선왕이 부인으로 맞이하였다. 허씨가 왕비로 즉위하자 순비로 책봉하였다.
   - 『고려사』 -

- 원통 원년 계유년(1333) 남부 덕산리 호주 낙랑군 부인 최씨는 나이 60세이다. 본관은 경주이다. …… 첫째 아들은 윤배이며, 나이 32세이다. 둘째 아들은 윤성으로, 나이 28세이다. 셋째 아들은 윤방으로, 나이 24세이다. 넷째 아들은 혜근으로, 나이 19세이다.
   - 『여주 이씨 세보』 -

- 인간의 생을 잃지 않고 중국의 바른 집안에서 태어나되 남자의 몸을 얻게 해 주소서.
   - 「창녕군 부인 장씨의 발원문」, 1301 -

낙랑군 부인 최씨는 장성한 아들이 넷이나 있었으나 남편 이겸이 사망한 후 호주가 되었다.

중국의 제도에서는 친조부모의 상에 1년, 외조부모의 상에 5개월, 장인·장모의 상에 3개월간 애도하게 되어 있었지만, 고려에서는 이를 고쳐서 모두 1년간 애도하게 하였다. "고려인은 쉽게 결혼하고, 쉽게 헤어져 그 예법을 알지 못한다."라는 『고려도경』의 내용을 통해 고려의 개방적인 모습을 추론할 수 있다. 고려 사회에서 여성에게 수절을 강요하는 것은 어려운 일이었다. 여성의 재혼을 금지하자는 주장이 공양왕 때 제기되었으나, 이는 여자의 재혼 금지보다는 수절의 장려에 중점을 둔 것이었다.

CHAPTER 02 조선의 사회

1 신분 제도

조선의 양천제
p.193

• 현감 안중손은 …… 과거에 급제하기 전 영남에 집을 짓고 몸소 농사를 지어 그 어머니를 봉양하였다. 하루는 도사 유예신이 그의 집을 찾아가는데 뒤따르는 사람들이 매우 많았다. 안중손은 밭에서 일하다가 삿갓에 잠방이 차림으로 호미를 들고 돌아와서 문 앞에서 자리를 깔지 않고 앉았다. 그리고 막걸리를 가져오라고 하여 권하였다.

- 『패관잡기』 -

• 오늘날 양인이라는 자들의 등급은 하나가 아니다. 비록 공이 많고 벼슬을 많이 지낸 집안 후손이 아니더라도 상하와 내외의 구별이 있는 자가 있고, 상하내외의 구별을 하지 않아 대대로 상민이 되는 자가 있으며, 몸은 천인이 아니나 천인과 다름이 없는 자도 있다.

- 『세종실록』 -

• 우리나라에는 양반만큼 이점을 누리는 것이 없다. 그래서 양반이 될 수만 있다면 패가망신도 각오하였으므로 과거로 인해 패가망신한 자가 많았다. 그러나 사람들은 패가망신을 두려워하지 않고 더욱 과거에 매진하였으니 (이는) 큰 이익이 있기 때문이었다.

- 『청성잡기』 -

> 조선은 법적으로 양천제의 신분 질서를 따르고 있었다. 양천제 하에서 양반은 본래 문무 관료를 지칭하는 용어였으나, 사족들은 양반과 그 가족들을 하나의 신분으로 고착화시키고자 하였다. 이에 따라 점차 하급 관원, 기술직, 서얼 등을 사족의 범주에서 배제시키려는 움직임이 나타났다.

양반의 범위
p.193

과거에 응시하는 유생들을 접수할 때 응시 원서에 사조(부, 조부, 증조부, 외조부) 가운데 널리 알려진 현관이 없으면 지방에 사는 자는 보단자(保單子)와 경재소 3명, 서울에 사는 자는 보단자와 당부(當部) 관원 3명한테 추천받아 서명 후 제출해야 응시를 허락한다. 만약 의심 가는 것이 있으면 서명자와 경재소, 당부 관원을 심문하고 호적 대상을 대소 확인한다. 위조 등의 죄를 지은 자는 천역으로 체벌하고 사관(四館) 관원을 모두 파면한다.

- 『대전후속록』 -

조선 시대 선비의 하루
p.193

02~04시: 기상(여름철), 앎과 느낌을 개발하는 공부
04~06시: 기상(겨울철), 새벽 문안, 뜻을 세우고 몸을 공경히 하는 공부
06~08시: 자제들에게 글을 가르침, 독서와 사색
08~10시: 식사, 마음을 가다듬고 고요히 살핌
10~12시: 손님 접대, 독서
12~14시: 일꾼들을 살핌, 친지에게 편지, 경전과 역사서 독서
14~16시: 독서 또는 사색, 여가를 즐기거나 실용 기술을 익힘
16~18시: 식사, 여유 있는 마음으로 독서, 성현의 기상을 본받는 묵상
18~20시: 가족과 일꾼의 일을 점검함, 자제들 교육
20~22시: 일기 쓰기, 장부 정리, 자제 교육, 우주와 인생·자기 행동에 대한 묵상
22~24시: 수면, 심신을 안정시키고 원기를 배양함
00~02시: 깊은 잠, 밤기운으로 심신을 북돋움

- 『일용지결』 -

서얼 차대법 p.193

- 우부대언(右副代言) 서선(徐選) 등 6인이 진언한 것입니다. '종친과 각품의 서얼 자손은 현관직사(顯官職事)에 임명하지 말아서, 적첩(嫡妾)을 분별하소서.' 하였는데, 의논하여 결론을 얻기를, '진언한 대로 시행할 것'이라 하였습니다.
  - 『태종실록』 -

- 서얼의 자손들이 과거로 벼슬에 진출하지 못하도록 한 것은 우리나라의 옛 법이 아니다. …… 태종 때 서선 등이 아뢰기를 "서얼의 자손은 현직(顯職)에 등용하지 말고 적서를 분별하소서."라고 하였으니, 이것으로 본다면 그 이전에는 현직에 등용되었던 것이다. …… 그런데 『경국대전』을 편찬한 뒤부터 벼슬하지 못하게 하였으니 아직 백 년도 되지 않았다. …… 향리와 수군은 아주 낮은 신분인데도 오히려 과거에 응시할 수 있다. …… 그런데 경·대부의 자식으로서 다만 외가가 없다는 이유만으로 대대로 벼슬하지 못하게 하여 비록 훌륭한 재주가 있어도 끝내 머리를 숙이고 그대로 죽어 향리나 수군만도 못하니 참으로 가련하다.
  - 『패관잡기』 -

> 서얼은 양반의 양인 첩에서 태어난 '서자'와 천인 첩에서 태어난 '얼자'를 아울러 부르는 말이다. 이들은 문과 응시가 금지되어 벼슬 진출에 차별을 받았지만 간혹 무반직에 등용되기도 하였다.

반상제의 확립 p.193

- 성종 13년 4월 신해, 사헌부 대사헌 채수가 아뢰었다. "어제 전지를 보니 통역관, 의관을 권장하고 장려하고자 능통하고 재주가 있는 자는 양반에 발탁하여 쓰라고 특별히 명령하셨다니 듣고 놀랐습니다. 무릇 벼슬에는 높고 낮은 것이 있고, 직책에는 가볍고 무거운 것이 있습니다. 무의(巫醫)와 약사(藥師)와 설인(舌人)이 사대부(士大夫)의 반열(班列)에는 끼이지 못하나, 국가에서 이들 무리들을 권려(勸勵)함이 지극하지 않다고 할 수 없습니다. 왜냐하면 의자(醫者)와 역자(譯者)의 무리는 모두 미천(微賤)한 계급의 출신으로 사족(士族)이 아닙니다.
  - 『성종실록』 -

- 예조 판서 허종 등이 논하다. "의관, 역관, 음양관, 산관과 율관 등은 한 가지 기예만 가졌을 뿐이니, 양반 사대부들과 같은 열에 둘 수 없습니다."
  - 『성종실록』 -

조선의 상민 p.194

농(農)·공(工)·상고(商賈)도 모두 국민이지만 농가의 괴로움은 더욱 심한데도 오히려 10분에 1로 세(稅)를 내는데, 공인과 상인은 일찍이 세가 없었다. 비록 10분의 1을 세로 받지 못한다고 하더라도 30분의 1을 세로 받도록 허용하라.
  - 『태종실록』 -

조선 노비의 신분 규정과 매매 p.195

- 무릇 노비의 매매는 관청에 신고해야 하며 사사로이 몰래 사고 팔았을 때는 관청에서 노비와 그 대가로 받은 물건을 모두 몰수한다. 나이 16세 이상 50세 이하는 값이 저화 4천 장이고, 15세 이하 50세 이상은 3천 장이다.

- 공노비의 1년 몸값은 남자 노비는 면포 1필과 저화 20장, 여자 종은 면포 1필과 저화 10장이다.

- 천민의 계보는 어머니의 역을 따른다. 천민이 양인 아내를 맞이하여 낳은 자식은 아버지의 역을 따른다.
  - 『경국대전』 -

노비의 처지 p.195

• 주인이 종을 죽인 일이 있으므로 임금이 그것을 금하는 법을 더욱 엄하게 하고자 하였다. 이에 변계량이 아뢰기를, "정치를 하는 데는 명분보다 중요한 것이 없습니다. 주인과 종 사이의 높고 낮음에도 명분이 있는 것입니다. 무릇 법은 마땅히 윗사람을 높이고 아랫사람을 억누르도록 하여야 하는 것인데, 이제 이와 같은 법을 행하면 저 무지한 종들이 '주인이 형벌을 잘못 쓰면 결국 죄는 주인이 얻을 것이다.'라고 생각하여 마음대로 날뛰게 될 것입니다. …… 만일 형벌을 잘못 써서 죽게 한 자가 있으면, 비록 더 엄한 법을 만들지 않더라도 죄를 논할수 있습니다."라고 하였다.

- 『세종실록』 -

• 한 의금부 종이 등에 쌀을 지고 강을 건너는데 얼음이 꺼져 몸의 절반만이 얼음 위에 걸쳐 있게 되었다. 같이 가던 이가 "등에 지고 있는 짐을 풀어 버리면 살 수 있네."라고 말하자 의금부 종이 말하기를 "당신이 나보고 이 짐을 버리라고 하는가? 이 짐을 버리고 산다면 살아서 당할 고통이 죽는 것만 못할 것이오."라고 하였다.

- 『어우야담』 -

② 사회 정책과 제도

조선의 법률 p.195

• 형조에서 보고하였다. "고의로 살인한 광주 죄수 종 오마대와 교하 죄수 백성 구질금과 부모를 구타한 숙천 죄수 종 흔만은 참형에 해당합니다." 법대로 집행하였다.

- 『세종실록』 -

• 아들이나 손자, 아내와 첩 또는 노비가 부모나 가장(家長)을 고발하는 경우 반역 음모와 역적을 고발한 경우를 제외하고는 교수형에 처한다.

- 『경국대전』 -

신문고 제도 p.195

고할 데가 없는 백성으로 원통하고 억울한 일을 품은 자는 나와서 등문고(登聞鼓)를 치라고 명하였다. 의정부에서 상소하기를 "서울과 외방의 고할 데 없는 백성이 억울한 일을 소재지의 관청에 고발하여도 소재지의 관청에서 이를 다스려 주지 않는 자는 나와서 등문고를 치도록 허락하소서. 또 법을 맡은 관청으로 하여금 등문한 일을 추궁해 밝히고 아뢰어 처결하여 억울한 것을 밝히게 하소서. 그중에 사사로이 (남에게) 원망을 품어서 감히 무고를 행하는 자는 반좌율(反坐律)을 적용하여 참소하고 간사하게 말하는 것을 막으소서."라고 하여 그대로 따르고, 등문고를 고쳐 신문고(申聞鼓)라 하였다.

- 『태종실록』 -

굶주린 사람을 구휼하는 법 p.196

• 굶주린 사람 중 나이가 많거나 병이 들어 관아에 나와 환곡을 직접 받아갈 수 없는 사람은 가져다 줄 것.

• 모자라는 구휼의 곡식을 보충하기 위해서 산나물 등을 많이 캐어 먹도록 할 것.

- 여러 날 굶주린 사람에게 간장 물을 마시게 하면 즉사하므로, 먼저 죽물을 식혀서 천천히 먹여 허기를 면하게 한 다음 밥을 줄 것.
- 깊은 산골과 외떨어진 곳의 굶주린 사람을 먼저 살필 것.

- 『세종실록』 -

환곡 p.196

이 법을 만든 본뜻은 백성의 양식을 위함이요, 나라의 경비를 위한 것이었다. 지금은 폐단이 거듭되어 나라 경비에 보탬이 되는 것은 열 가운데 하나요, 여러 아문에서 관장하여 자기들 몫으로 삼는 것이 열 가운데 둘이다. 아전들이 농간질하고 이득을 취하는 것이 열 가운데 일곱이다. 백성은 일찍이 쌀 한 톨도 만져보지 못했는데 해마다 바쳐야 하는 쌀이 천이나 만이 되니 이것은 부렴(賦斂)이지 어찌 진대라 하겠으며, 늑탈(勒奪)이지 어찌 부렴이라 할 수 있겠는가.

> 환곡(환상(還上), 환자(還子))는 농민에게 곡식을 빌려주고 1/10정도의 이자를 거두는 제도였으나, 지방 수령과 향리 등이 정해진 이자보다 많은 이자를 거두어 사적으로 사용하는 폐단이 나타났다.

조선 전기의 가족 제도 p.197

- 우리의 풍속은 남자가 여자의 집으로 가니 외가의 은혜를 구별하는 것이 동성친에 비하여 차이가 없다. 외할아버지가 살아계시면 외종형제들이 한집에서 자라나고, 외증조부가 계시면 외재종형제가 한집에서 자라나니 어려 서부터 장성할 때까지 서로를 일컬어 형제라 하고 서로를 일컬어 숙질이라 하며 서로를 일컬어 조손이라고 하니 그 은혜와 사랑이 어찌 동성친과 다르겠는가.

- 『성종실록』 -

- 무릇 자손에게 유서나 훈계하는 글을 남기는 것, 노비와 전택(田宅)을 나누는 것은 모두 한집을 다스리는 것이다. …… 어찌 아들과 딸을 구별하고 외손과 친손을 구별하겠는가. 조부모·부모의 마음으로 이를 보면 본래 내외의 구별도 없다.

- 『성종실록』 -

- 중종 23년(1528) 10월 10일, 딸들에게 작성해 준 유서 억달에게 노비와 전답도 많이 주었으며, 천첩 자식으로 봉사(奉祀)하는 것도 편치 않을 뿐만 아니라 생사도 알기 힘들다. …… 너희들은 비록 딸이라도 나의 골육으로 정리가 매우 중하기 때문에, 노비와 전답을 혈손 외에 다른 사람에게 주지 말고 너희들이 가지고서 우리 부부의 제사를 거행하라. 만일 불초한 자가 마음을 나쁘게 써서 분쟁하는 기미가 있거든 이 문서의 내용에 따라 관가에 고하여 바로 잡아라.

- 재주(財主) 진사 송○○ [수결(手決)] -

- 우리 집안은 일찍이 제사의 기본 방침을 정한 지 오래되었고 사위와 외손자가 제사를 지내지 않는 것을 정식으로 삼아 따르게 하였다. 정으로 본다면 아들과 딸은 차이가 없으나 딸은 부모 봉양과 제사가 없으니 어찌 재산을 아들과 똑같이 나눌 수 있겠는가? 딸은 삼분지 일만 주어도 된다.

- 부안 김씨 우반고문집(중종~광해군) -

재가 금지 p.197

경전에 이르기를 "믿음은 부인의 덕이다. 한번 남편과 결혼하면 종신토록 고치지 않는다."라고 하였다. 이 때문에 삼종(三從)의 의(義)가 있고, 한 번이라도 어기는 예가 없는 것이다. 세상의 도덕이 날로 나빠진 뒤로부터 여자의 덕이 정숙하지 못하여 사족(士族)의 딸이 예의를 생각지 아니해서 혹은 부모 때문에 절개를 잃고, 혹은 자진해서 재가하니, 한갓 자기의 가풍을 파괴할 뿐만 아니라,

실로 성현의 가르침에 누를 끼친다. 만일, 엄하게 금령을 세우지 않는다면 음란한 행동을 막기 어렵다. 이제부터는 재가한 여자의 자손들은 관료가 되지 못하게 하여 풍속을 바르게 하라.
- 『성종실록』 -

예학　　　　　　　　　　　　　　　　　　　p.197

• 김광재가 …… 어머니를 지극한 효도로 섬기더니, 어머니가 죽자 무덤 앞에 여막을 짓고 삼년상을 마쳤는데, 매번 제사 때에 눈물을 흘리며 울기를 그치지 않았다. 국왕이 이를 듣고 훌륭하게 생각하여 해당 부서에 명령하여 그가 사는 곳에 정표(旌表)하여 영창의 효자 마을이라고 부르게 하고, 그 마을 몇 집의 부역을 면제하여 그를 받들어 섬기게 하였다.
- 『고려사절요』 -

• 공자가 말씀하셨다. "부인은 ……독단으로 판단하는 의(義)가 없고, 세 가지 따르는 도(道)가 있으니, 집(친정)에 있을 때에는 아버지를 따르고, 남에게 시집가서는 남편을 따르고, 남편이 죽으면 아들을 따라, 감히 스스로 하는 일이 없다. 가르침과 명령이 규문(閨門)을 나가지 않으며 부인의 일은 음식을 마련하는 것 등이 있을 뿐이다."
- 『소학』 -

보학　　　　　　　　　　　　　　　　　　　p.197

• 우리나라는 자고로 종법이 없고 보첩(譜牒)도 없어서 비록 거가대족이라도 가승(家乘)이 전혀 없어서 겨우 몇 대를 전할 뿐이므로 고조나 증조의 이름도 호(號)도 기억하지 못하는 이가 있다.

• 내가 생각건대, 옛날에는 종법이 있어 대수(代數)의 차례가 잡히고 적자와 서자의 자손이 구별되어 영원히 알 수 있었다. 종법이 없어지고서는 족보가 생겨났는데, 무릇 족보를 만듦에 있어 반드시 그 근본을 거슬러 어디서부터 나왔는가를 따지고 그 이유를 자세히 적어 그 계통을 밝히고, 친함과 친하지 아니함을 구별하게 된다. 이로써 종족 간의 의리를 두터이 하고 윤리를 바르게 할 수 있었다.
- 『안동권씨성화보』 -

• 퇴계 이황이 영남 예안에 역동사(易東祠)를 창건하고 족보를 손수 필사하여 그곳에 보관하였다. …… 산이 있으면 물이 있는 것이니 백파(百派)가 순류하여 끝내 한곳에 모이는 것인데 이는 종합(宗合)의 뜻이다.
- 『단양우씨 족보서』 -

'안동권씨 성화보'는 조선 성종 때인 1476년에 간행된, 현존하는 가장 오래된 족보이다. 여기에는 딸이 재혼했을 경우 그 남편을 후부(後夫)라 하여 성명을 기재하였고, 외손도 대를 이어 모두 기재하되 성을 제외하고 이름만 기재하였다. 또 자녀가 없는 사람은 이름 밑에 무후(無後)라 기재하였고, 양자를 들인 사례를 찾아볼 수 없다. 총 수록 인원 9,120명 가운데 사위나 외손 등을 제외한 부계 친족 일원은 867명이었다. 안동 권씨 성화보는 성리학적 가족질서가 자리 잡기 이전 조선 전기의 가족 모습을 반영하고 있다.

③ 향촌 사회의 모습

유향소　　　　　　　　　　　　　　　　　　p.198

• 사헌부 대사헌 허응 등이 시무(時務) 7조를 올렸다. …… 네째는 주·부·군·현에 각각 수령이 있는데, 향원(鄕愿) 가운데 일을 좋아가는 무리들이 유향소를 설치하고, 때없이 무리지어 모여서 수령을 헐뜯고 사람을 올리고 내치고, 백성들을 침핍(侵逼) 하는 것이 활리(猾吏)보다 심합니다. 원하건대, 모두 혁거(革去)하여 오랜 폐단을 없애소서.
- 『태종실록』 -

- 광릉부원군 이극배가 의논하기를, "주부군현에는 각각 토성(土姓)이 있습니다. 그 서울에 살면서 벼슬하는 곳을 경재소라고 하는데, 경재소에서는 그 고향에 살고 있는 토성 중에서 강명(剛明)한 품관을 선택하여 유향소에 두어 유사(有司) 또는 간사한 관리의 범법 행위를 서로 규찰해서 풍속을 유지시키는데, 그 유래가 이미 오래 되었습니다. 중간에 폐지한 것은, 세조 때에 충주의 백성이 그 고을 수령을 고소한 적이 있었는데 그 때 유향소에서 수령을 고소한 것은 옳지 못한 일이라 하여 고소한 사람을 너무 심하게 억압하였으므로, 이것이 마침내 임금에게까지 알려졌기 때문에 폐지시킨 것입니다.

  - 『성종실록』 -

- '예전에는 1향(鄕) 가운데에 정직한 품관(品官) 1, 2원(員)을 택하여 향유사(鄕有司)를 삼아서 풍속을 바로잡게 하고 이름하기를 유향소라고 하였는데, 혁파한 이래로 향풍(鄕風)이 날로 투박(渝薄)하여졌다.' 합니다. 신의 생각에도 다시 유향소를 세워, 강직한 품관을 택하여 향유사를 삼으면, 비록 갑자기 야박한 풍속을 변모시킬 수는 없더라도 또한 향풍을 유지하여 완흉(頑兇)한 무리가 거의 조금은 그칠 것으로 여겨집니다.

  - 『성종실록』 -

- 김종직이 아뢰기를, "고려 태조는 여러 고을에 영을 내려 바르고 청렴한 선비를 뽑아서 향리들의 불법을 규찰하게 하였으므로 간사한 아전이 저절로 없어졌는데, 5백년 간 풍화를 유지했던 것은 그 때문이었습니다. 우리 조정에서는 이시애의 난이 일어난 후에 유향소가 혁파되자 간악한 아전들이 불의를 자행하여서 건국한 지 1백 년도 못 되어 풍속이 쇠퇴해졌습니다. 열 집이 사는 마을에도 반드시 충신이 있다고 하는데, 한 고을이 아무리 작다고 하나 어찌 착한 선비가 없겠습니까? 청컨대 다시 유향소를 설립하여 향풍(鄕風)을 규찰하게 하소서."라고 하였다.

  - 『성종실록』 -

향약

p.199

- 김안국이 아뢰기를, "신이 경상도 관찰사가 되었을 때에 그 도의 인심과 풍속을 보니 매우 퇴폐하였습니다. 지금 성상께서 풍속을 변화시키려는 뜻을 가지고 계시므로, 신이 그 지극한 의도를 본받아 완악한 풍속을 변혁하고자 하는데, 가만히 그 방법을 생각해 보니 옛 사람의 책 중에서 풍속을 바로잡을 수 있는 것을 택하여 거기에 언해(諺解)를 붙여 도내에 반포하여 가르치게 하는 것이었습니다. …… 『여씨향약(呂氏鄕約)』이나 『정속(正俗)』같은 책은 곧 풍속을 순후하게 하는 책입니다. 『여씨향약』이 비록 『성리대전(性理大全)』에 실려 있으나 주해(註解)가 없어 우리 나라 사람들은 쉽게 이해하지 못합니다. 그러므로 신이 곧 그 언해를 상세하게 만들어 사람마다 보는 즉시 이해하게 하고, 『정속』 역시 언자(諺字)로 번역하였습니다.

  - 『중종실록』 -

- 이제부터 우리 고을 선비들이 하늘이 부여한 본성을 근본으로 하고 국가의 법을 준수하며 집에서나 고을에서 각기 질서를 바로잡으면 나라에 좋은 선비가 될 것이요, 출세하든지 가난하게 살든지 서로 의지가 될 것이다. 굳이 약속을 만들어 서로 권할 필요도 없으며, 벌을 줄 필요도 없을 것이다. 진실로 이를 알지 못하고 올바른 것을 어기고 예의를 해침으로써 우리 고을 풍속을 무너뜨리는 자는 바로 하늘의 뜻을 거역하는 백성이다. 벌을 주지 않으려 해도 주지 않을 수 있겠는가? 따라서, 부득이 이것을 만들어야 한다.

- 처음 이것을 정할 때 뜻을 같이하는 사람들에게 약문(約文)을 보여준다. 이후 몸가짐을 바르게 하고, 남에게 모범이 될만한 사람들을 골라 약계(約契)에 참여시킨다. 이들을 서원에 모아 놓고 약법(約法)을 정한 다음, 도약정, 부약정, 직월, 사화를 선출한다.
- 『율곡전서』 -

- 무릇, 뒤에 향약에 가입하기를 원하는 자에게는 반드시 먼저 규약문을 보여 몇 달 동안 실행할 수 있는가를 스스로 헤아려 본 뒤에 가입하기를 청하게 한다. 가입을 청하는 자는 반드시 단자에 참가하기를 원하는 뜻을 자세히 적어서 모임이 있을 때에 진술하고, 사람을 시켜 약정(約正)에게 바치면 약정은 여러 사람에게 물어서 좋다고 한 다음에야 글로 답하고, 다음 모임에 참여하게 한다.
- 『율곡전서』 -

- 선행과 악행의 내용을 정해 두고 권선징악의 재료로 삼는다. 이른바 선행이란 부모에게 효도를 잘하는 것, 형제간에 우애를 잘하는 것, 가정을 잘 다스리는 것, …… 이른바 악행이란 불효하거나 자애롭지 않은 것, 우애하지 않거나 공손하지 않은 것, 스승을 공경하지 않는 것 …… 유사, 색장, 별검(향약의 임원) 등이 사실대로 기록한다.
- 4계절마다 첫 번째 달 초하루에 특별한 일이 없는 날을 골라 장내의 향약에 든 사람이 모두 모여 회의를 연다.
- 민간에서 소송으로 다투는 자가 있을 때에는 모두 계장과 유사가 그 옳고 그름을 가려 준다. 계장, 유사가 잘못한 사람에게 타일러 소송을 그치도록 한다.
- 『율곡전서』 -

예안향약의 처벌 조항 p.199

- 극벌에 처할 죄: 부모에게 불손한 자, 형제가 서로 싸우는 자, 집안의 도를 어지럽히는 자, 마을 어른을 욕보이는 자, 수절한 과부를 더럽힌 자
- 중벌에 처할 죄: 이웃과 화합하지 않은 자, 염치없이 선비의 품위를 더럽힌 자, 힘이 있는데도 어려운 사람을 구하지 않은 자, 마을의 규약을 어긴 자
- 하벌에 처할 죄: 회의에 늦은 자, 좌중에서 떠들썩하게 다투는 자, 앉은 자리를 마음대로 바꾸는 자

4 신분제의 동요와 향촌 질서의 변화

신분제의 동요 p.200

- 명색이 상민이면 온 집안이 군역에 충당되고 양반이라 칭하면 모두 편안하게 되었다. 이름이 교안(校案)에 있는지, 군적(軍籍)에 있는지에 따라 형편이 크게 달라지니 마음대로 양반이라 칭하면서 교안에 이름을 걸어 놓은 무리는 시험에 통과하지 못하면 군역을 지게 되는 경서 강독 시험을 죽기보다 싫어하였다.
- 『숙종실록』 -

- 정선 고을에 한 양반이 살고 있었다. 그는 …… 몹시 가난하여 해마다 환곡을 타 먹은 것이 쌓여서 천 섬의 빚을 지게 되어 옥에 갇혔다. …… 때마침 그 동네에 부자가 이 소문을 듣고 가족끼리 비밀회의를 열어 말하였다. "이제 저 양반이 환곡을 갚을 길이 없어서 곤란한 모양이니 그 양반 자리를 더 유지할 수 없을 것이다. 이 기회에 내가 양반 신분을 사서 가지는 것이 어떨까?"
- 『양반전』 -

- 옷차림은 신분의 귀천을 나타내는 것이다. 그런데 어찌 된 까닭인지 근래 이것이 문란해져 상민·천민들이 갓을 쓰고 도포를 입는 것이 마치 조정의 관리나 선비와 같이 한다. 진실로 한심스럽기 짝이 없다. 심지어 시전 상인들이나 군역을 지는 상민들까지도 서로 양반이라 부른다.
― 『일성록』 ―

- 근래 아전의 풍속이 나날이 변하여 하찮은 아전이 길에서 양반을 만나도 절을 하지 않으려 한다. 아전의 아들·손자로서 아전의 역을 맡지 않은 자가 고을 안의 양반을 대할 때, 맞먹듯이 너나 하며 자(字)를 부르고 예의를 차리지 않는다.
― 『목민심서』 ―

- 종실과 사대부는 조정에서 벼슬을 하고, 이들보다 못한 계층은 시골 품관·중정 등이 되었다. 이보다 못한 계층은 역관·의관과 방외의 한산인이 되었다. 더 못한 이들은 아전·군호·양민 따위가 되었고, 이보다 더 못한 계층은 공사천 노비가 되었다. 노비에서 지방 아전까지가 하下의 한 계층이고, 서얼과 잡색이 중中의 계층이며, 품관과 사대부를 함께 양반이라 한다. 사대부 가운데에도 대가와 명가라는 구분이 있어 명목이 서로 많다. 거리끼고 걸리는 것이 이처럼 많으므로, 성쇠 존망하는 변화가 없을 수 없다. 그러므로 때로는 사대부가 신분이 낮아져 평민이 되기도 하고, 때로는 평민이 오래되면서 간혹 신분이 높아져 사대부가 되기도 한다.
― 『택리지』 ―

- 매향(賣鄕)에는 여러 방법이 있습니다. 돈 받고 향임(鄕任)이나 군임(軍任), 면임(面任)에 임명하는가 하면, 향안, 교안에 올려 줍니다. 여기에 응하는 자는 모두 국가의 군역을 진 상민입니다. 이때 한 사람이 내는 액수가 많게는 백여 냥을 넘고 적어도 수십 냥 아래로 내려가지 않습니다.
― 암행어사 이곤수 ―

공명첩

우참찬 성혼이 편의시무(便宜時務)를 올리기를 "큰 도적이 우리나라를 침입하여 잇따라 삼경(三京)을 함락시켜 심장부를 차지하고 요해처를 장악하고 있습니다. …… 팔도가 모두 난리통에 농사를 짓지 못해 군량이 너무 부족하니 곡식 모으는 것을 서둘러 군흥(軍興)에 이바지해야 합니다. 여러 도에 모속관(募粟官:납속을 모집하는 관리)이 있기는 하나 적임자가 많지 않아 두루 한 도의 곡식을 모으기에는 부족합니다. 삼가 바라건대 비변사에 하교하여 여러 도에 있는 모속관을 자세히 살펴 적당히 더 정하도록 하고 공명첩을 더 많이 발급하게 하소서"라고 하였다.

- 적을 목 벤 자, 납속을 한 자, 작은 공이 있는 자에게는 고신이나 면천·면역의 첩을 주었다. 담당 관리가 이 첩을 가지고 지방에 내려갈 때 이름만 비웠다가 응모자가 있으면 그때마다 이름을 써서 주었다.
― 『선조실록』 ―

- 공명첩을 팔아 진휼곡을 마련하도록 하였다. 흉년이 들어 곡식이 귀하므로 쌀 여섯 가마를 바치는 자에게 팔도록 할 것이다.
― 『숙종실록』 ―

- 공명첩을 전국에 내려보내 곡식을 사서 진휼에 보태게 하였다. 이때 해마다 큰 흉년이 들어 저장된 곡식이 고갈되었기 때문에 이 명이 있었던 것이다.
― 『영조실록』 ―

- 근래 공명첩의 값이 매우 싸져서 …… 시내의 하천인들이라도 머리에는 금으로 된 옥관자를 쓰고 허리에는 홍자색의 띠를 차고 다닙니다. 또한, 백성의 습속이 점점 각박해지고 있습니다. 흉년에는 곡식 2, 3석 가격으로 공명첩을 판매하니 지방의 백성들은 친척이 굶주려 거의 죽을 지경에 이르러도 전혀 돕지 않고, 오로지 관아에 곡물을 바쳐 공명첩만 얻으려고 합니다.

- 『일성록』 -

족보 매매   p.201

양반 중 가난한 사람들은 사족의 위세를 계속 누리기 위해 재물이 필요하며, 내세울 것이 없는 집안 출신이라도 재산이 넉넉한 자는 어떻게든 그 지위를 높이려 하므로, 족보를 팔아먹고 성씨를 바꾸는 일이 일어납니다. 할아버지를 고치고, 자식이나 아버지를 빌리기도 하니, 천리(天理)와 인심이 모두 사라져 버렸습니다.

- 『존재집』 -

모칭유학   p.201

- 근래 세상의 도리가 무너져 돈 있고 힘 있는 백성들이 군역을 피하고자 간사한 아전, 임장(任掌)과 한통속이 되어 뇌물을 쓰고 호적을 위조하여 유학(幼學)이라고 거짓으로 올리고 면역하거나 다른 고을로 옮겨가서 스스로 양반 행세를 한다. 호적이 밝지 못하고 명분의 문란함이 지금보다 심한 적이 없다.

- 『일성록』 -

- 근년 이래로 평안도의 풍습과 세속이 점점 변하여 궁술과 마술을 숭상하지 않고 유자를 자칭하면서 마을마다 서당이 서게 되었고, 각 고을마다 사우를 함부로 세워 폐단이 되고 있다. 향교의 교생도 정원이 있는데 정원보다 많은 잠정이 그 이름을 빙자하여 군역을 피하고 있으나 수령들이 불문에 부치고 있다. 기강의 해이가 여기에서 비롯되는 것이니 각별히 금단하라.

- 『정조실록』 -

서얼 차대 비판론   p.201

하늘이 재능을 균등하게 부여하는데 관리의 자격을 대대로 벼슬하던 집안과 과거 출신으로만 한정하고 있으니 항상 인재가 모자라 애태우는 것은 당연한 일이다. 어느 시대, 어느 나라에서 노비나 서얼이어서 어진 인재를 버려두고, 어머니가 개가했으므로 재능을 쓰지 않는다는 것은 듣지 못했다.

- 『유재론』 -

> 허균의 '유재론'에서 인재가 태어남은 본래 한 시대의 쓰임을 위한 것이므로 인재를 버리는 것은 하늘을 거역하는 것이라고 하였다. 허균은 '유재론', '호민론', 소설 『홍길동전』 등을 통해 서얼 차별을 비판했다.

서얼의 통청 운동   p.201

- 황경헌 등 하삼도의 유생들이 상소하여 아뢰다. "작위의 높고 낮음은 조정에서만 써야 할 것이고 적자 와 서자의 구별은 한 집안에서만 통용되어야 할 것입니다. …… 공사천 신분이었다가 면천된 이들은 벼슬을 받기도 하고 아전이었다가 관직을 받은 이들은 높은 자리에 오르기도 하는데 저희들은 한번 낮아진 신분이 대대로 후손에게 이어져 영구히 서족(庶族)이 되어 훌륭한 임금이 다스리는 세상임에도 그저 버려진 사람들이 되어 있습니다."

- 『정조실록』 -

• 옛날에는 융숭한 예와 폐백으로 이웃 나라의 어진 선비들을 대우하고도 그들이 오지 않을까 걱정하였습니다. 지금은 법으로 나라 안의 인재를 금고하여 혹시라도 등용될까 염려합니다. …… 우리는 신하가 되어서도 임금을 가까이 모실 수 없으니 군신의 의리가 멀어지고, 자식이 되어서도 감히 아버지를 아버지라 부르지 못하니 부자의 인륜이 어그러지게 됩니다. …… 시골 천인의 자식은 때때로 훌륭한 벼슬을 하는 경우도 있으나 세족, 명가의 서얼들은 자자손손 영원히 묶여 있습니다. 인재를 버리고 등용하는 것이 너무나 앞뒤가 맞지 않습니다. 바라옵건대 임금님께서는 대신들에게 물으시어 빨리 변통하는 방을 내려 주시옵소서.
― 『규사』 ―

중인의 소청 운동 p.201

오래도록 막혀 있으면 반드시 터놓아야 하고, 원한은 쌓이면 반드시 풀어야 하는 것이 하늘의 이치이다. 중인, 서얼을 가로막는 것은 우리나라의 편벽된 일로 이제 몇 백 년이 되었다. 서얼은 다행히 조정의 큰 성덕을 입어 문관은 승문원, 무관은 선전관에 임용되고 있다. 그런데도 우리 중인은 홀로 이 은혜를 입지 못하니 어찌 탄식조차 없겠는가? 이제 바야흐로 의논을 모아 글을 써서 원통함을 호소하고자 먼저 통문을 띄운다. 이달 29일 마동에 있는 홍현보의 집에 모여 상의코자 한다.
― 『상원과방』 ―

노비종모법 p.201

• 공사노비의 양인 처 소생은 한결같이 어머니의 역을 따르게 법을 세우라고 명하였다. 이에 앞서 판부사 송시열이 아뢰었다. "이경억이 충청감사로 있을 때 상소하여 공사노비가 양인 처를 맞이하여 낳은 자식은 남녀를 가리지 않고 한결같이 어미의 역을 따르도록 청하였습니다. 이는 일찍이 이이가 주장한 것인데 당시 조정에서 막아 시행하지 못하였습니다. 지금 양민이 줄어드는 것은 이 법을 실시하지 않기 때문입니다. 속히 제도를 만들어 변통하십시오."
― 『현종실록』 ―

• 김상성이 군역에서의 족징과 인징의 폐단을 통렬하게 아뢰고, 이어 금년 이후로는 모든 노비의 양인 처의 소생은 공천·사천을 막론하고 모친의 역에 따르게 하여 양인 장정의 수효를 늘릴 것을 청하였다. 임금이 대신들에게 물으니, 우의정 조문명이 힘주어 찬성하였다. 전교하기를, "어사의 보고한 바를 들으니, 양민이 날로 줄어든 폐단이 오로지 여기에서 비롯한 것이다. 사소한 폐단 때문에 크고 중요한 일을 소홀히 할 수는 없는 일이니, 금년부터 …… 공천·사천을 막론하고 모친의 역에 따르게 하라."라고 하였다.
― 『영조실록』 ―

공노비 해방 p.202

순조 원년 정월 을사일, 왕이 글을 내렸다. "우리나라의 내시(內寺) 등 각 아문(衙門)에서 노비를 소유하여 이를 전하는 것이 기자로부터 비롯하였다고 하나, 나는 그렇지 않다고 생각한다. …… 또 더욱이 왕이 백성에게 임하여 귀천이 없고 내외가 없이 고루 균등하게 적자(赤子)로 여겨야 하는데, '노(奴)'라고 하고 '비(婢)'라고 하여 구분하는 것이 어찌 똑같이 사랑하는 동포로 여기는 뜻이겠는가? 내노비 3만 6천 9백 74구와 시노비(寺奴婢) 2만 9천 93구를 모두 양민으로 삼도록 허락하고, 인하여 승정원으로 하여금 노비안을 거두어 돈화문 밖에서 불태우게 하라. 그리고 그 경비에 쓰이는 노비의 공물은 장용영에 명하여 대급(代給)하게 하여 이를 정식(定式)으로 삼도록 하라."
― 『순조실록』 ―

[사료의 정석] 史師 사료한국사

▎조선의 향도　　　　　　　　　　　　　　　　　　　　　　　　　　p.202

대체로 이웃 사람끼리 모여 회합을 가져 적으면 7~9인이요, 많으면 100여 인이 되며, 매월 돌아가면서 술을 마신다. 상을 당한 자가 있으면 향도끼리 상복을 마련하거나 관을 준비하고 음식을 마련하며, 혹은 상여 줄을 잡아 주거나 무덤을 만들어 주니 참으로 좋은 풍속이다.

- 『용재총화』 -

▎향전의 발생　　　　　　　　　　　　　　　　　　　　　　　　　　p.202

• 지방 고을의 향전은 마땅히 금지해야 할 것이다. …… 반드시 가볍고 무거움에 따라 양쪽의 주동자를 먼저 다스려 진정시키고, 향전을 없애는 것을 위주로 하는 것이 옳다. 이서 가운데 한쪽으로 쏠리는 자가 있으니, 또한 반드시 아전의 우두머리에게 엄하게 타일러야 한다. 향임을 임명할 때 한쪽 사람을 치우치게 쓰지 않는 것이 옳다.

- 『거관대요』 -

• 보성군에는 교파와 약파가 있다. 교파는 향교에 다니는 자들이고, 약파는 향약을 주관하는 자들이다. 서로 투쟁이 끊이지 않고 모함하는 일이 갈수록 더하여 갔다. 드디어 풍속이 도에서 가장 나빠졌다.

- 정약용, 『목민심서』 -

• 경상도 영덕의 오래되고 유력한 가문은 모두 남인이고, 이른바 신향(新鄕)은 서인이라고 자칭하는 자들입니다. 요즘 서인이 향교를 장악하면서 구향(舊鄕)과 마찰을 빚고 있던 중, 주자의 초상화가 비에 젖자 신향은 자신들이 비난을 받을까 봐 책임을 전가시킬 계획을 꾸몄습니다. 그래서 주자의 초상화와 함께 송시열의 초상화도 숨기고 남인이 훔쳐 갔다는 말을 퍼뜨렸습니다.

- 『승정원일기』 -

▎향전의 금지　　　　　　　　　　　　　　　　　　　　　　　　　　p.202

• 향전은 통렬히 금해야 할 일이다. …… 한쪽의 공초(죄인을 심문한 문서)만을 편파적으로 신뢰하여 그 사이에서 한쪽을 편들고 다른 한쪽을 억누른다면, 이는 분란을 조장하는 것이나 다름이 없다. 이 재판은 시행하지 말고, 조정에서 말을 잘 만들어 해당 관찰사를 엄히 꾸짖게 하되, 관찰사가 임금이 허가한 내용을 가지고 모든 마을의 유생을 거듭 타일러서 구향과 신향이 각각 구습을 통렬히 혁파하고 반드시 화합하게 하라.

- 『일성록』 -

• 임금이 명령하다. "향전은 엄히 금지해야 한다. 향임이 권한을 마음대로 행사하여 이 같은 일이 생긴다. 수령이 한쪽만을 편들어 주면 싸움을 조장하는 것이니 주의해야 한다. 구향과 신향을 모두 잘 타일러 서로 화합하게 하라. 이후에도 다시 다툼을 벌이면 구향이나 신향을 막론하고 국법을 어긴 난민으로 처벌할 것이다."

- 『정조실록』 -

▎과거제 붕괴　　　　　　　　　　　　　　　　　　　　　　　　　　p.203

• 나라의 경사로 과거 시험을 한양에서 시행하였다. 3개 과장에서 열린 문과의 응시자는 모두 111,838명이었는데 거두어들인 시권은 38,614장이었다. 무과도 3곳에서 시험을 보게 하였는데 모두 35,891명이 응시하였다.

- 『정조실록』 -

- 지금 나라와 백성의 폐단을 말할 만한 것이 한두 가지가 아니지만 서둘러서 기필코 고치고야 말 것은 곧 과거(科擧)의 폐단입니다. …… 만약 그 폐단의 항목을 열거한다면, 거리낌 없이 남이 대신 글을 짓고 대신 써주며, 수종(隨從)들이 책을 가지고 과장에 마구 따라 들어가고 …… 바깥 장소에서 써가지고 들어가며 …… 이졸(吏卒)들이 얼굴을 바꾸어 드나드는가 하면 …… 이 밖에도 수없이 많은 부정한 행위들을 다시 제가 들어 말할 수 없습니다.

  - 『순조실록』 -

종법 질서 강화   p.203

사대부가 수백 년 동안 관직에서 막혀 있어도 존부(尊富)를 잃지 않는 까닭은 집집마다 각기 한 조상을 떠받들고 넓은 농지를 점하여 종족이 흩어져 살지 않으므로 그 풍습이 견고하게 유지되고 근본이 뽑히지 않았기 때문이다.

  - 『여유당전서』 -

5 새로운 사회에 대한 대응

정감록의 말세관   p.204

그때에 미쳐 임금의 외척이 농락하고 붕당이 매우 걱정된다. 문벌 높은 집단들이 장차 멸망하여 보전할 자가 열에 두셋도 안 될 것이다. 인재가 때때로 많이 나기는 하나 쓰이지 않은 것은 무슨 까닭인가? 쓰이는 자가 있더라도 마침내는 개천에 뒹굴고 말 것이니, 성인의 세상에도 오히려 살기가 어렵거늘 하물며 말세에서는 어떠하겠는가? 늙은 왕비가 문발을 걷고 정사를 돌려보내고 세상을 다스릴 것이다.

  - 『정감록』 -

서학의 전래   p.204

어제 귀하에게서 받은 천주상 천구의 천문서 및 기타 양학서는 전혀 생각지도 못했던 것으로 기쁘기 짝이 없어 깊이 감사드립니다. …… 이러한 것들은 본국에서는 완전히 암흑이라 해야 할 정도로 모르고 있는데 지식의 빛이 될 것입니다. …… 제가 고국에 돌아가면 궁궐에서 사용할 뿐만 아니라 이것들을 출판하여 학자들에게 보급할 계획입니다. 그리하면 사막과 같이 메마른 우리나라가 학문의 전당으로 변하게 될 것입니다. 은총을 입은 우리 백성은 서양에서 배운 과학을 감사하게 생각할 것입니다.

  - 아담 샬의 회고록 중 소현 세자의 편지 -

천주교는 17세기 중국을 방문한 사신들에 의해 서학이라는 학문으로 처음 소개되었다.

이익의 천주교 비판   p.205

『천주실의』는 리마두(마테오 리치)가 펴낸 책이다. …… 그 학은 오로지 천주를 가장 높이는 것이다. 천주란 유가의 상제(유교의 옛 경전에 기록되어 있는 상제라는 뜻이며, 상제는 인간의 모든 일을 주재하는 초월자)이니, 천주를 공경하고 섬기고 두려워하며 믿음은 마치 불씨의 석가(불교 신도가 석가모니를 믿는 일)와 같다. …… 그는 멀리 떨어진 지역의 사람으로 먼 바닷길을 건너와 …… 중국의 학자와 고관들이 …… 높이 받들어 모시고 선생이라 일컬어 감히 거스르지 않으니 역시 뛰어난 선비라 할 것이다. 그러나 그가 축건지교(竺乾之敎)를 물리침에는 열심이나 마침내 불교와 같이 허망에 돌아감을 깨닫지 못하고 있더라.

  - 『성호사설』 -

을사 추조 적발 사건

오늘날 사설(邪說)의 폐단을 바로 잡는 길은 더욱 정학(正學)을 밝히는 길밖에 없다. …… 연전에 서학(西學) 서적을 구입해 온 이승훈은 어떤 속셈이든지 간 죄를 묻지 않을 수 없다. 이에 전 현감 이승훈을 예산현으로 귀양을 보내고, 이외 시골 백성에게도 상 줄 만한 백성은 상 주어야 할 관서가 있어야 하니 묘당(廟堂)에 서는 소관 관서를 철저히 감독하라. …… 이렇게 교시한 뒤에도 다시 서학(西學) 때문에 문제가 생긴다면 어찌 정부가 있다고 말할 수 있겠는가.

- 척사학교 -

'척사학교'는 정조 재위기의 '을사 추조 적발사건(1785)' 때 나온 교서이다.

권상연·윤지충의 진산 사건

지평 한영규(韓永逵)가 아뢰기를, "서양의 간특한 설이 언제부터 나왔으며 누구를 통해 전해진 것인지 모르겠으나, 세상을 현혹시키고 백성을 속이며 윤리와 강상을 없애고 어지럽히는 것이 어찌 진산(珍山)의 권상연·윤지충 양적과 같은 자가 있겠습니까. 제사를 폐지하는 것으로도 부족해서 위패를 불태우고 조문을 거절하는 것으로도 그치지 않고 그 부모의 시신을 내버렸으니, 그 죄악을 따져보자면 어찌 하루라도 이 하늘과 땅 사이에 그대로 용납해 둘 수 있겠습니까. …… 청컨대 진산에 구금한 죄수 윤지충(尹持忠)과 권상연(權尙然) 등을 빨리 법조로 하여금 엄히 조사하여 사실을 알아내 나라의 법을 제대로 세우고 해당 군수는 귀양보내는 형벌을 시행하게 하며, 전 별검(別檢) 홍낙안과 진사 성영우도 역시 해부와 해조로 하여금 구두 공술을 받아 조사하여 엄히 처벌하게 하소서." 하였다.

- 『정조실록』 -

신해사옥

서양의 간특한 설이 언제부터 나왔으며 누구를 통해 전해진 것인지 모르겠으나, 세상을 현혹시키고 백성을 속이며 윤리와 강상을 없애고 어지럽히는 것이 어찌 진산(珍山)의 권상연, 윤지충보다 더한 자가 있겠습니까. 제사를 폐지하는 것으로도 부족해서 위패를 불태우고, 조문을 거절하는 것으로도 그치지 않고 그 부모의 시신을 내버렸으니, 그 죄악을 따져 보자면 어찌 하루라도 이 하늘과 땅 사이에 그대로 용납해 둘 수 있겠습니까.

- 『정조실록』 -

신유사옥

• 근일에 요사스럽고도 흉패한 천주교가 열화(熱火)같이 치열해져서 형세의 위급함이 하늘을 뒤덮고 있으니, 진실로 국가의 화급한 근심이 되었습니다. …… 그런데 아! 저 정약전·정약용 형제는 정약종의 동기(同氣)로서, 몰래 이승훈에게 요사스러운 책을 받아 밤낮으로 탐혹하여 유교를 어지럽히고 윤리를 멸절시켰다고 세상에서 지목받은 지 여러 해가 되었습니다.

- 『순조실록』 -

• 사헌부에서 아뢰기를, "아! 통분스럽습니다. 이가환, 이승훈, 정약용의 죄가 무거우니 이를 어찌 다 처벌할 수 있겠습니까? 사학(邪學)이란 것은 반드시 나라에 흉악한 화를 가져오고야 말 것입니다."라고 하였다.

- 『순조실록』 -

천주교는 정약용 일가를 대표로 하는 남인 계열의 실학자들이 신앙으로서 수용하였다. 우리나라 최초로 영세를 받은 사람은 이승훈이며, 만민 평등 사상의 영향으로 하층민과 여성층을 중심으로 널리 확산되었다. 특히 안동 김씨 집권기에는 탄압이 완화되어 교구가 설정되기도 하였다.

황사영 백서 사건   p.205

전선 수백 척과 정예 병사 5, 6만을 얻어서 대포 등 예리한 무기를 많이 싣고 우리나라 해변에 와서 국왕에게 글을 보내기를 "우리는 전교를 목적으로 온 것이지 재물을 탐하여 온 것이 아니므로 선교사를 용납하여 받아들여 달라."라고 해 주소서.

- 황사영 백서 -

기해사옥   p.205

죽은 사람 앞에 술과 음식을 차려 놓는 것은 천주교에서 금하는 바입니다. 살아 있을 동안에도 영혼은 술과 밥을 받아먹을 수 없거늘 하물며 죽은 뒤에 영혼이 어떻게 하겠습니까? 먹고 마시는 것은 육신의 입에 공급하는 것이요, 도리와 덕행은 영혼의 양식입니다. 비록 지극한 효자라 할지라도 맛좋은 것이라 하여 부모가 잠들어 있는 앞에 차려 드릴 수 없는 것은 잠들었을 동안에는 먹고 마시는 때가 아닌 까닭입니다. 잠시 잠들어 있을 동안도 그러하거늘 하물며 영원히 잠들었을 때는 어떻겠습니까? …… 사람의 자식이 되어 어찌 허위와 가식의 예로써 이미 돌아간 부모를 섬기겠습니까?

- 『상재상서』 -

병인박해   p.205

의금부에서, "죄인 남종삼은 명백한 근거도 없이, 러시아에 변란이 있을 것이고 프랑스와 조약을 맺을 계책이 있다면서 사람들을 현혹하였습니다. 감히 나라를 팔아먹고자 몰래 외적을 끌어들이려 하였으니, 그 죄는 만 번을 죽여도 모자랍니다. 죄인이 자백하였습니다."라고 아뢰었다.

최제우의 동학 창시   p.206

(1860) 4월이라 초 5일에 꿈일런가 잠일런가 천지가 아득해서 정신 수습 못할러라. 공중에서 외치는 소리 천지가 진동할 때 …… 갑자기 가슴이 두근거리고 몸이 떨리기 시작하여 …… 신선의 말씀이 들려왔다. 나는 깜짝 놀라 일어나서 캐어 물어보았더니 한울님(상제, 上帝) 대답하시기를 "두려워하지 말고 겁내지 말라. 세상 사람들이 나를 한울님이라 하니 너는 한울님을 모르느냐."라고 하였다. …… "너를 세간에 내어나게 하고 세상 사람들에게 이 법을 가르치게 하노니 의심하지 말라."라고 하였다. 내가 묻기를 "서도(西道)로써 사람을 가르쳐야 합니까?" 하니, 한울님이 대답하기를 "그렇지 않다. 나에게 신령한 부적(符籍)이 있으니 …… 나에게 이 부적을 받아 질병으로부터 사람을 구하고, 나에게 이 주문을 받아 나를 위해 세상 사람들을 가르치면 너 또한 …… 덕을 천하에 펼 수 있으리라."라고 하셨다.

- 『동경대전』 -

동학 사상   p.206

- 내가 또한 동방에 태어나서 동방의 가르침을 받았으니, 도는 비록 천도이나 학은 동학이니라. 하물며 땅이 동과 서로 구분되어 있으니, 서쪽이 어찌 동쪽이 되고 동쪽이 어찌 서쪽이 될 수 있겠는가? …… 우리 도는 이 땅에서 받았으니 이 땅에서 먼저 펴 나가면 자연히 온 세계로 퍼져 나갈 것이니, 어찌 이것을 서학의 이름으로 말할 수 있겠는가?

- 사람이 곧 하늘이라. 그러므로 사람은 평등하며 차별이 없나니, 사람이 마음대로 귀천을 나눔은 하늘을 거스르는 것이다. 우리 도인은 차별을 없애고 선사의 뜻을 받들어 생활하기를 바라노라.
- 우리나라는 악질이 세상에 가득 차서 백성들이 언제나 편안할 때가 없으니 이 또한 상해의 운수요, 서양은 싸우면 이기고 치면 빼앗아 이루지 못하는 일이 없으니, 천하가 다 멸망하면 또한 순망지탄이 없지 않을 것이라. 보국안민의 계책이 장차 어디서 나올 것인가.

- 『동경대전』 -

- 우습다! 저 사람은 저의 부모 죽은 후에 신도 없다 이름하고 제사조차 안 지내고, 오륜에 벗어나서 오로지 빨리 죽기만을 바라니 무슨 일인가. 부모 없는 혼령 혼백, 저는 어찌 유독 있어 천국으로 올라가 무엇할 것인가. 어리석은 소리 말았어라.

- 『용담유사』 -

동학의 확산   p.206

- 경상도 경주 등지에서 동학의 괴수를 자세히 탐문하여 잡아 올릴 목적으로 성 밖으로 나가 신분을 감추고서 밤낮을 가리지 않고 달려갔습니다. 조령에서 경주까지는 400여 리가 되고 주군이 모두 10여 개나 되는데 거의 어느 하루도 동학에 대한 이야기가 귀에 들어오지 않는 날이 없었으며 주막집 여인과 산골 아이들까지 그 글을 외우지 못하는 자가 없었습니다. 그리고 '위천주(爲天主)'라고 명명하고 또 '시천주(侍天主)'라고 명명하면서 조금도 부끄러워하지 않고 또한 숨기려고도 하지 않았습니다. 얼마나 오염되고 번성한지를 이를 통해서 알 만합니다. 그것을 전파시킨 자를 염탐해 보니, 모두 말하기를 '최 선생이 혼자서 깨달은 것이며 그의 집은 경주에 있다.'고 하였는데 ······.

- 『고종실록』 -

- 최제우가 말하기를 "양인이 일본에 들어가 천주당을 세우고 우리나라에도 들어와 또 천주당을 세웠다. 내가 마땅히 그들을 소멸하겠다."라고 말하였다.

- 『일성록』, 1864. 2. 29. -

전염병의 확산과 이양선의 출몰   p.206

- 이때 이름도 모를 괴질[호열자(虎列刺)]이 서쪽 변방에서 발생하여 도성에 번지고 여러 도에 만연하였다. 이 병에 걸린 사람들은 먼저 심하게 설사를 하고 이어 오한이 발생하는데, 발에서 뱃속으로 치밀어 들어 짧은 시간에 10명 중 한두 사람도 살지 못하였다. 이 병은 집집마다 전염되어 불똥 튀는 것보다 더 빨리 유행되었는데, 옛날의 처방에도 없어 의원들이 증세를 알 수 없었다. ······ 이 병은 (중국의) 요주와 계주 지방에서 번져들어 와서 온 나라에 퍼졌다고 한다.

- 『순조실록』 -

- 금년 6월 26일에 이양선 1척이 정박하여 달려가서 살펴보게 하였더니, 언어가 통하지 않아 문자를 사용하여 이곳에 오게 된 동기를 상세히 질문하였습니다. 그들 대답에 "우리들은 모두 영국 땅에 사는 사람들로 서양포, 유리 그릇, 천리경 등의 물품을 가지고 조선의 산물을 사려고 이곳에 왔으니, 귀국의 대왕에게 알려 우호를 맺어 교역하게 해주기를 바란다."라고 하였습니다. 영국은 지리상으로 몇 만여 리가 되는지 모르는 처지에 망령되이 교린을 핑계하고 교역을 억지로 요구하였으니, 사리에 타당한 바가 전혀 아니고 실로 생각 밖의 일이었습니다. 법에 의거하여 대처하였더니, 저들도 더 어쩌지 못함을 알고 바로 돌아갔습니다.

- 『순조실록』 -

삼정의 문란

- 갈밭 마을 젊은 여인 울음도 서러워라. 관아 문 향해 울부짓다 하늘 보고 통곡하네. 시아버지 죽어서 이미 상복 입었고 갓난아인 배냇물도 안 말랐는데 삼대의 이름이 군적에 올랐구나. 달려가 호소하려 해도 관가의 문지기 호랑이 같은데 이정(里正)이 호통하며 단벌 소마저 끌고 가네. 남편 문득 칼을 갈아 방 안으로 뛰어드니 자리에 선혈이 낭자하구나! 스스로 한탄하길 "아이 낳은 죄로구나!

— 「애절양」 —

- 북풍이 소슬하고 해는 서산에 졌는데, 외딴 마을 한 아낙네 하늘에 대고 통곡한다. 나그네 듣고서 그냥 지나치지 못해, 말 멈추고 물어보니 그 아낙네 하는 말. "제 지아비 작년에 돌아가셨는데, 남편은 세상을 떴으나 뱃속에 아기가 있었지요. 천행으로 사내아이를 낳았는데, 그 아기 배내털 마르기도 전에 이임이 관가에 보고하여 군액에 충원되었네요. 포대기에 쌓인 갓난아기 장정으로 군적에 올려서 군포를 바치라 독촉하여 다시금 문전에 들락날락 어제는 아기를 업고 관가에 점호를 받으러 갔다오. 점호라고 받고 돌아와 보니 아기는 이미 죽어 있었지요. 간장은 찢어지고 억장이 무너져 내립니다. 원한이 뼛골에 사무쳐도 어디 하소연할 데나 있나요. 이 막다른 사정 하늘에나 대고 통곡하지.

— 「군정탄」 —

- 빌려주고 빌리는 건 양쪽 다 원해야지, 억지로 시행하면 불편한 것이다. 온 땅을 돌아봐도 모두 고개를 저을 뿐, 빌리겠다는 사람은 하나도 없는데. 봄철에 좀먹은 쌀 한 말 받고서, 가을에 온전한 쌀 두 말을 바치고 게다가 좀먹은 쌀값 돈으로 내라 하니, 온전한 쌀 판 돈을 바칠 수밖에 이익으로 남는 것은 교활한 관리만 살을 찌워, 한 번 벼슬길에 천 마지기 논이 생기고 쓰라린 고초는 가난한 자에게 돌아가니, 휘두르는 채찍질에 살점이 떨어진다. 큰 가마, 작은 솥 이미 가져간 건 말을 말게, 자식도 팔려가고 송아지도 끌려가네.

— 「하일대주」 —

- 환곡은 사창이 변한 것으로, 백성의 뼈를 깎는 병폐가 되었다. …… 맨 처음 이 법을 만든 본뜻은 반은 백성의 양식을 위한 것이고, 반은 나라의 경비를 위한 것이다. 지금은 폐단이 쌓여 나라 경비에 보탬이 되는 것은 열 가운데 하나요, 여러 아문에서 관장하여 자기들 몫으로 삼는 것이 열 가운데 둘이다. 군현 아전들이 농간하고 판매해서 이득을 취하는 것이 열 가운데 일곱이다.

— 『목민심서』 —

수령의 탐학

- 백성이 뇌물을 주지 않으면, 벌레가 먹고 서리를 맞아 한 톨도 거두지 못했더라도 재상(災傷)으로 처리되는 일이 없다. 백성이 뇌물만 주면 자색(紫色) 이삭과 붉은 낟알이 100경의 넓은 땅에서 익어 가도 재상으로 되지 않는 것이 없다. …… 체납된 묵은 환곡을 탕감하는 것, 대동미의 징수를 정지하거나 연기하는 것, 재상된 전결에 조세 징수를 면제하는 것, 이 세 가지는 나라에서는 손실이 있으나 백성에게 이득이 되지 않는다. …… 체납된 묵은 환곡을 징수하는 것을 정지 또는 연기하라는 윤음(綸音)이 내려지는 것을 여러 번 보았으나, 조금의 혜택도 촌민(村民)에게는 미치지 않았다. 대개 정지 또는 연기할 때에 오직 간활한 아전이 사사로이 써 버린 것만이 정지 또는 연기되고, 촌민에 이르러서는 비록 유망하여 호(戶)가 끊겨져 지목하여 징수할 곳이 없는데도, 이웃에 징수하고 그 친족들에게 징수하기를 성화(星火)처럼 급하게 할 따름이다.

— 『경세유표』 —

- 관서 지방에 부유한 이가 많은데 수령은 이들을 잡아들여 불효하였으니 공손하지 못하느니 하는 죄목을 씌워 가두고 뇌물을 받고야 풀어주는데 뇌물이 마음에 들지 않으면 문득 악형을 가하기도 한다.

- 『연경재총서』 -

홍경래의 난   p.206

- 평서대원수는 급히 격문을 띄우노니 관서의 부로(父老)와 자제와 공·사 천민들은 모두 이 격문을 들으라. 무릇 관서는 성인 기자의 옛 터요, 단군 시조의 옛 근거지로서 의관(衣冠)이 뚜렷하고 문물이 아울러 발달한 곳이다. …… 그러나 조정에서는 관서를 버림이 분토(糞土)와 다름없다. 심지어 권세 있는 집의 노비들도 서토의 사람을 보면 반드시 '평안도 놈'이라고 말한다. 어찌 억울하고 원통하지 않은 자 있겠는가. …… 지금, 임금이 나이가 어려 권세 있는 간신배가 그 세를 날로 떨치고, 김조순·박종경의 무리가 국가 권력을 오로지 갖고 노니, 어진 하늘이 재앙을 내린다. …… 이제 격문을 띄워 먼저 여러 고을의 군후(君侯)에게 알리노니, 절대로 동요하지 말고 성문을 활짝 열어 우리 군대를 맞으라. 만약 어리석게 항거하는 자가 있으면 철기 5,000으로 남김없이 밟아 무찌르리니, 마땅히 속히 명을 받들어 거행함이 가하리라. 대원수.

- 『패림』 -

- 순무영에서 보고하다. "정주성을 점령하고 홍경래를 따르던 무리 남녀 총 2,983명을 생포하였으며, 그중 여자 842명과 열 살 이하 남자아이 224명을 제외한 1,917명을 모두 참수하였습니다."

- 『순조실록』 -

농민의 저항   p.207

- 무릇 수령이 정사를 제대로 처리하지 못하면 아전과 백성 중에서 원한을 품은 자들이 산에 올라가 크게 욕지거리를 하는데, 이를 산호(山呼)라 한다. …… 근래 부세가 무겁고 관리가 탐학하여 백성들이 편안히 살 수 없어서 모두 난리가 나기를 바라고 있기 때문에 요망스러운 말들이 동쪽에서 부르짖고 서쪽에서 화답하니 이들을 법률에 따라 죽인다면 백성으로서 살아남을 자가 한 사람도 없을 것이다.

- 『목민심서』 -

- 1. 세미는 항상 7량 5전으로 정하여 거둘 것.
- 2. 각종 군포를 소민들에게만 편중되게 부담시키지 말고, 각 호마다 균등하게 부담시킬 것.
- 3. 환곡의 폐단을 없앨 것.
- 4. 군역의 부족분을 보충한다거나 환곡의 부족분을 보충한다는 명분으로 결렴(結斂)하는 제도를 폐지할 것.

- 공주부 농민 요구 사항, 『용호한록』 -

민란에 대한 정부의 대응   p.207

전세의 폐단을 바로잡기 위해서는 양전이 급선무이나 일이 아주 커서 급작스럽게 할 수가 없다. …… 균역법을 시행하면서 읍의 대소와 호의 다과를 헤아려 비율에 맞추어 분배하지 않은 것은 아니었지만, 여전히 부담이 고르지 못한 문제가 있다. 군액이 많은 곳에서 덜어 내어 호수는 많으나 군액이 많지 않은 읍에 옮기도록 한다. …… 환곡의 폐단 중 백징의 문제가 가장 크니 백성의 어려움이 여기에서 비롯된다. 명목만 남은 곡식을 모두 탕감하고 실제 수량에 따라 장부를 정리하라.
- 『일성록』 -

임술 농민 봉기

• 금번 진주 양민이 소동을 일으킨 것은 오로지 우병사 백낙신의 탐욕하고 고약한 까닭으로 말미암은 것인바, …… 신유년(1861) 겨울 (백낙신은) 병고의 돈 3,800여 냥으로 쌀 1,226석을 장만해 가지고 이를 병고 구폐미라 하여 백성들에게 (환곡으로) 나누어 주고, 가을에 가서 가외로 매석에 5냥을 더 받아 모두 6,966냥을 만들어 본전은 넣고 나머지를 먹은 것이 3,166냥이며, …….
- 『진주초군작변등록』 -

• 진주 안핵사 박규수가 상소하여 아뢰기를 "난민(亂民)들이 일어난 것은 삼정(三政)이 모두 문란해졌기 때문입니다. 그중에서도 환곡의 폐단이 가장 큰 문제입니다. 번번이 탕감할 수는 없으며, 특별히 하나의 기구를 설치하여 대책을 마련하고 먼저 한 도에 시험하여 보고 전국에 행할 수 있도록 하소서."라고 하였다.
- 『철종실록』 -

• 진주민 수만 명이 머리에 흰 수건을 두르고 손에는 나무 몽둥이를 들고 무리를 지어 진주 읍내에 모여 서리들의 가옥 수십 호를 불살랐다. 병사가 해산시키고자 하여 장시에 나갔는데, 흰 수건을 두른 백성들이 땅 위에서 그를 빙 둘러싸고는 세금을 징수한 일들을 여러 번 문책한 후, 분을 풀기 위해 병영으로 병사를 잡아 들어가서는 이방과 포리를 곤장으로 수십 대 때렸다. 이에 여러 백성들이 두 아전을 불 속에 던져 태워버렸다.
- 『임술록』 -

MEMO

PART 5

전근대사 – 문화

CHAPTER 01 사상사

CHAPTER 02 각종 문화유산

CHAPTER 01 사상사

1 불교

삼국의 불교 수용
p.210

- 소수림왕 즉위 2년(372)에 전진 왕 부견이 사신과 승려 순도에게 시켜 불상과 경문을 보내왔다. …… 또한 4년(374)에는 아도가 동진에서 왔다. 이듬해 2월에 초문사를 창건하여 순도를 머물게 하고, 아불란사를 지어 아도를 머물게 하였다. 이것이 고구려 불교의 시초이다.
  - 『삼국유사』 -

- 침류왕이 즉위한 해(384)에 인도 승려 마라난타가 동진에서 오니, 그를 맞이하여 궁중에 머물게 하고 예로써 공경하였다. 이듬해에 한산주에 절을 짓고 승려 10명을 두었다. 이것이 백제 불교의 시초이다.
  - 『삼국유사』 -

- 조정의 신하들은 (법흥왕의) 깊은 뜻을 헤아리지 못한 채 오직 나라를 다스리는 대의만을 지키고 절을 세우려는 신성한 계획은 따르지 않았다. …… 이차돈이 왕에게 아뢰기를, "나라를 위해 몸을 바치는 것은 신하의 큰 절개이고, 임금을 위해 목숨을 바치는 것은 백성의 바른 의리입니다. 거짓된 말을 전한 죄로 신을 문책하여 목을 베시면 모든 백성이 복종하여 감히 왕명을 거역하지 못할 것입니다."라고 하였다. …… 이차돈의 목을 베니 흰 젖 같은 피가 한 길이나 솟구쳤다.
  - 『삼국유사』 -

- 왕 또한 불교를 일으키려고 하였으나 여러 신하가 믿지 않고 이런저런 불평을 많이 하였으므로 근심하였다. (왕의) 가까운 신하인 이차돈이 아뢰기를, "바라건대 하찮은 신의 목을 베어 여러 사람들의 논의를 진정시키십시오."라고 하였다. …… (이차돈의) 목을 베자 잘린 곳에서 피가 솟구쳤는데, 그 색이 우윳빛처럼 희었다. 여러 사람이 괴이하게 여겨 다시는 불교를 헐뜯지 않았다.
  - 『삼국사기』 -

신라의 호국 불교
p.210

- 576년, 진지왕이 왕위에 올랐다. 이름은 사륜(또는 금륜)이라 하였고 진흥왕의 둘째 아들이다.
  - 『삼국사기』 -

- 진평왕이 왕위에 올랐다. 이름은 백정(白淨)이고 진흥왕의 태자 동륜(銅輪)의 아들이다. …… 왕비는 김씨 마야부인(摩耶夫人)으로 갈문왕 복승의 딸이다. …… 왕은 태어날 때부터 기이한 용모였고, 신체가 장대하고 뜻이 깊고 굳세었으며, 지혜가 밝아서 사리에 통달하였다.
  - 『삼국사기』 -

- 진흥왕 때 …… 바다 남쪽에 어떤 큰 배가 하곡현 사포(지금 울주 곡포)에 와서 정박하였다. 조사해 보니 공문서가 있는데 "서천축 아육왕이 황철 5만 7천근과 황금 3만분을 …… 배에 실어 바다에 떠나보내니 인연 있는 국토에 도착하여 장륙존상을 이루기를 축원한다."라고 쓰여 있었다. …… 대건 6년 갑오(574) 3월에 장륙존상의 주조를 완성하였다. …… 황룡사에 안치하였다.
  - 『삼국유사』 -

미륵 신앙과 화랑 p.210

진지왕 때에 와서 흥륜사의 승려 진자가 법당의 미륵상 앞에서 소원을 빌며 말하였다. "원컨대, 우리 부처님이 화랑으로 변하여 세상에 나타나시면 내가 항상 얼굴을 가까이 뵈시고 받들어 모시겠습니다." 그 정성스럽고 지극한 기원의 심정이 날로 더해 가더니 어느 날 꿈에 한 승려가 나타나 말하였다. "웅천의 수원사에 가면 미륵선화(彌勒仙花)를 볼 수 있으리라." 진자가 꿈에서 깨어 놀랍고도 기뻐서 그 절을 찾아가니, 한 소년이 친절하게 맞이하며 자신도 서울 사람이라고 하였다. 진자가 다시 서울로 올라와 마을을 찾아다니면서 그를 찾았다. 그러다가 화장을 하고 장신구를 갖춘 수려한 남자아이가 영묘사의 동북쪽 길가에서 노는 것을 보았다. 진자는 그가 미륵선화라고 생각하여 가마에 태우고 들어와서 왕에게 보였다. 왕은 그를 공경하고 사랑하여 받들어 국선(國仙)으로 삼았다. 그는 자제들을 화목하게 했으며, 예의와 가르침이 다른 사람과 다르고, 풍류가 세상에 빛났다.

- 『삼국유사』 -

원광의 세속 5계 p.211

원광이 귀산 등에게 말하기를 "세속에도 5계가 있으니, 첫째는 충성으로써 임금을 섬기는 것, 둘째는 효도로써 어버이를 섬기는 것, 셋째는 신의로써 벗을 사귀는 것, 넷째는 싸움에 임하여 물러서지 않는 것, 다섯째는 생명 …… 있는 것을 죽이되 가려서 한다는 것이다. 그대들은 이를 실행함에 소홀하지 말라."라고 하였다.

- 『삼국사기』 -

자장의 황룡사 9층 목탑 건립 건의 p.211

- (자장율사가) 신라에 돌아오고자 종남산의 원향선사에게 하직 인사를 하니, 선사가 "내가 관심(觀心)으로 그대의 나라를 보매, 황룡사에 9층의 탑을 세우면 해동의 여러 나라가 모두 그대의 나라에 항복할 것이다."라고 말하였다. 자장이 이 말을 듣고 돌아와 나라에 알렸다.

- 황룡사 9층 목탑 찰주본기 -

- 자장이 말하기를, " …… 고구려, 백제가 번갈아 국경을 침범하여 마음대로 돌아다닙니다. 이것이 백성들의 걱정입니다." 신인(神人)이 말하기를, "황룡사의 호법룡은 나의 아들로서 범왕(梵王)의 명을 받아 그 절을 보호하고 있으니, 본국에 돌아가 그 절에 탑을 세우시오. 그렇게 하면 이웃 나라가 항복하고 구한(九韓)이 와서 조공하여 왕업이 길이 태평할 것이오. 탑을 건립한 후 팔관회를 베풀고 죄인을 사면하면 곧 외적이 해를 가할 수 없을 것이오."라고 하였다. …… 백제에서 아비지(阿非知)라는 공장을 초빙하여 이 탑을 건축하고 용춘이 이를 감독했다.

- 『삼국유사』 -

화쟁과 일심 p.211

- 쟁론(爭論)은 집착에서 생긴다. …… 불도(佛道)는 넓고 탕탕하며 막힘이 없다. 그러므로 해당하지 않음이 없으며, 일체의 의가 모두 부처의 뜻이다. 백가(百家)의 설이 모두 옳지 않음이 없고, 팔만의 법문이 모두 이치에 맞는 것이다.

- 일심이란 사람의 마음, 즉 사람의 주관적인 의식을 가리키지 않는다. 그것은 세계의 원을 이루면서 자연과 사회와 사람을 뛰어넘는 절대적인 정신 실체를 가리킨다.

- 십문화쟁론 -

- 크다 하나 바늘구멍 하나 없더라도 쑥 들어가고, 작다 하나 어떤 큰 것이라도 감싸지 못함이 없다. 있다 하나 한결같이 텅 비어 있고, 없다 하나 만물이 다 이것으로부터 나온다. 이것을 무어라 이름 붙일 수 없으므로 '대승'이라 하였다. …… 도를 닦는 자에게 온갖 경계를 모두 없애 '한마음[一心]'으로 되돌아가게 하고자 한다.
- 모든 경계가 무한하지만, 다 일심 안에 들어가는 것이다. 부처의 지혜는 모양을 떠나 마음의 원천으로 돌아가고, 지혜와 일심은 완전히 같아서 둘이 아니다.

- 원효, 『무량수경종요』 -

원효는 다양한 불교 서적에 대한 이해를 바탕으로 『대승기신론소』와 『금강삼매경론』을 저술하였고, 모든 것이 한 마음에서 나온다는 일심(一心) 사상을 바탕으로 다양한 종파의 대립을 조화시키고 분파 의식을 극복하려는 『십문화쟁론』을 저술하였다.

원효의 불교 대중화 p.211

원효는 이미 계를 범하여 설총을 낳은 후로 속인의 옷을 바꾸어 입고, 스스로 소성거사라 일컬었다. 우연히 광대들이 쓰는 큰 박을 얻었는데, 그 모양이 괴이했다. 그 모양대로 도구를 만들어 화엄경의 "일체무애인은 한길로 생사를 벗어난다."라는 문구를 따 무애호라 이름 짓고는 노래를 만들어 세상에 퍼뜨렸다. 원효가 이것을 가지고 많은 촌락에서 노래하고 춤추고 교화하고 읊으면서 돌아다녔으므로 가난하고 무지몽매한 무리들까지도 모두 부처의 이름을 알게 되었고, 모두 '나무아미타불'을 부르게 되었으니 그의 교화가 그만큼 컸던 것이다.

- 『삼국유사』 -

의천의 원효 추증 p.211

오직 우리 해동보살이 성(性)과 상(相)을 밝히고, 옛것과 지금 것을 가만히 모아, 백가(百家)가 달리 다투는 단서를 화합하여 당대의 지극히 공적인 이론을 얻었으니, 황차 신통함은 측정하기 어렵고 묘함은 생각하기 어렵습니다. 티끌이 비록 함께 있어도 그 진리를 더럽히지 않고 빛이 아우르더라도 그 체를 바꾸지 않습니다. 이름은 중국과 인도까지 떨치고 자화(慈化)는 삶과 죽음에 이르니, 찬양을 하고자 해도 진실로 뜻을 다 밝히기가 어렵습니다.

- 『대각국사문집』 -

의상의 화엄 사상 p.211

나 속에 모두가 있고 모든 것 속에 하나가 있다. 하나가 곧 모두이며, 모두가 곧 하나이다. 한 작은 티끌 속에 우주만물을 머금고 모든 티끌 속이 또한 이와 같다.

- 화엄일승법계도 -

의상 p.211

성은 김씨이다. 29세에 황복사에서 머리를 깎고 승려가 되었다. 얼마 후 중국으로 가서 부처의 교화를 보고자 하여 원효(元曉)와 함께 구도의 길을 떠났다. …… 처음 양주에 머무를 때 주장(州將) 유지인이 초청하여 그를 관아에 머물게 하고 성대하게 대접하였다. 얼마 후 종남산 지상사에 가서 지엄(智儼)을 뵈었다.

- 『삼국유사』 -

의상은 국가의 후원 속에 화엄종을 개창하고 확산시켰다. 부석사뿐만 아니라 봉정사, 낙산사를 비롯한 여러 사찰을 건립하여 불교 문화의 폭을 확대하였다.

혜초의 왕오천축국전

달 밝은 밤에 고향 길을 바라보니 / 뜬구름은 너울너울 고향으로 돌아가네 / 그 편에 편지 한 장 부쳐 보지만 / 바람이 거세어 화답이 안 들리는구나 / 내 나라는 하늘 끝 북쪽에 있고 / 지금 이 나라는 땅끝 서쪽에 있네 / 일남(日南)*에는 기러기마저 없으니 / 누가 소식 전하러 계림으로 날아가리.

*일남(日南) 북회귀선 남쪽, 오늘날의 베트남 중부

통일 신라의 불교 대중화

경덕왕 때 아간 귀진의 집에 욱면이라는 여종이 있었다. 그녀는 주인을 따라 절에 가면 마당에 서서 스님을 따라 염불을 하였다. 주인이 이를 못마땅히 여겨 매일 벼 두 섬을 찧도록 시켰다. 그녀는 벼를 초저녁에 다 찧고 절에 가 염불하는 것을 게을리 하지 않았다. 어느 날 하늘에서 "욱면 낭자는 법당에 들어가서 염불하라."라는 외침이 있었다. …… 법당에 들어간 지 얼마 되지 않아 하늘의 음악이 들리더니 욱면이 솟구쳐 대들보를 뚫고 나갔다. …… 그녀는 진신으로 변하여 연화대에 큰 빛을 비추었고 풍악소리가 그치지 않았다.

- 『삼국유사』 -

불국사와 석굴암

옛날 모량리에 '대성'이라는 아이가 홀어머니를 모시고 살았다. 너무 가난하여 마을에 사는 부자 복안이라는 사람 밑에서 머슴살이를 하였다. 어느 날 승려가 복안에게 흥륜사 법회에 시주하기를 권하자 복안이 베 50필을 바쳤다. 승려는 하나를 보시하면 만 배를 얻게 되고 안락과 장수를 누리게 될 것이라 축원하였다. 이 말을 들은 대성이 어머니에게 말하여 어렵게 마련한 밭을 흥륜사 법회에 보시하였다. 그 후 얼마 지나지 않아 대성이 죽었다. 대성이 죽은 그날 밤 재상 김문량의 집에 이상한 일이 생겼다. "모량리의 대성이라는 아이가 너의 집에 환생하리라."라는 소리가 지붕에서 들렸다. 그 후 김문량의 아내가 임신하여 아이를 낳았는데 아이가 왼손을 꼭 쥐고 펴지 않다가 7일 만에 폈다. 그 손바닥 안에 '대성'이라는 두 글자가 새겨진 쇠붙이가 있었다.

- 『삼국유사』 -

선종의 유입

820년대 초에 승려 도의가 서쪽으로 바다를 건너가 당나라 서당 대사의 깊은 뜻을 보고 지혜의 빛이 스승과 비슷해져서 돌아왔으니, 그가 그윽한 이치를 처음 전한 사람이다. …… 그러나 메추라기의 작은 날개를 자랑하는 무리들이 큰 붕새가 남쪽으로 가려는 높은 뜻을 헐뜯고, 기왕에 공부했던 경전 외우는 데만 마음이 쏠려 선종을 마귀 같다고 다투어 비웃었다. 그래서 도의는 빛을 숨기고 자취를 감추어 서울에 갈 생각을 버리고 마침내 북산에 은둔하였다.

- 봉암사 지증대사 적조탑비 비문 -

범일의 사굴산문

명주 굴산을 개창한 통효 대사는 이름은 범일이고 경주 김씨였다. 할아버지의 이름은 술원이며 명주 도독까지 지냈다. …… 대중 5년 정월, 백달사에서 좌선을 하고 있었는데, 명주 도독 김공이 굴산사에 주석하기를 청했다. 늘어선 소나무로 도를 행하는 행랑을 삼고 평평한 바위로 참선하는 자리를 삼았다. 어떤 사람이 물었다. "이것이 스님들이 힘써야 하는 것입니까?" 범일이 대답하기를, "부처가 간 길을 따라 하지 말라. 남이 한 대로 깨달음을 얻으려 하지 말라."고 하였다.

- 『조당집』 -

균여   p.213

스님(균여)은 북악(北岳)의 법통을 이으신 분이다. 옛날 신라 말 가야산 해인사에 두 분의 화엄종 사종(司宗)이 있었다. 한 분은 관혜공(觀惠公)으로 후백제 견훤(甄萱)의 복전(福田)이 되었고, 다른 한 분은 희랑공(希朗公)인데 우리 태조 대왕의 복전이 되었다. 두 분은 (견훤과 왕건의) 신심(信心)을 받아 불전에서 인연을 맺었는데, 그 인연이 이미 달라졌으니 마음이 어찌 같을 수 있겠는가? 그 문도에 이르러서는 물과 불같은 사이가 되었고 법미(法味)도 각기 다른 것을 받았다. 이 폐단을 없애기 어려운 것은 그 유래가 이미 오래되었다. 당시 세상 사람들은 관혜공의 법문을 남악(南岳)이라 하고, 희랑공의 법문을 북악(北岳)이라 일컬었다. 스님은 항상 남악과 북악의 종지(宗旨)가 서로 모순되며 분명해지지 않음을 탄식하여, 많은 분파가 생기는 것을 막아 한 길로 모이기를 바랐다. 그래서 스님은 수좌 인유(仁裕)와 가까이 사귀어 명산을 유람하고, 절을 왕래하면서 불법의 북을 울리고, 불법의 깃대를 세워, 불문의 젊은 학자들이 자신을 따르도록 하였다.

- 『균여전』 -

팔관회 부활   p.213

팔관회를 부활시키고 왕이 위봉루에 임어하여 연악(宴樂)을 관람하였다. 과거에 성종(成宗)은 잡다한 기예가 불경하고 번잡하다는 이유로 모두 폐지하고, 다만 당일에 법왕사(法王寺)로 행차하여 행향(行香)하고는 돌아와 구정(毬庭)에 이르러서 문무 관리들의 조하(朝賀)만을 받았을 따름이다. 폐지한 지 거의 30년 되는 이때에 이르러서야 정당문학 최항(崔沆)이 요청하므로 부활시켰다.

- 『고려사절요』 -

의천의 출가   p.213

문종이 하루는 여러 아들에게 "누가 승려가 되어 부처를 공양하고 공덕을 닦겠느냐?" 하니, 왕후(王煦)가 일어나 "신이 승려가 될 뜻이 있지만, 오직 임금께서 명령하시는 대로 하겠습니다."라고 대답하였다.

- 『고려사』 -

어려서 승려가 된 의천은 송에서 유학하고 돌아와 흥왕사에 교장도감을 설치하여 교장을 간행하였다.

의천의 내외겸전   p.213

• 교리를 배우는 이는 마음을 버리고 외적인 것을 구하는 일이 많고, 참선하는 사람은 밖의 인연을 잊고 내적으로 밝히기를 좋아한다. 이는 다 편벽된 집착이고 양극단에 치우친 것이다.

• 나는 몸을 잊고 도를 묻는 데 뜻을 두어 다행히 과거의 인연으로 선(禪) 지식을 두루 참배하다가 진수(晉水) 대법사 밑에서 교관(敎觀)을 대강 배웠다. 강술하는 여가에 법사는 일찍이 제자들을 훈시하여, "관(觀)을 배우지 않고 경(經)만 배우면 비록 오주(五周)의 인과(因果)를 들었더라도 삼중(三重)의 성덕(性德)에는 통하지 못하며, 경을 배우지 않고 관만 배우면 비록 삼중의 성덕을 깨쳤으나 오주의 인과를 분별하지 못한다. 그런즉 관을 배우지 않을 수도 없고 경을 배우지 않을 수도 없다"고 했다.

화엄종을 중심으로 교종을 통합한 뒤 국청사를 창건하여 천태종을 창시해 교종을 중심으로 선종을 통합하려고 하였다. 그리고 이를 뒷받침하기 위해 연마와 실천을 아울러 강조하는 교관겸수(敎觀兼修)를 제창하였다.

지눌의 정혜결사

- 지금 불교계를 보면, 아침저녁으로 행하는 일들이 비록 부처의 법에 의지하였다고는 하나, 자신을 내세우고 이익을 구하는 데 열중하며, 세속의 일에 골몰한다. …… 하루는 같이 공부하는 사람 10여 인과 약속하였다. 마땅히 명예와 이익을 버리고 산림에 은둔하여 같은 모임을 맺자. 항상 선을 익히고 지혜를 고르는 데 힘쓰고, 예불하고 경전을 읽으며 힘들여 일하는 것에 이르기까지 각자 맡은 바 임무에 따라 경영한다. 인연에 따라 성품을 수양하고 평생을 호방하게 고귀한 이들의 드높은 행동을 좇아 따른다면 어찌 통쾌하지 않겠는가? …… 명창(明昌) 원년 경술(1190) 늦은 봄 공산(公山)에 은거한 목우자 지눌이 삼가 쓴다. 승안(承安) 5년 경신(신종 3, 1200) 결사를 공산에서 강남의 조계산으로 옮겼다. 그런데 이곳 인근에 정혜사(定慧寺)가 있어 명칭이 혼동되므로 조지(朝旨)를 받들어 정혜사를 수선사라 하였다. 그러나 권수문은 이미 반포되었기 때문에 옛 이름대로 조판하고 인쇄하여 널리 반포한다.

- 한마음을 몰라서 끝없는 번뇌를 일으키는 이가 보통 사람인 중생이고, 한마음을 깨달아서 한없는 지혜와 능력을 드러내는 이가 깨달은 사람, 즉 부처이다. 중생과 부처가 한마음을 알고 모르는 데에서 갈리는 것이므로 마음을 떠나서 불교를 논할 수 없다.

- 『권수정혜결사문』 -

돈오점수

마음 밖에서 부처를 찾아 헤매던 사람들이 선각자의 가르침을 통해 자신의 본성을 보게 되면, 여러 부처와 더불어 털끝만큼도 다르지 않은 본성이 본래부터 갖추어 있음을 안다. 하지만 깨달은 본성이 부처와 다르지 않다 하더라도, 어려서부터 계속된 습성을 갑자기 버리기 어렵다. 곧 깨닫고 닦음에 의하여 점차 습성을 버리고 오랜 세월 지나는 동안 성인의 경지에 이르게 된다.

- 『수심결』 -

혜심의 유·불 일치설

- 부처님이 말씀하시기를, "나는 두 성인을 중국에 보내어 교화를 펴리라. 한 사람은 노자로 그는 가섭보살이요, 또한 사람은 공자로 그는 유동보살(儒童菩薩)이다." 하였다. 이 말에 의하면 유(儒)와 도(道)의 종(宗)은 부처님의 법에서 흘러나온 것이다.

- 전에는 제가 공의 문하에 있었지만 지금은 공이 우리 절에 왔으니, 공은 불교의 유생이고 저는 유교의 불자입니다. 서로 손님과 주인이 되고 스승과 제자가 되는 것은 옛날부터 있었던 일입니다. 불교와 유교는 그 이름만을 생각한다면 아주 다르지만, 실제를 알면 다른 것이 아닙니다.

- 『조계진각국사어록』 -

- 지금의 문하시중(門下侍中) 진양(晉陽) 최공(崔公)이 국사의 풍운(風韻)을 듣고 성의를 기울여 마지않아, 여러 번 서울로 맞이하려고 하였으나, 국사는 끝내 이르지 않았다. 그러나 천리의 거리에서 서로 마음의 합함이 마치 대면한 것이나 마찬가지였다. 최공은 다시 두 아들을 보내어 국사를 모시게 하였고, 무릇 국사의 생활 도구를 힘을 다해서 마련해 주었으며, 심지어 다(茶)·향(香)·약이(藥餌)·진수(珍羞)·명과(名菓)와 도구(道具)나 법복(法服)까지를 항상 제 때에 공급하는 일을 계속하였다. 지금 임금이 즉위하여 선사(禪師)를 제수하고 또 대선사(大禪師)를 더 내렸으니, 그 선발하는 자리를 거치지 않고 승관(僧官)에 오른 일은 국사에서부터 비롯되었다.

- 『동국이상국집』 -

요세의 백련결사 p.214

이후로는 『묘종』을 설법하기 좋아하여 언변과 지혜가 막힘이 없었고, 여러 사람에게 권하여 참회를 닦기를 간절하고 지극하고 용맹스럽게 하여 매일 부처님에게 열두 번씩 예경(禮敬)하고, 비록 모진 추위와 무더운 더위라고 한 번도 게을리 한 일이 없으니, 중들이 서참회(徐懺悔)라 불렀다. …… 무자년 여름 5월에 유생 수명이 서울에서 내려와 뵈니 대사가 제자로 받아들여 머리를 깎고 『묘법연화경』을 가르쳐서 통달하게 하였다. 이로부터 주위에서 높은 소문을 듣고 신행(信行)이 있는 자가 자주 와서 점점 큰 모임이 되었다. 임진년 여름 4월 8일에 처음 보현도량(普賢道場)을 결성하고 법화삼매(法華三昧)를 수행하여, 극락정토(極樂淨土)에 왕생하기를 구하되, 천태삼매의(天台三昧儀) 그대로 하였다. 오랫동안 법화참(法華懺)을 수행하고 전후에 권하여 발심(發心)시켜 이 경을 외우도록 하여 외운 자가 천여 명이나 되었다.

- 『동문선』 -

팔만대장경 조판 동기 p.215

심하도다, 달단이 환란을 일으킴이여! 그 잔인하고 흉포한 성품은 이미 말로 다할 수 없고, 심지어 어리석고 혼암함도 또한 금수(禽獸)보다 심하니, 어찌 천하에서 공경하는 바를 알겠으며, 이른바 불법(佛法)이란 것이 있겠습니까? 이런 때문에 그들이 경유하는 곳에는 불상(佛像)과 범서(梵書)를 마구 불태워버렸습니다. 이에 부인사(符仁寺)에 소장된 대장경(大藏經) 판본도 또한 남김없이 태워 버렸습니다. 아, 여러 해를 걸려서 이룬 공적이 하루아침에 재가 되어버렸으니, 나라의 큰 보배가 상실되었습니다. …… 옛적 현종 2년에 거란주(契丹主)가 크게 군사를 일으켜 와서 정벌하자, 현종은 남쪽으로 피난하였는데, 거란 군사는 오히려 송악성(松岳城)에 주둔하고 물러가지 않았습니다. 그러나 현종은 이에 여러 신하들과 함께 더할 수 없는 큰 서원을 발하여 대장경 판본을 판각해 이룬 뒤에 거란 군사가 스스로 물러갔습니다. 그렇다면 대장경도 한가지이고, 전후 판각한 것도 한가지이고, 군신이 함께 서원한 것도 또한 한가지인데, 어찌 그때에만 거란 군사가 스스로 물러가고 지금의 달단은 그렇지 않겠습니까? 다만 제불다천(諸佛多天)이 어느 정도를 보살펴 주시느냐에 달려 있을 뿐입니다.

- 『동국이상국집』 -

고려는 몽골과의 전쟁 시기에 불력으로 외침을 격퇴할 것을 염원하면서 팔만대장경을 만들었다. 조판 작업이 시작되면서 강화도 선원사에 대장도감, 진주 남해에 분사 대장도감을 설치하였고, 고려의 구본을 토대로 송과 요 등 여러 나라의 장경을 대조하여 대장경을 새로 판각하였다. 16년 만에 완성된 팔만대장경은 8만 매가 넘는 목판이 모두 경남 합천 해인사에 보관되어 있다.

신진 사류의 불교 비판 p.216

• 사람이 태어날 때 천지의 이(理)를 받아 성(性)이 되었다. 그 형체를 이룬 바는 기(氣)이고, 이(理)와 기(氣)를 합하여 능히 신명(神明)한 것은 심(心)이다. 유가(儒家)에서는 이(理)를 주로 하여 심(心)과 기(氣)를 다스리니, 그 하나를 근본으로 하여 나머지 둘을 기르는 것이요, 노씨(老氏)는 기(氣)를 주로 하여 양생(養生)으로써 도(道)를 삼고, 석씨(釋氏)는 심(心)을 주로 하여 부동(不動)으로써 종(宗)을 삼아 각기 그 하나를 지키고 그 둘을 버린 것이다.

- '심기리편' -

• 유자(儒者)의 도는 음식이나 남녀 관계와 같이 모두 일상생활에 대한 일로서 누구나 동일합니다. 여기에 지극한 이치가 존재합니다. 불교는 이와 같지 않습니다. 친척을 버리고 남녀 사이를 끊고 석굴 안에 홀로 앉아 초의목식(草衣木食)하며 속세를 떠납니다. 공허한 것을 보고 신조로 삼으니 어찌 평상의 도라고 말할 수 있겠습니까?

- 『불씨잡변』 -

- 선유(先儒)가 불씨(佛氏)의 지옥설을 논박하여 말하기를, "…… 불법(佛法)이 중국에 들어오기 전에도 죽었다가 다시 살아난 사람들이 있었는데, 어째서 한 사람도 지옥에 들어가 소위 시왕(十王)*이란 것을 본 자가 없단 말인가? 그 지옥이란 없기도 하거니와 믿을 수 없음이 명백하다."라고 하였다.

*시왕(十王): 저승에서 죽은 사람을 재판하는 열 명의 대왕

- 『불씨잡변』 -

2 유교

신문왕의 유교 이념
p.217

- 과인이 왜소한 몸, 부족한 덕(德)으로 숭고한 기틀을 받아 지키느라 먹는 것도 잊고 아침 일찍 일어나 밤늦게 잠들며 여러 중신과 함께 나라를 편안하게 하려 하였다.
- 임금을 섬기는 규범은 충성을 다하는 것을 근본으로 삼고, 벼슬살이하는 도리는 두 마음을 갖지 않는 것을 으뜸으로 한다.

- 『삼국사기』 -

설총의 화왕계
p.217

어떤 이가 화왕(花王, 모란)에게 말하기를, "두 명(장미와 할미꽃)이 왔는데 어느 쪽을 취하고 어느 쪽을 버리시겠습니까." 하였다. 화왕이 말하기를, "장부(할미꽃)의 말도 일리가 있지만 어여쁜 여자(장미)는 얻기가 어려운 것이니 이 일을 어떻게 할까." 하였다. 장부가 다가가서 말하기를, "저는 대왕이 총명하여 사리를 잘 알 줄 알고 왔더니 지금 보니 그렇지 않군요. 무릇 임금된 사람치고 간사한 자를 가까이하지 않고 정직한 자를 멀리하지 않는 이가 저입니다. 이 때문에 맹가(맹자)는 불우하게 일생을 마쳤으며, 풍당(중국 한나라 사람)은 머리가 희도록 하급 관직을 면치 못하였습니다. 옛날부터 도리가 이러하였거늘 저인들 어찌하겠습니까." 하였다. 화왕이 대답하기를, "내가 잘못했노라. 내가 잘못했노라." 하였다. 이에 왕이 얼굴빛을 바로하며 말하기를, "그대의 우화는 진실로 깊은 뜻이 담겨 있도다. 기록해 두어 왕자(王者)의 경계로 삼게 하기 바란다."라고 하고는 그를 높은 관직에 발탁하였다.

- 『삼국사기』 -

독서삼품과
p.217

원성왕 4년(788년) 봄에 처음으로 독서삼품(讀書三品)을 정하여 출사케 하였다. 『춘추좌씨전』이나 혹은 『예기』, 『문선』을 읽고 그 뜻에 능통하며 『논어』와 『효경』에 모두 밝은 자를 상품으로, 『곡례』와 『논어』, 『효경』을 읽은 자를 중품으로, 『곡례』와 『효경』을 읽은 자를 하품으로 삼았다. 혹 오경에 널리 통달한 자는 등급을 뛰어넘어 발탁해 등용하였다. 예전에는 오직 궁술로써만 사람을 선발하였으니, 이때에 이르러 이를 개정하였다.

- 『삼국사기』 -

6두품 출신 도당 유학생의 활동
p.217

• 김운경이 빈공과에 처음으로 합격한 뒤에 소위 빈공자는 매월 특별 시험을 보아 그 이름을 발표하는데, 김운경 이후 당나라 말기까지 과거에 합격한 사람은 58명이었고, 5대에는 32명이나 되었다. 그 중 대표적인 사람은 …… 최치원, 최신지, 박인범, 최승우 등이다.

- 『동사강목』 -

• 최치원은 어려서부터 정밀하고 민첩하였으며, 학문을 좋아하였다. 나이 12세가 되어 장차 배를 타고 당에 들어가 공부를 하려 할 때 그 아버지가 말하기를 "십 년 안에 과거에 급제하지 못하면 내 아들이 아니니 힘써 공부하라."라고 하였다. 치원이 당에 이르러 스승을 좇아 학문을 배우기에 게을리 하지 않았다. 건부 원년 갑오(874)에 예부시랑 배찬 아래에서 한번 시험을 보아 합격하여 선주(宣州) 율수현위에 임명되었다.

- 『삼국사기』 -

• 최치원은 당의 학문을 많이 깨달아 얻은 바 많았으며, 귀국하여 이를 널리 펴 보려는 뜻을 가졌으나, 그를 의심하고 꺼리는 사람이 많아 그의 뜻을 용납할 수 없어, 대산군(전북 태인) 태수로 나가게 되었다. 그가 귀국했을 때는 난세가 되어 모든 일이 뜻대로 되지 않았으므로, 스스로 불우한 처지를 한탄하며 다시 벼슬에 뜻을 두지 않고 …… 풍월을 읊으며 세월을 보냈다.

- 『삼국사기』 -

• 황소에게 고하노라. 무릇 바른 것을 지키고 떳떳한 것을 행하는 것을 도(道)라 하고, 위험한 때를 당하여 변통할 줄을 아는 것을 권(權)이라 한다. …… 너는 모름지기 나아갈 것인가 물러날 것인가를 잘 헤아리고, 잘된 일인가 못된 일인가 분별하라. 배반하여 멸망 당하는 것보다는 차라리 귀순하여 영화를 얻는 것이 낫다.

- 『토황소격문』 -

> 최치원은 12세에 당으로 유학을 떠나 빈공과에 합격하여 당의 관리가 되었다. 881년 당에서 큰 농민 반란이 일어났을 때 주도자 황소에게 항복을 권하는 '토황소격문'이라는 글을 써서 보냈는데, 그것을 읽은 황소가 놀라 침대에서 굴러떨어졌다 하여 최치원의 이름이 널리 알려졌다. 28세 되던 해(885) 그는 신라로 돌아와 관리가 되었다. 진성여왕에게 시무책을 올리는 등 어지러운 정치를 바로잡고자 노력했으나, 오히려 진골 귀족들의 견제로 중앙 관직에서 물러나게 되었다. 이후 그는 각지를 유랑하며 경주, 합천, 부산 해운대 등을 떠돌다가 말년에는 해인사에 머물렀는데, 언제 세상을 떠났는지는 알 수 없다.

쟁장·등제서열
p.217

• 신이 본국의 숙위원상보(宿衛院狀報)를 보건대, 지난 건령 4년 7월 중에 신년축하 사절로 간 발해 왕자 대봉예가 글을 올려, 발해가 신라보다 윗자리를 차지할 수 있도록 허락해 줄 것을 요청하였다는 사실을 알게 되었습니다. 그것에 대해 칙지(勅旨)를 엎드려 살펴보니, "국명(國名)의 선후라는 것은 본래 국력의 강하고 약함에 따라서 일컬어지는 것이 아니다. 조정의 제도로서 서열에 등차가 있는 것이거늘 어찌 성쇠(盛衰)로써 바꾸겠는가. 마땅히 옛 사례대로 할 것이니 이에 널리 선포하여 알리도록 하노라."라고 하셨습니다.

- 『동문선』 -

• 최언위는 신라 말, 나이 18세에 당에 유학하여 빈공과에 급제하였다. 같은 해에 발해 재상 오소도의 아들 광찬도 급제하였다. 오소도가 당에 왔다가 자기 아들의 이름이 최언위 아래에 있음을 보고 글을 올려 청하기를, "신이 빈공과에 급제하였는데, 이름이 이동(李同)의 위에 있었습니다. 지금 신의 아들 광찬도 최언위 위에 올리는 것이 마땅할 것입니다."라고 하였다. 그러나 최언위의 재주와 학식이 뛰어났기 때문에 허락하지 않았다.

- 『고려사』 -

> 최치원은 어린 나이에 당으로 건너가 빈공과에 합격하여 관리로 활동하였다. 당시 신라와 발해는 국제 사회에서 경쟁 관계에 있었는데, 당에 파견된 발해 사신과 신라 사신 사이에 서열을 다투는 사건이 발생하기도 하였다. 자료는 최치원이 이 사건에 대해 언급하고 있는 내용이다.

고려 초기의 유학 사상
p.218

예악·시서의 가르침과 군신·부자의 도리는 마땅히 중국을 본받아 나쁜 풍속은 고쳐야 되겠지만, 그 밖의 거마·의복 제도는 그 지방의 풍속대로 하여 사치함과 검소함을 알맞게 할 것이며, 일부러 중국의 것과 같이 할 필요가 없습니다.

- 『고려사』 -

최승로
p.218

오래도록 후사를 이을 아들이 없어 이 절의 관음보살 앞에서 기도를 하였더니 태기가 있어 아들을 낳았다. 태어난 지 석 달이 안되어 백제의 견훤이 서울을 습격하니 성 안이 크게 어지러웠다. 은함은 아이를 안고 [이 절에] 와서 고하기를, "이웃 나라 군사가 갑자기 쳐들어 와서 사세가 급박한지라 어린 자식이 누가 되어 둘이 다 죽음을 면할 수 없사오니 진실로 대성(大聖)이 보내신 것이라면 큰 자비의 힘으로 보호하고 길러주시어 우리 부자로 하여금 다시 만나보게 해주소서."라고 하고 눈물을 흘려 슬프게 울면서 세 번 고하고 [아이를] 강보에 싸서 관음보살의 사자좌 아래에 감추어 두고 뒤돌아보며 돌아갔다.

- 『삼국유사』 -

유교 문화와 불교 문화의 공존
p.218

짐으로 말하면 어려서 어머니를 여의고 또 일찍이 아버지를 여의어 부모의 무한한 은혜를 갚지 못하였으므로 항상 추모하는 생각이 간절하다. …… 지금부터 태조와 아버지 대종의 제삿날을 전후하여 5일간, 어머니 선의 왕후의 제삿날을 전후하여 3일간 불공을 드리도록 하라. 그리고 제사 드리는 날에는 도살을 금지하고 고기반찬을 올리지 않도록 하라.

7재
p.218

『주역(周易)』 전공을 여택(麗澤), 『상서(尙書)』를 대빙(待聘), 『모시(毛詩)』를 경덕(經德), 『주례(周禮)』를 구인(求仁), 『대례(戴禮)』를 복응(服膺), 『춘추(春秋)』를 양정(養正), 무학(武學)을 강예(講藝)라 하였다. 대학에서 최민용 등 70명과 무학에서 한자순 등 8명을 시험으로 뽑아 여기에 나누어 공부하도록 하였다.

- 『고려사』 -

진화의 시
p.218

서쪽 송나라는 이미 기울고 북쪽 오랑캐는 아직 잠자고 있네.
앉아서 문명의 아침을 기다려라, 하늘의 동쪽에서 태양이 떠오르네.

진화는 무신 집권기 문신이다. 고종이 여러 신료들에게 부와 시를 짓게 했는데, 이규보가 수석, 진화가 차석이었다고 전한다.

원 간섭기의 유학자
p.219

• 안향은 학교가 날로 쇠퇴함을 근심하여 양부(兩府)에 의논하기를 "재상의 직무는 인재를 교육하는 것보다 우선하는 것이 없습니다."라고 …… 만년에는 항상 회암 선생(주자)의 초상화를 걸어 놓고 경모하였으므로 드디어 호를 회헌이라 하였다.

- 『고려사』 -

- 충선왕이 원의 수도 저택에 머물러 있으면서 만권당을 짓고 서적을 읽는 것으로 스스로 즐거움을 삼았다. 이윽고 말하기를 "경사(원의 수도)의 학자는 모두 천하에서 선발된 사람들인데, 내 주위에는 그런 사람이 없으니 부끄러운 일이다."라고 하고 이제현을 불렀다. 그가 원의 서울에 도착했을 때 요수, 염 복, 원명선, 조맹부 등이 모두 왕 주위에 모여 교유하고 있었다. 이제현은 그들과 상종하여 학문이 더욱 발전하였으며 요수 등은 그를 칭찬하기를 그치지 않았다.
- "회암(주자)의 시를 본 후 책을 덮어놓고 감탄하였다. 내[이제현]같이 (주자의) 뒤에 태어나 배움의 말단에 있는 사람으로 논의한 것이, 주자와 어긋나지 않았을 줄 어찌 생각할 수 있었을까."

― 『고려사』 ―

- 이곡은 충숙왕 7년에 과거에 급제하여 복주 사록 참군이 되었다가 충혜왕 원년에 예문 검열로 옮겼다. 충숙왕 후 원년에 정동성 향시에 1등으로 합격하였고 드디어 원의 제과(외국 사람이 보는 과거)에 발탁되었다. 이보다 앞서 우리나라 사람들로 제과에 합격한 자들이 있었지만, 모두 낮은 성적이었다. 그런데 이곡의 답안은 시험관의 높은 평가를 받아 제2등으로 뽑혀 재상의 추천으로 한림국사 원검열관에 임명되었다.

― 『고려사』 ―

정몽주 p.219

그는 공민왕 9년 과거에 응시하여 연달아 세 번 수석하여 1등으로 뽑혔다. 당시 고려에는 『주자집주』만이 수입되어 있었는데, 그의 가르침이 뛰어나 모두 그 내용을 의심하였다. 이후에 『사서통』이 들어왔는데, 그 내용이 그의 말과 다르지 않아 여러 선비들이 탄복하였다. 이색은 그에 대해 그 논리는 횡설수설하여도 이치에 합당하지 않음이 없다고 칭찬하였다.

― 『고려사』 ―

성리학의 민본주의 p.219

- 토지 제도가 무너지면서 부유하고 권세 있는 자가 남의 토지를 차지하여 부자는 밭두둑이 잇닿을 만큼 토지가 많아지고, 가난한 사람은 송곳 꽂을 땅도 없게 되었다. 그래서 가난한 사람은 부자의 토지를 빌려 일 년 내내 부지런히 고생해도 식량은 오히려 부족하였고, 부자는 편안히 앉아서 손수 농사를 짓지 않아도 경작하는 사람을 부려 소출의 태반을 먹었다.

― 『조선경국전』 ―

- 대저 백성은 나라의 근본이다. …… 옛날에 사해를 다스리면서 천자가 관작을 설치하고 봉록을 지급한 것은 신하를 위해서가 아니라 모두 백성을 위한 것이었다. 따라서 성인(군주)의 동작과 시설, 명령과 법제는 그 하나하나가 반드시 백성에 근본을 두었다.

― 현령군수민지본야, 『경제문감』 ―

사림 문화의 영향 p.219

법도가 정해지는 것과 기강이 대강 서게 되는 것은 일찍이 대신을 공경하고 그 정치를 맡기는 데 있지 않은 것이 없사옵니다. 임금도 혼자서 다스리지 못하고 반드시 대신에게 맡긴 뒤에 다스리는 도가 서게 됩니다. …… 전하께서 정말로 도를 밝히고, 홀로 있는 때를 조심하는 것으로써 마음을 다스리는 요점을 삼으시고, 그 도를 조정의 위에 세우시면 기강은 어렵게 세우지 않더라도 정해질 것입니다.

― 『정암집』 ―

[사료의 정석] 史師 사료한국사

이황의 주리론
p.220

- 천하의 사물은 반드시 각각 그렇게 되는 까닭이 있고 바로 그렇게 되어야 하는 법칙이 있는데, 그것을 이(理)라고 한다. …… 무릇 모든 사물은 능히 그렇게 되고 반드시 그렇게 되는 것이니, 이는 사물에 앞서 존재한다.

- 4단과 7정이 하나의 정감이지만, 4단은 인의예지라는 본성에서 발동해 나오고, 7정은 기질에서 발동해 나온다. 즉, 4단과 7정이 모두 이기가 겸하여 발동하는 곳이지만, …… 4단은 이가 발하여 기가 따라오는 것이고[이발이기수지(理發而氣隨之)], 7정은 기가 발하여 이가 타고 오는 것이다[기발이이승지(氣發而理乘之)].

이황의 성학론
p.220

- 임금된 자의 마음은 만기(萬機)가 연유하는 곳이고, 많은 책임이 모이는 곳인데, 욕심이 서로 침해하면 간사함이 서로 꿰뚫게 됩니다. 조금이라도 태만하고 소홀하면 마음이 무너지니 이를 누가 막겠습니까? 옛 성군은 이를 걱정하였습니다. …… 후세 임금들은 천명을 받아 임금의 자리에 오른 만큼 그 책임이 지극히 무겁고 지극히 크지만, 자신을 다스리는 도구는 하나도 갖추어지지 않았습니다. 왕이라는 높은 자리는 만백성이 떠받드는 자리인데 스스로를 다스리는 방법은 하나도 이와 같이 엄격한 것이 없고 거리낌 없이 스스로 성인인 체 거만하여 마침내는 망하게 되었으니 무엇이 이상하다 하겠습니까. …… 엎드려 바라옵건대 임금님께서는 이런 이치를 깊이 살피시고 먼저 뜻을 세우셔야 합니다. 그리고 "순(舜)은 누구이며 나는 누구인가? 노력하면 나도 순임금처럼 될 수 있다."라고 생각하십시오.

- 『성학십도』 -

- 소학의 방법이란 물 뿌리고 청소하는 일과, 사람을 대하는 일을 하고, 집에 들어와서는 효도하고, 나가 서는 공손하여, 행동을 도리에 어긋남이 없게 함이다. 이렇게 하고 남은 힘이 있으면 시를 외우고 책도 읽으며, 노래하고 춤을 추더라도 생각이 분에 넘침이 없게 해야 한다. 이치를 탐구하고 몸을 갈고 닦는 것이 이 학문의 큰 목적이다.

- 『성학십도』 -

> 이황은 이언적을 계승하여 주리 철학을 발 전시켰다. 신조에게 『성학십도』를 지어 바쳤는데, 여기에서 그는 군주 스스로 내면의 이(理)를 성찰하고 깨우칠 것을 강조하여 군주의 역할을 중시하였다.

이이의 주기론
p.220

이(理)와 기(氣)는 원래 서로 떨어지지 않아 한 물건인 것 같으나 다른 까닭은 이는 무형(無形)이고 기는 유형(有形)이며, 이는 무위(無爲)이고 기는 유위(有爲)이기 때문입니다. 무형과 무위이면서 유형과 유위의 주(主)가 되는 것은 이(理)이고, 유형과 유위이면서 무형과 무위의 기(器)가 되는 것은 기(氣)입니다. 이(理)는 무형이고 기(氣)는 유형이므로 이는 통하고 기는 국한되는 것[이통기국(理通氣局)]이며, 이는 무위이고 기는 유위이므로 기가 발하면 이가 타는 것[기발이승(氣發理乘)]입니다. '이가 통한대[이통(理通)]'는 것은 무슨 뜻입니까? 이(理)는 본말(本末)도 없고 선후(先後)도 없습니다. 본말도 없고 선후도 없으므로 아직 감응하지 않았을 때에도 먼저가 아니며, 이미 감응하였을 때에도 뒤가 아닙니다. 그러므로 기를 타고 유행하여 천태만상으로 고르지 않으나 그 본연의 묘리(妙理)는 없는 데가 없습니다. 기가 치우치면 이(理)도 치우치나 치우친 것은 이가 아니라 기이며, 기가 온전하면 이도 온전하나 온전한 것은 이가 아니라 기입니다.

- 『율곡전서』 -

> 이이는 이와 기가 섞이지 않는다는 이원론에 입각하여, '이통기국'과 '기발이승'의 학설을 주장하였다. 이는 두루 통하고 기는 국한된 것이라 보았고, 당대의 현실 문제 해결을 위해 제한적인 기를 바로잡음으로써 사회를 경장(更張)할 것을 제안하였다.

이이의 이통기국론 p.220

이(理)가 아니면 기(氣)가 근거할 데가 없으며 기가 아니면 이가 의거할 데가 없다. 이미 두 개 물건이 아닌 즉, 또한 하나의 물건도 아니다. 하나의 물건이 아니니 하나이면서도 둘이고, 두 개의 물건이 아니니 둘이면서도 하나이다. 하나의 물건이 아니라는 것은 무엇을 말하는가? 이와 기는 서로 떨어지지 않을 수 없으나 묘하게 결합된 가운데 있다. 이는 이고 기는 기이지만 혼돈 상태여서 틈이 없고 선후가 없으면 떨어졌다 붙었다 하는 일이 없으니 두 개의 물건이라고 볼 수 없다. 따라서 두 개의 물건이 아니다.

- 『율곡집』 -

이이의 '중쇠기' p.220

예로부터 나라의 역사가 중기에 이르면 인심이 반드시 편안만 탐해 나라가 점점 쇠퇴한다. 그때 현명한 임금이 떨치고 일어나 천명을 연속시켜야만 국운이 영원할 수 있다. 우리나라도 200여 년을 지내 지금 중쇠(中衰)에 이미 이르렀으니, 바로 천명을 연속시킬 때이다.

이이의 공론 p.220

인심이 함께 옳다 하는 것을 공론이라 하며, 공론의 소재를 국시라고 합니다. 국시란 한 나라의 사람이 의논하지 않고도 똑같이 옳다 하는 것이니, 이익으로 유혹하는 것도 아니고 위세로 무섭게 하지 않아도 삼척동자도 그 옳은 것을 아는 것이 국시입니다.

- 『율곡전서』 -

이이의 성학론 p.220

전하께서는 먼저 큰 뜻을 세우셔서 반드시 성현을 표준으로 삼으시고, 삼대를 본받으십시오. 전심하여 글을 읽으시고 사물에 나아가 이치를 궁구하시어 말이 내 마음에 거슬리면 반드시 도리에 맞는가를 생각하시고, 말이 내 뜻에 순하면 반드시 도리가 아닌가를 생각하시어 곧은 말을 즐겨 들으십시오. 간하는 것을 싫어하지 마시어 착한 것을 받아들이는 도량을 넓히시고, 의리와 귀결을 깊이 살피시며, 몸을 굽히는 것을 부끄러워 마시고, 남에게 이기려는 사사로움을 버리시면 일용하는 사이에 실천하는 것이 성실해져 한 가지도 실수가 없을 것입니다. …… 후세에 도학이 밝지 않고 행하지 않는 것은 독서를 널리 알리지 못한 것을 근심할 것이 아니라, 이치를 살피는 것이 정밀하지 못한 것을 근심해야 할 것이오며, 지식과 견문이 넓지 못한 것을 근심할 것이 아니라 실천함이 독실하지 못한 것을 근심해야 할 것입니다.

- 『성학집요』 -

인물성동론과 인물성이론 p.222

• 생태계를 구성하는 인간, 금수, 초목은 차별점이 있지만, '차별'이 '차등'이 되는 것은 결코 아니다. 금수와 초목에도 나름대로 예와 의가 있다. 사람과 사물이 귀하고 천함의 차이가 있다고 하여도 하늘이라는 절대적 관점에서 보면 사람과 사물은 균등하다. 인간의 관점에 집착하여 사물을 천하게 보고 인간을 가장 귀한 존재로 보는 생각이야말로 진리를 해치는 가장 근본 요인이다.

- 『의산문답』 -

- 만물이 생기고 나면 바르고 통(通)한 기운을 받은 것이 사람이 되고, 편벽되고 막힌 기운을 받은 것이 물건이 된다. 물건은 편벽되고 막힌 기운을 받았기 때문에, 이(理)의 전체를 받지 못한 것은 아니지만 기질을 따라 본성 역시 편벽되고 막히게 된다. …… 사람만은 바르고 통한 기운을 받았기 때문에 마음이 가장 영묘하여 건순과 오상의 덕을 모두 갖추었으니, 그 지극한 것을 확충하면 천지에 참여하여 만물을 화육하는 것을 돕는 것도 모두 우리 인간이 할 수 있는 일이다. 이는 사람과 물건의 다른 점이다.
- 이간이 말하였다. "인의예지신과 같은 덕성(德性)은 짐승 역시 동등하게 받았습니다. 다만 차이가 있다면 인간은 덕성이 온전하고 짐승은 치우쳐 있다는 정도입니다." 한원진이 말하였다. "그것은 이(理)의 관점에서만 본 것입니다. 기(氣)의 관점에서 보면 어떨지요? 만물은 제각각 다릅니다. 짐승이 어찌 인의예지신을 가지고 있다고 하겠습니까?"

- 『한산기행』 -

윤휴의 주자학 비판

나의 저술 의도는 주자의 해석과 다른 이설(異說)을 제기하는 것보다는 의문점 몇 가지를 기록하였을 뿐이다. 만약 내가 주자 당시에 태어나 제자의 예를 갖추었다 하더라도 감히 구차하게 뇌동하여 전혀 의문점을 해소하기를 구하지 못하고 찬탄만 하고 있지는 않았으리라. 어찌 천하의 많은 이치를 주자만 알고 나는 모른단 말인가. 주자는 다시 태어난다 해도 내 학설을 인정하지 않겠지만, 공자와 맹자가 다시 태어난다면 나를 인정할 것이다. …… 반드시 반복하여 질문하고, 생각해서 분명하게 이해하기를 기대했을 것이다. …… 나는 단지 붕우들과 더불어 강론하여 뒷날의 이해가 점차 나아지기를 기다렸을 뿐이다. 그런데 근래에 송영보가 이단이라고 배척하였다. 송영보의 학문은 전혀 의심을 내지 않고, 주자의 가르침이라면 덮어놓고 의론(議論)을 용납하지 않으니, 비록 존신한다 하더라도 그 어찌 실제로 체득하였다고 할 수 있겠는가?

- 『도학원류속』 -

윤휴는 남인 계열의 인물로서, 예송 논쟁 당시 송시열과 대립하였다. 그는 주자의 학설을 무분별하게 수용하기보다는 육경 고문에 대한 연구를 통해 이를 상대화시키고자 하였으며, 주자의 『중용집주』를 부정하고 『중용주해』를 저술하였다. 결국 송시열에 의해 사문난적으로 배척되었다.

윤휴에 대한 비판

우리나라는 문충공 정몽주로부터 주자의 학문을 존신(尊信)했었고, 조선조에 와서는 유현(儒賢)이 배출되어 존경하며 행하고 익히지 않을 수가 없었는데, 문순공 이황과 문성공 이이에 이르러서는 또한 더 뛰어나게 되었습니다. 불행히도 윤휴란 사람이 당초부터 이황·이이의 말을 배척하고 문간공 성혼은 들어서 말하지 않았으며, 성설(成說)을 저술하여 신(臣)에게 보냈기에 신이 깜짝 놀라며 책망하니, 하늘을 쳐다보고 웃으며 신더러 무엇을 알겠느냐고 했습니다. 이미 주자의 주설(註說)을 옳지 않다 하여 반드시 자기의 소견대로 바꾸어 놓았고, 『중용』에 대해서는 장구(章句)를 없애 버리고 자신이 새로 주를 만들어 그의 무리들에게 주었습니다. 또 그가 종말에는 자신의 말을 저술하여 자신을 공자에게 비하고 염구(冉求)를 주자로 쳐놓아, 그가 시종 패류(悖謬)한 짓 하기를 이에 이르도록 했으니, 세상의 도의(道義)에 해가 됨이 심하였습니다. 한때의 소위 고명하다는 사람들이 그에게 중독되었고, 윤증의 아비 윤선거가 더욱 심한 사람입니다. …… '윤휴는 곧 사문난적(斯文亂賊)이고, 공(公)은 곧 당여(黨與)로서 주자를 배반한 사람이다. 춘추(春秋)의 법에 난신적자(亂臣賊子)를 다스리려면 반드시 먼저 당여부터 다스렸으니, 왕자(王者)가 나오게 된다면 마땅히 공이 윤휴보다 먼저 법에 걸리게 될 것이다.' 했었습니다.

- 『숙종실록』 -

박세당의 주자학 비판   p.223

송나라 시대에 와서 정자와 주자 두 선생이 일어나서 …… 6경의 본래의 뜻이 이제야 찬란하게 다시 세상에 밝혀졌다. …… 그러나 경에 실린 말이 그 근본은 비록 하나이지만 그 단서는 천만갈래이다. …… 확실치 못하고 넓게 보지 못한 식견을 대강 서술하여 모아서 책을 만들어 이름을 『사변록』이라 하였다. 혹시 선배 유학자들이 세상을 깨우치고 백성을 도와주는 뜻에 조금이라도 도움이 되지 않을까 함이요, 결코 다투기를 좋아하는 마음에서 새롭게 학설을 세운 것은 아니다.

- 『사변록』 -

양명학   p.223

• 지는 심의 본체이다. 심은 자연히 지를 모이게 한다. 아버지를 보면 자연히 효를 안다. 형을 보면 자연히 제를 안다. 어린아이가 우물에 들어가려는 것을 보면 자연히 측은함을 안다. 이것이 양지(良知)이다. 마음 바깥에서 미루어 알 수 있는 것이 아니다. …… 양지라는 것은 맹자가 이른바 '시비의 마음은 모든 사람이 지니고 있다.'라고 한 것이다. 시비의 마음은 생각을 기다려서 아는 것이 아니고, 배워서 알 수 있는 것이 아니다. 그러므로 양지라고 한다.

- 『전습록』 -

• 이 학문은 인의를 해치고 천하를 어지럽히는 것이다. …… 심즉리(心卽理)라는 말을 만들어내 "천하의 이(理)는 내 마음속에 있지 밖의 사물에 있는 것이 아니니, 다만 마음을 보존하여 기르는 데 힘쓸 뿐 사물에서 이(理)를 구해서는 안 된다."라고 한다. 그렇다면 사물에 오륜과 같이 중요한 것이 있어도 되고 없어도 된다는 것인데, 불교와 무엇이 다른가?

- 『퇴계집』 -

양명학의 전래 시기는 분명하지 않으나, 16세기 말 이미 양명학의 저술인 『전습록(傳習錄)』이 전해졌고, 이황이 『전습록변(傳習錄辨)』을 지어 이에 대한 비판을 한 바 있었다. 조선 후기 성리학이 교조화되어가는 양상을 띠자, 일부 소론 계열 인사들은 양명학을 통해 당시의 사회 모순을 극복하고자 하였다.

정제두   p.223

• 본래 사람의 생리 속에는 밝게 깨닫는 능력이 있기 때문에 스스로 두루 잘 통해서 어둡지 않게 된다. 따라서, 불쌍히 여길 줄 알고 부끄러워하거나 미워할 줄 알며 사양할 줄 알고 옳고 그름을 가릴 줄 아는 것 가운데, 어느 한 가지도 못하는 것이 없다. 이것이 본래 가지고 있는 덕이며 이른바 양지(良知)라고 하는 것이니, 또한 인(仁)이라고도 한다.

• 나의 학문은 안에서만 구할 뿐이고 밖에서는 구하지 않는다. …… 그런데 오늘날 주자를 말하는 자들로 말하면, 주자를 배우는 것이 아니라 다만 주자를 빌리는 것이요, 주자를 빌릴 뿐만 아니라 곧 주자를 부회해서 자기들의 뜻을 성취하려 하고 주자를 끼고 위엄을 지어 자기들의 사욕을 달성하려 할 뿐이다.

- 『하곡집』 「존언」 -

『하곡집』은 조선 후기의 양명학자로 강화학파를 연 정제두의 글을 모은 문집이다.

유형원의 균전론   p.224

농부 한 사람이 토지 1경을 받아 법에 따라 조세를 낸다. 4경마다 군인 1인을 낸다. 사대부로서 처음 학교에 입학한 자는 2경을 받는다. …… 현직 관료는 …… 9품에서 2품까지 조금씩 차등을 두어 지급한다. 모두 병역 의무는 면제하며 현직에 근무할 때는 별도로 녹을 받는다. 퇴직하였을 때는 받은 토지로 생계를 유지한다. …… 토지를 받은 자가 죽으면 국가에 반납한다.

- 『반계수록』 -

이익의 6좀 비판   p.224

사람 중에 간사하고 함부로 하는 자가 없다면 천하가 왜 다스려지지 않겠는가? 간사하고 함부로 하는 것은 재물이 모자라는 데에서 생기고 재물이 모자라는 것은 농사에 힘쓰지 않은 데에서 생긴다. 농사에 힘쓰지 않는 자 중에 그 좀이 여섯 종류가 있는데, 장사꾼은 그 중에 들어 있지 않다. 첫째가 노비(奴婢)요, 둘째가 과업(科業)이요, 셋째가 벌열(閥閱)이요, 넷째가 기교(技巧)요, 다섯째가 승니(僧尼)요, 여섯째가 게으름뱅이이다.

- 『성호사설』 -

이익의 폐전론   p.224

대저 우리나라는 지역이 좁은데다가 물길이 사방으로 통해 있기 때문에 동전이 필요치 않다. …… 지금 동전을 사용한 지 겨우 70년밖에 되지 않았으나, 폐단이 매우 심하다. 동전은 탐관오리에게 편리하고 사치하는 풍속에 편리하며 도둑에게 편리하나, 농민에게는 불편하다. 많은 사람들이 돈 꿰미를 차고 저잣거리에 나아가 무수한 돈을 허비하니, 인심이 날로 각박해진다.

- 『성호사설』 -

이익의 한전론   p.224

국가는 마땅히 한 집의 생활에 맞추어 재산을 계산하여 한전(限田) 몇 부를 1호의 영업전(永業田)으로 한다. 그러나 땅이 많은 자는 빼앗아 줄이지 않고 미치지 못하는 자도 더 주지 않으며, 돈이 있어 사고자 하는 자는 비록 천백 결이라도 허락하고, 땅이 많아서 팔고자 하는 자는 다만 영업전 몇 부 이외에는 역시 허락한다.

- 『곽우록』 -

정약용의 전론   p.225

하늘이 이 백성을 내어 그들을 위해 먼저 전지(田地)를 두어서 그들로 하여금 먹고 살게 하고, 또 그들을 위해 군주(君主)를 세우고 목민관(牧民官)을 세워서 군주와 목민관으로 하여금 백성의 부모가 되게 하여, 그 산업을 골고루 마련해서 다 함께 살도록 하였다. 그런데도 군주와 목민관이 된 사람은 그 여러 자식들이 서로 치고 빼앗아 남의 것을 강탈해서 제 것으로 만들곤 하는 것을, 팔짱을 낀 채 눈여겨 보고서도 이를 금지시키지 못하여 강한 자는 더 차지하고 약한 자는 떠밀려서 땅에 넘어져 죽도록 한다면, 그 군주와 목민관이 된 사람은 과연 군주와 목민관 노릇을 잘 한 것일까? …… 지금 문관(文官)·무관(武官) 등의 귀신(貴臣)들과 여항(閭巷)의 부인(富人) 가운데는 1호당 곡식 수천 석(石)을 거두는 자가 매우 많은데, 그 전지를 계산해 보면 1백 결(結) 이하는 되지 않을 것이니, 이는 바로 9백 90명의 생명을 해쳐서 1호를 살찌게 하는 것이다. 국중(國中)의 부인(富人)으로서 영남(嶺南)의 최씨(崔氏)와 호남(湖南)의 왕씨(王氏) 같은 경우는 곡식 1만 석(石)을 거두는 자도 있는데, 그 전지를 계산해 보면 4백 결 이하는 되지 않을 것이니, 이는 바로 3천 9백 90인의 생명을 해쳐서 1호만을 살찌게 한 것이다.

정약용의 여전론   p.225

이제 농사짓는 사람은 토지를 갖고 농사짓지 않는 사람은 토지를 갖지 못하게 하려면 여전제를 실시해야 한다. 산골짜기와 시냇물의 지세를 기준으로 구역을 획정하여 경계를 삼고, 그 경계선 안에 포괄되어 있는 지역을 1여(閭)로 한다. …… 1여마다 여장(閭長)을 두며 무릇 1여의 인민이 공동으로 경작하도록 한다. …… 여민들이 농경하는 경우 여장은 매일 개개인의 노동량을 장부에 기록하여 두었다가, 가을이 되면 오곡의 수확물을 모두 여장의 집에 가져온 다음 분배한다. 이때 국가에 바치는 세와 여장의 봉급을 제하며, 그 나머지를 가지고 노동 일수에 따라 여민(閭民)에게 분배한다.

- 『여유당전서』 -

정약용의 정전론 p.225

가옥이나 상점에 세를 부과하지 않고, 수공업과 광업, 임업과 어업에 세를 부과하지 않으며, 오로지 농민에게만 세를 부과한다. 이에 일하는 농민의 수는 줄어들고 나라의 경제가 발전하지 못하는데 이래서는 나라가 다스려지지 않는다. …… 토지 10결 가운데 1결을 공전으로 삼고 농민이 경작하게 하며 이외의 세를 부과하지 않아야 한다. 군포의 법을 없애고 모든 재원에 세를 부과하도록 하여 백성의 역을 고르게 해야 한다.

- 『경세유표』 -

정약용의 군주론 p.225

• 천자(天子)는 어찌하여 존재하게 되었는가? 비가 내리듯 하늘에서 내려와 천자가 되었는가? 아니면 샘이 땅에서 솟아나듯 천자가 되었는가? …… 여러 현장(縣長)들이 공동으로 추대한 사람이 제후가 되고, 제후들이 공동으로 추대한 사람이 천자가 된다. 따라서 천자란 여러 사람들의 추대에 의해 세워진 것이다. …… 군중이 그를 끌어 올려 세워놓고 무능한 사람을 대신하게 하는 것을 두고 죄를 묻는다면 이것을 어찌 타당하다고 할 수 있겠는가.

- 『탕론』 -

• 그들의 권능은 사람을 경사스럽게 만들기 충분하며 그들의 형률과 위엄은 사람을 겁주기에 충분하다. 그리하여 거만하게 제 스스로 높은 체하고 태연히 제 혼자 좋아서 자신이 목민자임을 잊어버리고 있다. 한 사람이 다투다가 찾아가 판정해 달라고 하면 불쾌한 표정으로 말하기를 "어찌 이렇게 시끄럽게 구느냐?"라고 하고, …… 곡식이나 옷감을 바치지 아니하면 매질이나 몽둥이질을 하여 피가 흘러서야 그친다. 날마다 문서 장부에다 고쳐 쓰고 덧붙여 써서 돈과 베를 거두어들여 그것으로 밭과 집을 장만한다. 또한 권귀와 재상에게 뇌물을 써서 훗날의 이익을 도모하고 있다. 그리하여 "백성이 목민자를 위하여 살고 있는 것이다"라고 말하지만 그것이 어디 이치에 합당하겠는가? 목민자는 백성을 위하여 있는 것이다.

- 『원목』 -

『탕론』은 은의 탕왕이 하의 걸왕을 무찌른 고사를 들어 민이 정치의 근본임을 밝힌 논설로, 시민 혁명 사상을 내포하고 있다고 평가받는다.

『원목』은 역성혁명론을 담은 것으로 평가받는 『탕론』과 더불어 정약용의 대표적인 정치 개혁서이다.

정약용의 기예론 p.225

하늘이 금수(禽獸)에게는 발톱을 주고, 뿔과 단단한 발굽을 주고, 날카로운 이를 주고, 독을 주어서 …… 환난을 방어하도록 하였다. 그런데 사람에게는 벌거숭이로 태어나서 연약하여 살아나갈 수 없을 것처럼 만들었다. …… 사람에게는 지려(智慮)와 교사(巧思)가 있음으로써 그들로 하여금 기예(技藝)를 습득하여 스스로 자기의 생활을 영위하도록 한 것이다.

[사료의 정석] 史師 **사료한국사**

▨ 정약용의 거중기   p.225

호는 사암, 당호는 여유당인데 '주저하기를 겨울에 개울을 건너듯, 조심하기를 이웃을 두려워하듯'이란 뜻에서 지었다. …… 화성 쌓는 일을 끝마쳤을 때 임금이 말씀하시기를, "다행히 기중가(起重架)를 사용하여 4만 냥의 비용을 절약했다."라고 하셨다.

― 자찬묘지명(自撰墓誌銘) ―

화성은 군사적 방어기능과 상업기능을 함께 보유하고 있으며 실용적인 구조로 되어 있다. 1997년 유네스코 세계문화유산에 등재되었다.

▨ 정약용의 탁발위론   p.225

성인(聖人)의 법은, 중국(中國)이면서도 오랑캐와 같은 행동을 하면 오랑캐로 대우하고 오랑캐이면서도 중국과 같은 행동을 하면 중국으로 대우한다. 중국과 오랑캐의 구분은 도리와 정치의 여하에 달려 있는 것이지 지역의 여하에 달려 있는 것은 아니다.

▨ 유수원의 직업 인식   p.225

• 지금 양반이 명분상으로 상공업에 종사하는 것을 부끄러워하지만, 그들의 비루한 행동은 상공업자보다 심한 자가 많다. …… 상공업을 두고 천한 직업이라 하지만 본래 부정하거나 비루한 일은 아니다. 그것은 스스로 재간 없고 덕망 없음을 안 사람이 관직에 나가지 않고 스스로의 노력으로 물품 교역에 종사하면서 남에게서 얻지 않고 자기 힘으로 먹고사는 것이다. 어찌 천하거나 더러운 일이겠는가.

― 『우서』 ―

• 무릇 물건이 귀하다는 것은 잠시 귀한 데 지나지 않을 뿐, 아주 없어질 이치는 없는 것이다. 상업이 크게 융성하면 귀하다고 하는 것이 귀하지 않으리니, 사방에서 모여들 것이 틀림없기 때문이다.

― 『우서』 ―

▨ 홍대용의 양반 문벌 비판   p.225

• 우리나라는 본래부터 명분을 중히 여겼다. 양반들은 아무리 심한 곤란과 굶주림을 받더라도 팔짱 끼고 편하게 앉아 농사를 짓지 않는다. 간혹 실업에 힘써서 몸소 천한 일을 달갑게 여기는 자가 있다면 모두들 나무라고 비웃으며 노예처럼 무시하니, 자연 노는 백성은 많아지고 생산하는 자는 줄어든다. 그러므로 재물이 어찌 궁하지 않을 수 있으며, 백성이 어찌 가난하지 않을 수 있겠는가?

― 『담헌서』 ―

• 사·농·공·상에 관계없이 놀고먹는 자는 관에서 벌칙을 마련하여 세상에 용납할 수 없도록 하여야 한다. 재능과 학식이 있다면 비록 농부나 장사치의 자식이 낭묘(조정)에 들어가 앉더라도 참람스러울 것이 없고, 재능과 학식이 없다면 비록 공경의 자식이 하인으로 돌아간다 할지라도 한탄할 것이 없다. 위와 아래가 힘을 다하여 함께 그 직분을 닦는데, 부지런하고 게으름을 살펴서 상벌을 베풀어야 한다.

― 『담헌서』 ―

▨ 홍대용의 역외춘추론   p.225

• 하늘이 낳고 땅이 기르는 것 중에 혈기를 가진 것은 다 같은 사람이다. 그들 가운데 뛰어난 사람이 어느 한 지방을 다스린다면 모두 다 같은 임금이다. …… 하늘의 입장에서 보면 무슨 안팎의 차별이 있겠는가. 그러므로 저마다 제 국민을 사랑하고 제 임금을 존중하고 제 나라를 지키고 제 풍

습을 좋아하는 것은 중국과 오랑캐가 다 마찬가지이다. …… 공자는 주 사람이다. 주 왕실의 권위가 날로 떨어지고 제후들이 쇠약해지자, 오(吳)나 초(楚)가 중국을 어지럽혀 도둑질하고 해치기를 마다하지 않았다. 춘추(春秋)는 주의 역사책이니, 공자의 입장에서 주를 높이고, 오와 초를 물리치기를 엄격히 한 것이 또한 마땅하지 않겠는가. 그러나 만일 공자가 바다를 건너 구이(九夷)의 땅에 들어와 살았다면, 중국의 법을 써서 구이의 풍속을 변화시키고 주의 도(道)를 역외(域外)에 일으켰을 것이다. 그러므로, 안과 밖의 구별과 높이고 물리치는 의리라는 관점에서 보면 별도의 역외춘추(域外春秋)가 있었을 것이다. 이것이 공자가 성인(聖人)이 된 까닭이다.
- 『의산문답』 -

• 허자가 말하기를, "옛사람이 이르기를 '하늘은 둥글고 땅은 모났다.' 하였는데, 지금 부자는 '땅의 체(體)가 둥글다.' 함은 무엇입니까?" 하니 실옹이 말하기를, "심하다. 너의 둔함이여! 온갖 물의 형체가 다 둥글고 모난 것이 없는데 하물며 땅이랴! ……". 허자가 말하기를, "일찍이 사람의 눈은 한도가 있다고 들었습니다. 이치로 보아 혹 그럴지도 모릅니다." 하니 실옹이 말하기를, "…… 또 중국은 서양(西洋)에 대해서 경도(經度)의 차이가 1백 80도에 이르는데, 중국 사람은 중국을 정계로 삼고 서양으로써 도계(倒界, 변두리)를 삼으며, 서양 사람은 서양을 정계로 삼고 중국으로써 도계를 삼는다. 그러나 실에 있어서는 하늘을 이고 땅을 밟는 사람으로서 지역에 따라 다 그러하니, 횡(橫)이나 도(倒)할 것 없이 다 정계다. ……"라 하였다.
- 『의산문답』 -

박지원의 북학론　　　　　　　　　　　　　　p.226

오랑캐가 중국을 혼란시켰다 하여 중화의 존경할 만한 알맹이까지 배척했다는 것은 듣지 못하였다. 그러므로 오늘날 사람들이 진실로 오랑캐를 물리치려면 중화의 남은 법제를 모두 배워서 우리의 우둔한 풍속을 먼저 고쳐야 한다. 경잠도야(耕蠶陶冶)부터 통공혜상까지 어느 것이고 배워서 타인이 10가지를 하면 우리는 100가지를 하여, 먼저 우리 인민을 이롭게 하고, 우리 인민들로 하여금 무기를 만들어서 저들의 갑옷과 병기를 격파할 수 있게 한 이후에야 중국에는 볼 것이 없다고 할 수 있는 것이다.
- 『열하일기』 -

박지원의 양반 문벌 비판　　　　　　　　　　p.226

하늘이 백성을 낳았는데, 그 백성이 넷이다. 그중에 으뜸은 사(士)이다. 양반이라고도 일컬으며 이익이 이보다 큰 것이 없다. 밭을 갈지 않고 장사를 하지 않으며, 글과 역사를 조금만 공부하면 크게는 문과에 합격하고 적어도 진사가 된다.
- 『양반전』 -

박지원의 중화 사상 비판　　　　　　　　　　p.226

우리를 저들과 비교해 본다면 진실로 한 치의 나은 점도 없다. 그럼에도 단지 머리를 깎지 않고 상투를 튼 것만 가지고 스스로 천하에 제일이라고 하면서 "지금의 중국은 옛날의 중국이 아니다."라고 말한다. 그 산천은 비린내 노린내 천지라 나무라고, 그 인민은 개나 양이라고 욕을 하고, 그 언어는 오랑캐 말이라고 모함하면서, 중국 고유의 훌륭한 법과 아름다운 제도마저 배척해 버리고 만다.
- 『연암집』 -

박지원의 거제(車制) p.226

중국은 물산이 풍부할 뿐 아니라 한 곳에 머물지 않고 유통된다. 이는 수레 사용의 이익이다. 영남 어린이들은 백하젓을 모르고, 관동 백성들은 아가위를 절여서 장 대신 쓰고, 서북 사람들은 감과 감자(柑子)의 맛을 분간하지 못하며, 바닷가 사람들은 새우나 정어리를 거름으로 밭에 내건만 서울에서는 한 움큼에 한 푼을 하니 이렇게 귀함은 무슨 까닭일까? 이제 육진(六鎭)의 마포(麻布), 관서의 명주, 양남의 닥종이, 해서의 솜과 쇠, 내포의 생선과 소금 등은 인민들의 살림살이에서 어느 하나 없지 못할 물건들이며, 청산과 보은의 천 그루 대추, 황주와 봉산의 천 그루 배, 홍양과 남해의 천 그루 귤, 임천과 한산의 천 이랑 모시, 관동의 천통 벌꿀 등은 모두 일상생활에서 서로 바꾸어 써야 할 것이어늘, 이제 이 곳에서 천한 물건이 저 곳에서는 귀할 뿐더러 그 이름은 들어도 실지로 보지 못함은 어찌된 까닭인가? …… 멀리 운반할 힘이 없어서이다. 백성들의 가난은 수레가 다니지 못하기 때문이다.

- 『연암집』 -

박제가의 재물론 p.226

우리나라는 나라가 적고 백성이 가난하다. 지금 농민은 부지런히 밭을 갈고 국가에서는 인재를 등용하며 상업이 잘 융통되게 하고 공업에 혜택을 내려 나라 안에서 얻을 수 있는 이익을 모두 동원하여도 부족함을 면치 못할 것이다. 반드시 먼 지방의 물자가 통한 다음이라야 재물을 늘리고 백 가지 기구를 생산할 수 있다. 무릇 수레 백 채에 싣는 양이 배 한 척에 싣는 것만 못하며, 육로로 천 리를 가는 것이 뱃길로 만 리를 가는 것보다 편리하지 못하다. 그러므로 통상을 하려는 자는 반드시 물길을 좋아한다. …… 비유컨대 재물은 대체로 샘과 같은 것이다. 퍼내면 차고, 버려두면 말라버린다. 그러므로 비단옷을 입지 않아서 나라에 비단 짜는 사람이 없게 되면 여공이 쇠퇴하고 쭈그러진 그릇을 싫어하지 않고 기교를 숭상하지 않아서 장인이 작업하는 일이 없게 되면 기예가 망하게 되며, 농사가 황폐해져서 그 법을 잃게 되므로 사농공상의 사민이 모두 곤궁하여 서로 구제할 수 없게 된다.

- 『북학의』 -

박제가의 무역 주장 p.226

우리가 그 기예를 배우고 그 풍속을 찾아 나라 사람들에게 그 견문을 넓혀 주고, 천하의 위대함과 우물 안 개구리의 부끄러움을 알게 한다면, 곧 그것은 세상의 이치와 형편을 배우는 것이다. …… 중국의 배만 통상하고, 해외의 모든 나라와 통상하지 않는 것은 역시 일시적인 술책이고, 정론은 아니다. 국가의 힘이 조금 강해지고 백성의 생업이 안정되면 차례로 이를 통하는 것이 마땅하다.

- 『북학의』 -

김정희 p.226

무오년(戊午年) 2월 청명일에 방외(方外)의 친구 초의는 한 잔의 술을 올리고서 선생의 영전에 고하나이다. 슬프다! 선생은 천도(天道)와 인도(人道)를 닦아 여러 학문을 체득하시고, 글씨 또한 조화를 이루어 왕희지·왕헌지의 필법을 능가하고, 시문에 뛰어나 세월의 영화를 휩쓸고, 금석에서는 작은 것과 큰 것을 모두 규명하여 중국에까지 이름을 떨치셨나이다.

- 『초의선집』 -

③ 도교와 풍수지리·토속 신앙

▨ 영류왕의 도교 수용
p.227

연개소문이 왕에게 아뢰었다. "중국에는 3교(유교, 불교, 도교)가 나란히 있다고 들었습니다. 하지만 우리나라에는 도교가 아직까지 없습니다. ……" 왕이 표를 보내 청하니 …… 당에서는 도사 숙달 등 8명과 『도덕경』을 주었다. 이에 불교 사찰을 그들의 숙소로 삼았다.

- 『삼국사기』 -

▨ 고려의 도관
p.227

대관(大觀) 경인년에 천자께서 저 먼 변방에서 신묘한 도(道)를 듣고자 함을 돌보시어 신사(信使)를 보내시고 우류(羽流) 2인을 딸려 보내어 교법에 통달한 자를 골라 훈도하게 하였다. 왕은 신앙이 돈독하여 정화(政和) 연간에 비로소 복원관(福源觀)을 세워 도가 높은 참된 도사 10여 인을 받들었다. 그러나 그 도사들은 낮에는 재궁(齋宮)에 있다가 밤에는 집으로 돌아가고는 하였다. 그래서 후에 간관이 지적, 비판하여 다소간 법으로 금하는 조치를 취하게 되었다. 간혹 듣기로는, 왕이 나라를 다스렸을 때는 늘 도가의 도록을 보급하는 데 뜻을 두어 기어코 도교로 호교(胡敎)를 바꿔 버릴 생각을 하고 있었으나 그 뜻을 이루지 못해 무엇인가를 기다리는 것이 있는 듯하였다고 한다.

- 『고려도경』 -

▨ 고려의 수경신
p.227

태자가 안경공 왕창을 맞이하여 잔치하고 풍악을 울려 밤을 새웠다. 나라 풍속이 도가(道家)의 말에 의하여 매번 이날이 되면 반드시 모여 마시고 밤이 새도록 자지 않았다. 이것을 '경신을 지킨다(守庚申)'*라고 한다.   - 『고려사절요』 -

* 60일마다 사람 몸 속의 3시(三尸)가 밤에 나와 천제에게 죄를 고하기 때문에, 이를 막고자 경신일에 잠을 자지 않는 도교의 풍속

▨ 도선
p.227

세조[용건]가 급히 따라가서 도선과 만났는데 …… 도선이 말하기를, "이 땅의 지맥은 북방 백두산 수모 목간(水母木幹)으로부터 내려와서 마두 명당(馬頭名堂)에 떨어졌다. 당신은 또한 수명(水命)이니 마땅히 물의 대수(大數)를 따라서 삼십육 구(區)의 집을 지으면 천지의 대수에 부합하여 다음 해에는 반드시 슬기로운 아들을 낳을 것이니, 그에게 왕건이라는 이름을 지어야 한다."라고 하였다.

- 『고려사』 -

▨ 남경 천도
p.229

김위제가 도선의 술법을 공부하여 남경으로 천도하자고 요청하는 상서를 올리며 말하기를, "도선기(道詵記)에 이르기를, '고려의 땅에는 3경이 있으니, 송악이 중경(中京)이 되고, 목멱양(木覓壤)이 남경이 되며, 평양이 서경(西京)이 된다. 11월·12월·정월·2월에는 중경에 거주하고, 3월·4월·5월·6월에는 남경에 거주하며, 7월·8월·9월·10월에는 서경에 거주하면 36개 나라가 와서 조공을 바칠 것이다.'라고 하였으며, 또 이르기를 '개국하고 160여 년 뒤에 목멱양에 도읍을 정한다.'라고 하였으니, 신(臣)은 지금이 바로 새 도읍을 돌아보시고 거기에 거주하실 때라고 생각합니다.

- 『고려사』 -

묘청의 풍수지리설

부처의 도는 청정함과 욕심을 적게 하는 것으로서 근본을 삼는데 만일 백성의 힘을 다 없애면서 불상을 만들고 탑을 쌓는다면, 도리어 부처에게 죄를 얻어 재앙이 따라 이를 것입니다. …… 천시(天時)와 지리(地利)는 인화(人和)만 같지 못하며, 한때에 잘 다스려지면 또 한때에 어지러워지는 것은 자연의 이치입니다. 어찌 땅 기운에 쇠하고 성함이 있어 국가의 복이 성하고 쇠함이 있겠습니까? 우리나라가 개국한 이래 4백여 년 동안에 일찍이 삼경을 돌아다니며 거주하였어도, 언제 36 국가로부터 조공을 받은 일이 있었습니까?

- 『고려사』 -

풍수지리 사상은 신라 말기 도선을 비롯한 선종 승려들에 의해 중국으로부터 전래되었다. 땅의 기[地氣]를 통해 산세와 수세 등을 살펴 도읍, 주택, 묘지 등을 정하는 인문지리학적 성격을 띠면서, 지기의 성쇠를 판단하여 도참 예언도 행하였다.

고대 전통 신앙

유리왕 19년 가을 8월에 제사에 올릴 돼지가 달아나자 왕이 탁리와 사비에게 쫓게 하였다. 장옥의 늪 가운데에 이르러 돼지를 찾아내 칼로 그 다리의 힘줄을 끊었다. 왕이 듣고 크게 노하여 "하늘에 제사를 지낼 제물에 어찌 상처를 낼 수 있는가"라고 꾸짖고 두 사람을 구덩이 속에 던져 넣어 죽였다.

- 『삼국사기』 -

고려 시대의 신앙

- 내 소원은 연등과 팔관에 있다. 연등은 부처를 제사하고, 팔관은 하늘과 5악(五岳), 명산, 대천, 용신(龍神) 등에 봉사하는 것이니, 후세의 간사한 신하가 신위(神位)와 의식 절차를 늘리거나 줄이자고 건의하지 못하게 하라. 나도 마음속에 행여 행사일이 황실의 제일(祭日)과 서로 마주치지 않기를 바라고 있으니, 군신이 동락하면서 제사를 경건히 행하라.

- 『고려사』 -

- 호랑이가 문하부로 들어와 많은 사람과 가축을 해치니 사람들이 모두 두려워하였다. 왕이 사신을 보내서 백악(白岳), 목멱(木覓), 성황에 제사를 지내어 재앙이 물러가도록 빌게 하였다.

- 『고려사』 -

CHAPTER 02 각종 문화유산

1 문화재

주령구
p.238

금성작무(禁聲作舞): 소리 없이 춤추기
중인타비(衆人打鼻): 여러 사람 코 두드리기
음진대소(飮盡大笑): 술을 다 마시고 크게 웃기
삼잔일거(三盞一去): 한 번에 술 석 잔 마시기
곡비칙진(曲臂則盡): 팔뚝을 구부려 다 마시기
유범공과(有犯空過): 덤벼드는 사람이 있어도 가만히 있기

안압지에서 출토된 목제 주령구(酒令具)는 1975년 경주 안압지에서 출토된 14면체 주사위로 재질은 참나무이다. 출토된 진품은 유물 보존 처리 도중 불타버렸고, 복제품만 남아있다.

송나라 사람이 본 고려 청자
p.244

도자기의 빛깔이 푸른 것을 고려 사람들은 비색(翡色)이라 부른다. 근년에 와 만드는 솜씨가 교묘하고 빛깔도 더욱 예뻐졌다. 술그릇의 모양은 오리 같은데, 위에 작은 뚜껑이 있어서 연꽃에 엎드린 오리 모양을 하고 있다. 또 주발, 접시, 술잔, 사발, 꽃병, 옥으로 만든 술잔 등도 만들 수 있지만, 일반적으로 도자기를 만드는 법을 따라 한 것들이므로 생략하고 그리지 않는다. 다만, 술그릇만은 다른 그릇과 다르기 때문에 특히 드러내 소개해 둔다. 사자 모양을 한 도제 향로 역시 비색이다. …… 여러 그릇 중에서 이 물건이 가장 정밀하고 뛰어나다.

- 『고려도경』 -

김홍도
p.247

그의 자(字)는 사능이요, 호(號)는 단원이다. …… 산수, 인물, 꽃과 나무, 새와 짐승을 그려 신묘한 경지에 이르지 않은 것이 없었는데, 신선을 그린 것이 가장 뛰어났다. …… 도화서 화원으로 있었는데 매양 한 폭씩 올릴 때마다 왕의 마음에 들었다. …… 벼슬이 연풍 현감에 이르렀다.

- 『이항견문록』 -

단원 김홍도(1745~?)는 조선 후기 삼원(三園) 중 한 명으로 도화서 출신이다.

2 무형 문화

풍입송(風入松)
p.248

해동의 천자이신 우리 임금께서는 부처님과 하늘이 보조(補助)하여 교화(敎化)를 펴러 오셨네.
세상을 다스리시는 은혜가 깊으시니, 원근(遠近)과 고금(古今)에 드문 일이네.
외국에서 친히 달려와서 모두 믿고 의지하니
……
남만(南蠻)과 북적(北狄)이 스스로 내조(來朝)하여 온갖 보물을 우리 임금의 뜰에 바치는구나.
금으로 만든 섬돌과 옥으로 지은 전각에서 만세를 외치면서
우리 임금님께서 오래도록 보위(寶位)에 계시기를 바라네.
……
'환궁악사(還宮樂詞)'를 다투어 노래함은 성수만세(聖壽萬歲)를 알리기 위함일세.

- 『고려사』 -

'풍입송'은 연회가 끝날 무렵 왕과 신하가 함께 부르는 노래였다. 임금을 천자로 부르며 부처와 같은 고귀한 존재로 칭송하고 있다. 고려는 건국 당시부터 황제국을 칭하며 천수(태조), 광덕, 준풍(광종) 등 독자적 연호는 물론 폐하, 짐, 태자, 황후 등 황제국의 용어를 사용하였다. 고려는 이처럼 황제국을 자처하며 자국을 중심으로 세계(천하)를 인식하였다.

악학궤범　　　　　　　　　　　　　　　　　　　　　　　　p.248

(음악은) 마음을 움직이고 맥박을 뛰게 하며 정신을 맑게 해 준다. 느낌에 따라 소리도 같지 않다. …… 이렇듯 같지 않은 소리를 합하여 하나로 만드는 것은 왕이 위에서 어떻게 이끄느냐에 달려있다. 바르게 이끄는 것과 거짓되게 이끄는 것에 따라 커다란 차이가 나며, 풍속이 번영하고 쇠퇴한 것도 모두 여기에 달려 있다. 따라서 악(음악)이야말로 백성을 다스리고 교화하는 데 크게 관계있는 것이다.

- 『악학궤범』 -

다듬이 소리　　　　　　　　　　　　　　　　　　　　　　　p.249

서리 하늘 달 밝은데 은하수 빛나 나그네는 돌아갈 생각 깊도다.
긴긴밤 시름에 겨워 오래 앉아 있노라니 홀연 들리는 이웃 아낙의 다듬이질 소리
바람결 따라서 끊어질 듯 이어지며 밤 깊어 별이 기울도록 잠시도 멎지 않네.
고국을 떠난 후로 저 소리 못 들더니 지금 타향에서 들으니 소리 서로 비슷하네.

- 양태사, '밤에 다듬이질 소리를 들으며' -

고려가요 청산별곡　　　　　　　　　　　　　　　　　　　　p.249

살어리 살어리랏다 청산(靑山)애 살어리랏다 멀위랑 다래랑 먹고 청산(靑山)애 살어리랏다
얄리 얄리 얄랑셩 얄라리 얄라
우러라 우러라 새여 자고 니러 우러라 새여 널라와 시름 한 나도 자고 니러 우니노라
얄리 얄리 얄라셩 얄라리 얄라

- 『청산별곡』 -

고려 후기에는 민간에서 속요(고려 가요)가 유행하였고, 신진사대부 사이에서는 경기체가라는 새로운 형태의 문학이 나타났다.

훈민정음 창제　　　　　　　　　　　　　　　　　　　　　　p.250

이달에 임금이 친히 언문 28자를 지었는데, 그 글자가 옛 글자를 모방하였고, 초성·중성·종성으로 조합해야 한 음절이 이루어졌다. 무릇 한자로 기록한 것과 말로만 전해지는 것을 모두 쓸 수 있으며, 글자는 비록 쉽고 간단하지만 무궁무진한 표현이 가능하니, 이를 "백성을 가르치는 바른 소리[훈민정음(訓民正音)]"라고 일렀다.

- 『세종실록』 -

동문선　　　　　　　　　　　　　　　　　　　　　　　　　p.250

• 우리나라의 글은 송이나 원의 글도 아니고, 또한 한이나 당의 글도 아니며, 바로 우리나라의 글인 것입니다. 마땅히 중국 역대의 글과 나란히 천지 사이에 행하게 하여야 할 것입니다. …… 삼국 시대로부터 지금에 이르기까지의 사, 부, 시, 문 등 여러 가지 문체를 수집하여, 이 가운데 문장과 이치가 바르고 교화에 도움이 될 만한 것을 취하여 분류하고 정리하였습니다.

• 우리 해동에 나라가 생긴 것이 맨 처음에 단군 조선에서 시작하였는데, 그때는 까마득한 시절이어서 민속이 순박하였다. 기자가 주나라의 봉함을 받아서 8조의 가르침을 시행하니 문물과 예의의 아름다운 것이 실제로 이로부터 시작되었다.

- 『동문선』 -

조선 후기의 사설시조 p.251

이 몸이 살자 하니 물것에 시달려 못 견딜세.
피껍질 같은 가랑니 보리알 같은 수통니 줄인니 갓 깐니 잔벼룩 굵은벼룩 강벼룩 왜(倭)벼룩 기는 놈 뛰는 놈에 비파(琵琶) 같은 빈대 새끼 사령(使令) 같은 등에아비 각다귀 사마귀 흰바퀴 누런바퀴 바구미 거절이 부리 뾰족한 모기 다리 기다란 모기 야윈 모기 살진 모기 글임애 뾰록이 주야(晝夜)로 빈 때 없이 물거니 쏘거니 빨거니 뜯거니 심한 당빌리(피부병 일종) 이보다 어려우랴.
그중에 차마 못견딜손 유월복(伏)더위에 쇠파린가 하노라.

- 『해동가요』 -

조선 후기의 마당놀이 p.251

말뚝이: (가운데쯤에 나와서) 쉬이~ (음악과 춤 멈춘다.) 양반 나오십니다. 양반! 양반이라고 하니까 노론, 소론, 호조, 병조, 옥당을 다 지내고 삼정승, 육판서를 다 지낸 퇴로 재상으로 계신 양반인 줄 아지 마시오. 개잘량이라는 양자에 개다리소반이라는 반자를 쓰는 양반이 나오신다 그런 말이요.
양반들: 야, 이놈, 무엇이 어째?
말뚝이: 아, 이 양반들 어찌 듣는지 모르겠소. 노론, 소론, 호조, 병조, 옥당을 다 지내고, 삼정승, 육판서를 다 지내고 퇴로 재상으로 계신 이생원네 삼형제분이 나오신다 그리하였소.

판소리 흥보가 p.251

흥부 치레를 볼작시면 철대 부러진 헌 파립 버레줄 총총 매어 조새 갓끈을 달아 써. 면자 떨어진 헌 망건 밥풀 관자 노당 줄을 뒷통 나게 졸라매고, 떨어진 헌 도포 실띠로 총총 이어 고픈 배 눌러 띠고 한 손에다가 곱돌 조대를 들고 또 한 손에다가는 떨어진 부채 들고, 죽어도 양반이라고 여덟 팔자 걸음으로 엇비식이 들어간다.

조선 후기의 문학 수요 p.251

• 근래에 부녀자들이 다투어 읽고자 하는 것은 소설 따위인데 날로 달로 늘어나며 그 종류도 백 가지 천 가지이다. 상인들은 책을 필사하여 대여해 주며 비용을 받아 이익을 취한다. 부녀자들이 식견이 없으니 비녀를 팔거나 돈을 꾸어서 다투어 빌려 보고 하루종일 시간이 가는 줄도 모른다.

- 『번암집』 -

• 전기수(傳奇叟)가 동대문 밖에 살고 있었다. 한글로 된 소설을 잘 읽었는데, 『숙향전』, 『소대성전』, 『심청전』, 『설인귀전』 같은 것들이었. …… 전기수의 책을 읽는 솜씨가 뛰어나서 주위에 많은 사람들이 모였다. 그가 읽다가 아주 긴요하여 꼭 들어야 할 대목에 이르러 갑자기 읽기를 그치면 사람들은 그 다음 대목을 듣고 싶어서 앞다투어 돈을 던져 주었다. 이것이 이른바 요전법(邀錢法)이다.

- 『추재집』 -

조선 후기의 한문학 p.251

• 어느 고을에 벼슬을 좋아하지 않는 듯한 선비가 있으니 그의 호는 북곽 선생이었다. 나이 마흔에 손수 교정한 글이 1만 권이며, 경전의 뜻을 설명하여 엮은 책이 1만 5천 권이었다. …… 그 고을 동쪽에는 동리자라는 과부가 살았는데 수절하는 과부였으나 아들 다섯의 성이 각기 달랐다. 어느

날 밤 둘이 같은 방에 있으니 그 아들들은 어진 북곽 선생이 밤에 과부를 찾아올 일이 없으니 여우가 둔갑한 것이라 여기고 잡으려 하였다. 북곽 선생이 놀라 도망치다가 벌판의 거름 구덩이에 빠지고 말았다.

- 『호질』-

• 다북쑥 캐네 다북쑥 캐네, 다북쑥이 아니라 제비쑥이네.
명아주도 비름도 거의 시들어 버리고 쇠귀나물은 떡잎도 안 생겨
꼴도 땔나무도 거의 타고 샘물까지도 거의 말라서
논에는 우렁이도 없고 바다에는 조개 종류도 없다네.
높은 분들 살펴보지도 않고 흉년이다 흉년이다 떠들어댄다.
가을에 이미 죽을 텐데 봄이 되어야만 구제한다네.
남편도 이미 유랑하였으니 굶어 죽으면 누가 파묻을까.
오오, 하늘이여! 어찌 이리 무정한고.

- 정약용, 전간기사(田間紀事)편 중 '채호(采蒿)' -

3 과학 기술의 발달

고려의 천문학 중시

복희씨 때부터 하늘을 바라보고 땅을 관찰하였다. 황제(黃帝)는 앞날의 날짜를 추산하였고, 요 임금은 날과 달의 운행을 보고 백성에게 계절을 알려 주었다. 순 임금은 천문 관측기구로 칠정(七政)을 정하였다. 이리하여 천문을 관측하는 방법이 정비되었다. 주역에서 말하기를, "하늘은 어떤 형상을 나타내어 길흉을 보여주니, 어진 사람은 이것을 본받는다."라고 하였다. 공자가 노나라의 역사서에 따라 『춘추』를 만들 때 일식과 별들의 변화를 전부 그대로 두고 하나도 삭제하지 않은 것은 그것을 따랐기 때문이다. 고려 왕조 475년간에 일식이 132회 있었고, 다섯 별이 다른 별에 접근한 현상 및 여러 별의 변화도 또한 많았다. 이제 역사 기록에 나타난 이러한 기록을 모아 천문지를 만든다.

- 『고려사』-

조선의 천문학 중시

일식이 일어났다. 왕이 흰옷을 입고 인정전 월대 위에서 해가 나오기를 빌었다. …… 백관들도 흰옷을 입고 관청에 모여서 해가 나오기를 비니 해가 다시 빛이 났다. 왕이 섬돌로 내려와 해를 향해 네 번 절을 하였다. 천체 운행을 관측하면서 1각(14′24″)을 앞당겨 예보한 기술관 이천봉에게 곤장을 쳤다.

- 『세종실록』-

장영실의 자격루 제작

임금이 명령을 내리기를, "그의 부모가 비록 미천하나, 정교한 솜씨가 보통 사람보다 뛰어나므로 내가 상의원 별좌에 임명하였다. …… 이제 자격루를 만들었는데 이는 그가 아니면 만들어 내지 못했을 것이다. 만대에 이어 전할 기구를 만들었으니 그 공로가 작지 아니하므로 호군의 관직을 더해주고자 한다."라고 하였다.

칠정산　　　　　　　　　　　　　　　　p.252

제왕의 정치는 역법과 천문으로 때를 맞추는 것보다 더 큰 것이 없는데, 우리나라 일관(日官)들이 그 방법에 소홀하게 된 지가 오래인지라, 우리 전하께서 거룩하신 생각으로 모든 의상(儀象: 천문 기구)과 구루(晷漏: 해시계와 물시계)의 기계며, 천문과 역법의 책을 연구하지 않은 것이 없어서, 모두 극히 정묘하고 치밀하시었다. …… 역법에서는 선명력, 수시력, 회회력, 통궤, 통경 등 여러 책을 받아 모두 비교하고 정하여 새로 책을 편찬하였다. 왕께서 정흠지, 정초, 정인지 등에게 명하여 중국 역법을 연구하여 이치를 터득하게 하였다. …… 또 『태음통궤(太陰通軌)』와 『태양통궤(太陽通軌)』를 중국에서 얻었는데 그 법이 이것과 약간 달랐다. 이를 바로잡아 내편을 만들었다.

『칠정산』은 조선 세종 때 만들어진 역법서로, 중국의 수시력과 아라비아의 회회력을 참고로 하여 만들었다. 이는 우리나라 최초로 서울을 기준으로 천체 운동을 계산한 역법이다.

이익의 천문관　　　　　　　　　　　　　p.253

지금 중국이라는 것이 대지 가운데의 한 조각 땅에 불과하나 거기에다 하늘 전체에 있는 별을 가지고 배치하고 또 그 가운데에 있는 한 나라나 한 지방에 대하여 이야기하는 것도 이유는 있을 것이다. …… 크게는 구주(九州)도 하나의 나라요, 작게는 초(楚)도 하나의 나라이며 제(齊) 또한 하나의 나라이다.

- 『성호사설』 -

홍대용의 지전설　　　　　　　　　　　　p.253

천체가 운행하는 것이나 지구가 자전하는 것은 그 세가 동일하니 분리해서 설명할 필요가 없다. 다만, 9만 리의 둘레를 한 바퀴 도는 데 이처럼 빠르며, 저 별들과 지구와의 거리는 겨우 반경밖에 되지 않는데도 몇 천만 억의 별들이 있는지 알 수 없는데 하물며 천체들이 서로 의존하고 상호 작용하면서 이루고 있는 우주 공간의 세계 밖에도 또 다른 별들이 있다. …… 칠정이 수레바퀴처럼 자전함과 동시에 맷돌을 돌리는 나귀처럼 둘러싸고 있다. 지구에서 가까이 보이는 것을 사람들은 해와 달이라 하고 지구에서 멀어 작게 보이는 것을 사람들은 오성이라 하지만 사실은 모두가 동일한 것이다.

- 『담헌집』 -

박지원의 천문학　　　　　　　　　　　　p.253

관상대 위에 진열된 여러 기구들은 천문을 관측하는 혼천의와 비슷해 보였다. 뜰 한복판에 놓인 것들 중에는 나의 벗 정철조의 집에서 본 물건과 유사한 것도 있었다. …… 언젠가 홍대용과 함께 정철조의 집에 찾아 갔는데, 두 사람은 서로 황도와 적도, 남극과 북극을 화제로 대화를 나누었다. 더러 머리를 흔들기도 하고 혹 고개를 끄덕이기도 하였으나, 주장이 모두 심오하여 이해하기 어려웠기에 나는 잠이 들어 듣지 못하였다.

- 『열하일기』 -

박지원이 관상대에서 천문 관측 기구들을 구경하고자 했으나 관리인이 막아서 들어가지 못했다는 내용과, 홍대용과 함께 정철조의 집을 방문했던 상황을 묘사한 내용이다.

조선 시대 세계관의 변화　　　　　　　　　p.253

• 변계량이 아뢰다. "우리 동방의 시조 단군은 3천 년 전에 하늘에서 내려왔으니 조선은 천자가 나누어 봉해 준 나라가 아닙니다. 하늘에 제사하는 예 또한 1천여 년이 되도록 이어져 온 일이니 제천 행사를 폐지해서는 안 됩니다."

- 『태종실록』 -

- 우리 동방은 요수(遼水) 동쪽으로 만리지국(萬里之國)이라 불렸습니다. (중국과) 풍토와 기후가 달라 단군 이래 고유한 역사와 문화를 지켜 왔습니다.
  - 『세조실록』 -

- 우리 조선은 예로부터 단군은 요임금과 병립하여 백성은 순후하고 풍속은 질박하였습니다.
  - 서거정, 「동국통감을 올리는 글」 -

- 우리나라는 본디 예의의 나라로 소문이 나서 천하가 소중화(小中華)라 일컫고 있으며, 열성(列聖)들이 서로 계승하면서 한마음으로 사대하기를 정성스럽고 부지런히 하였습니다.
  - 『인조실록』 -

- 지구는 둥글며 그것을 싸고 있는 공기가 태양의 빛을 받아 광채를 내니, 이것을 지구라고 한다. …… 대지는 바다와 함께 하나의 둥근 모습을 이루고 있는데, 포르투갈 사람 마젤란이 지구를 일주 하고 돌아와 땅이 둥근 것임을 분명히 밝혔다.
  - 『기측체의』 -

하늘에 제사를 지내는 일을 유지하자는 주장과 단군을 중시하는 역사의식이 드러나 있다. 조선 전기에는 중국과 구별되는 독자적이고 오래된 문화를 유지해 왔음을 강조하고 있다.

하멜표류기의 한글 묘사　　　　　　　　　　p.255

우리는 폭풍으로 배를 잃고 낯선 땅에 오게 되어 …… 그들은 세 가지 방식으로 글자를 쓴다. …… 세 번째 방식은 여자와 평민들이 사용하는 글자이다. 이 글자는 배우기가 쉬우며, 모든 것을 다 쓸 수 있다. 전에 한 번도 들어 본 일이 없는 이름을 다른 글자보다 쉽고 더 정확히 적을 수 있는 글자이다. …… 이방인들의 땅에서 14년 이상 고통스러운 방황으로부터 벗어나 우리는 바타비아 항에 도착했다.

하멜은 네덜란드 동인도회사 소속 선박의 포수로 나가사키로 항해하던 중 제주도에 표착하였다가 14년 동안 조선에 억류되어 훈련도감의 군인으로 배속되었다. 탈출을 시도했다가 강진으로 유배되었고 강진에 흉년이 들자 여수로 이송되었는데, 나가사키로 도망하여 결국 네덜란드로 귀국하였다.

4 서적 편찬

고대의 역사서 편찬　　　　　　　　　　p.255

- 왕이 태학박사 이문진에게 명령하여 옛날 역사 기록을 요약하여 『신집』 다섯 권을 만들게 하였다. 나라의 초창기에 처음으로 문자를 사용할 때에 어떤 사람이 기사 1백 권을 쓰고 이것을 『유기』라 하였는데 이때 와서 요약 수정하였다.
  - 『삼국사기』 -

- 『고기』에 이르기를 '백제가 나라를 창건한 이래로 문자로 써 일을 기록한 것이 없었다가, 이때 와서 박사 고흥에 의하여 비로소 문자로 쓴 기록이 있게 되었다.'라고 하였다.
  - 『삼국사기』 -

제왕연대력　　　　　　　　　　p.255

논하여 말하기를, 신라의 왕으로서 거서간이라 칭한 이가 하나요, 차차웅이라 한 이가 하나요, 이사금이라 한 이가 열여섯, 마립간이라 한 이가 넷이다. 신라 말의 명유(名儒) 최치원은 『제왕연대력(帝王年代曆)』을 지을 때, 모두 무슨 왕(王)이라 칭하고 거서간 등의 칭호는 말하지 않았으니, 그 말이 비루하여 족히 실을 만한 것이 못 된다고 생각해서였을까. …… 지금 신라의 사적을 기록함에 있어 그 방언(方言)을 그대로 두는 것 또한 마땅한 일이다.
  - 『삼국사기』 -

삼국사기
p.256

• 고기(古記)에는 문자가 거칠고 사적이 빠져 없어진 것이 많으므로, 군후의 선악, 신하의 충과 사, 국가의 안위, 백성의 바르고 어지러움 등을 모두 잘 드러내어 뒷사람들에게 경계를 전할 수 없게 되었으니, 마땅히 삼장의 인재를 얻어 한 나라의 역사를 만세에 남겨 주는 교훈으로 하여 밝은 별과 같이 밝히고 싶다.

• 신라의 박씨, 석씨는 모두 알에서 태어났고, 김씨는 금으로 된 상자에 들어가 하늘에서 내려왔다 거나 혹은 금수레를 탔다고도 한다. 이는 너무 괴이해서 믿을 수 없으나, 세속에서는 서로 전하며 이것이 사실이라고 한다.

- 『삼국사기』 -

동명왕편
p.256

세상에서 동명왕의 신이한 일을 많이 이야기한다. 비록 배운 것 없는 평범한 사람들까지도 능히 그 일을 이야기할 수 있을 정도이다. 내가 일찍이 그것을 듣고 웃으면서 이르기를, "선사(先師) 공자께서는 괴력난신(怪力亂神)을 말씀하지 않으셨다. 이것은 실로 황당하고 기궤한 일로 우리들이 얘기할 것이 못 된다."라고 하였다. 뒤에 『위서』와 『통전』을 읽어보니 역시 그 일이 실려 있었다. 그러나 간략하고 자세하지 않았으니, 이는 국내의 일은 상세히 하고 외국의 일은 소략하게 하려는 뜻이 아니겠는가. 지난 계축년 4월에 『구삼국사』를 얻어서 동명왕 본기를 보니, 그 신이한 사적이 세상에서 이야기되고 있는 것보다 더하였다. 그러나 역시 처음에는 그것을 믿지 못하고 귀환(鬼幻)하다고 생각하였다. 여러 번 탐독, 음미하여 차차로 그 근원에 들어가니, 환(幻)이 아니요 성(聖)이며, 귀(鬼)가 아니고 신(神)이었다. 하물며 국사(國史)는 사실 그대로 쓴 글이니 어찌 허탄한 것을 전하였으랴. 김부식 공이 국사를 중찬할 때에 자못 그 일을 생략하였으니, 공은 국사는 세상을 바로잡는 글이니 크게 이상한 일은 후세에 보일 것이 아니라고 생각하여 생략한 것이 아닌? …… 그러나 동명왕의 사적은 변화 신이 하여 여러 사람의 눈을 현혹시킬 일이 아니요, 실로 창국(創國)하신 신이한 자취인 것이다. 이리하니 이 일을 기술하지 않으면 앞으로 후세에 무엇을 볼 수 있으리오 이런 까닭에 노래를 지어 이를 기록하고 무릇 천하로 하여금 우리나라가 본래 성인의 나라임을 알게 하려 할 따름이다.

- 『동명왕편』 -

삼국사기와 동명왕편
p.256

• 가을 9월에 동명성왕이 돌아가시니 그때 나이가 마흔 살이었다. 용산에 장사 지내고 동명성왕이라 불렀다.

- 『삼국사기』 -

• 가을 9월에 동명성왕이 하늘에 오르고 내려오지 않으니 이때 나이가 마흔 살이었다. 태자가 동명성왕이 남긴 옥 채찍을 대신 용산에 장사 지냈다.

- 『동명왕편』 -

삼국유사
p.256

제왕이 장차 일어나려 하면 부명을 받고 도록을 받는 등 반드시 사람들과 다른 점이 있다. 그런 연후에야 변화를 타고 천장자의 지위를 장악하며 제왕의 업을 이룰 수 있는 것이다. 삼국의 시조가 모두 신기한 일로 태어났음이 어찌 이상하겠는가. 이 책의 첫 머리에 기이편을 싣는 까닭이다.

[사료의 정석] 史師 사료한국사

제왕운기 p.257

중국은 반고로부터 금까지이고, 우리나라는 단군으로부터 본조까지이온데, …… 흥망성쇠의 같고 다름을 비교하여 매우 중요한 점을 간추려 운을 넣어 읊고 거기에 비평의 글을 덧붙였나이다. 요동에 따로 한 천지가 있으니 뚜렷이 중국과 구분되어 나누어져 있도다.
……
처음 누가 나라를 열고 풍운을 일으켰던가. 하느님[석제(釋帝)]의 손자 그 이름하여 단군이라.

> 『제왕운기』는 1287년(충렬왕 13) 이승휴가 중국의 역사를 상권에 7언시로, 우리나라의 역사를 하권에 5언시로 담아 정리한 '서사시'이다.

고려사 p.257

듣건대, 새 도낏자루를 다듬을 땐 헌 도낏자루를 표준으로 삼고, 뒤 수레는 앞 수레가 넘어지는 것을 보고 교훈으로 삼는다고 합니다. 대개 지난 시기 흥망이 앞날의 교훈이 되기에 이 역사책을 편찬하여 올리는 바입니다. …… 이 책을 편찬하면서 범례는 사마천의 사기에 따랐고, 기본 방향은 직접 왕에게 물어서 결정했습니다. '본기'라고 하지 않고 '세가'라고 한 것은 대의명분의 중요함을 보인 것입니다. 신우, 신창을 세가에 넣지 않고 열전으로 내려놓은 것은 왕위를 도적질한 사실을 엄히 밝히려 한 것입니다. 충신과 간신, 부정한 자와 공정한 자를 다 열전을 달리해 서술했습니다. 제도 문물은 종류에 따라 나눠 놓았습니다.

동국통감 p.257

- 일찍이 세조께서 "우리 동방은 비록 역사책이 있으나 『자치통감』처럼 장편으로 된 통감이 없다."라고 하셔서 …… 주상께서 선왕의 계획을 받들어 서거정 등에게 『동국통감』을 편찬하여 올리라 하였습니다.

- 삼가 삼국 이하의 여러 역사를 뽑고 중국사를 채집하였으며, 편년체를 취하여 사실을 기록하였습니다. 또한 범례는 모두 『자치통감』에 의거하고 『자치통감강목』의 첨삭한 취지에 따라 중요한 것을 보존하는 데 힘썼습니다. 삼국이 병립하였을 때는 삼국기(三國紀), 신라가 통일하였을 때는 신라기, 고려 때는 고려기, 삼한 이전은 외기(外紀)라 하였습니다. 1400년 동안 국가의 흥망과 임금의 잘잘못을 비롯하여 정치의 성쇠를 모두 거짓 없이 기록하였습니다.

> 『동국통감』은 단군조선부터 고려까지를 정리한 편년체 통사로서, 외기, 삼국기, 신라기, 고려기로 구성되었다. 단군 조선부터 삼한까지의 역사는 자료의 부족으로 인해 체계를 잡기 어렵다는 이유로 외기로 처리하였다.

안정복 p.258

예로부터 유학자들은 언제나 중화와 이적(夷狄)의 구분을 엄격히 하며, 중국 땅에서 태어나지 않으면 다 이(夷)라 하는데, 이것은 통할 수 없다. 하늘이 어찌 지역을 가지고 인간을 구별하겠는가?

동사강목 p.258

삼국사에서 신라를 으뜸으로 한 것은 신라가 가장 먼저 건국되었고, 뒤에 고구려와 백제를 통합하였으며, 고려는 신라를 계승하였으므로 편찬한 것이 모두 신라의 남은 문적(文籍)을 근거로 하였기 때문이다. 그러므로 편찬한 내용이 신라에 대하여는 약간 자세히 갖추어져 있고, 백제에 대하여는 겨우 세대만을 기록했을 뿐 없는 것이 많다. …… 고구려의 강대하고 현저함은 백제에 비할 바가 아니며, 신라가 자처한 땅의 일부는 남쪽에 불과할 뿐이다. 그러므로 김씨(김부식)는 신라사에 쓰인 고구려 땅을 근거로 했을 뿐이다.

- 『동사강목』 -

발해고   p.258

부여씨가 망하고 고씨(고구려)가 망한 다음, 김씨(신라)가 남방을 차지하고 대씨(발해)가 북방을 차지하고는 발해라 하였으니, 이것을 남북국이라 한다. 당연히 남북국을 다룬 역사책이 있어야 하는데, 고려가 편찬하지 않은 것은 잘못이다. 저 대씨가 어떤 사람인가? 바로 고구려 사람이다. 그들이 차지하고 있던 땅은 어떤 땅인가? 바로 고구려 땅이다.

- 『발해고』 -

한백겸의 지리 인식   p.262

최치원이 처음 마한을 고려라고 하고 변한을 백제로 보았으니 이것이 첫 번째 잘못이었다. 권근은 비록 마한이 백제임을 알았지만 역시 고구려가 변한이 아님을 알지 못하여 뒤섞어 설명하니 이것이 두 번째 잘못이었다. 이 이후로 역사가들이 오류를 이어 답습했다. …… 이로써 보건대 호서·호남이 합하여 마한이 되고, 영남 한 도가 나뉘어 진한과 변한의 두 한이 되니, 또한 어찌 의심하겠는가.

- 한백겸, '동사찬요후서', 『구암유고』 -

조선경국전   p.263

치전(治典)은 총재가 관장하는 것이다. 사도(司徒) 이하가 모두 총재의 소속이니, 교전(敎典) 이하 또한 총재의 직책인 것이다. 총재에 그 훌륭한 사람을 얻으면 6전(典)이 잘 거행되고 모든 직책이 잘 수행된다. 그러므로, '인주(人主)의 직책은 한 사람의 재상을 논정(論定)하는 데 있다.' 하였으니, 바로 총재를 두고 한 말이다. 총재라는 것은 위로는 군부를 받들고 밑으로는 백관을 통솔하며 만민을 다스리는 것이니, 그 직책이 매우 큰 것이다. 또 인주의 자질에는 어리석은 자질도 있고 현명한 자질도 있으며 강력한 자질도 있고 유약한 자질도 있어서 한결같지 않으니, 총재는 인주의 아름다운 점은 순종하고 나쁜 점은 바로잡으며, 옳은 일은 받들고 옳지 않은 것은 막아서, 인주로 하여금 대중(大中)의 지경에 들게 해야 한다. 그러므로 상(相)이라 하니, 즉 보상(輔相)한다는 뜻이다. 백관은 제각기 직책이 다르고 만민은 제각기 직업이 다르니, 재상은 공평하게 해서 그들로 하여금 각기 그 적의함을 잃지 않도록 하고, 고르게 해서 그들로 하여금 각기 그 처소를 얻게 해야 한다. 그러므로 재(宰)라 하니, 즉 재제(宰制)한다는 뜻이다.

- 『삼봉집』 -

경국대전   p.263

• 책이 완성되어 여섯 권으로 만들어 바치니, 『경국대전(經國大典)』이라는 이름을 내리셨다. '형전(刑典)'과 '호전(戶典)'은 이미 반포되어 시행하고 있으나 나머지 네 법전은 미처 교정을 마치지 못했는데, 세조께서 갑자기 승하하시니 지금 임금(성종)께서 선대 왕의 뜻을 받들어 마침내 하던 일을 끝마치고 나라 안에 반포하셨다.

- 『경국대전』 -

• 인천에 사는 하우명은 어려서부터 부모를 봉양함에 있어서 괴로움을 꺼려하지 않고 친히 스스로 정성을 다하였고, 어버이가 돌아가자 부모의 무덤 옆에서 3년을 지내면서 직접 땔감을 져다가 밥을 지었고 …… 그 효성이 순박하고 지극합니다. 청컨대 경국대전에 의거하여 효자문을 세우고 조세를 면제해 주어 권장하소서.

- 『성종실록』 -

상정고금예문

대저 제왕(帝王)의 정사에는 예(禮)를 제정하는 일보다 더 급한 것이 없다. 연혁하거나 손익하거나 그것을 한 번 제정하여 인심을 바루고 풍속을 동일하게 해야 한다. 어찌 옛것만을 따르고 어물어물 모면하여 일정한 전법(典法)을 세우지 못하고 분분히 서로 같지 않게 해서야 되겠는가? 본조(本朝, 고려)는 건국한 이래로 예제(禮制)를 손익함이 여러 대를 내려오면서 한 번 뿐이 아니었으므로 이를 병폐로 여긴 지 오래었더니, 인종(仁宗) 때에 와서 비로소 평장사(平章事) 최윤의(崔允儀) 등 17명의 신하에게 명하여 고금의 서로 다른 예문을 모아 참작하고 절충하여 50권의 책을 만들고 그것을 『상정례문(詳定禮文)』이라고 명명하였다. 그것이 세상에 행해진 뒤에는 예가 제자리에 귀착되어 사람이 의혹되지 않았다. 이 책이 여러 해를 지났으므로 책장이 없어지고 글자가 결락되어 상고하기가 어려웠는데 나의 선공(先公)이 이를 보즙(補緝)하여 두 본(本)을 만들어 한 본은 예관(禮官)에게 보내고 한 본은 집에 간수하였으니, 그 뜻이 원대하였다. 과연 천도(遷都)할 때 예관이 창황하여 미처 그것을 싸가지고 오지 못했으니, 그 책이 거의 없어지게 되었는데, 가장본 한 책이 보존되어 있었다. 이때에 와서야 나는 선공의 뜻을 더욱 알게 되었고, 또 그 책이 없어지지 않은 것을 다행으로 여긴다. 그래서 결국 주자(鑄字)를 사용 28본을 인출하여 제사(諸司)에 나누어 보내 간수하게 하니, 모든 유사(有司)들은 일실되지 않게 삼가 전하여 나의 통절한 뜻을 저버리지 말지어다. 월일에 모(某)가 발문을 쓴다.

- 『동국이상국집』 서(序), '신서상정례문발미(新序詳定禮文跋尾)'-

삼강행실도

• 천하의 떳떳한 도가 다섯 가지 있는데, 삼강이 그 수위(首位)에 있으니, 실로 삼강은 경륜(經綸)의 큰 법이요, 일만 가지 교화의 근본이며 원천(源泉)입니다. …… 선덕 신해년에 우리 주상 전하께서 "…… 간혹 훌륭한 행실과 높은 절개가 있어도, 풍속·습관에 옮겨져서 사람의 보고 듣는 자의 마음을 흥기(興起)시키지 못하는 일도 또한 많다. 내가 그 중 특별히 남달리 뛰어난 것을 뽑아서 그림과 찬을 만들어 중앙과 지방에 나누어 주고, 우매한 남녀들까지 다 쉽게 보고 느껴서 분발하게 되기를 바란다. 그렇게 하면, 또한 백성을 교화하여 풍속을 이루는 한 길이 될 것이다."라고 하셨다. …… 동방(東方) 고금(古今)의 서적(書籍)에 기록되어 있는 것은 모아 열람하지 않은 것이 없습니다. 그 중에서 효자·충신·열녀 중에서 뛰어나게 본받을 만한 자를 각각 백십인을 찾아내어, 앞에는 형용을 그림으로 그리고 뒤에는 사실을 기록하였으며, 모두 시(詩)를 붙이었습니다. …… 편찬을 마치니, '삼강행실도'라고 이름을 하사하시고, 주자소로 하여금 인쇄하여 길이 전하게 하였습니다. ……

- 『삼강행실도』-

• (정창손은) "『삼강행실』을 반포한 뒤에 충신·효자·열녀의 무리가 나옴을 볼 수 없는 것은, 사람이 행하고 행하지 않는 것이 사람의 자질에 달려 있기 때문입니다. 어찌 꼭 언문으로 번역해야 사람들이 본받을 것입니까."라고 하였다. 이에 세종이 말하였다. "이따위 말이 어찌 선비로서 이치를 아는 말이겠느냐. 아무 짝에도 쓸데없는 선비이다."

- 『세종실록』-

『삼강행실도』는 1428년 진주에 사는 김화라는 인물이 아버지를 살해한 사건에 대하여 강상죄로 엄벌하자는 주장이 논의되었을 때, 세종이 엄벌에 앞서 세상에 효행의 풍습을 널리 알릴 수 있는 서적을 만들어 백성들에게 항상 읽게 하는 것이 좋겠다며 왕명으로 만들게 한 책이었다.

훈민정음
p.264

- 나라의 말이 중국과 달라서 한자와 서로 통하지 아니하므로 우매한 백성이 말하고자 하나 제 뜻을 능히 펴지 못할 자가 많은지라. 내 이를 불쌍히 여겨 새로 28자를 만드나니 사람마다 쉽게 학습하여 일용에 편하게 하고자 할 따름이다.
  - 『훈민정음』 -

- 슬기로운 사람은 하루아침을 마치기 전에 깨우치고, 어리석은 사람이라도 열흘이면 배울 수가 있다. …… 심지어 바람 소리와 학의 울음소리, 닭 울음소리, 개 짖는 소리도 모두 글로 쓸 수가 있다.
  - 『훈민정음해례』 -

- 우리 왕조는 조종 이래로 지성으로 대국을 섬겨 한결같이 중화의 제도를 준행하였는데, 지금 글을 같이하고 법도를 같이하는 때를 당하여 언문을 창작하는 것은 보고 듣기에 놀랍습니다.
  - 집현전 부제학 최만리의 상소 -

훈민정음에 대한 평가
p.264

이러한 이유에서 중국인들이 세계 어떤 문자보다도 간단하고 음운을 폭넓게 표기할 수 있는 한글을 채택해야 한다고 나는 감히 주장해왔다. …… 200개가 넘는 세계의 문자를 검토해 본 결과 현존하는 문자 중 가장 훌륭한 문자임이 분명하다. 누구라도 배운지 나흘 만에 책을 읽을 수 있다. 일본이 한글을 채택한다면 최선의 선택이 될 것이다.
- 헐버트 -

향약집성방
p.265

사람이 병들면 가까운 데 있는 약을 제쳐놓고 멀리 중국에서 어렵게 구하였다. 민간의 늙은이가 한 가지 약초로도 병을 치료하여 신통한 효력을 보는 것은 그 땅에서 나는 약과 병이 서로 맞아서 그런 것이 아니겠는가.

농사직설
p.267

- 각 도 감사에게 전지하기를, "먹는 것은 백성에게 으뜸이 되고 농사는 정치의 근본인 까닭으로, 수령들의 백성에게 가까이 하는 직책은 권농(勸農)보다 중한 것이 없다. …… 지난 기유년에 여러 가지 책을 수집하여 『농사직설』을 만들어 각 도에 반포하여, 어리석은 백성이라도 역시 명백하고 쉽게 알도록 하였다. 다만 권과(勸課)하는 데 마음을 덜 써서 책은 비록 반포하였으나 그 실효를 보지 못하였다. 이제 또 약간의 책을 인쇄하여 여러 도에 더 보내니, 경들은 나의 지극한 뜻을 본받아서 즉시 각 고을의 수령들에게 반포하여, 농민을 깨우치고 가르쳐 책에 의거해 시험해 보여서 풍속을 이루도록 하라."라고 하였다.
  - 『세종실록』 -

- 농사는 천하의 대본(大本)이다. 예로부터 성왕(聖王)이 이를 힘쓰지 아니한 사람이 없었다. …… 우리 주상 전하께서는 명군(明君)을 계승하여 정사에 힘을 써 더욱 민사(民事)에 마음을 두셨다. 오방(五方)의 풍토(風土)가 같지 아니하여 곡식을 심고 가꾸는 법이 각기 적성(適性)이 있어, 옛 글과 다 같을 수 없다 하여, 여러 도(道)의 감사(監司)에게 명하여 주현(州縣)의 노농(老農)들을 방문(訪問)하게 하여, 농토의 이미 시험한 증험에 따라 갖추어 아뢰게 하시고, 또 신(臣) 초(招)에게 명하시

어 그 까닭을 더하게 한 다음, 신(臣)과 종부시 소윤(宗簿寺 少尹) 변효문이 낱낱이 살피고 참고(參考)하게 하시어 그 중복(重複)된 것을 버리고 그 절요(切要)한 것만 뽑아서 찬집하여 한 편(編)을 만들고 제목을 『농사직설』이라고 하였다.

- 『농사직설』 -

• 올벼의 물갈이 법은 추수 후 논물을 대기 쉬운 기름진 논을 골라 겨울에 갈고 거름을 넣는다. 2월 상순에 또 갈고 써레로 세로와 가로로 평평하게 고르고 쇠스랑으로 흙덩이를 깨뜨려 부드럽게 한다. 파종에 앞서 볍씨를 물에 담가 둔다. 3일이 지난 뒤 건져 짚으로 엮은 섬(공석)에 담아 따뜻한 곳에 둔다. 자주 열어보아 뜨지 않도록 한다. 싹이 조금 나오면 논에 고루 뿌린다.

- 『농사직설』 -

『농사직설』은 세종 때 간행된 농서로, 농민들의 실제 경험을 종합하여 우리나라 풍토에 맞는 씨앗 저장법·토질 개량법·벼 재배법 등을 소개하였다.

지봉유설   p.268

동방의 땅은 수천 리에 지나지 않으나, 삼국 이전에는 50개의 나라가 있었으니 무엇 때문이겠는가. 대저 중국은 땅이 커서 상고 시대에는 사방 백 리 정도의 땅을 가진 나라가 많았고, 주 때에도 1천 8백의 나라가 있었다. 동방의 삼국 이전은 상고 시대에 해당하니 50개의 나라가 있었다 해도 이상할 것이 없다.

- 『지봉유설』 -

청장관전서   p.268

통주(通州)에서 연경성 동문인 조양문까지 40리인데, 길에는 네모난 흰 돌을 깔았으니, 수레바퀴 소리와 말발굽 소리가 우렛소리 같았다. …… 수륙에서 생산되는 다양한 물건은 말로는 그 대략도 설명할 수 없고, 붓으로는 그 일부도 기록할 수 없다.

- 『청장관전서』 -

언문지   p.268

한자의 음으로 다른 한자음을 표현하면 정확히 전달되지 않는데 한글을 가지고 음을 기록하면 바르게 전해지니 올바른 음을 제대로 유지할 수 있다. 또 한문은 간결하게 뜻을 전하는 것을 중시하니 정확한 의미를 전달하기 어려우나 한글은 뜻을 그대로 전하여 조금도 의심나는 곳이 없으니 부녀자들이 쓰는 글이라고 해서 소홀히 해서는 안 된다.

- 유희, 『언문지』 -

PART 6

근대 사회의 전개

CHAPTER 01 흥선 대원군의 개혁과 개화 정책
CHAPTER 02 근대 국가 수립을 위한 노력
CHAPTER 03 국권 피탈과 저항
CHAPTER 04 경제적 침탈과 저항
CHAPTER 05 근대 사회·문화의 변화

CHAPTER 01 흥선 대원군의 개혁과 개화 정책

1 흥선 대원군의 개혁 정치와 통상 수교 거부 정책

흥선 대원군의 집권
p.274

• "궁도령은 궁이나 지킬 것이지 굽실굽실 신발을 질질 끌며 무엇 때문에 재상 집에 나다니는가?" 대원군이 어느 날 세도 재상 김좌근을 만나러 집으로 찾아갔을 때, 마침 그의 집에 있던 호조 판서 심의면이 김좌근에게 대원군을 조롱하며 말하였다.

- 『매천야록』 -

• 대원군이 10년 동안 집권하면서 그 위세를 내외에 떨쳤다. '대원위 분부'라는 다섯 글자가 바람처럼 전국을 횡행하였는데 우레나 불과 같아서 관리와 백성이 두려워하였다.

- 『매천야록』 -

총명하고 행동이 비범해 늘 세도가들의 감시에 시달렸던 이하응은 감시를 피하고자 시정의 무뢰배와 어울리기도 하였고, 때로는 곤궁함을 드러내며 세도가에게 금품을 구걸하여 조롱을 받기도 하였다. 그러나 철종이 승하하고 자신의 어린 아들이 왕위에 오르자, 그는 대원군이 되어 국정을 장악하였다.

동포제
p.274

나라의 제도로서 인정(人丁)에 대한 세를 신포(身布)라 하였는데, 충신과 공신의 자손은 모두 신포를 면제받았다. 이 법이 시행된 지가 이미 오래되어 턱없이 면제된 자가 많았다. 그 모자라는 액수는 반드시 평민에게 덧붙여 징수하여 보충하고 있었다. 대원군은 이를 수정하고자 동포(洞布)라는 법을 제정하였다. 가령 한 동리가 2백 호가 있으면 매 호에 더부살이 호가 약간씩 있는 것을 정밀하게 밝혀내 계산하고, 신포를 부과하여 고르게 징수하였다. 이 때문에 예전에 면제되었던 자라도 신포를 바치지 않을 수 없게 되었다. 조정의 관리들이 이 법의 시행을 저지하고자 하여, "만약 이와 같이 하면 국가에서 충신과 공신을 포상하고 장려하는 후한 뜻이 자연히 사라지게 됩니다."라고 하였다. 대원군은 이를 듣지 않으면서, "충신과 공신이 이룩한 사업도 종사와 백성을 위한 것이었다. 지금 그 후손이 면세를 받기 때문에 일반 평민이 법에 정한 세금보다 무거운 부담을 지게 된다면 충신의 본뜻이 아닐 것이다."라고 하며 그 법을 시행하였다.

- 『근세조선정감』 -

동포제에 의하면, 각 읍내 민호의 대소에 따라 신포가 분배되고 징수되었으므로 양반도 납부해야 하였다. 다만 집단으로 납부하기 때문에 반상의 구별이 전혀 없는 호포제에 비하여 양반의 반발을 크게 사지 않아 과도적으로 실시될 수 있었다.

호포제 실시
p.274

• 군역에 뽑힌 장정들에게 군포를 받는데, 그 폐단이 많아 백성들이 뼈를 깎는 원한을 갖고 있었다. 사족들은 한가하게 놀며 신역(身役)이 없었으므로 과거 명신들도 이에 대한 여론이 있었다. 그러나 유속(流俗)에 끌려 결국 이행되지 못하다가 갑자년(1864) 초 대원군이 강력히 중원(衆怨)을 책임지고, 귀천이 동일하게 장정 한 사람마다 세납전 2꾸러미를 바치게 하여, 동포전이라고 칭하였다.

- 『매천야록』 -

• 양반 가문, 충신 가문, 효자 및 열녀 가문, 과거 급제자, 현직 관리는 전부 군포가 면제되었다. …… 대원군이 의연히 단행하여 군포를 혁파하고 호포를 징수하여, 귀천 없이 국세를 고르게 부담하니 쌓인 폐단이 한꺼번에 정리되었다.

- 『한국통사』 -

흥선 대원군은 종래 상민에게 부과되었던 군포를 양반에게도 부과하면서 이를 동포라 불렀다가 후에 호포로 바꾸어 신분의 고하를 막론하고 매 호마다 2냥씩 징수하였다. 다만 양반의 경우 노비의 이름으로 납세하는 것을 허용하였다.

호포제 찬반론
p.274

• 왕이 하교하기를, "근래에 각 고을 군정의 폐단이 매우 심하다고 한다. 작년부터 흥선 대원군의 분부가 있었기 때문에 양반호(戶)는 노비의 이름으로 포(布)를 내게 하였고 소민(小民)은 신포(身布)

로 내게 하였다. 지금은 백골(白骨)이나 황구(黃口)의 원성이 없으니, 이것은 상서롭고 화기로운 기운을 가져오는 일이다. 각 도에 알려 길고 오랜 법식으로 삼는 것이 좋겠다."라고 하였다.
- 『고종실록』 -

• 홍시형이 상소하였다. "근래에 호포가 한 번 나오면서 등급이 문란해져 벼슬아치나 선비, 하인들이 똑같이 취급되고 상하의 구별이 없어졌으니, 한탄스러움을 이길 수 없습니다. 단지 황구(黃口)나 백골(白骨)만을 불쌍히 여겨서 귀천에 관계없이 고르게 배분하려는 뜻에서 나온 것에 지나지 않습니다. 명분이 한번 무너지면 나라는 앞으로 어떻게 다스리겠습니까? 부디 호포를 혁파하여 명분을 바로잡으며 군액(軍額)을 바르게 하여 뜻하지 않은 사변에 대처하소서."
- 『고종실록』 -

사창제 실시 p.274

• 사창에는 관장할 사람이 없어서는 안 되니 반드시 면에서 근면 성실하고 넉넉한 자를 택하여 관에 보고한 뒤 뽑는다. 또한 관에서 강제로 정하지 말고 그를 '사수'라 하여 환곡을 나누어 주고 수납하는 때를 맡아서 검사한다. …… 창고지기 1명도 사수가 지역민 중에 잘 선택하여 지키고, 출납하고 용량을 재는 등 모든 것을 해당 지역의 백성에게 맡긴다.
- 『일성록』 -

• 여러 동리와 면에 창고를 설치하게 하고 사창이라 하였다. …… 가까운 창고에서 환곡을 받고 상환하며 흉년에는 사창에서 진휼을 하니 모두 편리하게 여겼다.
- 『근세조선정감』 -

서원 정리 p.274

사속이 있는 곳마다 병민을 못살게 굴시만 가상 심한 곳이 서원이었나. 벽도장을 찍은 나음 편시 한 통을 고을에 보내 제수전(祭需錢)을 바치도록 명령하면 사족이나 평민은 주머니를 쏟아야 했다. 그렇게 하지 않으면 서원에 잡혀가 혹독한 형벌을 받았다. 화양동 서원은 그 권위가 더욱 강하여 그곳에서 보내는 종이를 화양동 묵패지라 하였다. …… 대원군이 …… 영을 내려 나라 안 서원을 모두 헐물고 서원 유생들을 쫓아 버리도록 하였다. …… 양반들이 크게 놀라 온 나라 안이 물 끓듯 하였고, 대궐 문간에 나아가 울부짖는 자도 수십만이나 되었다. 대원군이 크게 노하여 말하기를, "진실로 백성에게 해되는 것이 있으면 비록 공자가 다시 살아난다고 하더라도 나는 용서하지 않겠다. 하물며 지금 서원은 훌륭한 학자를 제사하는 곳인데도 도둑의 소굴이 되지 않았더냐."라고 하였다. 그리고는 형조와 한성부 병사들을 풀어서 대궐 문 앞에서 호소하려는 선비를 강 건너로 몰아냈다.
- 『근세조선정감』 -

흥선 대원군의 인재 등용 p.274

대원군이 집권한 후 어느 공회 석상에서 음성을 높여 여러 재신(宰臣)을 향해 말하기를 "나는 천리를 끌어 다 지척(咫尺)을 삼겠으며, 태산을 깎아내려 평지를 만들고, 또한 남대문을 3층으로 높이려 하는데 제공들은 어떻게 생각하오?"라고 물었다. …… 대개 천리지척이라는 말은 종친을 높인다는 뜻이요, 남대문 3층 이란 말은 남인을 천거하겠다는 뜻이요, 태산을 평지로 만들겠다는 말은 노론을 억압하겠다는 의사이다.
- 『매천야록』 -

원납전 p.275

• 대왕대비가 경복궁 중건을 명하고 다음 날 대신들을 희정당에 불러 경복궁 중건의 대사를 대원군에게 위임하였다. …… 경복궁을 지을 비용과 백성들의 노역에 대한 절차를 의논하는데, 백성의 노역 문제는 신중을 기하고 안으로는 재상 이하, 밖으로는 지방 수령 이하가 역량에 따라 보조하며, 선비와 서민층은 중외를 막론하고 자진납부하는 자는 상을 주기로 하고 이를 팔도에 알리게 하였다. 이미 지금까지 원납이 십만 냥이 되었다.
- 『승정원일기』-

• (경복궁을 짓는 일의) 재정이 메말라 일을 할 수 없게 되자 8도의 부자 명단을 뽑아서 돈을 거두어들였다. 그리하여 파산자가 잇달았다. 이때 거두어들인 돈을 원납전이라 하였는데, 백성들은 입을 비쭉거리면서 "원납전(願納錢)이 아니라 원납전(怨納錢)이다."라고 말하였다.
- 『매천야록』-

경복궁 타령 p.275

에- 에헤이야 얼널널 거리고/방에 흥애로다.
조선 팔도 좋다는 나무는/경복궁 짓느라 다 들어간다.
도편수라는 놈의 거동 보소/먹통 메고 갈팡질팡한다.
에- 나 떠난다고 통곡 말고/나 다녀올 동안 네가 수절을 하여라.
　　　　　……
남문 열고 바라 둥당 치니/계명산천에 달이 살짝 밝았네.
경복궁 역사가 언제나 끝나/그리던 가족을 만나볼까.

제2차 아편 전쟁 소식을 접한 조선의 반응 p.275

• 한성에서 시작하여 전국으로 번진 엄청난 공포와 심각한 경악을 말하는 것은 불가능한 일일 것이다. 모든 일이 중단되었고 부자나 넉넉한 집안들은 산골로 도망하였다. 또 높은 관직에 있는 관리들은 천주교 신자들에게 신변 보호를 부탁하고 혹시 모를 사태에 대비하여 종교 서적이나 십자가상 혹은 성패(예수, 성모 등을 새긴 패)를 장만하고자 하였다. 어떤 관리들은 공공연하게 천주교의 이 표지들을 허리에 차고 다니기까지 하였다고 한다.
- 『한국 천주교회사』-

• 양이가 이미 황성에 가득 찼으므로 혹시 그 기세로 동쪽(조선)을 침범할지도 모른다는 것입니다. 신은 반드시 그렇지는 않다고 말합니다. 그들은 교역하는 것을 일로 삼는데, 우리나라는 바꿀 만한 재화와 보물이 없습니다. 다만 사교에 물들거나 양약을 복용하는 무리가 몰래 잘못 끌어들이면 그들이 오지 않는다고 보장하기 어렵습니다.
- 『일성록』-

제2차 아편 전쟁 소식이 전해진 1860년 조선의 상황을 보여주는 글이다. 다소 과장이 섞여 있기는 하지만 충격이 얼마나 컸는지 알려 준다. 제2차 아편 전쟁 결과는 1860년 초에 이미 조선에 퍼져 있었으며, 12월에는 역관들이 영국·프랑스 연합군의 공격으로 베이징이 함락되고 황제가 피난하였으며 서양인이 자유롭게 통상하게 되었다는 등의 소식을 전해 왔다. 조선에서는 서양의 침입에 대한 위기감이 높아져 갔고, 서양 세력에 어떻게 대응해야 할지 고민하게 되었다.

베이징 함락 소식을 가지고 온 연행사 p.275

저희가 베이징에 도착해 당시의 모습이 어떠하였는지 전해 들으니 황제는 퉁저우에서 패전하였다는 소식을 듣자마자 북쪽으로 길을 떠났으며 …… 수많은 전각과 정자들이 모두 잿더미가 되었으며 무너진 담장과 부서진 벽돌만 뒹굴고 있어서 참담한 심정을 금할 수 없었습니다.
- 『문견별단』-

베이징 함락 소식을 들은 조선 정부는 천주교와 아편만 막으면 서양이 조선을 침략할 이유는 없다고 생각하였다. 그래서 대응책 마련보다는 피난 중인 청 황제에게 위문 사신을 파견하였다.

통상 수교 거부

의정부에서 아뢰기를, "방금 강화 유수 이인기가 올린 장계를 보니, '승천보에 와서 정박하고 있는 영국 상선에 서울에서 내려온 역관을 보내어 사정을 물어보게 하였더니 그들은 통상의 한 가지 일만을 가지고 거듭 간청하는 것이었습니다. 그래서 다반사로 잘 알아듣도록 말하였는데도, 아직 물러갈 생각을 하지 않고 있으니 다시 잘 타일러서 꼭 돌려보내도록 하겠습니다.'라고 하였습니다."

- 『고종실록』 -

병인박해

(남종삼은) 러시아에 변란이 있을 것이며, 프랑스와 조약을 맺을 계책이 있다고 하였습니다. 그러나 명백하게 근거할 만한 단서도 없는데 요망한 말을 만들어 여러 사람을 현혹하였습니다. 감히 나라를 팔아먹을 계책을 품고 몰래 외적을 끌어들일 음모를 하였으니, 그가 지은 죄를 따져 보면 만 번을 죽여도 오히려 가볍습니다.

- 『고종실록』 -

북경 주재 프랑스 공사 벨로네의 서한

조선 국왕이 프랑스 주교 2인과 선교사 9인 그리고 조선인 신도 다수를 살해하였다고 한다. 이러한 폭력적인 행위는 패망을 자초하는 것이다. …… 수일 내로 조선 정복을 위해 출정할 것이다. …… 전에 수차 귀 아문을 방문하고 프랑스 선교사에게 호조(여권) 발급을 요청했으나, 귀 아문은 모두 거절하였다. 그 이유는 조선이 비록 중국의 조공국이지만 모든 국사를 자주로 처리한다는 것이다. …… 이에 본관은 중국이 조선 문제에 간섭하지 않는다고 믿고, 이후부터 본국과 조선이 전쟁을 벌이더라도 간섭하지 않기를 선언한다.

- 『청계중일한관계사료』 -

병인양요

• 10월 15일 도세리 함장은 (강화도의 갑곶) 마을을 정찰하러 갔다. 사격이 오가던 끝에 우리 병사(프랑스군)가 성벽을 타고 올라가자 배후를 공격당한 조선인 초병들이 도망쳐 버렸다. 이 교전으로 우리는 초병들의 깃발을 차지하였다.

- 「앙리 주앙의 보고서」 -

• 배에서 포를 쏜 게 어찌 호의인가? 지난번에 너희의 선박이 포를 쏘며 우리와 대치하였는데, 이를 호의라고 말하며 이런 일을 일으켰다니 실로 개탄스럽다. 조정에서는 귀국 함대가 불상사를 일으키지 않도록 엄중히 경고하였다. 하지만 귀국 선박이 우리 영토로 침범하니 방어를 담당하고 있던 군민들이 어찌 그냥 보고만 있을 수 있겠는가?

- 『고종실록』 -

정족산성 전투

서양인들이 촌으로 떼 지어 다니며 여인을 욕보이고 세간을 빼앗았다. 남자 옷과 쇠끝, 돈과 양식은 물론이고 소와 닭은 더 좋아하였다. 문을 잠그고 간 집은 다 부수고 때로 불 질렀다. 주인이 있어 대접하고 닭 잡아 주는 자는 칭찬하고 물건을 가져가지도 않았다. …… 양헌수라는 사람이 순무중군으로 있었다. …… 광성보에서 몰래 전등사로 가서 주둔하였다. …… 전등사는 높은 산 위라

매복하고 있다가 한꺼번에 북과 나발을 불며 좌우에서 총을 쏘았다. 장수가 총에 맞아 말에서 떨어지고 양인 십여 명이 죽었다. 혼쭐이 난 양인들을 쫓아가니 제 동무 시체를 옆에 끼고 급히 본진으로 도망갔다.

- 『병인양난록』 -

프랑스 로즈 제독이 해군성 장관에게 보낸 보고서 p.275

겉으로 보기에 꽤 가난해 보이는 강화읍에는 각하에게 보내 드릴 만한 것이 별로 없습니다. 그러나 조선 국왕이 간혹 거처하는 저택에는 아주 중요한 것들로 여겨지는 수많은 서적으로 가득 찬 도서실이 있습니다. 위원회는 공들여 포장한 340권을 수집하였는데, 기회가 닿는 대로 프랑스로 발송하겠습니다.

- 『한불 관계 자료』, 2001 -

흥선 대원군의 양이보국책 유시(1866) p.275

1. 그 괴로움을 참지 못하고 만일 화친을 허락한다면 매국하는 일이니라.
2. 그 해독을 이겨내지 못하고 만일 교역을 허락한다면 이는 망국의 일이니라.
3. 침략자가 서울에 임박해 옴에 만약 서울을 뜬다면 이는 위국(危國)의 일이니라.
4. 만일 잡술이나 6정 6갑 따위로 또는 귀신을 불러 신기하게 침략자를 물리치고자 하면 이후에 생겨나 는 폐단은 사학보다도 심각해질 것이니라.

- 『용호한록』 -

제네럴 셔먼 호 사건 p.276

• 평안 감사 박규수의 장계에서, "평양부에 와서 정박한 이양선이 더욱 미쳐 날뛰면서 포와 총을 쏘아 우리 쪽 사람들을 살해하였습니다. 그들을 제압하고 이기는 방책으로는 화공 전술보다 더 좋은 것이 없으므로 일제히 불을 질러서 보내어 그 불길이 저들 배에 번지도록 하였습니다."라고 하였다.

- 『고종실록』 -

• 미국도 1866년 조선의 개방을 시험한 적이 있으니, 제네럴 셔먼 호라는 상선이 평양을 향해 대동강을 거슬러 올라갔다. 미국인과 영국인, 중국인이 섞인 선원을 태운 이 중무장 선박은, 크리스트교뿐만 아니라 외국과의 통상도 조선의 법에 위배된다는 전문을 받았다. 하지만 제네럴셔먼 호는 이 말을 무시한 채 계속해서 앞으로 나아갔다. 곧 적대감에 찬 군중이 강가에 몰려들었고, 겁에 질린 선원들은 그들에게 머스킷 총을 발사하였다. 그 일제 사격이 끝나자 당시 평양감사로서 사람들의 존경을 받고 있던 온건한 관리 박규수는 제네럴 셔먼 호를 파괴하라는 명을 내렸다. 전투에 나선 조선인들은 선원 전원을 죽이고 배를 불살랐다.

- 브루스 커밍스, 『한국현대사』 -

오페르트의 주장 p.276

남의 무덤을 파헤치는 것은 예의 없는 행동에 가깝지만, 무력을 사용하여 백성을 괴롭히는 것보다 나을 것 같아 그랬다. 본래 관을 파오려고 했으나 그것은 지나친 생각이라 하여 그만두었다. 우리에게 석회를 팔 기구가 없겠는가? 높은 관리 한 사람을 보내 좋은 대책을 협의하는 것이 어떻겠는가. 만일 결단을 내리지 않으면 반드시 위험한 지경에 처하게 될 것이다.

[사료의 정석] 史師 사료한국사

▒ 오페르트의 서신에 대한 답변   p.276

영종 첨사의 명의로 회답 편지를 써서 보냈다. "너희와 어찌 같은 하늘을 이고 살겠는가. 너희 나라와 우리나라(조선) 사이에는 원래 왕래도 없었고 또 서로 은혜를 입거나 원수진 일도 없었다. 그런데 이번 덕산 묘소에서 저지른 사건은 어찌 인간으로서 차마 할 수 있는 일이겠는가? 또 방비가 없는 것을 엿보고서 몰래 침입하여 소동을 일으키고 무기를 약탈하며 백성들의 재물을 강탈한 것도 사리로 볼 때 차마 할 수 있는 일이겠는가? 이런 지경에 이르렀기 때문에 우리나라 신하와 백성들은 단지 힘을 다하여 한마음으로 귀국과는 한 하늘을 이고 살 수 없다는 것을 다짐할 따름이다."

— 『고종실록』 —

▒ 광성보 전투   p.276

- 그들은 창과 검으로 공격하였다. 무기도 없이 맨주먹으로 싸울 때는 모래를 뿌려 침략군의 눈을 멀게 하려 하였다. 그들은 끝까지 저항하였다. 수십 명은 탄환에 맞아 강물 속으로 뒹굴었다. 부상자 대다수는 물에 빠져 익사하였고, 어떤 사람들은 물속에 뛰어들면서 목을 찔러 자살하였다.

- 조선군은 근대적인 무기를 한 자루도 보유하지 못한 채 노후한 전근대적인 무기를 가지고서 근대적인 화기로 무장한 미군에 대항하여 용감히 싸웠다. 조선군은 그들의 진지를 사수하기 위하여 용맹스럽게 싸우다가 모두 전사하였다. 아마도 우리는 가족과 국가를 위해 그토록 강력하게 싸우다가 죽은 국민을 다시는 볼 수 없을 것이다.

— 슐레이, *Forty-Five Years Under the Flag* —

▒ 척화비 건립   p.276

- 홍순목이 아뢰기를, "병인년 이후 서양인을 배척한 것은 온 세상에 자랑할 만한 일입니다. 오랑캐들이 침범하고 있지만 화친에 대해서는 절대로 논의할 수 없습니다. 먼저 정벌하는 위엄을 보이면 …… 누군들 우러러 받들지 않겠습니까?" …… 이때에 종로 거리와 각 도회지에 척화비를 세웠다.

— 『고종실록』 —

- 서양 오랑캐가 침범해 온다. 싸우지 않으면 곧 화의하는 것이요, 화의를 주장함은 곧 나라를 파는 것이다. 나는 우리 만대 자손들에게 이를 타이르노라. 병인년에 글을 짓고, 신미년에 세우다.

— 척화비문 —

▒ 호조 참판 최익현의 상소   p.276

지난 나랏일을 보면 폐단이 없는 곳이 없어 명분이 바르지 못하고 말이 순하지 않아 짧은 시간 안에 다 미칠 수 없을 정도입니다. …… 서원 철폐로 스승과 제자의 의리가 끊어졌고, …… 호전(胡錢)을 써서 중화와 오랑캐의 분별이 어지러워졌습니다. …… 당백전을 혁파해야 합니다. 전하께서 경비가 부족한 것을 근심하시어 이렇게 의로운 뜻을 펼친 것은 훌륭한 조치입니다. 그러나 시행한 지 2년 동안에 사·농·공·상이 모두 그 해를 입었는데, 그 피해가 되풀이되어 온갖 물건이 축나고 손상을 입었습니다. …… 이 몇 가지 문제는 실로 전하께서 어려서 아직 정사를 도맡아 보지 않고 계시던 시기에 생긴 일입니다. …… 지금부터 임금의 권한을 발휘하시고, 침식을 잊을 정도로 생각하시며 부지런히 일하셔야 할 것입니다. …… 친친(親親)의 반열에 속하는 사람은 다만 그 지위를 높이고 녹봉을 후하게 줄 뿐이며, 나라의 정사에는 관여하지 못하게 하셔야 할 것입니다.

— 『승정원일기』 —

2 개항과 개화 정책

운요호 사건

- 지금 저들(조선)이 서로 싸우고, 쇄국 세력이 아직 그 기세를 되찾지 못하고 있을 때 우리 군함 한두 척을 급파하여 대마도와 이 나라 사이를 드나들게 하고, 해로를 측량하는 척하여 저들이 우리가 의도하는 것을 헤아리지 못하도록 해야 합니다.

   -『일본 외교 문서』, 1875 -

- 영종(도)의 방어에 실패했다는 보고가 방금 도착했습니다. 어떤 추악한 놈들이 불시에 성을 함락하고 돌입하여 외진 성의 소규모 군사로는 막아 낼 길이 없었다고 합니다.

   -『승정원일기』-

일본과의 통상을 추진하는 조선 정부

- 처음부터 지금까지 합하(흥선 대원군)께서 깊이 걱정하시는 것은 일본이 서양과 하나가 되었다는 점과 그들의 외교 문서를 받으면 약점 잡히지 않을까 하는 점입니다. 그러나 제가 깊이 걱정하는 것은 왜와 서양이 일치하는 현실 속에서 우리가 틈을 보여서는 안 되는데, 오히려 외교 문서를 받지 않아 그들에게 빌미를 줄 수 있다는 점입니다.

   - 박규수,『환재집』-

- 의정부가 "일본 군함이 경내에 들어온 사정을 알아본 내용을 잇달아 받아 보니, 반드시 우리나라의 대관(大官)을 만나려 한다고 합니다. 멀리서 온 사람을 어루만지는 뜻에서 그들이 원하는 대로 한번 만나 이야기하는 것이 마땅할 듯합니다."라고 아뢰었다.

   -『승정원일기』, 1876. 1. -

- "우리나라는 일본과 300년 동안 사신을 보내어 친목을 닦고 왜관을 설치하여 교역하였습니다. 그러다가 몇 해 전부터 외교 문서 문제로 서로 대립했으나, 지금은 계속 좋게 지내자는 처지에서 반드시 통상을 거절할 필요는 없습니다. 수호 조약 등의 문제는 충분히 상의하여 양측에서 서로 편리하게 하지 않을 수 없습니다. 먼저 이런 내용으로 접견 대관(接見大官)에게 알리는 것이 어떻겠습니까?" 하니, 이를 허락하였다.

   -『고종실록』-

조·일 수호 조규(1876. 2.)

제1관 조선국은 자주 국가로서 일본국과 평등한 권리를 보유한다. 금후 양국이 화친의 성의를 표하고자 할진대 모름지기 피아(彼我) 동등한 예의로써 상대할지며 추호도 침월시혐(侵越猜嫌)함이 있어서는 아니 될 것이다.

제4관 조선국 부산 초량항에는 …… 종전의 관례와 세견선 등의 일은 혁파하여 없애고 새로 세운 조관에 준하여 무역 사무를 처리한다. 또 조선국 정부는 제5관에 실린 두 곳의 항구를 별도로 개항하여 일본국 인민이 오가면서 통상하도록 허가하며, 해당 지역에서 임차한 터에 가옥을 짓거나 혹은 임시로 거주하는 사람들의 집은 각각 그 편의에 따르게 한다.

제5관 경기, 충청, 전라, 경상, 함경 5도 가운데 연해의 통상하기 편리한 항구 두 곳을 골라 지명을 지정한다.

제7관 조선국 연해의 도서(島嶼)와 암초는 종전에 자세히 조사한 것이 없어 극히 위험하므로 일본국 항해자들이 수시로 해안을 측량하여 위치와 깊이를 재고 도지(圖志)를 제작하여 ……

제8관 이후 일본국 정부는 조선국에서 지정한 각 항구에 일본국 상인을 관리하는 관청을 수시로 설치하고, 양국에 관계되는 안건이 제기되면 소재지의 지방 장관과 토의하여 처리한다.
제10관 일본국 인민이 조선국 지정의 각 항구에 머무르는 동안 죄를 범한 것이 조선국 인민에게 관계되는 사건은 모두 일본국 관원이 심리하여 판결하고, …….
제11관 양국이 우호 관계를 맺은 이상 별도로 통상 장정(章程)을 제정하여 양국 상인들이 편리하게 한다.

> 조·일 수호 조규(강화도 조약)는 일본과 맺은 불평등 조약으로, 이와 함께 무역 규칙, 수호 조규 부록 등의 내용이 규정되었다.

조·일 무역 규칙(1876. 7.)   p.277

제6칙 이후 조선국 항구에 거주하는 일본 인민은 양미(糧米)와 잡곡을 수출, 수입할 수 있다.
제7칙 일본국 정부에 소속된 모든 선박은 항세(港稅)를 납부하지 않는다.

조·일 수호 조규 부록(1876. 7.)   p.277

제4관 이후 부산 항구에서 일본국 인민이 통행할 수 있는 도로의 이정(里程)은 부두로부터 기산하여 동서남북 각 직경 10리로 정한다. …… 일본국 인민은 마음대로 통행하며 조선 토산물과 일본국 물품을 사고팔 수 있다.
제7관 일본국 인민은 본국의 현행 여러 화폐로 조선국 인민이 소유한 물품과 교환할 수 있으며, 조선국 인민은 그 교환한 일본국의 여러 화폐로 일본국에서 생산한 여러 가지 상품을 살 수 있다. 이러므로 조선국의 지정된 여러 항구에서는 인민들 사이에 서로 통용할 수 있다.

조·일 수호 조규 속약(1882. 7.)   p.277

제1조 개항장의 한행리정을 각 50리로 하고 2년 후에 100리로 한다. 1년 후 양화진을 개시장(開市場)으로 한다.

조·일 통상장정 및 해관 세칙 개정(1883. 6.)   p.277

제37조 만약 조선국이 자연재해나 변란 등으로 인하여 국내의 양곡이 부족해질 염려가 있어서, 조선 정부가 잠정적으로 양곡 수출을 금지하려고 할 때에는, 그 시기보다 1개월 앞서 지방관으로부터 일본 영사관에게 알리고, 또 일본 영사관은 그 시기보다 앞서 각 개항장의 일본 상인에게 알려 일률적으로 준수하게 한다.

조선책략   p.277

조선의 땅은 실로 아시아의 요충을 차지하고 있어 형세가 반드시 다투게 마련이며, 조선이 위태로우면 중국도 위급해질 것이다. 러시아가 영토를 넓히려고 한다면 반드시 조선으로부터 시작할 것이다. …… 그렇다면 오늘날 조선의 책략은 러시아를 막는 일보다 더 급한 것이 없을 것이다. 러시아를 막는 책략은 무엇인가? 중국과 친하고, 일본과 맺고, 미국과 이어짐으로써 자강을 도모해야 한다. …… 미국을 끌어들여 우방으로 하면 도움을 얻고 화를 풀 수 있을 것이다. 이것이 바로 미국과 이어져야 하는 까닭이다.

- 『조선책략』-

박규수의 대미 개국론

미국의 강성함은 유럽의 강대국과 같으며, 동서 대양에 연결하고 있어서 늘 약소국을 도우며 …… 영토가 광대무변하여 욕심이 없으며, 다만 상업의 이해관계에서 동양의 평화를 바라고 있다. 최근에 사신을 파견하여 조선과 조약을 맺을 것을 원하고 있다. 그러므로 이들과 연결한다면 화를 막을 수 있을 것이다. …… 미국 측에서 비록 수호의 말이 없더라도 우리가 마땅히 먼저 해야 할 일은 미국과 교분을 맺고 견고한 맹약을 체결함으로써 고립되는 환난을 면하도록 하는 것이다.
- 『환재집』 -

조·미 수호 통상 조약(1882. 4.)

제1관 타국의 어떠한 불공평이나 경멸하는 일이 있을 때 일단 확인하고 서로 도와주며, 중간에서 잘 조처하여 두터운 우의를 보여준다.

제4관 미국 인민이 상선에서나 해안에서 모욕하거나 소란을 피워 조선 인민의 생명과 재산에 손해를 주는 등의 일이 있을 때에는 미국 영사관이나 혹은 미국에서 파견한 관원에게 넘겨 미국 법률에 따라 조사하고 체포하여 처벌한다. 조선국 내에서 조선과 미국의 인민 사이에 송사가 일어난 경우 피고 소속의 관원이 본국의 법률에 의하여 심의하여 처리하며, …….

제5관 미국 상인과 상선이 조선에 와서 무역할 때 입출항하는 화물은 모두 세금을 바쳐야 하며, 그 수세권(收稅權)은 조선이 자주적으로 가진다.

제6관 미국 상인이 개항한 조선 항구에 가 해당 지역의 정계(定界) 안에 거주하며, 주택을 세내고 땅을 조차(租借)하며 집을 짓는 일은 그의 편리대로 하게 하며, 무역 업무에 대해서는 일체 소유한 토산물 및 제조한 물건과 위반되지 않는 화물은 모두 매매할 수 있다.

제8관 조선국이 사고로 인하여 국내의 식량이 결핍될 우려가 있을 경우 대조선국 군주는 잠시 양곡의 수출을 금한다. 지방관의 통지를 거쳐 미국 관원이 각 항구에 있는 미국 상인들에게 신칙(申飭)하여 일체 준수하도록 한다.

제14관 어떠한 혜정(惠政)과 은전(恩典) 및 이익을 다른 나라 혹은 그 나라 상인에게 베풀 때에 …… 해국(該國)과 그 상인에게 종래 혜택을 베풀지 않았거나 이 조약에 없는 경우에도 미국 관원과 백성에 준하여 일체 그 혜택을 받는다. 이러한 타국의 이익을 우대하는 문제에 …… 미국 관원과 백성에게 …… 동일하게 우대하는 이익을 누린다.

이 조약은 『조선책략』의 연미론을 계기로 청의 알선을 통해 체결되었다. 조선 정부는 관세 자주권을 인정받았다. 그러나 치외법권이나 최혜국 대우 등의 불평등한 규정이 포함되어 있는 불평등 조약이었다. 거중조정 조항은 청과 미국측의 제안이었다. 이에 대해서 당시 조선은 군사 동맹에 준하는 내용으로 해석하였으나, 미국은 외교상의 의례적인 표현으로 여겼다.

청과 미국의 속방 규정 논의

미국 상민(商民)의 활동에 지장을 주지 않는 한, 조선과 중국 사이의 관계에 관여하지 않을 것이다. 미국은 귀 군주가 내치, 외교와 통상을 자주(自主)하고 있음을 잘 알고 있다. 국회는 조선과 수호하는 데 동의하였으며, 본인도 이를 비준하였다. 조선이 자주국이 아니라면 미국은 조약을 체결하지 않았을 것이다.
- 미국 아서 대통령이 고종에게 보낸 회답 국서 -

조·영 수호 통상 조약(1883. 10.)

제1관 대조선국 대군주와 대영국 대군주 겸 인도 대후제는 …… 체약국이 이후에 제3국과 분쟁에 처해 있을 경우, 해당 체약국이 다른 체약국과 약조를 맺으면, 그 체약국은 즉시 대책을 마련해 중간에서 잘 조정한다.

제4관 조선국 인천부의 제물포, 원산과 부산 등 각 항구와 함께 한양과 서울의 양화진을 모두 통상하는 장소로 삼고 영국 사람들이 오가면서 무역하도록 허가한다. …… 영국 상인들이 이상 지정한 곳에 가서 토지를 영구히 임차하려 하거나 혹은 집을 세내거나 구입하고, 주택, 영업소 등을 짓는 공사의 모든 편의를 들어준다. 종교와 각종 의식도 모두 뜻대로 자행하도록 허가한다. 조선의 통상 항구가 있는 곳에는 부지를 선정하여 경계를 정하고, 그 부지를 닦아 외국인들의 거주지로 만들거나 영구 조계지로 전용하는 갖가지 사무는 조선 관원이 각국에서 파견한 관원들과 협상해서 처리한다.

조·프 수호 통상 조약(1886. 6.)

제9관 2. 프랑스국 인민으로서 조선국에 와서 언어 문자를 배우거나 가르치며 법률과 기술을 연구하는 사람이 있으면 모두 보호하고 도와줌으로써 양국의 우의를 돈독하게 하며, 조선국 사람이 프랑스국에 갔을 때에도 똑같이 일률적으로 우대한다.

동아시아 국가들이 체결한 불평등 조약

- 후먼 조약(1843)

제4조 광저우, 푸저우, 샤먼, 닝보, 상하이가 개항하면 영국 상인은 오직 이 다섯 항구에서만 무역이 허용된다.
제8조 청이 다른 나라와 새로운 조약을 체결할 경우, 그 조약이 영국과 맺은 것보다 유리하면 영국에도 그 조건을 인정한다.
제9조 영국인이 청의 영토에서 죄를 범하면, 영국 관헌이 체포하여 조사한다.

- 미·일 수호 통상 조약(1858)

제3조 시모다, 하코다테 외에도 나가사키, 니가타, 효고 등을 개항한다.
제4조 일본에 수출입하는 모든 상품은 별도의 규정에 따라 관세를 낸다.
제6조 일본인에게 죄를 지은 미국인은 미국 영사 재판소에서 미국 법에 따라 처벌받는다.

통상개화론자

• 전날 강남에서 군대를 움직일 때에는 청이 서양에서 대포를 사들였으므로 대포를 만들 줄 아는 서양인들이 더 유리하였으나, 요즈음에는 청이 서양 대포를 모방하여 만들어 쓰기 때문에 서양인들의 유리한 점이 사라지게 되었습니다. 전날에는 청 상인이 화륜선을 빌려 썼기 때문에 서양인들이 이로써 이득을 얻었으나, 오늘날에는 청 역시 화륜선을 모방해서 만들어 다시는 빌려 쓰지 않음으로써 서양인들이 또한 이득을 잃게 되었습니다.

— 박규수의 통상개화론 —

• "지금 우리는 …… 자주적으로 개국해야 합니다. 일본과의 외교 교섭에서 우리나라가 주도권을 잡고 능동적으로 개국하지 않는다면 일본이 무력으로 개항을 요구할 것이고, 그러면 조선은 굴복하게 되어 국가적으로 큰 위험에 부딪히게 될 것입니다."

— 『환재집』 —

- 개화의 첫걸음은 무엇보다 중국이 세계의 중심이라는 중화사상을 극복하는 것이었다. 어느 날 박규수는 지구의를 돌리면서 김옥균을 돌아보고 웃으며 "오늘날 중국이 어디 있단 말인가? 이리 돌리면 미국이 중국이 되고, 저리 돌리면 조선이 중국이 되며, 어느 나라건 가운데로 돌리면 중국이 된다. 오늘날 어디에 정해진 중국이 있단 말인가?"라고 말하자 여전히 중화사상에 얽매여 있던 김옥균이 박규수의 말에 크게 깨닫고 무릎을 치며 일어났다.

  - 『지동설의 효력』 -

- 아버지 오경석이 중국으로부터 신사상을 품고 귀국하자, 평소 가장 친교가 있는 벗 중에서 유흥기란 동지가 있었다.…… 두 사람은 우리나라 형세가 실로 풍전등화처럼 위태하다고 크게 탄식하고 언젠가는 일대혁신을 일으키지 않으면 안된다고 상의하였다. 어느 날 우리나라의 개혁은 어떻게 하면 성취할 수 있겠는가 하고 묻자, 오경석은 먼저 동지를 북촌의 양반 자제 중에서 구하여 혁신의 기운을 일으켜야 한다고 하였다.

  - 『김옥균전(상)』 -

- 오경석이 조정의 신하를 유도하여 외교를 운용할 때에, 벼슬이 없는 사람으로 시정에 숨어 지내다가 『해국도지』, 『영환지략』 등으로써 세계의 사정을 살피면서 뜻을 내정의 국면 전환에 두고, 가만히 귀족 중의 뛰어난 자를 규합하여 방략을 가르치고 뜻과 기개를 고무하여 준 이가 있으니, 당시 백의정승의 이름을 얻은 유대치(유홍기의 다른 이름)가 그라. 박영효, 김옥균, 홍영식, 서광범과 귀족 아닌 이로 백춘배, 정병하 등은 다 대치 문하의 뛰어난 자로 …… 박영효, 김옥균 등이 여러 해 이래 일본 교섭에 선두에 선 것은 실상 대치의 지시와 계획 중에서 나온 것이요, 세상이 개화당으로 지목하는 이는 대치의 문인임을 이름하였다.

  - 『고사통』 -

- 그들이야말로 이제까지 한국이 배출했던 인물들 중에서 가장 순수한 애국자들이었다. 그들은 같은 시대에 사람들을 훨씬 앞서고 있으며 조선국에게 가장 바람직한 것을 실현하고자 했다.

  - 『대한 제국 멸망사』 -

온건개화파

- 군신, 부자, 부부, 붕우, 장유의 윤리는 인간의 본성에 부여된 것으로서 천지를 통하는 만고불변의 이치이고, 위에 존재하는 것으로서 도(道)가 됩니다. 이에 대해 배, 수레, 군사, 농사, 기계의 편민이국(便民利國)하는 것은 외형적인 것으로서, 기(器)가 됩니다. 신(臣)이 변혁을 꾀하고자 하는 것은 기(器)이지 도(道)가 아닙니다. 오늘날 나라를 다스리는 이가 서양 문물의 편리함을 인정하지 아니하고 고제(古制)의 불편함을 뒤집어쓴다면 이것은 부강의 도를 생각하지 않는 것입니다. 엎드려 바라옵건대, 전하는 준재를 널리 선발하여 기계 제조의 관리를 두시고 그들로 하여금 해외에 출입케 해서 제조법을 배워오게 하여 급속히 그 효용을 보셔야 하옵니다.

  - 윤선학의 상소 -

- 대체로 우리나라가 일본과 관계를 맺는 것은 일본을 견제하기 위한 계책에서 나온 것으로 부득이한 일입니다. 저 일본이 서양 나라와 사이좋게 지내면서 서양 옷을 입고 서양 학문을 배우는 것은 금지할 바가 아닙니다. …… 기계에 관한 기술과 농업 및 수예(樹藝)에 관한 책과 같은 것도 만약 나라에 이익이 되고 백성에게 이익이 될 수 있다면 또한 선택할 일이지, 굳이 그들의 것이라고 해서 좋은 법까지 아울러 배제할 필요는 없음이 명백합니다.

  - 곽기락의 상소 -

• 우리 조정은 정학(正學)을 숭상하고 이단을 물리쳐서 만백성을 바르게 이끌어 오늘에 이르렀습니다. …… 비록 황준헌의 책자로 말하더라도 그 글이 바른가 바르지 못한가 그 말이 좋은가 나쁜가에 대해 신은 진실로 모르지만 …… 기계에 관한 기술과 농업 및 식목에 대한 책이 이익이 된다면 선택하여 시행할 것이지, 굳이 그들의 것이라고 해서 좋은 법까지 배척할 필요는 없습니다.

- 곽기락의 상소 -

• 서양에서 유행하고 있는 천주교가 우리나라에서 유포되는 것을 금지해야 합니다. 우리가 부족한 것은 기술뿐이기 때문에 그 기술만을 받아들이면 됩니다. 과학 기술 문명은 인간의 도리에 해롭지 않고 백성들이 살아가는 데 도움이 되기 때문에 이를 배워야 합니다. 서양에서 들여온 서적에 과학 기술 문명에 대한 설명이 나와 있는데, 이것을 오늘날 우리가 구하여 활용해야 합니다.

- 김윤식의 상소 -

• 변옥(卞鋈)이 올린 상소의 대략에, "군사를 훈련시키는 일은, 일본식이니 중국식이니 따질 것 없이 그저 가장 우수한 것만을 취해가지고 배워야 합니다. 윤선(輪船)·대포·전선(電線)도 각국(各國)을 본받아서 설치해야 할 것입니다. 이른바 『만국공법』은 조목이 정연하고 각국에서 통용되고 있는 책인데, 우리나라 사람들은 사교(邪敎)에 물들었다고 지목당할 것을 두려워하면서 살펴볼 겨를조차 없이 대뜸 배척합니다. 사교를 배척하는 책으로는 『해국도지』보다 더 상세한 것이 없지만, 이 무리들이 어찌 그 책을 한 번이라도 살펴보려고 하겠습니까? 황준헌이 선물한 『기우자이언(杞憂子易言)』 등의 책은 우리나라를 위한 책략을 전개한 책인데 사학(邪學)이라고 배척하니 여러 가지 의혹을 풀기가 어렵습니다. 이 몇 가지 책을 간행하여 사도(四都)와 팔도(八道)에 반포하면 그렇지 않다는 것이 밝혀질 수 있습니다. 기타 편리한 기구들과 기묘한 의술과 농사법으로서 백성들의 생활에 유익한 것은 배우고 본받아야 할 것입니다. 금을 채취하는 기계에 대해서는 모두 해외 신서(海外新書)에 실려 있으니, 이것이야말로 오늘날의 위급함을 구제하는 데 쓸 수 있을 것입니다. 바라건대, 의심하지 마시고 간행하도록 하소서." 하니, 비답하기를, "진달한 것은 시무(時務)에 긴절하니, 유념하겠다." 하였다.

- 『고종실록』 -

일본의 서양 따라잡기

• 사람들은 서양을 다녀온 적이 있는 서생(메이지 시대에 '학생'을 일컫던 말)들은 정치, 법률, 조직, 재정, 스포츠, 의학, 칵테일, 종교, 심지어 피클에 이르기까지 모르는 게 없다고 생각하였다. 그렇기 때문에 이들은 나라를 지배할 수 있었다.

- 『재팬 펀치』, 1868. 12. -

• 오늘의 꿈을 펴기 위해 이웃 나라의 개명을 기다려 함께 아시아를 일으킬 시간이 없다. 오히려 그 대열에서 벗어나 서양과 진퇴를 같이 해 중국과 조선을 접수해야 한다. 접수 방법도 인접 국가라는 이유만으로 사정을 헤아려 줄 수 없으며 반드시 서양인의 방식에 따라 처분해야 한다.

- 후쿠자와 유키치, 『지지신보』(1885) -

• "옛것을 버리고 새로운 것을 얻는 과정에서 가장 핵심적인 것은 '아시아를 벗어나는 것'이다. 비록 일본이 이미 정신적으로는 아시아를 벗어났지만, 이웃 두 나라(조선과 청)는 개혁을 생각조차 하지 못하고 있다. …… 중국과 일본의 개혁이 실패한다면, 이들은 곧 세계 열강에 나라를 빼앗길 것이다."

- 『시사신보』, 1885. 3. 26. -

문명개화론
p.279

지금 그 나라의 문명화를 꾀함에 있어서 모조리 유럽을 목표로 하는 것은 적합하지 않고, 또 모름지기 그쪽의 문명을 채택함에 우리의 인심과 풍속을 살펴 그 국체에 따라 그 정치를 준수하고 우리에게 적합한 것을 골라 취사선택해야 적절한 조화를 얻게 될 것이다. 그러나 문명에는 밖으로 드러나는 사물과 그 안에 담겨 있는 정신의 구별이 있는데, 밖으로 드러나는 문명은 취하기가 쉽고, 그 안에 담겨 있는 문명은 찾아내기 어렵다. 나라의 문명화를 꾀함에 있어서는 어려운 쪽을 먼저 하고 쉬운 쪽을 나중에 해야 한다.

— 후쿠자와 유키치, 『문명론의 개략』(1875) —

급진 개화파의 성향
p.279

- 조선이 이전부터 스스로를 청의 속방으로 여겨 온 것은 참으로 부끄럽다. 나라가 발전할 희망이 없는 것은 여기에 원인이 있다. 이에 첫째로 해야 할 일은 독립하여 완전한 자주국을 수립하는 것이다. 독립하려면 정치와 외교를 자수자강해야 한다. 그러나 청을 섬기는 현재의 정부로서는 불가능하다.

— 김옥균, '조선개혁 의견서' —

- 오늘날의 급선무는 반드시 인재를 등용하며 국가 재정을 절약하고 사치를 억제하며, 문호를 개방하고 이웃국들과 친선을 도모하는 데 있다고 한다. 그러나 나의 생각에는 실사구시하는 것이 제일이라고 여겨진다. …… 일본은 법을 변경(변법)한 이후로 모든 것을 경장했다고 들었다.

— 「치도약론」(1882) —

- 무릇 종교는 국민들이 자유롭게 믿게 하고 정부에서 간섭해서는 안 됩니다. …… 만약에 군주의 전제권을 견고히 하려면 국민을 어리석게 해야 하는데, 국민이 어리석고 약해지면 나라도 함께 약해지는 것입니다. 진실로 나라를 부강하게 하여 서양과 맞서려면 군권을 줄여 국민에게 응분의 자유를 누리게 하고 보국의 책임을 다하게 해야 합니다.

— 박영효가 고종에게 건의한 글(1887) —

의정부에서 통리기무아문의 설치에 대해 아뢰었다. 통리기무아문은 총리대신을 두고 중앙과 지방의 군사와 정사의 기무를 통솔하는데, 그 아래에는 12개의 사(司)를 둔다. 12개의 사(司) 중사대사(事大司)는 사대문서와 중국 사신을 접대하는 일 등을 담당한다. 교린사(交隣司)는 외교문서와 왕래하는 사신을 맞이하고 전송하는 일 등을 담당한다.

— 『고종실록』 —

통리기무아문 설치(1880. 12.)
p.279

1. 아문의 호칭은 통리기무아문으로 한다.
1. 사대사(事大司)는 사대 문서와 중국 사신을 접대하는 일과 군무변정 사신을 차송하는 일 등을 담당한다.
1. 교린사(交隣司)는 외교문서와 왕래하는 사신을 맞이하고 전송하는 일 등을 담당한다.
1. 군무사(軍務司)는 중앙과 지방의 군사를 통솔하는 일 등을 담당한다.
1. 변정사(邊政司)는 변방의 사무와 이웃 나라의 동정을 염탐하는 일 등을 담당한다.
1. 통상사(通商司)는 중국 및 이웃 나라와의 통상에 관한 일 등을 담당한다.
1. 군물사(軍物司)는 병기의 제조에 관한 일 등을 담당한다.

1. 군물사(軍物司)는 병기의 제조에 관한 일 등을 담당한다.
1. 기계사(機械司)는 각종 기계의 제조에 관한 일 등을 담당한다.
1. 선함사(船艦司)는 서울과 지방의 각종 선박의 제조와 통솔에 관한 일 등을 담당한다.
1. 기연사(譏沿司)는 연해 포구에 왕래하는 선박의 순시에 관한 일 등을 담당한다.
1. 어학사(語學司)는 역학, 각국의 언어 문자 등에 관한 일을 담당한다.
1. 전선사(典選司)는 인재를 선발하여 각사(各司)에 등용하는 일 등을 담당한다.
1. 이용사(理用司)는 경리(經理)와 재용(財用)에 관계된 제반 사항을 담당한다.

별기군(1881)

- 일본인 호리모토를 초빙하여 하도감에서 신식 군사 훈련을 가르쳤으니 별기군이라 하였고, 관리 자제로서 연소하고 총명한 자 백여 명을 뽑아 사관생도라 이름 붙여 기예를 학습시켰다.

— 『한국통사』 —

- 하나부사: 총기가 나올수록 더욱 정밀하여 기묘한 솜씨는 몇 배로 늘어났으며 한 사람이 열 사람을 당할 수 있습니다. 세상의 군사 제도가 따라서 일변하였습니다. 또 일찍이 강수관(講修官)에게 "귀 정부에서 해륙군을 확장하고 각종 공업을 진흥하기 위해 군사 교관과 젊은 기술자를 요청하면 우리 정부는 마땅히 보증하여 추천할 것"이라고 고하였습니다. …… 시간과 기회는 사라지기 쉽습니다. 오랫동안 헛되이 기다린다면 아마 일을 이룰 수 없을 것입니다. 지금 본 공사관에 육군소위 호리모토 레이조가 있는데, 병학교 출신으로 병사를 훈련시키는 방법을 익힌 바가 있습니다. 그러므로 우선 소위를 데려다가 당분간 이에 종사하도록 하면 이 또한 마냥 세월을 기다리는 것보다 낫지 않겠습니까? 그러므로 이를 보증하여 천거합니다.
  민겸호: 회답합니다. 우리나라는 군무에 소홀한데 귀 정부에서 이를 유념하여 이미 소총 무기를 주셨습니다. 공사께서 역시 육군소위 오리모토 레이소를 천거하여 군사 훈련을 익힐 수 있는 바탕이 마련될 수 있었습니다. 이들 모두에 대해 매우 감사하게 생각합니다.

조사 시찰단

"동래부 암행어사 이헌영은 들어 보아라. 일인(日人)의 조정 의론(朝廷議論)·국세 형편(國勢形便)·풍속 인물(風俗人物)·교빙 통상(交聘通商) 등의 대략을 다시 한 번 염탐하는 것이 좋겠다. 그러니 그대는 반드시 이 점을 염두에 두고 일본 배를 빌려 타고 그 나라로 건너가 해관이 관장하는 사무를 비롯한 그 밖의 크고 작은 일들을 조용하게 보고하라. 급히 성 밖으로 나갈 필요는 없고 집에서 출발 준비를 하도록 하여라."

— 고종 봉서(封書), 1881. 2. 2. —

조사 시찰단의 보고

- 인재를 등용할 때, 예전에는 화족(왕족), 사족, 평민의 구분이 있었으나 지금은 그 명칭이 있어도 전적으로 재주로써 사람을 쓰기 때문에 평민으로 높은 자리에 오른 자도 매우 많으며, 화족이나 사족의 후손이 수레나 말을 끄는 천한 직업에 종사하기도 한다.

— 박정양 —

- 일본은 서양의 달력을 채용한 이후로 일, 월, 화, 수, 목, 금, 토의 7일로 구분해 위로는 태정관에서부터 아래로는 말단 벼슬아치에 이르기까지 매일 진시(辰時)에 출근하여 신시(申時)에 퇴근하며 일요일에는 쉽니다.

- 『일본국문견조건』 -

- 조선의 과제는 하루 속히 부강의 도를 얻어 행하여 자강을 실현하는 것입니다. 부강의 도가 근대적 개혁이며, 만일 이 방법에 의하여 부강을 이루지 못하면 이웃 국가의 수모를 받을 위험이 매우 큽니다.

- 어윤중 -

- 메이지 유신 후 일본 정부는 전신의 가설에 착수하였습니다. 이에 1880년에는 전신이 증가하고 선로가 연장되어 대략 1,600리가 되었습니다. …… 또 우편을 처음 실시하여 그 선로가 15,700리로 연장되어 어느 때나 2전의 비용으로 국내 각 지방과 통신합니다.

- 『재정문견』 -

조사 시찰단의 서로 다른 일본 인식 p.279

고종: 일본의 강약이 어떠하더냐.
박정양: 일본은 겉모습만 보면 자못 부강한 듯합니다. …… 그러나 그 속을 살펴보면 실은 그렇지 않습니다. 일단 서양과 통교한 이후로는 단지 교묘한 것만 좇을 줄만 알고 재정이 고갈되는 것은 생각하지 않으므로 기계를 설치할 때마다 다른 나라들에 진 부채가 매우 많습니다.
고종: 일본의 제도가 장대하고 정치가 부강하다고 하는데 살펴보니 이와 같더냐?
홍영식: 일본의 제도가 비록 장대하나 모두 모이고 쌓여서 이루어진 것입니다. 재력은 여러 가지 사업을 추진하는 것이 매우 많아 항상 부족함을 근심할 정도입니다. 그 군정도 강하다고 할 수 있습니다. 그러나 이는 모두 밤낮을 가리지 않고 부지런히 마음과 힘을 하나로 모아 이룩한 것입니다.

- 『승정원 일기』(1881. 9. 1.) -

영선사 p.279

통리기무아문에서 아뢰기를, "무기 제조법을 배워 오는 일과 관련하여 …… 사신의 호칭은 영선사라고 부르고, 무기 제조는 먼저 공도(工徒)들을 파견하여 만드는 법을 배우고, 기술은 교사를 초청해서 연습하며, 군사들을 정해서 보내기로 한 일은 당분간 보류한다는 내용으로 상세히 말을 구성해서 보내도록 하는 것이 어떻겠습니까?"라고 하니, 모두 윤허하였다.

- 『고종실록』 -

1차 수신사 p.279

수신사 김기수가 나와 엎드리니 왕이 말하였다. "전선, 화륜과 농기계에 관하여 들은 것은 없는가? 저 나라에서 이 세 가지 일을 제일 급하게 힘쓰고 있다고 하는데, 그러하던가?" 김기수가 "과연 그러하였습니다."라고 아뢰었다.

보빙사의 한글 국서
p.279

대조선국 대군주는 대미국 백니쇠턴덕(President)께 글월을 올리옵니다. 이 사이 두 나라가 조약을 바꾸고 화의가 도타움에 전권 대신 민영익과 부대신 홍영식을 귀국에 파견하여 예물과 함께 예를 갖추오니 …… 바라노니 정성을 미루어 서로 믿어서 더욱 화목케 하며 한 가지 태평을 누리게 하시옵소서.

- 『뉴욕헤럴드』, 1883. 9. 19. -

③ 개화 정책에 대한 반발

이항로의 통상 반대
p.280

- 더구나 저들의 물건은 손으로 생산하는 것이므로 날마다 계산해도 여유가 있지만, 우리의 물건들은 땅에서 생산되는 것이므로 1년을 단위로 계산하여도 부족합니다. 부족한 것으로 남는 물건과 바꾸는데 우리가 어떻게 곤란한 생활을 겪지 않을 수 있겠습니까? 날마다 생산하는 물건을 가지고 한 해에 한 번 생산하는 물건과 바꾸니 저들이 어찌 넉넉하게 되지 않을 수 있겠습니까?

- 오늘날 서양 오랑캐의 침입을 당하여 국론이 화친과 전쟁으로 나뉘어 있다. 그런데 서양인을 공격해야 한다는 주장은 내 나라 쪽 사람의 주장이고, 서양인과 화친해야 한다는 주장은 적국 쪽 사람의 주장이다. 전자를 따르면 나라와 문화의 전통을 보전할 수 있지만 후자를 따른다면 인류(조선인)가 금수의 지경으로 빠지고 말 것이다.

  - 『화서집』 -

- 서양 오랑캐의 화가 오늘날에 이르러서는 홍수나 맹수의 해보다 심합니다. 전하께서는 부지런히 힘쓰시고 경계하시어 안으로는 관리들로 하여금 사학(邪學)의 무리를 잡아 베게 하시고, 밖으로는 장병으로 하여금 바다를 건너오는 적을 정벌케 하소서.

  - 『화서집』 -

- 대체로 우리나라에 몰래 잠입하여 사학(邪學)을 널리 전파하는 것은 자기의 패거리들을 늘려서 안팎에서 서로 호응함으로써 우리나라의 형편을 탐지하여 군사를 거느리고 쳐들어와 우리의 문물 제도를 어지럽히고 우리나라의 재물과 여자들을 약탈함으로써 그 끝없는 욕심을 채우려고 하는 데 있습니다.

  - 이항로의 상소, 『고종실록』(1866. 10.) -

최익현의 지부복궐상소(1876. 1.)
p.280

항간에는 그들의 속셈이 화친을 요구하는 데 있을 것이라고 소문이 떠돌아 입 가진 사람은 모두 분격하며 온 나라가 뒤숭숭합니다. 이 소문이 시행된다면 전하의 일은 잘못되고 말 것입니다. 화친이 상대편의 구걸에서 나오고 우리에게 힘이 있어 능히 그들을 제압할 수 있어야 그 화친은 믿을 수 있는 것입니다. 겁나서 화친을 요구한다면 지금 당장은 좀 숨을 돌릴 수 있겠지만, 이후 그들의 끝없는 욕심을 무엇으로 채워 주겠습니까? 이것이 나라를 망하게 하는 첫째 이유입니다. 그들의 물건은 모두 지나치게 사치한 것과 괴상한 노리갯감들이지만, 우리의 물건은 백성들의 목숨이 걸린 것들이므로 통상한 지 몇 년 되지 않아서 더는 지탱할 수 없게 될 것이며, 나라도 망하게 될 것입니다. 이것이 나라를 망하게 하는 두 번째 이유입니다. 그들이 비록 왜인이라고 평계대지만 실제로는 서양 도적들이니, 화친이 일단 이루어지면 사학(邪學)이 전파되어 온 나라에 가득차게 될 것입니다. 이것이 나라를 망하게 하는 세 번째 이유입니다. 그들이 뭍에 올라와 왕래하고 집을 짓고 살게 된다면 재물과 부녀들을 제 마음대로 취할 것이니, 이것이 나라를 망하게 하는 네 번째 이유입니다. 저들은 재물과 여자만 알고 사람의 도리라고는 전혀 모르는데, 그들과 화친한다는 것은 어떻게 하자는 것인지 모르겠습니다. 이것이 나라를 망하게 하는 다섯째 이유입니다. …… 지금 기어든 왜인들은 서양 옷을 입고 서양 포를 쏘며 서양 배를 타고 다니니, 이는 왜인이나 서양 사람이 나 한 가지라는 것의 뚜렷한 증거입니다. 무엇 때문에 그들에게 속겠습니까? 감히 …… 도끼를 가지고 대궐 앞에 엎드렸으니, …… 화친을 주장하여 나라를 팔아먹고 짐승을 끌어들여 사람을 해치려고 꾀하는 자가 있으면 사형으로 처단하기 바랍니다. 만일 그렇지 않을 경우 이 도끼로 신에게 죽음을 내리신다면 조정의 큰 은혜로 여기겠습니다.

- 『면암집』 -

영남 만인소(1881. 2.) p.280

중국으로 말하면 우리가 번국(藩國)으로 자처해 왔고 신의로 교류한 지 거의 200년의 오랜 시일이 지났습니다. 그런데 하루아침에 '황제'요, '짐'이요 하면서 두 존칭을 태연하게 사양하지 않고 받으며 …… 만일 중국에서 이것을 가지고 따지면서 시끄럽게 떠든다면 무슨 말로 해명하겠습니까? 일본으로 말하면 우리가 견제해야 할 나라입니다. 국경 요새지의 험준하고 평탄한 지형을 그들이 이미 잘 알고 있으며 수로와 육로의 요충지를 그들이 차지하고 있는 터에 우리의 대비가 없는 것을 엿보고 함부로 돌격한다면 어떻게 막아내겠습니까? 미국으로 말하면 우리가 원래 잘 모르던 나라입니다. 그런데 공공연히 그의 부추김을 받아 우리 스스로 끌어들여서 바다를 건너고 험한 길로 미국에 가서 우리 신료들을 지치게 하고 우리나라의 재물을 썼는데도 만일 그들이 우리나라의 헛점을 알고서 우리가 힘이 약한 것을 업신여겨 따르기 어려운 청으로 강요하고 떼 수 없는 비용을 떠맡긴다면 장차 어떻게 응대하겠습니까? 러시아로 말하면 우리와는 본래 아무런 혐의도 없습니다. 그런데도 공연히 남의 이간술에 빠져 우리의 위엄을 손상시키면서 먼 나라 와 사귀고 이웃 나라를 도발하게 하는 전도된 행동을 하다가 헛소문이 먼저 퍼져 이것을 빌미로 삼아서 병란의 단서를 찾는다면 장차 어떻게 수습하시렵니까? 또 게다가 러시아나 미국, 일본은 모두 같은 오랑캐들이니 후하고 박한 차이를 두기가 어렵고, …… 또 더구나 세상에는 일본이나 미국과 같은 나라가 헤 아릴 수 없이 많은데 각 나라들이 서로 이 일을 본보기로 하여 땅을 요구하고 화친을 청하기를 일본과 같이 서로 한다면 또한 어떻게 막겠습니까? …… 지금 조정에서 무엇 때문에 백해무익(百害無益)한 일을 굳이 해서 러시아 오랑캐에게는 본래 생각지도 않았던 일을 생각하도록 만들고 미국에서는 원래 계책으로 삼지도 않은 일을 계책을 삼게 하여 병란을 초래하여 오랑캐를 불러들이게 합니까?

홍재학의 척사 상소 p.280

• 대개 서양의 학문은 천리(天理)를 어지럽히고 기강(紀綱)을 소멸시킴이 심함은 다시 말할 필요도 없습니다. 서양의 물건은 태반이 음탕하고 욕심을 유도하며, 윤리와 강상을 깨뜨리고 사람의 정신을 어지럽히며, 천지에 거역하는 것들입니다. 서양의 학문과 물건은 귀로 들으면 창자가 뒤틀리고 수컷이 다른 것으로 바뀌며, 눈으로 보면 창자가 꼬이고 위가 뒤집히며, 코로 냄새를 맡고 입술로 그것에 닿게 하면 마음이 변하여 실성하게 되니 이는 곧 그림자가 서로 부딪치고 전염병이 서로 감염되는 것과 같으며, 그 사람의 좋고 싫음이 향배를 물을 필요가 없습니다. 또한, 십자가의 상을 받들지 않는다 해도 예수교의 책을 읽게 되면 성인에게 죄를 얻는 시작입니다. 전하의 백성들은 과연 귀와 눈과 코와 입이 있습니까, 없습니까. 나라 안의 실정은 이미 달라졌습니다.

- 전하께서 즉위하신 이래로 어느 하루라도 척사위정의 명령을 내린 적이 있습니까? 사학(邪學)의 무리들을 언제 잡아서 처단하신 적이 있습니까? …… 역사책에 기록된다면 후세에 전하를 어떤 임금이라고 하겠습니까? 전하께서는 한가한 때에 다시 한번 생각해 보시기 바랍니다.
- 『고종실록』-

고종의 척사윤음 p.280

- 이후로부터 만약 다시 사교(邪敎)에 깊이 물들어서 자기 습성을 고치지 않고 어리석은 사람을 속이고 유인하여 깨끗한 것을 더럽히는 자가 있다면 가족과 종족을 멸살하는 처벌이 또한 부득이 있을 것이다.
- 『고종실록』-

- 왜인을 제어하는 일은 왜인을 제어하는 일이고, 양인을 배척하는 일은 양인을 배척하는 일이다. 왜인이 양인의 척후(앞잡이)라 하더라도 각각 대처할 방도가 있을 것이다.
- 『승정원일기』-

이재선 역모 사건 p.280

안기영·권정호·이철구는 모두 올빼미와 같은 성품을 지니고서 평소 살무사나 불여우 같은 흉측한 계책을 품었고, 평상시 품고 있는 것은 실심하여 나라를 원망하는 것이 아님이 없습니다. 여러 해 동안 꿍꿍이를 부린 것은 모두 군사를 일으켜 난을 초래하는 것이었습니다. 왜적을 물리친다는 명분을 빌려 감히 반역의 음모를 실현하려 했습니다.
- 『승정원일기』-

임오군란 p.280

- 임오년(1882) 6월 9일, 경영군(京營軍)에 큰 소란이 벌어졌다. 1874년 이래 대궐에서 쓰이는 비용은 끝이 없었다. 호조나 선혜청에 저축해 온 것은 모두 비어서 경관(京官)의 월급도 주지 못했으며, 5영 군사들도 왕왕 급식을 결하였다. 5영을 파하고 2영을 세우니 또한 노약자는 쫓겨나게 되어 갈 곳이 없었다. 그래서 완력으로 난을 일으킬 것을 생각하게 되었다. …… 이때 군량이 지급되지 않은 지 이미 반년이 지났는데 마침 호남의 세금 거둔 배 수 척이 도착하자, 서울 창고를 열어 군량을 먼저 지급하라는 명이 떨어졌다. 선혜청 당상관 민겸호의 하인이 선혜청 창고지기가 되어 그 군량을 지급하였다. 그가 쌀에 겨를 섞어서 지급하고 남은 이익을 챙기자 많은 백성이 크게 노하여 그를 구타하였다. …… 일본인 호리모토 레이조가 별기군을 가르쳤으며, 남산 밑에다 훈련장을 마련하였다. 그곳에서 총을 메고 훈련하였으므로 먼지가 허공을 가리어, 이 광경을 처음 본 장안 사람들은 놀라지 않은 자가 없었다. 개화 이후 이해를 분별하지 않고 일본인이라는 말만 들으면 이를 갈며 죽이려고 하였으니 서민층에서 더욱 심하게 나타났다. …… 10일, 난병들이 대궐을 침범하니 왕비는 밖으로 피신하고 이최응, 민겸호, 김보현 등이 모두 피살되었다. 이후 흥선 대원군이 정사를 돌보았다.
- 『매천야록』-

- 난병들은 자신들의 죄를 용서받지 못할 줄 알고 있는데다가 소속된 곳도 없으므로 운현궁으로 몰려가 …… 난병들이 서로 앞을 다투어 소란을 피우자 대원군은 고함을 지르며 그들이 물러가기를 꾸짖고, 그 우두머리 몇 명을 남게 하여 그들과 무슨 이야기를 나누었으나 그 내용은 전해지지 않았다.
- 『매천야록』-

청의 내정 간섭
p.281

• 들으니 청국이 우리 정부에 공문을 보내되 "무릇 외교에 관한 일은 일체를 청국에 문의하라."고 하였다. 들으니 우창칭이 왕(고종)께 말하기를 "내가 3천 자제를 거느리고 여기에 와 있으므로 매사에 있어 청나라를 배반하여서는 안 된다."라고 하였다. 이것들은 왕과 중전께서 말씀하신 것이다. 그런데 중전의 말씀 가운데 "청인이 이와 같이 교만하니 분함을 견디지 못하겠다.", "흥선 대원군이 나오면 나라는 반드시 어지러울 것이다.", "청인이 관인들에게 말하기를 무릇 차관 등의 일은 우선 청국의 지휘를 받되 양인(洋人)들과 지휘해서는 안 된다고 하더라."는 것 등이 있었다.
- 윤치호 일기(1883. 11. 2.) -

• 위안스카이는 (조선에 온 뒤) 차츰차츰 조선 왕실과 조선 정부에 손을 뻗치기 시작하더니 …… 위안스카이의 간섭은 동전 국호에까지 이르렀다. 청나라는 큰 나라이고 조선은 작은 나라이므로 '대조선'이라는 칭호는 작은 나라로서의 격에 맞지 않는다 하여 대(大)자를 쓰지 못하게 하였다. 1882년에 만든 5냥 은화, 5푼 동화에 새겨져 있는 '대조선' 자는 위안스카이가 시비하기 전에 만들어졌기 때문에 '대조선'으로 되어 있다. 그러나 1883년부터 만든 돈은 모두 대(大)자를 빼고 단순히 조선 개국으로 만들게 되었다.
- 『조선화폐고』 -

조·청 상민 수륙 무역 장정(1882. 10.)
p.281

조선은 오랜 동안의 제후국으로서 전례(典禮)에 관한 것에 정해진 제도가 있다는 것은 다시 의논할 여지가 없다. …… 이번에 제정한 수륙 무역 장정은 중국이 속방(屬邦)을 우대하는 뜻이며, 각국과 일체 같은 이득을 보도록 하는 데 있지 않다.

제1조 앞으로 북양대신(北洋大臣)의 신임장을 가지고 파견된 상무위원(商務委員)은 개항한 조선의 항구에 주재하면서 전적으로 본국의 상인을 돌본다. 상무위원과 조선 관원이 내왕할 때에는 다 같이 평등한 예로 우대한다. 만약 중대한 사건에 맞아 조선 관리들과 마음대로 결정하기 불편할 때에는 북양대신에게 자세히 보고하고 북양대신이 조선 국왕에게 공문을 보내어 알려주면 조선 국왕이 자기 정부에 공문을 내려보내어 처리하게 한다.

제2조 중국 상인이 조선 항구에서 만일 개별적으로 고소를 제기할 일이 있을 경우 중국 상무위원에게 넘겨 심의 판결한다. 이 밖에 재산 문제에 관한 범죄 사건에 조선 인민이 원고가 되고 중국 인민이 피고일 때에는 중국 상무위원이 체포하여 심의 판결하고, 중국 인민이 원고가 되고 조선 인민이 피고일 때에는 조선 관원이 피고인의 범죄 행위를 중국 상무위원과 협의하고 법률에 따라 심의하여 판결한다. 조선 상인이 개항한 중국의 항구에서 범한 일체의 재산에 관한 범죄 등 사건에 있어서는 피고와 원고가 어느 나라 인민이든 모두 중국의 지방관이 법률에 따라 심의하여 판결하고, 아울러 조선 상무위원에게 통지하여 등록하도록 한다.

제4조 양국 상인이 피차 개항한 항구에서 무역을 할 때에 법을 제대로 준수한다면 땅을 세내고 방을 세내어 집을 지을 수 있게 허가한다. 토산물과 금지하지 않는 물건은 모두 교역을 허가한다. …… 조선 상인이 북경에서 규정에 따라 교역하고, 중국 상인이 조선의 양화진과 서울에 들어가 영업소를 개설한 경우를 제외하고 각종 화물을 내지로 운반하여 상점을 차리고 파는 것을 허가하지 않는다. 내지로 들어가 토산물을 구입하려고 할 때에는 피차의 상무위원에게 품청하여, 지방관과 연서(連署)하여 허가증을 발급하되 …… 내지로 들어가 유력(遊歷)하려는 자는 상무위원에게 품청하여, 지방관이 연서하여 허가증을 발급해야만 들어갈 수 있다.

제물포 조약(조·일 강화 조약, 1882. 7.)

일본력(日本曆) 7월 23일, 조선력(朝鮮曆) 6월 9일의 변고 때 조선의 흉도가 일본 공사관을 습격하여 사무를 보는 인원들이 많이 난을 당하였고 조선에서 초빙한 일본 육군 교사도 참해를 입었다. 일본국은 화호(和好)를 타당하게 협의 처리하고, 조선은 아래의 6개 조관 및 따로 정한 속약(조·일 수호 조규 속약을 말함) 2개 조관을 실행할 것을 약속하여 징벌과 뒷마무리를 잘한다는 뜻을 표시하였다.

제1관 지금부터 20일을 기한으로 하여 조선국은 흉도들을 잡아 그 수괴를 엄격히 심문하여 엄하게 징벌하고, ······.
제3관 조선은 5만 원을 지출하여 해를 당한 일본 관서의 유족들, 부상자에게 특별히 돌보아 준다.
제4관 흉도들의 포악한 행동으로 인하여 일본국이 입은 손해와 공사를 호위한 해군과 육군의 비용 중에서 50만 원을 조선국에서 보충한다. [매년 10만 원씩 지불하여 5개년에 다 청산한다.]
제5관 일본 공사관에 군사 약간을 두어 경비를 서게 한다. [병영을 설치하거나 수선하는 일은 조선국이 맡는다. 조선의 군사와 백성들이 규약을 지킨 지 1년이 되어 일본 공사가 직접 경비가 필요치 않다고 할 때에는 군사를 철수해도 무방하다.]
제6관 조선국 특파 대관이 국서를 가지고 일본국에 사과한다.

조·일 수호 조규 속약(1882. 7.)

제1조 첫째, 부산·원산·인천 각 항의 한행리정(閒行里程)을 금후 확장하여 사방 각 50리로 정하고, 2년 후를 기하여 다시 각 100리로 한다. 지금부터 년 뒤에는 양화진을 개시(開市)로 한다.
제2조 일본국 공사·영사와 그 수행원 및 그 가족의 조선 내지 여행을 허용하며, 예조(禮曹)에서 여행지를 지정하여 증서를 급여하되, 지방관은 그것을 대조하고 호송한다.

혜상공국 설치

지금 혜상공국을 설치함은 특별히 임금님께서 이들을 가엾게 보시고 보호하는 것이니, 그 감사하고 축하함이 과연 어떠하리오. 더욱 2만 냥의 돈을 내려주시면서 좌상과 우상에게 반씩 나누어 8도의 경비에 쓰도록 하여 임금의 은혜와 혜택을 고르게 받도록 하시었다. 우리 상민은 오직 임금님의 뜻을 우러러 받들어 6천 냥은 좌우상대청에 주고, 나머지 1만4천 냥은 각 도별로 나누어서 이를 밑천으로 삼고 이자를 늘려 좌우상대로 하여금 이들을 어려움에서 건져 구하는 자금으로 삼았다.

- 혜상공국 절목 -

'혜상공국 절목'은 1883년 설치된 혜상공국에 관한 글로, 그해 10월에 발표되었다. 혜상공국은 기구의 명칭과 절목을 통해 알 수 있듯이 정부가 상인에게 시혜를 베풀 목적으로 설치한 기관이었다.

CHAPTER 02 근대 국가 수립을 위한 노력

1 근대화 운동의 전개

차관 교섭 실패

- 국고가 부족하여 …… 우리나라에서 은화와 아울러 상평통보 1개가 5문(文)에 해당하는 것을 주조하고 있지만, 그 정도로는 감당할 수 없다. 이에 외채를 들여와 병비, 광산 등에 종사하라는 국왕의 명을 받았다.

  - 『한국차관관계잡찬』 -

- 나(김옥균)는 자금이 없이는 아무것도 할 수 없고 지금 빈손으로 귀국하면 집권 사대당은 나를 비판하며 궁지에 몰아넣을 것임을 알고 있다. …… 우리의 개혁안도 없어질 것이며 조선은 청국의 속국이 될 수밖에 없다. 우리 당과 사대당은 공존할 수 없기에 최후의 선택을 할 수밖에 없다.

  - 『후쿠자와 유키치전』 -

김옥균

현재 세계는 상업을 주로 하여 서로 산업의 크고 많음을 경쟁하고 있는데, 아직도 양반을 제거하여 뿌리를 뽑지 않는다면 국가의 패망은 기어코 앉아서 기다리는 꼴이 될 뿐입니다. 전하께서 이를 철저히 반성하시어 하루빨리 무식 무능하고 수구 완고한 대신배를 축출하시고, 문벌을 폐하고 인재를 골라 중앙 집권의 기초를 확립하여 백성들의 신용을 얻으시고, 널리 학교를 세워 백성이 지식을 깨우치게 하옵소서.

- 『김옥균전』 -

갑신정변 전개 과정

이날 밤 우정국에서 낙성연을 열었는데 총판 홍영식이 주관하였다. 연회가 끝나갈 무렵 담장 밖에 불길이 일어나는 것이 보였다. 이때 민영익도 우영사로서 연회에 참가하였다가 불을 끄기 위해 먼저 일어나 문 밖으로 나갔다. 밖에 흉도 여러 명이 휘두른 칼을 맞받아치다가 민영익이 칼에 맞아 당상 위로 돌아와 쓰러졌다. …… 왕이 경우궁으로 거처를 옮기자 각 비빈과 동궁도 황급히 따라갔다. …… 깊은 밤, 일본 공사 다케조에 신이치로가 군대를 이끌고 와 호위하였다.

- 『고종실록』 -

14개조 혁신 정강

1. 흥선 대원군을 빨리 귀국시키고 종래 청에 대해 행하던 조공의 허례를 폐지한다.
2. 문벌을 폐지하고 인민 평등권을 제정하여 능력에 따라 관리를 임명한다.
3. 지조법(地租法)을 개혁하여 관리의 부정을 막고 백성을 보호하며 재정을 넉넉히 한다.
4. 내시부를 없애고 그 중에서 우수한 인재를 등용한다.
5. 탐관오리 중에서 그 죄가 심한 자는 처벌한다.
6. 각 도의 환상(환곡)을 영구히 받지 않는다.
7. 규장각(외척 세도 정치의 기반으로 변질)을 폐지한다.
8. 급히 순사를 두어 도둑을 방지한다.
9. 혜상공국을 혁파한다.
10. 귀양살이하거나 옥에 갇혀 있는 자는 그 정상을 참작하여 적당히 형을 감한다.

11. 4영을 1영으로 합하되, 영 가운데에서 장정을 뽑아 근위대를 설치한다.
12. 모든 재정은 호조에서 관할한다.
13. 대신과 참찬은 의정부에 모여 정령을 의결하고 반포한다.
14. 의정부와 6조 외에 필요 없는 관청을 없앤다.

- 『갑신일록(甲申日錄)』 -

갑신정변에 대한 외국 영사들의 보고서 p.283

• 이반 셰스타코프 각하
이 사건과 관련하여 저희가 접수한 정보에 따르면, …… 일련의 과정에서 수 명의 조선 교관들이 살해되었습니다. 또한 일본군 호위대가 개입하면서 서울 주재 청국 수비대와의 무력 충돌이 일어났으며, 패배한 일본인들은 제물포로 후퇴해야만 했습니다.

- H. 기르스 -

• 외무성 아시아국장 카프니스트 백작님께
요즘 상하이에 거주하는 유럽인들이 조선인 망명자 살해 사건으로 들썩이고 있습니다. 그는 일본인들이 협력을 기반으로 새로운 질서를 마련하기 위해 청프 전쟁이 벌어진 틈을 타서 자기의 뜻을 펼치기 시작하였습니다. 이에 [정변을 일으켜] 기존의 대신들을 대부분 몰아내고, 스스로 참판에 오르는 등 새로운 관료 조직을 구성하였습니다. 그러나 일본에 대한 뿌리 깊은 증오심으로 조선 민중은 일본인들의 협력을 전제로 한 그의 개혁에 적대감을 갖게 되었습니다. ……

- 베이징 주재 러시아 공사 보르 -

갑신정변 결과 p.283

전에는 …… 개화당을 꾸짖는 자도 많이 있었으나, 개화가 이롭다는 것을 말하면 듣는 사람들도 감히 크게 반대하지는 않았다. 그런데 정변을 겪은 뒤부터 조정과 민간에서 모두 "이른바 개화당이라고 하는 자들은 충의를 모르고 외국인과 연결하여 나라를 팔고 겨레를 배반하였다."라고 말하고 있다. 개화에 주목한 사람 가운데 어찌 마음속에 이와 같은 뜻을 품은 사람이 있었겠는가?

- 『윤치호일기』(1885. 2. 14.) -

한성 조약(1884. 11.) p.283

이번 경성의 사변은 작은 문제가 아니어서 …… 양국 대신은 마음을 합하여 상의하여 아래의 약관을 만들어 우의가 완전하다는 것을 밝히며, 또한 장래의 사건 발생을 방지한다.
제1조 조선국에서는 국서(國書)를 일본에 보내어 사의를 표명한다.
제2조 이번에 살해당한 일본국 인민의 유가족과 부상자를 구제하며, 상인들의 화물을 훼손·약탈한 것을 보상하기 위하여 조선국에서 11만 원을 지불한다.
제4조 일본 공관을 새로운 자리로 옮겨서 지으려고 하는데, 조선국에서는 택지와 건물을 공관 및 영사관으로 넉넉히 쓸 수 있게 주어야 하며, 그것을 수리하고 중축하는 데에 다시 조선국에서 2만 원을 지불하여 공사 비용으로 충당하게 한다.

톈진 조약(1885. 3.)

1. 중국은 조선에 주둔시켰던 군대를 철거시키며 일본국은 조선에서 공사관을 호위하던 군대를 철거시킴으로써 두 나라 사이에 사건이 일어날 우려를 없애되, 중국은 마산포를 통하여 철거하고 일본은 인천항을 통하여 철거한다는 것을 의정한다.
1. 이후에 중·일 양국은 서로 조선에 사람을 파견하여 훈련시키지 못한다.
1. 앞으로 조선국에 변란과 중대한 사건이 생겨 중·일 양국이나 혹은 어느 한 나라에서 군사를 파견하려고 하면 우선 서로 공문을 보내어 통지하며, 사건이 안정된 후에는 곧 철거시키고 다시 주둔시키지 못한다.

거문도 사건

- 대영국의 …… 지금 본국에서 온 자문을 받았는데, '뜻밖의 일에 대응방비하기 위하여 본국의 수사관(水師官)에게 대조선국 남쪽의 작은 섬인 영어로 해밀톤[哈米苞]이라고 하는 섬을 얼마동안 차지하고 대조선국 정부에 비밀리에 이러한 내용을 통지하라.'라고 하였습니다. 위에서 제기한 사유를 서로 공문으로 알려야 하겠기에 통지하는 바이니 잘 알 것입니다(1885년 4월 24일).

- 귀국의 제주 동북쪽 100여 리 떨어진 곳에 섬이 있는데, 서양 이름으로는 해밀턴 섬이라고 합니다. 영국은 러시아가 남하하여 홍콩을 침략할까봐 이 섬에 군사와 군함을 주둔시키고 그들이 오는 길을 막고 있습니다. 귀국이 이 섬을 영국에 빌려준다면 도적을 안내하여 문으로 들이는 것입니다.
  - 북양대신 이홍장 -

- 우리나라 거문도를 영국 사람들이 점거한 지 3년이나 되었는데 물러가라고 독촉하면 그냥 질질 끌기만 하므로, …… 그런데 천조(天朝)에서 자기의 영토처럼 특별히 생각하고 어느 날 사리에 근거하여 잘못을 책망하니, 그들도 그만 군함을 돌려세우고 모든 시설물들을 철수하여 이지러진 것이 완전하게 되고 기울어졌던 것이 바로 잡혀서, 이후부터는 다른 나라들이 감히 엿볼 수 없게 되었습니다. 그러니 어찌 감격하지 않을 수 있겠습니까?

첫 번째 사료는 북양대신 이홍장이 거문도 사건과 관련하여 보내온 편지이다. 조선은 갑신정변 이후 더욱 심해진 청의 내정 간섭을 견제하기 위해 러시아와의 우호 관계를 강화하였다. 한편 조·러 밀약설에 긴장한 영국은 1885년 러시아의 남하를 막는다는 구실로 거문도를 불법 점령하고, 영국은 거문도를 해밀턴 항이라 부르며 영국기를 게양하고 포대를 구축하고 수뢰까지 설치하였다. 이에 조선은 강력히 항의하였고, 청도 러시아와 일본이 이를 핑계로 조선에 파병할 것을 염려해 중재에 나섰다. 그 결과 러시아는 영국군이 철수하더라도 조선을 침략하지 않겠다는 약속을 했고 영국군은 1887년 거문도에서 물러났다.

조선 중립화론

- 우리나라가 아시아의 목구멍에 처해 있는 지리적 위치는 유럽의 벨기에와 같고 중국에 조공하던 처지는 터키에 조공하던 불가리아와 같다. 그런데 불가리아가 중립 조약을 체결한 것은 유럽의 여러 대국들이 러시아를 막으려는 계책에서 나온 것이었고, 벨기에가 중립 조약을 체결한 것은 유럽의 여러 대국들이 자국을 보전하려는 계책에서 나온 것이었다. 대저 우리나라가 아시아의 중립국이 된다면 러시아를 방어하는 큰 기틀이 될 것이고, 또한 아시아의 여러 대국들이 서로 보전하는 정략도 될 것이다. 오직 중립만이 우리나라를 지키는 방책인데, 우리 스스로가 제창할 수 없으니 중국에 청하여 처리해야 할 것이다. 중국이 맹주가 되어 영국, 프랑스, 일본, 러시아 같은 아시아에 관계있는 여러 나라들과 회합하고 우리나라를 참석시켜 중립 조약을 체결토록 해야 될 것이다. 이것은 비단 우리나라만을 위한 것이 아니라 중국의 이익도 될 것이고, 여러 나라가 서로 보전하는 계책도 될 것이니 무엇이 괴로워서 하지 않겠는가.
  - 『중립론』-

- 제 의견은 청·러시아·일본 3국이 서로 조약을 체결하여 서양 스위스의 예에 따라 조선을 영세중립국으로 보장하는 것입니다. 그러면 설혹 뒷날 타국이 공벌(攻伐)하고자 해도 조선에서 길을 빌릴 수 없을 것입니다. 그리고 조선도 스스로 수천 명의 군대를 파견하여 국경을 지키면서 각국과 평화 조약을 체결하여 통상을 한다면 영원히 큰 이익을 누릴 것입니다.
  - 부들러 -

조선을 둘러싸고 청과 일본, 영국과 러시아가 각축을 벌이는 상황에서 조선 주재 독일 부영사 부들러는 조선 중립화 안을 정부에 건의하였다. 같은 해에 미국에서 돌아온 유길준도 중국을 중심으로 열강이 조선의 중립을 보장하여 독립을 보존해야 한다는 '중립론'을 집필했지만, 정책에 반영되지는 않았다.

갑신정변에 대한 평가

- 임오군란 이후부터 청은 우리나라에 자주 내정 간섭을 하였다. 나는 청나라 당으로 지목되었고, 청국이 우리의 자주권을 침해하는 데 분노해 갑신정변을 일으켰던 김옥균은 일본당으로 지목되었다. 그 후 일이 허사로 돌아가자 세상은 그를 역적이라 하였는데, 나는 정부에 몸을 담고 있어 그를 공격할 수밖에 없었다. 그러나 그 마음은 결코 다른 나라에 있지 않았고, 애국하는 데 있었다.
  - 『속음청사』 -

- 갑신정변의 여러 적들(김옥균 등)은 서양을 존중하고 요순과 공맹을 비판하면서 유교를 야만이라고 하고, 도를 바꾸려 하면서 매번 개화라 일컬었다.
  - 『속음청사』 -

- 임금을 위협한 것은 순(順)한 것이 아니고 역(逆)한 것이니 실패하는 첫째 이유이다. 외세를 믿고 의지하였으니 반드시 오래가지 못할 것이 실패하는 둘째 이유이다. 인심이 불복하여 변이 안에서부터 일어날 것이니 실패할 셋째 이유이다. …… 두서너 사람이 위로는 임금의 사랑을 잃고 아래로는 민심을 잃고 있으며, 곁에는 청국인이 있고, 안으로 임금과 부모의 미움을 받고, 밖으로 붕당의 도움이 없으니 어찌 그 일이 순조롭게 이루어짐을 바랄 수 있겠는가? 일이 반드시 실패할 터인데 도리어 스스로 깨닫지 못하고 있으니 어리석고 한스럽다.
  - 『윤치호 일기』, 윤치호의 아버지 윤웅열이 한 말(1884. 12. 6.) -

- 개화당의 실패는 우리에게 매우 애석한 일이다. 내 친구 중에 갑신정변의 내용을 상세히 알고 있는 사람이 있다. 그는 일류 수재들이 일본인에게 이용당해 그처럼 크나큰 착오를 저질렀으니 참으로 애석한 일이라고 하였다. 어찌 일본인이 진심으로 김옥균을 성공하게 하고, 성의 있게 조선의 운명을 위해 노력하겠는가? …… 일본이 이를 이용하여 청으로부터의 독립을 권하고 원조까지 약속하였지만, 사실은 조선과 청의 악감정을 도발하여 그 속에서 이익을 얻으려는 속셈이었다. …… 대저 혁명가는 …… 오로지 자기의 힘으로써 나와야 하는데 오히려 외국인이 우리나라의 내부 분쟁을 이용하여 간섭함에 있어서랴. …… 다른 나라의 힘에 의지하여 얻을 것 같으면 소위 독립이 되었다고 하더라도 어찌 고귀하다고 하리요.
  - 『한국통사』 -

- 김옥균은 청의 종주권 아래에 놓여 있는 굴욕감을 이겨내지 못하여 어떻게 하면 이 같은 치욕에서 벗어나 조선이 세계 각국 가운데에서 평등하고 자유로운 일원이 될 것인가 밤낮을 가리지 않고 노심초사하였다. 김옥균은 근대 교육을 받지 못했으나 시대 추이를 통찰하고 조선도 강력한 현대 국가가 되어야 함을 절실하게 바랐다. 그리하여 새로운 지식을 받아들이고 새로운 기술 채용에 따라 정부와 일반 사회의 인습을 일변할 필요를 확신하였다.
  - 『회고 갑신정변』 -

동학 농민 운동의 배경

- 근래 수령들이 직임(職任)에 임하는 자세가 전과는 매우 달라져 관아를 지나는 여관쯤으로 여기고, 장부는 아전에게 맡겨 두고 뇌물을 주고받는 일을 당연한 일로 여기며, …… 심한 경우 강제로 백성들에게서 돈을 억지로 빼앗고, 호구 수와 토지 면적을 더하기도 빼기도 하며, 장시나 포구에서 새로 세금을 만들어 내게 하여 백성들이 살아갈 수가 없습니다.
  - 『비변사등록』, 1892 -

- 탐관오리가 온 나라에 깔려 있어 어지럽지 않은 고을이 없는데, 더욱 심한 자만 조사해서 죄를 주었다. …… 그러나 그물이 새어 정작 큰 고기는 다 빠져 나갔으니 제대로 징계할 수 없었다.
  - 『매천야록』 -

- 안핵사 이용태가 부임해서는 박원명이 한 일을 모두 뒤집고 백성들에게 반역죄를 적용하여 죽이려고 하였다. 또한 부자들을 얽어매어 난을 일으켰다는 혐의로 협박하며 많은 뇌물을 요구하였다. 감사 김문현과도 흉계를 꾸미며 감영 감옥으로 이송되는 죄수들이 줄을 이었다.
  - 『매천야록』 -

교조 신원 운동
p.284

- 우리들의 뜻은 선사(최제우)의 지극한 억울함을 풀고자 함입니다. 선사의 가르침은 오직, 유불선이 도를 합하여 충군효친하며 지성사대함에 있습니다. 이러한 것을 이단이라고 하고 이와 반대되는 것을 정학이라고 하는 이유를 우리들은 모르겠습니다. 지금 각 지방에서 지목하는 병폐는 물보다 깊으며 불보다 사납습니다. 수령부터 이서, 군교, 향간, 토호까지 우리들의 가산을 탈취하여 자기 재산처럼 여기며, 살상, 구타, 능멸, 학대함에 거리낌이 없습니다.
  - 『천도교창건사』 -

- 지난 복합 상소 때 관리를 통해 "너희들은 스스로 물러가거라. 그러면 너희들을 받아들이는 처분을 할 것이다."라고 하여 즉각 물러나 해산하였습니다. 그런데 들으니 서양 각국과 왜가 저희들이 척화를 한다는 이유로 임금님을 위협하여 강제로 우리 교도를 제거하도록 요청하였다고 하니 애석합니다. 임금의 신하요 백성이기에 오랑캐들이 이 나라를 침략하여 임금께서 욕을 당하시면 신하가 죽는 것이 마땅한 의리이오니 어찌 살고자 의리를 버릴 수 있겠습니까? 이번에 보은에서 창의를 일으킨 대의는 요사스러운 기운을 없애고자 할 따름입니다.

공주 집회
p.284

- 동학은 사학(邪學)이 아니라 유·불·선을 합일한 것으로 유교와는 대동소이하고 이단이 아니다.
- 가혹한 탄압으로 교도들이 극심한 고통을 당하고 있다. 체포된 교도들을 석방해 달라.
- 최제우의 신원(伸寃)을 조정에 아뢰어 달라.
  - 「각도동학유생의송단자」 -

보은 집회
p.284

- 각각 깃발마다 칭호가 있는데, 큰 깃발은 '왜와 서양을 물리치기 위해 창의하였다.'라고 하였고 …… 돌로 쌓은 담장은 그전 모양과 같고, 사람의 수는 약 2만여 명을 헤아리는데…….
  - 『취어』 -

- 지금 왜(倭)와 서양이라는 적이 나라 한복판에 들어와 어지럽힘이 극에 이르렀습니다. 진실로 오늘날 한양을 보건대 오랑캐의 소굴입니다. 가만히 생각하건대 임진왜란의 원수와 병인양요의 수치를 어찌 차마 말할 수가 있으며 어찌 차마 잊을 수가 있겠습니까? …… 의(義)를 내세워 왜와 서양을 배척하는 것이 무슨 큰 죄가 되기에 체포하고 소탕하려고 합니까? 왜와 서양이 우리 임금을 끊임없이 협박하는 데도 조정에서는 아무도 부끄럽게 여기는 자가 없으니, 임금이 모욕을 당하면 신하가 목숨을 바쳐야 하는 의리는 대체 어디에 있습니까?
  - 보은 집회 때 동학교도들이 서울에서 파견된 어사에게 보낸 글, 『취어』 -

[사료의 정석] 史師 **사료한국사**

동학교도들이 주장한 외세 배척(1893) p.284

아직도 탐욕스러운 마음으로 다른 나라에 웅거하여 공격하는 것을 으뜸으로 삼아 혈육을 본업으로 삼으니 진실로 무슨 마음이며 필경 어찌하자는 것인가. …… 하늘은 이미 너희들을 증오하며 스승님은 이미 경계하였으니 안위의 기틀은 너희 취함에 달려 있다. 뒤늦게 후회하지 말고 빨리 너희 나라로 돌아가라.

- 『구한국 외교 문서』 -

만석보 사건과 고부 민란 p.284

- 이제 와서 그 흙탕물 어찌 두고 보랴. 원한 쌓인 만석보 삽으로 찍으며 여러 사람이 한 사람처럼 소리 소리 쳤다. 만석보를 허물어라 만석보를 허물어라. 터진 봇둑 밀치며 핏물이 흐르고 여러 사람이 한 사람처럼 얼싸안고 울었다.

- 양성우, 만석보(1980) -

- 민중이 곳곳에 모여서 말하되 "났네 났어, 난리가 났어", "에이 참, 잘 되었지. 그냥 이대로 지내서야 백성이 한 사람이라도 남아 있겠는가?" 하며 그날이 오기만 기다리더라.
…… 결의된 내용은 아래와 같다.
- 고부성을 격파하고 군수 조병갑을 효수할 것.
- 군기창과 화약고를 점령할 것.
- 군수에게 아첨하여 인민의 것을 빼앗은 탐관오리를 공격하여 징계할 것.

- 사발통문 -

무장 포고문 p.285

공경 이하 방백, 수령에 이르기까지 국가의 위태함은 생각하지도 않고 오로지 일신의 비대와 가문의 윤택만을 꾀하였다. 인물 등용의 문을 돈벌이의 수단이라 여겨 과거 응시장은 시장 바닥으로 변하고 말았다. 많은 재화는 국고에 들어가지 않고 개인 창고에 들어가며, 국가의 채무에 누적되어도 청산하려 하지 않는다. …… 국가의 위기를 좌시할 수 없어 전국의 백성이 한마음이 되어 보국안민으로서 생사를 맹세한다.

전봉준의 고부 창의문 p.285

- 우리가 의(義)를 들어 이에 이름은 그 본의가 전연 다른 데 있지 아니하고 창생을 도탄에서 건지고 국가를 반석 위에 두려고 함이라. 안으로는 탐학한 관리의 머리를 베고 밖으로는 횡포한 강적의 무리를 쫓아 내몰고자 함이라. 양반과 부호의 앞에 고통을 받는 민중들과 방백과 수령의 밑에서 굴욕을 받는 소리(小吏)들은 우리와 같이 원한이 깊은 자라. 조금도 주저하지 말고 이 시각으로 일어서라. 만일 이 기회를 잃으면 후회하여도 미치지 못하리라.

- 『동학사』 -

- 우리는 비록 초야에 묻힌 백성이지만, 임금의 땅에서 나는 곡식을 먹고, 임금의 옷을 입고 사는 사람이라, 어찌 국가의 위망을 앉아서 보겠는가. 팔로(八路)가 마음을 합하고 억조창생(億兆蒼生)이 뜻을 모아 이제 의로운 깃발을 들어, 나라를 보존하고 백성을 편안히 하는 것이다.

- 호남창의문 -

'호남창의문'은 동학 농민 운동의 백산 봉기 때 발표되었던 격문이다.

4대 강령 p.285

1. 사람을 죽이지 말고 가축을 잡아먹지 말라.
2. 충효를 다하여 세상을 구하고 백성을 편안하게 하라.
3. 일본 오랑캐를 몰아내고 나라의 정치를 깨끗이 한다.
4. 군대를 몰아 서울로 올라가 권세가와 귀족을 없앤다.

 - 『대한계년사』 -

1. 적과 싸울 때 우리 칼에 피를 묻히지 않고 이기는 자가 공이 있다.
2. 부득이 전투를 하더라도 절대로 목숨을 해치지 않는 것이 중요하다.
3. 매번 행군하며 지나갈 때 절대로 사람과 가축을 해치지 말라.
4. 부모에 효도하고 형제간에 우애가 있으며 나라에 충성하는 사람이 사는 마을의 10리 안에는 주둔하지 말라.

 - 『동비토록』 -

폐정개혁안 p.285

1. 전운사를 혁파하고 옛 법에 따라 각 읍에서 상납게 할 것.
2. 균전어사를 혁파할 것.
3. 탐관오리를 벌하여 몰아낼 것.
4. 각 읍 탐관오리로서 천 냥을 수탈한 자는 사형에 처하되 친족에게 물리지 말 것.
5. 봄가을 두 번 걷는 호역전은 옛 법에 따라 매호 1냥씩(총 2냥)으로 배정할 것.
6. 각 항의 결전 수검은 평균 분배하되 함부로 매기지 말 것.
7. 각 포구의 사사로운 미곡 거래를 금할 것.
8. 각 읍 수령이 해당 읍의 산을 사들이는 일을 엄금할 것.
9. 외국인은 개항장에서만 매매하며 도성에 들어와 시장을 차리거나 각 처로 임의 해상하는 일이 없게 할 것.
10. 보부상은 폐단이 많으니 혁파할 것.
11. 각 읍 아전에게 직책을 맡길 때 청전을 받지 말고 쓸만한 사람을 골라 일을 맡길 것.
12. 간신이 권력을 농단하여 국사를 매일 그르치는 매관의 행위를 징치할 것.
13. 국태공(대원군)에게 정치를 맡겨 민심이 다소 바라는 바가 있게 할 것.

 - 『대한계년사』 -

폐정 개혁안 12조 p.285

1. 동학도는 정부와의 원한을 씻고 서정에 협력할 사.
2. 탐관오리는 그 죄상을 조사하여 엄징할 사.
3. 횡포한 부호를 엄징할 사.
4. 불량한 유림과 양반의 무리를 징벌할 사.
5. 노비 문서를 소각할 사.
6. 7종의 천인 차별을 개선하고 백정이 쓰는 평량갓을 없앨 사.
7. 젊어서 과부가 된 여성의 개가를 허용할 사.
8. 무명의 잡세는 일체 폐지할 사.
9. 관리 채용에는 지벌을 타파하고 인재를 등용할 사.

10. 왜와 통하는 자는 엄징할 사.
11. 공사채를 물론하고 기왕의 것을 무효로 할 사.
12. 토지는 평균하여 분작할 사.

- 『동학사』 -

청군 파병 요청

반민들의 형세가 날로 확대되어 성읍이 연이어 함락되어도 백성들은 도리어 기뻐하는 기색을 띠고 오직 관군이 패한 것만 말하였다. …… 왕과 왕비가 크게 노하여, "반민들을 빨리 평정하지 못하면 불순한 소문이 점점 퍼져나갈 염려가 있다. 전보를 보내 청국에 원병을 청하라." 하였다.

- 『매천야록』 -

> 동학 농민 운동 당시 조선 정부가 동학 농민군을 진압하기 위해 청에 군대 파견을 요청했던 상황을 담고 있다.

집강소

• 동학도들은 각 읍에 할거하여 집강소를 세우고 서기와 집사 등의 임원을 두니 완전히 하나의 관청이었다. …… 고을 군수는 다만 이름만 있을 뿐 행정을 맡을 수 없었다. 심지어는 고을 군수를 추방하니 아전들이 모두 동학당에 들어 목숨을 부지하였다. …… 전봉준은 동학도들에 의지하여 혁명을 꾀하고 있었다. …… 천민들은 …… 부호들의 재산을 빼앗아 쌓인 원수를 갚으려고 했다.

- 『갑오약력』 -

• 적당(농민군)은 모두 천민 노예이므로 양반, 사족을 가장 증오하였다. 그래서 양반을 나타내는 뾰족관을 쓴 자를 만나면 관을 벗기어 빼앗아 버리거나 자기가 쓰고 거리를 돌아다니면서 양반에게 모욕을 주었다. 무릇 집안 노비로서 농민군을 따르는 자는 물론이요, 비록 농민군을 따르지 않는 자라 할지라도 모두 주인을 협박하여 노비 문서를 불사르고 양인으로 인정해 줄 것을 강요하였다. 이들 중 일부는 그 주인을 결박하여 주리를 틀고 곤장과 매를 치기도 하였다. 이에 노비를 가진 자들은 스스로 노비 문서를 불살라서 그 화를 면하였다. 노비 중 착실한 자들은 노비 문서를 불사르지 말아 달라고 하였으나, 전체의 기세가 워낙 강하여 주인이 더욱 이들을 두려워하였다. 때로 양반 가운데 주인과 노비가 함께 적을 따른 경우도 있었다. 이들은 서로를 접장이라 부르면서 적의 법도를 따랐다. 백정이나 재인들도 평민이나 양반과 평등한 예를 하였으므로 사람들은 더욱 치를 떨었다.

- 『오하기문』 -

> 『오하기문』은 구한말의 학자 황현의 저술이다. 황현은 동학 농민 운동에 대해 부정적이었는데, 동학도를 '적'이라고 표현하거나, '양반을 괴롭히고 욕 주었다'고 표현하는 것에서 신분제 사회를 극복하지 못한 당시 양반들의 보수성을 엿볼 수 있다.

일본군의 경복궁 점령

새벽에 일본군 2개 대대가 영추문으로 들어오자 시위 군사들이 총을 쏘면서 막았다. 그러나 일본 군사들이 궁궐문을 포위하였고 오후에는 각 영(營)에 이르러 무기를 회수하였다. …… 오토리 게이스케 공사는 입궐하여 임금을 알현하였다.

민보군의 의병 궐기 격문

동학도라는 음험 사악한 부류가 전국에서 소용하여 폐하게 걱정을 끼치고 평민을 위협하여 재물과 곡식을 약탈하며 수령을 능욕하니 법과 인륜을 멸시하는 것이로다. 부적 태운 물로 병을 치료하고 요망스러운 말을 하고 다니니 황건적 우두머리 장각과도 같다. …… 이들을 징치함이 곧 척사 위정함이니 우리가 목숨 걸고 실천해야 하지 않겠는가.

- 『동학란 기록』 -

경군과 영병의 백성에게 고시함
p.285

일본과 조선이 개국 이후로 비록 가까운 이웃이나 누대 적국이더니, …… 금년 시월의 개화간당이 왜국을 끌어들여 밤을 타 서울로 들어와 임금을 핍박하고 국권을 마음대로 하며, …… 일본 오랑캐가 구실을 만들어 군대를 동원하여 우리 임금을 핍박하고 우리 백성을 근심케 하니 어찌 그대로 참을 수 있겠습니까. …… 지금 조정의 대신들을 보건대 망령되이 자기의 안전만을 생각하여 위로는 임금을 위협하고 아래로는 백성을 속여서 일본 오랑캐와 손을 잡아 남쪽의 백성에게 원한을 펴서 망령되이 임금의 군사를 동원하여 선왕의 백성을 해치려 하니 참으로 무슨 뜻이며 끝내 무엇을 하려는 것입니까. …… 생각하건대 조선 사람끼리라도 도는 다르나 척왜척화는 거의가 일반입니다. 두어 자 글로 의혹을 풀어 알게 하노니 돌려보고 충군 우국지심이 있거든 같이 척왜척화하여 조선에서 왜국이 되지 않게 하고 동심협력하여 큰일을 이루게 하옵소서.

- 『선유방문병동도상서소지등서』 -

우금치 전투
p.286

- 농민군이 방향을 우금치에서 두리봉 쪽으로 바꾸어 공격하니 성하영의 군사들이 지탱할 수 없게 되었다. 이에 일본군이 군사를 나누어 우금치와 견준봉 사이에서 진을 치고 사격을 하니 농민군의 시체가 온 산에 가득하였다.

- 두 차례 접전 후 1만여 명의 군사를 다시 확인해 보니 3천여 명을 넘지 않았으며, 그 후 또 두 차례 접전 후 다시 세어 보니 5백여 명에 불과했다.

- 전봉준 공초 -

전봉준 공초(개국 504년 2월 초 9일)
p.286

문: 너의 성명은 무엇인가?
답: 전봉준이다.
문: 작년 3월 고부 등지에서 민중을 크게 모았다고 하니 무슨 사연으로 그리하였는가?
답: 고부 군수가 정액 외에 가렴(苛斂)이 수만 냥인 고로 민심이 억울하고 원통하여 의거가 있었다.
문: 고부에서 기포할 때에 동학이 많았느냐, 원민이 많았느냐?
답: 동학은 적고 원민이 많았다.
문: 다시 난을 일으킨 것은 무슨 이유인가?
답: 일본이 개화라 칭하고 처음부터 민간에게 일언반구의 말도 공포함이 없이 군대를 거느리고 우리 서울에 들어와 밤중에 왕궁을 공격하여 임금을 놀라게 하였다 하기로, 초야의 사민(士民)들이 충군 애국의 마음으로 분개함을 이기지 못하여 의병을 규합하여 일본인과 접전하여 이 사실을 묻고자 함이었다.

동학 농민 운동에 대한 평가
p.286

동학당은 정치를 개혁하고 민생을 보호한다는 원래의 목적에도 불구하고 대부분이 배우지 못하고 미천한 오합지졸들이었다. 그러므로 지방에서 분풀이와 폭정에 대한 응징은 행하였지만, 담력과 학식이 부족하였던 탓에 중앙 정부의 개혁에까지 이르지 못한 것은 참으로 한스러운 일이다.

- 『한국통사』 -

조선 정부의 자주적 개혁 p.286

우리 정부는 왕명을 받들어 교정청을 설치하였고, 당상관 15명을 두고 먼저 폐정 몇 가지를 개혁하니 모두 동학당이 주장해 온 바의 일이다. 자주 개혁을 점차 추진하기를 바람으로써 일본이 끼어들 틈을 막고자 하였다. …… 6월 16일 교정청에서 혁폐 조건을 의정(議定)하여 방방곡곡에 부쳐 각 도에 시행하도록 하였다.
- 이포(吏逋)가 많은 자는 일절 너그러이 용서하지 말고 일률(一律)로 시행할 것.
- 공사채(公私債)를 물론하고 족징(族徵)을 절대 금할 것.
- 각 읍 이속(吏屬)은 신중하게 뽑아 안(案)에 올리고, 이를 임명하는 데 만일 뇌물을 내어 법을 위반하는 자는 공금 횡령으로 다스릴 것.
- 원결(元結) 외 가배(加排), 호포 외 가렴은 아울러 엄금하며, 만일 드러나면 곧바로 다스릴 것.
- 민고(民庫)는 혁파할 것.

- 『속음청사』 -

1차 갑오개혁 p.286

군국기무처 회의 총재는 영의정 김홍집이 맡고, 내무독판 박정양 …… 모두 회의원으로 임명하여 날마다 와서 모여 크고 작은 사무를 협의한 뒤 품지(稟旨)하여 거행하도록 하라.

- 『고종실록』 -

군국기무처 의안 p.286

1. 문벌, 양반과 상민의 등급을 없애고 귀천에 관계없이 인재를 선발하여 등용한다.
2. 공노비와 사노비에 관한 법을 일체 혁파하고 사람을 사고파는 일을 금지한다.
3. 비록 평민이라도 나라에 이롭고 백성을 편안하게 할 수 있는 의견이 있으면 군국기무처에 글을 올려 회의에 부친다.

- 『고종실록』 -

1차 갑오개혁 주요 법령 p.286

1. 국내외의 공사(公私) 문서에 개국 기원을 사용한다.
2. 문벌과 양반·상민 등의 계급을 타파하여 귀천에 구애됨이 없이 인재를 뽑아 쓴다.
4. 죄인 자신 이외의 일체의 연좌율(緣坐律)을 폐지한다.
6. 남자 20세, 여자 16세 이하의 조혼을 금지한다.
7. 과부의 재혼은 귀천을 막론하고 자유에 맡긴다.
8. 공사 노비법을 혁파하고 인신매매를 금지한다.
18. 퇴직 관리의 상업 활동은 자유의사에 맡긴다.
20. 각 도의 각종 세금은 화폐로 내게 한다.

갑오개혁 당시 일본의 입장 p.286

- 나는 처음부터 조선 내정의 개혁을 정치적 필요 이상 하등의 의미 있는 것으로 보지 않았고, 또 조금도 의협 정신으로 십자군을 일으킬 필요성을 발견치 못하였다. 그러므로 조선의 내정 개혁이란 무엇보다도 일본의 이익을 주안으로 하는 정도에 그치되, 이 때문에 굳이 우리의 이익을 희생

할 필요가 있는 것으로 보지 않았다. …… 나는 처음부터 조선 내정의 개혁 그 자체에 대해서 각별히 중요시하지 않았고, 또 조선과 같은 현 국가 상태에서 과연 만족스러운 개혁이 이루어질 것인지 의심하였다.

- 무쓰 무네미쓰(일본 외무대신), 『건건록』 -

• 이번 평양 전투에서 승리한 기회를 이용해 각하(일본 공사)는 조선 조정에 우리 세력을 확장하는 데 주의하여, 제3국에 대한 피국(彼國, 조선)의 외교는 물론 내치와 관련된 일이라도 중대한 건은 반드시 각하의 자문과 동의를 얻은 후 시행하도록 유도하기 바랍니다.

- 무쓰 무네미쓰 훈령 -

1차 갑오개혁에 참여한 유길준의 고백 p.286

세계 각국이 정치 개혁을 추진한 연유를 살피건대, 모두 스스로의 힘으로 했고, 남의 힘으로 효과를 본 경우는 거의 없다. 그런즉 지금 우리는 조선국 사람으로 어떻게 처신하는 것이 옳은가. 한 나라의 신민으로 그 나라의 정치 개혁을 스스로의 힘으로 하지 못하니 세 가지 부끄러움이 있다. 그것이 무엇인가 하면, 전 인민을 향하여 부끄러움이 그 하나이며, 세계 만국에 대하여 부끄러움이 그 둘이며, 후세 자손에게 부끄러움이 그 셋이니, 이 같은 세 가지 부끄러움은 과거, 현재, 미래 삼생에 걸쳐 그 허물을 벗을 수 없는 가죽과 살이다. …… 지금 스스로 개혁하지 못해 세상에 나설 면목이 없다. 하지만 일본의 강요를 받는 이 치욕에도 불구하고, 개혁을 잘 이루어 독립을 보존하며, 남에게 굴욕을 당하지 않으면서 개화의 실효를 거두어 보국안민하는 것만이 오히려 허물을 벗어날 수 있을 것이다.

- 유길준, '삼치론'(1894. 10.) -

권력을 제한당한 고종 p.287

내각제 개혁 이후에는 국왕권이 극도로 제한되었다. 이로 인해 고종은 격분하여 "대신들이 원하는 대로 국체를 바꾸어 새로 공화 정치를 만들든지, 또는 대통령을 선출하든지 너희들 마음 내키는 대로 하는 것이 좋을 것이다."라고 토로하였다.

- 주한 일본 공사관 기록 -

홍범 14조 p.287

1. 청에 의존하는 생각을 버리고 자주 독립의 기초를 세운다.
2. 왕실 전범(典範)을 제정하여 왕위 계승의 법칙과 종친과 외척과의 구별을 명확히 한다.
3. 임금은 각 대신과 의논하여 정사를 행하고, 종실·외척의 내정 간섭을 용납하지 않는다.
4. 왕실 사무와 국정 사무를 나누어 서로 혼동하지 않는다.
5. 의정부 및 각 아문의 직무·권한을 명백히 한다.
6. 납세는 법으로 정하고 함부로 세금을 거두지 않는다.
7. 조세의 징수와 경비 지출은 모두 탁지아문의 관할에 속한다.
8. 왕실의 경비는 솔선하여 절약하고, 이로써 각 아문과 지방관의 모범이 되게 한다.
9. 왕실과 관부(官府)의 1년 회계를 예정하여 재정의 기초를 확립한다.
10. 지방 제도를 개정하여 지방 관리의 직권을 제한한다.
11. 총명한 젊은이들을 파견하여 외국의 학술·기예를 견습시킨다.

12. 장교를 교육하고 징병을 실시하여 군제의 근본을 확립한다.
13. 민법·형법을 제정하여 국민의 생명과 재산을 보전한다.
14. 문벌을 가리지 않고 인재 등용의 길을 넓힌다.

교육 입국 조서(1895) p.287

세계의 형세를 보면, 부강하고 독립하여 잘 사는 모든 나라는 다 국민의 지식이 밝기 때문이다. 이 지식을 밝히는 것은 교육으로 된 것이니 교육은 실로 국가를 보존하는 근본이 된다. …… 이제 짐은 정부에 명하여 널리 학교를 세우고 인재를 길러 새로운 국민의 학식으로써 국가 중흥의 큰 공을 세우고자 하니, 국민들은 나라를 위하는 마음으로 덕과 체와 지를 기를지어다. 왕실의 안전이 국민들의 교육에 있고, 국가의 부강도 국민들의 교육에 있도다.

을미사변 p.288

• 1895년 8월 20일
나는 결코 민비(명성 황후)의 집권을 지지하는 사람이 아니다. 오히려 민비의 음모와 사악한 간신배들을 응징하기 위해 폐위도 주장하였을 것이다. 그러나 일본인 암살자가 우리의 왕후를 잔혹하게 시해한 행위는 결코 용납할 수 없다.

• 1895년 10월 25일
민비의 집권 기간 내내 압제와 폭정과 부패의 연속이었다. 민비는 몇 사람을 부유하게 만들었지만, 수백만 명을 굶주리게 하였다. 그러니 사람들이 그녀의 죽음에 대해 그다지 슬퍼하지 않는 것도 이상한 일이 아니다.

- 윤치호, 『윤치호 일기』 -

단발령 p.288

• 1895년 11월 15일에 고종은 비로소 머리를 깎고 내외 신민에게 명하여 모두 머리를 깎도록 하였다. …… 머리를 깎으라는 명령이 이미 내려지니 곡성이 하늘을 진동하고 사람들은 분하고 노해서 목숨을 끊으려 하였으며, 형세가 바야흐로 격변하여 일본인들은 군대를 엄히하여 대기시켰다. 경무사 허진은 순검들을 지휘하여 가위를 들고 길을 막고 있다가 사람만 만나면 갑자기 머리를 깎아 버렸다. 그들은 인가에 들어가 모두 단속해 찾아내므로 깊이 숨어 있는 사람이 아니면 머리를 깎이지 않는 사람이 없었다. 그중 서울에 온 시골 사람들은 문밖을 나섰다가 상투가 잘리면 대개 그 상투를 주워 주머니에 넣고 통곡을 하며 도성을 빠져나왔다.

- 『매천야록』 -

• 모든 남자는 상투를 자르고 서양식으로 머리를 깎으라는 시행령을 선포하였다. 성문마다 파수꾼과 군졸들이 배치되었다. …… 남자들의 갓은 예외 없이 벗겨지고 가위가 나와 상투를 잘랐다.

- 『구한말비록』 -

• 우리나라는 단군과 기자 이래로 편발(編髮)의 풍속이 점차 상투의 풍속으로 변하였으며 머리칼을 아끼는 것을 큰일처럼 여겼습니다. 이제 만약 하루 아침에 깎아버린다면, 4천 년 동안 굳어진 풍습은 변화시키기 어렵고 억만 백성의 흉흉해 하는 심정을 헤아릴 수 없을 것이니, 어찌 격동시켜 변란의 계기가 되지 않을 줄을 알겠습니까?

- 『고종실록』(1895. 11. 16.) -

• 상투는 몇 세기의 역사를 가지고 있으며 그 역사는 국가의 발생 시기까지 거슬러 올라간다. ……
상투가 없으면 성인으로 간주하지 않고 존칭도 붙이지 않으며, 정중한 대우도 받지 못한다. ……
그들의 자존심과 위엄은 모두 비난받고 발아래서 짓밟혔다. …… 성문에는 파수꾼들이 지키고 서
서 지나가는 사람들의 상투를 잘랐으며, 모든 공직자와 군인은 일시에 삭발을 당하였다. 통곡과
비탄과 울부짖음 소리가 들려왔다.
- 『상투의 나라』 -

소학교령

제1조 소학교는 아동의 신체 발달에 맞추어 인민 교육의 기초와 생활상 필요한 보통 지식과 기능
을 가르치는 것을 목적으로 한다.
제2조 소학교는 관립 소학교, 공립 소학교, 사립 소학교 등의 3종이며, 관립 소학교는 정부 설립,
공립 소학교는 부(府)혹은 군(郡) 설립, 사립 소학교는 사립학교 설립과 관계된 것을 말한다.
- 소학교령 -

'소학교령'은 을미개혁 때인 1895년 7월 4차 김홍집 내각에 의해 발표되었다.

민영환이 러시아에 요청한 내용과 그에 대한 답변

1. 만족할 만한 수준의 조선 군대가 창설될 때까지 국왕의 호위를 러시아 경비병이 맡아줄 것 →
   조선 국왕은 원하는 한 러시아 공사관에 체류할 수 있고 환궁 시 러시아가 안전을 보장한다. 경
   비병 파견은 서울 주재 러시아 공사의 판단에 따른다.
2. 군사와 경찰 훈련을 위해 다수의 교관을 파견해 줄 것 → 군사 교관과 재정 전문가를 파견한다.
3. 내각과 산업 및 철도 분야를 지도할 고문을 보내줄 것
4. 3백만 엔의 차관을 허용해 줄 것 → 조선 정부의 재정 상태 확인 후 고려한다.
5. 조선과 러시아를 연결하는 전신선 설치에 동의해 줄 것 → 육로 전선 연결을 승인한다.

베베르-고무라 각서

제1조 고종의 환궁 문제는 국왕 자신의 판단에 일임하며, 러시아와 일본은 안정상 문제가 없다고
      여겨질 때 환궁하는 것을 충고한다.
제2조 현재 한국 정부의 내각 대신들은 국왕의 의사대로 임명되었으며 이후에도 러시아와 일본은
      국왕에게 관대하고 온화한 인물을 내각 대신에 임명하도록 항상 권고한다.
제3조 한국의 부산과 경성 사이에 설치된 일본 전신선 보호를 위해 배치한 일본 위병을 헌병으로
      대신하며, 이들 헌병은 한국 정부가 안녕질서를 회복하게 되는 지역부터 철수시킨다.
제4조 한성 및 개항장에 있는 일본인 거류지를 보호하기 위해 일본군을 배치하며, 상황이 안정되
      면 철수한다.

로바노프-야마가타 의정서

제1조 한국의 재정 문제에 대해 러시아와 일본이 한국 정부에 조언을 해 줄 수 있다는 것, 개혁을
      추진하기 위해 차관을 필요로 할 경우 러시아와 일본 양국이 합의해 제공해야 한다.
제2조 한국의 경제적 여건이 허락하는 한 원조를 받지 않고 한국인 군대와 경찰을 창설하도록 하
      고 한국 정부가 이를 유지하도록 한다.

제3조 일본이 한국 내에 설치한 전신선을 계속해서 보호한다는 것과 러시아 역시 한성에서 러시아 국경에 이르는 전신선을 가설할 수 있는 권리를 가지며, 이 전신선들은 한국 정부가 매수할 수 있는 여력이 생기면 매수할 수 있다.

비밀 조관
p.289

제1조 한국에서 소요가 발생하거나 그럴 가능성이 있을 경우 러시아와 일본은 자국민과 전신선 보호 병력 외에 추가로 군대를 파견할 수 있고, 양국 군대의 충돌 방지를 위해 중립 지대를 설정할 수 있다.
제2조 한국인 군대를 조직하기 전까지 러시아와 일본이 자국 군대를 주둔시킬 수 있으며, 러시아 공사 관에 머물고 있는 고종의 호위를 러시아군이 맡는다.

로젠-니시 협정
p.289

제1조 러시아와 일본 양국 정부는 한국의 주권 및 완전한 독립을 확인하는 동시에 그 내정에는 직접 간섭하지 않기로 약정한다.
제2조 장래에 오해를 가져올 우려를 피하기 위해 러시아와 일본 양국 정부는 한국이 일본국 혹은 러시아국에 대해 권언(勸言) 및 조력을 구할 경우 연병교관(鍊兵教官) 혹은 재정 고문관의 임명에 관해서는 먼저 상호 협상을 하지 않고서는 어떠한 조처도 취하지 않기로 약정한다.
제3조 러시아국 정부는 한국에서 일본의 상업 및 공업에 관한 기업이 크게 발달한 것과 그 나라에 거류하는 일본국 신민이 다수임을 인정해 한일 양국 간에 있어 상업상 및 공업상 관계의 발달을 방해하지 않는다.

2 독립 협회와 대한 제국의 수립

독립 협회 결성 취지
p.289

이제 우리 대조선국 사람들이 독립 협회를 무엇 때문에 만들겠는가. …… 구태여 우리가 이제 무수히 '독립'이란 글자를 말하는 것은 실제로는 우리가 이를 한 자도 갖고 있지 않기 때문이다. 우리가 사람마다 스스로 알고 사람마다 스스로 행하고 사람마다 독립하고 사람마다 협회하여 사람마다 다 실제 권리를 가져서 국체(國體)를 유신(維新)하여 찬연히 빛남이 태양이 중천에 빛나는 듯하게 되어야 그때 비로소 오늘의 우리 독립 협회의 멀고 먼 첫 출발을 보게 될 것이니, 이에 그 이름을 지어 붙인 뜻이 참으로 보통 범위의 미칠 바 못됨을 알 것이로다.

독립문 건립
p.290

• 영은문이 있던 자리에 새로 문을 세우되 그 문 이름은 독립문이라 하고, 새로 문을 그 자리에다 세우는 뜻은 세계 만국에 조선이 완전 독립국이란 표를 보이자는 뜻이오.
- 『독립신문』, 1896. 6. 20. -
• 오늘 우리는 국왕이 서대문 밖 영은문의 옛 터에 독립문이라고 명명할 문을 건립할 것을 승인한 사실을 경축하는 바이다. …… 이 문은 다만 중국으로부터의 독립을 의미한 것이 아니라 일본으로부터, 러시아로부터, 그리고 모든 유럽 열강으로부터의 독립을 의미하는 것이다. 독립문이여, 성공하라! 그리고 다음 세대로 하여금 잊지 않게 하라! - 『The Independent』, 1896. 6. 20. -

- 지나간 토요일 오후 두시 반에 독립문 주춧돌 놓는 정초식을 독립 공원 땅에서 시행하였는데, 일기도 매우 좋거니와 각색 일이 절차가 있게 되어 갔고 사람이 내외국민 아울러 5, 6천 명이 왔더라. 독립문 들어가는 데는 푸른 나무로 홍예를 만들어 조선 국기로 좌우로 단장하고 문 위에는 흰 바탕에 붉은 글자로 '독립문'이라 써 높이 달고, 문에는 독립 협회기를 훌륭하게 만들어 바람에 흔들리게 하였다.

- 『독립신문』 -

환궁 요구

그날 폐하께서 외국 공사관으로 나가신 것은 한때의 임기응변이며 만부득이한 지경으로 빚어진 것이었으나, 절대로 정상적이며 온당한 일이라고는 할 수 없습니다. 이로써 백성들이 황망하고 국체(國體)가 위태롭게 된 것을 어찌 한두 마디로 말할 수 있겠습니까? …… 현재 나라가 안정될 수 있느냐 하는 것은 폐하께서 돌아오시는 날짜의 지속에 달려 있습니다. …… 삼가 폐하에게 바라오니 안으로는 어리석은 백성들의 동요를 깊이 걱정하시지 말고 밖으로는 틈을 엿보는 강대국을 너무 염려하지 말아서, 여론을 살피고 곧장 환궁하시어 종사를 편안케 하고 민심을 안정시키소서.

- 윤효정의 상소문 -

독립 협회의 토론회 규칙

제1조 본회는 독립 협회 토론회라 칭함.
제2조 본회의 처소는 독립관으로 함.
제22조 개회 예식은 다음과 같음.
 5. 회장이 토론할 문제를 회원에게 포고함.
 6. 토론 문제는 찬성 2명과 반대 2명으로 나누어 논하되 시간은 매1인 각 10분에 한함.
 7. 찬반 토론이 끝난 다음 회장이 토론권을 회원에게 허락하되, 시간은 매 1인 각 5분에 한함.
 8. 토론이 끝난 다음에 회장이 서서 회중의 찬반을 질문하면 …… 다수에 따라 결정함.

독립 협회의 토론회 주제

1897. 8. 조선의 급선무는 인민의 교육에 있다.
1897. 12. 인민의 견문을 넓히려면 신문을 발간하는 일이 제일로 중요하다.
1898. 1. 나라를 부강하게 하려면 광산을 확장하여야 한다.
1898. 3. 우리 국토를 남에게 빌려 주는 것은 온당치 못하다.
1898. 4. 중추원을 개편하는 것이 정치상 제일 긴요하다.
1898. 5. 백성의 권리가 높아질수록 임금의 지위가 높아지고, 나라의 힘을 떨칠 수 있다.

만민 공동회

3월 10일 오후 2시에 종로에서 만민 공동회가 되었는데 …… 인민이 군사와 재정의 권리를 외국에 맡기는 것은 원하는 바가 아니어서 이 기회를 타서 정부에서 (러시아) 사관들과 고문관을 해고하게 하고 …… 이 회에 잠시 모인 사람은 만여 명인데 사람마다 대한이 자주독립하는 것을 …….

- 『독립신문』, 1898. 3. 12. -

독립협회는 1898년 3월부터 종로 거리에서 만민 공동회를 개최하였다.

자유 민권 운동

- 정부에서 벼슬하는 사람은 임금의 신하이며 백성의 종이다. 종이 상전의 경계와 사정을 자세히 알아야 그 상전을 잘 섬길 터인데, 조선은 거꾸로 되어 백성이 정부 관리의 종이 되었으니, 백성은 죽도록 일을 하여 돈을 벌어 관리들에게 주면서 상전 노릇하여 달라 하니 어찌 우습지 않겠는가.
  - 『독립신문』, 1896. 11. 21. -

- 나라가 진보되어 가는지 안 가는지 첫째 보이는 것은 그 나라 사람들이 자기들의 백성 된 권리를 찾으려고 하는 것이라. …… 그 나라에 사는 사람은 모두 그 나라 백성이라 …… 자주독립을 하려면 먼저 백성의 권리부터 보호할 생각들을 하시오.
  - 『독립신문』, 1897. 3. 9. -

자주 국권 운동

- 나라의 나라됨은 둘이 있으니 자립(自立)하여 타국에 의뢰하지 아니하고, 자수(自修)하여 한 나라에 정치를 행하는 것입니다. 그런데 자립에 있어서는 재정권과 병권·인사권을 자주(自主)하지 못하고, 자수에 있어서는 제도와 법도가 행해지지 않고 있으니, 국가가 이미 국가가 아닌즉, 원컨대 안으로는 정식의 제도를 실천하시고 밖으로는 타국에 의뢰함이 없게 하시어 우리의 황제권을 자주하고 국권을 자립하소서.
  - 『대한계년사』 -

- 나라가 나라답기 위해서 두 가지 필요한 조건이 있는데, 그 하나는 자립(自立)하여 다른 나라에 의지하지 않는 것이며, 다른 하나는 우리 스스로 정치와 법률을 온 나라에 바르게 행하는 것입니다. 이 두 가지는 하늘에서 우리 폐하에게 부여해 준 하나의 큰 권한입니다. 이 권한이 없으면 그 나라가 없는 것입니다.
  - 『고종실록』, 1898. 2. -

- 슬프다. 대한 사람들은 남에게 의지하고 도움 받으려는 마음을 끊고, 청국에 의지하지 말라. 종이니 간심부름꾼에 지나지 못하리로다. 일본에도 의지하지 말라, 결국에는 내장을 잃으리로다. 러시아에 의존하지 말라. 끝에 가서는 몸뚱이까지 삼킴을 받으리라.
  - 『독립신문』, 1898. 1. 20. -

이권 수호 운동

- 지금 있는 러시아 사관과 러시아 고문관이 대한에 꼭 필요하지 않은 것과 대한이 자주하는 권리를 스스로 행사하는 것이 당연함은 러시아도 스스로 아는 바이다. 대한의 권리를 지키고 러시아의 정론을 좇아 러시아 사관과 러시아 고문관을 모두 곧 돌려보내는 것으로 결정하여 러시아 공사에게 통고하고자 한다. 이것은 당연한 일로 우리 대한 이천만 동포가 한 가지로 원하는 바이오, 세계 각국도 한 가지로 아는 바이다. 오늘날 대한국 국민들이 이같이 긴급한 형세를 정부에 말하여 전국 인민이 원하는 대로 통하도록 하자.
  - 『독립신문』, 1898. 3. 15. -

- 러시아 공사 스페이에르가 부산 절영도를 조차하여 석탄 창고를 짓고자 하였다. 2월 27일 독립협회 회원들이 독립관에서 회의를 열었다. 서기 정교가 말하였다. " …… 지금 황제 폐하께서는 자주독립의 권리를 세워 만국과 더불어 나란히 서게 되었거늘, 그 신하된 자들이 만약 한 치 한 자의 땅이라도 다른 나라 사람에게 내어 준다면 이는 황제 폐하에게 반역하는 신하요, 대대의 임금에게는 죄인이며, 우리 대한 이천만 동포 형제에게는 원수가 됩니다."
  - 『대한계년사』 -

자강 개혁 운동
p.290

만약에 외국의 예를 들어서 말씀드린다면, 현재 허다한 민회가 있어 정부 대신일지라도 실정이 있으면 전국에 널리 알려 민중을 모이게 하여서 질문이 있고 논쟁과 탄핵이 있으며 …… 흔히 말하기를 민권이 성하면 왕권이 반드시 손상된다 하오나 사람의 무식함이 어찌 이보다 더할 수가 있겠사옵니까. 오늘날에 이와 같은 민의를 없애게 한다면, 정치·법률은 따라서 무너질 것이오며, 어디서 무슨 화가 일어나게 될지 모르는 것이온데, 폐하께서는 홀로 이에 미처 마음을 쓰지 않으실 이유가 있사옵나이까.

- 『대한계년사』 -

독립 협회의 인권 사상
p.290

- 백성마다 얼마만큼 하느님이 주신 권리가 있는데, 그 권리는 아무도 빼앗지 못하는 권리 ……
  - 『독립신문』, 1897. 3. 9. -

- 하느님이 세계 인류를 낳으실 때에 사나이나 아낙네나 사람은 다 한가지라 여성도 남성의 학문을 교육 받고 여성도 남성과 동등권을 가져 ……
  - 『독립신문』, 1898. 1. 4. -

민권 보장책 5개조
p.290

첫째는 인민의 생명과 재산에 해당한 일은 어디까지든지 보호할 일, 둘째는 무단히 사람을 잡거나 구류하지 못하며, 잡으려면 그 사람의 죄목을 분명히 공문에 써서 그 사람에게 보이고 나치(拿致)할 일, 셋째는 잡은 후에도 재판하여 죄상이 뚜렷하기 전에는 죄인으로 다스리지 못할 일, 넷째는 잡힌 후에 가령 24시 내에 법관에게 넘겨서 재판을 청할 일, 다섯째는 누구든지 잡으면 그 당사자나 친척이나 친구가 즉시 법관에게 말하여 재판할 일.

- 『독립신문』, 1898. 8. 4. -

독립 협회에 대한 당시의 인식 - 미국 공사가 본국 정부에 보낸 보고문
p.291

이 도시(서울)는 방금 심한 격동의 시기를 보냈습니다. 하나의 평화적 혁명이 일어났습니다. 대중의 요구에 의하여 거의 전면적인 내각 개편이 이루어졌습니다. 그러한 내각 개편은 1894년 일본이 한국을 실질적으로 장악하고 있던 때에 일어난 바가 있습니다.

- 주한 미국 공사관 보고 -

백정 박성춘의 관민 공동회 연설문
p.291

나는 대한의 가장 천한 사람이고 무지 몰각합니다. 그러나 충군애국의 뜻은 대강 알고 있습니다. 이에 이국편민(利國便民)의 길인즉, 관민이 합심한 연후에야 가하다고 생각합니다. 저 차일에 비유하건대 한 개 의장대로 바친즉 역부족이나, 많은 장대를 합한즉 그 힘이 공고합니다. 원컨대 관민이 합심하여 우리 황제의 성덕에 보답하고 국운이 만만세 이어지게 합시다.

의회 설립 주장

- 의회가 따로 설립되면 나라 안에 현명한 이들이 의원으로 선출되어 좋은 의논이 날마다 공평하게 토론되어 법률과 제도가 만들어지므로 폐정이 교정되고 나라가 융성하게 된다. …… 모든 사람이 각기 자기 의견에 따라 발언하여 참정을 하게 되며, 나라 일을 내 일과 같이 생각하여 정부와 국민 사이에 종래 없던 소통이 생겨나서 나라 사랑하는 마음이 전보다 배가 된다. …… 대황제 폐하께 …… 뜻을 품하여 재가를 물은 후에는 그 일을 내각으로 넘겨 내각에서 그 결정한 의사를 가지고 규칙대로 시행만 할 것.

  - 『독립신문』, 1898. 4. 30 -

- 외국의 예를 가지고 말하면, 현재 허다한 민회가 있는데 정부 대신들이 정사를 할 때에 잘못하는 일이 있으면, 전국에 알려 민중을 모아 회의해서 질문하기도 하고 의논하고 탄핵하기도 하는데, 백성이 동의하지 않으면 대신들이 감히 떠나지 않을 수가 없습니다. 그렇다면 외국의 민회가 어찌 강의하고 담론하는 것으로 그친다고 할 수 있겠습니까. 돌아보건대, 우리나라 협회는 독립을 기초로 하고 있으며 임금에게 충성하고 나라를 사랑하는 것을 목적으로 하고 있습니다. 그리하여 황태자 전하가 하사금을 내려서 돕고 현판을 내려 주어서 걸게 하였으니, 이것은 사적으로 설치한 것이 아니고 사실 공적으로 인정한 것입니다. …… 신 등은 비록 거리낌 없이 할 말을 해서 죄를 얻게 되더라도 한 사람이 죽으면 열 사람이 계속해서 말을 하고 열 사람이 죽으면 백 사람, 천 사람이 계속해서 말을 할 것입니다. …… 권한을 가지고 논할 것 같으면, 황제로부터 서민에 이르기까지 각각 정해진 것이 있습니다. 6대륙과 동등하고 만국과 나란히 행하는 것은 폐하의 권한이고, 폐하의 백성이 되어 폐하의 땅을 지키는데 정사를 잘못하고 법을 문란하게 한 신하가 종묘사직에 해를 끼치면 이를 탄핵하고 성토하는 것은 신 등의 권한입니다. 말하는 사람들은 백성의 권한이 커지면 임금의 권한이 적어진다고 하는데, 이보다 더 무식한 말이 어디 있겠습니까. 이런 백성의 의견이 없다면, 오늘날 정치와 법률은 따라서 무너지게 되어 어떤 화가 어느 곳에서 일어날지 알 수 없을 것인데, 폐하께서는 어찌하여 이에 대해 유독 생각하지 않는 것입니까.

  - 윤치호 등의 상소문, 『승정원일기』, 1898. 10. -

헌의 6조(1898. 10. 29.)

1. 외국인에게 기대하지 아니하고 관민이 동심 협력하여 전제 황권을 공고히 할 것.
2. 외국과 이권에 관한 계약과 조약은 각 대신과 중추원 의장이 합동 날인하여 시행할 것.
3. 국가 재정은 탁지부에서 모두 관리하고 예산, 결산을 국민에게 공포할 것.
4. 중대 범죄를 공판하되, 피고의 인권을 존중할 것.
5. 지방관을 임명할 때에는 정부에 그 뜻을 물어 중의에 따를 것.
6. 장정을 실천할 것.

조칙 5조(1898. 10. 30.)

1. 간관 폐지 후 언로가 막히어 상하가 권면경려의 뜻이 없기로 중추원 장정을 개정하여 실시할 사.
2. 각 항 규칙은 일정한 것을 말한 것이 있는데 회와 신문이 역시 방한(防限)이 없을 수 없으므로 회규는 의정부와 중추원에 명하여 시의를 참작해서 제정하도록 하고, 신문 조례는 내부와 농상공부에 영하여 각 국 예에 의방(依倣)하여 제정 시행할 사.

3. 관찰사 이하 지방관 및 지방 대장 등 현임과 이에 대(遞)한 자를 물론하고 공화(公貨)를 건몰(乾沒)한 자는 장률에 의하여 시행하고, 민재를 편취한 자 중에서 현저한 것은 본주(本主)에게 추급(推給)한 후 법률에 의하여 징계할 사.
4. 어사와 관찰원 등의 작폐자는 본토 인민이 내부와 법부에 가서 소할 것을 허락하도록 영하여 조사해서 징치(懲治)할 사.
5. 상공학교를 설립하여 민업을 권장할 사.

중추원 관제 개편안(1898. 11.)   p.291

제1조 중추원은 의정부의 자문에 응하고 다음의 사항을 심사, 의정한다.
  (1) 법률, 칙령안
  (2) 의정부가 결의하여 상주하는 일체 사항
  (3) 중추원의 임시 건의 사항
  (4) 인민의 건의를 채용하는 사항
제2조 중추원은 다음의 직원으로 구성된다. 의장 1인, 부의장 1인, 의관 50명으로 선임하고, 그 반수는 독립 협회의 회원 투표로 선거하며, 나머지 반수는 국왕이 임명한다.

익명서 사건   p.291

11월 4일 밤, 조병식 등은 건의소청 및 도약소의 잡배들로 하여금 광화문 밖의 내국 조방 및 큰 길가에 익명서를 붙이도록 하였다. …… 익명서는 "독립협회가 11월 5일 본관에서 대회를 열고, 박정양을 대통령으로, 윤치호를 부통령으로, 이상재를 내부대신으로 …… 임명하여 나라의 체제를 공화정치 체제로 바꾸려 한다."라고 꾸며서 폐하께 모함하고자 한 것이다.
― 『대한계년사』 ―

황국협회   p.291

고종 황제가 각 모임을 혁파할 때 경무청은 내부의 훈령을 받아 황국협회에서 소관했던 상무회의 문서와 인가장을 모두 거두어 갔다. 그러나 만민공동회가 열리자 이기동 등은 각 도 각 군에 통문(通文)을 보내어 보부상 수천 명을 서울로 들어오라고 소집하여 곳곳에 몰래 잠복해 있도록 하였다. 그들은 …… 상무규칙을 고쳐 다시 인가해 줄 것을 요청하는 한편, 황실을 보호할 것이며 미리 준비한 나무 몽둥이 600개를 이용하여 만민공동회를 한주먹에 때려 부술 것이라고 하였다.
― 『대한계년사』 ―

보수파의 독립 협회 비판   p.291

• 우리나라 인민들은 몇백 년 교육이 없어서 …… 자유니 민권이니 하는 말도 모르고 혹 말이나 들은 사람은 아무렇게나 하는 것을 자유로 알고 남을 해롭게 하여 자기를 이롭게 하는 것을 권리로 아니 이러한 백성에게 홀연히 민권을 주어서 하의원을 설치하는 것은 도리어 위태함을 빨리하게 함이라.

• 이른바 협회라는 것이 무슨 명목으로 만민 공동회요, 독립 협회라고 부르는 것입니까? 그들이 임금에게 충성을 다하고 나라를 사랑한다고 하는 것이, 결국 폐하를 침범하고 나라에 화를 가져오며 인심을 선동하고 외부에서 엿보는 놈들과 결탁하여 나라를 위태롭게 할 뿐입니다.

- 근래 새로운 것을 좋아하고 요원한 것을 따르는 무리들이 다른 나라의 민주와 공화의 제도를 채용하여 우리나라의 군주 전제법을 완전히 고치려고 합니다. 여기에서 군권과 민권이라는 명칭에 대해서는 비록 분명하게 드러내지 않았지만, 군권과 민권의 실제를 은연중에 분리하여서 두 갈래로 만들고 전자를 약화하고 후자를 신장하고 있습니다. …… 관리들 가운데서 민회에 나가서 조정을 욕되게 한 자들과 백성들의 마음을 선동한 자들은 모두 다 처벌하소서.
 - 안태원 등의 상소문, 『고종실록』(1898. 12.) -

고종의 협회 해산 명령

외국의 규례를 듣건대, '협회'라는 것이 있고 '국회'라는 것이 있다고 한다. '협회'라는 것은 백성이 사적으로 설치한 것으로서 공동으로 강의하고 대화하는 일을 하는 것에 불과한 모임을 말하며, '국회'라는 것은 나라에서 공적으로 세운 것으로서 바로 국민들의 이해관계에 대해서 의논하고 결정하는 곳을 말한다. 우리나라에도 백성이 사적으로 설치한 협회라는 것이 있는데, 처음부터 개명하고 진보하는 데에 일조를 하지 않은 것은 아니다. 그러나 정령을 평론하고 출척하는 데에 참여하는 것은 원래 협회의 규정이 아니다. 자리를 떠나 모임을 열고 상소하고 난 뒤에도 대궐을 떠나지 않으며 대신을 협박하는 등 전혀 제한을 받음이 없는 것처럼 하는 데에 이르러서는, 비록 국회라고 하더라도 이런 권한이 없는데, 하물며 협회의 경우야 더 말할 것이 있겠는가. 생각이 이에 미치니 너무도 두렵다. 지금부터 내부에게 경무사와 각 지방관에게 단단히 일러 협회라고 이름한 것에 대해서는 이런 회건 저런 회건 따질 것 없이, 만약 규례를 따르지 않고 전과 같이 제멋대로 무리 지어 쫓아다니면서 치안을 방해하는 자가 있으면 엄히 금지하도록 하라. 만일 영을 따르지 않는 자가 있으면 나라에 전형이 있는 만큼 이치상 용서받기 어려울 것이다. 통상적인 규정에는 단지 원래 정해진 처소에서만 토론하고 그만두기로 되어 있으니, 그것은 저지하지 말고 되도록 백성의 지식이 발전하는 데에 효력이 있도록 하라.
 - 『승정원일기』 -

독립신문의 주장

이렇게 되어 사람은 권리가 없어지고 토지는 이익이 없어지면 정부와 백성이 무엇을 가지고 나라 노릇을 하며 무엇을 하여 생명을 보존하겠는가. 이 말이 나만의 생각이 아니며, 인도·베트남·이집트·페르시아를 보면 내 말이 맞음을 알 수 있다. 지금 폐단을 개혁할 방안은 당장 백성에게 권리를 모아 줘서 나라의 일을 하라는 것은 아니며, 관민이 합심하여 정부와 백성의 권리가 비슷해진 후라면 대한이 영원히 평화로울 것이다.
 - 『독립신문』, 1898. 12. 15. -

의병투쟁에 대한 독립 협회의 인식

- 조선에서는 해·육군을 많이 길러 외국이 침범하는 것을 막을 까닭도 없고, 다만 나라 안에 해·육군이 조금 있어 동학이나 의병 같은 지방의 도둑 떼나 평정시킬 만하면 넉넉하다. 만일, 어떤 나라가 조선을 침범하고자 하여도 조선 정부가 세상에 행세만 잘했을 것 같으면 조선을 다시 남의 나라 속국이 되게 가만둘 리가 없다. 그러므로 조선에서 외국과 싸움할 염려가 없는데, 만일 조선이 싸움이 되도록 일을 할 것 같으면 그때는 화를 면하지 못할 것이다.
 - 『독립신문』, 1897. 5. 25. -

- 조선 백성은 언제든지 원통한 일을 당하여 마음에 둔 미흡한 일이 있으면 기껏 한다는 것이 반란을 일으킨다든지 다른 무뢰배의 일을 행하여 의병의 행세를 한다. 본래 일어난 까닭은 권력자들의 불법한 일을 분히 여겨 일어나서 고을 안에 불법한 일이 다시 생기지 않도록 하자는 주의인데 불법한 일을 저희들이 행하니 그건 곧 비도이다.

— 『독립신문』, 1898. —

이권 양여에 대한 독립 협회의 인식 p.291

- 아프리카는 (자원의) 풍부함으로 유명한 지방이다. 울창한 숲과 찬란한 금강석 및 다른 보석과 상아, 금, 은이 무수히 들어 있지만 아프리카 토인들이 이 좋은 지방을 몇 천 년을 가지고 있으면서 보배를 보배로 쓸 줄 모르고 …… 하늘이 그 토인들의 완악함을 미워하여 서구 각국 사람들이 근래 아프리카를 나눠 가져서 몇 만 년 억울히 묻혀 있던 보배를 파내 세계에 유용한 물건을 만드니 …… 북아메리카는 땅이 비옥하고 자원이 풍부하며 강산이 웅장하고 수려함이 세계에서도 수위를 다툰다. 그러나 인디언들이 몇 천 년을 맡아 가지고 있어도 이 좋은 강산을 무용지물로 만들고 …… 영국인의 땅이 된 후에는 세계에서 제일 부강한 나라가 되었다.

— 『독립신문』, 1898. 8. 31. —

- 광산과 철로를 타국 사람에게 몇 해씩 작정하고 합동하여 주었다니 듣기에 놀라우나 다시 생각하면 그 일로 나라가 망할 것은 없으니, …… 충군애국하는 여러 군자들은 철도·광산 까닭에 세월을 보내지 말고 정치가 일신하여 백성들이 내 나라를 사랑할 마음이 나도록 주선 하시기를 바라노라.

— 『독립신문』, 1898. 9. 15. —

이권 수호 운동의 양면성 p.291

- 현재 러시아가 우리 대한을 향하여 절영도를 요구하고 있습니다. …… 그 신하된 자가 만약 조그마한 땅 이라도 타국인에게 주면 이는 황제 폐하의 역신이며 역대 임금의 죄인이며 우리 대한 2천만 동포의 원수입니다.

— 『대한계년사』 —

- 서울에 한·러 은행을 세우고 탁지부에서 조선은행과 한성은행 두 곳에 맡겨 두었던 은화와 탁지부가 갖고 있던 은을 한·러 은행에 옮겨 두었다 하니 …… 이 말이 맞으면 이는 온 나라의 재물 권리를 다른 나라 사람에게 사양하여 주는 것이오.

— 『독립신문』, 1898. 3. 8. —

- 정부에서 미국 사람과 서울 - 인천 사이에 철도를 약조하여 미국 돈 200만 원가량이 나라에 들어올 터인 즉, 이 일에 인연하여 벌어먹고 살 사람이 조선 안에 여러 천 명 될 터이오. …… 철도가 된 후에는 농민과 상민들이 철도로 인연하여 직업들이 흥왕할 터이오.

— 『독립신문』, 1896. 7. —

광무 연호 p.292

나라에서 연호를 정하는 것은 기년(紀年, 일정한 기준을 정해 연도를 계산함)하자는 것이고 또한 천하에 신뢰를 세우자는 것이다. 그러므로 반드시 높이 부르고 오래도록 밝게 보여야 하는데, 이것은 만대가 흘러도 바꿀 수 없는 법이다. 금년을 '광무(光武) 원년'으로 하되, 길일에 의거하여 8월 16일에 조서를 반포하는 큰 의식을 거행하라.

— 『고종실록』, 1897. 8. —

대한 제국의 수립

- 대체로 자주의 '자(自)'자와 독립의 '독(獨)'자의 뜻은 전적으로 자기의 의사에 따라 혼자 마음대로 하는 데에 있지, 여기에 물어 보고 저기에 따르는 데에 있지 않습니다. 이렇게 놓고 볼 때 자주적인 우리나라는 마땅히 황제라고 불러야 하는데, 어째서 크게 보배로운 황제의 자리에 오르지 않으십니까?

　　　　　　　　　　- 유생 권달섭 등의 상소, 『고종실록』, 1897. 5. -

- 심순택이 "조선은 기자가 봉해졌을 때의 칭호이니, 당당한 제국으로서 그대로 쓰는 것은 옳지 않습니다."라고 하였다. …… 고종이 말하기를, "우리나라는 곧 삼한(三韓)의 땅인데, 국초에 천명을 받고 하나의 나라로 통합되었다. 지금 국호를 '대한(大韓)'이라고 정한다고 해서 안 될 것이 없다. 또한, 매번 각국의 문자를 보면 조선이라고 하지 않고 한(韓)이라 하였다. 이는 아마 미리 징표를 보이고 오늘이 있기를 기다린 것이니, 세상에 공포하지 않아도 세상이 모두 다 '대한'이라는 칭호를 알고 있을 것이다."라고 하였다.

　　　　　　　　　　- 『고종실록』, 1897. 10. 11. -

- 천지에 고하는 제사를 지냈다. 왕태자가 배참(陪參)하였다. 예를 끝내자 의정부 의정(議政府議政) 심순택(沈舜澤)이 백관(百官)을 거느리고 아뢰기를, "고유제(告由祭)를 지냈으니 황제의 자리에 오르소서." 하였다. 신하들의 부축을 받으며 단(壇)에 올라 금으로 장식한 의자에 앉았다. 심순택이 나아가 12장문의 곤면을 성상께 입혀드리고 씌워 드렸다. 이어 옥새를 올리니 상이 두세 번 사양하다가 마지못해 황제의 자리에 올랐다. 왕후 민씨(閔氏)를 황후(皇后)로 책봉하고 왕태자를 황태자(皇太子)로 책봉하였다. 심순택이 백관을 거느리고 국궁(鞠躬), 삼무도(三舞蹈), 삼고두(三叩頭), 산호만세(山呼萬世), 산호만세(山呼萬世), 재산호만세(再山呼萬世)를 창하였다.

　　　　　　　　　　- 『고종실록』, 1897. 10. 12. -

- 12일 오전 2시, 다시 위엄을 갖추어 환구단에 가서 하느님께 제사하고 황제위에 오름을 고했다. 왕제는 오전 4시 반에 궁으로 돌아왔다. 같은 날 정오 12시에 만조백관이 예목을 갖추고 경운궁에 나아가 …… 크게 하례를 올리니 백관이 즐거워들 하더라.

　　　　　　　　　　- 『독립신문』, 1897. 10. 14. -

러시아 공사관에 머물던 고종은 1897년 2월, 경운궁으로 환궁하였다. 고종의 환궁 뒤 조선의 자주 독립을 강화하기 위해 개화파와 수구파들은 힘을 모아 칭제건원을 추진하였다. 이에 국왕과 정부는 '칭제'는 뒤로 미루고 우선 '건원'을 하기로하여 1897년 8월 16일 연호를 '건양'에서 '광무(光武)'로 고쳤다. 그러나 '칭제'의 논의는 계속되었고, 1897년 9월 25일 독립 협회 회원인 농상공부협판 권재형은, "황(皇)·제(帝)·왕(王)은 글자는 다르지만 한 나라가 자주 독립하여 의지하지 않는다는 점에서는 같은 뜻을 가질 뿐 아니라, 황제의 위에 오른다고 할지라도 만국공법상 조금도 어긋남이 없으므로, 정부와 협의하여 그 방책을 정해서 조속히 보호(寶號)를 올림으로써 임금을 높이는 여론에 부응하고, 문약하며 의부(依附)하는 의심을 깨뜨려야 할 것입니다"라고 '칭제'를 주장하는 상소를 하였다. 결국 국왕과 정부는 1897년 9월 황제 즉위식을 위한 장소인 환구단을 만들었고 1897년 10월 12일에는 고종이 문무백관을 거느리고 나아가 황제 즉위식을 거행하였다. 이와 동시에 황제와 정부는 조선의 국호를 '대한제국'으로 고쳐 내외에 선포하였다.

대한 제국 시기의 궁내부

1898년 이후에는 국왕권 제한을 위해 설치되었던 궁내부가 의정부를 압도할 만큼 방대한 기구로 확대되면서 의정부를 대신하여 국정 운영의 중심 기구로 등장하였다. 갑오개혁기에 163명의 관원으로 조직되었던 궁내부는 1898년 이후 12개의 기구가 신설되어 1903년 말에는 470여 명의 관원을 거느린 거대한 관청으로 성장하였다. …… 이들 신설 기구는 기존의 탁지부, 농상공부, 외부 등이 관장하였던 재원이나 업무를 가져갔다. 탁지부가 관장하던 화폐 주조권, 홍삼 전매권, 역둔토 소작료 징수권, 상업세·어세·염세·선세 등 허다한 재원들이 궁내부 내장원으로 이관되었으며 이로 인해 정부 재정은 극도로 궁핍해졌다.

　　　　　　　　　　- 『한국근대사』-

대한국 국제(1899. 8. 17.) p.292

제1조 대한국은 세계 만국이 공인한 자주 독립 제국이다.
제2조 대한국의 정치는 만세 불변의 전제 정치이다.
제3조 대한국의 대황제는 무한한 군권을 누린다.
제4조 대한국의 신민은 대황제의 군권을 침해할 수 없다.
제5조 대한국 대황제는 육·해군을 통솔하고 군대의 편제를 정하고 계엄을 명한다.
제6조 대한국 대황제는 법률을 제정하여 그 반포와 집행을 명하고, 대사·특사·감형·복권 등을 명한다.
제7조 대한국 대황제는 행정 각부의 관제를 정하고, 행정상 필요한 칙령을 공포한다.
제8조 대한국 대황제는 문무 관리의 출척 및 임면권을 가진다.
제9조 대한국 대황제는 각 조약 체결 국가에 사신을 파견하고, 선전, 강화 및 제반 조약을 체결한다.

대한 제국 애국가(1902) p.292

하느님은 우리 황제를 도우소서
성수무강하시어 용이 해마다 물어오는 구슬을 산같이 쌓으시고
위엄과 권세를 하늘 아래 떨치시어 오! 영원토록 복과 영화로움이 더욱 새로워지게 하소서
하느님은 우리 황제를 도우소서

- 『서울 2000년사』-

대한 제국의 국가적 성소(聖所), 장충단 p.292

삼가 생각하건대 우리 대황제 폐하께서는 자질이 빼어나고 운수는 중흥을 만나시어 태산의 반석과 같은 왕업을 세우고 위험의 조짐을 경계하셨다. 그러나 어쩔 수 없이 가끔 주춤하기도 하셨는데 마침내 갑오·을미사변이 일어나 무신으로서 난국에 뛰어들어 죽음으로 몸 바친 사람이 많았다. 아! 그 의열(毅烈)은 서리와 눈발보다 늠름하고 명예와 절조는 해와 별처럼 빛나니, 길이 제향(祭享)을 누리고 기록으로 남겨야 마땅하다.

- 「장충단 비문」-

한·청 통상 조약 체결(1899. 9.) p.292

대한국과 대청국은 우호를 돈독히 하고 피차 인민을 돌보려고 절실히 원한다. ……
제1관 앞으로 대한국과 대청국은 영원히 우호를 다지며 양국 상인과 인민이 피차 교거(僑居)하는 경우에는 모두 온전히 보호와 우대의 이익을 얻는다. 다른 나라가 공평치 못하고 경멸을 당하는 일이 있을 경우에 통지하면 모두 서로 도와야 하며 중간에서 잘 조처하여 두터운 우의를 보인다.

양전 사업 p.293

이 사업을 시작할 때 정부는 전담 아문(衙門)을 설립하였는데, 도중에 중지하고 다시 새 아문을 개설한 후 그 관서로 업무를 이관했다. 근일에 정부는 또 그 아문을 폐지하고 탁지부로 모든 업무를 부속시켰다. 이번 조사에 따라 결수(結數)가 예전에 비하여 늘어났다며 관아에 몰려와 그 부당함을 호소하는 사람이 적지 않다. …… 이 사업을 실시한 후로 전일에 비하여 결수가 과다하게 증가하였다고 한다.

지계아문 규정

제1조 지계아문은 한성부와 13도 각 부와 군의 산림, 토지, 전답, 가옥의 지계를 정리하기 위하여 임시로 설치한다.
제10조 대한 제국 인민이 아닌 사람은 산림, 토지, 전답, 가옥의 소유주가 될 수 없다. 단 개항장은 이 규정의 제한을 받지 않는다.
제11조 산림, 토지, 전답, 가옥의 소유주가 관계(官契)를 발급받지 않았다가 적발되었을 때에는 그 가격의 10분의 4에 해당하는 벌금을 물리고 관계를 발급한다.

- 『관보』, 1901. 11. 11. -

상공 학교 관제(1899)

제1조 상공 학교는 상업과 공업에 필요한 실학을 교육하는 곳으로 정한다.
제2조 상공 학교에 상업과와 공업과를 나누어 설치하며, 수업 연한은 4년으로 한정한다.

- 『고종실록』 -

백두산 정계비

오라총관 목극등이 황제의 뜻을 받들어 변경을 답사해 이곳에 와서 살펴보니 서쪽은 압록강이 되고 동쪽은 토문강이 되므로 그 분수령 위에 돌을 새겨 기록한다.

사이섬 농사

'사이섬'이란 이곳, 종성부(鍾城府) 중에서 동쪽으로 십 리쯤 떨어진 이 동네 앞을 흐르는 두만강 흐름 속에 있는 섬이었다. …… '사이섬 농사'란 여기 가서 농사를 짓는다는 말이었다. 그러나 그것은 겉에 내세우는 표방에 지나지 않았다. 불모(不毛)의 섬에서 어떻게 곡식이 나랴? 그러므로 사이섬에 가서 농사를 짓는다는 건 핑계에 지나지 않는 것이고, 사실은 청국 땅에 건너가는 것이었다. …… 더욱이 중흥기의 강희, 건륭 두 임금은 이 지방을 청조(淸朝) 발상의 성지라고 하여 통치하에 있는 타민족 외에는 이민을 허가하지 않았다. 제 백성을 그랬거든 다른 민족에 있어서랴. 우리나라와 청국 사이에는 서로 이민을 철저케 하는 비공식협정이 맺어진 모양이었다. 조정에서는 어느 결에 두만강의 월강을 금지했고, 이를 범하는 자에게는 월강죄(越江罪)의 극형으로 임했다. 이러고 보니, 조·청 양국 민족이 이 지역에는 얼씬도 할 수 없었다. 가위 무인지경이었다. …… 아득한 옛날, 만주는 우리 민족의 발상지였고, 천여 년 전의 고구려와 그 뒤를 잇는 발해 때에는 우리 판도의 중심지였다. 지금은 청국의 영토로 되어 있으나 사실은 우리나라 땅이라고 할아버지는 말하였다. 그 증거로 할아버지는 1백 50여 년 전에 세운 정계비를 보면 알 일이라고 말했다. 마을 아이들의 훈장 노릇도 한 일이 있는 할아버지는 한복이를 무릎에 앉혀 놓고 비분강개한 어조로 말하곤 했다. "그 빗돌에는 강 건너가 우리 땅이라고 똑똑히 새겨 있다."

- 『북간도』 -

토문감계사 파견

"토문 땅의 국경 때문에 중국에서 앞으로 관원을 파견한다고 하니 우리나라에서 먼저 관원을 차임(差任)하여 맞이해야 합니다. 안변부사 이중하를 토문감계사(土們勘界使)로 차하하고, …… 양쪽의 관원들이 모여서 상의하여 합당하게 처리하도록 하는 것이 어떻겠습니까?" 하니, 윤허하였다.

간도 관리사 임명　　　　　　　　　　　　　　　　　　　　　　　　p.294

"북간도는 바로 우리나라와 청의 경계 지대인데 지금까지 수백 년 동안 비어 있었습니다. 수십 년 전부터 북쪽 변경의 연변의 각 고을 백성들로서 그 지역에 이주하여 경작하여 지어먹고 살고 있는 사람이 이제는 수만 호에 십여만 명이나 됩니다. 그런데 청인들의 침어(侵漁)를 혹심하게 받고 있습니다. 그래서 지난해에 시찰관 이범윤을 파견하여 황제의 교화를 선포하고 호구를 조사하게 하였습니다. …… 나라의 경계에 대해 논하는 데 이르러서는, 전에 분수령 정계비 아래 토문강 이남의 구역은 물론 우리나라 경계로 확정되었으니 결수에 따라 세를 정해야 할 것인데, …… 우선 보호할 관리를 특별히 두고 또 한 해당 간도 백성들의 청원대로 시찰관 이범윤을 그대로 관리로 특별히 차임하여 해당 간도에 주재시켜 전적으로 사무를 관장하게 함으로써 그들의 생명과 재산을 보호하게 하여 조정에서 간도 백성들을 보살 펴 주는 뜻을 보여주는 것이 어떻겠습니까" 하니, 윤허하였다.

- 『고종실록』 -

간도 이주민의 삶　　　　　　　　　　　　　　　　　　　　　　　　p.294

북간도 관리 이범윤 씨가 내부에 보고하되, 청나라 군사 4~5백 명이 우리 조선인 30명을 묶어서 몽둥이로 두들겨 패고 수탈하며, 재산을 빼앗고 하는 말이 조선 사람일망정 청나라 땅에서 갈고 먹으면서 어찌 한복을 입을 수 있냐 하면서 흰 초립을 쓴 자를 빼앗아 찢어 없애고 12명을 붙잡아 가서 머리를 깎고 매사에 협박과 공갈을 하니, 간도의 조선인 민심이 떠들썩합니다.

- 『황성신문』, 1904. 3. 3. -

> 황성신문은 1898년 남궁억이 간행한 신문으로, 유생들이 주독자층이었으며 국한문 혼용체로 발간되었다.

간도 파출소 운영　　　　　　　　　　　　　　　　　　　　　　　　p.294

짐(순종)이 간도에 파견한 직원에 관한 건을 재가하여 이에 반포하게 하노라. 내부대신은 수시로 소속된 직원을 간도에 파견할 수 있다. 당해 직원의 복무는 통감부 임시 간도 파출소장의 지휘에 따르며 그에 대한 징계는 그 소장의 보고문에 의해서 실행한다.

- 『승정원일기』 -

간도 협약(1909. 9. 27.)　　　　　　　　　　　　　　　　　　　　　p.294

제1조 청·일 양국 정부는 도문강을 청·한 양국의 국경으로 하고 강원 지방에 있어서는 정계 비를 기점으로 하여 석을수(石乙水)로써 양국의 경계로 할 것을 성명(聲明)한다.
제3조 청국 정부는 종래와 같이 도문강 이북의 간지(墾地)에 있어서 한국민 거주를 승준(承准)한다. 그 지역의 경계는 별도(別圖)로써 이를 표시한다.
제4조 도문강 이북 지방 잡거지 구역 내 간지(墾地) 거주의 한국민은 청국의 법권(法權)에 복종하며 청국 지방관의 관할 재판에 귀부한다.
제5조 도문강북 잡거 구역 내에 있어서의 한국민 소유의 도지(圖地), 가옥은 청국 정부가 청국 인민의 재산과 마찬가지로 보호하여야 한다.
제6조 청국 정부는 장래 길장(吉長) 철도를 연길 남경에 연장하여 한국 회령에서 한국 철도와 연락하도록 하며, 그의 일체 변법은 길장 철도와 일률로 하여야 한다.
제7조 통감부 파출소와 각 관리들은 되도록 빨리 철거하기 시작하여 2개월 동안에 끝내야 하며 일본국 정부는 2개월 이내로 영사관을 개설하여야 한다.

만주 5안건 협약(1909. 9. 27.)   p.294

제1조 청국 정부는 신민둔(新民屯)에서 법고문(法庫門) 간의 철도를 부설한 경우에는 미리 일본국 정부와 상의할 것에 동의한다.
제2조 청국 정부는 대석교(大石橋) 영구(營口) 지선을 남만주 철도 지선으로 승인하고 영구에 연장할 것에 동의한다.
제3조 청국 정부는 일본국 정부가 무순(撫順)과 연대(煙臺) 탄광의 채굴권을 가지는 것을 승인한다.
제4조 무순과 연대를 제외한 안봉철도(安奉鐵道) 연선과 남만주 철도 간선, 무순·연대 탄광 업무는 청국 동삼성독무(東三省督撫)와 일본국 총영사가 상의하여 결정하기로 한다.
제5조 경봉철도를 봉천성까지 연장하는 것에 일본국 정부는 이의가 없음을 성명한다.

근대 이전 일본의 독도에 대한 인식   p.295

• 현(울진현)의 정동 쪽에 있는 우산(독도)과 무릉(울릉도)은 거리가 멀지 않아 날씨가 청명하면 가히 바라볼 수 있다.
　　　　　　　　　　　　　　　　　　　　　　　　　　　- 『세종실록』「지리지」, (1454) -

• 이 두 섬(울릉도와 독도)은 사람이 살지 않는 땅으로 이 섬에서 고려를 보는 것이 운슈(雲州)에서 인슈(隱州)를 바라보는 것과 같다. 그런즉 일본의 북서쪽 경계는 이 주를 한계로 한다.
　　　　　　　　　　　　　　　　　　　　　　　　　　　- 『은주시청합기』(1667) -

• 『여지지』에, "울릉·우산은 모두 우산국 땅이며, 이 우산을 왜인들은 송도(松島)라고 부른다."
　　　　　　　　　　　　　　　　　　　　　　　　　　　- 『동국문헌비고』(1770) -

• 울릉도를 관할로 할 것인가에 대해 시마네 현으로부터 별지와 같이 질의가 있어서 조사해 본 결과, 울릉도는 1692년 조선인이 입도한 이후 별지 서류에서 요약 정리한 바, 1696년 정월 제1호 막부의 평의, 제2호 역광에의 통보서, 제3호 조선에서 온 서한, 제4호 이에 대한 우리나라(일본)의 답서 및 보고서 등과 같이 우리나라(일본)와 관계없는 곳이라고 들었습니다.
　　　　　　　　　　　　　　　　　　　　　　　- 일본 내무성이 태정관에게 올린 품의서(1877. 3.) -

• 질의한 바 울릉도 외 일도(독도)는 우리나라(일본)와 관계없다고 명심할 것.
　　　　　　　　　　　　　　　　　　　　　　　　　　　- 태정관 지령(1877. 3.) -

「鬱陵島를 鬱島로 改稱하고 島監을 郡守로 개정훈 件」(칙령 41호)   p.295

제1조 울릉도를 울도라고 개칭하여 강원도에 부속하고 도감을 군수로 개정하여 관제 중에 편입하고 군(郡) 등급은 5등으로 할 것
제2조 군청의 위치는 태하동(台霞洞)으로 정하고 구역은 울릉전도(鬱陵全島)와 죽도(竹島)·석도(石島)를 관할할 것
제3조 개국(開國) 504년(1895) 8월 16일 『관보』 중 '관청사항란' 내에 울릉도 이하 19자를 삭제하고, 개국 505년(1896) 칙령 제36호 제5조 '강원도 26군'의 '6'자는 '7'자로 개정하고, 안협군(安峽郡) 아래에 울도군 '3'자를 추가해 넣을 것
제4조 경비는 5등급 군으로 마련하되 현재 아전의 정원도 갖추어지지 않았고 제반 업무가 처음 만들어지므로 해당 도(島)가 거두어들인 세금 중에서 잠시 먼저 마련할 것
제5조 미진한 제반 조항은 본도(本島)의 개척에 따라 차츰 마련할 것

부칙
제6조 본 칙령은 반포일로부터 시행할 것

광무 4년(1900) 10월 25일 칙령을 삼가 받듦
의정부의정 임시서리 찬정 내부대신 이건하(李乾夏)
-『관보』제1716호, 광무 4, 10. 27. -

일본의 강제 독도 편입
p.295

〈별지〉내무대신이 청한 안건 무인도 소속에 관한 건을 심사해 보니, 북위 37도 9분 30초, 동경 131도 55분, 오키시마(隱岐島)에서 거리가 서북으로 85리에 있는 이 무인도는 다른 나라가 이를 점유했다고 인정할 형적이 없다. …… 소속 및 섬의 이름을 확정할 필요가 있으므로, 이 섬을 다케시마라고 이름하고 이제부터는 시마네 현 소속 오키도사의 소관으로 하려는 것이다. …… 이를 우리나라의 소속으로 하고 시마네 현 소속 오키도사의 소관으로 함이 무리 없는 건이라 생각하여 요청한 바와 같이 각의 결정이 성립되었음을 인정한다.

- 일본 내각의 독도 편입 결정문(1905. 1. 28.) -

일본의 독도 편입에 대한 정부의 대응
p.295

• 울도 군수 심흥택의 보고서는 다음과 같습니다. "본군 소속 독도가 바깥 바다 100여 리 밖에 있는데, 본월 (3월) 초 4일 배 한 척이 군내 동도포에 정박하여 일본 관인 일행이 관사에 와서 '독도가 지금 일본 영토가 되었으므로 시찰차 왔다.'라고 말하온 바 …… 이에 보고하오니 살펴 헤아리시기를 엎드려 바라옵니다."

- 강원도 관찰사 서리 춘천 군수 이명래(1906. 4. 29.) -

• 보고는 잘 받아 보았다. 독도의 일본 영토설은 전혀 사실 무근이니, 그 섬의 형편과 일인이 어떻게 행동하는지를 다시 조사해서 보고하라.

- 참정대신 박제순의 지령(1906. 5. 20.) -

독도 편입에 대한 언론 보도
p.295

울도군수 심흥택씨가 내부에 보고하길 '일본 관원 일행이 본군에 와서 본군 소재의 독도는 일본의 속지(屬地)라 하고 땅의 경계와 호구 총수를 하나하나 기록하여 갔다.' 하였다. 이에 내부에서는 지령을 내리기를 '…… 독도라 칭하고 일본 속지라 하는 것은 전혀 그 이치에 닿지 않는 것이니 이번 보고는 매우 아연할 일이다.' 하였다 한다.

-『대한매일신보』, 1906. 5. 1. -

전후 연합국 및 일본 정부의 독도 확인
p.295

• 본 지령의 목적상 일본은 일본의 4개 도서(홋카이도, 혼슈, 규슈 및 시코쿠)와 쓰시마 섬을 포함한 약 1,000개의 인접한 보다 작은 도서들과 북위 30도의 북쪽 류큐(난세이) 열도(구찌노시마 섬 제외)로 한정되며, 우쓰료(울릉)도, 리앙꼬르 암석(다케시마, 독도) …… 등은 제외한다.

- 연합국 최고 사령관 각서SCAPIN 제677호(1946) -

- 일본의 선박과 선원은 독도로부터 12마일 이내에 접근해서는 안 되며, 또 이 섬과의 접촉은 일체 허용되지 않는다.

  - 연합국 최고 사령관 각서SCAPIN 제1033호(1946) -

- 특별조치법 제4조 제3항 규정에 기초한 부속 도서는 아래 열거한 도서를 제외한 섬을 말한다.
  ② 울릉도, 독도 및 제주도

  - 대장성령 4호(1951. 2. 13.) -

- 정령 제14조의 규정에 근거, 정령 제291호 제2조 1항 2의 규정을 준용할 경우에는 부속 도서로서는 아래 열거한 도서를 제외한 도서를 말한다.
  ③ 울릉도, 독도 및 제주도

  - 총리부령 24호(1951. 6. 6.) -

전후 우리 정부의 입장 p.295

- 독도는 일본의 한국 침략 과정에서 최초로 희생된 영토이다. 독도에 대한 일본 정부의 불합리하고 일관된 주장에 대해 한국 국민은 일본이 동일한 방법의 침략을 반복하고 있는 게 아닌가 의구심을 갖는다. …… 독도는 단 몇 개의 바윗덩어리가 아니라 우리 겨레의 영예의 닻이다. 이를 잃고서야 어찌 독립을 지킬 수 있겠는가. 일본이 독도 탈취를 꾀하는 것은 한국에 대한 재침략을 의미하는 것이다.

  - 한국 정부가 일본 정부에 보낸 외교 문서(1954. 10. 28.) -

- 일본 문부과학성이 '독도는 일본 고유 영토, 한국이 불법 점거하고 있다.'라는 주장을 담은 새 초등학교 검정 교과서를 26일 공개했다. 3개 출판사가 펴낸 3~6학년 사회과 교과서 12종 가운데 10종에 관련 내용이 담겼다. 특히 5·6학년 교과서 6종에는 모두 "한국이 독도를 불법 점거하고 있어서 일본이 계속 항의 중"이라고 기술되어 있다. 이민 김징 교과서는 2017년 문부성이 개정한 학습 지도 요령과 그 해설서에 따라 편찬되었다. 채택률이 가장 높은 도쿄서적의 5학년 사회 교과서는 "일본 해상의 다케시마(竹島: 독도의 일본명)는 일본 고유 영토이지만 한국이 불법으로 점령하고 있다."라고 기술하였다.

  - 『중앙일보』, 2019 -

CHAPTER 03 국권 피탈과 저항

1 국권의 피탈

제1차 영·일 동맹(1902. 1. 30.) p.296

제3조 만약 어느 다른 한 나라, 혹은 여러 나라가 동맹국에 대한 적대 행2위에 가담하는 경우, 다른 일방은 원조를 제공하며 전쟁을 공동 수행하고 강화(講和)도 해당 동맹국과 상호 합의하에 추진한다.

전시 국외 중립 선언(1904. 1. 21.) p.296

러·일 간에 발생하고 있는 미묘한 관계를 보거나 또는 그 문제를 평화적으로 해결하려면 당면하지 않으면 안 될 것 같이 보이는 어려운 문제들을 생각할 때에 한국 정부는 그 두 국가와 한국과의 사전 협의가 어떻게 되든지를 불문하고 엄정중립을 지킬 확고한 결심을 하였음을 황제 폐하의 어명을 받들어 선언하는 바이다.

- 『일본외교문서』 -

러·일 전쟁(1904. 2. 8.) p.296

데일리 텔레그래프 신문은, 배상금을 내어줄 것과 일본 보호 하에 만주를 돌려줄 것과 한국을 보호국으로 할 것과 뤼순을 할양할 것과 만주 철도를 일본에 이송할 것과 블라디보스토크에 설치한 군사적 방어를 철회할 것과 사할린 섬을 할양할 것 등을 요구하였고, 한편 배상금을 확보하기 위해 블라디보스토크와 흑룡강 해안을 점령할 것이라고 보도하였다.

- 『황성신문』 -

미국의 대한(對韓) 정책 p.296

궁극적으로 가장 옳은 전쟁은 야만과의 전쟁이다. …… 야만인을 영토에서 몰아내는 난폭하고 잔인한 정복자는 문명화된 인류에 공헌할 것이다. 미국인과 인디언, 보어 인과 줄루 인 …… 중에서 승자는 비록 끔찍한 행위를 저질렀다고 해도 강대국 국민의 미래의 영광을 위한 든든한 기반을 놓은 것이다.

- 시어도어 루스벨트, 『서양의 승리』 -

당시 열강은 아시아를 식민지로 지배하는 것을 어떻게 생각하였을까? p.296

- 영국은 인도에서 파괴의 사명과 재생의 사명을 달성해야 한다. 낡은 아시아 사회를 파괴하는 것과 서구 사회의 물질적 기초를 아시아에 마련하는 일이다.
  - 칼 마르크스가 본 영국의 인도 지배, 『뉴욕 데일리 트리뷴』, 1853. 8. 5. -

- 일본은 가까운 이웃 나라에 합법적 이해관계를 갖고 있었기 때문에 오래된 이 왕국(한국)을 개혁하고 활기차게 만들어 왔습니다. …… 어떠한 비판이 나올지라도, 전 세계는 이토 공과 일본이 한국에서 후진적 민중의 정의, 문명, 복지를 위한 정책을 수립하여 추진하고 있다고 믿습니다. 우리는 현재 법치를 해 나가기 어려운 인민들의 상황에, 강한 나라가 개입하여 그 국민을 도와 더 나은 통치를 받도록 해 주는 것이 국가적 의무이며 세계의 진보에도 도움되는 세상에 살고 있습니다.
  - 미 육군 장관 윌리엄 태프트의 연설, 1907 -

한·일 의정서

제1조 한·일 양 제국은 영구불변의 친교를 유지하고 동양 평화를 확립하기 위하여 대한 제국 정부는 대일본제국 정부를 확신하여 제도 개선에 관한 충고를 받아들일 것.
제4조 제3국의 침해 또는 내란으로 대한 제국 황실의 안녕과 영토의 보전에 위험이 있을 경우에는 대일 본 제국 정부는 곧 필요한 조치를 취할 것이며, 대한 제국 정부는 대일본 제국이 용이하게 행동할 수 있도록 충분히 편의를 제공할 것. 대일본 제국 정부는 전항의 목적을 달성하기 위하여 전략상 필요한 지점을 수시로 사용할 수 있다.
제5조 한국 정부는 일본의 승인 없이는 제3국과 자유로이 조약을 맺을 수 없다.

제국의 대한 방침

일본 제국은 한국을 정치·군사적으로 보호할 수 있는 권리를 얻으며, 경제상으로도 더욱 우리 이권의 발전을 도모한다.

이유
한국의 존망에는 일본의 안위가 달려 있다. 결코 외국에 빼앗길 수 없다. 이것이 일본이 항상 한국의 독립과 영토 보전·유지를 위해 전력을 다한 까닭이며, 다시 국운을 걸고 강대국과 전쟁을 하게 된 것도 이 때문이다. …… 생각하면 일본은 한일의정서에 의해 어느 정도 보호권을 얻어냈으나, 더 나아가 국방·외교·재정 등에 관해 한층 확실하고 적절한 조약과 설비를 얻어내어 한국에 대한 보호 실권을 확립하고 경제 각 분야에서 필요한 이권을 얻어 이를 경영하는 것이 현재 시급한 일이다.

대한 시설 강령

1. 군사적으로 일본군의 영구 주둔과 전략상 필요한 지점을 신속히 수용할 것.
2. 외정을 감독하여 외교권을 장악할 것.
3. 재정을 감독하여 징세법과 화폐 제도 개량을 일본 고문관 주도로 진행할 것.
4. 교통 기관 특히 경의선, 경부선을 장악할 것.
5. 통신 기관 특히 전신선을 장악할 것.
6. 척식을 실시하여 일본인 농민들을 이주시킬 것.

제1차 한·일 협약

제1조 한국 정부는 일본 정부가 추천하는 일본인 1명을 재정 고문으로 하여 한국 정부에 용빙하고, 재무에 관한 사항은 일체 그 의견을 물어 시행할 것
제2조 한국 정부는 일본 정부가 추천하는 외국인 1명을 외교 고문으로 하여 외부에 용빙하고 외교에 관한 요무(要務)는 일체 그 의견을 물어 시행할 것
제3조 한국 정부는 외국과의 조약 체결, 기타 중요한 외교 안건, 즉 외국인에 대한 특권 양여와 계약 등의 처리에 관하여는 미리 일본 정부와 협의할 것

1904년에 체결된 제1차 한일 협약에 따라 대한 제국의 외교 고문에 미국인 스티븐스, 재정 고문에 일본인 메가타가 임명되었다.

가쓰라·태프트 밀약(1905. 7.)

첫째, 일본은 필리핀에 어떠한 침략적 의도도 품지 않으며, 미국의 필리핀 지배를 인정한다.
둘째, 극동의 평화를 위하여 미·영·일 3국은 실질적인 동맹 관계를 확보한다.
셋째, 러·일 전쟁의 원인이 된 한국은 일본이 지배할 것을 승인한다.

제2차 영·일 동맹(1905. 8.) p.297

영국은 일본이 한국에서 가지고 있는 이익을 옹호·증진하기 위하여 필요하다고 인정하는 지도, 통제 및 보호의 조치 등 한국에서 행하는 권리를 승인한다.

포츠머스 조약(1905. 9.) p.297

첫째, 러시아 제국은 일본 제국이 조선에서 정치·군사·경제적인 우월권이 있음을 승인하고, 일본 제국 정부가 한국에서 필요하다고 인정하는 지도, 보호 및 감리의 조처를 하는데 이를 저지하거나 간섭하지 않을 것을 약정한다.
둘째, 러·일 양군은 랴오둥 반도 이외의 만주 지역에서 철수하며 만주에서 청나라의 주권과 기회 균등 원칙을 준수한다.
셋째, 러시아 제국 정부는 청국 정부의 승인을 얻어 랴오둥 반도(뤼순, 다롄) 조차권, 창춘-뤼순 간의 철도, 그 지선, 그리고 이와 관련된 모든 권리와 특권을 일본 제국에 양도한다.
넷째, 양국은 만주의 철도들을 비군사적인 목적으로 경영한다. 단 랴오둥 반도 지역은 예외로 한다.
다섯째, 일본 제국이 배상금을 청구하지 않는 대신, 북위 50° 이남의 사할린 섬, 그 부속도서를 일본 제국에 할양한다. 그러나 이 지역은 비무장 지역으로 하며, 소오야(宗谷), 타타르 해협의 자유 항행을 보장한다.
여섯째, 동해·오호츠크 해·베링 해의 러시아 제국령 연안의 어업권을 일본인에게 허용한다.

제2차 한·일 협약(을사늑약) p.297

제1조 일본국 정부는 동경에 있는 외무성을 경유하여 금후에 한국의 외국에 대하는 관계 및 사무를 감리·지휘함을 가하고, 일본국의 외교 대표자 및 영사는 외국에 거주하는 한국의 신민 및 이익을 보호함이 가함.
제2조 일본국 정부는 한국과 타국 간에 현존하는 조약의 실행을 완수하는 임무를 담당하고 한국 정부는 금후에 일본국 정부의 중개를 경유치 않고서 국제적 성질을 가진 하등의 조약이나 또는 약속을 하지 않기를 서로 약속함.
제3조 일본국 정부는 그 대표자로 하여금 한국 황제 폐하의 궐하에 1명의 통감을 두되, 통감은 외교에 관한 사항을 관리하기 위하여 경성에 주재하고, 친히 한국 황제 폐하에게 알현하는 권리를 가짐.

을사늑약의 부당함 p.297

이토는 군대를 인솔하여 입궐하였다. 총포와 창검을 궁전에 빽빽하게 늘어 세우고 여러 대신들과 협의하였다. 참정대신 한규설이 극력 반대하니 이토는 헌병에게 명해 그를 별실에 가두었다. …… 이토가 말하였다. "참정대신은 반대하였으나 여러 대신들이 좋다 하였으니 이 안은 결정된 것이오."라고 하며 외부대신 도장을 빼앗아 조약에 날인하였다.

- 박은식, 『한국독립운동지혈사』 -

조병세의 상소

천하(국가)라는 것은 천하 사람들의 것이지 한 개인이나 한 집안의 사적인 소유물이 아닙니다. 그러므로 나라에 중대한 일이 생기면 존엄한 임금도 위에서 독단하지 못하고 …… 그런데 한두 신하들이 폐하의 뜻을 받들지도 않고 …… 나라를 남에게 넘겨준단 말입니까?

- 『고종실록』 -

민영환의 유서

오호라, 나라의 수치와 백성의 욕됨이 바로 여기에 이르렀으니, 생존경쟁이 심한 이 세상에 우리 민족의 운명이 장차 어찌 될 것인가. 살기를 원하는 사람은 반드시 죽고, 죽기를 맹세하는 사람은 살아 나갈 수 있으니 이는 여러분이 잘 알 것이다.…… 영환은 다만 한번 죽음으로써 황은에 보답하고 그리하여 우리 이천만 동포 형제에게 사죄하려 하노라. …… 바라건대 우리 동포 형제들은 더욱더 분발하고 힘을 써서 그대들의 뜻과 기개를 굳건히 하여 학문에 힘쓰고, 마음으로 단결하고 힘을 합쳐서 우리의 자유 독립을 회복한다면, 죽은 자는 마땅히 저 어두운 저세상에서 기뻐 웃을 것이다.

- 『대한매일신보』, 1905. 12. 1. -

루스벨트 미국 대통령에게 보낸 고종 황제의 친서(1905. 10.)

1883년 이래로 아메리카 합중국과 한국은 우호 통상 조약 관계를 유지해오고 있습니다. …… 이제 일본은 1904년에 체결한 협정에서 서약한 바를 정면으로 위배하는 우리나라에 대한 보호정치를 선언하고 …… 나는 귀하가 지금까지 귀하의 생애의 특성인 아량과 냉철한 판단력으로 이 문제를 심사숙고해 주기를 바라며, 귀하는 언행이 일치되도록 우리를 도울 수 있는 바가 무엇인가를 깊이 성찰해 주기를 바랍니다.

장지연의 '시일야방성대곡'

지난날 이등 후작(伊藤侯爵)이 한국에 옴에 어리석은 우리 국민이 …… 크게 환영하였더니, 세상 일이 예측하기 어려운 일이 많도다. 천만 뜻밖에 5조약이 어디에서 비롯되었는가. …… 그러나 우리 대황제 폐하께서 강경하신 성의(聖意)로 거절함을 마다하지 않으셨으니 이 조약이 성립되지 못함을, 이등 후작이 알고 스스로 파기해야 할 바이다. 그러하거늘 저 개, 돼지만도 못한 우리 정부의 소위 대신된 자들이 영리를 바라고 덧없는 위협에 겁을 먹어, 놀랍게도 매국의 도적이 되어 4천 년 강토와 5백 년 사직을 다른 나라에 갖다 바치고 2천만 국민을 타국인의 노예로 만드니 …… 아! 원통하고 분하도다. 우리 이천 만 남의 노예가 된 동포여! 살았는가, 죽었는가. 단군과 기자 이래 사천 년 국민정신이 하룻밤 사이에 홀연히 멸망하고 마는 것인가. 원통하고 원통하다! 동포여! 동포여!

- 『황성신문』, 1905. 11. 20. -

한·일 신협약(정미 7조약)

일본 정부와 한국 정부는 속히 한국의 부강을 도모하고 한국민의 행복을 증진하고자 하는 목적으로 다음 조관을 약정함(요약)
제1조 한국 정부는 시정 개선에 관하여 통감의 지도를 받을 것.
제2조 한국 정부의 법령 제정 및 중요한 행정상의 처분은 미리 통감의 승인을 거칠 것.
제3조 한국의 사법 사무는 보통 행정 사무와 이를 구분할 것.

제4조 한국 고등 관리의 임면은 통감의 동의로써 이를 행할 것.
제5조 한국 정부는 통감이 추천하는 일본인을 한국 관리에 임명할 것.
제6조 한국 정부는 통감의 동의 없이 외국인을 한국 관리에 임명하지 말 것.

한·일 신협약 부수 비밀 각서   p.297

제1. 한·일 양국인으로 조직한 재판소를 신설함.
제2. 감옥을 신설함.
제3. 다음 방법에 의하여 군비를 정리함.
   1. 육군 1대대를 존치하여 황궁 수위를 담당케 하고 기타를 해대할 것.
           ……
제5. 중앙 정부 및 지방청에 일본인을 다음의 한국 관리로 임명함.
   1. 각 부 차관
   1. 내부 경무

일본인 차관 채용   p.297

조령(詔令)을 내리기를, "학부 차관 다와라 마고이치는 학교 정사에 참여하여 이미 능력을 시험해 보았으니 특별히 훈(勳) 2등에 서훈하고, 학부 사무관 우에무라 마사키도 부지런히 사무를 보았으므로 특별히 훈 4등에 서훈하고 각각 태극장(太極章)을 하사하라. 이사청 이사관 가메야마 리헤타는 공로를 기록할 만하므로 특별히 훈 2등에 서훈하고 팔괘장(八卦章)을 하사하라." 하였다.

보안법   p.297

제1조 내부대신은 안녕 질서를 지키기 위해 필요한 경우에 결사의 해산을 명할 수 있다.
제2조 경찰관은 안녕질서를 지키기 위해 필요한 경우에 집회 또는 다중의 운동 또는 군집을 제한 금지하거나 해산시킬 수 있다.
제5조 내부대신은 정치에 관하여 불온한 동작을 행할 우려가 있다고 인정되는 자에게 그 거주 장소로부터 퇴거를 명하거나 1년 이내의 기간 동안 특정한 지역에의 출입 금지를 명할 수 있다.
제7조 정치에 관하여 불온한 언어 동작을 하거나 타인을 선동 교사 또는 이용하거나 타인의 행위에 간섭 함으로써 치안을 방해하는 자는 50대 이상의 태형과 10개월 이하의 금옥 또는 2개년 이하의 징역에 처한다.

'병합'이라는 표현의 이유   p.297

'합병'이라는 문자는 적절하지 않다. 그렇다고 해서 '병탄'이라는 용어는 침략적이어서 사용할 수 없었다. 여러 가지로 고심한 결과 나는 지금까지 사용된 적이 없는 '병합'이라는 문자를 새롭게 고안해 냈다. 이것이라면 다른 영토를 제국 영토의 일부로 삼는다는 의미가 '합병'보다 강하다.
                - 일본 외무성 정무 국장 구라치 데쓰키치, 『한국 병합의 경위』 -

한국 병합 처리 방안   p.297

제1 국가 명칭의 건(칙령) 한국을 개정하여 조선으로 한다.
제2 조선인의 국법상 지위 조선인은 특별히 법령 또는 조약으로 달리 취급하도록 정한 경우 이외

에는 모두 내지인과 동일한 지위를 갖는다. 간도 재주자에 대해서는 전항의 조약 결과로 현재와 똑같은 지위를 지닌 것으로 간주한다. 외국에 귀화해서 현재 이중 국적을 지닌 자에 대해서는 추후에 국적법을 조선에 시행할 때까지 우리나라의 이해관계에 따라 일본 신민으로 간주한다.

- 『한국 병합 처리 방안』, 1910. 7. -

한·일 병합 조약(경술국치) p.297

일본국 황제 폐하 및 한국 황제 폐하는 양국 간에 특수하고도 친밀한 관계를 고려하여 상호의 행복을 증진하며 동양 평화를 영구히 확보하고자 하며 이 목적을 달성하기 위하여 한국을 일본제국에 병합함이 선책이라고 확신하고 …… 아래의 조항을 협정하였다.
제1조 한국 황제 폐하는 한국 전부에 관한 모든 통치권을 완전 또는 영구히 일본 황제 폐하에게 양여한다.
제2조 일본국 황제 폐하는 전조에 기재한 양여를 수락하고 완전히 한국을 일본 제국에 병합함을 승낙한다.
제3조 일본국 황제 폐하는 한국 황제 폐하·황태자 전하 및 그 후비와 후예가 각기의 지위에 적응하여 상당한 존칭 위엄 및 명예를 향유하게 하며 또 이것을 유지하는 데 충분한 세비를 공급할 것을 약속한다.
제5조 일본국 황제 폐하는 훈공 있는 한국인으로서 특히 표창에 적당하다고 인정된 자에게 영작을 수여하고 또 은급을 부여한다.

한국 병합 조약에 대한 인식 p.297

• 1910년 8월 이른바 합방 조약을 공포한 날 저녁, 통감 데라우치 마사타케는 술을 마시며 이렇게 외쳤다. "도요토미 히데요시(豊臣秀吉)도 이루지 못한 일을 내가 해냈다. 가토(加藤淸正)나 고니시(小西行長)가 세상에 살아있다면, 오늘밤 떠오르는 달을 어떻게 보았을꼬."

- 『역사로 보는 일본과 한국·조선』 -

• 조약문 자체에서는 형식적인 문제는 없다. 한·일 병합 조약에는 위임장, 조약문, 황제의 조칙 등 형식적인 문서들이 갖추어져 있어 합법적이라고 볼 수 있다. 일본의 조선 지배는 국제적으로 승인된 식민지다. 당시 제국주의 국가들은 분쟁의 해결 수단으로 식민지를 정당화하고 있었다.

- 운노 후쿠쥬, 『한국 병합사의 연구』(2000) -

• 통상적으로 조약이 성립되기 위해서는 위임, 조인, 비준의 3단계를 거쳐야 하는데, 이 조약은 세 절차 중 어느 것 하나도 거치지 않았다.……한국 병합 조약은 순종의 재가를 받거나 서명을 받지 않은 불법적인 것임이 분명하다.

- 이태진, '일본의 대한제국 국권침탈과 조약 강제', 『한국사시민강좌』(1996) -

순종 황제의 유조(遺詔) p.297

한 목숨을 겨우 보존한 짐은 병합 인준의 사건을 파기하기 위하여 조칙하노니, 지난날의 병합 인준은 강 린 일본이 역신의 무리와 제멋대로 하여 제멋대로 선포한 것이며 다 나의 한 바가 아니다. …… 여러분이여, 노력하여 광복하라. 짐의 혼백이 명명한 가운데 여러분을 도우리라.

- 『신한민보』, 1926. 7. 18. -

황현의 절명시　　　　　　　　　　　　　　　　　　　p.297

새와 짐승도 슬피 울고 산과 바다도 고통에 못 이겨 찡그리는데
무궁화 삼천리 금수강산은 이미 가라앉아 버렸네
가을밤 등불 밑에 책을 덮고 천고를 회상하니
인간으로 태어나 선비 노릇하기 참으로 어렵구나.

> 황현은 1910년 8월 29일 일본이 대한제국을 강제로 병탄하자 자결하며 이 시를 남겼다. 이 시에는 어두운 시대에 식자층으로서 느끼는 황현의 아픔이 잘 나타나 있다.

2 국권 회복 운동

의병 투쟁　　　　　　　　　　　　　　　　　　　　p.298

전술을 알지 못하는 유생이나 무기도 없는 농민이 순국을 각오하고 맨손과 맨주먹으로 적과 싸워 뼈를 들판에 파묻을지언정 조금도 후회하지 않았으니, 이것이야말로 오랜 역사적 전통 가운데 배양된 민족정신의 발로였다.

　　　　　　　　　　　　　　　　　　　　- 박은식, 『한국독립운동지혈사』 -

유인석의 창의문　　　　　　　　　　　　　　　　　p.298

• 격문을 띄워 팔도의 여러 마을에 고하노라. 아! 우리 팔도 동포는 차마 망해가는 나라를 버려둘 것인가. 제 할아버지 제 아버지가 나라 없는 백성이 아니었거늘 내 나라 내 집을 위하여 어찌 한두 사람의 의사도 없단 말인가 …… 지금 당당한 이 나라를 어찌 소일본(小日本)이 되게 한단 말인가! …… 국모의 원수도 통탄하고 있는데, 부모로부터 받은 머리카락마저 자르게 하다니 이 무슨 변고란 말인가. …… 나는 오랑캐로 변화된 자가 세상에 서면 안 된다고 생각한다. …… 멸망을 앉아서 기다릴진대 싸워 보는 것만 같지 못하노라.

　　　　　　　　　　　　　　　　　　- 『격고팔도열읍』(1895. 12.) -

• 적을 토벌하여 복수하는 것으로 말씀드린다면 우리 전하의 적개심을 풀어드리며 왕후의 영혼을 거의 위로해 드리게 될 것입니다. …… 존화양이(尊華攘夷)로 말씀드린다면 우리 국가의 옛 법도를 따르게 되어서 도도히 흐르는 광란으로 이미 엎어진 것을 거의 회복하게 될 것입니다.

　　　　　　　　　　　　　　　　　　　　　　　- 『의암집』 -

이소응의 창의문　　　　　　　　　　　　　　　　　p.298

오늘날 왜노(倭奴)가 창궐하고 국내의 적신(賊臣)들이 그들에게 몰래 붙어 국모를 시해하며 군부의 머리를 강제로 자르고 백성을 구박하여 견양(犬羊)의 처지로 몰아넣었고 요순공주(堯舜孔朱)의 도를 땅을 청소하듯이 진멸하려 한다. …… 의병이 이르는 곳의 각영각읍(各營各邑)의 장으로서 시의(時宜)를 관망하며 곧 호응하지 않는 자 및 적 편에 붙어서 군정을 저훼하는 자가 있으면, 이는 모두 이적금수(夷狄禽獸)의 앞잡이요 난신적자(亂臣賊子)의 도당이니 단연 군법을 시행하여 먼저 베고 후에 보고할 것이다.

　　　　　　　　　　　　　　　　　　　- 『익재집(習齋集)』 -

을미 의병에 대한 정부의 대응　　　　　　　　　　p.298

유인석은 경기도에서, 주용규는 호서에서, 권세연은 안동에서, 노응규와 정한용은 진주에서 각기 일어나니 원근이 서로 호응하였다. 내부대신 유길준은 경군을 보내서 치게 하였다. 유인석은 ……

기백과 정의감이 투철하였다. 낙동강 좌우에 있는 수십 군이 봉기하여 …… 수령 중 단발을 했던 자들이 가끔 살해당하였다.

- 『매천야록』 -

의병장 이세영의 재판 진술   p.298

저는 을미년 8월에 극악한 변고가 있은 후에 김복한, 이설 등과 함께 복수할 것을 공모하고 홍주에서 의병을 일으킬 것을 제창하였는데, 공교롭게도 이승우의 번복으로 마침내 뜻을 이루지 못하고 말았습니다. 지난해 10월 늑약(勒約)의 일로 치욕과 분한 생각을 누를 길 없어 즉시 세상 모르게 죽어 버리려고 하였습니다. 금년 4월에 민종식과 함께 의병을 일으켜 홍주성에 들어가 차지하였습니다. 그러나 의병들의 식량이 얼마 준비되지 못하였고, 한편 고립된 성에 외부의 지원병이 없었기 때문에 마침내 실패하고 집에 돌아가 명령을 기다리다가 공주진 부대의 군사에게 붙잡혔습니다.

- 『고종실록』 -

여성 의병장, 윤희순   p.298

아무리 왜놈들이 강성한들 우리들도 뭉쳐지면, 왜놈 잡기 쉬울세라.
아무리 여자인들 나라 사랑 모를 소냐. 남녀가 유별한들 나라 없이 소용 있나.
우리도 의병 하러 나가보세. 의병대를 도와주세. ……
우리나라 성공하면 우리나라 만세로다. 우리 안사람 만만세로다.

- '안사람 의병가'(1896) -

의병 해산 조칙   p.298

이번에 너희들이 의병을 일으킨 것은 어찌 다른 뜻이 있어서였겠는가? …… 나라를 어지럽힌 무리는 처단당하고 남은 수괴들은 이미 다 귀양 갔으니 …… 너희들 백성들은 …… 지금의 형세를 헤아리고 짐의 고충을 살피어 즉시 서로 이끌고 물러가서 원래의 생업에 안착하라.

- 『고종실록』 -

고종의 의병 해산 권유에 대한 의병장의 개탄   p.298

선비와는 함께 일을 할 수 없구나. 장수가 밖에 있을 때에는 임금의 명령도 받지 아니하는 수가 있거늘, 이는 적의 협박을 받은 것으로 우리 임금의 본심이 아님에랴. 이 군사가 한번 파하면 우리 무리는 모두 왜놈이 될 뿐이다.

- 기삼연이 의병 해산을 선언한 기우만의 행동을 개탄하면서 한 말 -

영학당의 격문   p.298

대저 우리들의 큰일은 모두 보국안민에 뜻이 있다. 지금 왜양이 함께 우리나라를 침략하여 예의와 염치가 훼손됨이 날로 심하여 달마다 달라지고 해마다 달라진다고 할 수 있다. 고로 분하고 답답함을 참지 못하고 항의하려는 것이다. 관에서는 마음속으로 우리를 옳지 않은 것으로 여기고, 백성들은 수군거리며 우리들에게 보국안민의 뜻이 없는 것으로 여기고 있으니 이 어찌 한심하지 않으리오.

- 『황성신문』, 1899. 6. 22. -

활빈당의 활동 p.298

나이 많고 가난한 사람에게 먼저 나누어 주니 빈민이 그 덕을 기려 세운 목비가 숲을 이루었다.
- 『속음청사』

활빈당의 대한사민논설 13조목(1900) p.298

1. 요순의 법을 행할 것.
2. 선왕의 복제를 본받을 것.
3. 상하가 원망 없는 정법을 행할 것.
4. 나라의 흥인을 꾀할 것.
5. 방곡을 실시하여 구민법을 채용할 것.
6. 시장에 외국 상인의 출입을 엄금시킬 것.
7. 행상에 징세하는 폐해를 제거할 것.
8. 금광의 채굴을 엄금할 것.
9. 사전을 혁파하고 균전법을 시행할 것.
10. 곡가를 낮추어 안정시킬 것.
11. 악형의 제 법을 혁파할 것.
12. 소 도살을 엄금할 것.
13. 철도 부설권을 허락하지 말 것.

활빈당은 을미의병에 가담했던 동학 농민군의 잔여 세력이 주축이 되고 행상, 유민, 노동자 등이 가담한 무장 농민 집단이다. 광산과 철도가 토지 황폐화의 주범이라 인식하여 이들 이권 양여에 대해 격하게 저항하였고, 토지 개혁과 방곡 실시 등을 주장하였다.

최익현의 격문 p.298

오호라. …… 오랑캐의 전란이 어느 나라에 없었으리오마는 어디에 오늘날의 왜적같은 자가 있는가. …… 을사년 10월에 저들이 한 행위는 만고에 일찍이 없었던 일로서, 억으로 한 조각의 종이에 조인하여 5백년 전해오던 종묘사직이 드디어 하룻밤 사이에 망하였으니 …… 우리나라를 통째로 원수에게 준 역적 이지용은 실로 우리나라 만대의 원수요, 제 임금을 죽이고 남의 임금을 범한 이토 히로부미는 마땅히 천하의 여러 나라가 함께 토벌해야 할 것이다. 이에 격문을 돌리니 도와 일어나라.
- 『일성록』 -

을사의병 p.298

을미년의 거사는 국가의 원수를 갚는 것을 의(義)로 삼았으나, 금년의 거사는 국권 회복을 명분으로 삼는다.
- 『대한매일신보』, 1906. 5. 30. -

매켄지가 본 의병 p.298

• 내 앞에 있는 사람 중 셋은 날품팔이 노동자였다. 오른쪽에 서 있는 영리하게 보이는 젊은이는 분명히 부사관으로서 행동하고 있었고, 그는 자기 전우들에게 군인으로서의 거동을 훈련하려고 최대한의 노력을 기울이고 있었다.
- 『조선의 비극』 -

• "언제 전투를 했니까?", "오늘 아침에 저 아랫마을에서 전투가 있었습니다.", "일본을 이길 수 있다고 생각합니까?", "이기기 힘들다는 것은 알고 있습니다. 우리는 어차피 싸우다 죽게 되겠지요. 일본의 노예가 되어 사느니 자유민으로 싸우다 죽는 것이 훨씬 낫습니다."
- 『자유를 위한 한국의 투쟁』 -

13도 창의군

군사장은 미리 군비를 신속히 정돈하여 철통과 같이 함에 한 방울의 물도 샐 틈이 없는지라. …… 3백 명을 인솔하고 선두에 서서 동대문 밖 삼십 리 되는 곳에 나아가 전군이 모이기를 기다려 일거에 서울을 공격하여 돌아오기로 계획하더니, 전군이 모이는 시기가 어긋나고 일본군이 갑자기 진박하는지라.

대한 관동 창의대장 이인영의 격문

동포들이여! 우리는 함께 뭉쳐 조국을 위해 헌신하여 독립을 되찾아야 한다. 우리는 야만 일본 제국의 잘못과 광란에 대해 전 세계에 호소해야 한다. 간교하고 잔인한 일본 제국주의자들은 인류의 적이요, 진보의 적이다.

허위가 통감부에 제출한 요구 사항

1. 태황제를 복위시켜라.
2. 외교권을 돌려달라.
3. 통감부를 철거하라.
4. 일본인을 관리에 임명치 말라.
5. 정부 조직의 자유를 회복하라.
12. 내지의 산림, 금·은·동광을 침해하지 말라.
16. 교육권의 자유를 회복하라.
18. 군용지를 돌려달라.
20. 철도를 되돌려 주고 돌아가라.
23. 일본인들의 상업을 제한하라.
28. 일본의 은행권을 사용하지 말라.

이강년의 격문

왜적이 국권을 임의로 조종하여 황제를 양위할 꾀가 결정되었고, 흉악한 칼날로 위협하여 임금을 섬나라로 납치할 것을 음모하였다. 조약을 강제로 체결하여 우리나라를 빼앗았고, 반사문(頒赦文)을 내려 우리 입을 막았다. 머리를 깎이고 의관을 바꾸니 나라의 풍속은 오랑캐로 변하였고, 국모를 시해하고 임금을 협박하니 갑오·을미의 원수를 아직도 갚지 못하였다.

- 『운강 선생 창의 목록』 -

노희태의 격문

7월 이후로 황제의 자리까지 빼앗아 이를 선위라 거짓으로 말하고 안으로 10부의 대신과 밖으로 팔도 수령을 일진회로 메워 임용하고 …… 미관말직까지도 일본인이 차지하여 아무도 손대지 못하게 하여, 백성이 발 디딜 곳이 없어졌으므로 팔도의 의사가 아무 모의함도 없이 뜻을 같이하니 민심이 곧 하늘의 뜻인 것이다.

채응언의 격문

어찌 편안히 앉아 이 나라를 좀먹는 간사한 도적과 강토를 잠식해 들어오는 외적을 그대로 두고 볼 것인가? …… 우리 이천만 동포는 한때의 고난을 꺼리지 말고, 마음과 힘을 뭉쳐 수십 년 골수에 맺힌 원수를 갚고 삼천리 강토를 회복해야 한다. …… 나가 싸워 원수를 갚지 않고 적에게 모욕을 받을 수 없다.

- 채응언, 『보국 창의문』(1908. 5.) -

호남 의병의 활동   p.299

그들(의병)의 행동은 극히 교묘하여 백주에는 양민으로 가장하고 공공연히 군청 소재지를 배회하면서 관서의 동정을 정찰하고, …… 혹은 허점을 틈타 습격을 하는 등 그들의 행동을 미리 헤아릴 수가 없었다. 또 (일본) 순사 주재소는 거의 전부가 습격을 당하였고, …… 다년간의 사업 경영을 포기하고 그 근거지로 퇴각하여야 하게끔 되었다.

- '일본 조선 주차군 사령부의 의병 탄압 기록' -

남한 대토벌 작전   p.299

• 폭도(의병)는 전년(1908) 7월부터 금년 6월에 이르는 1년 동안 대략 3천 명에 육박하였다. 그들의 행동은 시간이 지남에 따라 더욱더 교묘해졌다. 첩보 근무 및 경계법 등은 놀랄 만큼 진보되고 행동도 더욱 민첩하여 때로는 우리 일본 토벌대를 우롱하는 태도로 나올 때도 있다. 세력이 작아졌지만 결코 가볍게 볼 수 없다. 과연 어느 때 완전 평정이 되느냐 하는 점에 대해 우려하게 되었다.

- 『조선 폭도 토벌지』 -

• 왜인들이 길을 나누어 호남 의병을 수색하면서 …… 사방을 그물 치듯이 해놓고 순사를 파견하여 마을을 수색하였다. 집집마다 빗질하듯이 뒤져서 조금이라도 혐의가 있으면 즉시 살육하기 때문에 행인들이 스스로 없어지고 이웃 마을끼리도 통행이 불가능하였다. 의병들은 삼삼오오 사방으로 흩어졌으나 숨을 곳이 없기 때문에 강한 자는 앞으로 돌진해서 싸우다가 죽고, 약한 자는 달아나다가 칼을 맞았다. 점차 쫓기어서 강진·해남에 이르니 달아날 곳이 없어 죽은 자가 수천 명에 이르렀다.

- 『매천야록』 -

의병장의 한계   p.299

• 1895년 3월, 충주성 부근의 청룡촌 싸움에서 패배한 뒤, 선봉장 김백선이 그 책임 문제를 가지고 작전 약속을 지키지 않은 중군장 안승(양반 유생 출신)에게 따지자, 유인석은 일개 포군이 감히 양반에게 무례하게 대든 불경죄를 저질렀다고 하며 김백선을 참살하였다.

• "그들이 왜(倭)라면 마땅히 한번 결전을 벌여 보겠지만 왜가 아니고 관군이라면 이것은 우리가 우리를 치는 것이니 어찌 차마 할 수 있겠는가."

- 최익현 -

• 13도 창의군이 성립될 당시 각도 의병장을 선정하고 부대를 재편하는 가운데, 평민 의병장이었던 홍범도, 신돌석, 김수민 등이 제외되었다.

• "나라에 대한 불충은 어버이에 대한 불효요, 어버이에 대한 불효는 나라에 대한 불충이다. 그러므로 나는 3년 상을 치른 뒤 다시 의병을 일으켜 일본을 소탕하고 대한(大韓)을 회복하겠다."

- 이인영 -

의병에 대한 비판   p.299

• 근래 소위 의병의 무리는 모두 나라에 화를 입히는 싹이요, 민에게 해를 끼치는 독이라. 공허한 의(義)를 빙자하여 불량한 난폭함을 드러낼 뿐이니 불쌍하지 않은가? ……. 지금 세상이 어떤 세상이며, 지금 때가 어느 때인가? 전날 폐쇄해 지키던 시대 아니오, 우리 국민이 죄를 뉘우치며 우매함을 각성하고 분발하여 개명(開明)의 걸음으로 나아간 이후에야 만회할 날이 있으리니 …….

- 『황성신문』, 1906. 5. 29. -

- 실로 충의의 마음이 격렬하게 일어나 의병으로 나선 사람도 있는 동시에, 저 교활한 도적들과 지난날의 부랑아나 파락호의 못된 무리가 때가 왔다고 하면서 의병이라 일컫는 경우 또한 적지 않을 것이다. …… 군들의 오늘 이러한 행동이 …… 실은 도리어 동포를 해치고 조국을 상하게 할 뿐이요, 털끝만치도 실효가 없을지니 …… 금일 의병 제군을 위해 충고함은 다른 것이 아니라 애국하는 마음에서 나옴이니 제군은 깊이 생각하라. 만약 단호한 충의의 열정을 참을 수 없고, 진실한 마음으로 국권을 만회하고자 한다면, 눈앞의 치욕을 참고 국가의 원대한 계획을 생각해 일체의 무기를 버리고 각자 고향으로 돌아가서, 농사꾼은 농사를 열심히 하고 장인들은 공업에 힘써서, 각기 산업에 종사하여 재산을 축적하고 자식을 교육하여 지성을 계발하며 실력을 양성하면 다른 날에 독립을 회복할 기회를 자연히 기대할 수 있을 것이니, 이것이 실로 금일 우리들이 마땅히 해야 할 정당한 의무요 또 고금의 역사를 살펴봐도 그러한 것이다. 어찌 우리가 억지로 의병을 나무라는 것이겠는가?

- '의병 제군에게 경고', 『황성신문』, 1907. 9. 25. -

안중근 공판 내용   p.299

검사: 범행 동기가 무엇인가?
안중근: 나는 일본 재판소에서 재판받을 의무가 없다는 것을 먼저 말하겠다. 나는 의병의 참모장으로 독립 전쟁을 하는 중이고, 그 일환으로 이토를 죽였다. 따라서 나는 형사범이 아니라 전쟁 포로이다.

'내가 이토를 쏜 이유'   p.299

1. 명성 황후를 시해한 죄요. 2. 한국 황제를 폐위한 죄요. 3. 5조약과 7조약을 강제로 체결한 죄요. 4. 무고한 한국인들을 학살한 죄요. 5. 정권을 강제로 빼앗은 죄요. 6. 철도, 광산, 산림, 천택을 강제로 빼앗은 죄요. 7. 제일 은행권 지폐를 강제로 사용한 죄요. 8. 군대를 해산한 죄요. 9. 교육을 방해한 죄요. 10. 한국인들의 외국 유학을 금지한 죄요. 11. 교과서를 압수하여 불태워 버린 죄요. 12. 한국인이 일본인의 보호를 받고자 한다고 세계에 거짓말을 퍼뜨린 죄요. ……

- 안중근, 『안응칠 역사』 -

전(傳) 옥중의 안중근에게 보낸 어머니의 편지   p.299

네가 만일 늙은 어미보다 먼저 죽은 것을 불효라 생각한다면,
이 어미는 웃음거리가 될 것이다.
너의 죽음은 너 한 사람 것이 아니라
조선인 전체의 공분을 짊어지고 있는 것이다.
네가 항소를 한다면 그것은 일제에 목숨을 구걸하는 짓이다.
네가 나라를 위해 이에 이른 즉
딴 맘먹지 말고 죽으라.
옳은 일 하고 받은 형이니
비겁하게 삶을 구걸하지 말고
대의에 죽는 것이 어미에 대한 효도이다.
어미는 현세에서 너와 재회하기를 기대치 않으니
다음 세상에는 반드시 선량한 천부의 아들이 되어 이 세상에 나오너라.

안중근 의사의 동양평화론　　　　　　　　　　　　　　　　　　p.299

러·일 전쟁을 일으킬 때 일본 황제의 선전 포고문에 "동양 평화를 유지하고 대한 독립을 공고히 한다." 운운했으니, 이 같은 대의가 청천백일의 빛보다 더 환하였기 때문에 한·청 인사들은 지혜로운 사람이나 어리석은 사람을 물론하고 한 몸과 한마음으로 오직 감화하고 복종했음이 그 하나이다. 오늘날 서양 세력이 동양으로 점차 밀려오는 환난을 동양 인종이 일치단결해서 온 힘을 다하여 방어해야 하는 것이 제일 상책임은 어린아이일지라도 익히 아는 바인데, 무슨 까닭으로 일본은 이러한 순리의 형세를 돌아보지 않고 같은 인종인 이웃 나라를 약탈하고 우의를 끊어, 스스로 도요새가 조개를 쪼으려다 부리를 물리는 형세를 만들어 둘 다 잡히어 어부를 기다리는 듯 하는가. …… 오늘날 세계는 동서로 갈라져 있고 인종도 각각 달라 서로 경쟁하고 있다. …… 청년들을 훈련시켜 전쟁터로 내몰아 많은 귀중한 생명이 희생당하는 일이 날마다 그치지 않고 일어나고 있다. …… '동양평화'와 '한국 독립'에 대한 문제는 이미 세계 모든 나라 사람들이 다 아는 사실이며 당연한 일로 굳게 믿었고, 한국과 청나라 사람들의 마음에 깊게 새겨졌다. …… 만일 일본이 지금의 정책을 바꾸지 않고 이웃 나라들을 날로 억누른다면, 차라리 다른 인종에게 망할지언정 같은 인종에게 욕을 당하지는 않겠다는 생각이 한국과 청나라 사람들의 마음에서 용솟음쳐서 …… 동양 평화를 위한 의로운 싸움을 하얼빈에서 시작하고, 옳고 그름을 가리는 자리는 뤼순으로 정했다.

- 동양평화론 -

손진태의 '애국 계몽 운동' 정의　　　　　　　　　　　　　　　p.300

애국 계몽 운동이란 을사늑약 이후 사립학교를 창설하고 학회를 조직하고 종교 단체를 창립하여 신학문을 교수하고 정치사상을 선전하고 민족정신을 고취하여 전 민족을 일단의 대 세력으로 하여 완전한 독립을 전취하고자 하였던 운동을 말한다.

- 『국사대요』 -

보안회 운영 요강　　　　　　　　　　　　　　　　　　　　　　p.300

1. 전국의 산림, 천택, 원야, 진황의 토지를 청구한 일을 모여서 같이 타상妥傷할 것.
2. 회원의 언권은 다만 위 항의 문제를 타정하는 것으로만 할 것.
3. 회를 폐하는 기한은 위 항의 문제가 귀결되는 그날로 정할 것.
4. 위 항의 문제는 국제 교섭에 위배되니, (문제를) 일으킨 정부 대신의 탄핵은 회원의 법사 法司에 부쳐 죄를 받게 할 것.

- 『황성신문』, 1904. 7. 16. -

보안회가 전국에 게시한 고시문　　　　　　　　　　　　　　　p.300

만국 공법 제2장에 따르면 "한 나라는 반드시 국토를 독점적으로 관할하여 통제하고 운영할 수 있는 권리를 가진다. 따라서 국가는 토지, 물산, 민간 재산 등을 관리할 권한을 가지며, 다른 나라들이 이 권리를 함께 가질 수 없다. …… 이는 한 나라가 공유하는 권리이지 한 사람이 사유하는 권리가 아니므로 국가가 함부로 그 권리를 포기할 수 없다."라고 하였습니다.

- 『황성신문』, 1904. 7. 20. -

보안회가 일본의 황무지 개간권 요구의 부당성을 알리고자 게재한 고시문이다. 만국 공법의 논리로 일본의 국권 침탈을 비판하고 있다.

[사료의 정석] 史師 **사료한국사**

헌정연구회 강령　　　　　　　　　　　　　　　　　　　　　　　p.300
1. 제왕의 권위는 헌법에 정해진 바에 따라 존중할 것.
2. 정부의 명령은 법률 규칙에 정해진 바에 따라 복종할 것.
3. 국민의 권리는 법률에 정해진 바에 따라 자유로이 행사할 것.

대한 자강회 설립 취지문　　　　　　　　　　　　　　　　　　　p.301
무릇 우리나라의 독립은 오직 자강의 여하에 있을 따름이다. …… 자강의 방법은 다름 아니라 교육을 진 작함과 식산 흥업에 있다. 무릇 교육이 일어나지 못하면 민중의 슬기가 열리지 못하고 산업이 발전하지 못하면 국부가 증가하지 못한다. 그러한즉 민중의 슬기를 계발하고 국력을 기르는 길은 무엇보다도 교육과 산업의 발달에 있지 않겠는가. 이는 교육과 산업의 발달이 하나뿐인 자강의 방법임을 알려 주는 것이다.

신민회 설립 취지문　　　　　　　　　　　　　　　　　　　　　p.301
신민회는 무엇을 위하여 일어남이뇨? 민습의 완고 부패에 신사상이 시급하며, 민습의 우매에 신교육이 시급하며, 열심의 냉각에 신제창이 시급하며, …… 문화의 쇠퇴에 신학술이 시급하며, 실업의 초췌에 신모범이 시급하며, 정치의 부패에 신개혁이 시급이라, 천만 가지 일에 新을 기다리지 않는 것이 없도다. …… 무릇 대한인은 내외를 막론하고 통일 연합으로써 그 진로를 정하고 독립 자유로써 그 목적을 세움이니 …… 오직 신정신을 불러 깨우쳐서 신단체를 조직한 후에 신국가를 건설할 뿐이다.

> 1907년 비밀 결사로 조직된 신민회는 서간도에 삼원보라는 기지를 건설하고 독립군 양성을 위해 무관 학교를 설립하였다.

신민회의 목적　　　　　　　　　　　　　　　　　　　　　　　p.301
• 우리의 목적은 우리 한국의 부패한 사상과 습관을 혁신하고 국민을 새롭게 하며, 쇠퇴한 교육과 산업을 개량하고 사업을 혁신하게 하여, 새로운 자유 문명국을 성립하게 함에 있다.
　　　　　　　　　　　　　　　　　　　　　　- 안창호, 「대한 신민회 통용 장정」 -
• 신민회의 목적은 한국의 부패한 사상과 습관을 혁신하여 국민을 유신케 하며, 쇠퇴한 발육과 산업을 개량하여 사업을 유신케 하며, 유신한 국민이 통일 연합하여 유신한 자유 문명국을 설립케 한다고 말하는 것으로서, 그 깊은 뜻은 열국 보호 아래 공화정체의 독립국으로 함에 목적이 있다고 함.
　　　　　　　　　　　　　　- 『주한 일본 공사관 기록』, 일본 헌병대 기밀 보고(1909) -

신민회 목적의 실행 방법　　　　　　　　　　　　　　　　　　　p.301
• 신문 잡지와 서적을 간행하여 인민의 지식을 계발하게 할 것.
• 학교를 건설하여 인재를 양성할 것.
• 실업장을 설립하여 실업계의 모범을 만들 것.
　　　　　　　　　　　　　　　　　　　　　　　- 「대한 신민회 통용 장정」 -

신민회의 독립 전쟁 전략　　　　　　　　　　　　　　　　　　　p.301
1. 독립군 기지는 일제의 통치력이 미치지 않는 청국령 만주 일대를 자유 지대로 보고 이곳에 설치하되, 후일 독립군의 국내 진입에 가장 편리한 지대를 최적지로 한다.
2. 최적지가 선정되면 자금을 모아 일정 면적의 토지를 구입하되, 이에 소요되는 자금은 국내에서 신민회의 조직을 통하여 비밀리에 모금한다.

3. 토지가 매입되면 국내에서 애국적 인사들과 애국 청년들을 계획적으로 집단 이주시켜 신한민촌을 건설하고, 농업 경영으로 경제적 자립을 실현한다.
4. 새로 건설된 신한민촌에서는 강력한 민간단체를 조직하고 학교와 교회, 기타 교육 문화 시설, 무관 학교를 설립하여 문무 겸비의 교육을 실시하고 무관을 양성하도록 한다.
5. 무관 학교 졸업생과 이주 청년들을 중심으로 독립군을 창건한다. 병사는 현대적 군사 훈련과 현대적 무기로 무장시켜 일본과의 정규전에서 승리할 수 있는 강력한 군대를 만든다.
6. 독립군이 양성되면 기회를 보아 독립 전쟁을 일으켜서 국내로 진공한다. 이에 맞추어 국내에서는 신민회가 주체가 되어 각계각층의 국민과 단체를 통일·연합하여 일거에 일본 제국주의를 물리치고 국권을 회복한다.

- 『안도산전서』 -

105인 사건 p.301

(신민회는) 남만주로 집단 이주하려고 기도하고, 조선 본토에서 재력이 상당한 사람들을 그곳에 이주시켜 토지를 사들이고 촌락을 세워 새 영토로 삼고, 다수의 청년 동지를 모집·파견하여 한인 단체를 일으키며, 학교를 세워 민족 교육을 실시하고, 나아가 무관 학교를 설립하여 문무를 겸하는 교육을 실시하면서, 기회를 엿보아 독립 전쟁을 일으켜 구한국의 국권을 회복하려고 하였다.

- 105인 사건 판결문(1911) -

애국 계몽 운동기의 근대 국가 인식 p.302

• 국가에는 스스로 일정한 토지와 인민이 있어서, 본래 마땅히 각자가 조처하여 득실을 평의할 것이나, 복잡한 사회를 유지하기 위하여 인민이 통치권을 현명한 사람에게 위임한 것이니, 정부는 통치권을 나누어 맡은 자로서 인민 보호의 의무와 용법·행정의 권한을 가지며, 인민은 조세 부담의 의무와 자유 생존의 권리를 가진다.

- 설태희, '자유를 포기하는 자는 세계의 죄인', 『대한 자강회 월보』 6호 -

• 법률상 정체를 논함에 파다한 구별이 있으나, 대개 공화·입헌·전제로 논하니 …… 가장 진보한 공화는 입헌을 이기고 입헌은 전제를 이김을 한눈에 알 수 있다.

- 『대한 자강회 월보』 9호 -

• 국가는 인민의 조직임과 동시에 특히 인민 의지의 조직이라. …… 전 인민의 의지가 직접 또는 간접으로 독립 고유의 최고권이 된 경우에 이를 즉 민주 공화제라 한다.

- 『서북학회 월보』 -

애국 계몽 운동의 국권 인식 p.302

• "국수(國粹)라는 것은 무엇인가. 그 나라에 역사적으로 전래하는 풍속, 습관, 법률, 제도 등의 정신이 이것이라. …… 외국 문명을 어쩔 수 없이 수입할지나 단지 이것만 의지하다가는 …… 마귀 시험에 빠질지니. 무겁도다 국수의 보전이여. 급하도다 국수의 보전이여."

- 신채호, 『대한매일신보』, 1908. 8. 12. -

• 오호라, 국권이 없는데 민권을 구하니 민권을 어찌 얻을 수 있으리오? 근일 한국에 어떤 어리석은 무리는 국가가 망하여 강토가 다른 사람의 소유가 되어도 …… 민권만 얻을 수 있으면 이를 노래하며 받겠다 하니 슬프다. 저 어리석은 무리여 ……. 저들이 시세(時勢)를 알지 못하는지라. ……

금일은 민족의 경쟁 시대라. 민족이 열등하여 패하면 쇠퇴할 뿐이며, 멸망할 뿐이거늘 …… 저런 어리석은 사람이 또 어디 있는가.

- 『대한매일신보』, 1909. 10. 26.

백성이 깨어나야 나라가 산다 p.302

지금 나라가 기울어져 가는데 우리가 그저 앉아 있을 수는 없다. 이 아름다운 강산, 선인들이 지켜 온 강토를 원수인 일인들에게 맡긴다는 것이 차마 있어서는 안 된다. 총을 드는 사람, 칼을 드는 사람도 있어야 할 것이다. 그러나 그보다도 더 중요한 일은 백성들이 깨어나는 일이다. 세상이 어떻게 돌아가는 것인지를 모르고 있으니 그들을 깨우치는 것이 제일 급무다. 우리는 우리를 누르는 자를 나무라기만 해서는 안 된다. 내가 못생겼으니 남의 업신여김을 받는 것이 아니냐. …… 내가 오늘 이 학교를 세우는 것도 후손을 가르쳐 만분의 일이라도 나라에 도움이 되기를 원하기 때문이다.

- 이승훈, 오산 학교 개교식 식사(1907) -

CHAPTER 04 경제적 침탈과 저항

1 양곡 유출·상권 침탈과 저항

양곡 유출
p.303

1888년 8월 21일 올해 흉작은 일찍이 없었던 바이다. 도내 모든 군현이 흉작이어서 한 톨도 수확하지 못하고 있다. …… 장시의 쌀값은 하늘 높은 줄 몰라 1석에 거의 1만 전이다. …… 가만히 알아보니 도내에 쌀, 콩과 묵은 곡물 약간을 팔려고 하는 사람이 조금 있다. 만일 이것을 일본 상인이 이전처럼 사서 가져가면 전 도가 굶을 형편이다. 가련한 우리 굶주린 백성은 더욱 의지할 데가 없다.

- 통리교섭통상사무아문일기 -

방곡령 사건
p.303

- 방곡령 사건은 1889년 함경도와 황해도에서 콩이 흉작인 탓으로 지방 관리가 콩의 일본 수출을 금지한 사건이다. 1883년 5월 25일 다케조에 신이치로 공사와 한국 대표 민영목 사이에 조인된 통상 장정 제37 조에서 곡물의 수출을 금지할 경우에 한국의 지방 장관이 1개월 전에 예고하게 되어 있었다. 따라서 한국 측의 조치는 조약상으로 위법이 아니었다. 왜냐하면 금지 예고는 1개월 전에 하였기 때문이다. 그런데 이 금지령이 원산의 일본 영사에게 전달된 날짜 계산에는 한국 측 지방 장관의 실수가 있어 그 예고 기간이 한 달을 다 채우지 못하였다. 그 때문에 콩을 사기로 하였던 일본 상인들이 미리 물건을 모아 놓지 못해서 손해를 보았다는 것이다. 그 손해액 12만 7천여 원 남짓을 일본 대리 공사가 한국 측에 요구하였다. 이 배상을 해결한 해가 청·일 전쟁 전해인 1893년이니 교섭 기간이 길었던 것도 이 사건의 특징이다.

- 『한일 병합사』 -

- 금년 새 곡물이 여무는 형편이 기후 때문에 약간 늦게 되면 지방에서는 남아 있는 쌀도 부족할 정도로 형편이 어려워지고, 지방이 이미 이와 같으면 수도인 한성에도 쌀의 수송이 없기 때문에 역시 쌀이 부족해진다. …… 조선 정부의 대신들은 한성의 쌀값이 근래에 폭등한 것을 예사롭지 않게 생각하고 두려워하여 방곡령을 발령하였다고 한다.

- 일본 『조야신문』, 1893. 11. 3. -

청·일 상인의 경제적 침투
p.303

- 어떠한 벽촌이라 하더라도 장날에 청 상인이 오지 않는 곳이 없다고 한다. 공주, 강경, 예산 등 시장에는 어디나 청 상인 20~30명이 와서 장사를 한다. …… 지금까지 안성 시장에는 수원 상인이 많았다. 외국 물품을 인천에서 구입하여 판매하는 상인이 백 명이나 되었다. 요즘 들어 안성 시장에 청 상인이 늘어나 점차 상권을 빼앗겨 폐업하는 자가 많아졌다. …… 공주, 강경 같은 곳에서는 청 상인이 자기 집을 짓고 장사를 하고 있다. 전라도 전주 같은 곳은 청 상인이 30명 정도 들어왔다. 전라도의 모든 장날에 청 상인이 오지 않는 곳이 없다고 한다.

- 『통상휘찬』 제1호 -

- 일본인이 호남 지방에서 목면을 매입, 운반하여 와서 자기들 마음대로 매매하는 고로 저희가 진고개로 가서 일본 영사에게 항의하였습니다. 그런데 일본 영사관은 "조선 사람들은 마음대로 판매하지 못하더라도 일본인은 장애 없이 판매할 수 있다."라는 것입니다.

- 원필성 등의 청원서(1888. 9. 18.) -

- 일본인의 해악이 곳곳에 넘쳐나고 있으며, 나라를 위험하게 할 외적이 서울에 가득 차 있으니, 이들은 모두 우리가 물리치고자 하는 것입니다. 심지어 일본 상인이 각 항구에 들어와 무역의 이익을 독차지하고, 곡식을 모조리 가져가 버리고 있으니 백성은 생활을 지탱하기 어렵습니다.
  - 동학교도들이 공주 집회에서 충청 감사에게 보낸 글(1892), 『동학서』 -

상회사 설립

평안도인이 처음 상회를 만들어 대동상회라 하였는데, 외아문이 그를 보호했다. 서울의 중촌인(中村人)들이 장통방 준천사에서 상회를 설립했는데 이름을 장통상회라 했으며 내아문이 보호했다. 그 밖에 권련국(捲烟局)·양춘국(釀春局)·두병국(豆餠局) 등의 이름이 차차 나타났다.
- 『음청사』 -

회사설(會社說)

요즘 서양 제국에서는 모두 회사를 설립하여 상인들을 불러 모으고 있는데, 이는 실로 부강의 기초라 하겠다. …… 그러나 동방의 상인들은 지금까지 4,000여 년을 지내오는 동안, 단지 한 사람 단독으로 무역하고 바꿀 줄만 알았지, 여러 사람이 모여 함께 경영할 줄은 몰랐기 때문에 상업이 성하지 못하고, 나라 형세가 떨치지 못한 지가 오래였다. …… 서양은 한 사람의 힘으로 무역할 수 없으면 열 명이 함께하고, 열 명의 힘으로도 되지 않으면 백 명, 천 명이 함께한다. 그래서 크고 작은 일이 성사되지 않음이 없다. 무릇 회사란 여러 사람이 자본을 합하여 여러 명의 농공(農工), 상고(商賈)의 사무를 잘 아는 사람에게 맡겨 운영하는 것이다. 그러므로 회사의 종류 역시 적지 않다. 회사 중에는 철도 회사가 있어서 국내의 운수를 편리하게 하고, 선박 회사가 있어서 외국과의 왕래를 통하게 하며, 제주회사가 있어서 물품을 전적으로 주관하고, 개간 회사가 있어서 토지를 전적으로 관리한다. 그 밖에 마땅히 시행할 사업도 모두 회사를 만들어 의논한다. …… 상사(商社)의 사업이 시일을 다투는 급무이므로 서양의 성법(成法)을 동지들께 알린다.
- 『한성순보』, 1883. 11. 20. -

상권 수호 운동

- 일·청 양국 상인 모두 인원이 점점 번식하고 상업은 더욱 광범위해졌다. 그중 양국 소상인은 각각 노점을 큰 거리, 즉 종로 앞과 남대문·동대문 내외 인민이 모여 살고 있는 요지에 개설하는 자가 날로 늘어난다. 그 영향은 견포점(絹布店)뿐만 아니라 잡화 상점에도 파급하여 도성 내 모든 조선 상인이 불평불만을 일으키는 지경에 이르렀다. 삼사일 전부터 수백 명의 조선 상인이 통리교섭통상사무아문에 가득 몰려들어 일·청 양국인의 상점 철수를 소원하기에 이르렀다.
  - 『일본외교문서』 23(1890) -

- 한성의 외국 장사를 항구로 내쫓을 것, 나라의 외국 군사를 물러가게 할 것, 외국 상인의 내륙 행상을 금지할 것, 외국 화폐의 유통을 금지할 것, 곡물의 수출을 금지할 것, 한성에 외국인 거류지를 획정하고 거류세를 징수할 것.
  - 『독립신문』, 1898. 4. 14. -

- 근래 외국인의 상업은 날로 더욱 흥성하는데 자국민의 상업은 날로 쇠퇴하고 있습니다. 그래서 서울 안의 상업계는 다 저들이 점유하고 있고 오직 중앙에 겨우 손바닥만큼의 한 조각만이 남아 있으니, 많은 백성들이 분노하며 수치스럽게 여기고 있습니다. 이 때문에 총상회(摠商會)를 설치하게 된 것인데…….
  - 『승정원일기』, 1898. 9. 29. -

- 우리가 혈심으로 본회를 창립하고 규칙을 내었으니 …… 이름은 황국 중앙 총상회라 하고 …… 전(점포)의 지계를 정하되 동으로 철물교, 서로 송교, 남으로 작은 광교, 북으로 안현까지는 외국 사람들이 장사하는 것은 허락하지 말고 그 지계 밖에 본국 각전은 본회에서 관할할 일이라.
   - 『독립신문』, 1898. 9. 30. -

- 한성 시전 상인들이 그저께부터 상점 문을 닫고 독립 협회와 황국 중앙 총상회의 목적을 따라 군밤 장사하는 이들까지 모두 한마음이 되어 회중 소청에 가서 합동하였다. 이에 경무관이 순검을 많이 데리고 다니면서 상인들을 압제하여 억지로 상점을 열라고 하자, 상인 제씨가 "우리도 충애하는 마음으로 소청에 가서 합동하겠는지라, 지금은 이전과 달라 관인의 무례한 압제를 받지 않겠다."라고 하니 경무관도 어찌할 수 없는 것으로 알았다고 하더라.
   - 『독립신문』, 1898. 10. 13. -

- 근일 외국인이 내지의 각부 각군 요지에 점포 가옥을 사서 장사를 하고 또 전답을 구입한다고 하니 이는 외국과 통상에도 없는 것이요, 외국인들이 내지에 와서 점포를 열어 장사하고 전답을 사들이면 대한 인민의 상권이 외국인에게 모두 돌아가고 …… 우리나라 각부 각군 지방에 잡거하는 외국 상인을 모두 철거하게 하고 가옥과 전답 구매를 일체 엄금하여 대한 인민의 상업을 흥왕하게 하여 달라.
   - 『독립신문』, 1898. 10. -

- 서울에 있는 중국 및 일본인 상인들이 그 수가 꽤 많아졌고, 조선 상인들은 국왕에게 무거운 세금을 내야 하기 때문에 그들은 중국 및 일본 상인들과 경쟁할 수가 없다. 그래서 며칠 전 정육점 주인, 주류 판매상, 담배 판매상, 그리고 쌀가게 주인들을 제외한 이 도시의 모든 조선 가게가 문을 닫았고, 그들은 중국 및 일본 상인들을 이 도시로부터 내보낼 때까지 개장을 거부했다. 그것은 내가 여기 온 이후 보아온 무엇보다도 더 현실적인 분쟁의 원인이었다. …… 비록 상인들이 일시적으로 다시 그들의 가게를 열기는 했지만, 그 사건은 아직 해결이 안 되고 있다.
   - 헐버트가 헨리에게 보낸 편지 -

2 이권·토지·금융 침탈과 수호

열강의 이권 침탈
p.305

- 1896년 4월 미국의 알렌 공사가 주선한 미국인이 운산 금광의 채굴권을 얻었다. …… 1902년 1년 동안에 이 회사가 일본에 수출한 지금(地金)만도 1,255,700여 원에 달했는데, 이에 비해 총경비는 60만 원 정도였다고 하니 그러기에 노다지라는 광산 용어가 생기기까지 하였다. 노다지란, 미국인이 운산 금광에서 새로 채굴된 금덩어리를 인부들에게 노터치(No Touch)라고 호통친 데서 나온 말로 널리 알려진 사실이다.
   - 『한국사』, 국사편찬위원회 -

- 미국 사람이 경영하는 운산 금광 회사는 작년 일 년간 총수입이 3,124,218원이라더라.
   - 『권업신문』, 1912. 12. 8. -

- 일본은 이권 침탈 경쟁에 뒤늦게 뛰어들어 철도 부설권, 금광 채굴권 등을 가져갔다. 일본은 미국인 모스에게서 경인선 부설권을 사들이고, 러시아와 경합하여 경부선 철도 부설권을 획득하였다. 또한 대한 제국과 한·일 양국 공동 경영을 전제 조건으로 경부 철도 합동 조약을 체결하였다(1898).

경의선 부설권

부산에서 의주 간의 철도는 동아시아 대륙으로 통하는 큰길로서, 장래 중국을 횡단하여 곧바로 인도에 도달하는 도로가 될 것은 조금도 의심할 여지가 없을 뿐만 아니라, 우리나라(일본)가 패권을 동양에 떨치고 오랫동안 열강 사이에서 일본의 위세를 드러내기를 바란다면, 이 길을 인도에 통하는 대도로 만들지 않으면 안 된다.

- 야마가타 아리토모, '조선 정책 상주' -

경부 철도 합동 조약(1898, 요약)

① 該鐵道의 幅은 京仁鐵道에 準하고 그 路條의 敷地 及 停車場·倉庫·工作場 등에 필요한 地段은 韓國政府가 이를 제공한다(第3條).
② 鐵道에 필요한 機器 및 각종 物件으로 外國輸入品은 關稅를 면제하고 鐵道用 地段稅와 其他 物種의 利益에 대한 徵稅도 이를 兔除한다(第5條).
③ 韓人과 外國人의 區別기 없이 雇用하되 土役의 十分之九는 韓人을 使用하고 必要에 의해 雇入한 外國人은 該鐵道의 落成後 즉시 本國으로 送還할 것(第6條).
④ 地方에 支線을 添設할 경우에는 別他國政府 및 그 臣民에게 이를 許可하지 않을 것(第9條).
⑤ 本契約締結後 三年 以內에 會社를 組織하고 工事를 起行하며 起工한지 十年內에 落成할 것(第10條).
⑥ 該鐵道의 落成後 第十五年末에 韓國政府가 專用할 意思가 있으면 公正히 評價하여 이를 買收할 수 있으되 不可能할 경우에는 每十年씩 延期할 것(第12條).
⑦ 韓國의 會社 혹은 臣民은 언제나 該鐵道의 株主가 될 수 있고 該鐵道會社는 如何한 경우라도 韓·日兩國의 政府 및 臣民이 아닌 外他人에게 該株券의 讓與를 許可할 수 없음(第14·15條).

철도의 이중성

• 각 나라마다 종횡하는 철로가 다달이 더해지고 해마다 늘어나, 여객을 싣고 화물을 운송하며 동서남북으로 달리니, 기차는 육지의 좋은 배와 같아졌다. 각지에 있고 없는 물산들을 교역하여 물가를 고르게 하고 도시와 시골을 간편히 오가게 하며, 인정을 서로 통하게 하였다. 그래서 사회적인 교류와 상업이 한층 발전하게 되었다.

- 유길준, 『서유견문』 -

• 그 종점이 되는 곳은 혹시 그럴 수도 있으므로 괴이할 것이 없으나 중간 장시나 향촌의 참(역마을)에는 화물이 풍부하지 않고 탑승객이 많지 않은데 어찌 20만 평을 쓰는가? 이는 일본인의 식민 계략이니, …… 가령 나라가 정거장 40여 곳을 나열하고 영호남 천 리의 한복판을 관통하게 한다면 한인이 궁지에 몰리고 흩어져서 멸망에 이름이 반드시 미국의 인디언과 같은 꼴이 될 것이다. …… 경부의 선로가 한번 이루어지면 물산 제조와 정치상 사업이 진보하여 얼마간 확장되는 면이 있겠으나, 일본의 식민 욕심은 이 때문에 더욱 간절해질 것이니, 만약 그 많은 무리가 농업을 한다며 점점 흘러들어와 하루아침에 폭주한다면 한국이 장차 어떻게 그것을 막을 것인가?

- 『황성신문』, 1901. 10. 7. -

철도 공사 동원에 따른 피해 p.306

인부를 혹사하여 한시도 쉬는 일이 없고 하루의 공역에 반나절의 품삯도 지급하지 않으니 한국인이 어찌 기뻐하여 공역에 응할 것인가. …… 일본인들이 산을 억지로 팔게 하고, 한국인 인부로 하여금 억지로 나무를 베고 운반하게 하여 시장에서 전매하는 것을 일삼으니 어찌 일본인은 모리를 하고 한국인은 강제 노역을 감당해야 하는가.

- 『황성신문』, 1906. 3. 27. -

철도 공사에 대한 민중의 저항 p.306

- 지난 28일 수원 전신에 따르면 수원역 남쪽 3리쯤 되는 곳에서 한국인이 기차에 돌을 던져 유리창 1개가 파손되었다.

- 『대한매일신보』, 1907. 8. 30. -

- 천안에 있는 경부 철도선에서 의병 100여 명이 갑자기 나와 정거장을 소각하였다.

- 『대한매일신보』, 1907. 9. 4. -

군용 전선 및 군용 철도에 관한 군율(1904) p.306

1. 군용 전선 및 철도에 위해를 가하는 자나, 그러한 사정을 알고 은닉하는 자는 사형에 처한다.
2. 가해자를 체포한 자에게는 금 20원을, 가해자를 밀고하여 체포하게 한 자에게는 금 10원을 지급한다.
3. 촌내에 가설한 군용 전선 및 철도의 보호는 그 촌민이 책임을 지되, 촌장을 우두머리로 하는 위원을 선출하여 매일 약간 명씩 교대로 이것들을 보호한다.
4. 촌내의 군용 전선 및 철도가 절단되었음에도 불구하고 가해자를 체포하지 못한 경우에는 당일의 보호 위원을 태형 또는 구류에 처한다.

일본의 황무지 개간 요구(요약) p.306

궁내부 전국 13도의 관유, 사유 외에 산림, 천택, 진황폐지의 개척을 일본인 나가모리(長森藤吉)에게 특허할 것. 나가모리는 해당 특허에 기인하여 자기의 재산으로써 전조의 황무지를 개척하되, 개간지는 만 5개 년 후에야 세금을 비로소 궁내부에 납부할 것. 궁내부는 계약자 이외에 제3자에게 이 조약과 저촉되는 특허를 주지 못할 것. 합동 기한을 50개년으로 정하되, 사후에 다시 계약함을 얻을 것.

- 『황성신문』, 1904. 6. 23. -

황무지 개간 요구 반대 p.306

우리나라는 산림, 천택, 원야, 황무지가 10분의 8~9이며, 나라와 백성들의 소유로서 원전장(原田帳)에 등록된 토지의 10분의 1~2밖에 되지 않는데, 10분의 8~9를 남에게 넘겨주면 …… 비단, 마, 오곡, 금, 은, 새와 짐승, 물고기, 초목 등 나라의 정규적인 조세와 백성들의 생활 밑천이 될 만한 것들은 모두 일본인의 재산과 부의 원천으로 되어 버릴 것이며 …….

- 『황성신문』, 1904. 7. 7. -

농광회사 회사 규칙 p.307

1. 농광회사의 고금(股金, 주권)은 액면 50원씩이고, 총 1천만 원을 발행하고, 주당 불입금은 5년간 총 10회 5원씩 나눠서 낸다.
2. 농광회사는 국내 진황지 개간, 관개 사무와 산림천택, 식양채벌(殖養採伐) 등의 사무 이외에 금·은·동·철·석유 등의 각종 채굴 사무에 종사한다.

> 농광회사의 회사규칙 18조의 내용 중 일부이다. 대한제국 관료들과 상인들이 합자하여 농광 회사를 세웠다. 한국인만 출자할 수 있었으며, 국내 진황지 개간을 목적으로 하였다.

토지 침탈에 대한 반발 p.307

소위 군용지는 상업상 중요한 지점인데, 표시한 곳 안에 있는 한국인 가옥과 민유(民有) 토지를 점탈하여 일본 상민의 조차지를 만드니 무리한 일이오. 임시 군용 철도라 하고 각처 정거장 기지를 무한히 광점하니 역시 무리한 일이오.

- 『대한매일신보』, 1906. 4. 29. -

신식화폐조례(1892) p.307

1. 1냥 은화는 원화(原貨), 즉 본위화로서 국내 일체의 공사지발(公社支發)에 사용하되 그 사용 액수에 제한을 두지 않는다.
2. 2전5푼 보조 백동화의 1차 지발액수는 1,000냥을 넘지 못한다.
5. 본품 5냥 은화는 해관세(海關稅), 혹은 외국인에게서 징수하는 여러 가지 세금 및 조선인과 외국인이 통상수수(通商授受)할 때에 사용한다. 또한, 국내외 여러 가지 세금을 상납하는 것과 기타 공사 일체의 지출에 이를 사용해도 무방하다.

부칙: 전환국 이외 화폐 주조를 불허한다.

신식화폐발행장정(1894) p.307

제1조 신식화폐를 은·백동·적동·황동의 4종류로 나눈다.
제2조 화폐 단위의 최저는 푼(分)으로 하며 10푼을 전(錢), 10전을 냥(兩)으로 한다.
제3조 화폐는 5등급으로 나눈다. 최저 1푼은 황동화, 다음 5푼은 적동화, 다음 2전 5푼은 백동화, 다음 1냥 은화, 그리고 5냥 은화를 최고 등급으로 한다.
제4조 5냥을 본위화로 삼고 1냥 이하는 모두 보조화로 삼는다. 1냥 은화로 거래할 때는 1회에 100냥을 한도로 한다. 백동화 이하의 화폐로 거래할 때는 1회에 5냥을 한도로 한다. 단, 거래자 사이에 상호 허락할 때에는 이 제한을 받지 않는다.
제5조 신식·구식 화폐를 모두 통용시켜 유통을 넓히며 그 비례는 다음과 같다. 1푼 황동화는 구엽전 1매. 5푼 적동화는 구엽전 5매. 2전 5푼 백동화는 구엽전 25매. 1냥 은화는 구엽전 100매. 5냥 은화는 구엽전 500매.
제7조 신식 화폐가 다량으로 주조될 때까지는 잠시 외국 화폐를 혼용할 수 있으며, 이 경우에 외국 화폐는 조선 화폐와 동질(同質)·동량(同量)·동가(同價)여야 한다.

화폐 개혁의 필요성 p.308

연전(年前)의 당백전과 당오전은 구차한 정사(政事)에서 나온 것이었습니다. …… 오늘의 백동화는 역신이 나라를 병들게 하고 자기 배를 불리려는 생각에서 통용시킨 것인데 지금까지 그럭저럭 내려왔습니다. 응당 없애야 할 것을 없애지 않으니 돈을 주조하는 것이 점점 지나쳐 그 값어치가 나날이 떨어져서, 지금은 한 개 적동전(赤銅錢) 값밖에 되지 않습니다. 위로는 부고(府庫)의 수입이 앉아서 8할을 잃어버리고 있는데도 오히려 악화(惡貨)가 샘처럼 솟아나 산처럼 쌓이는 것을 나라를 부유하게 하는 근원이라고 여기니 또한 그릇된 일이 아니겠습니까.

- 『승정원일기』, 광무 7년 -

화폐 개혁 조례(1905) p.308

제1조 본위 화폐를 금으로 하고, 기왕 발행한 화폐는 신 화폐와 교환 혹은 환수할 것.
제4조 구 백동 화폐의 교환 만료 시한은 만 1년 이상으로 탁지부 대신이 편리하게 정할 것.
제5조 구 백동 화폐의 교환 만료 이후에는 그 통용을 금지할 것.

- 『고종실록』 -

화폐 정리 사업 탁지부 시행령(1905) p.308

상태가 매우 양호한 갑종 백동화는 개당 2전 5리의 가격으로 새 돈과 교환하여 주고, 상태가 좋지 않은 을종 백동화는 개당 1전의 가격으로 정부에서 매수하며, …… 단, 형질이 조악하여 화폐로 인정하기 어려운 병종 백동화는 매수하지 않는다.

- 『황성신문』, 1905. 6. 27. -

화폐 정리 사업으로 인한 한국인의 피해 p.308

• 아무런 예고도 하지 않고 돌연히 이와 같은 발포를 하고 바로 실시함은 실로 배우지 못한 백성을 죽이는 것으로, 어떤 근거도 찾을 수 없다.
    - 경성 상업 회의소 의원이 일본 정부에 제출한 청원서 -

• 현재 경제가 공황을 맞아 금융이 막히고 상행위가 끊어져 최근 몇 달 내에 대상인들로 파산한 자가 수십 명이고 그 밖에 도산한 자가 나날이 늘어나 장차 무고한 인민을 멸망시킬 것이라. 그 원인을 살펴보니 첫째, 한국 정부가 보조화인 백동화를 무제한으로 남발하여 금융을 문란하게 한 것이요, 둘째, 정부가 남발한 이 악화의 손해를 전부 무고한 인민에게 돌렸으니 이는 불법한 일이요, 셋째, 소위 교환의 수납 방법이 불완전하고 우리나라 상업상 관습으로 순환 융통하는 법을 무시하여 한국 상인 손에는 금융을 불통하게 함이요, 넷째, 신·구화 교환의 명령이 갑자기 나와 일반 인민이 모두 모르는 상태에서 오로지 강압적 수단으로 독촉하여 수납함이라.
    - 『황성신문』, 1905. 11. 13. -

• 무릇 어느 나라를 막론하고 문명으로서 자임(自任)하는 각국의 화폐 역사를 참조하건대 혹 악화(惡貨)를 함부로 발행한 일이 없지 않다. 그러나 그 정리 방법은 악화로부터 발생한 손해는 매번 국가에서 부담하고 재정상에 점차 정리하는 방법을 강구하여 인민에게 해를 끼치지 않는 길을 구함이 한두 사례에 그치지 않는다. 직접적으로 인민에게만 손해를 끼치고 국가는 상관없다 함은 보지 못하였을 뿐 아니라, 인민의 권리 이익을 존중함은 문명의 제1 핵심이라.
    - 『황성신문』, 1905. 11. 20. -

• 아, 지난 10월 20일(음력)의 변고는 전 세계 고금(古今)에 일찍이 없었던 일일 것이다. …… 화폐로 말한다면 백동화는 진실로 큰 병폐가 되는데 사사로이 만든 악화(惡貨)는 태반이 저들이 만든 것이다. 그리고 그것을 이정(釐正)한다고 하면서 신구정악(新舊正惡)과 색질경중(色質輕重)이 조금도 피차(彼此)의 구별이 없는데도 돈의 수량만 배로 증가시켰을 뿐이니, 다만 저들이 이익을 취하

1905년부터 일제는 대한제국의 재정권을 장악할 목적으로 화폐 정리 사업을 실시하였다. 이 사업은 금본위제를 채택하여 대한제국의 엽전과 전환국에서 발행하던 구 백동화를 제일 은행권으로 교환하는 사업이었다. 백동화는 질에 따라 3종으로 나누어 부등가로 교환하였고, 이에 따라 전체적으로 재정이 악화되고 물가가 하락하였다. 특히 고시 기간이 부족하여 화폐를 보유하고 있던 상인, 금융 기관 등이 큰 피해를 입었다.

는 바탕이 되었을 따름이다. 또 통행할 수 없는 지편(紙片)을 억지로 원위화(元位貨)라고 이름을 붙였으니, 우리에게 혈맥(血脈)이 고갈되고 모든 물건이 소통되지 못하게 하였다. 그 흉계와 독수(毒手)는 아, 참혹하구나.

- 최익현, 「八道士民에게 布告함」 -

국채 보상 운동 p.308

• 지난날 우리 정부가 진보에 급급하여 들여온 국채가 1,300만 원이라. 그 마음에 어찌 차관으로 돈을 불려서 국가의 대사업을 일으킬 생각이 없었으리오. 그러나 오늘에 우리 2천만 동포들이 가령 한 사람이 1원을 낸다면 2천만 원이요, 50전씩이면 1천만 원이니 백성들이 진 빚을 갚는 일이 어찌 불가능하리오.

- 『황성신문』, 1907. 2. 25. -

• 지금 우리들은 정신을 새로이 하고 충의를 떨칠 때이니 국채 1,300만 원은 우리 한(韓) 제국의 존망에 직결된 것입니다. 이것을 갚으면 나라가 보존되고 이것을 갚지 못하면 나라가 망할 것은 필연적인 사실이나, 지금 국고에서는 도저히 갚을 능력이 없으며, 만일 나라에서 갚지 못한다면 그때는 이미 삼천리 강토는 내 나라 내 민족의 소유가 못 될 것입니다.

- 『대한매일신보』, 1907. 2. 21. -

1907년 김광제, 서상돈 등이 대구에서 국채 보상 운동을 시작하였다. '단연상채광고가', 『고령군 국채보상회 의연금록』 등 국채 보상 운동 기록물은 2017년 유네스코 세계 기록유산에 등재되었다.

국채 보상 운동의 확산 p.308

• '단연상채광고가'
국채로만 알지 마소 사람마다 자기채라
토지산천 없사오면 살려한들 어이살리
보조금은 빠르고 늦음 없소 부디부디 단연하소
단연이 제일이요 보조금은 둘째로다

• 우리가 함께 여자 몸으로 규문 안에 있어 삼종지의에 간섭할 일 오랫동안 없었으나, 나라 위하는 마음과 백성된 도리에 어찌 남녀가 다르리요. 듣자 하니 국채를 갚으려고 이천만 동포가 석 달간 담배를 아니 피우고, 금전을 모은다 하니 족히 사람으로 흥감케 할지요, 앞날에 아름다움 있으리. …… 우리는 여자인 까닭에 이 몸에 값진 것이 다만 패물뿐이다. 하지만 큰 산이 흙덩이를 사양치 아니하고 큰 바다가 가는 물을 가리지 아니하기로, 적음으로 큰 것을 도우리오.

- 대구 남일동 7부인회(1907. 2. 23.) -

• 근일에 들리는 말이 국채 1,300만 원에 전국 흥망이 갚고 못 갚는 데 있다고 떠드는 말을 듣고 …… 대저 2천만 중 여자가 1천만이요, 1천만 중에 지환(指環)있는 이가 반을 넘을 터이오니 지환 매 쌍에 2천 원씩만 셈하고 보면 1천만 원이 여인 수중에 있다 할 수 있습니다. …… 우리나라 기백년 풍기가 일용 사물로는 소용없는 것을 이렇듯 사랑하는 것이 무슨 일인지 알지 못하였더니 오늘날 이 중대사를 성취하려 예비함이로다. 이렇듯 국채를 갚고 보면 국권만 회복할 뿐 아니라 우리 여자의 힘이 세상에 전파되어 남녀동등권을 찾을 터이니 …….

- 『대한매일신보』, 1907. 4. 22. -

일제는 식민지 시설 개선 명목, 화폐 정리 사업 명목 등으로 대한제국에 차관 도입을 강제하였다. 이렇게 들여온 차관이 우리나라의 1년 예산과 맞먹는 금액이 되자, 1907년 김광제, 서상돈 등이 대구에서 국채 보상 운동을 시작하였다. 자료에 제시된 '단연상채광고가'를 비롯한 국채 보상 운동 기록물은 2017년 유네스코 세계 기록유산에 등재되었다.

• 어떤 사람들은 말하기를, "그 돈을 내가 썼나, 남이 쓴 것이라도 한 푼이나 누가 구경하였나. 왜 우리더러 물라고 하는가. 무슨 돈을 1,300만 원씩이나 차관하여서 다 무엇에 썼나?" …… 그 사람들의 말이 그러할 듯하나, 조금 잘못 생각한 듯하오. …… 나라의 토지를 빼앗긴다든지 재산을 빼앗긴다든지 하면 우리가 어찌 생활할 수 있겠소? …… 이 일이 성공하고 보면 천하만국에 그만큼 빛 날 일이 없고 국권도 회복할 날이 있소.

- 『대한매일신보』, 1907. 2. 28. -

CHAPTER 05 근대 사회·문화의 변화

1 근대 의식의 확산과 사회 모습의 변화

평등사회로의 이행

서양 각국에서 행한 여러 가지 제도의 가장 중요한 요점으로 움직일 수 없는 기초는 나라를 다스리는 주권이 국민에게 있고, 모든 권력이 국민에게서 나와 시행되는 것이다. 그 근본 원인은 모든 사람은 평등하기 때문이다.

- 『한성순보』, 1884. 2. 7. -

노비 세습제 폐지

• 개인 가정을 놓고 보더라도 한 번 노비가 되면 종신토록 복종하고 섬겨야 하며, 대대로 그 역役을 지면서 이름을 고치지 못한다. 이것은 어진 정사에 흠이 될 뿐 아니라, 온화한 기색을 손상시키기에 충분한 조건이다. 명분은 원래 엄한 규례가 있으므로 부리는 것은 단지 자신 한 몸에만 국한하게 하고, 대대로 부리지 못하도록 한성부의 당상관이 총리대신과 토의해 절목을 만들어 온 나라에 반포해 상서로운 화기를 맞이하게 하라.

- 『고종실록』, 1886. 1. 2. -

• 지난번에 서양 친구 하나를 만나니 그 친구는 …… "한국 풍속에 괴이한 것이 많지만 그중에 심한 것은 음풍이라. 정부 관인으로부터 시골의 백성까지도 처첩 두기를 좋아하여 심한 자는 정실 하나에 별방이 삼사 처, 그 다음은 1처 2첩이 대장부의 당연한 일이라 하며 아침밥과 저녁 죽을 먹을 만한 사람이면 의례히 첩을 두어 죄 없는 아내를 공연히 박대하고 쫓아내는 자도 있고, …… 태초에 하나님이 사람을 내실 적에 일남 일녀로 만드신 것은 음양의 공효가 서로 같음이요 남녀의 권리가 동등됨이라."라고 하였다.

- 『제국신문』, 1901. 1. 31. -

여성 인권에 대한 의식 확산

• 세상에 불쌍한 인생은 조선 녀편네니, 우리가 오늘날 이 불쌍한 녀편네들을 위하여 조선 인민에게 말하노라. 녀편네가 사나이보다 조금도 낮은 인생이 아닌데 사나이들이 천대하는 것은 다름이 아니라, 사나이들이 문명 개화가 못되어 이치와 인정은 생각치 않고, 다만 자기의 팔심만 믿고 압제하려는 것이니, 어찌 야만에서 다름이 있으리요. …… 조선 부인네들도 차차 학문이 높아지고 지식이 넓어지면 부인의 권리가 사나이 권리와 같은 줄을 알고 무리한 사나이들을 제어하는 방법을 알리라. 그러기에 우리는 부인네들께 전하오니, 아무쪼록 학문을 높이 배워 사나이들보다 행실도 더 높고 지식도 더 넓혀 부인의 권리도 찾아라.

- 『독립신문』, 1896. 4. 21. -

• 하나님이 세계 인생을 낳으실 때에 사나희(사내)나 녀편네(여자)나 사람은 다 한 가지라 여자도 남자의 학문을 교육받고 여자도 남자의 동등권을 가져 인생에 당한 사업을 다 각기 하난 것이 당연한 도리이거늘 동양 풍속은 어찌하여 여자가 남자에게 압제만 받고 죽은 목숨처럼 지내는지 천지간 만물의 가운데에 오직 사람이 귀하다 함은 총명이 있는 연고인데, 총명이 한갓 남자에게만 있는 것이 아니라 남녀 간에 고락을 한가지로 하고 사업을 같이하며 생애를 고르게 하여 나라가 더 부강하고 집안이 더 태평할 터이니 그럴 지경이면 어찌 아름답지 아니하리오.

- 『독립신문』, 1898. 1. -

여권통문(여학교 설립 통문, 1898. 9.) p.309

북촌의 어느 여성 군자 세 분이 개명(開明)에 뜻을 가지고 여학교를 설립하려는 통문이 있기에 놀랍고 신기하여 우리 논설을 빼고 아래에 기재하노라.

대개 사물이 극에 달하면 반드시 변하고, 법이 극에 달하면 반드시 고치는 것은 고금에 당연한 이치라. 우리 동방 삼천리 강토와 열성조(列聖朝) 500여 년의 사업으로 태평성대한 세월에 취해 무사히 지내더니, 우리 황제 폐하가 높고도 넓은 덕으로 왕위에 오르신 후에 국운이 더욱 왕성하여 이미 대황제의 지위에 오르셨도다. 그리하여 문명 개화할 정치로 만기(萬機)를 모두 살피시니, 이제 우리 이천만 동포 형제가 성스러운 뜻을 본받아 과거 나태하던 습관은 영구히 버리고 각각 개명한 새로운 방식을 따라 행할 때, 시작하는 일마다 일신 우일신(日新又日新)함을 사람마다 힘써야 함에도 불구하고, 어찌하여 한결 같이 귀먹고 눈먼 병신처럼 옛 관습에만 빠져 있는가. 이것은 한심한 일이로다. 혹 이목구비와 사지 오관(四肢五官)의 육체에 남녀가 다름이 있는가. 어찌하여 병신처럼 사나이가 벌어 주는 것만 앉아서 먹고 평생을 깊은 집에 있으면서 남의 제어만 받으리오. 이왕에 우리보다 먼저 문명 개화한 나라들을 보면 남녀 평등권이 있는지라. 어려서부터 각각 학교에 다니며, 각종 학문을 다 배워 이목을 넓히고, 장성한 후에 사나이와 부부의 의를 맺어 평생을 살더라도 그 사나이에게 조금도 압제를 받지 아니한다. 이처럼 후대를 받는 것은 다름 아니라 그 학문과 지식이 사나이 못지않은 까닭에 그 권리도 일반과 같으니 이 어찌 아름답지 않으리오. … … 슬프도다. 과거를 생각해 보면 사나이가 힘으로 여편네를 압제하려고, 한갓 옛말을 빙자하여 "여자는 안에서 있어 바깥 일을 말하지 말며, 오로지 술과 밥을 짓는 것이 마땅하다(居內而不言外, 唯酒食施衣)."고 하는지라. 어찌하여 사지 육체가 사나이와 같거늘, 이 같은 억압을 받아 세상 형편을 알지 못하고 죽은 사람의 모양이 되리오. 이제는 옛 풍속을 모두 폐지하고 개명 진보하여 우리나라도 다른 나라와 같이 여학교를 설립하고, 각기 여자 아이들을 보내어 각종 재주를 배워 이후에 여성 군자들이 되게 할 목적으로 지금 여학교를 창설하오니, 뜻을 가진 우리 동포 형제, 여러 여성 영웅 호걸님들은 각기 분발하는 마음으로 귀한 여자 아이들을 우리 여학교에 들여 보내시려 하시거든, 바로 이름을 적어내시기 바라나이다.

9월 1일 여학교 통문 발기인
이소사(李召史)·김소사(金召史)
- 『황성신문』, 1898. 9. 8. -

제시된 사료는 찬양회가 독립신문과 황성신문에 여성의 참정권, 직업권, 교육권 등 천부인권에 기반을 둔 평등권을 주장하며 발표한 '여권통문'의 내용이다. 찬양회는 1898년 서울의 북촌 부인들을 중심으로 조직되어 우리나라 최초의 여권 운동을 전개하였다.

여의사 박에스더 p.309

이화 학당에서 공부한 박에스더는 의료 선교사로 활동하던 로제타 홀(Rosetta Hall)의 도움으로 1895년에 미국으로 유학을 떠나 볼티모어(Baltimore) 여자 의과 대학(현재 존스홉킨스Johns Hopkins 대학)에 입학하였고, 의학을 전공하여 학위를 받았다. 귀국 이후 그는 보구여관(우리나라 최초의 여성 전문 병원)에서 환자들을 진료하였고, 간호 양성소도 설립하였다.

조선인 이주에 대한 러시아의 반응 p.310

러시아 지방 정부는 조선인의 고급 농사 인력을 활용하여 하루빨리 곡식 농사를 활성화하려고 노력하였습니다. 지방 정부는 이주한 조선인을 러시아인의 마을로 편입시키려고 계획하였습니다. 이러한 조선인의 거주 지역에서 생필품 및 식량을 자체적으로 조달할 수 있을 것으로 예상하였습니다.

- '조선인 이주 관련 보고'(1865) -

간도 이주민의 삶   p.310

북간도 관리 이범윤 씨가 내부에 보고하되, 청나라 군사 4~5백 명이 우리 조선인 30명을 묶어서 몽둥이로 두들겨 패고 수탈하며, 재산을 빼앗고 하는 말이 '조선 사람일망정 청나라 땅에서 갈고 먹으면서 어찌 한복을 입을 수 있냐' 하면서 흰 초립을 쓴 자를 빼앗아 찢어 없애고 12명을 붙잡아 가서 머리를 깎고 매사에 협박과 공갈을 하니, 간도의 조선인 민심이 떠들썩합니다.

- 『황성신문』, 1904. 3. 3. -

하와이 이민 모집 공고   p.310

1. 하와이 군도로 누구든지 일신이나 혹은 권속을 데리고 와서 머물러 살고자 간절히 원하는 자에게 편리케 주선함을 공고하노라.
2. 기후는 온화하여 심한 더위가 없으므로 각 사람의 기질에 합당함.
3. 학교 설립이 광대하여 모든 섬에 다 학교가 있어 영문을 가르치며 학비는 받지 아니함.
6. 농부의 유숙하는 집과 나무와 식수와 병을 치료하는 경비는 고용주가 지급하고 농부에게는 받지 아니함.

하와이 사진 신부   p.310

과연 마쿨레(makule, 하와이 사투리로 늙은이) 영감이 와서 내가 길찬록 씨라 하며 만리타국에 오느라 얼마나 고생하였느냐고 묻더라. 그 소리는 귀에 들어오지 않고 천지가 아득하였으나 내색하지 않고 큰 마음으로 하나님께 기도하고 꿀꺽 참았다. 이미 당한 일이니 할 수 없지만 내 운명만은 원망했다.

- 문옥표 외, 『하와이 '사진 신부' 천연희의 이야기』 -

하와이 사탕수수 노동자의 삶   p.310

낮이면 사탕 밭에서 살고 밤이면 농막에 들어가 밤을 지낼 때 피곤한 몸의 사지가 아프고 결려서 누웠거나 앉았거나 편치 안 해서 전전불매하던 것이 그들의 정경이었다. 그러한 형편으로 매일 10시간 일하고 69전을 받아 그날그날을 지냈으며 그같이 한숨과 눈물에 젖은 노력이 재미한인사회 건설과 조국광복 해외운동의 토대가 되었던 것이다.

- 『재미한인 50년사』 -

하와이 사탕수수 농장 노동자의 증언   p.310

- 나는 4시 반이면 일어나 밥을 지어 먹고 꼭 5시까지 정거장에 나가서 5시 반이면 일하는 곳에 들어갔지. 저녁 4시 반이면 파오가 되고 조반, 점심 반 시간씩 빼고 하루 10시간 정도 일하였소.
- 우레바(채찍)가 날아오니까 꼼짝도 못 하지. 꼭 소나 말같이 생활했어. …… 내가 지금 영어를 할 줄 알면 대번에 항의하겠소. 그저 우레바로 농사를 지었으니 그것이 소위 3등국의 행세였소.

2 근대 문물의 수용

고종의 개화에 관한 교서
p.310

사람들은 또한 서양 나라들과 좋은 관계를 가지는 것을 가지고 장차 예수교에 물들 것이라고 여기고 있다. 이것은 물론 유교와 세상의 교화를 위해서 깊이 우려할 문제이다. 저들의 종교는 사악하다. 마땅히 음탕한 소리나 치장한 여자를 멀리하듯이 해야 한다. 하지만 저 들의 기술은 이롭다. 잘 이용하여 백성들을 잘살게 할 수 있다면 농업, 양잠, 의약, 병기, 배, 수레에 대한 기술을 꺼릴 이유가 없다. 종교를 배척하고 기계를 본받는 것은 원래 병행하여도 사리에 어그러지지 않는다.
- 『고종실록』, 1882. 8. -

근대 문물에 대한 반응
p.310

• 지금은 지혜와 재주가 날로 발전하여 선박이 전 세계를 누비고, 전신이 서양까지 연결되었으며, 공법(公法)을 제정하여 국교를 수립하고, 항만을 축조하여 서로 교역하므로 …… 수레와 의복, 기계의 사용에 있어서도 그 기술이 일만 가지이니 세상일에 마음을 둔 사람이라면 몰라서는 안 될 것이다.
- 『한성순보』, 1883. 10. 31. -

• 어제 오후 3시쯤에 전기 철로에 운행을 시작하는데 …… 성에 꽉 찬 사람들이 처음 본 광경에 동서 상하로 분주히 다니며 감상하는지라, 순검들이 막아서서 전차 근처에 접근치 못하게 하더라.
- 『황성신문』, 1899. 5. 5. -

전차 소각 사건(1899. 5. 26.)
p.310

전차가 궤도를 건너온 다섯 살짜리 어린이를 미처 피하지 못하고 치어 죽였다. 이 광경을 보고 아이의 아버지가 도끼를 들고 전차에 달려들었다. 전차는 멈추지 않고 지나가려 하였다. 이를 지켜보던 군중이 격노해 차장과 운전수를 향해 돌진하였다. 그들은 재빨리 도망쳤지만 군중들은 방치된 전차에 돌을 던져 파괴해버리고 그 위에다 석유를 붓고 불을 질렀다. 또한, 뒤에 달려오던 다른 전차도 전복시키고 태워버렸다. 점점 불어난 군중들은 발전소까지 때려 부수자고 소리치며 달려갔다.

경인선 개통 광고
p.310

동대문에서 남대문까지 가마를 타고 가는 가격으로 1시간 30분이면 이제 노량진에서 제물포까지 갈 수 있으리라. 차 안에는 삼등 구별이 있으되 유리창으로 바람을 막고 의자는 앉기에 편하니, 유유히 앉아서 사방의 풍경을 보면서 이야기를 나누다보면 곧 항구에 도착하리라.

전차와 철도에 대한 상반된 인식
p.310

• 최남선의 경부 철도가
우렁차게 토하는 기적 소리에 남대문을 등지고 떠나 나가세
빨리 부는 바람의 형세 같으니 날개 가진 새라도 못 따르겠네
늙은이와 젊은이 섞어 앉았고 우리 내외 외국인 같이 탔으나
내외 친소 다 같이 익혀 지내니 조그마한 딴 세상 절로 이뤘네
관왕묘와 연화봉 들러보는 중 어느 덧에 용산역 다다랐도다
새로 이룬 저자는 모두 일본 집 이천여 명 일인이 여기 산다네

• 아리랑 타령
아리랑 고개에다 정거장 짓고 전기차 오기를 기다린다
문전의 옥토는 어찌 되고 쪽박의 신세가 웬 말인가
밭은 헐려서 신작로 되고 집은 헐려서 정거장 되네

• 그놈이 쇠를 많이 먹어서 그런지 간간이 지르는 소리가 일단 쇳소리라 만일 우리나라 인민은 계속 어리석고, 그놈은 점차 왕성해지면 장차 전국의 쇳조각이라고는 구경할 수 없을 것이다. 그놈이 왕래하는 곳마다 인민이 견딜 수가 없어 전토와 가옥을 부치지 못하고 청산에 묻힌 백골까지도 보전치 못할 것이다.
- 『대한매일신보』, 1906. 3. 9. -

• 저 농부가 삽을 메고 이 판국을 원망한다.
군용 철도 부역하니 땅 바치고 종 되었네.
일 년 농사 실업하고 유리개걸(流離丐乞) 눈물이라.
- 『대한매일신보』, 1908. 2. 7. -

변해가는 한성의 모습

한성이라는 거대한 촌락에 꽉 들어찬 낮은 회색 지붕 위로 전선줄이 팽팽히 늘어져 있고 …… 전신주들이 우뚝 솟아 있는 모습을 본다면, 자신의 눈을 의심할 것이다. …… 사실 대도시의 교통을 원활히 해 주는 서양의 발명품을 이용한다는 점에서 한성은 아시아의 다른 대도시를 앞서고 있다. …… 조선 사람들은 한성의 황토 집과 초가지붕 사이를 전차를 타고 돌아다녔다. 밤이면 눈부신 가로등이 한성의 거대한 촌락에 빽빽하게 늘어선 지붕들을 밝혀 주고 있었다. 그러나 남산 꼭대기에서 한성을 내려다보면, 한성의 조화로운 풍경을 방해하는 …… 몇 채의 낯선 석조 건물도 눈에 뛴다. …… 외교 사절단이 거주하는 화려한 관저들이거나, 기독교 단체들이 단지 수백 명의 개신교도들을 위해 많은 비용을 투자한 교회 건물들이다.
- 겐테, 『한국 여행기』 -

철도가 불러온 시간 개념의 변화

• 서양 말에 시간이 돈이라 하고 …… 서양 대도시 길에 다니는 사람들을 보면 다 시급한 일이 있어 가는 모양이니 그 시급한 일은 무엇인고. …… 다 정한 시간이 있는 고로 급하여 그렇게 다니니 이것만 보아도 서양 사람들이 무단히 놀지 않는 것은 가히 알겠도다. 대한은 놀고 편히 지내는 것이 고질이 되어 시간 정하고 하는 일이 드물고 큰길의 행인을 보더라도 급히 걷는 사람은 몇이 못 되고 다 소일로 걸으니 그 여럿이 다 노는 사람은 아닐 터이나 일 없는 사람이 많은 것은 가히 알지라.
- 『독립신문』 -

• 철도는 규율 바른 시간에 의하여 운행하는 것이므로 스스로 민중에게 시간을 엄수할 것을 가르치는 까닭에 이 점에 있어 철도는 한국 사람에 대한 문명적 지도자라 하지 않을 수 없을 것입니다.
- 미국 공사 알렌이 경부선 개통식에서 한 말, 1905. 5. 25. -

• 시골 양반이 화륜차를 타고 어디를 가려고 급히 정거장에 가서 본즉 차는 반 시간이나 지나야 떠난다고 하니 갈 길이 바쁜데 어찌 반 시간이나 기다려야 한단 말인가 하며 얼굴을 찡그리고 돌아다니며 애쓰는 모양을 인력거꾼이 눈치를 채고 그 옆으로 가서 옆구리를 꾹 지르며 "여보시오. 이 아래 정거장으로 인력거를 타고 가시면 차를 곧 타고 떠나실 터이니 나에게 돈 삼십 전만 주

고 가십시다." 하니, 그 양반이 반가워하면서 돈을 주고 앉으니 인력거꾼이 급히 끌고 이리저리 한참 다니다가 차 타는 편으로 놓으면서 "이제 다 왔습니다." 하니, 그 양반이 차를 타면서 하는 말이 "삼십 전이 싸다." 하면서 가더라.

- 『대한매일신보』 -

한성순보 창간사(1883. 10. 31.)

우리 조정에서도 박문국을 설치하고 관리를 두어 외국 소설을 폭넓게 번역하고 아울러 국내 일까지 실어, 나라 안에 알리는 동시에 여러 나라에 반포하기로 하였다. 이름을 한성순보라 하여 견문을 넓히고, 여러 가지 의문점을 풀어주며, 상리(商利)에도 도움을 주고자 하였다. 중국과 서양의 관보(官報), 신보(申報)를 우편으로 교신하는 것도 이런 뜻이다.

- 『한성순보』, 1883. 10. 31. -

박영효는 일본의 문물을 돌아보고 귀국하여 신문 발간을 추진, 박문국을 설치하고 한성순보를 발행하는 데 기여하였다(1883). 그러나 갑신정변으로 박문국이 불에 타 발간이 중단되었고, 1년 여가 지난 후 한성주보로 명맥이 이어졌다.

한성주보의 광고

이번 저희 세창 양행이 조선에서 개업하여 외국에서 자명종 시계, 각종 램프, 서양 단추, 각색 서양 직물, 서양 천을 비롯해 염색한 옷과 선명한 염료, 서양 바늘, 서양 실, 성냥 등 여러 가지 물건을 수입하여 공정한 가격으로 팔고 있으니 모든 손님과 상인은 찾아와 주시기 바랍니다. 은양(銀洋)은 시세에 맞게 계산하여 아이나 노인이 온다 해도 속이지 않을 것입니다.

- 『한성주보』, 1886. 2. 22. -

독립신문 창간 논설

우리가 독립신문을 오늘 처음으로 출판함을 맞아 조선 속에 있는 내외국 인민에게 우리 주의를 미리 말씀드린다. 우리는 첫째 편벽되지 아니하므로 어떤 당에도 상관이 없고 상하 귀천을 차별하지 않고 모두 조선 사람으로만 알고 조선만 위하여 공평히 인민에게 말할 것이다. 한국 정부에서 하시는 일을 백성에게 전할 것이요, 백성의 정세를 한국 정부에 전할 것이니 …… 한글과 한문을 비교했을 때 한글이 한문보다 무엇이 낫냐 하면, 첫째는 배우기 쉬우니 좋은 글이요, 둘째는 이 글이 조선 글이니 조선 국민들이 알아서 온갖 일을 한문 대신 한글로 써 전 국민이 모두 보고 알아보기가 쉽다는 것이요, …… 우리가 이 신문을 출판하는 것은 이익을 보려 하는 것이 아니므로 가격을 저렴하게 했고 모두 한글로 써서 남녀 상하 귀천이 모두 보게 했으며, 또 구절을 띄어 써서 알아보기 쉽도록 하였다. …… 우리 신문은 빈부 귀천과 상관없이 이 신문을 보고 외국 물정과 국내 사정을 알게 하려는 뜻이니 남녀노소 상하 귀천 간에 우리 신문을 하루걸러 몇 달간 보면 깨달음과 새 학문이 생길 걸 미리 아노라.

- 『독립신문』, 1896. 4. 7. -

일본의 침략 행위를 신랄하게 비판한 대한매일신보

• 한국 내 신문이 가진 권력이란 비상한 것이다. 나의 백 마디 말보다 신문의 기사 한 줄이 한국인을 훨씬 감동시키는데, 이에 더해 지금 한국에서 외국인이 발간하는 대한매일신보는 확증이 있는 일본의 제반 악정(惡政)을 반대하여 한국인을 선동함이 그칠 날이 없으니, 이에 관하여는 통감이 책임을 질 수밖에 없다.

- '이토 히로부미의 발언', 『대한매일신보』, 1907. 2. 12. -

• 신문으로서 붓을 듦에 보호의 한 구절을 노래하고 춤을 추며, 노예 두 글자를 단꿀로 알아서 5조약(을사늑약)을 제1 경사의 개념으로 알고, 7조약(한·일 신협약)을 제2 경사의 개념으로 알며, (동양) 척식 회사를 설립하는 데 기꺼워하는 잔을 들고, 사법권을 내어 주는 데 하례하는 노래를 불러서 개와 돼지의 낯을 하고 사람의 말을 하니 이는 신문으로서 나라를 파는 자이오.

- 『대한매일신보』, 1909. 7. 31. -

신한민보 창간사(1909) p.311

단군기원 4242년 2월 10일에 북미합중국 상항(桑港)에 재류하는 대한 국민의 새로 개간·공포하는 신한민보는 즉 전일 공립신보가 변화하여 성립한 자라. …… 우리 국민의 자주독립하는 정신을 진발케 하여 우리 국민의 영광과 존엄함을 유지 보호할 방침도 말한 바라.

통감부의 언론 탄압법 p.311

• 신문지법(1907. 7.)
제1조 신문지를 발행하려는 자는 발행지를 관할하는 관찰사(경성에서는 관무사)를 경유하여 내부대신에게 청원하여 허가를 받아야 한다.
제21조 내부대신은 신문지가 안녕 질서를 방해하거나 풍속을 어지럽힌다고 인정될 때는 그 발매 반포를 금지하고 압수하며 발행을 정지하거나 금지할 수 있다.

• 신문지법 개정
제34조 외국에서 발행한 국문 혹 국한문 또는 한문의 신문지 또는 외국인이 내국에서 발행한 국문 혹 국한문 또는 한문의 신문지로 치안을 방해하거나 풍속을 괴란(壞亂)함으로 인정되는 때는 내부대신은 해당 신문지를 내국에서 발매 반포함을 금지하고 해당 신문지를 압수할 수 있음.
제35조 제34조의 금지를 위반하여 신문지를 발매 반포한 내국인은 3백환 이내 벌금에 처함.
제36조 내국인이 제34조에 의하여 발매 반포가 금지된 일을 알고 해당 신문지를 수송하거나 배포한 자는 50환 이내의 벌금에 처함. …(하략)…

- 「신문지법 개정에 관한 건」, 1908년 4월 29일 -

• 출판법(1909. 2.)
제2조 문서 도서를 출판하고자 하는 때는 저작자 또는 그 상속자 및 발행자가 날인하고 원고를 첨가하여 지방 장관을 경유하여 내부대신에게 허가를 신청해야 한다.
제12조 외국에서 발행한 문서나 도서 또는 외국인이 국내에서 발행한 문서나 도서로서 안녕 질서를 방해하거나 풍속을 어지럽힌다고 인정되는 때는 내부대신은 그 문서나 도서를 국내에서 발매 또는 반포함을 금지하고 그 인본을 압수할 수 있다.

3 근대 교육과 국학 연구, 종교·문화계의 변화

육영 공원 p.312

학생들은 여전히 규칙적으로 출석하고 있으며, 그만큼 빨리 익혀 나가고 있습니다. 우리는 수학·지리·문법 등의 몇 가지 분야를 시작하였으며, 학생들이 상당한 흥미를 가지고 있다는 것을 알 수 있습니다.

- 헐버트의 서신 -

> 육영공원은 1886년에 설립된 우리나라 최초의 근대식 공립 교육 기관이었다. 정부는 헐버트, 길모어, 벙커 세 사람의 외국인을 초빙하여 강의하게 하였다.

한성 사범 학교 학생 모집 광고   p.312

- 칙령으로 반포되는 한성 사범 학교가 5월 1일로부터 시작되니 본과 학생(2개년 졸업) 100명과 속성과 학생(6개월 졸업) 60명에 입학하기 원하는 자는 4월 27일에 학부로 와서 입학시험을 치를 것
- 속성과 입학자 연령은 22~35세이고, 입학시험은 '국문의 독서와 작문', '한문의 독서와 작문', '조선 지리', '조선 역사'임.

— 『구한국 관보』, 1895 —

학교 교육에 관한 조서   p.312

특히 교육에 근본이 없어 人民의 知見이 未開하다. 農商의 工業은 不興하여 民産이 날마다 줄어들고 國計가 날마다 어려워지고 있다. 新設學校는 文具를 갖추었을 뿐, 敎育하는 方途에 어두워 5, 6年來로 조금의 效驗도 없었다. 商工學校의 개설이 시급하여 지난해 下勅이 있었으나 논의가 없으니 일을 이렇게 하면 무엇을 할 수 있으리오.

— 學校敎育에 關한 詔書, 1899년 4월 —

영웅을 통해 민족 정신을 드높이자   p.312

무릇 역사는 국가의 정신이요, 영웅은 국가의 원기(元氣)라. 살펴보건대 지구상에 야만적이지 않은 국가의 국민들은 모두 그 역사를 존중하고 영웅을 숭배하는데, 그 국민의 문명 수준이 높을수록 역사를 더욱 존중하고 영웅을 숭배하나니, 그 역사를 존중함과 영웅을 숭배함이 곧 그 국가를 사랑하는 사상이라.

— 박은식, '고구려 영락 대왕 묘비 등본을 읽고' —

신채호의 독사신론   p.313

서론
국가의 역사는 민족의 소장성쇠(消長盛衰)의 상태를 가려서 기록한 것이다. 민족을 버리면 역사가 없을 것이며, 역사를 버리면 민족의 그 국가에 대한 관념이 크지 않을 것이니, 아아, 역사가의 책임이 그 또한 무거운 것이다. …… 내가 현재 각 학교의 교과용 역사책을 살펴보니 가치가 있는 역사책은 거의 없다. 제1장을 읽어보면 우리 민족이 중국 민족의 한 부분인 듯하며, 제2장을 읽어보면 우리 민족이 선비족의 한 부분인 듯하며, 전편을 모두 읽어보면 때로는 말갈족의 한 부분인 듯하다가 때로는 몽고족의 한 부분인 듯하며, 때로는 여진족의 한 부분인 듯하다가 때로는 일본족의 한 부분인 듯하다. 아아, 정말 이와 같다면 우리의 사방 몇 만리 토지가 남만북적(南蠻北狄)의 수라장이며, 우리 4천여 년의 산업이 아침에는 양(梁)나라 것이 되었다가 저녁에는 초(楚)나라 물건이 될 것이니, 과연 그런가. 어찌 그럴 수 있으리오. …… 역사를 쓰는 자는 반드시 그 나라의 주인되는 한 종족을 먼저 드러내어, 이것을 주제로 삼은 후에 그 정치는 어떻게 흥하고 쇠하였으며, 그 산업은 어떻게 번창하고 몰락하였으며, 그 무력(武功)은 어떻게 나아가고 물러났으며, 그 생활관습과 풍속은 어떻게 변하여 왔으며, 그 밖으로부터 들어온 각각의 종족을 어떻게 받아들였으며, 그 다른 지역의 나라들과 어떻게 교섭하였는가를 서술하여야 이것을 역사라고 말할 수 있다. 만일 그렇지 않다면 이것은 정신이 없는 역사이다. 정신이 없는 역사는 정신이 없는 민족을 낳을 것이며, 정신이 없는 나라를 만드니 어찌 두려워하지 않겠는가?

1.1. 인종(人種)

우리나라 인종은 대략 여섯 종류로 나뉘니, …… 선비족(鮮卑族)은 맨 처음에 우리 민족과 요동과 만주에서 병립하여 서로 혈전을 계속하였던 자이다. 그 후 크게 쫓기어서 그 근거지를 잃고 지금 시베리아 등지에서 그 명맥을 보존하고 있다. 부여족은 곧 우리의 신성한 종족인 단군 자손이다. 4천 년 동안 이 땅의 주인이 된 종족이다. 지나족(支那族)은 조선과 중국 두 나라의 경계가 접근한 까닭으로 기자가 우리나라에 오던 때부터 고려시대에 이르기까지 중국에서 한 차례 혁명을 겪으며 전 왕조의 충신 및 난을 피하려는 인민들이 계속 넘어온 까닭에 부여족 이외에 가장 많은 숫자를 차지한 종족이다. 말갈족과 여진족은 본래 고구려에 부속되어 함경도와 황해도 지역에 살았던 종족인데 고구려가 신라에 병합되므로 고구려의 남은 신하들이 이들을 이끌고 요주와 심주 등지에 옮겨 들어가 발해국을 창설하였는데 중국의 금과 청의 두 제국도 이 종족이 건설했다. 사족(土族)은 고대에 남북한 지역에 있었던 종족으로 삼한의 여러 부락과 동쪽의 예(濊)와 맥(貊) 종족 등이 모두 여기에 속하였는데, 우세한 자는 살아남고 열등한 자는 멸망한다는 원리에 따라 여러 세대를 거치면서 도태를 당하여 아메리카의 인디언과 아프리카 토인과 같이 자취를 찾아볼 수 없이 소멸되어 온 종족이다. …… 그 여섯 종족 가운데 모습으로나 정신적으로나 다른 다섯 종족을 정복하고 흡수하여 우리 민족의 역대 주인이 된 종족은 실로 부여족 한 종족에 지나지 않으니 대개 4천 년 우리 역사는 부여족의 흥망성쇠의 역사이다.

- 신채호, '독사신론,『대한매일신보』, 1908. 8. 27. -

역사로써 애국심을 고취하자

오호라. 어떻게 하면 우리 이천만 동포의 귀에 애국이란 단어가 못이 박히도록 할까? 오직 역사로써 해야 할 것이다. 오호라. 어떻게 하면 우리 이천만 동포의 눈에 항상 애국이란 단어가 어른거리게 할까? 오직 역사로써 해야 할 것이다. 오호라. 어떻게 하면 우리 이천만의 손이 항상 나라를 위하여 움직이게 할까. 가로되 오직 역사로써 할지니라. 오호라. 어떻게 하면 우리 이천만의 발이 항상 나라를 위하여 용약하게 할까. 가로되 오직 역사로써 할지니라. 오호라. 어떻게 하면 우리 이천만의 피눈물이 나라를 위하여 끓게 할까. 가로되 오직 역사로써 할지니라. 역사가 어떠한 것이기에 그 효과의 신성함이 이와 같은가. 가로되 역사라는 것은 그 나라 그 국민의 변천 소장(消長)한 실제의 자취이니, 역사가 있으면 그 나라가 필흥(必興)하나니라. 나라가 허다하매 역사도 허다하나 외국사를 읽음은 타를 알고 자기를 알며 경쟁에 도움을 주는 것뿐이니, 애국심을 방조함은 능히 가하나 애국심을 주동함은 불가능할지라. 그러므로 여기서 말한 역사는 본국사만 가르킴인 것이다. 오호라. 내가 나라를 사랑하려거든 역사를 읽을지며, 사람들로 하여금 나라를 사랑케 하려거든 역사를 읽게 할지어다.

- 신채호, '역사와 애국심의 관계,『대한 협회 회보』2호(1908) -

일제에 의해 가장 많은 부수가 압수된 유년필독

우리가 이 나라에 났으니 이 나라는 자기 나라요, 우리가 이 몸이 있으니 이 몸은 곧 자기 몸이라. 그러한 즉은 타인이 있기 때문이며, 자기의 자유로운 권리는 사람마다 응당하게 가진 바이고, 타인이 감히 빼앗지 못할 바이다. 우리나라도 또한 그러한지라. 타국의 간섭을 물리쳐 …… 독립을 지킨 후에야 자기 나라라고 할 수 있다.

-『유년필독』(1907) -

주시경의 주장   p.314

전국 인민의 사상을 돌리며 지식을 넓혀 주려면 국문으로 학문을 저술·번역하여 남녀를 물론하고 다 쉽게 알도록 가르쳐 주어야 될지라. 영국, 미국, 프랑스, 독일 같은 나라들은 한문을 구경도 못 하였지만 저렇듯 부강함을 보라. …… 더 좋고 더 편리한 말과 글이 되게 할 뿐 아니라, 온 나라 사람이 다 국어와 국문을 우리나라 근본의 주장 글로 숭상하고 사랑하여 쓰기를 바라노라.

— 『서우』 제2호, 1907. 1. —

국문연구소 설치   p.314

세종 25년, 임금이 모든 나라가 각각 글자를 만들어 나랏말을 적는데 유독 우리나라에만 글자가 없다며 친히 낱자 28자를 만들었으니, 언문(諺文) 또는 반절(反切)이라 불렀다. …… 갑오경장 이래 조정에서는 비로소 언문을 조칙이나 공문서에 간간이 사용하면서 국문이라 불렀다. 7월 8일 학부대신 이재곤이 국문연구소를 설치하고 위원 약간 명을 두었다. 발음의 맑고 탁함과 글자의 높낮이 문제가 풀리지 않아서 그것을 연구하도록 했는데 끝내 이룬 바가 없었다.

— 『대한계년사』 —

나철의 대종교   p.314

공의 이름은 인영(寅永)인데, 뒤에 철(喆)로 고쳤다. …… 보호조약이 체결된 뒤에 동지와 함께 오적(五賊)의 처단을 모의하였는데, 1907년에 계획이 새어 나가 일을 그르쳤다. 뒤에 대종교를 제창하고 교주를 자임하였는데, 이를 바탕으로 국민을 진흥하려고 하였다. 일찍이 북간도에 가서 그의 무리와 함께 발전을 도모하였다. …… 그의 문인(門人)들은 그를 숭상하여 오백 년이래 다시 없는 대종사로 여겼다.

— 『유방집』 —

박은식의 '유교구신론'   p.314

나는 대한의 유교계의 한 사람이다. …… 현재 공자의 교가 날로 암담해지고, 날로 더욱 쇠해 가는 정경을 보니 …… 그 원인을 거슬러 연구하고, 잘못된 일을 추측해 보니 유교계에 세 가지 큰 문제가 있는 것을 알 수 있다. …… 첫째는, 유교파의 정신이 오로지 제왕의 편에 있고 인민 사회에 보급할 정신이 부족한 것이다. 둘째는, 여러 나라를 돌면서 천하의 주의들을 강구하려 하지 않고, 내가 어린이를 구하는 것이 아니라, 어린이가 나를 구한다는 주의만을 지키는 것이다. 셋째는, 우리 대한의 유가에서는 쉽고 정확한 법문(양명학)을 구 하지 아니하고 질질 끌고 되어가는 대로 내버려 두는 공부(주자학)를 전적으로 숭상하는 것이다.

혈의 누   p.315

• 옥련이 조선 부인을 교육할 마음이 간절하여 구씨(구완서)와 함께 혼인 언약을 맺으니, 구씨의 목적은 공부를 힘써 하여 귀국한 후에 우리나라를 독일국과 같이 연방을 삼되, 일본과 만주를 한 데 합하여 문명한 강국을 만들고자 하는 비사맥(비스마르크) 같은 마음이요, …… 구완서와 옥련이가 나이 어려서 외국에 간 사람들이라. 조선 사람들이 이렇게 야만되고 용렬 한 줄도 모르고, …… 기쁜 마음을 이기지 못하고 있는 것은 제 나라 형편을 모르고 외국에 유학한 소녀 학생의 의기에서 나오는 마음이라.

• 옥련이는 공부를 하고 귀국한 뒤에 우리나라 부인의 지식을 넓혀서 남자에게 압제받지 않고 동등한 권리를 찾게 하며 또 부인도 나라에 유익한 백성이 되고 사회에 명예 있는 사람이 되도록 교육할 마음이라. …… 당초에 옥련이가 피난 갈 때에 …… 난데없는 총알을 맞아 왼편 다리에 박혀 넘어졌다. …… 이튿날 일본군 적십자 간호수가 보고 야전 병원으로 실어 보내자 군의관이 본 즉 중상은 아니라, 총알이 다리를 뚫고 지나가기는 했으나 청군의 총알을 맞지 않았다. 군의관의 말에 따르면 청군의 총알을 맞았으면 온몸에 독이 퍼져 하룻밤만에 죽었을 것이나 일본군의 총알에 맞았으니 다행히도 치료하기 무척 쉽다고 하였다.

- 이인직, 『혈의 누』-

금수회의록 p.315

지금 세상 사람들은 외국의 세력을 빌어 의뢰하여 몸을 보전하고 벼슬을 얻으려 하며, 타국 사람을 부동하여 제 나라를 망하게 하고 제 동포를 압박하니, 그것이 우리 여우보다 나은 일이오? 결단코 우리 여우만 못한 물건들이라. 또, 나라로 말할지라도 대포와 총의 힘을 빌려서 남의 나라를 위협하여 속국도 만들고 보호국도 만드니, 불한당이 칼이나 육혈포를 가지고 남의 집에 들어가서 재물을 탈취하고 부녀를 겁탈하는 것이나 다를 것이 무엇이오?

해에게서 소년에게 p.315

처………르썩, 처………르썩, 척, 쏴…………아.
따린다, 부순다, 무너 바린다.
태산 같은 높은 뫼, 집채 같은 바윗돌이나.
요것이 무어야, 요게 무어야.
나의 큰 힘 아나냐, 모르나냐, 호통까지 하면서
따린다, 부순다, 무너 바린다.
처………르썩, 처………르썩, 척, 튜르릉, 꽉.

이필균, '애국하는 노래' p.315

새가 새가 날아든다. 복국조(復國鳥)가 날아든다
이 산으로 가며 복국(復國), 저 산으로 가며 복국
청산(靑山) 진일(盡日) 피나도록 복국
슬피우니, 지사혼(志士魂)이 네 아니냐.
깊을 잠을 어서 깨어 부국강병 진보하세
(합가) 나의 천대 받게 되니 후회막급 없이 하세
합심하고 일심되어 서세동점(西勢東漸) 막아보세
(합가) 사농공상 진력하야 사람마다 자유하세
남녀 없이 입학하야 세계 학식 배워 보자
(합가) 교육해야 개화되고, 개화해야 사람되네
팔괘국기(八卦國旗) 높이 달아 육대륙에 횡행하세
(합가) 산이 높고 물이 깊게 우리 마음 맹세하세

PART 7

일제 강점과 민족 독립운동

CHAPTER 01 일제의 식민 통치와 경제 수탈
CHAPTER 02 민족 독립운동
CHAPTER 03 사회·경제적 민족 운동
CHAPTER 04 민족 문화 수호 운동

CHAPTER 01 일제의 식민 통치와 경제 수탈

1 일제 통치 체제의 변화

무단 통치
p.318

- 이전부터 불순하고 악한 무리가 원근에 출몰하여 …… 나라를 어지럽힐 계책을 기도하고, 소요를 일으키는 자가 있다. 이 때문에 제국 군대는 각도의 주요 지점에 주둔하여 유사시의 변란에 대비하고, 헌병 경관은 서울과 지방에 널리 펴져 치안에 종사하며, …… 함부로 망상을 일으켜 정무를 방해하는 자가 있으면 결단코 용서하지 않을 것이다.
  - 초대 조선 총독 데라우치 마사타케 취임사, 1910 -

- 강도 일본이 우리의 국호를 없이하여, 우리의 정권을 빼앗으며, 우리의 생존적 필요조건을 다 박탈하였다. …… 일본에서 오는 이민자들이 증가하여 '딸깍발이' 등쌀에 우리 민족은 발 디딜 땅이 없어 산으로 들로 서간도로 북간도로, 시베리아의 황야로 몰리어 …… 강도 일본이 헌병 정치를 단행하여 우리 민족이 한걸음의 행동도 임의로 못하고, 언론·출판·결사·집회의 일체 자유가 없어 …… 자녀가 나면 '일어를 국어라, 일문을 국문이라' 하는 노예 양성소 - 학교로 보내고, …… .
  - 신채호, '조선 혁명 선언'(1923) -

조선 태형령
p.318

제2조 1원 이하의 벌금 또는 과료에 처할 자 중 다음 각 호에 해당할 때는 그 정상에 따라 태형에 처할 수 있다.
1. 조선 내에 일정한 주소를 가지고 있지 않을 때
1. 무산자라고 인정될 때

> 조선 태형령은 일제가 치안유지를 명목으로 조선인을 물증이나 정식 재판 없이 임의로 잡아다가 태형에 처할 수 있도록 법제화한 것이다.

태형 시행 규칙
p.318

제1조 태형은 수형자의 양팔을 좌우로 벌려 형틀 위에 거적을 펴고 엎드리게 하고, 양 손 관절 및 양 다리에 수갑을 채우고 옷을 벗겨 둔부 부분을 노출시켜 태로 친다.
제10조 태형은 태 30 이하일 경우 이를 한 번에 집행하되, 30을 넘을 때마다 횟수를 증가시킨다. 태형의 집행은 하루 한 회를 넘길 수 없다.
제11조 형장에 물을 준비하여 수시로 수형자에게 물을 먹일 수 있게 한다.
제12조 집행 중 수형자가 비명을 지를 우려가 있을 때는 물로 적신 천으로 입을 막는다.
제13조 본령은 조선인에 한하여 적용한다.

범죄 즉결례
p.318

제1조 경찰서장 또는 그 직무를 취급하는 자는 그 관할 구역 안의 다음 각 호의 범죄를 즉결할 수 있다.
제2조 즉결은 정식 재판을 하지 않으며 피고인의 진술을 듣고 증빙을 취조한 후 곧바로 언도해야 한다.
  - 조선 총독부 제령(1910) -

경찰범 처벌 규칙

다음 각 호에 해당하는 자는 구류 또는 과료에 처한다.
제1조 일정한 주거 또는 생업 없이 이곳저곳 배회하는 자.
제5조 협력, 기부를 강요하고 억지로 물품의 구매를 요구하고, 또는 기예를 보여주거나 노동력을 공급해서 보수를 요구하는 자.
제7조 구걸을 하거나 또는 시키는 자.
제14조 신청하지 아니한 신문지·잡지 기타 출판물을 배부하고 그 대금을 청구하거나 강제로 구독 신청을 요구한 자
제19조 함부로 대중을 모아 관공서에 청원 또는 진정을 남용하는 자.
제20조 불온한 연설을 하거나 또는 불온 문서, 도서, 시가를 게시, 반포, 낭독하거나 큰 소리로 읊는 자.
제21조 남을 유혹하는 유언비어 또는 허위 보도를 하는 자.
제50조 돌 던지기 같은 위험한 놀이를 하거나 시키는 자, 또는 길거리에서 공기총류나 활을 갖고 놀거나 놀게 시키는 자.

- 조선 총독부 부령(1912. 4. 1. 시행) -

정치에 관한 범죄 처벌의 건

제1조 정치의 변혁을 목적으로 하여 다수 공동으로 안녕질서를 방해하거나 방해하고자 하는 자는 10년 이하의 징역 또는 금고에 처한다. 다만 형법 제2편 제2장의 규정에 해당하는 때에는 이 영을 적용하지 아니한다. 전항의 행위를 하게 할 목적으로 선동한 자의 죄도 전항과 같다.
제3조 이 영은 제국 외에서 제1조의 죄를 범한 제국신민에게도 적용한다.

부제의 실시(1914)

제1조 부는 법인으로 하며 관의 감독을 받아 공공사무 및 법령에 따라서 부에 속하는 사무를 처리한다.
제2조 ① 부의 폐치 및 구역은 조선총독이 정한다.
② 부의 폐치 또는 경계를 변경하는 경우에 재산처분을 요하는 때에는 도장관은 부윤의 의견을 들어 조선총독의 인가를 받아 그 처분방법을 정한다.
제11조 ① 부에 협의회를 두고, 부윤 및 협의회원으로 이를 조직한다.
② 협의회는 부윤을 의장으로 한다.
③ 협의회원의 정원은 조선총독이 정한다.
제12조 ① 협의회는 부의 사무에 관하여 부윤의 자문에 응한다.
② 협의회에 자문하여야 하는 사항은 다음과 같다
  1. 부 조례의 신설 또는 개폐에 관한 사항
  2. 세입·세출예산 결정에 관한 사항
  ……
제18조 ① 부는 영조물 사용에 대하여 사용료를 징수할 수 있다.
② 부는 특히 일개인을 위한 사무에 대하여 수수료를 징수할 수 있다.
제21조 3월 이상 부내에 체재하는 자는 체재를 시작한 시점으로 소급하여 부세를 납부할 의무를 진다.

제22조 부내에 주소가 있지 아니하거나 3월 이상 체재하지 아니하더라도 부내에 토지·가옥·물건을 소유·사용 또는 점유하거나 부내에 영업소를 갖추어 영업을 하거나 또는 부내에서 특정행위를 하고 있는 자는 그 토지·가옥·물건의 영업 혹은 그 수입 행위에 대하여 부과하는 부세를 납부할 의무를 진다.

- 조선 총독부 제령(1913. 10. 30. 제정, 시행 1914. 4. 1. 시행) -

도 지방비령의 제정(1920) p.318

제10조 1. 도지방비에 관하여 도지사의 자문에 응하게 하기 위하여 도평의회를 둔다.
2. 도평의회는 도지사 및 도평의회원으로 조직한다.
3. 도평의회원의 정원은 조선 총독이 정한다.
4. 도평의회는 도지사를 의장으로 한다.

제11조 도지사는 다음 각호의 사건을 도평의회에 자문하여야 한다. 다만, 긴급을 요하여 도평의회에 자문할 여유가 없다고 인정하는 때에는 그러하지 아니한다.
1. 세입출 예산을 정하는 사항. 다만, 예산의 추가경정으로 지방세, 사용료 또는 수수료에 증감·변경이 없는 것을 제외한다.
2. 지방세, 사용료, 수수료 또는 부역·현품의 부과·징수에 관한 사항

제13조 1. 도평의회원은 도지사가 임명한다.
2. 도평의회원은 명예직으로 한다.

도제 제정(1930. 12.) p.318

제5조 1. 도에 도회를 두고 의장 및 도회의원으로 조직한다.
2. 의장은 도지사가 된다.
제6조 도회의원 정수는 20인 이상 50인 이하의 범위 안에서 조선 총독이 정한다.
제7조 도회의원 정수의 3분의 2 및 정수를 3분하기가 곤란한 경우에는 그 단수에 상당하는 수의 의원은 선거한다.
제8조 1. 도회의원의 선거는 각 선거구에서 부회의원·읍회의원 및 면협의회원이 실시한다.
2. 선거구 및 각 선거구에서 선거하여야 할 의원의 배당에 관하여 필요한 사항은 조선 총독이 정한다.

지방 자치의 실제 p.319

부·읍·면이나 도에 의원이 될 사람은 어떤 사람이어야 되는가? …… 유권자의 자격을 제정하되 …… "조선 총독이 지정한 부·면세 5원 이상을 바치는 사람이어야 선거권을 가진다."라고 하였다. 그러나 부세 5원 이상을 바칠 수 있는 재산가가 얼마나 되겠는가? …… 한국인은 일본 사람보다 인구는 많으나, 5원 이상의 부세를 낼 수 있는 재산가는 일본 사람보다 훨씬 적다. …… (이에) 오늘의 조선 사람은 지방 자치제에 간여할 자격을 상실하였다.

- 『별건곤』, 1931 -

3·1 운동에 대한 대응   p.319

생각건대 앞으로 일어날 운동은 작년 봄에 일어난 만세 소동 같은 어린애 장난은 아닐 것이다. 그 근저에는 앞으로 실력을 갖춘 조직적 운동으로 발전할 가능성이 있음을 예상하고 이에 대해 각오를 다져 두어야 한다.

- 일본 육군 차관 야마나시 한조(1919) -

사이토 마코토의 시정 방침 훈시   p.319

조선 통치의 방침인 일시동인의 대의를 존중하고 동양 평화를 확보하여 민중의 복리를 증진시키는 것은 대원칙으로 일찍이 정한 바이다. …… 정부(일본)는 관제를 개혁하여 총독 임용의 범위를 확대하고 경찰 제도를 개정하고 또한, 일반 관리 및 교원이 칼을 차는 것을 폐지하여 시대의 흐름에 순응하고, 시정의 간소화 및 교화의 보급을 꾀하였다. …… 조선인 임용과 대우 등에 관하여 더욱 고려하여 각각 그 할 바를 얻게 하고, 또한 조선 문화 및 옛 관습으로 진실로 채택할 만한 것이 있다면 이를 통치의 자료로 제공하게 하겠다. …… 나아가 장래 기회를 보아 지방 자치 제도를 실시하여 국민 생활을 안정시키고 일반 복리를 증진시킬 것이다. 바라건대, 관민이 서로 흉금을 털어 협력 일치하여 조선 문화를 향상함으로써 문화정치의 기초를 확립함으로써 ……

-'시정 방침 훈시', 『사이토 마코토 문서』(1919. 9.) -

친일파 양성   p.319

- 핵심적 친일 인물을 골라 그 인물로 하여금 귀족, 양반, 유생, 부호, 교육가, 종교가에 침투하여 계급과 사정을 참작하여 각종 친일 단체를 조직하게 한다.
- 각 종교 단체도 중앙 집권화하여 최고 지도자에 친일파를 앉히고 고문을 붙여 어용화시킨다.
- 조선 문제 해결의 성공 여부는 친일 인물을 많이 얻는 데 있으므로 친일 민간인에게 편의와 원조를 주어 수재 교육의 명목 아래 많은 친일 지식인을 긴 안목으로 키운다.
- 양반 유생 가운데 직업이 없는 자에게 생활방도를 주는 대가로 이들을 온갖 선전과 민정 염탐에 이용한다. 조선인 부호 자본가에 대해 일·선 자본가의 연계를 추진한다.
- 농민을 통제 조정하기 위해 민간 유지가 이끄는 친일 단체 교풍회, 진흥회를 두고 이들에게 국유림의 일부를 불하, 입회권을 주어 회유 이용한다.

- 사이토 마코토, '조선 민족 운동에 대한 대책'(1920) -

'문화' 통치   p.319

근래 조선 청년들은 일반적으로 성급하고 열광적인 운동이 효과가 없음을 자각하고 점차 실력을 양성하여 일본의 속박에서 벗어나 독립을 회복하려 하고 있다. …… 그러나 여기에 압박을 가해 질식시킨다는 것은 결코 바람직한 일이 아니다. 그렇다고 해서 아무런 방책도 강구함이 없이 그대로 둔다는 것은 위험스럽기 짝이 없다. 오히려 이러한 경향을 이용하여 이를 일선 병합의 대정신과 대이상인 일선 동화로 귀결시켜야 한다. 그 방책은 위력 있는 문화 운동뿐이다.

- 사이토 마코토 문서 -

치안 유지법 제정
p.319

제1조 ① 국체를 변혁하거나 사유 재산 제도를 부인하는 것을 목적으로 결사를 조직하거나 이에 가입한 자는 10년 이하의 징역 또는 금고에 처한다.
② 전항의 미수죄는 벌한다.
제7조 이 법은 이 법의 시행 구역 외에서 죄를 범한 자에게도 적용한다.

- 『조선 총독부 관보』 제3807호(1925) -

치안 유지법 개정
p.319

제1조 국체를 변혁하는 것을 목적으로 결사를 조직한 자 또는 결사의 임원, 기타 지도자의 임무에 종사한 자는 사형 또는 무기나 5년 이상의 징역 또는 금고에 처한다. 사정을 알고 결사에 가입한 자 또는 결사의 목적 수행을 위한 행위를 한 자는 2년 이상의 유기 징역 또는 금고에 처한다. 사유 재산 제도를 부인하는 것을 목적으로 결사를 조직한 자, 결사에 가입한 자, 또는 결사의 목적 수행을 위한 행위를 한 자는 10년 이하의 징역 또는 금고에 처한다.

- 『조선 총독부 관보』 454호(1928) -

제한적 참정 기회의 확대
p.320

면장의 자문 기관으로서 면 협의회를 둔다. 면 협의회원은 군수 또는 도사島司가 임명한다. 다만, 지정면의 경우는 주민의 직접 선거로 선출한다. 선거권자·피선거권자의 요건은 1년 이상 그 면에 주소를 가지고, 독립생계를 영위하는 남자로 면 부과금 연액 5원 이상의 납부자로 한다.

- 조선 총독부 제령(1920. 7. 29.) -

총독 미나미의 연설(1939)
p.320

내선일체는 반도 통치의 최고 목표이다. 내가 항상 역설하는 것은 내선 일체는 서로 손을 잡는다든가, 형태가 융합한다든가 하는 그런 미적지근한 것이 아니다. 손을 잡는 것도 떨어지면 또한 별개가 된다. 물과 기름도 무리하게 혼합하면 융합된 형태로 되지만 그것으로도 안 된다. 형태도, 마음도, 피도, 육체도 모두 일체가 되지 않으면 안 된다. 내선일체의 강화 구현이야말로 동아 신건설의 핵심을 이루는 것이고 그것이 아니고서는 만주국을 형제국으로 하고 중국과 제휴하는 어떠한 것도 말할 수 없다.

윤치호의 내선일체론
p.320

지리적으로 우리 조선은 제국의 대륙 정책상 가볍게 볼 수 없는 요충지이다. …… 새로운 동아시아 건설의 가능성은 내선일체의 완성에 달려 있다고 할 수 있다. …… 지리적 중요성에서 봤을 때 일본과 조선의 일원화, 즉 우리 조선인이 일본인과 똑같이 동양 건설을 위해 동등한 국민적 의무와 자격을 갖고 매진하도록 해야 한다.

- 윤치호, 『동양지광』(1939. 4.) -

이광수의 내선일체론
p.320

내선일체는 단순한 정책적 슬로건이 아니라 이것은 우리들 조선 민중에게는 생활 전체를 의미한다. 나 자신의 사활 문제요, 내 자손의 사활 문제다. 이러한 중대 문제에 마주치기는 인생으로서

극히 희한한 일이다. 나는 이 문제에 대하여서 어떻게 처리할 것인가. …… 대체 내선일체란 무엇이냐 하면 내가 재래의 조선적인 것을 버리고 일본적인 것을 배우는 것이다. 그리하여 조선 2천 3백만이 모두 호적을 들추어 보기 전에는 일본인인지 조선인인지 구별할 수 없게 되는 것이 그 최후의 이상이다.

- 『매일신보』, 1940. 4. -

황국 신민의 서사

성인용
- 우리는 황국 신민이다. 충성으로써 군국(君國)에 보답하련다.
- 우리 황국 신민은 신애협력(信愛協力)하여 단결을 굳게 하련다.
- 우리 황국 신민은 인고단련(忍苦鍛鍊) 힘을 길러 황도(皇道)를 선양하련다.

아동용
- 우리들은 대일본 제국의 신민(臣民)입니다.
- 우리들은 마음을 합하여 천황 폐하에게 충의를 다합니다.
- 우리들은 인고단련(忍苦鍛鍊)하고 훌륭하고 강한 국민이 되겠습니다.

학교에서의 황국 신민화 정책

봉안전이라는 것은 일본 천황의 사진과 교육 칙서, 선전 칙서를 모셔 놓은 조그만 사당인데, 그 앞을 지날 때면 누구나 최경례(가장 존경하는 뜻으로 정중히 하는 경례)를 해야 했다. 그룹으로 지나갈 때는 한 사람의 호령에 의해서 일제히 절을 하는데, 그때 이런 식으로 호령을 하면서 우리는 이 강요된 의식의 거북함을 덜곤 하였다. 한국인이 볼 때 일본인의 습관 중에서 가장 낯선 것이 바로 천황에 대한 지나친 예였다. 교장이 하야 장갑을 낀 두 손으로 칙서를 머리 위까지 높이 쳐들고 걸어가는 것은 솔직히 꼴불견이었고, 신사 앞에서 손뼉을 치고 절을 하는 것도 관객의 호기심으로 바라볼 일이지 정색을 하고 우리가 할 일은 아니었다.

- 나영균, 『일제 시대, 우리 가족은』 -

궁성 요배

오전 6시의 사이렌이 운다. 이 사이렌은 전 국민이 다 기상하라는 사이렌이다. 종래에는 이러한 일이 없었다. 몇 시에 자거나 몇 시에 깨거나 자유였다. 그러나 이제부터 조국은 전 국민이 오전 6시면 일제히 일어나기를 명령한다. …… 그때 또 사이렌이 울었다. '무엇일까?' 아직 이러한 국민 생활에 익숙지 못한 자는 이 사이렌이 오전 7시 궁성 요배 사이렌인 것을 얼른 생각하지 못했던 것이다. 이 사이렌을 들으면 모두 정결한 곳에 정렬해 정성스러운 마음으로 천황이 사는 궁성을 향해 허리를 굽혀 절을 해야 한다. 물론 자신이 있던 곳에서 하라 고 했다. 방에 있던 자는 방에서, 부엌에서 일하던 자는 부엌에서, 길을 가던 자는 길에서. 어디서나 그 자리에서 하라는 말이다.

- 『매일신보』, 1940. 9. 4. -

'창씨개명'

황국 신민으로서의 신념과 긍지를 가진 한국인 중에서 법률상으로 일본인 방식의 씨(氏)를 부를 수 있기를 희망하는 자가 생기게 된 점은 나도 이미 알고 있었다. …… 이번에 조선 민사령이 개정되었는데, …… 한국인이 법률상 일본인 방식의 '씨(氏)'를 부를 수 있는 길을 열었다는 점이 개정의 중요한 안목이다.

- 조선 총독부 법무국, '씨 제도의 해설'(1940) -

'창씨개명' 강요를 위한 방침

- 창씨하지 않은 사람의 자녀에 대해서는 각급 학교의 입학과 전학을 거부한다.
- 창씨하지 않은 아동에 대해서는 교사가 이유 없이 질책, 구타할 수 있다.
- 창씨하지 않은 사람은 공사 기관을 불문하고 일체 채용하지 않는다. 또한 현직자도 점차 면직 조치를 취한다.
- 창씨하지 않은 사람은 비국민 또는 불령선인으로 단정하여 경찰 수첩에 등록, 사찰과 미행을 철저히 함과 동시에 우선적으로 노무징용의 대상자로 한다. 또한 식료 및 기타 물자 보급 대상에서 제외한다.
- 창씨하지 않은 이름이 붙어 있는 화물은 철도국 및 운송 기관에서 취급하지 않는다.

일본식 성명의 사용 사례

- 친족 회의를 통하여 집단적으로 결정한 경우로, 박씨는 정호(우물)에서 탄생되었다는 전통이 있어서 …… 신정(新井)이라고 결정하였다. 김해 김씨이기 때문에 김해(金海)라고 명승(이름을 바꾸는 것)하였다. 광산 김씨이기 때문에, 본명을 남긴다고 생각하여 김광(金光)이라고 하였다. 죽어서도 월성군과 경주 이씨를 잊지 않으려고 출신인 월성군의 월(月)과 본명 이(李)의 두 자로 하여 월이(月李)로 하였다.

- 양태호, 『아버지에게 들었던 어느 날의 일들』-

- 이시다 선생은 수업에 앞서 시국(時局) 얘기를 시작하였다. "전선에서는 매일매일 천황 폐하를 위하여 대일본 제국의 남아들이 죽어 가고 있다. 총후(銃後)의 우리들 마음가짐이 안이하다면 그것은 불충이다." 일본 아이들은 엄숙한 표정으로 감격해 있었지만 조선 아이들은 말똥말똥, 더러는 웃음을 참느라 애를 쓰는 것이었다. 낄낄낄, 아주 낮은 웃음소리가 났다. "다레카(누구냐)?" 바로 옆에 앉은 옥선자가 웃었던 것이다. "데테고이(나와라). 다마카와,* 오마에다로(너지)!"

*다마카와 : 옥선자(玉仙子)의 창씨이다.

- 박경리, 『토지』-

애국반

- 우리 애국반에는 이런 사람이 없도록 합시다. 호적에 들어 있지 않은 사람 …… 특히 명년에 징병 제도에 뽑혀야 할 사람으로서 기류계(본적지 이외 일정한 곳에 주소 등을 두는 것)와 호적을 하지 않은 사람

- 어느 날 포목점 주인이 내가 있는 앞에서 가게로 들어오는 손님에게 경고하였다. "일본어로만 말하시오." …… "사람들이 경찰에 고발하면 좋지 않은 일이 끊이지 않게 되니까요. 요즈음은 누구도 믿을 수가 없어요. 그 사람이 직접 저지른 '죄'만을 처벌하는 게 아니라 '죄'를 고발하지 않은 다른 사람들도 처벌한답니다." 주민들이 강제로 동원되었던 감시 체제가 전쟁 시기에는 더욱더 심해졌다. 그것은 인민들의 분열을 계산한 매우 신중히 고안된 간교한 장치였다. …… 그런 활동을 하는 중심부는 애국반이었는데, 그것은 식민주의자들에 의해 만들어진 국민정신 총동원 조선 연맹

의 하부 조직으로 모든 주민이 기계적으로 가입되어 있었다.
- 파냐 이사악꼬브나 샤브쉬나, 『1945년 남한에서』 -

조선 사상범 예방 구금령(1941)   p.320

제1조 1. 치안유지법의 죄를 범하여 형에 처하여진 자가 집행을 종료하여 석방되는 경우에 석방 후 다시 동법의 죄를 범할 우려가 현저한 때에는 재판소는 검사의 청구에 의하여 본인을 예방 구금에 부친다는 취지를 명할 수 있다.
2. 치안유지법의 죄를 범하여 형에 처하여져 집행을 종료한 자 또는 형의 집행유예 언도를 받은 자가 조선사상범보호관찰령에 의하여 보호관찰에 부쳐져 있는 경우에 보호관찰을 하여도 동법의 죄를 범할 위험을 방지하기 곤란하고 재범의 우려가 현저하게 있는 때에도 전항과 같다.
제2조 1. 예방구금의 청구는 본인의 현재지를 관할하는 지방법원의 검사가 그 재판소에서 그것을 행하여야 한다.

2 일제의 경제 정책

토지 조사 사업   p.320

재산 가운데 가장 중요한 토지 소유권을 정하는 방법이 아직 완비되지 않았다. …… 분쟁이 끊이지 않고 해결이 아주 어려웠다. 이에 특별히 토지 조사국을 설치하여 지적地籍의 어지러움을 정리하고 소유권을 확인하여 재정의 기초를 세우게 하려고 한다.
- 데라우치 총독이 도장관에게 내린 훈시(1911) -

토지 조사령   p.320

1. 토지의 조사 및 측량은 본령에 의한다.
4. 토지의 소유자는 조선 총독이 정하는 기간 내에 그 주소, 성명·명칭 및 소유지의 소재, 지목, 자번호, 사방의 경계표, 등급, 지적, 결수를 임시 토지 조사 국장에게 신고하여야 한다. 다만, 국유지는 보관 관청에서 임시 토지 조사 국장에게 통지하여야 한다.
5. 토지의 소유자 또는 임차인, 기타 관리인은 조선 총독이 정하는 기간 내에 그 토지의 사방 경계에 측량 표지 막대를 세우고, 지목 및 자번호와 민유지에는 소유자의 성명 또는 명칭, 국유지에는 보관 관청명을 기재하여야 한다.
7. 토지의 조사 및 측량을 할 때, 해당 관리는 토지의 소유자, 이해관계인 또는 대리인에게 실지(實地)에 입회하게 하거나 토지에 관한 서류를 소지한 자에게 그 서류의 제출을 명령할 수 있다.
- 『조선 총독부 관보』 제13호(1912. 8. 14.) -

동양 척식 주식회사의 조선 이주민 모집 광고   p.321

지주로 되는 지름길(소작료보다 싼 연부금)
조선은 기후와 풍토가 일본과 다름없고, 작물 종류와 재배 방법도 거의 같다. 단보당 수확은 일본인은 보통 현미 2~3석이다. 토지 가격은 조선 총독부의 인가를 받은 시기로 결정되지만, 대개 단보 당 70~80엔에서 300엔이다. 일본에서 1단보(매 300평)를 살 수 있는 금액으로 조선에서는 7

단보를 살 수 있다. 토지 가격은 앞으로 더 오를 것이다. 회사로부터 양도받은 토지는 대개 철도나 일본인 부락 부근이다. 이미 회사가 경작하던 토지이기 때문에 홋카이도나 사할린같이 새로 개간된 토지와 근본적으로 다르다. 교통도 편리하고 수해와 한해 염려도 없다.

일제의 동양 척식 주식회사 이주민 정책 변경 p.321

1. 이주민(2정보 이내 자작농)을 5호 이상의 단체와 단호(개인)로 구분 …… 개인의 경우 (당국의) 보조 없이는 곤란함에 따라 단체를 폐지하고, 개인에게 자금을 대부한다.
2. 10정보 이내의 지주 이민의 경우 지대 일시금을 1/2에서 1/4로 인하하고, 이자도 7푼 5리에서 7푼으로 인하한다.

— 『조선 총독부 관보』(1917) —

회사령 p.321

제1조 회사의 설립은 조선 총독의 허가를 받아야 한다.
제2조 조선 외에서 설립한 회사가 조선에 본점이나 또는 지점을 설립하고자 할 때는 조선 총독의 허가를 받아야 한다.
제5조 회사가 본령이나 본령에 의거하여 발하는 명령과 허가 조건에 위반하거나 또는 공공질서와 선량한 풍속에 반하는 행위를 할 때 조선 총독은 사업의 정지, 지점의 폐쇄, 회사의 해산을 명할 수 있다.

삼림령 p.321

제1조 조선 총독은 국토의 보안, 위해의 방지, 수원(水源)의 함양, 항행의 목표, 공중의 위생, 어부(漁附) 또는 풍치를 위하여 필요하다고 인정하는 때에는 삼림을 보안림으로 편입할 수 있다.
제7조 조선 총독은 조림(造林)을 위하여 국유 삼림을 대부받은 자에게 사업이 성공한 경우에 특별히 그 삼림을 양여할 수 있다.
제11조 조선 총독은 공용 또는 공익사업을 위하거나 이민 단체용으로 필요할 때에는 국유 삼림을 양여할 수 있다.

지세령 개정(1918) p.321

제3조
1. 지세는 토지대장 또는 지세대장에 등록한 지가(地價)의 1,000분의 13을 1년 세액으로 한다.
2. 지가는 토지의 수익 기타 사항을 심사하여 지방의 상황에 따라 정한다.

조선 산미 증식 계획 요강 p.322

일본의 쌀 소비는 연간 약 6,500만 석인데 생산은 약 5,800만 석을 넘지 못한다. 부족분은 제국의 반도 및 외국의 공급에 의지하고 있다. 일본 인구는 해마다 약 70만 명씩 늘어나고 국민 생활이 향상되어 1인당 쌀 소비량도 점차 늘어나게 될 것이므로 앞으로 쌀은 모자랄 것이다. 따라서 지금 미곡 증식 계획을 수립하여 일본 제국의 식량 문제를 해결하는 데 도움을 주는 것이 이 나라의 정책상 시급한 일이라고 믿는다.

— 조선 총독부 농림국(1926) —

수리 조합의 폐해

- 소위 산미 증식 계획이라는 이름으로 수리 조합이 만들어지고 있으나, 사실은 조합원들의 의사를 물어보지 않고 당국이 마음대로 만든 것이다. 조합원들은 수리 조합 때문에 크게 고통을 당하고 있는데, 경기도의 부평 수리 조합의 경우에는 조합원들이 수리 시설로 얻는 이익보다 조합비 부담액이 크다고 한다. 어떤 조합원들은 수리 조합이 만들어지기 전에 거두던 수확보다 열 배나 많은 조합비를 내고 있다고 한다.
  - 『동아일보』, 1926. 12. 6. -

- 지금 도내에서 제일 규모가 크다는 중앙 수리 조합을 보건대 기채액, 900여만 원 중 580여만 원을 5품 3리의 대장성 예금부 저리로 돌려놓고, 그 위에 금년에 상환할 예정액 중 324,600여 원은 후일에 갚기로 중간 거치까지 시켰으며, 금년 조합비는 예정액보다 4할이나 감하여 겨우 236,000원을 부과하였지만, 조합비의 수납은 여의치 않고, 억울하고 원통하다는 진정서만 금년에 이미 백 건이 넘게 당국에 들어온 상태라고 한다. 조합비를 물고는 수지가 맞지 아니하여 토지를 헐매하고 타처로 옮겨 간 지주와 은행이나 개인 등 부채에 못 견디어 담보로 넘어간 토지 등을 합하면 실로 1,200정보나 되며, 그중에는 땅을 팔려고 하나 살 사람이 없고 경작을 하자니 수지가 맞지 않는 터이므로 전혀 경작도 않고 내린 땅이 200정보 나 된다고 한다.
  - 『조선일보』, 1932. 12. 12. -

산미 증식 계획의 결과

- 대개 조선인들이 생산한 쌀을 수이출(輸移出)할 때, 결코 자신들이 충분히 소비하고 남은 것을 수출하는 것이 아니다. 생계가 곤란하여 먹을 것을 먹지 못하고 파는 것이다. …… 그러므로 조선 쌀의 수이출이 증가하고 외국 쌀의 수입은 감소하는 반면, 속(만주산 잡곡)의 수입만이 증가하는 사실은 조선인의 생활난이 점점 심각해지고 있음을 실증하는 것이다.
  - 『동아일보』, 1927. 4. 8. -

- 우리가 농촌에서 보고 들은 것은 아무리 말해도 상상할 수 없는 사실이 많다. …… 가난한 농민의 식량을 참고로 봐도 한 홉 정도의 풀 뿌리나 나무 껍질을 섞어서 끓여 먹는다. 봄에는 풀의 새싹을, 겨울에는 뿌리를 채굴한다. 나무 껍질은 소나무 속껍질, 아까시나무, 기타 모든 껍질을 잘게 하거나 도토리 열매로 가루를 낸 후 물을 넣어 단자(團子)를 만들고 소금을 쳐서 먹는다. 어떤 지방에서는 고령토를 먹는 경우도 있다. 그 상태는 일본에서는 전혀 보이지 않는 비참하고 진기한 현상이다.
  - 『내외사정』(1932) -

농촌 진흥 운동

- 농촌 진흥 개선에 뜻을 가진 자는 적절하고 철저하게 지도 계발에 나서야 한다.
  - 조선 총독 우가키의 연설 -

- 오늘날 농촌의 피폐는 농업 경영을 시세에 순응하게 할 수 있는 지능이 부족하든가, 농민 천직의 참된 뜻을 연구하지 않다든가 하는 데서 유래한다. 그러므로 농촌의 진흥 개선에 뜻을 가진 자는 오로지 이러한 동정을 잘 파악하고, 적절하고 철저하게 지도 계발에 나서야 한다.
  - 조선 총독부, 『조선』(1932. 11.) -

농가 갱생책 p.322

- 각 농가의 경제 갱생을 위한 구체적 방책의 수립을 중심으로 하고, 정신 자세의 중요성도 충분히 천명할 것
- 지방의 실정에 따라 식량의 충실, 금전 경제의 수지 균형, 부채 근절을 목표로 하여 연차 계획을 수립할 것

— 농가 경제 갱생 계획 수립에 관한 방침 —

이 자료는 일제가 농민들의 불만을 무마하고 농촌을 효율적으로 통제하기 위해 벌인 농촌 진흥 운동과 관련한 법령들이다.

조선 소작 조정령 p.322

제1조 소작료 기타 소작관계에 대한 쟁의가 발생한 때에는 당사자는 쟁의의 목적인 토지의 소재지를 관할하는 지방법원(합의부가 있는 지방법원 지청을 포함)에 조정 신청을 할 수 있다.
제3조 당사자가 부당한 목적으로 조정 신청을 한 것으로 인정되는 때에는 재판소는 그 신청을 각하할 수 있다.
제22조 조정 절차는 공개하지 아니한다. 다만, 재판소는 상당하다고 인정되는 자의 방청을 허가할 수 있다.

조선 농지령 p.322

제1조 본 법령은 경작을 목적으로 하는 토지의 임대차에 적용한다.
제3조 임대인이 마름 등 소작지의 관리자를 둘 때에는 조선 총독이 정하는 바에 의하여 부윤, 군수에게 신청한다.
제7조 소작지의 임대차 기간은 3년 이상이어야 한다. 다만, 영년 작물의 재배를 목적으로 하는 임대차에 있어서는 7년 이상이어야 한다.
제19조 임대인은 임차인이 배신행위를 하지 않는 한 임대차의 갱신을 거절할 수 없다. 단, 임대인에 정당한 사유가 있는 경우는 제외한다.

조선 농지령은 기존의 소작령을 대폭 수정 보완한 법령으로, 소작인의 소작 기한을 보장해주는 조치였으나, 토지 소유 관계의 근본적 해결은 외면한 미봉책이었다.

관세 폐지 p.322

고무신의 수요 증가에 따라 양말의 사용이 현저히 증가하고 있어 제조업자가 늘어났다. 그러나 …
… 뛰어난 기술과 대량 생산으로 만들어진 일본 상품에 대항할 여력이 없는 상황에서 조선의 제조업자들이 관세 철폐로 인해 큰 타격을 받을 것으로 예상된다.

— 『동아일보』, 1923. 4. 4. —

대륙 병참 기지에 관한 훈시 p.323

제국의 대륙 병참 기지로서 조선의 사명을 명확히 파악해야 하겠다. 이번 사변에 있어 우리 조선은 대중 국 작전군에 대하여 식량, 잡화 등 상당량의 군수 물자를 공출하여 어느 정도의 효과를 올렸다. 그러나 이 정도를 가지고는 아직도 불충분하며 장래 어떤 큰 사태에 직면하였을 때는 가령 어느 기간 동안 중국 대륙 작전군에 대해 일본 내지로부터의 해상 수송이 차단당하는 경우가 있더라도 조선의 힘만으로 이를 보충할 수 있을 정도로 조선 산업 분야를 다각화하며 특히 군수 공업의 육성에 역점을 두어 만전을 기할 필요가 있는 것이다.

— 조선 총독 미나미 —

국가총동원령

제1조 국가 총동원이란 전시(전시에 준할 경우도 포함)에 국방 목적을 달성하기 위해 국가의 전력을 가장 유효하게 발휘하도록 인적 및 물적 자원을 운용하는 것을 말한다.
제2조 정부는 전시에 국가 총동원상 필요할 때는 칙령이 정하는 바에 따라 제국 신민을 징용하여 총동원 업무에 종사하게 할 수 있다.
제4조 정부는 전시에 국가 총동원상 필요할 때에는 칙령이 정하는 바에 따라 제국 신민을 징용하여 총동원 업무에 종사하게 할 수 있다.
제5조 정부는 전시에 국가 총동원상 필요할 때는 칙령이 정하는 바에 따라 제국 신민 및 제국 법인, 기타 단체가 국가, 지방 공공 단체 또는 한국 정부가 지정하는 자가 행하는 총동원 업무에 협력하게 할 수 있다.
제7조 정부는 전시에 국가 총동원상 필요할 때는 칙령이 정하는 바에 따라 노동 쟁의의 예방 혹은 해결에 관하여 필요한 명령을 내리거나 작업소의 폐쇄, 작업 혹은 노무의 중지, 기타의 노동 쟁의에 관한 행위의 제한 혹은 금지를 행할 수 있다.
제8조 정부는 전시에 국가 총동원상 필요할 때는 칙령이 정하는 바에 따라 물자의 생산·수리·배급·양도 기타의 처분·사용·소비·소지 및 이동에 관하여 필요한 명령을 내릴 수 있다.
제20조 정부는 전시에 국가 총동원상 필요할 때는 칙령이 정하는 바에 따라 신문지, 기타 출판물의 게재에 대하여 제한 또한 금지를 행할 수 있다.

- 『조선 총독부 관보』(1938) -

일제가 1938년에 공포한 국가 총동원법이다. 전시 물자 수탈을 위한 이 법령으로 인적, 물적 자원의 수탈이 자행되었다. 이 법령은 수탈을 위한 법령으로, 민족 말살 통치 정책과는 그 성격상 약간의 차이가 있다.

민족 반역자의 발언

• 박제순
일동은 (일왕의) 매우 두텁고 넓은 은혜에 감읍하였을 뿐 아니라, …… 문무겸비하고 밝고 큰 덕을 지닌 폐하로부터 박애인자한 동포들의 지도에 의지하여 …… 넓은 덕에 힘입기를 간절히 원할 뿐입니다.

- 『매일신보』, 1910. 11. 18. -

• 이완용
지금의 조선 인민은 삶 속에서 죽음을 구하는 것은 왜인가? 얼핏 알기 쉽도록 한마디 하니 …… 희망이 있다 할지라도 독립이 되기도 전에 달을 넘겨 만세만 부르는 것이 무슨 의미가 있으리오?

- 『매일신보』, 1919. 4. 9. -

• 노덕술
유진홍은 처음 동래 경찰서에 검거되어 혹독한 취조를 받은 후부터 피를 토하고 몸이 몹시 약해지는 동시에 빈혈증까지 걸려 고통 중에 있어 오던 중 돌연히 병세가 험악하여 …….

- 『동아일보』, 1929. 7. 11. -

• 최창학
국민정신 총동원 조선 연맹의 결성을 앞두고 어제 22일 동 발기인회 석상에서 윤치호 씨는 금 이천 원을 기부하였고 또 뒤를 이어서 최창학 씨는 금 10만 원을 의연하여 동 연맹 결성의 비용과 앞으로 기금으로 사용하도록 의뢰하였다 한다.

- 『동아일보』, 1938. 6. 24. -

- 박흥식

작년 금월 금일 나는 산업 경제계 대표자의 한 사람으로, 특히 반도 출신으로서는 오직 한 사람으로서 황공하옵게도 배알의 광영에 연하였는데 지척에서 용안을 봉배한 때의 감격은 일생을 두고 잊을 수가 없습니다. 우리들 산업 경제계에 있는 사람들은 황공하옵신 대어심에 봉부코자 더욱 노력하지 않으면 안됩니다.

- 김성수

오직 한결같은 순충의 마음으로서 군문에 들어간 우리 학병들의 전도는 승리와 광영이 있을 뿐이다. 이제 대망의 징병이 실시됨을 따라 우리는 학생이 없는 가정이라도 적령기의 청년 남아를 가진 집에서는 모두이며 며칠 동안 반도 전역이 감격으로 환송하는 장쾌한 병역의 성사를 맛보게 될 것이다.

- 이광수

조선인은 쉽게 말하면 제가 조선인인 것을 잊어야 한다. 기억할 필요가 없는 것이다. 나는 일찍이 조선인의 동화는 일본 신민이 되기에 넉넉한 정도면 그만이라는 생각을 가진 일이 있었다. 그러나 나는 지금에 와서는 이러한 신념을 가진다. 즉, 조선인은 전혀 조선인인 것을 잊어야 한다고, 아주 피와 살과 뼈가 일본인이 되어 버려야 한다고. 이것에 진정으로 조선인이 영원히 살 수 있는 유일한 길이 있다고.

- 김활란

이제야 기다리고 기다리던 징병제라는 커다란 감격이 왔다. 이제 우리에게도 국민으로서의 책임을 다 할 기회가 왔고, 그 책임을 다함으로써 진정한 황국 신민으로서의 영광을 누리게 될 것이다. …… 지금까지 우리는 나라를 위하여 귀한 아들을 전장으로 보내는 내지(內地, 일본)의 어머니들을 물끄러미 바라만 보고 있었다. …… 실제로 내 아들이나 남편을 나라에 바쳐 보지 못한 우리에게는 대단히 막연한 일이다. 그러나 우리는 아름다운 웃음으로 내 아들이나 남편을 전장으로 보낼 각오를 가져야 한다. 즉 국가를 위해서는 즐겁게 생명을 바친다는 정신이다. …… 내 남편도 내 아들도 물론 국가에 속한 것이다. …… 이제 진정한 황국 신민으로서의 영광을 누리게 될 것이다.

- 최남선

만주 사변으로부터 중·일 전쟁 내지 대동아 전쟁에 이르는 일련의 전개는 …… 성전이라 이르지 아니하면 다시 무엇이라 일컬으랴. …… 오늘날 대동아인으로서 이 성전에 참가함은 대운 중의 대운임이 다시 의심 없다. 제군! 대동아의 성전은 이름이 비록 동아이지만 이는 실로 신시대 신문화의 창조 운동이며 세계 역사의 개조이다. 일본 국민으로서의 충성과 조선 남아의 의기를 바로 하여 …… 한 사람도 빠짐없이 출진하기를 바라는 바이다.

- 최린

학병이여! 새 역사를 창조하라. 부디 지금까지 간직해 온 정열을 조금도 잃지 말고 끝까지 힘찬 돌진을 하여 대동아 공영권을 건설하는 국가 성업의 위대한 주춧돌이 되어 주기를 바라 마지 않는다.

- 김동환

지금 조선에는 지원병 제도가 실시되어, 겨우 3년 만에 벌써 그 지망자 10만을 헤아리게 되었으니 지금이 바야흐로 상무 정신이 한창 크게 일어나는 때외다. 어서 성장한 자제가 있거든 한 사람이라도 더 많이 지원시켜서 모두 다 군복 입혀 총 메어 저 교련하는 마당에 세워 주세요.

금속 공출

놋그릇을 전부 갖다 바쳐야 했습니다. 숟가락이라도 남겨 두면 아이들을 퇴학시킨다고 겁을 주었기 때문입니다. 그리고 배급을 한 달 치 타 오면 보름밖에 못 먹었는데, 매일 먹지 못해서 얼굴에 부황이 나기도 했습니다. 그때 식량 고생이 심했습니다.

- 남편이 공장 노동자였던 조연수의 증언 -

전쟁과 근로 동원

1944년 4학년이 되자, 개학한 첫날의 조회에서 전원에 대한 '학도 보국 근로령'의 적용을 시달받았다. …… 내용은 간단하다. 앞으로 1년간 학교에는 나올 필요 없이 각기 지정된 현장에서 노동을 한다는 말이다. 이날부터 나는 학생이 아니었다. …… 중학생들은 비행장 닦기, 도로 공사, 군수 화물 나르기, 방공호 파기, 소개할 건물·주택 부수기, 군복 세탁 등에 동원되었다. 우리 학교 학생들은 학과의 전공에 따라 총 포탄 생산, 비행기 제조, 토목 설계, 군수 주물 공장, 화학 공장 등으로 흩어졌다. 이렇게 흩어진 우리는 …… 그 후 그대로 해방이 되었기 때문에 다시는 서로 만나지 못하였다.

- 이영희, 『역정』 -

인력 동원

육해군 지원병, 학병, 징병, 징용, 근로대, 보국대, 특공대, 정신대 등등 사람 잡는 촘촘한 그물에 조선의 남녀노소는 코코이 걸리지 않았던가? 눈과 입과 귀를 막으면 막는 대로 몰면 모는 대로 발버둥 한번 치지 못하고 사지로 향하지 않았던가?

- 『동아일보』, 1946. 1. 21. -

군속 징집

1942년 25세 때 지원병 모집에 응하지 않는다고 주재소에 끌려가 흠씬 두들겨 맞은 다음 일본군 군속으로 강제 소집되어 포로 감시를 맡았다. 일본군은 포로들이 식사도, 수면도 제대로 못 하게 하였다. 포로들을 동원해서 콰이어강의 다리를 만들 때는 4년치 공사를 열 달 만에 끝내기도 하였다. …… 연합군이 승리한 후 일본인은 한국인을 남겨 둔 채 도망갔고, 많은 한국인 포로 감시원은 죽임을 당했다. 그러나 나는 일본군의 눈을 피해 음식을 건네주기도 했기 때문에 살아남을 수 있었다. 살아남은 자 중 일부는 전쟁이 끝나고 열린 군사 재판에서 전범이 되어 처형되기도 하였다.

- 전국역사교사모임, 『마주 보는 한일사 3』 -

징용

- 일본의 비바이 탄광으로 끌려갔다. 머리에는 이가 우글거리고 등허리의 상처는 썩어 문드러지고 있었다. 거기에서 조선어를 사용하면 한 끼 식사를 굶어야만 했는데, 식사라고 해도 콩을 쪄서 난징 쌀과 섞어 먹는 것이다. 국은 소금국으로 건더기는 하나도 없었다. 갱내에서 목이 마르면 갱내의 붉은 물을 마시고는 설사하기가 다반사였다. 그래도 끌고 가서 아침 6시부터 저녁 11시까지 일을 시켰다. - 김대상, 『일제하 강제 인력 수탈사』 -

- 군함도에서는 …… 3명씩 2교대로 12시간씩 나가 일하고 잠을 잤다. 일본식 속옷 차림에 장비를 들고 해저 1,000m로 석탄을 캐러 들어갔다. …… 구타는 일상적이었고, 사고를 당한 동료들은 시체가 돼 갱도를 나갔다. …… 시체 타는 냄새가 섬을 덮었다.

- 『중앙일보』, 2017. 8. 10. -

- 일본에 도착할 때까지 어디로 무엇을 하러 가는지 몰랐다. 훈련소에서 2주간 정신 훈련, 군사 훈련 등을 받은 후 야하타 제철소에 배치되었다. 열차의 선로 전환과 관리를 담당하였고, 외출과 개인행동은 전혀 허용되지 않았다. 3개월쯤 지나 도망치다가 붙잡혀 수 일간 고문당하였다. 회사로부터 월급에 대한 설명은 전혀 듣지 못하였다.

  - 김규수 할아버지의 증언, 2007. 6. -

- "야, 너 일본 가야겠다." 1943년 열아홉 살의 어느 날 면장의 한 마디에 나는 일본인 모집원을 따라 논산 군청으로 갔다. 거기에 있던 55명과 함께 부산항에서 시모노세키까지 가는 관부 연락선을 탔다. 전국 각지에서 끌려 온 장정 3,500명이 배 안을 가득 채웠다. …… 도착한 곳은 규슈 지방 후쿠오카현의 가미야마다 탄광, 일본 최대 재벌인 미쓰비시가 운영하는 작업장이었다. 황국 신민의 도리를 다하라는 훈시를 듣고 채탄 작업에 배치됐다. 식사는 주로 콩깻묵이라 늘 배가 고팠다. 툭하면 갱내에 가스가 차 작업이 중단되곤 했다. 잘못하면 가스가 폭발해 사람이 죽어 나가기도 했다. 도망가다 붙잡히면 잔인한 구타에 이어 탄재를 섞은 시궁창 물을 콧구멍에 들이부으며 고문을 했다.

  - 김호경 외, 『일제 강제 동원, 그 알려지지 않은 역사』 -

일제 강제 징용 피해자에 대한 판결 p.323

대법원 전원 합의체는…… 한·일 청구권 협정으로 강제 징용 피해자들의 개별 손해 배상 청구권이 소멸한 것으로 볼 수 없다고 최종 결론지었다. …… 일본 정부는 식민 지배의 불법성을 인정하지 않은 채, 강제 동원 피해의 법적 배상을 원천적으로 부인하였다. 이러한 상황에서는 강제 동원 위자료 청구권이 사라졌다고 보기 어렵다고 설명하였다.

- 『법률신문』, 2018. 10. 30. -

일본군 '위안부' 할머니들의 증언 p.323

- 며칠 후 손님방에 들어가라고 하였다. 그러니 남자들이 버글버글 끓는 그 무서운 데를 어찌 들어가겠는가? …… 이리저리 숨어 다녔다. 그러다가 얼마나 두들겨 맞았는지. 남자를 받지 않는 여자들을 세워 놓고 작대기로 때렸다. …… 죽을 만큼 두들겨 맞으면서 울기도 많이 울었다. 그때 겪은 것은 말로 다할 수도 없다.

  - 김분선 님 증언 -

- 1938년 봄인지 가을인지 어느 날 혼자 집에 있는데, 두 명의 일본 군인이 왔다. 거짓말로 '군인으로 나가자.'라고 하며 데리고 나왔다. 기차역으로 가서는, 기차의 말 싣는 화물칸에 다른 8명의 여자들과 함께 실렸다. 여자들 중에는 경성의 여자도 있었고, 전라도와 경상도 여자들도 있었다. 그 여자들은 전부 잡혀 온 여자들이었다.

  - 김의경 님 증언, 『한겨레』(2006) -

- 1938년 9월, 놋그릇 공출을 거절하고 성명을 일본식으로 바꾸지 않았다는 이유로 가족이 잡혀갔다. 이 장이 애국 봉사대에 지원하면 아버지가 풀려난다고 하여 지원하였으나, 그 길로 자카르타에 위안부로 끌려갔다.

  - 『사진과 자료로 보는 일본군 '위안부' 피해 여성 이야기』 -

[사료의 정석] 史師 사료한국사

- 1938년 열일곱 살이 되던 해 '처녀 공출'에 걸려들었다. 검은 제복에 별을 두 개 달고 긴 칼을 찬 일본 순사 놈이 나와 친구를 강제로 평양까지 압송했다. 평양역에 도착하니 이미 15명의 조선 여성이 끌려와 있었다. 다른 조선 여성들과 함께 기차와 자동차를 타고 처음 끌려간 곳은 중국 난징에 있는 '긴스이루' 위안소였다. …… 이름도 우다마루로 바뀌었다. 일본군은 하루에 30명 정도 왔다. 저항하면 다락방으로 끌려가서 발가벗겨진 채 매를 맞아야 했다. …… 그 뒤 '이카쿠루' 위안소를 거쳐 최전선 쑹산으로 끌려갔다. 매일 수많은 폭탄과 포탄이 날아와 터졌다. 언제 죽을 지 모르는 처지에서 매일 30~40명의 군인을 상대해야 했다. …… 1944년 부대가 전멸당하기 직전에 만삭의 상태로 탈출했다.
  - 『사진과 자료로 보는 일본군 '위안부' 피해 여성 이야기』 -

- 1943년 1월, 집을 보던 중에 건장한 남자 2명에게 강제로 끌려가 만주에서 위안부 생활을 하였다. 하루 평균 20명쯤의 군인을 상대해야 했고, 한국말을 하거나 남자 받기를 거부하면 구타를 당하였다.
  - 『강제로 끌려간 조선인 군 위안부들』 -

- 1944년 초등학교 6학년 때 일본에 가면 공부를 시켜 준다는 담임의 꼬임에 빠져 끌려갔으나, 사실은 위안부가 되었다. 전쟁이 끝난 후에 고향으로 돌아왔으나 정신대에 갔다 왔다고 사람들이 쑥덕거려서 객지로 나와 살았다. 33세에 결혼을 하였으나 남편에게 죽을 때까지 과거를 말하지 않았다. 지금도 억울한 것은 자식을 낳을 수 없었다는 것이다.
  - 『강제로 끌려간 조선인 군 위안부들』 -

- 12세가 되던 초등학교 6학년 때 교장이 나를 정신대에 보냈다. 아오모리 현에서 위안부로 있다가 귀국하였다. 큰언니는 나의 과거가 창피하다고 말도 못하게 한다. 내 과거가 알려지면 조카들이 시집도 못 간다고 조용히 지내라고만 한다.
  - 『강제로 끌려간 조선인 군 위안부들』 -

- 언니와 나는 따로 군인들에게 끌려갔다. 골목 하나를 지나가니 뚜껑 없는 트럭이 한 대 서 있었다. 거기에는 군인들이 대략 40~50명 정도 타고 있었다. 우리에게 그 트럭에 타라고 해서 안 타겠다고 하니깐 양쪽에서 번쩍 들어 올려 태웠다. 다음 날 컴컴할 때쯤 트럭에 탄 사람들이 모두 내렸다. 컴컴하고 정신도 없어 그날은 대체 거기가 어딘지 짐작도 되지 않았다. 조금 있더니 장교가 방에 들어와 나를 포장 친 옆방으로 데리고 갔다. 언니하고 떨어지는 것만도 무서워서 안 가려고 발버둥을 쳤다. 힘에 끌려 옆방에 가니 그 장교는 강제로 나를 끌어안았다.
  - 김학순 님 증언 -

- 제가 자랑스러울 것 하나 없는 과거사를 들추고 나선 게 돈 몇 푼 더 받기 위해서였겠습니까? …… 대충 마무리 지을 만한데 뭘 자꾸 버티느냐는 식의 일본 쪽 시각은 정말 참을 수가 없습니다. 제가 원하는 것은 일본 정부의 법적 배상금이지 위로금이 아닙니다.
  - 김학순 님, 『경향신문』(2013. 6. 12.) -

화물차 가는 소리(신고산 타령 개작) p.323

신고산이 우루루 화물차 가는 소리에
지원병 보낸 어머니 가슴만 쥐어 뜯고요
어라어랑 어허야
양곡 배급 적어서 콩깻묵만 먹고 사누나
신고산이 우루루 화물차 가는 소리에
정신대 보낸 어머니 딸이 가엾어 울고요
어랑어랑 어허야
풀만 씹는 어미 소 배가 고파서 우누나
신고산이 우루루 화물차 가는 소리에
금붙이 쇠붙이 밥그릇마저 모조리 긁어 갔고요
어랑어랑 어허야
이름 석 자 잃고서 족보만 들고 우누나

1917년생 박성필의 이야기 p.323

일제가 수확의 70%를 빼앗아 가고 우리에겐 30%밖에 안 남았어요. 너무 지나치다고 생각했기 때문에 우리 가족과 땅을 가진 사람들이 모여 의논을 했어요. 경찰 대표자가 왔고 우리는 세금을 내리라고 요구했지요. …… 나중에는 창씨개명을 거부했다는 이유로 …… 여러 차례 얻어맞았지요.
- 힐디 강, 『검은 우산 아래서』 -

CHAPTER 02 민족 독립운동

① 1910년대 국내외의 민족 운동

▨ 복벽주의와 공화주의 　　　　　　　　　　　　　　　　p.324

• 독립을 도모하기 위해서는 먼저 국왕과 왕세자 등 누군가 한 분을 황제로 추대하고 민심을 수습해야 한다. …… 임시 정부가 주장하는 대통령이라든가 공화 정치라든가 하는 것은 믿는 사람이 적다. 반대로 복벽에는 찬성하는 사람이 적지 않다.
　　　　　　　　　　　　　　　　- 대동단 사건 판사 신문 조서, 1919. -

• 전제 군주와 봉건 제도의 적폐가 사라지고 공화 정치의 복음이 널리 퍼져 국민이 국가의 주인이 되는 나라! 이것이 진정한 국가이다.
　　　　　　　　　　　　　　　　- 신채호, 『20세기 신국민』 -

▨ 대한 광복회 서약문 　　　　　　　　　　　　　　　　p.324

오인은 대한의 독립된 국권을 광복하기 위하여 오인의 생명을 희생에 제공함은 물론, 오인이 일생의 목적을 달성하지 못할 시에는 자자손손이 계승하여 수적 일본을 완전히 구축하고 국권을 광복하기까지 절대 불변할 것을 천지신명께 서고함.

> 대한 광복회는 1910년대 국내에서 비밀 결사 조직으로 활동하였으며 군대식 조직을 갖추고, 국내 각지와 만주에까지 지부를 설치하여 독립군 양성에 노력하였다.

▨ 대한 광복회 강령 　　　　　　　　　　　　　　　　p.324

1. 부호의 의연 및 일본인이 불법 징수하는 세금을 압수하여 무장을 준비한다.
2. 남북 만주에 사관 학교를 설치하여 독립 전사를 양성한다.
3. 종래의 의병 및 해산 군인과 만주 이주민을 소집하여 훈련한다.
4. 중아 제국에 의뢰하여 무기를 구입한다.
5. 본회의 군사 행동·집회·왕래 등 일체 연락 기관의 본부를 상덕태상회에 두고 한만 요지와 북경·상해 등에 지점 또는 여관·광무소 등을 두어 연락 기관으로 한다.
6. 일인 고관 및 한인 반역자를 수시 수처에서 처단하는 행형부를 둔다.
7. 무력이 완비되는 대로 일본인 섬멸전을 단행하여 최후 목적을 달성한다.
　　　　　　　　　　　　　　　　- 경상북도 경무부, 『고등 경찰요사』 -

▨ 1910년대 다양한 독립운동 노선 　　　　　　　　　　　　　p.324

• 의친왕(고종의 다섯째 아들)
우리 집안은 남달리 조선 5백 년 동안의 주인으로서 …… 그 이외의 한국인은 하인 또는 손발과 같은 관계인데, 그 하인·손발인 2천만 사람들이 주인을 생각하여 조선 독립을 위해 소요하고 있음에 그 주인이 모르는 체하고 있을 수는 없다.

• 전협(대동단 단장)
우리나라가 오래 군주 국가로 내려온 터이니 지금 대통령을 세운다고 하여도 민족의 단결은 이루어지기 어렵소. 그러니 우리 왕을 하나 세웁시다. 고종 황제의 아드님 한 분을 모시고 상하이로 나가서 …… 임시 정부를 우리 왕통 정부로 만들어 봅시다.
　　　　　　　　　　　　　　　　- 이현주, 『일제하 장지영의 민족운동』 -

- 구춘선(대한 국민회 회장)

임시 정부 이외에 복벽주의 단체들의 군인이 되어 죽는다는 것은 하등의 가치도 없고 어떠한 성공도 이룰 수 없을 것이다. 가치 있고 성공적으로 죽으려 한다면 공화 정부의 군적에 등록하여 공화 정부의 군인이 되어라.

— 『명치백년사총서』 3 —

서간도의 기지 건설   p.325

처음 도착하면 자치구에서 당번들이 나와 누구네 몇 가구, 또 누구네 몇 가구 하며 새로 온 사람들을 돌보게 한다. …… 만주 허허벌판은 '이때부터 흰옷 입은 우리 민족으로 허옇게 덮여 갔다. 멀리서 서로 쳐다만 봐도 든든하였다. 이렇게 되자 애국지사들이 한인 자치 단체를 만들어 엄격한 규율을 세우고 학교도 세웠다. 일본에 빼앗긴 나라를 도로 되찾을 때까지 만주땅에다 하나의 작은 나라를 만들어 운영한 셈이다.

— 허은, 『아직도 내 귀엔 서간도 바람 소리가』 —

남만주 삼원보에 조직된 한족회는 삼권 분립의 원칙이 적용된 중앙조직뿐만 아니라 동포 사회를 효율적으로 이끌어 가기 위한 지방 조직도 갖추고 있었다. 또 독립군의 양성과 작전을 담당하는 군정 기구를 설치하여 무장 독립 전쟁을 준비하였다.

성명회   p.325

아! 해외 재류 우리 동포여! 한번 목을 들어 조국 한반도를 바라보라. 저 아름다운 삼천리 강산은 우리 시조 단군께서 물려주신 것이며 신성한 우리 이천만 동포는 단군의 자손이 아니냐. 우리가 사랑하고 있는 이 반도 산하이다. 잊을래야 잊을 수 없으며 버릴래야 버릴 수가 없구나. 이에 우리는 이천만의 목숨을 희생하는 한이 있더라도 오천 년 이래의 조국을 버릴 수 없으며, 남의 노예가 될 수 없는 것이다. 뜻을 같이 하고 분을 같이 하는 동포들이 궐기하여 성명회를 조직하고 이에 러시아와 청국에 사는 동포에게 공포하는 바이다. …… 한국인은 세계 속에서 대한국(大韓國)의 이름을 간직하고 한국인이라는 지위를 계속 지켜 가기로 다짐하였습니다. 한국인의 과업이 아무리 어렵다 할지라도 자유에 이를 때까지 무기를 들고 일본과 투쟁할 것을 각오하였습니다. 한국인을 옹호해 주십시오. 한국인을 옹호함으로써 귀국은 정의를 옹호하게 되는 것입니다. …… 한국인은 자유를 위해 죽을 각오가 되어 있습니다.

— 노령·연해주 성명회의 선언문, 1910. 8. 17. —

대한 광복군 정부   p.326

1914년 러시아 전역에서 러·일 전쟁 10주년을 맞아 반일 감정이 고조되고 있는 상황에서 이상설, 이동휘, 이종호, 정재관의 주도로 러시아와 중국에 흩어져 있는 동지들을 규합하여 대한 광복군 정부를 조직하고 정통령을 선거하여 군사 업무를 통합하여 지휘하게 하니 정통령은 이상설씨가 되었고, 부통령은 이동휘 씨가 당선되었다. 군대를 비밀리에 편성하고 중국령 나자구에는 사관 학교를 건립하였다. 또 한민족의 러시아 영토 이주 50주년 기념 대회를 열어 군자금을 모으기로 하고 러시아 관리에게 그 허가까지 얻었는데, 같은 해 8월, 뜻밖에 제1차 세계 대전이 일어남에 따라 일제의 간섭이 심해졌다. 권업회가 마침내 해산되고 아울러 신문까지 정간을 당하니 그 신문은 126호로 끝나게 되었다.

— 『아령실기』 —

대한 광복군 정부는 1914년 러시아 블라디보스토크에 세워졌던 망명 정부로, 1911년 항일 독립운동을 목적으로 조직된 권업회가 시베리아와 만주, 미주에 널리 퍼져 있는 무장력을 갖춘 각 독립 운동 단체를 모아 독립 전쟁을 구현할 대한 광복군 정부를 수립하였다.

CHAPTER 02 민족 독립운동

1 1910년대 국내외의 민족 운동

복벽주의와 공화주의 p.324

• 독립을 도모하기 위해서는 먼저 국왕과 왕세자 등 누군가 한 분을 황제로 추대하고 민심을 수습해야 한다. …… 임시 정부가 주장하는 대통령이라든가 공화 정치라든가 하는 것은 믿는 사람이 적다. 반대로 복벽에는 찬성하는 사람이 적지 않다.
- 대동단 사건 판사 신문 조서, 1919. -

• 전제 군주와 봉건 제도의 적폐가 사라지고 공화 정치의 복음이 널리 퍼져 국민이 국가의 주인이 되는 나라! 이것이 진정한 국가이다.
- 신채호, 『20세기 신국민』 -

대한 광복회 서약문 p.324

오인은 대한의 독립된 국권을 광복하기 위하여 오인의 생명을 희생에 제공함은 물론, 오인이 일생의 목적을 달성하지 못할 시에는 자자손손이 계승하여 수적 일본을 완전히 구축하고 국권을 광복하기까지 절대 불변할 것을 천지신명께 서고함.

> 대한 광복회는 1910년대 국내에서 비밀 결사 조직으로 활동하였으며 군대식 조직을 갖추고, 국내 각지와 만주에까지 지부를 설치하여 독립군 양성에 노력하였다.

대한 광복회 강령 p.324

1. 부호의 의연 및 일본인이 불법 징수하는 세금을 압수하여 무장을 준비한다.
2. 남북 만주에 사관 학교를 설치하여 독립 전사를 양성한다.
3. 종래의 의병 및 해산 군인과 만주 이주민을 소집하여 훈련한다.
4. 중아 제국에 의뢰하여 무기를 구입한다.
5. 본회의 군사 행동·집회·왕래 등 일체 연락 기관의 본부를 상덕태상회에 두고 한만 요지와 북경·상해 등에 지점 또는 여관·광무소 등을 두어 연락 기관으로 한다.
6. 일인 고관 및 한인 반역자를 수시 수처에서 처단하는 행형부를 둔다.
7. 무력이 완비되는 대로 일본인 섬멸전을 단행하여 최후 목적을 달성한다.
- 경상북도 경무부, 『고등 경찰요사』 -

1910년대 다양한 독립운동 노선 p.324

• 의친왕(고종의 다섯째 아들)
우리 집안은 남달리 조선 5백 년 동안의 주인으로서 …… 그 이외의 한국인은 하인 또는 손발과 같은 관계인데, 그 하인·손발인 2천만 사람들이 주인을 생각하여 조선 독립을 위해 소요하고 있음에 그 주인이 모르는 체하고 있을 수는 없다.

• 전협(대동단 단장)
우리나라가 오래 군주 국가로 내려온 터이니 지금 대통령을 세운다고 하여도 민족의 단결은 이루어지기 어렵소. 그러니 우리 왕을 하나 세웁시다. 고종 황제의 아드님 한 분을 모시고 상하이로 나가서 …… 임시 정부를 우리 왕통 정부로 만들어 봅시다.
- 이현주, 『일제하 장지영의 민족운동』 -

• 구춘선(대한 국민회 회장)
임시 정부 이외에 복벽주의 단체들의 군인이 되어 죽는다는 것은 하등의 가치도 없고 어떠한 성공도 이룰 수 없을 것이다. 가치 있고 성공적으로 죽으려 한다면 공화 정부의 군적에 등록하여 공화 정부의 군인이 되어라.

- 『명치백년사총서』 3 -

서간도의 기지 건설 p.325

처음 도착하면 자치구에서 당번들이 나와 누구네 몇 가구, 또 누구네 몇 가구 하며 새로 온 사람들을 돌보게 한다. …… 만주 허허벌판은 '이때부터 흰옷 입은 우리 민족으로 허옇게 덮여 갔다. 멀리서 서로 쳐다만 봐도 든든하였다. 이렇게 되자 애국지사들이 한인 자치 단체를 만들어 엄격한 규율을 세우고 학교도 세웠다. 일본에 빼앗긴 나라를 도로 되찾을 때까지 만주땅에다 하나의 작은 나라를 만들어 운영한 셈이다.

- 허은, 『아직도 내 귀엔 서간도 바람 소리가』 -

남만주 삼원보에 조직된 한족회는 삼권 분립의 원칙이 적용된 중앙조직뿐만 아니라 동포 사회를 효율적으로 이끌어 가기 위한 지방 조직도 갖추고 있었다. 또 독립군의 양성과 작전을 담당하는 군정 기구를 설치하여 무장 독립 전쟁을 준비하였다.

성명회 p.325

아! 해외 재류 우리 동포여! 한번 목을 들어 조국 한반도를 바라보라. 저 아름다운 삼천리 강산은 우리 시조 단군께서 물려주신 것이며 신성한 우리 이천만 동포는 단군의 자손이 아니냐. 우리가 사랑하고 있는 이 반도 산하이다. 잊을래야 잊을 수 없으며 버릴래야 버릴 수가 없구나. 이에 우리는 이천만의 목숨을 희생하는 한이 있더라도 오천 년 이래의 조국을 버릴 수 없으며, 남의 노예가 될 수 없는 것이다. 뜻을 같이 하고 분을 같이 하는 동포들이 궐기하여 성명회를 조직하고 이에 러시아와 청국에 사는 동포에게 공포하는 바이다. …… 한국인은 세계 속에서 대한국(大韓國)의 이름을 간직하고 한국인이라는 지위를 계속 지켜 가기로 다짐하였습니다. 한국인의 과업이 아무리 어렵다 할지라도 자유에 이를 때까지 무기를 들고 일본과 투쟁할 것을 각오하였습니다. 한국인을 옹호해 주십시오. 한국인을 옹호함으로써 귀국은 정의를 옹호하게 되는 것입니다. …… 한국인은 자유를 위해 죽을 각오가 되어 있습니다.

- 노령·연해주 성명회의 선언문, 1910. 8. 17. -

대한 광복군 정부 p.326

1914년 러시아 전역에서 러·일 전쟁 10주년을 맞아 반일 감정이 고조되고 있는 상황에서 이상설, 이동휘, 이종호, 정재관의 주도로 러시아와 중국에 흩어져 있는 동지들을 규합하여 대한 광복군 정부를 조직하고 정통령을 선거하여 군사 업무를 통합하여 지휘하게 하니 정통령은 이상설씨가 되었고, 부통령은 이동휘 씨가 당선되었다. 군대를 비밀리에 편성하고 중국령 나자구에는 사관 학교를 건립하였다. 또 한민족의 러시아 영토 이주 50주년 기념 대회를 열어 군자금을 모으기로 하고 러시아 관리에게 그 허가까지 얻었는데, 같은 해 8월, 뜻밖에 제1차 세계 대전이 일어남에 따라 일제의 간섭이 심해졌다. 권업회가 마침내 해산되고 아울러 신문까지 정간을 당하니 그 신문은 126호로 끝나게 되었다.

- 『아령실기』 -

대한 광복군 정부는 1914년 러시아 블라디보스토크에 세워졌던 망명 정부로, 1911년 항일 독립운동을 목적으로 조직된 권업회가 시베리아와 만주, 미주에 널리 퍼져 있는 무장력을 갖춘 각 독립 운동 단체를 모아 독립 전쟁을 구현할 대한 광복군 정부를 수립하였다.

박용만과 대조선 국민군단

박용만은 강원도 철원 사람이며 그의 숙부가 미주로 왔던 연줄로 1904년 유학생으로 미국에 오게 되었다. 네브래스카 대학 정치학과를 졸업하고 샌프란시스코의 신한 민보 주필로 일하면서 국민 개병설을 외친 사람이다. 박용만은 우리나라의 독립은 우리나라 사람의 힘으로 군인을 양성하여 주권을 회복해야 한다고 주장하였다. 이러한 그의 신념은 한국의 독립은 외교를 통해 이루어져야 한다는 이승만의 사상과 전적으로 대립되는 것이었으며, 이로 인한 충돌은 두 사람이 함께 일하던 하와이에서 심화되었다. 박용만은 네브래스카와 신한민보의 일을 정리하고 하와이 국민회 초청으로 하와이에 가서 국민군단을 조직하였다. 장소는 오아후 섬의 기후루이 지방의 아후마누 농장이었으며, 안원규와 박종수가 파인애플 농장을 기부하고 와히아와에서 농사를 짓던 임응천, 한태경, 한치운, 이치영 등이 금전을 기부하여 군단 성립이 가능하였던 것이다. 군제(軍制)는 미국 군제를 따랐으나 총은 사용하지 못하고 목총(木銃)으로 대신하였다.

— 서대숙, 『미주에서의 투쟁』 —

2 3·1 운동과 대한민국 임시 정부 수립

한국 유림의 '파리 장서 사건'

아! 우리 한국은 천하 만방의 하나입니다. 영토가 삼천리이고 국민이 2천만이며 4천여 년을 유지 보존하면서 반도의 문명을 잃지 않았으니, 또한 만방에서 제외될 수 없습니다. …… 우리 한국은 비록 작지만, 2천만 국민과 4천 년 역사를 지니고 있으니, 족히 나라 일을 담당할 사람이 부족하지 않거늘, 애당초에 어찌 인국(隣國)의 대치(代治)를 바라겠습니까? …… 10년간 고통 받은 사실을 갖추어 천애(天涯)의 만 리 밖에서 서신을 드리니, 참으로 비통하고 절박한 심정에 말할 바를 모르겠습니다.

— 독립 청원서(파리 장서, 1917) —

이 독립 청원서는 유림들이 작성하였으나 일제에 발각되어 파리로 가져가지 못하고 당시 신한 청년당 대표로 파리에 있던 김규식에게 보내졌다. 당시 많은 민족 운동가들이 군사적으로 일제에 대항하기 어려우므로 세계적인 기류에 편승해 독립을 요청해야 한다고 보았다.

윌슨의 14개조 평화 원칙(1918)

제1조 공개적으로 체결된 강화 조약 외에 어떠한 비밀 외교도 있을 수 없다.
제5조 모든 식민지 문제를 결정하는 데에는 해당 식민지 주민의 이해가, 그 지배권에 대한 결정권을 가지는 정부의 정당한 요구와 동등한 비중을 가진다.
제14조 강대국과 약소국을 막론하고 동등하게 정치적 독립 및 영토 보전의 상호 보장을 목적으로 특정한 협정 아래 국제 연맹 기구를 구성한다.

민족과 식민지 문제에 대한 테제(1920)

민족과 식민 문제에 대한 코민테른의 모든 정책은 지주와 부르주아를 타도하기 위한 혁명적인 투쟁의 연대를 위해, 모든 국가 및 민족의 프롤레타리아와 노동 대중의 밀접한 연합에 초석을 두어야 한다. 이것만이 자본주의에 대한 승리를 보장하며, 이것 없이 국가 간의 억압과 불평등을 제거하는 일은 불가능하기 때문이다.

— 레닌(1870~1924) —

대동단결 선언(1917)   p.327

융희 황제가 삼보(토지, 인민, 정치)를 포기한 8월 29일은 즉 우리 동지가 삼보를 계승한 8월 29일이니 그동안에 한순간도 숨을 멈춘 적이 없음이라. 우리 동지는 완전한 상속자니 저 황제권 소멸의 때가 곧 민권의 발생의 때요, 구한국 최후의 날은 곧 신한국 최초의 날이니, 무슨 까닭이오. 우리 한(韓)은 무시(無始) 이래로 한인의 한이오, 비한인의 한이 아니라. 한인 간의 주권 수수는 역사상 불문법의 국헌(國憲)이오, 비한인에게 주권을 양여하는 것은 근본적으로 무효요, 한국의 국민성이 절대 불허하는 바이라. (신규식 등 14인)

대한 독립 선언서(무오 독립 선언, 1919)   p.327

정의는 무적의 칼이니 이로써 하늘에 거스르는 악마와 나라를 도적질하는 적을 한 손으로 무찌르라. 일제히 궐기하라 독립군! …… 한 번 죽음은 인간이 면할 수 없는 바이니, 개돼지와 같은 일생을 누가 구차히 도모하겠는가? 살신성인하면 2천만 동포는 마음과 몸을 부활하니 어찌 일신을 아끼며, 집안 재산을 바쳐 나라를 되찾으면 3천리 옥토는 자기의 소유이니 어찌 일가(一家)를 아끼랴. …… 국민의 본령을 자각한 독립임을 기억하고 동양의 평화를 보장하고 인류의 평등을 실시하기 위한 자립임을 명심하여, 황천皇天의 명령을 받들고 일체의 못된 굴레에서 해탈하는 건국임을 확신하여 육탄 혈전으로 독립을 완성하라.

2·8 독립 선언서(1919)   p.327

우리 민족은 정당한 방법으로 우리 민족의 자유를 추구할지나 만일 이로써 성공하지 못하면 우리 민족은 생존의 권리를 위하여 온갖 자유행동을 취하여 최후의 일인까지 자유를 위한 뜨거운 피를 흘릴지니 …… 일본이 만일 우리 민족의 정당한 요구에 불응할진대 우리 민족은 일본에 대하여 영원히 혈전을 선언하노라.
1. 본 단체는 한일 병합이 우리 민족의 자유의사에서 나온 것이 아니며 우리 민족의 생존 발전을 위협하고 동양의 평화를 어지럽히는 원인이 된다는 이유로서 독립을 주장함.
2. 본 단체는 일본 의회와 정부에 조선 민족 대회를 소집하여 대회의 결의로 우리 민족의 운명을 결정할 기회를 주기를 요구함.
3. 본 단체는 만국 평화 회의의 민족 자결주의를 우리 민족에게 적용하기를 요구함.
4. 전 항의 요구가 실패할 때에는 일본에 대하여 영원히 혈전을 선언함.
                                        - 조선 청년 독립단의 독립 선언 결의문 -

기미 독립 선언서(1919)   p.327

오등은 이에 아我 조선의 독립국임과 조선인의 자유민임을 선언하노라. 이로써 세계만방에 고하여 인류 평등의 대의를 극명하며, 이로써 자손만대에 고하여 민족자존의 정권을 영유하게 하노라. 반만년 역사의 권위를 장하여 이를 선언함이며, 2천만 민중의 충성을 합하여 이를 표명함이며, 민족의 항구여일한 자유 발전을 위하여 이를 주장함이며, 인류적 양심으로 발로에 기인한 세계 개조의 대기운에 순응 병진하기 위하여 이를 제기함이니, …… 병자 수호 조규 이래 여러 차례 굳은 약속을 깨뜨렸다 하여 일본이 신의가 없다고 죄하려 아니하노라. 학자는 강단에서 정치가는 실제에서, 우리의 조종세업(祖宗世業)을 식민지시하고, 우리 문화 민족을 토매인우(土昧人遇)하여, 한갓 정복자의 쾌를 탐할 뿐이요, 우리의 오래된 사회 기초와 탁월한 민족의 심리를 무시한다 하여 일본의 소의함을 책하려 아니하노라. …… 오늘날 우리의 맡은 바 임무는 다만 자기의 건설이 있을 뿐이요, 결코 타인의 파괴에 있지 아니하도다.

공약 3장

제1장 금일 오인의 차거(此擧)는 정의, 인도, 생존, 존영을 위하는 민족적 요구이니, 오직 자유적 정신을 발휘할 것이오, 결코 배타적 감정으로 일주(逸走)하지 말라.
제2장 최후의 일인까지, 최후의 일각까지 민족의 정당한 요구를 쾌히 발표하라.
제3장 일체의 행동을 가장 질서를 존중하야, 오인의 주장과 태도로 하여금 어디까지든지 광명정대하게 하라.

3·1 운동의 전개

- 문득 탑골 공원에서 대한 독립 만세 …… 쇠를 치는 듯한, 뼈가 저린, 숨이 찬, 불평이 가득한 청년들의 피소리가 난다. …… 날카로운 칼을 든 일본 순사들이 우리의 피가 끓는 청년들을 잡아서 종로 경찰서 안으로 끌고 간다. …… 청년단은 종로에서 경운궁 앞으로 가더니 대한문 안까지 진입하였다가 거기서 진고개의 일본인 거주지로 들어갔다. 남자뿐만 아니라 여학생도 많다.

— 『김경천 일기』 —

- 1919년 4월 1일, 경남 밀양에서 윤수선이 "부산에서는 학생들이 독립을 위해 만세를 외친다."라고 하자, 김성선과 강덕수가 만세 시위를 제안하였다. 윤차암과 박소수도 이에 동의하였다. …… 모두 20~30명에 달하자 박차용은 나팔을 불며 선두에 서고, 다른 사람들은 독립 만세를 외치며 행진하였다.

— 윤차암 등의 판결문(일부)

- 이장옥은 군중 약 1,500명과 함께 '조선 독립 만세'라고 쓴 깃발을 세우고 독립 만세를 외쳤으며, 헌병 주재소에 달려들어 돌을 던졌다.

— 밀양 승려 이장옥 등의 판결문(일부)

- 29일 오전 11시 30분경에 수원 조합 기생원들이 자혜 의원으로 검사를 받기 위하여 들어가다가 경찰서 앞에서 만세를 부르며 몰려 병원 안으로 들어가 뜰 앞에서 만세를 연이어 부르다가 …….

— 『매일신보』, 1919. 3. 31. —

- 천안군 직산 금광의 한국인 광부 100여 명이 지난 27일 밤에 양대 헌병 주재소에 몰려가서 함성을 지르며 돌을 던지는 것을 해산하라 하였으나 …… 광주 시내의 한국인 상점은 26일부터 갑자기 철시(撤市)하고 일제히 휴업하여 오는 모양인데 ……. 강경에서 지난 장날에 군중 일단이 소요를 일으킨 사실을 이미 보도한 바이니 그때 주모자 17명을 검거한 이후로 잠시 진정되었더니 20일 장날에 또 군중이 태극기를 들고 만세를 불러 …….

— 『매일신보』, 1919. 4. 1. —

- 우리는 수천 명의 다른 학생, 시민들과 함께 대오를 이루어 노래를 부르고 구호를 외치면서 거리를 누볐다. 나는 너무나 기뻐서 가슴이 터질 것만 같았다. 모든 사람들이 환호하였다. 나는 흥분한 나머지 하루 종일 밥 먹는 것도 잊어버렸다. 3월 1일 끼니를 잊은 조선인이 수백만 명은 될 것이다.

— 님 웨일즈, 『아리랑』 —

• "3월 5일, 나는 여러 사람들과 함께 사랑하는 조국의 자유를 절규하면서 남대문을 떠나 행진하고 있었다. …… 서울역에서 종로를 향해 전진하면서 '만세'를 목이 터지도록 외쳤다. 그런데 우리가 덕수궁 가까이에 이르자, 갑자기 일본 경찰이 몰려들었고, 그중에 한 경관은 내 머리카락을 뒤에서 잡아당기고서 무섭게 나를 땅에 넘어뜨렸다. 발길이 사정없이 내 얼굴과 배를 찼다. …… 손과 발에는 피가 흘러 진흙처럼 묻었고, 몸은 검고 퍼렇게 멍이 들고 있었다."
- 민경배 역, 「일경에게 붙잡힌 한 한국 소녀의 경험」, 『기독교 사상』 -

3·1 운동 관련 신문 조서 p.328

문: 오늘 많은 조선인을 지휘하여 솔선하여 선동한 것은 그대가 틀림없겠지.
답: 그렇다. 오늘 오후 1시경 내가 갑자기 군중이 집합한 것을 보고 있다가 떠들게 된 것은 내가 처음 종로 1가의 큰길에서 '만세 만세'를 부르자 일반 조선인 등이 집합해 와서 부화뇌동한 것이다. 실로 만족해 마지않는다.
문: 그대가 이태왕(李太王) 전하 국장 전일에 애도의 뜻을 표하지 않고 일반 민중을 선동하고 만세를 부르면서 소동을 부린 것은 무슨 뜻인가.
답: 우리들은 우리 민중들과 같이 기뻐하면서 독립을 축하함과 동시에 이태왕 전하의 영혼도 만족할 것이라고 생각한다. 그래서 나쁜 일이라고 생각지 않는다.
- 국사 편찬 위원회, 『한민족 독립 운동사 자료집』, 김영진 신문 조서 -

외국 언론의 3·1 운동 보도 p.328

• 조선의 독립운동은 결코 두세 명의 유식 계급이 벌인 행위가 아니다. 또 과격주의자의 선동도 아니다. 이는 실로 조선 전체의 인민, 모든 종교, 모든 계급에 속하는 남녀 전체의 감정과 의사이다. 다른 나라의 패권 및 군국적 압박으로부터 이탈하고자 하는 강탈할 수 없는 신성한 권리의 주장이다.
- 『뉴욕타임즈』 -

• 정의와 휴머니티를 앞세운 한국이 독립 선언을 하였다. 선언문에서 "우리의 독립 선언은 현재의 고통스러운 상처를 없애고 불법적인 일본의 압제에서 벗어나 후손들에게 부끄러운 유산이 아닌 영원한 자유를 물려주기 위함이다. …… 이 투쟁은 일본에 복수하기 위한 것이 아니라 소수의 일본 정치인들이 폭력적인 정책으로 저지른 잘못들을 바로잡기 위함이다."라고 당당히 외쳤다.
- 『뉴욕타임즈』, 1919. 3. 13. -

• 이집트 및 한국의 독립운동은 인민 자치권의 문제와 함께 더욱 중요한 인민의 자치 능력의 문제를 포함하고 있다. 한국과 이집트는 함께 이 능력을 결여하고 있기 때문에 영·일의 치하에 귀속된 것이다. …… 일본으로 하여금 한국인에게 자치를 약속하고 점차 이를 교도하여 진보된 정치사상을 고취함이 바람직하다.
- 『뉴욕타임즈』, 1919. 3. 20. -

• 한인들이 의거를 일으키는 것은 일본의 무도함 때문이다. 일본이 한인의 국가사상 소멸과 독립에 대한 희망을 파괴하려고 시도한 지 십여 년이 되었다. …… 한국인의 이번 독립운동으로 한인에 대해 더욱 잔혹해졌다. 오직 세계에 일본의 폭력성을 알리는 데 더 큰 의미가 있다. 일본이 비록 이를 감춘다고 할지라도 이미 천하에 드러났으니 이것은 한국인의 한 줄기 희망이다.
- 『민국일보』, 1919. 3. 23. -

- 이번 한국의 독립운동은 위대하고 비장하다. 그들은 정확한 이념을 가졌고, 무력이 아니라 민의를 바탕으로 운동을 끌어가는 세계 혁명사의 신기원을 개척하였다.

— 중국『매주평론』, 1919. 3. 23. —

- 일본 정부는 한국을 일제의 한 지방으로 만들어 버리는 데 성공하리라고 믿었다. 그러기에 일본은 한국의 언어를 말살하고, …… 옛 전통을 말살하는 방법을 취했다. 멀리서 우리에게까지 전해진 한국인들의 고난의 절규를 강화 회의가 묵살해 버릴 것이 확실하다. 그러나 우리는 알자스로렌 지방을 해방한 뒤에도 한국인이 영원히 노예상태에 머물러 있게 됨을 그대로 참고 보고만 있어야 할 것인가.

—『앙탕트』, 1919. 7. 7. —

일본 언론의 보도 p.328

- 3월 중순경부터 경상남북 양도, 특히 불온한 주민의 소굴인 안동을 중심으로 폭도가 빈발하였다. …… 불량한 한국인의 선동이 군중을 몰아 제멋대로 흉폭함을 드러내는 경향이 있어서 관권(조선 총독부)은 주모자를 검거하고, 이에 대한 적극적인 진압에 힘쓰고 있다. 그러나 상황이 앞에 쓴 바와 같으므로 이를 진압하는 데에 부득이 무기를 사용하기에 이르렀기 때문에 …….

—『아사히 신문』, 1919. 4. 6. —

- 조선에서 일어난 소란이 점차 악화되고 운동 방법도 격렬하게 바뀌었다. 속히 진정시킬 필요가 있어 병력에 의하여 토멸하기로 하였다. 특히 시베리아는 과격파에 투입한 다수 조선인이 있고, 이전부터 쭉 간도 방면으로 남하하려는 정세도 있어 급속히 토벌하기로 하였다.

—『매일신보』, 1919. 4. 13. —

일제의 보도 금지 p.328

사건의 발단은 조선의 사실상 마지막 황제 고종의 인산일(因山日)을 이틀 앞둔 3월 1일부터 시작되었다. 그러나 소요의 기미가 있는데, 설사 독립운동과 같은 사건이 한국에서 일어나더라도 이에 대해 일체의 보도를 하지 말라는 경시청장의 통고문을 접수한 것은 이보다 앞선 1월 28일의 일이었다. 2월 14일에도 한국인의 독립 선언문 보도 금지 명령이 내려졌다. 2월 19일『재팬크로니클』지는 보도 금지된 사실과 선언문을 배포한 사람들이 비밀 재판을 받고 1년간의 징역을 선고받은 사실을 담은 기사를 크게 보도하였다. …… 그러나 2월 19일 기사 보도 후 경찰 당국으로부터 판매 금지를 당하고 말았다.

— 재팬 크로니클,『한국의 독립운동』—

비폭력 투쟁에 대한 일제의 폭력 진압 p.328

- 시위를 목격한 외국인들의 말에 의하면, 이번 시위는 그들이 이제까지 목격한 것 중에서 가장 특이한 것 중의 하나였다고 한다. 새롭게 눈을 뜬 자유로 맥박이 고동치는 이 거대한 백의의 군중은, 그들에게 아무런 명분도 없이 고문과 약탈을 자행해 온 바로 그 일본인들에 의해 사방이 포위되었다. 그러나 시위대는 일본인들의 과오에 대해 보복을 하지 않았는데, 이는 그와 같은 행동을 하는 것은 조국의 명예를 더럽히는 것이라고 생각했기 때문이었다.

— C.W. 켄들,『한국 독립운동의 진상』—

• 그때 인심은 극도로 동요되고 학생은 교복을 벗고 백의에 흰 헌팅(모자)을 쓰고 서로 만나는 대로 인사뿐이요, 말은 하나도 건네지 않고 학생들의 강한 의지는 불타고 있었다. 거리의 긴장은 무서웠고, 비밀 신문 수십 종이 발행되어 돌며 거리마다 만세 소리가 물 끓듯 컸는지라 일경은 말을 타고 3척 가량이나 되는 철 망치를 휘두르며, 소방부는 몽둥이를 들고 발광하듯이 우리 동포를 사상케 하였고, 거리며 동리 어귀마다 변장한 왜경이 서서 가해를 하니.

- 『신천지』(1946) -

제암리 사건 p.328

그들(선교사들과 외교관)은 이야기로 전해 들은 것보다도 훨씬 더 참혹한 장면 폐허가 된 제암리와 제암리 순국 기념탑을 목격하였다. (제암리) 교회는 재만 남았고, 그 근처에는 숯처럼 까맣게 타 버린 시체뿐이었으며, 타 들어간 시체 냄새로 속이 메슥거릴 정도였다. 곡식 창고와 가축들도 같이 타 버렸다. 일본군이 각 가정을 방문하여 남자들을 모두 (제암리) 교회로 모이게 한 뒤, 교회에 불을 질러 이들을 불에 타 죽게 하였다. 누군가가 교회를 빠져나와 도망치려고 하면 총으로 쏴서 죽였다.

- 노블, 『노블 일지(1892~1934)』 -

3·1 운동에 대한 중국·인도의 시각 p.328

• 이번 조선 독립운동은 위대하고 간절하며 비장한 동시에 명료하고 정확한 관념을 갖추어 민의를 사용하되 무력을 사용하지 않음으로써 세계 혁명사의 신기원을 열었다. 우리는 이에 대해 찬미·비통·흥분·희망·부끄러움 등의 여러 가지 느낌을 갖게 된다. 우리는 조선의 자유사상이 이로부터 발전하기를 희망한다. 우리는 조선 민족이 머지않아 독립 자치의 영광을 발견할 수 있을 것으로 믿는다.

- 천두슈, 『조선 독립운동의 감상』 -

• 코리아는 조용한 아침의 나라라는 뜻의 조선이라는 옛 지명으로 다시 일컬어지고 있다. 일본은 코리아에서 어느 정도 근대적인 개혁을 실시했으나 한편 한민족의 정신을 가차 없이 유린했다. 코리아에서는 오랫동안 독립을 위한 항쟁이 계속되어 여러 차례 폭발했다. 그 가운데서도 중요한 것은 1919년의 독립 만세 운동이었다. 한민족, 특히 청년 남녀는 우세한 적에 맞서 용감히 투쟁했다. …… 그들은 이와 같이 자신들의 이상을 위해 희생하고 순국했다. 일본이 한민족을 억압한 것은 역사상 보기 드문 쓰라린 암흑의 일막이다. 코리아에서는 대학을 갓 졸업한 젊은 여성과 소녀가 투쟁에서 중요한 역할을 하고 있다는 사실을 안다면 너도 틀림없이 깊은 감동을 받을 것이다.

- 네루, 『세계사 편력』 -

윤치호의 3·1 운동 인식 p.328

조선의 독립 문제는 파리 강화 회의에 상정될 기회가 없을 것이다. 유럽의 열강이나 미국이 조선의 독립을 지지해 일본의 심기를 건드릴 만큼 그렇게 어리석지 않다. 설령 독립이 주어진다 하더라도, 우리는 독립에 의해서 이득을 볼 준비를 갖추지 못하였다. 약소 민족이 강성한 민족과 함께 살아야 한다면, 자기 보호를 위하여 그들의 호감을 사야 한다. 학생들의 이 어리석은 소요는 무단 통치를 연장시킬 뿐이다. 만약 거리를 누비며 만세를 외쳐서 독립을 얻을 수 있다면, 이 세상에 남에게 종속된 국가나 민족은 하나도 없을 것이다. 천도교 인사들 같은 음모꾼에게 속아서는 안 된다.

「독립가」 4·8 독립 만세 운동
p.328

터졌구나 터졌구나 조선 독립성(소리) / 십 년을 참고 참아 이제 터졌네
삼천리의 금수강산 이천만 민족 / 살아 있구나 살아 있구나 이 한소리에
피도 조선 뼈도 조선 이 피 이 뼈는 / 살아 조선 죽어 조선 조선 것이라
한 사람이 불러도 조선 노래 / 한 곳에서 나와도 조선 노래

3·1 운동 이후의 독립 선언문
p.328

지난 기미년(1919)의 독립 만세 운동은 곧 우리의 전통적인 독립의 의지를 만방에 천명한 것이고 국제 정세의 순리에 병진하는 자유·정의·진리의 함성이었습니다. 그럼에도 일본의 무력적인 압박으로 우리의 자유와 평등을 주장한 이 자주 독립운동은 몹시 가슴 아프게도 꺾이었습니다. …… 우리는 일어나야 합니다. 그래서 섬나라 사람은 섬으로 보내고 대한 사람은 대한을 지켜야 합니다.
- 『자주독립 선언문』, 1922 -

임시 정부 상하이 통합안
p.328

1. 상하이와 러시아령에서 설립한 정부들을 일체 해소하고 오직 국내에서 13도 대표가 창설한 한성 정부를 계승할 것이니 국내의 13도 대표가 민족 전체의 대표임을 인정함이다.
2. 정부의 위치는 아직 상하이에 둘 것이니 각지의 연락이 비교적 편리하기 때문이다.
3. 상하이에서 설립한 제도와 인선을 없는 것으로 하고, 한성 정부의 집정관 총재 제도와 그 인선을 채택하되 상하이에서 정부 수립 이래에 실시한 행정은 그대로 유효를 인정할 것이다.
4. 정부의 명칭은 대한민국 임시 정부라 할 것이니 독립 선언 이후에 각지를 원만히 대표하여 설립된 역사적 사실을 살리기 위함이다.
- 주요한, 『안도산 전서』 -

상하이 통합 반대안
p.328

만주와 연해주처럼 국내와 접해 있는 지역에서도 국내와의 연락을 충분히 할 수 없으며, 또 마음대로 활동할 수 없는데, 상하이와 같이 원격지이며 타국의 영토 안에 있으면서 어떤 일을 할 수 있으리라고 생각되지 않는다.
- 문창범의 제안, 강덕상 엮음, 『현대사 자료』 -

대한민국 임시 헌장(1919. 4. 11)
p.329

제1조 대한민국은 민주 공화제로 함
제2조 대한민국은 임시 정부가 임시 의정원의 결의에 의하여 이를 통치함
제3조 대한민국의 인민은 남녀 귀천 및 빈부의 계급이 없고 일체 평등임
제4조 대한민국의 인민은 종교·언론·저작·출판·결사·집회·통신·주소 이전·신체 및 소유의 자유를 향유함
제5조 대한민국의 인민으로 공민 자격이 있는 자는 선거권 및 피선거권이 있음
제6조 대한민국의 인민은 교육 납세 및 병역의 의무가 있음
제7조 대한민국은 신(神)의 의사에 의하여 건국한 정신을 세계에 발휘하며 나아가 인류의 문화 및 평화에 공헌하기 위하여 국제연맹에 가입함

제8조 대한민국의 구황실을 우대함
제9조 생명형 신체형 및 공창제를 모두 폐지함
제10조 임시 정부는 국토 회복 후 만 1년 내에 국회를 소집함

대한민국 원년 4월
임시 의정원 의장 이동녕 / 임시 정부 국무총리 이승만
내무총장 안창호 / 외무총장 김규식 / 법무총장 이시영
/ 재무총장 최재형 / 군무총장 이동휘 / 교통총장 문창범

개정 공포된 신헌법

p.329

八月二十八日로 九月十一日까지 半個月間의 討議修正으로 通過된 大韓民國 臨時憲法은 去 十一日에 公布되다

大韓民國 臨時憲法

我大韓人民은 我國이 獨立國임과 我族이 自由民임을 宣言하였도다 此로써 世界萬邦에 告하야 人類平等의 大義를 克明하였으며 此로써 子孫萬代에 誥하야 民族自存의 正權을 永有케 하였도다 半萬年 歷史의 權威를 代하야 二千萬 民族의 誠忠을 合하야 民族의 恒久如一한 자유 발전을 爲하야 조직된 大韓民國의 人民을 代表한 臨時議政院은 民意를 體하야 元年(一九一九) 四月十一日에 發布한 十介條의 臨時憲章을 基本삼아 本臨時憲法을 제정하야써 公理를 唱明하며 公益을 증진하며 國防及內治를 籌備하며 政府의 基礎를 鞏固하는 保障이 되게 하노라

第一章
第一條 大韓民國은 大韓人民으로 組織함
第二條 大韓民國의 主權은 大韓人民 全體에 在함
第三條 大韓民個의 疆土는 舊韓國의 版圖로 함
第四條 大韓民國의 人民은 一切 平等함
第五條 大韓民國의 立法權은 議政院이 行政權은 國務院이 司法權은 法院이 行使함
第六條 大韓民國의 主權行使는 憲法範圍內에서 臨時大統領에게 全任함
第七條 大韓民國은 舊皇室을 優待함
第八條 大韓民國의 人民은 法律範圍內에서 左列 各項의 自由를 享有함
　一. 信敎의 自由
　　　　　　　……
第九條 大韓民國의 人民은 法律에 依하여 左列 各項의 權利를 有함
　一. 法律에 依치 아니하면 逮捕 査察 訊問 處罰을 受치 아니하는 權
　二. 法律에 依치 아니하면 家宅의 侵入 또는 搜索을 受치 아니하는 權
　　　　　　　……
第十條 大韓民國의 人民은 法律에 依하여 左列 各項의 義務를 有함
　一. 納稅의 義務
　二. 兵役에 服하는 義務
　三. 普通敎育을 受하는 義務

연통제

한국에는 비밀 정부가 조직되어 연통제를 실시한다. 저들은 법령을 반포하며 전달한다. 흔히는 소녀와 부인에게 맡긴다. 그러나 그 실시 방법은 완전히 비밀에 속한다. 또는 상하이, 영국, 미국, 기타 각국과는 비밀히 통신을 교환하며 자금을 모집하며 외국에 송달한다. 이미 수백만 원의 금전은 압록강을 넘어 멀리 만주로 가며 중국으로도 갔다.

― 너새니얼 페퍼, 『한국 독립운동의 진상』 ―

대한민국 임시 정부 성립 축하문

10년의 노예 생활을 벗어나 오늘에 다시 독립 대한의 국민이 되었도다. …… 우리 국민은 다시 다른 민족의 노예가 아니요. 또한, 다시 부패한 전제 정부의 노예도 아니요. 독립한 민주국의 자유민이라. 우리 환희를 무엇으로 표현하랴, 삼천리 대한 강산에 태극기를 날리고 2천만 민중의 함성을 합하여 만세를 부르리라. 오직 신성한 국토 ― 아직 적의 점령하에 있으니 2천만 자유민아! 일어나 자유의 전쟁을 벌일지어다.

― 『독립신문』, 1919. 11. 15. ―

임시 정부의 독립운동 노선

- 한국은 이 큰 세계의 한 부분이다. 우리는 전제주의와 제국주의를 지향하는 일본에 저항하여 민주주의를 지향한다. 이를 위해 우리는 다른 민주주의 국가와 함께 싸워야 한다. 우리의 운동은 외국의 원조를 받지 않고는 어렵다.

― 이승만 연설문, 『독립신문』, 1919. 11. 20. ―

- 독립이라는 목표를 이루기 위해서는 전쟁 외에는 다른 방도가 없다. …… 지금 우리에게 필요한 것은 광복을 위해 뜨거운 피를 흘릴 수 있는 용맹한 희생정신이다. …… 우리 대한국민은 충분히 적과 대적하여 이길 수 있는 지혜와 충성심을 지니고 있다.

― 이동휘 외, 독립운동 포고문, 『대한민국 임시 정부 자료집 별책』 39권 ―

- "문화 운동이나 경제 운동이 무슨 필요가 있는가. 어서 나가 싸워 죽어야지."라고 하는 사람들이 있다. 그러나 세상 모든 일에는 지식의 유무에 따라 성공 여부가 결정된다. 우리나라가 왜 일본에 망하였는가? 지식이 저들보다 부족하기 때문이다.

― 안창호, 국민 대표 회의 제1회 연설, 『독립신문』, 1921. 5. 21. ―

국무원 포고 제1호(國務院 布告 第一號)

2千萬 大韓民族이 一心一體가 되어 死냐 自由냐의 獨立大戰爭의 第1年을 作할 大韓民國 2年의 新春을 際하야 大韓民國臨時政府는 我獨立戰爭의 中堅이 될 俄中 兩領의 2百萬 同胞에게 告하노라. …… 이에 我國民은 去年 3月 1日 大韓獨立을 宣言하고 因하야 臨時政府를 建設하며 公約 3章의 本旨에 遵하야 內로 外로 平和로운 手段으로 可能한 온갖 運動을 實行하야 이제야 世界萬國으로 하여금 我國民의 意思와 決心과 能力을 理解케 하엿도다. 그러나 貪慾하고 愚蠢한 저 倭賊은 改悛하는 氣色이 毫無할 뿐더러 我民意의 所在와 世界의 大勢를 無視하고 한갓 么麽한 兵力을 恃하야 忠義로운 우리 同胞를 虐殺하며 愛敬하는 우리 志士를 侮辱하며 軍警을 濫增하야 마침내 我2千萬 大韓國民을 殲滅하고야 말려 하도다. 아! 神聖한 檀祖와 勇敢한 祖先의 피를 밧은 大韓民國아 將次 엇지 하랴느뇨. 奴隸의 生을 擇하랴, 自由의 死를 擇하랴, 惟커대 國恥 以來로 臥薪嘗膽하야 10年이 1日 갓

치 國讐를 快雪하고 自由를 光復하기로써 己任을 삼던 愛我俄中 兩領의 忠義同胞는 반드시 自由의 死를 擇하야 勇敢히 熱血로 一戰을 快試하려 할줄 確信하노라. 진실로 事機가 이에 至하야는 아모 逡巡할 것도 업고, 아모 顧慮할 것도 업나니 오직 2千萬一心一體의 最後의 大血戰으로써 大韓民族 億萬年의 命運을 決할 뿐이로다.

獨立戰爭이 우리의 旣定의 行動이라 하면 이에 對하야 가장 重大한 責任을 負한 者! 누구뇨 오직 愛我俄中 兩領의 2百萬同胞로다. 戰爭을 準備하고 進行할 地理에 處한 點으로도 그러하고, 10年間 서로 鼓吹하고 서로 涵養한 愛國心과 爲國獻身의 義氣로도 그러하고 2百萬이라는 信賴할만한 數로도 그러하도다. 그러나 以上 모든 것 보다도 本國 1千8百萬 父老와 兄弟와 姉妹가 大韓의 獨立과 大韓民族의 自由를 爲하야 或은 敵의 劍端에 피를 흘리며 或은 敵의 冷獄에 苦楚를 當할 때에 自由로운 天地에 處하게 되어 母國同胞를 塗炭과 奴隷中에서 救出할 機會와 義務를 有한 點으로 더욱 그러하도다. 아아 同胞여 고개를 숙이어 祖國의 江山과 同胞를 생각할 지어다. 諸位는 血淚가 滂沱하고 胸臆이 破裂하리라. 同胞여 起할지어다. 이 때가 그때니라.

그러나 同胞여 敵은 强하도다. 그는 數百萬의 精兵과 新銳한 武器와 數百萬噸의 艦艇과 其他 文明의 온갖 利器를 가젓나니 決코 敵을 輕視치 말지어다. 武器업던 大韓國民으로써 이러한 强敵을 當하려하니 我等의 唯一한 武器는 一心一體로 團合함이로다. 統一함이로다. 먼져는 俄領의 百萬同胞가 하나이 되고 다음에는 俄中兩領의 2百萬同胞가 하나이 되고 마츰내는 全大韓 2千萬의 男女와 老幼가 하나이 됨이로다. ……

血과 淚로써 願하노라. 愛我 2百萬 俄中 兩領同胞아 우리의 處한 時와 地를 돌아보아 모든 私見과 私情을 다 바리고 하나이 될지어다. 그러하되 大韓民國의 政府를 中心으로 하고 하나이 될지어다. 大韓民國이 榮光잇는 獨立戰爭을 宣할 날은 即 大韓國民이 政府의 命令下에 統一된 날이니라. 1日 동안 統一이 遲緩되면 1日 동안 2千萬 同胞의 奴隷의 羞恥와 苦楚가 延長되나니라. 獨立戰爭이 速하고 遲함은 實로 諸位에게 달리엇나니라.

아아 愛國心 熾烈하고 勇氣잇고 神聖한 大韓의 國土를 敵의 手中에서 光復하며 2千萬 同族을 奴隷의 羈絆에서 解放할 義務와 精神과 氣魄과 力을 가진 愛我 俄中領 2百萬 同胞여 統一할지어다. 奮起할지어다. (1920.1.13.)

- 『독립신문』, 1920. 2. 5. -

군무부 포고 제1호(軍務部 布告 第一號)

忠勇한 大韓의 男女여 血戰의 時, 光復의 秋가 來하엿도다. 너도 나아가고 나도 나아갈지라 正義를 爲하야, 自由를 爲하야, 民族을 爲하야 鐵과 血로써 祖國을 살닐 때가 이 때가 아닌가.

魂잇고 피잇는 大韓의 男女여 先祖를 爲하야, 後孫을 爲하야, 無道한 倭敵에게 虐殺을 當하는 너의 父母兄弟姉妹를 爲하야 最後의 犧牲을 供할 때가 이 때가 아닌가.

神聖한 民族인 大韓의 男女여 四千餘年의 祖國을 一朝에 島夷의 野心에 充한 以來로 過去 十年間 가장 苛酷한 壓迫을 受하여도, 가장 恥辱된 苦痛을 當하야도, 오직 血淚를 먹음고 苟且히 賤命을 偸生함은 彼此 今日을 待함이 아닌가.

半萬年 歷史의 權威를 仗하야, 二千萬 民族의 義勇을 合하야 二十世紀 今日의 時代的 要求에 應하야 人道를 부르며 나아갈 째에 무엇이 두려우며 무엇을 근심할가 너압헤 獨立이오 내압헤 自由뿐이로다.

그런대 우리의 忠勇과 우리의 피와 우리의 神聖과 우리의 權威로써 나아가 戰하랴면, 戰하야 勝하랴면 武器를 말하니보다, 資金을 論하니보다 第一의 急務는 戰鬪의 基礎인 軍人의 養成과 軍隊의 編成이라.

忠勇한 大韓의 男女여 血戰의 時, 光復의 秋가 來하엿도다. 너도 나아가고 나도 나아갈지라 正義를 爲하야, 自由를 爲하야, 民族을 爲하야 鐵과 血로써 祖國을 살닐 째가 이 째가 아닌가.

魂잇고 피잇는 大韓의 男女여 先祖를 爲하야, 後孫을 爲하야, 無道한 倭敵에게 虐殺을 當하는 너의 父母兄弟姊妹를 爲하야 最後의 犧牲을 供할 째가 이 째가 아닌가.

神聖한 民族인 大韓의 男女여 四千餘年의 祖國을 一朝에 島夷의 野心에 充한 以來로 過去 十年間 가장 苛酷한 壓迫을 受하여도, 가장 恥辱된 苦痛을 當하야도, 오직 血淚를 먹음고 苟且히 賤命을 偸生함은 彼此 今日을 待함이 아닌가.

이것이 果然 우리의 正當한 要求요 必然한 事實이오 完全한 自覺이라하면 躑躅말고 顧慮말고 하로밧비 너도 나와 大韓民國의 軍人이 되며 나도 나가 大韓民國의 軍人이 되여 二千萬男女는 一人까지 組織的으로 統一的으로 光復軍되기를 誓心斷行할지어라.

大韓民國 2年 1月 7日
軍務總長 盧伯麟
- 군무부, '군무부의 역사보고 奉呈의 건', 『대한민국 임시정부 자료집』 9 -

대한민국 임시 의정원 최초의 여성 의원, 김마리아(1892~1944)   p.329

선거계의 신기원
이번 열린 임시 의정원의 결원 의원을 보선키 위하여 황해도 선거회에서 지난 14일 보결 선거를 행한 결과 김구 씨와 김마리아 여사가 의원에 당선되었는데, 여자로서 의원에 선거됨이 우리 선거계에는 물론 이번이 처음일뿐더러 금일까지의 세계 열국을 통해서도 이것이 아직 몇째 안 가는 희귀한 일이더라.

- 『독립신문』, 1922. 2. 20. -

김마리아는 일본에서 2·8 독립 선언서를 가지고 귀국하여 주요 인사들에게 거국적인 독립운동을 촉구하였다. 1919년 11월에는 대한민국 애국 부인회를 조직하여 국내외 지부 결성과 군자금 모금 활동을 전개하였다. 병보석으로 출소한 후 상하이로 탈출하여, 대한민국 임시 정부 사상 최초로 여성 대의원에 선출되어 활약하였다.

이승만의 위임 통치 청원서(워싱턴, 1919. 2. 25.)   p.330

미국 대통령 각하. 대한인 국민회 위원회는 본 청원서에 서명한 대표자로 하여금 다음과 같은 공식 청원 서를 각하에게 제출합니다. …… 우리는 자유를 사랑하는 2천만의 이름으로 각하에게 청원하니 각하도 평화 회의에서 우리의 자유를 주창하여 참석한 열강이 먼저 한국을 일본의 학정으로부터 벗어나게 하여 장래 완전한 독립을 보증하고 당분간은 한국을 국제 연맹 통치 밑에 두게 할 것을 빌며, 이렇게 될 경우 대한반도는 만국 통상지가 될 것입니다. 그리하여 한국을 극동의 완충국 혹은 1개 국가로 인정하게 하면 동아 대륙에서의 침략 정책이 없게 될 것이며, 그렇게 되면 동양 평화는 영원히 보장될 것입니다.

임시 정부 개편에 대한 두 가지 시각   p.330

• 국제적으로 열강이 우리 독립운동에 주목하지 않고 내적으로도 독립운동 단체의 움직임이 위축되고 있는 것은 단체들이 통일되지 못했기 때문이다. 지금 임시 정부는 이러한 사태에 어떠한 대응도 하지 못하고 그저 어딘가에 있다는 말만 듣는 정도이니 다시금 무장 운동을 준비할 책임 있는 독립운동 기관을 하나 세워야 할 것이다.

- 『독립신문』, 1923. 1. 24. -

• 우리는 불과 2천만 동포를 통합하지 못하고 무슨 계열이니 하여 나뉘어 있다. 단체 불통일과 주도권 싸움 때문에 우리 군인들이 이국에서 무장 해제까지 당하고 목숨을 잃었다. 우리 정부는 마

치 빈집과 같아서 이런 사태에 제대로 대응하지 못하고 있다. 그렇다고 해도 지난 5년 동안 활동한 역사가 있으니 이를 없애지 말고 고칠 것은 고쳐서 계속 유지하는 것이 가하다.

- 『독립신문』, 1923. 1. 24. -

국민 대표 회의

본 국민 대표 회의는 이천만 민중의 공정한 뜻에 바탕을 둔 국민적 대회합으로 최고의 권위를 가지고 국민의 완전한 통일을 공고케 하며 광복 대업의 근본 방침을 수립하여 우리 민족의 자유를 회복하며 독립을 완성하고자 하여 이로써 우리 민족의 자유를 만회하며 독립을 완성하기를 기도하고 이에 선언하노라. 3·1 운동으로 우리 민족의 정신적 통일은 이미 표명되었으니, 자유 독립의 선언과 국권 광복의 의로운 기치는 우리 민족의 순일한 의사를 발표하였으며, 정의 인도의 주장과 민족 자결의 표어는 나아가 국제적으로 공정한 여론을 환기하였도. 그러나 오늘에 이르기까지 밖으로는 강도 일본의 흉폭한 검과 창을 물리치지 못하였으며, 안으로는 독립운동의 실질적 통일이 완성되지 못하여 삼천리의 강토는 여전히 말발굽 아래 유린당하며 이천만의 동포는 아직도 질곡 속에서 도탄에 빠져 있도다. 본 대표 등은 국민이 위탁한 사명을 받들어 국민적 대단결에 힘쓰며, 독립운동이 나아갈 방향을 확립하여 통일적 기관 아래서 대업을 완성하고자 하노라. 아, 국민적 대단합이 여기에 완성되도. 운동의 신국면이 여기에 전개되도. 우리 전 국민은 다 나와 동일한 주장과 방침으로 함께 나아갈지어다.

- 국민 대표 회의 선언서(1923. 2. 21.) -

창조파의 주장

우리는 적극적인 투쟁을 준비해야 하는 시기에 처해 있다. 신뢰를 잃은 기관을 개조하는 방식으로는 투쟁할 수 없다. …… 임시 정부는 독립운동 세력 전반과 연계가 부족하다. 임시 정부와 같이 비현실적인 행정 관청을 개조하는 것만으로는 독립운동을 지도할 수 있는 유능한 기관을 확보할 수 없다. …… 해방 운동은 더 직접적으로 추진되어야 한다.

- 국사편찬위원회, 『대한민국 임시 정부 자료집 별책 5』 95권 -

개조파의 주장

임시 정부가 진가를 발휘하지 못한 것은 사실이지만, 이는 임시 정부에서 근무하는 사람의 능력 때문일 뿐이다. 정부 전체를 비난해서는 안 된다. 몇몇 사람을 면직하고 새로운 사람들을 선출한다면 실로 역할을 잘 하게 될 것이다. 어떠한 경우에도 기관 그 자체는 폐지해서는 안 된다. …… 새로운 기관을 설립하게 되면 독립운동은 두 개의 중심을 지니게 될 것이고, 이로 인해 내부 투쟁만 커질 것이다.

- 국사편찬위원회, 『대한민국 임시 정부 자료집 별책 5』 95권 -

임시 대통령 이승만 탄핵 주문

• 임시 대통령 이승만을 면직시킴. …… 이승만은 외교를 빙자하고 직무지를 떠나 5년 동안 …… 난국 수습과 대업 진행에 하등 성의를 다하지 않았을 뿐 아니라, 허무한 사실을 제조 간포해서 정부의 위신을 손상시키고 민심을 분산시킨 것은 물론, 정부의 행정을 저해하고 국고 수입을 방해하고 의정원의 신성을 모독하고 공공 결의를 부인하고, 심함에 이르러서는 정부의 행정과 재무를 방

해하고, 임시 헌법에 의해 의정원의 선거에 의해 취임한 임시 대통령으로서 자기의 지위에 불리한 결의라고 해서 의정원의 결의를 부인하고, 한성 조직 계통 운운과 같은 것은 대한민국의 임시 헌법을 근본적으로 부인하는 행위이다. 이와 같이 국정을 방해하고 국헌을 방해하고 국헌을 부인하는 자를 하루라도 국가 원수의 직에 두는 것은 대업 진행을 기하기 어렵다.

- '대한민국 임시 정부 공보' 제42호(1925) -

정무를 총람하는 국가 총책임자로서 정부의 행정과 재무를 방해하고 임시 헌법에 의하여 의정원의 선거를 받아 취임한 대통령이 자기 지위에 불리한 결의라 하여 의정원의 결의를 부인하고 심지어 한성 조직(한성 정부)의 계통 운운함과 같은 것은 대한민국 임시 헌법을 근본적으로 부인하는 행위라. 이와 같이 국정을 방해하고 국헌을 부인하는 자를 하루라도 국가 원수의 직에 둠은 대업의 진행을 기대하기 불능하고 국법의 신성을 보존하기 어려울 뿐 아니라 순국 제현이 눈을 감지 못할 바요 살아 있는 충용(忠勇)의 소망이 아니다.

- 『독립신문』, 1925. 3. 23. -

국민 대표 회의 결렬 이후의 위기   p.330

(국무령제로 바뀐 이후) 경제적으로는 정부의 명의조차 유지할 길이 막연했다. 청사 가옥의 집세라야 불과 30원이고 직원 월급이래야 20원 미만이지만 방세 문제로 집주인으로부터 이따금 소송을 당하기도 했다. 그래서 나는 임시 정부 청사에서 자고, 밥은 돈벌이 직업을 가진 동포의 집으로 이 집 저 집으로 돌아다니면서 얻어먹었다. …… 당시 나의 주요 임무가 무엇이었는지 되돌아보자니 그때의 환경이 어떠했는지를 말하게 된다. 민국 원년(1919)으로부터 3, 4년을 지내고 보니 당시에는 열렬하던 독립운동자들이 하나둘씩 왜놈에게 투항하여 귀국했다. 임시 정부 군무차장 김희선과 독립신문사 주필 이광수, 의정부 부의장 정인과 등을 위시하여 점점 그 수가 늘어났다. …… 처음에는 열성으로 큰 뜻을 품고 상하이로 온 청년들도 점점 경제난으로 취직하거나 행상 노릇을 하였다. 이로 인해 한때 상하이의 우리 독립운동자가 천여 명이던 것이 차차 그 수가 줄어들어 수십 명에 불과하게 되었다. …… 나는 처음에는 정부 문지기를 하겠다고 청원하였으나 결국엔 노동총판으로, 내무총장으로, 국무령으로, 국무위원으로, 주석으로 중임을 거의 다 역임하게 되었다. 이는 문지기 자격이 진보된 것이 아니라 임시 정부의 인재난 경제난이 극도에 달하여 마치 명예가 쟁쟁하던 집안이 몰락하고 고대광실이 걸인의 소굴이 된 것과 흡사했다.

- 김구, 『백범일지』(1926) -

대한민국 임시 약헌   p.330

제1장 총강
  제1조 대한민국은 민주 공화국이라 국권은 인민에게 있음. 광복 완성 전에는 국권이 광복 운동자 전체에 있음.
  제2조 대한민국의 최고 권력은 임시의정원에 있음. 광복 운동자의 대단결인 당이 완성된 때에는 국가의 최고 권력이 이 당에 있음.
  제3조 대한민국의 인민은 법률상 평등이며 일체 자유와 권리가 있음.
  제4조 대한민국의 인민은 조국을 광복하며 사회를 개혁하며 약헌과 법령을 수하며 병역에 복하며 조세를 납하는 일체 의무를 짐.

제2장 임시의정원
 제5조 임시의정원은 대한민국 인민의 직접 선거한 의원으로 조직함.
 ……

부칙 〈임시정부 법령 제4호, 1927.3.5.〉
본 약헌은 대한민국 9년 4월 11일부터 시행하고 대한민국 7년 4월 7일에 공포한 임시헌법은 동시에 폐지함.

한국 독립당 창당(1940) p.330

조선 혁명당, 한국 국민당, 한국 독립당은 이제부터 다시 존재할 조건이 소멸되었을 뿐 아니라 각기 해소될 것을 전제로 하고 신당 창립에 착수하였다. …… 그러므로 신당은 보다 큰 권위, 보다 많은 인원, 보다 광대한 성세, 보다 고급적 지위를 가지고 우리 독립운동을 보다 유력하게 추진케 할 것을 확실히 믿고 바라며 3당 자신은 이에 해소(解消)하고 새로 본당을 창립하였음을 중외(中外) 각계에 정중히 선언한다. 동지 동포들! 우리 3당이 1당을 조직하게 된 최대 이유는 다음과 같다. 첫째, 원래 3당의 당의(黨義), 당강(黨綱), 당책(黨策)으로든지 독립운동의 의식으로든지 역사적 혁명 노선으로든지 3당 서로가 1당을 세울 만한 통일적 가능성을 충족하게 내포하였던 것이다. 둘째, 수 3년 내로 3당 통일의 예비 행동이 점차로 성숙되었던 것이다. …… 마침내 우리 민족 해방 운동의 역사적 임무를 달성하려면 각계각층의 협력 합작을 통하여 비로소 총동원될 것은 누구도 부인하지 못할 명확한 결론이므로, 가까운 장래에 각방(各方)의 정성 단결이 확립되어야 우리의 광복 대업이 속히 이루어질 것으로 믿는다.

대한민국 건국 강령(1941) p.331

〈제1장 총강〉
임시 정부는 13년(1931) 4월에 대외 선언을 발표하고 삼균 제도의 건국 원칙을 천명하였으니, 이른바 '보통 선거 제도를 실시하여 정권을 균(均)히 하고, 국유 제도를 채용하여 이권(利權)을 균히 하고, 공비(公費) 교육으로써 학권(學權)을 균히 하며 국내외에 대하여 민족 자결의 권리를 보장하여 민족과 민족, 국가와 국가의 불평등을 과감히 제거할지니, 이로써 국내에 실현하면 특권 계급이 곧 없어지고, 소수 민족의 침몰을 면하고, 정치와 경제와 교육 권리를 고르게 하여 높낮이를 없게 하고 동족과 이족에 대하여 또한 이러하게 한다.' 하였다. 이는 삼균 제도의 제1차 선언이니 이 제도를 발양 확대할 것임.

조선 민족 혁명당의 임시 정부 참여 선언 p.331

유럽에서는 반파시즘 망명 정부가 잇따라 각 민주 국가로부터 인정과 지원을 받고 있으며, 반일의 기치를 높이 세우고 있는 한국 정부 역시 각국으로부터 인정받기를 희망하고 있다. 특히, 항일의 중국 정부가 적극적인 지원을 준비하고 있다. 이런 해외의 지원은 조선 혁명에 큰 힘을 실어 줄 것이다.

- 『대한민국 임시 정부 자료집』 -

조선 민족 혁명당의 대한민국 임시 정부 합류   p.331

일본은 미국을 상대로, 전 세계를 상대로 전쟁을 걸었기 때문에 머지않아 망하고 만다. 일본이 망하는 날 우리는 독립하는 것이다. 여기에 우리가 대비해야 한다. 그 대비란 결국 해외의 우리 항일 단체들이 모두 단합해서 통일된 조직을 갖추는 것인데, 그 통일된 조직은 임시 정부가 기둥이 될 수밖에 없다.

- 조선 민족 혁명당 간부였던 장건상의 회고 -

③ 국내의 만세 운동

동맹 휴학   p.332

전남 영암 공립 보통학교 5, 6학년 학생은 돌연히 동맹 휴학을 단행하고 동교 교장에게 질문서를 제출한 바, 그중에는 다음과 같은 내용이 있다.
1. 조선어 창가를 가르치지 아니하는 것.
2. 조선 역사를 가르치지 아니하는 것.

- 『동아일보』, 1922. 9. 20. -

6·10 만세 운동의 구호   p.332

조선 민중아! 우리의 철천지 원수는 자본·제국주의 일본이다. 이천만 동포야! 죽음을 각오하고 싸우자! 만세 만세 조선 독립 만세!
- 대한 독립 만세! 조선은 조선인의 조선이다! 횡포한 총독 정치의 지옥으로부터 벗어나자!
- 혁명적 민족 운동자는 한 덩어리로 뭉치자!
- 대한 독립운동가여 단결하라!
- 군대와 헌병을 철수하라!
- 일체의 납세를 거부하자! 일본 물화를 배척하자! 일본인 상인과 관계를 단절하자!
- 산업을 조선인 중심으로!
- 동양 척식 주식회사를 철폐하라! 일본 이민제를 철폐하라! 군농회를 철폐하라!
- 일본인 공장의 직공은 총파업하라! 일본인 지주에게 소작료를 바치지 말자!
- 일본인 교원에게는 배우지 말자! 언론·집회·출판의 자유를!
- 조선인 교육은 조선인 본위로! 보통 교육을 의무교육으로! 보통 학교 용어를 조선어로!

6·10 만세 운동 관련 신문 조서   p.332

재판장: 피고(이병립 연희 전문학교 학생)는 6월 10일 국장일 관수교 위에서 국장 행렬이 지나갈 때 격문을 뿌리며 '조선 독립 만세'를 불렀는가?
피고: 그렇소.
재판장: 그것은 무슨 목적으로 불렀는가?
피고: 그것은 세 살 난 아이라도 다 알 일이니 물을 필요도 없는 줄 아오. …….
재판장: 피고는 조선 독립을 희망하는가?
피고: 그렇소, 희망하오.

- 『동아일보』, 1926. 11. 3. -

1929년 나주역 사건
p.332

• 조선인 여학생 3명이 개찰구를 빠져나오려 할 때 일본인 남학생들이 한 학생을 밀쳐서 그 학생이 여학생들과 부딪쳤다.
   - 이광춘(당시 여학생 3명 중 1명)의 증언, 1999 -

• 박기옥이 개찰구를 빠져나가는 순간, 2~3명의 학생이 한 명의 학생을 뒤에서 밀쳐 그에게 부딪쳤던 것이다.
   - 우치다(당시 나주 경찰서 순사), 『광주 학생 사건 노트』 -

• 나는 피가 머리로 역류하는 분노를 느꼈다. 가뜩이나 그놈들하고는 한 차에 통학을 하면서도 민족 감정으로 서로 멸시하고 혐오하며 지내온 터였는데, 그자들이 우리 여학생들을 희롱하였으니 나로서는 당연히 감정적 충격이었다. 더구나 박기옥은 나의 누님이였으니 나의 분노는 더하였다. 나는 박기옥의 댕기를 잡고 장난을 친 후쿠다(福田)를 개찰구 밖 역전(驛前) 광장에 불러 세우고 우선 점잖게 따졌다. 그의 입에서 조센징이라는 말이 떨어지기가 무섭게 나의 주먹은 그자의 면상에 날아가 작렬하였다.
   - 박준채 회고, 『신동아』, 1969. 9. -

광주 학생 항일 운동의 구호(1929. 11.)
p.332

• 학생, 대중이여 궐기하라! 검거된 학생들을 즉시 우리 손으로 탈환하자.
• 경찰의 교내 침입을 절대 반대한다. 언론·출판·집회·결사 시위의 자유를 획득하자.
• 식민지적 노예 교육 제도를 철폐하라. 조선인 본위의 교육 제도를 확립하라.
• 사회 과학 연구의 자유를 획득하자. 전국 학생 대표자 회의를 개최하라.

광주 학생 항일 운동의 구호(1930. 1.)
p.332

경애하는 전 조선 피압박 계급 제군이여! 일본 제국주의는 전 조선 민족의 피를 착취하는 데 한순간도 쉬지 않고 있다. …… 3·1 운동 때 수만 명의 동포를 학살한 것을 비롯하여 불같이 일어난 노동자의 파업, 농민의 봉기, 학생의 동맹 휴학, 사회단체의 집회 등을 얼마나 유린하고 우리의 전위를 검거, 학살해 가고 있는가! …… 피 끓는 용감한 학생 제군이여! 일어나라 자유를 획득할 기회는 왔다. 우리들이 활동할 때도, 또한 모든 결함과 불평불만을 배제하고 혁명을 일으키는 것도 이때다. 학생, 청년, 교원 제군이여! 우리는 공장, 농촌, 광산, 학교로 몰려가서 우리의 슬로건을 철저히 관철할 것을 기약하자.

4 1920년대 국내외의 무장 투쟁

의열단의 『공약 10조』
p.333

1. 천하의 정의로운 일을 맹렬히 실행하기로 함
2. 조선의 독립과 세계의 평등을 위하여 신명(身命)을 희생하기로 함
3. 충의의 기백과 희생의 정신이 확고한 자라야 단원이 됨
7. 언제 어디에서나 초회(招會)에 반드시 응함

의열단 격문

우리는 자유를 찾지 못하면 영구히 멸망될 것을 알았다. 그러면 자유를 위하여 몸 바칠 뿐이다. 자유의 값은 오직 피와 눈물이다. 자유는 은혜로써 받을 것이 아니요, 힘으로써 싸워서 취할 것이다. 우리에게 얽매인 쇠줄은 우리의 손으로 끊어 버려야 된다. 우리 생활은 오직 자유를 위하는 싸움 뿐이다. 용감한 형제자매여! 자유의 전우여! 오라! 온갖 수단과 모든 무기로 싸우자! 완전한 독립과 자유가 올 때까지 싸우자! 싸우는 날에는 자유가 온다.

의열단 투쟁의 목적

목숨을 아끼지 않는 열혈 지사를 규합하여, 적의 군주 이하 각 대관과 일체의 관공리를 암살하자. 적의 일체 시설물을 파괴하자. 동포들의 애국심을 환기하고, 배일사상을 고취하여, 일대 민중적 폭력을 일으키도록 하자. 끊임없는 폭력만이 강도 일본의 통치를 타도하고, 마침내는 조국 광복의 대업을 성취할 수 있다.

김산과 의열단

- 1919년 어느 가을날, 조국을 빠져나오면서 나(김산)는 조국을 원망하였다. 그리고 울음소리가 투쟁의 함성으로 바뀌기 전에는 절대로 돌아오지 않겠다고 굳게 맹세하였다. …… 한국은 세계열강을 향하여 국제 정의를 실현하고 '민족 자결주의'라는 약속을 이행하라며 애원하고 있는 바보 같은 늙은이였다. 나는 분개하였다. 러시아의 시베리아에서는 남자이건 여자이건 모두 싸우고 있었다. 그들은 자유를 구걸하지 않았으며, 치열한 투쟁이라는 권리를 행사하여 자유를 쟁취하였다.

  - 김산·님 웨일스, 『아리랑』 -

- 의열단원들은 마치 특별한 신도처럼 생활했고 수영, 테니스 등의 운동을 통해 항상 최상의 몸 상태를 유지하였다. 이 젊은이들은 매일같이 저격 연습을 하였고, 독서도 하였으며, 쾌활함을 유지하고 자기들의 특별한 임무에 알맞은 심리 상태를 유지하기 위해 오락도 즐겼다. 명랑함과 심각함이 기묘하게 혼합된 그들은 언제나 죽음을 눈앞에 두고 살아가는 인생이기에 생명이 지속하는 한 마음껏 생활하였다.

  - 김산·님 웨일스, 『아리랑』 -

김익상 의거

김익상이 일본인 노동자로 행세하며 곧바로 조선 총독부에 들어가서 2층으로 올라가 비서과와 회계과를 향하여 폭탄을 던지니, 그 소리가 천지를 뒤흔들었다. …… 그는 우리나라 사람이 하는 여관에 들어가면 반드시 수색이 있을 것이라고 여겨 일본 요리점으로 갔다. 철공(鐵工)의 옷을 사서 변장하고 열차로 평양으로 가서 며칠을 보낸 다음 다시 북경으로 향하였다.

- 『기려수필』 -

『기려수필』은 송상도가 대한제국 말기부터 광복까지 애국지사들의 사적을 기록한 책으로 제시된 부분은 의열단 출신의 김익상이 일으킨 조선 총독부 의거를 다룬 부분이다.

조선 혁명 선언(1923)

내정 독립이나 참정권이나 자치를 운동하는 자-누구이냐? 너희들이 동양 평화, 한국 독립 보전 등을 담보한 맹약이 먹도 마르지 아니하여 삼천리 강토를 집어먹던 역사를 잊었느냐? …… 일본 강도 정치하에서 문화 운동을 부르는 자-누구이냐? 문화는 산업과 문물의 발달한 총적을 가리키는 명사니 경제 약탈의 제도하에서 생존권이 박탈된 민족은 그 종족의 보전도 의문이거든 하물며 문화 발전의 가망이 있으랴? …… 외교론의 주장은 …… 최근 3·1 운동에 일반 인사의 평화 회의, 국제 연맹에 대한 과신의 선전이 오히려 2천만 민중의 용기 있게 분발하여 전진하는 의기를 쳐 없애는 매개가 되었을 뿐이었도다. 준비론이니 …… 을사늑약 당시에 여러 나라가 공관에 빗발돋듯 하던 종이쪽지로도 넘어가는 국권을 붙잡지 못하며 정미년의 헤이그 특사도 독립 회복의 복음을 안고 오지 못하매, 이에 차차 외교에 대하여 의문이 되고 전쟁 아니면 안되겠다는 판단이 생겼다. 그러나 군인도 없고 무기도 없이 무엇으로써 전쟁을 하겠느냐? …… 이상의 이유에 의하여 우리는 '외교', '준비' 등의 미몽을 버리고 민중 직접 혁명의 수단을 취함을 선언하노라.
'고유적 조선의', '자유적 조선 민중의', '민중적 경제의', '민중적 사회의', '민중적 문화의' 조선을 건설하기 위하여 '이족 통치의', '약탈 제도의', '사회적 불평등의', '노예적 문화 사상의' 현상을 타파함이니라. 그런즉 파괴적 정신이 곧 건설적 주장이라. …… 이제 파괴와 건설이 하나요 둘이 아닌 줄 알진대, 민중적 파괴 앞에는 반드시 민중적 건설이 있는 줄 알진대, 현재 조선 민중은 오직 민중적 폭력으로 신조선 건설의 장애인 강도 일본 세력을 파괴할 것 뿐인 줄 알진대, 조선 민중이 한편이 되고 일본 강도가 한편이 되어 네가 망하지 아니하면 내가 망하게 된 외나무다리 위에 선 줄 알진대, 우리 2천만 민중은 일치로 폭력 파괴의 길로 나아갈지니라. …… 민중은 우리 혁명의 대본영(大本營)이다. 폭력은 우리 혁명의 유일 무기이다.
우리는 민중 속에 가서 민중과 손을 잡고 끊임없는 폭력-암살·파괴·폭동으로써, 강도 일본의 통치를 타도하고, 우리 생활에 불합리한 일체 제도를 개조하여, 인류로써 인류를 압박치 못하며, 사회로써 사회를 수탈하지 못하는 이상적 조선을 건설할지니라.

- 신채호, '조선 혁명 선언'(1923) -

이승만이 이시영에게 보낸 서한(1920. 9. 30.)   p.333

요즈음 미국의 신문 보도에 따르면, 내지에서 폭발탄을 사용하고 '독립'이라는 명목으로 강제로 재정을 징수하는 등의 일이 분명히 유해무익(有害無益)함을 알 수 있습니다. 이는 외국의 동정하는 마음을 상하게 할 뿐만 아니라 …… 독립 선언에서의 본래 의도는 아니며, 대사(大事)를 선전하는 데에 장애물이 되었습니다.

- 국사편찬위원회, 『대한민국 임시 정부 자료집』 -

임시 정부의 위기와 한인애국단의 창설   p.333

임시 정부에는 사람도 돈도 들어오지 아니하여 대통령 이승만이 물러나고 박은식이 대신 대통령이 되었으나, 대통령제를 국무령제로 고쳐만 놓고 나가고, …… 이리하여 한참 동안 무정부 상태에 빠져서 의정원에서 큰 문제가 되었다. …… 당시 정세로 말하자면, 우리 민족의 독립사상을 떨치기로 보나 만보산 사건, 만주사변 같은 것으로 우리 한인에 대해 심히 악화된 중국인의 악감정을 풀기로 보나 무슨 새로운 국면을 타개할 필요가 있었다. 그래서 우리 임시 정부에서 회의한 결과 한인애국단을 조직하여 암살과 파괴 공작을 하되, 돈이나 사람이나 내가 전담하고, 다만 그 결과를 정부에 보고하도록 위임을 받았다.

- 김구, 『백범일지』 -

이봉창 선서   p.333

나는 적성(참된 정성)으로써 조국의 독립과 자유를 회복하기 위하여, 한인 애국단의 일원이 되어 적국의 수괴를 도륙하기로 맹세하나이다.

대한민국 13년 12월 13일 선서인 이봉창

[사료의 정석] 史師 **사료한국사**

이봉창 의거 p.333

• 오늘 아침 신년 관병식을 마치고 궁성으로 돌아가던 일왕의 행렬이 궁성 부근 앵전문 앞에 이르렀을 때 군중 가운데서 돌연 한인(韓人) 한 명이 뛰쳐나와 행렬을 향해 수류탄을 투척하였다.
- 시보(時報) -

• 일왕의 생일인 천장절 기념식장에 폭탄을 투척하여 다수의 일본 군부 및 정계 요인에게 부상을 입혔던 한인(韓人) 윤(尹) 지사는 현장에서 체포된 뒤 일본군 헌병대 사령부로 압송되었다.
- 상해보(上海報) -

한인 애국단원인 이봉창은 도쿄에서 일왕의 암살을 시도하여 국내외에 큰 충격을 주었다. 중국 언론들이 이를 대서특필하자, 일본은 이를 구실로 상하이 사변을 일으켰다.

윤봉길 의거 p.333

"자! 폭탄 2개를 주니 한 개로는 적장을 거꾸러뜨리고 또 한 개로는 그대의 목숨을 끊으라!" …… 나는 또 다시 말을 이어 "군이여! 군과 나는 지하에서나 만나세!" 이에 두 사람은 악수를 마치고 서로 갈리니 뜨거운 눈물이 하염없이 쏟아질 뿐이었다. …… 그는 뜻한 바를 기어이 성공하려고 4월 27일에 식장인 공원으로 가서 모든 것을 세밀하게 또 신중히 배치 수배하고 다시 홍구로 가서 백천 대장의 사진을 얻고 일본 국기 한 장을 사서 가슴 속에 품고 있다가 ……
- 『도왜실기』 -

제시된 사료는 한인 애국단의 투쟁을 정리한 글인 『도왜실기』의 일부이다. 일제가 상하이 훙커우 공원에서 일왕의 생일과 상하이 사변의 승리를 축하하는 기념식을 열자, 한인 애국단의 일원이었던 윤봉길은 기념식 단상에 폭탄을 던져 일본군 장성과 고관들을 처단하였다.

윤봉길 의사의 유언 p.333

• 아직은 우리가 힘이 약하여 외세의 지배를 면치 못하고 있지만 세계 대세에 의하여 나라의 독립은 머지않아 꼭 실현되리라 믿어마지 않으며, 대한 남아로서 할 일을 하고 미련 없이 떠나갑니다. 고향에 계신 부모 형제 동포여! 더 살고 싶은 것이 인지상정입니다. 그러나 저는 죽음을 택해야 할 오직 한 번의 가장 좋은 기회를 포착했습니다. 나만 나 혼자만 잘 먹고 잘 살다 죽을 수도 있었습니다. 하지만 나는 나와 내 가족의 미래보다 조국을 선택했습니다. 백년을 살기보다 조국의 영광을 지키는 이 기회를 택했습니다. 안녕히, 안녕히들 계십시오.

• 너희도 만일 피가 있고 뼈가 있다면 반드시 조선을 위하여 용감한 투사가 되어라. 태극의 깃발을 높이 드날리고 나의 빈 무덤 앞에 찾아와 한잔 술을 부어 놓으라. 그리고 너희들은 아비 없음을 슬퍼하지 말아라. 사랑하는 어머니가 있으니 어머니의 교양으로 성공자를 동서양 역사상 보건대 동양으로 문학가 맹가가 있고 서양으로 불란서 혁명가 나폴레옹이 있고 미국에 발명가 에디슨이 있다. 바라건대 너희 어머니는 그의 어머니가 되고 너희들은 그 사람이 되어라.
강보(襁褓)에 싸인 두 병정(兵丁)에게 - 모순(模淳), 담(淡) -

대한민국 임시 정부의 이동 p.334

나와 공근은 상해의 프랑스 조계를 떠나 기차역으로 가서 그날로 가흥(嘉興)으로 피신하였다. 그곳은 박찬익 형이 은주부와 저보성 제씨(諸氏)에게 주선하여 며칠 전에 엄형섭 군의 가족과 김의한 일가, 석오 이동녕 선생이 벌써 이사하였던 곳이다.
- 『백범일지』 -

중국 국민당 정부의 지원
p.334

1932년에 이봉창 의사의 의거와 윤봉길 의사의 의거, 특히 윤 의사의 의거가 있기 전에는 …… 장제스가 임정을 아무 것도 아닌 것으로 알고 동전 한 푼 안 도왔습니다. 윤 의사 의거를 보고서야 장제스가 전적으로 돕기 시작했던 것입니다.

- 김학준, 『혁명가들의 항일 회상』 -

개인 의열 투쟁의 사례
p.334

• 지난 2일 경성 남대문역에서 신임 총독을 살해하고자 폭탄을 던진 강우규가 오늘 경성 시내에서 체포되었다. 이 사건으로 경찰서 직원 등 36명의 중·경상자를 내었고 일본인의 간담을 서늘케 하였는데 …….

- 『매일신보』, 1919. 9. 17. -

• 타이완에서 일본 왕족의 승용차를 저격하다가 체포되었던 조명하가 타이완 총독부 고등 법원에서 사형 판결을 받았다.

- 『동아일보』, 1928. 7. 19. -

• "독립운동계여, 단결하라. 우리는 강토를 빼앗은 일본과 싸우러 왔지 동족과 싸우러 온 것이 아니다."

- 남자현의 발언, 이상국, 『나는 조선의 총구다』 -

무장 독립 투쟁의 활성화
p.334

1919년 3·1 운동이 일어나기 전 국경 지방에서는 때때로 중국 마적이 침입했을 뿐 조선 독립군에 관련된 큰일은 없었다. 3·1 운동 뒤 …… 그곳에 사는 무뢰배들과 손잡고 독립군이 되어 각종 불온 단체를 조직하고 각지에 근거지를 구축하였다. 이들은 상하이 임시정부 등과 연계하여 무력 침공을 감행하기 위해 늘 우리 경비 능력을 엿보다 교묘하게 국경 연안 경비망을 통과한다. 조선 내로 침입한 뒤에는 독립운동을 달성하는데 필요한 자금을 얻는다며 민가를 습격하고, 때로는 주재소, 면사무소, 기타 관공서를 습격한다. 국경 일부에서는 아직 이러한 일이 계속되고 있다.

- 조선총독부, 『조선경찰개요』(1925) -

신흥 무관 학교
p.335

• 종 설움받는 이 뉘뇨 / 우리 우리 배달나라의 / 우리 우리 자손들이라.
가슴치고 눈물 뿌려 통곡하여라. / 지옥의 쇳문이 온다.

- '신흥 무관 학교 교가'(일부) -

• 학교는 산속에 있었으며 18개의 교실로 나뉘어 있었는데, 눈에 잘 띄지 않게 산허리를 따라 줄지어 있었다. 18세에서 30세까지의 학생들이 100명 가까이 입학하였다. …… 학과는 새벽 4시에 시작하여 취침은 저녁 9시에 하였다. 우리는 군대 전술을 공부하였고 총기를 가지고 훈련하였다. 그렇지만 가장 엄격하게 요구한 것은 게릴라 전술을 위해 산을 재빨리 올라갈 수 있는 능력이었다. 학생들은 강철 같은 근육을 가지고 있었다.

- 님 웨일스·김산, 『아리랑』 -

신흥 무관 학교와 이회영 6형제 p.335

청산리 전투, 항일 비밀 결사 의열단, 그리고 대한민국 임시 정부의 정규군 한국광복군에 이르기까지, 독립 전쟁의 선봉에는 언제나 신흥 무관 학교를 나온 정예 군인이 있었다. 1911년에 세워진 신흥 무관 학교는 1920년 일제에 의해 폐교될 때까지 3,500여 명의 독립군 지도자를 배출하였고, 일제 강점기 수많은 독립군 부대에는 언제나 신흥 무관 학교 출신들이 중추를 이루고 있었다. 신흥 무관 학교는 서간도 지역의 삼원보에 설립되었다. 수업과 훈련은 엄격하고 강도가 높았다. 학생들은 새벽 4시에 일어나서 저녁 9시에 취침할 때까지 하루 종일 쉬지 않고 군사 교육과 훈련을 받았다. 독립 이후를 준비하기 위한 인재 양성을 목적으로 역사, 수학, 화학, 중국어 등 일반 교과의 교육에도 힘을 쏟았다. 신흥 무관 학교는 학생에게 학비를 전혀 받지 않았다. 모든 비용을 학교에서 책임지는 무료 교육이었다. 그렇다면 학생 교육에 드는 이 많은 자금을 어떻게 해결할 수 있었을까? 당시 40만 원, 오늘날 가치로 4,000억 원에 이르는 막대한 재산을 기꺼이 내놓은 한 독립운동가 가문의 헌신이 있었기에 가능하였다. 일제에 의해 나라의 운명이 위태로울 당시 신민회 회원이었던 이회영은 해외에 독립운동 기지와 군사 학교를 세우려고 하였다. 이회영은 남은 형제들을 설득하였고 결국 6형제는 모든 재산을 팔아 서간도로 집단 망명을 떠났다. 이들은 삼원보에 신한민촌을 세우고 독립군 양성 학교를 세웠다.

- 서중석, 『신흥 무관 학교와 망명자들』(요약) -

봉오동 전투 p.335

· 독립군 승리! 봉오동에서 적을 대파, 크게 패해 달아난 적은 120여 명이 죽거나 다쳤다. 6월 7일의 전투에 관한 우리 군대의 소식.
6월 7일 상오 7시에 북간도에 주둔한 아군 700이 북로 사령부 소재지인 왕청현 봉오동을 향하여 행군할 때 불의에 같은 지점을 향하는 적군 300을 발견한지라. 군을 지휘하는 홍범도, 최명록(최진동) 두 장군은 즉시 적을 공격하여 급히 사격으로 적에게 120여의 사상자를 내게 하고, 적의 궤주함을 따라 즉시 추격전으로 옮겨 현재 전투 중에 있다.

- 『독립신문』, 1920. 6. 22. -

· 홍범도의 대한 독립군은 안무의 국민회 독립군, 최진동의 군무 도독부군과 연합 부대를 이루어 군내 진공작전을 전개하였다. 그리고 두만강을 건너 공격해 온 일본군 1개 중대를 삼둔자에서 격파하였고, 패배한 일본군이 설욕을 위해 1개 대대 병력으로 공격해오자, 봉오동에서 일본군을 포위하여 통쾌한 승리를 거두었다(1920). 임시 정부의 발표에 따르면 봉오동 전투에서 일본군은 157명이 사살되고, 300여 명이 부상을 입은 데 비하여 독립군 전사자는 4명뿐이었다.

- 『독립신문』, 1920. 12. 25. -

기전사가(祈戰死歌) p.335

하늘은 미워한다
배달족의 자유를 억압하는 왜적 놈들을
삼천리 강산에 열혈이 끓어
분연히 일어나는 우리 독립군
맹세코 싸우고 또 싸우리니
성결한 전사를 하게 하소서

1920년 10월, 백운평·완루구·어랑촌 등지에서 일본군에 맞서 싸운 청산리 전투 당시 독립군들이 불렀던 노래 가사의 일부이다. 이 노래는 이범석 작사·작가로 독립군들의 비장한 각오를 잘 보여주고 있다.

청산리 전투

- **북로 군정서 총재 서일이 임시 정부에 제출한 보고서**

이번 전투(청산리 대첩)에서 모든 면에서 승산이 있었던 적이 오히려 패하고, 모든 면에서 불리했던 아군이 어떻게 능히 이길 수 있었는지 간략히 진술한다.

- 적이 패배한 이유: 병가에서 가장 금기하고 있는 적을 경솔히 하는 행위로서 깊은 골짜기와 숲을 별로 수색도 없이 경계도 없이 맹목적으로 진군하다가 항상 일부 혹은 전부가 함몰당하였다. 국지 전술에 대한 경험과 연구가 부족하여 삼림과 산지 가운데서 자주 스스로 다치며 충돌하는 일이 있었다. 군인들의 마음이 전쟁을 두려워하고 살아 남기 위하여 도망하는 일이 극도에 달하여, 군기가 문란하며 사격이 정확하지 못해 덮어놓고 총을 쏘기만 하였다.

- 아군이 승리한 이유: 생명을 가리지 않고 분연히 용감하게 싸우려는 독립에 대한 군인 정신이 먼저 적의 사기를 압도하였다. 양호한 진지를 앞서 차지하고, 완전한 준비로 사격의 성능을 극도로 발휘할 수 있었다. 임기 응변의 전술과 예민하고 신속한 활동이 모두 적의 의표를 찔렀다.

- 서일 총재의 보고, 『독립신문』, 1921. 2. 25. -

- **북로 군정서군의 무기 공수**

오래간만에 무기를 운반하러 가라는 통지가 와서 블라디보스토크 내 해변으로 어두운 밤에 행군하여 산 정상으로 70여 리를 가서 받아 메었다. …… 짐도 무겁고 길도 험하지 배도 고프지, 결사적으로 일본군 병참소를 지나 한 5리쯤 되는 곳에 동포의 가옥 10여 호가 보인다. 그곳에 와서 긴장도 풀리고 기진맥진한 우리는 쓰러졌다.

- 이우석, 『이우석 수기』 -

- **간도 지역 동포들의 지원**

교전은 아침부터 저녁까지 계속되었다. 굶주림! 그러나 이를 의식할 시간도 먹을 시간도 없었다. 마을 아낙네들이 치마폭에 밥을 싸 가지고 빗발치는 총알 사이로 산에 올라와 한 덩이 두 덩이 동지들 입에 넣어 주었다.

- 이범석, 『우등불』 -

두 번째 사료는 북로 군정서의 대원들이 일본 군경과 마적의 눈을 피해 위험을 무릅쓰고 무기를 운반해 온 일화이다. 이들이 무기를 구하러 연해주까지 간 까닭은 무엇일까? 1920년 전후에 시베리아와 연해주 일대는 러시아 적군과 백군(옛 제정 러시아 군대)의 내전으로 혼란하였고, 무기도 많이 유출되었다. 이러한 상황에서 한국의 독립군은 동포들이 모아 준 자금으로 무기를 구매할 수 있었다. 특히 북로 군정서는 러시아 백군에게 무기를 구매하였을 뿐만 아니라, 제1차 세계 대전에 참전하였다가 본국으로 귀환하던 체코 군단에게 대포와 중기관총, 수류탄, 소총, 총알 80만 발 등을 싼값에 대량으로 넘겨받았다. 체코 군단은 오스트리아-헝가리 제국의 억압을 받았던 자신들의 과거를 회상하며, 한국의 독립운동에 깊이 공감했다고 한다. 북로 군정서군은 이렇게 획득한 무기로 전력을 강화하고 청산리 대첩에서 승리할 수 있었다.

간도 참변

- 1920년 10월 31일, 연기가 자욱하게 낀 마을에 가 보았다. 사흘 전 새벽에 무장한 일개 대대가 이 기독교 마을을 포위하고 남자라면 늙은이, 어린이를 막론하고 끌어내 때려죽이고 …… 3일을 태워도 다 타지 못한 잿더미 속에서 한 노인의 시체가 나왔는데 몸에 총구멍이 세 군데나 있고, 몸은 이미 그슬려 목이 새 모가지만큼 붙어 있었다. …… 반만 탄 19채 집 주위를 차례로 돌아보니 할머니와 딸 들이 잿더미 속에서 타다 남은 살덩이와 부서진 뼈를 줍고 있었다. 이것을 보고 나는 신에게 기도를 드렸다. 나는 잿더미 속에서 시체를 하나 끌어내어 뿔뿔이 흩어진 사지를 정확하게 맞추어 사진을 찍었다. 얼마나 화가 났던지 사진기를 고정시킬 수 없어 네 번이나 다시 찍었다.

- 선교사 마틴의 기록 -

- 1920년 10월 말 용정촌 동북의 한인 기독교 마을인 장암동에서는 일본군이 마을을 포위하여 전 주민을 교회당에 집결시킨 뒤 40대 이상의 남자 33명을 포박하여 교회당 안으로 넣은 다음 석유를 뿌려 불을 질렀다. 교회당은 즉시 화염에 싸였고, 일본군들은 불 속에서 뛰쳐나오는 사람들을 찔러 몰살시켰다. 이 같은 만행 후 일본군이 돌아가자 가족들은 시신들을 겨우 수습하여 장사 냈

다. 그런데 5, 6일 후 일본군이 다시 돌아와 주민들을 소집한 뒤 무덤을 파 시신을 한 곳에 모으도록 하고, 다시 석유를 붓고 불을 질러 시신을 태워버렸다. 일본군의 이러한 행위는 만행의 흔적을 없애기 위한 것이었다.

— 한국 근현대사 연구회, 『한국 독립운동사 강의』 —

자유시 참변

- 대한 독립 군단이 결성될 무렵 러시아에서는 러시아 혁명을 지지하는 군대(적군)와 이에 반대하는 제정 러시아 군대(백군)가 내전을 벌이고 있었다. 홍범도, 지청천 등이 이끄는 독립군은 민족의 독립운동을 지원하겠다는 러시아 적군의 약속을 믿고 러시아의 자유시로 이동하였다. 자유시에 집결한 독립군 부대 내에서 통합 지휘권을 놓고 내분이 발생하자 적군과 일부 독립군이 무장 해제를 요구하였다. 대다수 독립군들이 이에 반발하였고, 결국 적군과 이들을 지지하는 독립군이 나머지 독립군을 공격하였다. 이로 인해 수많은 독립군이 죽거나 실종되었다.

— 박환, 『재노한인 민족 운동사』 —

- 이윽고 진격 명령이 내렸다. 하지만 양측 조선인 부대들은 한 걸음도 전진하지 않았다. 그저 제자리에 엎드려서 허공을 향해 총을 쏴댈 뿐이었다. 싸울 의사가 전혀 없었던 것이다. 그러나 러시아 기병대는 그렇지 않았다. 그들은 명령에 따라 적진으로 뛰어들었다. 그들과 대치해 있던 것은 허영장이 이끄는 부대였다. 싸울 뜻이었던 이들은 말발굽을 피하다 창과 칼에 맞아 죽고 강물로 떨어져 죽었다.

— 박은봉, 『한국사 100장면』 —

3부의 관할 지역과 그 성격

만주의 여러 독립 운동 단체가 통합되면서 성립된 참의부, 정의부, 신민부는 만주 전체의 동포 사회를 셋으로 나누어 통치한 사실상의 정부였으며, 3·1 운동 이전에 세워진 각 독립 운동 기지를 한층 더 발전시킨 것이었다. 이들 3부는 모두 동포 사회에서 걷은 세금으로 정부를 운영하여 독립군을 길렀다. 이들 3부야말로 주권과 국민과 영토, 그리고 군사력까지 갖춘 실질적인 정부였으며, 공화주의적 자치 정부였다. 3·1 운동과 임시 정부의 성립으로 우리 역사상 처음으로 이룩된 국민 주권주의가 이들 독립운동 기지에서 실천되고 있었던 것이다.

— 강만길, 『고쳐 쓴 한국 현대사』 —

미쓰야 협정(1925. 6. 11.)

1. 한국인이 무기를 가지고 다니거나 한국으로 침입하는 것을 엄금하며, 위반자는 검거하여 일본 경찰에 인도한다.
2. 만주의 한인 단체를 해산시키고 무장을 해제하며, 무기와 탄약을 몰수한다.
3. 일본이 지명하는 독립운동 지도자를 체포하여 일본 경찰에 인도한다.

> 미쓰야 협정은 1925년에 조선 총독부 경무국장 미쓰야와 만주의 군벌 장작림(장쭤린)이 맺은 것이다. 이를 통해 독립군 색출이 진행되었다.

미쓰야 협정의 결과

- 동북 3성의 군벌 장작림(張作霖)과 일본과의 협정이 성립되어 독립운동하는 한국인은 잡히는 대로 왜에게 넘겨졌다. 심지어 중국 백성들은 한국인 한 명의 머리를 베어 왜놈 영사관에 가서 몇 십원 내지 3, 4원씩 받고 팔기도 했다.

— 『백범일지』 —

• 미쓰야 협정을 기화로 만주 관료들이 독립군 체포에 전력하게 되니, 독립군은 물론이고 일반 농민들까지 안심하고 살 수가 없었다. 수없이 많은 혁명 투사가 만주 관료에게 붙들려서 봉천 일본 영사관으로 넘겨진 다음 국내로 압송되어 교수대의 이슬이 된 사실은 일일이 열거하기 어려우며, 물욕에 눈이 어두워진 만주 관료들 중에는 때때로 죄 없는 백의민족 농민을 잡아다가 죽이고 독립군을 잡아 왔다고 보상금을 받는 참극도 있었다.

- 이강훈, 『무장 독립운동사』 -

민족 유일당 운동

p.336

"우리는 각각 그 정신과 주의와 장단은 따지지 말고 대혁명당을 조직하도록 합하여야 하겠습니다. 각각 편협한 주의와 생각은 버리고 전 민중을 끌어 동일한 방향으로 나가야 할 것입니다."

- 『신한민보』, 1926. 10. 28. -

국민부 헌장(1929)

p.336

제1조 본부는 국민 정부로 칭함
제2조 본부는 중국령에 교거하는 한국 민족으로 조직함
제3조 본부의 주권은 주민 전체에 있고 그 행사권은 집행 위원회에 위임함
제4조 본부의 기관을 입법·행정·사법의 삼권으로 나누고 둔(屯)·구(區)·지방·중앙의 4급으로 함. 단, 필요하다고 인정할 때는 특별구를 두고 지방 측에 준하여 중앙에 직할시킴

5 1930년대 이후 국외의 무장 투쟁

한·중 연대의 필요성

p.337

지금 한국이 망하고 중화가 만주를 잃어 버렸으니 만주를 잃고는 한국의 광복이 어려운 것은 명백하다. …… 불행히도 중화는 일본의 압제를 받게 되었으니 …… 중국이 멸망한다면 우리 한국은 영원히 광복할 수 없는 아픔을 가져야 할 것이다. 그러므로 우리 한국은 한국을 위하여 광복을 꾀하려 해도 반드시 먼저 중국을 구해야 하고, 중국을 위해 광복을 꾀함에도 한국은 또한 중국을 구해야 할 것이다.

- 김구, 『도왜실기』(1932) -

한국 독립군과 중국 호로군의 합의 내용(1931)

p.337

1. 한·중 양군은 최악의 상황이 오는 경우에도 장기간 항전할 것을 맹서한다.
2. 중동 철도를 경계선으로 서부 전선은 중국이 맡고, 동부 전선은 한국이 맡는다.
3. 전시의 후방 전투 훈련은 한국 장교가 맡고, 한국군에 필요한 군수품 등은 중국군이 공급한다.

- 한국 광복군 사령부, 『광복』 -

조선 혁명군과 중국 의용군의 합의 내용(1932)

p.337

중국과 한국 양국의 군민은 한마음 한뜻으로 일제에 대항하여 싸우고, 인력과 물자는 서로 나누어 쓰며, 합작의 원칙하에 국적에 관계없이 그 능력에 따라 항일 공작을 나누어 맡는다.

- 조선 혁명군의 군량 및 장비는 중국 당국에서 공급한다.
- 일본군에 대한 작전을 펼 때 서로 원조하여 임무를 완성한다.
- 조선 혁명군이 압록강을 건너가 한국 본토에서 작전을 전개할 때 중국군은 전력을 기울여 원조한다.

중국군에 대한 기대 p.337

북벌군의 승승장구하는 급진격이 한창이었을 때 모든 혁명가들이 느꼈던 환희와 열광은 지금 기억하기도 어려울 정도였다. 화북으로! 그리고 한국으로! 우리의 가슴은 미칠 듯이 기뻐 날뛰었던 것이다. "전 아시아의 자유를 위하여, 제국주의를 타도하기 위해 무기를 잡고 일어서려고 2천만 한국인이 국내에서 그리고 만주에서 기다리고 있다." 하고 우리는 자신 있게 중국인에게 말하였던 것이다.

— 님 웨일즈·김산, 『아리랑』 —

영릉가 전투 p.337

(1932년 3월 12일) 조선 혁명군과 중국 의용군의 한·중 연합군은 영릉가의 뒷산에 대기하고 있다가 적을 요격하여 수 시간의 격전이 벌어졌다. 적은 마침내 30여 명의 사상자를 내고 일몰과 함께 세력이 약해졌다. …… 그리하여 영릉가는 드디어 아군에게 점령되었다.

— 애국동지원호회, 『한국 독립운동사』 —

만주 지역에서 활동하였던 독립군의 회고 p.337

- 우리 일행은 하루 1백여 리의 강행군을 계속하였다. 밤에는 화톳불을 지펴 놓고 산짐승의 침입을 경계하면서 숲속에서 자는 고된 나날이었다. …… 마른 풀잎과 낙엽 위에 모포 한 장씩 덮고 잠자리에 들었다. 더욱이 추운 겨울에 편히 쉬지도 못한 몸으로 깊은 밤이나 이른 새벽에 행군하게 되면 배가 고프고 다리, 발바닥의 지독한 자극을 받았다.

  — 한국 독립군 조경한의 회고 —

- 눈보라가 휘몰아치는 높은 산에서 산짐승과 더불어 1937년의 봄을 맞은 영양실조에 걸려 마치 움직이는 해골같이 보이는 이 사람들은 모두 손발에 동상에 걸렸다. …… 바로 아래로는 압록강이 흐르고 눈앞에는 손에 잡힐 듯이 조국의 산봉우리가 손짓하는 듯이 보였다.

  — 조선 혁명군 계기화의 회고 —

조국 광복회 강령 p.338

- 광범한 반일 역량에 기초한 조선 인민 정부를 수립한다.
- 중국 영내에 거주하는 한인의 진정한 민족 자치를 실현한다.
- 일본군·경찰 및 주구의 무장해제와 한국 독립을 위한 혁명군을 조직한다.
- 일본·일본인·친일 분자 소유의 재산과 토지를 몰수한다.

중국 관내의 무장 투쟁
p.338

종래 국경 지방에는 때때로 지나(중국) 마적이 침입한 일이 있었는데, 다이쇼 8년(1919) 2월(3월의 오인) 소요사건 발발 후 이 사건에 관계된 자의 일부가 검거를 두려워하여 지나 땅(지금은 만주국)으로 숨어들어, 그곳에 사는 무뢰배들과 함께 각종 불온 단체를 조직하여 비적화하고, 각지에 근거지를 구축하여 항상 조선으로 무력 침입을 감행하려고 하며 우리 경비력을 엿보고 있다가, 교묘히 국경 연안의 경계망을 잠입하여 조선으로 들어와 약탈, 방화, 살상 등의 흉포한 짓을 하기에 이르렀다.

- 조선 총독부 경무국, 「조선 경찰 개요」, 1935 -

민족 혁명당 강령
p.338

1. 당의(黨義)
본 당은 혁명적 수단으로써 원수이며 적인 일본의 침탈 세력을 박멸하여 5천 년 독립 자주해 온 국토와 주권을 회복하고 정치·경제·교육의 평등에 기초를 둔 진정한 민주 공화국을 건설하여 국민 전체의 생활 평등을 확보하고 나아가서 세계 인류의 평등과 행복을 촉진한다.
3. 정책(政策)
 1. 국내의 혁명 대중을 중심으로 하여 내외의 전 민족적 혁명 전선을 결성한다.
 2. 국내의 무장 부대를 조직하여 총동원을 준비한다.
 3. 적의 세력에 아부하는 반동세력을 박멸한다.
 4. 국외의 무장 부대를 확대 강화한다.
 5. 해외 우리 민족의 총단결을 촉성한다.
 6. 우리 혁명운동에 동정 원조하는 민족 및 국가에 대해서는 이와의 연결을 도모한다.

민족 혁명당 창립 8주년 기념 선언문(1943)
p.338

1935년 7월 5일, 우리는 중국의 수도 남경에서 5개당을 통합하여 전체 민족을 대표하는 유일한 정당인 조선 민족 혁명당을 창립하였습니다. 이는 10여 년 이래 조선 혁명 통일 운동의 최대 성과일 뿐만 아니라, 해외 독립당의 혁명 전통의 찬란한 역사를 촉진하고 계승하는 요소이기도 합니다. 조선 민족 혁명당 설립의 목적은 일본 제국주의를 전복하는 것이며, 이 목표를 달성하기 위하여 전 민족의 힘을 결집하여 한중 연합 항일 전선을 구축하였습니다.

한국 국민당 선언
p.338

우리는 국가 주권의 완전한 광복으로부터 전 민족적 정치·경제·교육 균등의 3대 원칙을 이룬다는 신앙을 확립하여 한국 국민당을 조직하였다. …… 적의 세력을 박멸하여 완전한 민주 공화국을 건설하고자 한다.

- 김정명, 『조선 독립 운동』 Ⅱ -

조선 민족 전선 연맹의 기본 강령
p.339

1. 일본 제국주의를 타도하고 조선 민족의 진정한 민주주의 독립 국가를 건설한다.
2. 국민의 언론·출판·집회·결사·신앙의 자유를 확실히 보장한다.
3. 일본 제국주의자와 매국적 친일파의 일체 재산을 몰수한다.

4. 근로 대중의 생활을 개선한다.
5. 국가 경비로서 의무교육 및 직업교육을 실시한다.
6. 정치·경제·사회상 남녀 평등 권리를 확보한다.
7. 조선 민족 해방운동을 동정하고 원조하는 민족과 국가에 대해 동맹을 체결하거나 우호관계를 맺는다.

조선 의용대 창립 선언(1938. 10. 10.)

오늘날 동양의 강도 일본 군벌은 아시아를 침략하고, 나아가서는 다년 간의 헛된 꿈인 세계 정복으로 옮기려 하는 광기가 되어, 중화민국 침략 전쟁을 개시하였다. 이번 전쟁에서 조선 민족 내지 동방의 모든 약소민족은 마땅히 중국의 입장에 서서 모든 힘을 다하여 중국의 항전을 지원해야 한다. …… 중국에서 활동하고 있는 우리 조선 혁명자들은 이 정의로운 전쟁에 직접 참가하기 위해, 나아가 중국 항전을 조국 독립 쟁취의 기회로 삼기 위해 '조선 민족 전선 연맹'의 기치 아래 일치단결하였다. 동시에 동양에 있어서의 항일의 위대한 최고 지도자인 장[제스] 위원장 아래 함께 모여, 조선 의용대를 조직한 것이다. …… 조선 의용대의 임무는 매우 중대하다 할 수 있다. 우리는 식민지 노예가 되기를 원하지 않는 천백만 조선 동포의 민족적 각성을 일깨우고 이들을 조선 의용대의 깃발 아래 결집시키기 위해 노력할 것이다. …… 우리의 진정한 적인 일본 파시스트 군벌을 타도함으로써 동아의 영구적인 평화를 실현해야 한다. …… 용감한 중국의 형제들과 손을 잡고 …… 항일 전선을 향해 용감히 전진하자!

- 『중앙일보』, 1938. 7. 12. -

조선 의용대의 구성

의용대의 성원들은 항일 전쟁 이전 각지에서 부동한 투쟁 방법으로 항일 활동에 종사하였다. 어떤 사람들은 상하이, 베이징, 톈진 등지에서 일제 침략자들에게 모험적인 투쟁 방법으로 대저하던 용사들이었다. 어떤 사람들은 광저우의 황포 군관 학교 출신이었다. 의용대에 황포 군관 학교 출신으로서 제4기생에 김약산(김원봉), 김준, 이집중, 박효삼이 있었고, 제5기생에 신악, 제6기생에 반해량 등이 있었다. 그리고 어떤 사람들은 난징에서 김약산이 꾸렸던 '조선 혁명 간부 학교'의 출신이었다.

- 현용순, 『조선족 백년 사회』 -

조선 의용대의 선전 작전

평화로웠던 옛날 유행가나 또는 고국을 그리는 슬픈 노래를 해 준다. 흔히 여자 군인이 맡았다. 이런 것은 모두 그들의 심금을 울리는 것이 아니면 안 되었다. 그리고 나서는 다시 국제 형편을 연설하는 것이다. 갈 때는 선전 삐라와 함께 과자 같은 것을 선물로 주고 간다. 그러면 다음날 밤에는 저쪽에서도 선물을 그 자리에 놓는다. 이렇게 며칠 동안 계속하면 그놈들도 여간 마음이 흔들려 버린다. …… 적의 불안정을 일게 하는 이 무기 없는 싸움은 적군이 가장 꺼려하고 무서워하는 것이 되었다. 그리고 이와 같은 무장 선전대가 적 진영 속 깊이 들어가서 공작을 하는데, 이것을 의용군에서는 정치 공세라 하여 가장 효과 있는 전술이라고 한다. 이 정치공세가 끝나면 투항하여 오는 일본군과 조선인 지원병과 학병들이 적지 않았다 한다.

- 『항전별곡』 -

조선 의용대의 활약   p.339

500명 이상의 일본군 병력이 새벽에 마을을 포위하였다. 동이 트자마자 전투가 벌어졌다. 조선 의용대는 병력이 거의 20분의 1밖에 안되는 상황에서도 격렬하게 저항하여 일본군 태반을 사살하고 포위망을 풀었다. …… "옛날 이 마을에서 조선의용대 화북 지대가 일본군과 싸운 전투를 기억하시는지요?" "기억하다마다요. 조선 군인들은 참 용감했소."
- 대한 매일 특별 취재반, '저기에 용감한 조선 군인들이 있었소' -

조선 의용대의 항일전 참전   p.339

중·일 전쟁 발발 후 우리 당은 '중국 대일 항전의 승리는 즉 조선 독립의 보증'이며, 중국의 대일 항전에 참가하는 것은 우리가 당면한 최대 임무 중 하나라고 인정하였다. 그러므로 조선 의용대를 조직하여 직접 중국의 대일 항전에 참가해 빛나는 전적을 창조하였고, …… 이것은 우리 당이 조선 민족의 자유해방을 위해 영웅적 투쟁을 할 뿐만 아니라, 중국의 승리를 위해 마땅히 노력을 다함을 증명하는 것이다.
- 민족 혁명당 창립 제8주년 기념 선언, 1943 -

한국 광복운동 단체 연합회(광복진선)   p.339

우리의 정당한 투쟁이 반민족, 반혁명 세력에 의해 좌절되고 회색분자들의 방해로 인하여 소기의 목적을 이루는 데 실패하였다. …… 혁명단체 연합이라는 목적을 달성하기 위한 첫걸음으로 우리는 즉각 아래와 같은 공작을 추진할 것이다.
 1. 강력한 광복전선을 건립하고 조직의 확대를 꾀한다.
 2. 완전한 합작을 통해 일체의 중요한 당면 공작을 실행한다.
 3. 임시 정부를 옹호하고 지지한다.
- 대한민국 19년(1937) -

동지들에게 보내는 서신(1939, 김구·김원봉)   p.339

어떠한 방식에 의해 민족적 통일 기구를 구성하여도 그 기구는 현 단계의 전 민족적 이익과 공동적 요구에 의한 정강 아래 어떤 주의, 어떤 당파도 그 신하에 포용하여 조직하지 않으면 안 된다. 그리고 전국적 무장 대오를 1개의 민족적 총기관으로서 지휘 가능한 조직체로 할 것이 요구된다. …… 이와 같은 사명을 이행하기 위하여 무엇보다도 먼저 관내에 현존하는 각 혁명 단체를 일률적으로 해소하고 현 단계의 공동 정강 아래 단일 조직으로 재편성하지 않으면 안 된다고 믿는다. 그리하여 현존 각 단체의 지방적 분열과 파생적 마찰을 정지하고 단결 제일의 목표 아래 일체 역량 및 행동을 통일하여 우리의 항쟁을 적극적으로 전개할 수 있다. 각 단체의 표방하는 주의가 같지 않으나 현 단계의 조선 혁명에 대한 정치적 강령과 항일전의 상태는 완전히 일치하는 것이다. …… 지금이야말로 우리는 과거 수십 년간 우리 민족운동사상의 파벌 항쟁으로 인한 참담한 실패의 경험과 목전의 중국 혁명의 최후의 필승을 향하여 매진하고 있는 민족적 총단결의 교훈에서 종래 범한 종종의 오류, 착오를 통감하고, 이제 양인은 조선 민족 해방의 대업을 완성하기 위해서 장래에 동심협력할 것을 동지·동포 제군 앞에 고백하는 동시에 목전의 내외 정세와 현 단계에 있어서 우리들의 정치적 주장을 이하에 진술한다.
 제1조 일본 제국주의의 통치를 전복하고 조선 민족의 자주독립 국가를 건설한다.
 제2조 봉건 세력과 일체의 반혁명 세력을 숙정하고 민주 공화제를 건설한다.

제3조 국내에 있는 일본 제국주의자의 공사 재산과 매국적 친일파의 일체 재산은 몰수한다.
제4조 공업·운수·은행 및 기타 산업 부문에 있어 국가적 위기가 있을 경우에는 각 기업을 국유로 한다.
제5조 토지는 농민에게 분배하고 토지의 일체 매매를 금지한다.
제6조 노동 시간을 감소하고 노동에 관한 각 종업원은 보험 사업을 실시한다.
제7조 부녀의 정치·경제·사회상의 권리 및 지위를 남녀 같이한다.
제8조 국민은 언론·출판·집회·결사·신앙의 자유를 가진다.
제9조 국민의 의무교육과 직업 교육은 국가의 경비로써 실시한다.
제10조 자유·평등·상호 부조의 원칙에 기초하여 인류의 평화와 행복을 촉진한다.

한국 독립당 창당

본래 광복진선(光復陣線) 3당은 먼저 그 자신의 통일을 완성하여 해외 민족 운동가의 대동단결을 실현하고, 그 후에 비로소 공산주의자들과도 합작을 하는 것으로 통일 방안을 세웠다. 그러나 이것을 제기하는 자들은 통일이라는 미명으로 오히려 이것을 방해하는 일이 적지 않았다. 작년 1939년 5월에 통합 논의가 시작되어, 한 해가 지난 이번 달에 드디어 3당 해체와 함께 본당(本黨)을 조직하기로 결정하였다. 조선 민족 혁명당 산하의 부대가 곧 합류하게 되면 임시 정부의 민족적 지위도 제고할 수 있다. 앞으로 종래의 산만한 행동을 청산하고 임시 정부의 항일 군사 활동을 강화하면서 공동 분투하자.

한국 광복군 선언문(1940. 9. 15.)

대한민국 임시 정부는 대한민국 원년(1919)에 정부가 공포한 군사 조직법에 의거하여 …… 광복군을 조직하고 …… 한국 광복군은 중화민국 국민과 합작하여 우리 두 나라의 독립을 회복하고자 공동의 적인 일본 제국주의자들을 타도하기 위해 연합군의 일원으로 항전을 계속한다. …… 이때 우리는 큰 희망을 갖고 조국의 독립을 위해 전투력을 강화할 시기가 왔다고 확신한다. …… 우리는 한·중 연합 전선에서 우리 스스로의 부단한 투쟁을 감행하여 동아시아를 비롯한 아시아 민중의 자유와 평등을 쟁취할 것을 약속하는 바이다.

- 『대한민국임시정부 자료집』 10 -

한국 광복군 행동 준승 9개항

1. 한국 광복군은 우리 중국의 항일 작전 기간에 본 회(중국 군사 위원회)에 직할 예속하여 참모총장이 장악 운영함.
2. 한국광복군이 중국 군사위원회의 통할 지휘를 받은 후에는 중국이 항전을 계속하고 있는 기간 및 한국 임시 정부가 한국 경내로 진출하기 이전에는 오직 중국 최고통수부의 유일한 군령에 따르며, 어떠한 기타 군령 혹은 기타 정치세력의 견제도 받지 않음.
3. 본 회에서 한국 광복군을 원조하여 한국 내지나 한국 변경에 접근한 지역을 향하여 활동하게 하여서 중국의 항전 공작과 배합시킴을 원칙으로 하되 …… 우리 중국 전구 제1선 부근에서 군사 훈련하는 것을 준허하되 우리 군 사령관의 절제를 받아야 함.
7. 광복군의 지휘·명령이나 혹은 관항과 군계를 조회하는 등의 일은 본회에서 지정한 관공청 군사처에서 책임지고 접수함.

한국 광복군이 중국 국민당과 맺은 '한국 광복군 행동 준승 9개항' 중 일부이다. 한국 광복군은 1942년에는 김원봉의 조선 의용대를 흡수하여 세력이 더욱 강화되었다. 이들은 임시 정부에서 공포한 '건국 강령'(1941. 11.)을 이념으로 삼고 중국 국민당과 맺은 '한국 광복군 행동 준승'에 따라 제약을 받았다.

9. 중·일 전쟁이 끝나고도 한국 임시 정부가 여전히 한국 지경으로 정진하지 못하였을 경우 광복군을 이후에 어떻게 운영할 것인가는 본회의 일관된 정책에 기본을 두고 당시의 정황에 비추어 책임지고 처리함.

- 국사 편찬 위원회, 『한국 독립운동사 자료』 -

재미 한족 연합 위원회의 광복군 후원   p.340

광복군 후원금은 매달 하와이 의사부에서 1천 50원, 미주 집행부에서 2백 50원을 분담 납부하기로 하여, 미주 집행부는 이 결의에 따라 2백 50원을 모아 보내 드리니 확인하신 후 영수증을 보내 주소서. 재미 한족 연합 위원회의 사무는 순조로이 진행되어 가니 이제부터는 정부 후원에 염려 없고, 광복의 앞길에 아주 다행으로 여깁니다. 광복군 소식을 자주 통지해 주시기를 바랍니다.

- 『미주 국민회 자료집』, 1941. 6. 21. -

대한민국 임시 정부의 대일 선전 포고(1941. 12.)   p.340

우리는 3천만 한국 인민과 정부를 대표하여 삼가 중·영·미·소·캐나다·기타 제국의 대일 선전이 일본을 격패케 하고 동아시아를 재건하는 가장 유효한 수단이 됨을 축하하여 이에 특히 다음과 같이 성명한다.
 1. 한국 전 인민은 현재 이미 반침략 전선에 참가하였으니 한 개의 전투 단위로서 추축국에 선전한다.
 2. 1910년의 합방 조약과 일체의 불평등 조약의 무효를 거듭 선포하며 아울러 반침략 국가인 한국에서의 합리적 기득 권익을 존중한다.
 3. 한국·중국 및 서태평양으로부터 왜구를 완전히 구축하기 위하여 최후 승리를 거둘 때까지 혈전한다.
 4. 일본 세력 하에 조성된 장춘 및 남경 정권을 절대로 승인하지 않는다.
 5. 루스벨트·처칠 선언의 각 조를 견결히 주장하며, 한국 독립을 실현키 위하여 이것을 적용하여 민주 진영의 최후 승리를 축원한다.

초모 활동   p.340

이날은 광활한 대지에 나의 운명을 맡긴 날이다. 중경(충칭)을 찾아가는 대륙 횡단 위에 …… 6천 리를 헤매기 시작한 날이다. …… 사실은 이날이 바로 지나 사변 제7주년 기념일이었다. 그때 일본은 중·일 전쟁을 지나 사변이라고 말했다.

- 장준하, 『돌베개』 -

한국 광복군의 활동   p.340

눈앞에 세계정세의 발전은 우리 혁명에 절대 유리하게 나타나고 있다. …… 미·영·소·중 등 각 동맹국 간의 합작 단결로 전쟁의 승리는 매우 뚜렷이 드러나고 있다. …… 우리들은 각 혁명 단체, 각 무장 대오, 전체 전사 및 국내외 동포와 더불어 전 민족적 통일 전선을 더욱 공고히 확대하면서 일본 제국주의자에 대한 전면적 무장 투쟁을 적극 전개하여 최대의 힘쓸 것을 결심한다.

- 대한민국 임시 정부, 1944. 5. -

국내 진공 작전

드디어 3개월간의 제1기생 50명의 OSS 특수 공작 훈련이 끝났다. 나는 무전 기술 등의 시험에서 괜찮은 성적을 받았고 국내로 침투하여 모든 공작을 훌륭하게 수행할 수 있는 자신을 얻었다. …… 제1기생 훈련이 성공적으로 끝나자 우리는 말할 것도 없고 미군도 대만족하여 즉각 국내로 침투시킬 계획을 작성하였다. …… 우리들의 국내 잠입의 준비는 완료되었고, 출발 명령만 내리면 언제든지 떠날 수 있게 되었다. 이 장군은 진입 대원들에게 몇 시간 뒤에라도 출동할 수 있도록 특별 대기령을 내렸다. …… 이때 임시 정부와 광복군은 이 국내 진입에 모든 운명을 거는 듯하였다.

- 김준엽, 『장정』 -

국내 진공 작전 계획과 김구의 한탄

왜적이 항복한다 하였다. 아! 왜적이 항복! 이것은 내게 기쁜 소식이라기보다는 하늘이 무너지는 듯한 일이었다. 천신만고 끝에 수년 동안 애를 써서 참전할 준비를 한 것도 다 허사이다. 시안과 푸양에서 훈련을 받은 우리 청년들에게 여러 가지 비밀 무기를 주어 산둥에서 미국 잠수함에 태워 본국으로 들여보내어 국 내의 중요한 곳을 파괴하거나 점령한 뒤에 미국 비행기로 무기를 운반할 계획까지도 미국 육군성과 다 약속이 되었던 것을 한 번 해 보지도 못하고 왜적이 항복했으니 …… .

- 김구, 『백범일지』 -

화북 지역의 조선 의용군

화북 조선 동포여, 조국 독립 운동에 적극 참가하자!
일제 파시스트 통치를 전복하고 조선 민주 공화국 건설을 위해 분투하자!
동방 피압박 민족의 반파시스트 연합 전선에 참가하자!
조선 의용군 및 독립 동맹 기치 하에 단결하자!

- 화북 조선 의용군 전단지 -

CHAPTER 03 사회·경제적 민족 운동

① 실력 양성 운동

실력 양성론의 대두

미·영 양국은 자기 나라의 이익을 도모하는 데만 급급했을 뿐, 조선 문제 때문에 일본 측의 감정을 상하는 일은 회피하였다. 조선 독립은 당분간 절망적이므로 우리 조선인은 힘써 교육과 산업과 문화적 시설에 열중하여 실력 양성에 주력하지 않으면 안 된다.

- 워싱턴 회의를 취재하고 돌아온 『동아일보』 김동성 기자의 소감, 『조선치안상황』 2 -

물산 장려 운동

보라, 조선에 관세 철폐로 因하여 산업이 振興치 못할 것은 賢愚를 막론하고 긍정치 아니치 못할 바이니 그러므로 일본 생산업자가 조선 시장을 독점하면 소비자에게 고가의 貨物을 공급할 것이요, 원료 생산자를 농락하여 원료품을 농단할 것이니 이로써 조선인의 飢渴은 갈수록 참혹할 것이요, 이뿐만 아니라 관세 수입이 減하면 그 수입만큼 조선인의 세금이 증가할 것이니, 目下 세금에도 家具差押을 면치 못하는 조선인에게 一層 多額을 징수하려면 또 差押할 것은 그 何物인고? 妻子인가 自身인가. 아! 조선인의 갈 곳이 何處인고?

- 『동아일보』, 1920. 7. 12. -

> 회사령이 폐지되고 관세가 철폐되면서 일본의 자본과 물품이 유입되었고, 이에 조선인 자본가들은 한국인 자본의 보호와 육성을 대중에 호소하면서 물산 장려 운동을 전개하였다.

평양 물산 장려회

생각건대 개인과 단체를 물론하고 경제력의 여유 유무 즉 부(富)와 빈(貧)은 생활상에 고(苦)와 락(樂)의 차이가 있을 뿐만 아니라, 지식상 우(優)와 열(劣)을 일으키고 따르게 되며, 세력상의 강(强)과 약(弱)을 생성하여 부자는 우(優)하고 강하나 빈자(貧者)는 열(劣)하고 약하여 필경 우승열패(優勝劣敗)케 되나니, 그렇다면 과연 우리 민족은 우승자인가 열패자인가. 우리는 누누히 이를 설명코자 아니하고 다만 우리의 빈약한 원인이 무엇인가를 말하고자 한다. …… 이에 우리는 일대 근인(近因)이 있음을 간파하였으니 즉 자작자급(自作自給)치 아니함이라 하노라. 바꾸어 말하면 조선 물산을 장려함이오 또 바꾸어 말하면 보호무역을 의미함이니 이것이 우리 조선인에게 가장 큰 문제라 하노라. 현금 구미각국은 저토록 상공업이 발달되었음에도 자유무역주의를 행하는 나라는 하나도 없고 모두 보호무역주의를 행하나니 이것으로 미루어 보건대 선진이오 부강한 나라도 그처럼 국산을 장려하고 무역을 보호하거든 하물며 뒤떨어지고 빈약한 조선이오. 그런고로 우리는 조선 물산을 장려하지 아니치 못하리라 하노니, …….

1920년 8월 23일
임시 사모소 평양부 남문동 서정목 야소교서원에서 발기인 일동

- 『동아일보』, 1920. 8. 23. -

조선 물산 장려회 취지서

부자와 빈자를 막론하고 우리가 우리의 손에 산업의 권리 생활의 제일 조건을 장악하지 아니하면, 우리는 도저히 우리의 생명, 인격, 사회의 발전을 기대하지 못할 것이다. 우리는 이와 같은 견지에서 우리 조선 사람의 물산을 장려하기 위하여, 조선 사람은 조선 사람이 지은 것을 사 쓰고, 둘째 조선 사람은 단결하여 그 쓰는 물건을 스스로 제작하여 공급하기를 목적하노라. 이와 같은 각오와 노력이 없이 어찌 조선 사람이 그 생활을 유지하고 그 사회를 발전할 수가 있으리오.

제1기 실행 조건
1. 의복은 우선 남자는 두루마기, 여자는 치마를 음력 계해(1923) 정월 1일로부터 조선인 산품 또는 가공품을 염색하여 착용할 것
2. 음식물에 대하여 식염, 사탕, 과자, 청량음료 등을 제외하고는 모두 조선 물산을 사용할 일
3. 일용품은 조선인 제품으로 대용하기 가능한 것은 이를 사용할 일

조선 물산 장려회 궐기문

내 살림 내 것으로! 보아라! 우리의 먹고 입고 쓰는 것이 다 우리의 손으로 만든 것이 아니었다. 이것이 세상에 제일 무섭고 위태한 일인 줄을 오늘에야 우리는 깨달았다. 피가 있고 눈물이 있는 형제자매들아, 우리가 서로 붙잡고 서로 의지하여 살고서 볼 일이다.
입어라! 조선 사람이 짠 것을 / 먹어라! 조선 사람이 만든 것을
써라! 조선 사람이 지은 것을 / 조선 사람, 조선 것
- 서울 견지동 18번지 조선 물산 장려회 -

조선 물산 장려가

1. 산에서 금이 나고 바다에 고기 / 들에서 쌀이 나고 목화도 난다.
   먹고 남고 입고 남고 쓰고도 남을 / 물건을 내어 주는 삼천리 강산
2. 조선의 동모들아 이천만민아 / 두발 벗고 두팔 것고 나아오너라.
   우리 것 우리 힘 우리 재조로 / 우리가 만드러서 우리가 쓰자.
3. 조선의 동모들아 이천만민아 / 자작자급 정신을 잇지를 말고
   네 힘껏 버러라. 이천만민아 / 거긔에 조선이 빗나리로다.
- '거긔에 조선이 빗나리로다', 『동아일보』, 1926. 7. 1. -

사회주의자가 본 물산 장려 운동

…… 현재 물산 장려 운동의 사상적 도화수가 된 것이 누구인가? 저들의 사회적 지위로 보나 결국 중산 계급임을 벗어나지 못하였으며, 적어도 중산 계급의 이익에 충실한 대변인인 지식 계급이 아닌가. 또 솔선하여 물산 장려의 실행적 선봉이 된 것도 중산 계급이 아닌가. 실상을 말하면 노동자에게는 이제 새삼스럽게 물산장려를 말할 필요가 없는 것이다. 그네는 벌써 오랜 옛날부터 훌륭한 물산 장려 계급이다. 그네는 자본가 중 산 계급이 양복이나 비단옷을 입는 대신 무명과 베옷을 입었고, 저들 자본가가 위스키나 브랜디나 정종을 마시는 대신 소주나 막걸리를 먹지 않았는가? 실상 저들 자본가, 중산 계급이 외래의 자본주의적 침략에 위협을 당하고 착취되고 있는 경제적 정복 관계의 엄연한 사실이 저들로 하여금 어쩔 수 없이 '민족적'이라는 미사여구로써 동족 안에 있는 착취, 피착취의 상반하는 양극단의 계급적 의식을 은폐해 버리고, 일면으로는 '애국적'이라는 의미에서 외화 배척을 말하는 것이며, …… 이리하여 저들은 민족적, 애국적 하는 감상적 미사로써 눈물을 흘리면서 저들과 이해가 전연 상반한 노동 계급의 후원을 갈구하는 것이다. 그러나 진실로 계급적으로 자각한 노동자에게 있어서는 저들도 외래 자본가와 조금도 다를 것이 없는 것을 알며, 따라서 저들 신시랑류(新豺狼類)의 침략에 빠져 계급 전선을 몽롱케는 못할 것이다.
- 이성태, '중산계급의 이기적 운동', 『동아일보』, 1923. 3. 20. -

물산 장려 운동에 대한 논쟁, 사실을 정관하라   p.341

물산 장려 운동에 대한 반대측 의견을 종합하건대 크게 두 가지 논점이 있는 것 같다. 하나는 일본 인측이나 또는 관청의 일부분에서 물산 장려 운동을 일종의 일본 제품 배척 운동으로 간주하고 불온한 사상이라고 공격하는 것이다. 또 하나는 소위 사회주의자 중 일부 논객이 주장하는 것인데 물산 장려 운동은 유산계급의 이익을 위한 것이며 무산계급에는 아무 관련이 없으니 유산 계급만의 운동으로 남겨 버리자는 것이다.

- 『동아일보』, 1923. 3. 31. -

조선 교육회의 건의문   p.342

1. 보통학교 1면 1교, 고보와 사범학교 각 도 1개 이상 설립할 것.
1. 보통학교 교과서는 국어독본 외에는 모두 조선말로 제작할 것. 교사의 교수 용어도 조선말로 할 것.
1. 사립학교 경영과 교원, 생도에 대해 당국이 호의로 공립과 차별을 없앨 것.
1. 교육비를 많이 지출하여 교육 기관을 완비할 것.
1. 각 처의 서당을 개량할 것.

- 『동아일보』, 1921. 4. 9. -

민립 대학 설립 운동   p.342

- 근래 일반의 교육열이 매우 높아감에 따라 여러 가지 학교가 모두 부족하여 교육을 받고자 하는 청년의 곤란이 진실로 비상하지만 그중에도 조선 안에는 한 개의 대학교도 설립되지 않아 대학 교육을 받고자 하는 사람을 인도할 곳이 없을 뿐 아니라 …… 이번에 조선 전도의 다수의 유지를 망라하여 민중 운동으로 될 수 있는 대로 많은 사람의 힘을 합하여 민립 대학 한 곳을 세워 보고자 한다.

- 『동아일보』, 1922. 11. 30. -

- 이제 우리 조선인도 세계 속에서 문화 민족의 일원으로 다른 나라 사람과 어깨를 나란히 하여 우리들의 생존을 유지하며 문화의 창조와 향상을 기도하려면, 대학의 설립을 빼고는 다시 다른 길이 없도다. …… 우리에게 아직 대학이 없는 일이다. …… 감히 만천하 동포에게 향하여 민립 대학의 설립을 제창하노니, 자매형제는 모두 와서 성원하라.

- 『동아일보』, 1923. 3. 30. -

조선 민립 대학 설립 기성회 발기 취지서   p.342

우리의 운명을 어떻게 개척할까? 정치냐, 외교냐, 산업이냐? 물론 이와 같은 일이 모두 필요하도다. 그러나 그 기초가 되고 요건이 되며 …… 교육이 아니면 아니 된다. …… 교육에도 계단과 종류가 있어 민중의 보편적 지식은 보통 교육으로도 가능하지만 심오한 지식과 학문은 고등 교육이 아니면 불가하며, 사회 최고의 비판을 구하며 유능한 인물을 양성하려면 최고 학부의 존재가 가장 필요하다. …… 오늘날 조선인이 세계 문화 민족의 일원으로 남과 어깨를 견주고 우리의 생존을 유지하며 문화의 창조와 향상을 기도하려면, 대학의 설립이 아니고는 다른 방도가 없도다.

- 『동아일보』, 1923. 3. 30. -

경성 제국 대학 개교 p.342

예과와 법문학부, 의학부만 완성하는 데 임시비만 500만 원가량 들었고, 경상비는 매년 40~50만 원이었다. 조선에 있는 10여 개 전문 학교 경상비를 다 합친 금액보다 많았다. 그 엄청난 경비는 물론 조선인의 고혈을 짜내 벌어들이는 세금으로 충당됐다. 그런데 그 학교에서 가르치는 사람 중에서 조선인은 한 사람도 없었다. 168명 학생 중에서 조선인은 고작 44명이었다. 출입문에서 사무원이 주는 그 학교 일람 비슷한 인쇄물을 읽을 때, 나는 이루 말할 수 없는 서글픈 느낌이 전광같이 머리로 지나가는 것을 느낄 수 있었다.

- 경성 제국 대학 개교식 참관기 -

문자 보급 운동 p.342

오늘날 조선인에게 무엇 하나 필요하지 않은 것이 없다. 산업과 건강과 도덕이다. 그중에서도 가장 필요하고 긴급한 것을 들자면 지식 보급을 제외하고는 없을 것이다. 지식이 없이는 산업이나 건강이나 도덕이 발달할 수 없다. …… 전 인구의 대부분이 문자를 이해하지 못하고 학령 아동의 3할밖에 취학할 수 없는 오늘날 조선의 상황에서 간결하고 쉬운 문자의 보급은 민족이 가질 최대의 긴급한 일이라 하겠다.

- 『조선일보』, 1934. 6. 10. -

브나로드 운동 선전문 p.342

• 오늘날 학생들의 풍조를 보면 너무도 이기적이고 타산적이며 명예만을 앞세운다. 우리는 모름지기 자신을 초월할 것이다. 모든 이들을 위하여 자신의 이해와 고락을 희생할 것이다. 우리는 보수를 바라지 않는 일꾼이 되어야 할 것이다. 새로운 사상을 갖는 새로운 학생들을 보라! 그들은 명예와 이익은 안중에도 없고, 오직 끓는 열과 성의에서 자신의 민족을 사랑하고 자신의 사회를 위하여 희생하였다 하지 않는가. 숨은 일꾼이 많아라! 참으로 민중을 생각하는 마음으로 민중을 대하라. 그리하여 민중의 계몽자가 되고, 민중의 지도자가 되라!

- 『동아일보』, 1931. 7. 5. -

• 계몽 운동의 횃불을 들고 어두운 농촌으로 가자. 그리하여 문맹의 그들에게 광명을 주자! 우렁차고 힘찬 이 운동에 벌써 전 조선 남녀 학생 1천 6백 명이 참가하고 (20일 오전까지) 계속하여 참가하는 중이다.

- '계몽의 거화 들고 농촌으로 가자', 『동아일보』, 1934. 6. 22. -

2 민족 운동의 분화와 합작

새로운 사상의 대두 p.343

민주주의를 지지하노라. …… 국내 정치에 있어서는 자유주의요, 국제 정치에 있어서는 연맹주의요, 사회생활에 있어서는 평등주의요, 경제 조직에 있어서는 노동 본위의 협조주의라. 특히 동아시아에 있어서는 각 민족의 권리를 인정한 위에서의 친목·단결을 의미하며, 세계 정세에 있어서는 정의 인도를 승인한 위에서의 평화 연결을 의미함이라. …… 우리는 천하 인민의 경복과 광영을 위하여 이를 지지하노라.

- 『동아일보』, 1920. 4. 1.

현대 신어 석의(1922)

『현대 신어 석의』는 1922년 당시 새로운 용어들을 모아 이에 대한 주석을 단 책으로, 정치·사상과 관련된 단어가 많이 수록되어 있다. 이는 당시 사람들이 새로운 사상에 관심이 많았으며, 민족을 전제로 하여 자유와 평등의 가치를 이해하고 있었음을 보여 준다. 아래는 『현대 신어 석의』의 내용이다.

- 무정부주의: 자기를 지배하는 것은 자기의 사상과 감정 외에 어떤 것도 존재하지 않는다고 하여, 일체의 외적 규정을 타파하고 중앙 행정 기관을 폐지하여 개인의 자유 의지에 기초한 자유 활동에 방임하는 사회를 만들고자 하는 주의
- 민족: 역사적으로 동일한 경로를 거쳐 온 한 집단의 사람들을 말함. 즉 선조가 같고 언어, 풍속, 관습이 같은 사람을 칭함.
- 자유주의: 국민의 자유를 확장하고자 하는 정치상의 주의
- 민족 자결주의: 영원한 세계 평화를 위하여, 또 각 민족의 행복을 위하여 각자의 존립은 각자의 자결로 행한다는 주의
- 민주주의: 인민의 권리 자유를 극도로 존중하여 인민 전반이 국가의 국권을 장악하여 국가에 대한 최고의 지위를 점하고자 하는 주의로, 민본주의와는 다름.
- 사회주의: 사회에 있는 각 개인의 권리는 평등하다고 보고, 오늘날의 사회 조직을 모두 근본으로부터 변혁하여 극심한 빈부 격차를 구제하며, 재산의 분배를 균등하게 할 것을 목적으로 하는 주의
- 평등주의: 협의로는 한 나라의 민족, 광의로는 세계의 민족이 누구를 막론하고 즉 귀천, 상하, 남녀의 구별 없이 인류가 되어 각각 동일하게 권리와 의무를 가질 뿐 아니라 계급의 차등 없이 모두 동등하다는 주의

이광수의 '민족적 경륜'

그러면 지금의 조선 민족에게는 왜 정치적 생활이 없는가? 그 대답은 간단하다. …… 일본이 조선을 병합한 이래로 조선인에게는 모든 정치 활동을 금지한 것이 첫째 원인이다. 또, 병합 이래로 조선인은 일본의 통치권을 승인해야만 할 수 있는 모든 정치적 활동, 즉 참정권, 자활권 운동 같은 것은 물론이요, 일본 정부를 상대로 하는 독립 운동조차 원치 아니하는 강렬한 절개 의식이 있었던 것이 둘째 원인이다. …… 지금까지 해 온 정치적 운동은 모두 일본을 적대시하는 운동뿐이었다. 이런 종류의 정치 운동은 해외에서나 할 수 있는 일이고, 조선 내에서는 허용되는 범주 내에서 일대 정치적 결사를 조직해야 한다는 것이 우리의 주장이다.

- 『동아일보』 -

이광수가 1924년에 발표한 글의 일부이다. 1920년대 전반의 실력 양성 운동이 소강상태에 접어들 때 쯤. 이광수는 동아일보에 이 글을 발표하여 일본의 허용 범위 내에서 자치와 참정을 획득하자는 주장을 전개하였다.

한국 독립 유일당 북경 촉성회 선언서

동일한 목적과 동일한 성공을 위하여 운동하고 투쟁하는 혁명자들은 반드시 하나의 기치 아래 모여 하나의 호령 아래 단결해야만 비로소 상당한 효과를 거둘 수 있다는 것은 말할 필요도 없다. …… 이것은 일계급, 일국민, 일민족의 행복과 자유를 생각하는 동·서의 혁명자들이 각각 일정한 주의, 강령과 훈련, 규율 아래 일당으로 결합한 것이다. …… 바란다! 일반 동지는 깊이 양해하라! 일본 제국주의를 타도하라! 한국의 절대 독립을 주장하라! 민족 혁명의 유일한 전선을 만들라! 전 세계 피압박 민중은 단결하라!

- 조선 총독부 경북 경찰부, 『고등경찰요사』 -

조선 민흥회의 창설   p.343

조선 민흥회는 조선 민족의 공동 권익을 쟁취하고, 조선민의 단일 전선을 결성할 목적으로 창설되었다. 조선 민흥회는 산업 종사자, 종교인, 학생, 지식인 등 전 국민의 단합과 통일을 주장한다. 민족적 통합의 그 목적은 '조선의 해방'에 있다. …… 이러한 운동은 반드시 반제국주의 운동으로 표출될 것이다. …… 과거의 운동은 계급 의식이 내연되어 있었고, 국가 전체적으로 볼 때 분열되어 있었다. 그러나 최근의 운동에서는 계급 운동의 참여자라 할지라도 연합 민족 운동을 강렬히 요구하고 있다. …… 유럽의 프롤레타리아 계급이 봉건주의와 독재주의를 타파할 목적으로 자본가들과 뭉쳤던 것처럼, 조선의 사회주의자들도 반제 국주의 운동에 있어서 공동 권익을 지향하는 계급들의 일체적 동원에 대한 필요성을 절감하고 있다.

- 『조선일보』, 1926. 7. 11. -

민족운동의 분화   p.343

현하 우리 사회에는 두 가지 조류가 있다. 하나는 민족운동의 조류요, 또 하나는 사회운동의 조류인가 한다. 이 두 가지 조류가 물론 해방의 근본적 정신에 있어서는 조금도 다를 것이 없다. 그러나 왕왕 운동의 방법과 이론적 해석에 이르러서 털끝의 차이로 천 리의 차이가 생겨 도리어 운동의 전선을 혼란스럽게 하여 당파적 분규를 소생케 하여 결국은 어부의 이를 취하게 골육의 다툼을 일으키는 것은 어찌 우리 민족의 장래를 위하여 통탄할 바가 아니랴.

- 『동아일보』, 1925. 9. 27. -

조선공산당 강령   p.344

1. 민주 공화국을 건설하되 국가의 최고 및 일체 권력은 국민으로부터 조직한 직접·비밀·보통 및 평등선거로 입법부에 있을 일
2. 어떤 임금 노동자를 막론하고 일일 8시간 이상의 노동을 하지 못할 일
6. 16세 이하 아동의 노동을 금지할 일
7. 산모의 산전 2주, 산후 4주간의 노동을 금지할 일
11. 지주와 대토지 소유자에 대한 농민의 투쟁을 자유로 할 일

- 『불꽃』(1926) -

안창호의 연설   p.345

그러면 우리가 앞으로 어떻게 할까? …… 먼저 대혁명당이 조직되는 데 있습니다. 그렇지 않으면 될 수 없는 것은 무슨 까닭일까요? 김가는 김가, 이가는 이가, 각각 제 조건대로 나아가는 까닭에 될 수 없습니다. 그런즉 이것을 다 총괄하여 김가든지 이가든지 일제히 대혁명당의 자격을 가지고 활동하는 것이 조직적 혁명체가 되는 것입니다. …… 우리는 각각 그 정신과 주의와 장단은 따지지 말고 대혁명당을 조직하도록 합하여야 하겠습니다. 각각 협의한 주의와 생각은 버리고 저 민중을 끌어 동일한 방향으로 나가야 할 것입니다.

- 『신한민보』, 1926. 10. 21. -

정우회 선언 p.345

민주주의적 노력의 집결로 인하여 전개되는 정치적 운동의 방향에 대하여는 그것이 필요한 과정의 형세인 이상, 우리는 차갑게 강 건너 불 보듯 할 수 없다. 우리가 승리를 향해 나아가기 위해서는 현실적으로 가능한 모든 조건을 충분히 이용하지 않으면 안 될 것이며, 따라서 민족주의적 세력에 대하여는 그 부르주아 민주주의적 성질을 명백하게 인식하는 동시에 또 과정적·동맹자적 성질도 충분히 승인하여, 그것이 타락하는 형태로 출현되지 아니하는 것에 한하여는 적극적으로 제휴하여, 대중의 개량적 이익을 위해서도 종래의 소극적인 태도를 버리고 세차게 싸워야 할 것이다.

— 『조선일보』, 1926. 11. 17. —

민족주의 좌익 전선의 형성 p.345

민족주의 좌익 전선을 형성하여 변동되려는 시국에 대응함이 필요한 것은 지금 조선의 확실한 시대 의식이 되어 있다. 타락을 의미하는 기회주의와 우경적인 타협 운동(자치론)이 대중의 목적의식을 마비케 하고 투쟁력을 약화하며, 따라서 통치자들이 준비하는 어떠한 술책도 감쪽같이 들어맞게 할 걱정이 있는 고로, 비타협적인 민족주의 좌익 전선을 형성함이 꼭 필요한 까닭이다. 이러한 견지로서 민족 좌익 전선의 형성이 대중의 자연적인 요구로서 나오게 된 것이다.

— 『조선일보』, 1927. 1. 5. —

신간회 강령 p.345

- 우리는 조선 민족의 정치적 경제적 해방의 실현을 도모한다.
- 우리는 전 민족의 총역량을 집중하여 민족적 대표 기관이 되기를 기한다.
- 우리는 일체의 개량주의 운동을 배척하여 전 민족의 현실적인 공동 이익을 위하여 투쟁한다.

> 신간회(1927)는 민족주의 세력과 사회주의 세력이 연합하여 조직되었다.

신간회 강령 수정 p.345

- 우리는 정치·경제적 각성을 촉진함
- 우리는 단결을 공고히 함
- 우리는 기회주의를 일체 부인함

신간회 도쿄 지회 제2회 정책안(1927. 12. 8.) p.345

- 언론, 집회, 출판, 결사의 자유
- 조선 민족을 억압하는 모든 법령의 철폐
- 고문제 폐지 및 재판의 절대 공개
- 동양 척식 주식회사 폐지
- 일본인의 조선 이민 반대
- 부당한 납세 반대
- 산업 정책을 조선인 본위로
- 단결권, 파업권, 단체 계약권의 확립
- 경작권의 확립
- 소작인의 노예적 부역 폐지
- 소년 및 부인의 야간 노동, 갱내 노동 및 위험 작업 금지

- 8시간 노동제 실시
- 최저 임금, 최저 봉급제의 실시
- 일체 학교 교육의 조선인 본위
- 여자의 법률상 및 사회상의 차별 철폐
- 형평사원 및 취업에 대한 일체 차별 반대

— 『대중신문』, 1928. 1. 1. —

신간회 안주 지회 정기 대회 결의　p.345
- 청년 운동에 관한 건: 청년 운동을 적극 원조하며 조선 청년 총동맹을 지지할 일
- 노동 문제에 관한 건: 노동자의 실생활을 조사하여 조선 노동 총동맹을 지원할 일
- 여성 문제에 관한 건: 여성 운동을 촉진하여 근우회를 지지할 일
- 형평 운동에 관한 건: 형평 운동을 적극적으로 원조할 일

— 『중외일보』, 1927. 12. 25. —

신간회 해소론　p.345
지금 조선의 노농 대중의 투쟁욕은 성장하였다. …… 그런데 계급적 지도 정신을 가지지 않은 신간회는 더욱 고급의 투쟁욕을 말살하고 있다. …… 반제국주의 투쟁에서 계급적 지도 정신, 계급 투쟁의 역사적 사명을 빼고 나면 나머지는 개량주의뿐이다. 그렇기 때문에 계급적 지도 정신에 의하지 않는 협동적 집단, 즉 신간회는 사회주의자와 좌익 민족주의자를 우익 민족주의자화하지 않을 수 없다. …… 소시민(봉급생활자, 자영업자 등)의 개량주의적 정치 집단으로 변질한 현재의 신간회는 무산 계급(농민, 노동자)의 투쟁욕 성장에 장애가 되고 있다. 노동자 투쟁과 농민 투쟁을 강력하게 펼치기 위해서는 신간회를 해소하고 노동자는 노동조합으로, 농민은 농민 조합으로 돌아가야 한다.

— 「아등의 운동과 신간회」, 『삼천리』, 1931. 4. —

해소론에 대한 반대　p.345
- 민족 단일당의 미명 밑에 도리어 노농 대중의 투쟁욕을 말살한다는 것은 대체로 해소 측의 기본 이론일 것이다. 이는 언뜻 들어 일리가 있다. 그러나 바삐 듣고 싶은 것은 해소한 뒤에 무엇을? 또 어떻게 할 것인가? …… 소부르주아적인 집단을 해소하면 이 이상의 현실적으로 강고한 대중적 투쟁 조직이란 것을 지금 확립할 수 있는가? …… 정치적으로 전연 무권력한 지금의 조선인으로서…… 계몽적 또 교훈적 결성 및 생장의 길을 밟으면서…… 다음의 시기를 기다리는 것이 가능할 것이다.

— 『조선일보』, 1930. 12. 26. —

- 조선인의 대중적 운동의 목표는 일정한 세력(일본 제국주의)을 향해 집중되어야 할 것이니, 민족 운동과 계급 운동은 동지적 협동으로 함께 나란히 나아가야 할 것이요, 그 내부에 영도권이 다른 세력이 섞여 있으므로 전체적으로 협동하여 일을 진행하기는 어려우므로, 역량을 분산시키거나 제 살 깎아 먹는 식의 과오를 범하지 않도록 주력해야 한다.

— 안재홍, '해소파에게 충고함', 『비판』(1931) —

코민테른의 노선 변경　　　　　　　　　　　　　　　　　　　　　　p.345

조선 공산주의자는 노동자·농민 단체 안으로 부지런히 공작하고 신·구 민족 해방 단체, 예컨대 신간회, 천도교, 형평사 안에서도 공작을 부지런히 해야 한다. 이들 단체 안에서 많은 투사의 획득에 노력하면서 당은 민족주의자·기회주의자의 우유부단성을 폭로해야 할 것이다.

- 12월 테제(1928) -

조선공산당에 대한 탄압　　　　　　　　　　　　　　　　　　　　　p.345

경무(警務) 당국에서 지하 운동을 방지코자 사상 경찰망을 물샐틈없이 처놓고 있음에도 불구하고, 지난 3월 중 전 조선 안에서 검거된 사상 관계의 건수와 인원은 놀랄 만치 많다 한다. 즉 검거된 건수가 42건에 검거된 인원이 1,398명이라는 다수에 달하였다 한다. 각 도별로 본다면 전남에 4건, 검거 인원이 370명, 전북에 4건, 380명, 경기에 2건, 220명이 수위이고, 각도를 통하여 황해·강원에는 1건도 없다 한다.

- 『동아일보』, 1934. 5. 3. -

③ 사회 운동과 한국인의 생활

노동자의 삶　　　　　　　　　　　　　　　　　　　　　　　　　　　p.346

• 이 동리(서울 청파동)에는 제면 회사, 간장 공장, 정미소가 있고 고무 공장이 있다. 일반 부녀자들과 어린 유년들은 …… 주먹만한 조밥 덩이를 가지고는 햇발이 보이지 않는 음침한 공장 안으로 발길을 재촉한다. 종일토록 마음대로 앉거나 서지도 못하고 먼지를 마시며 뼈가 빠지도록 기계를 돌리며 손발을 움직인 땀과 고통스러운 노동의 유일한 보수는 단돈 삼십 전을 넘지 못하거나 자기 한 사람 한 달 동안 이것저것 잡비를 제하고 나면 집안 살림에 보텔 것은 찾으려야 찾을 수 없게 된다.

- 『동아일보』(1924) -

• 감독의 무서운 감시와 100도 가까운 열과 먼지가 섞인 공기를 호흡하며, 침침한 상황에서 뼈가 아프고 살이 닳도록 일하는 여자들은 대개가 16, 7세의 아리따운 처녀들과 20 전후의 여인들인데, 다수가 농촌에서 모집되어 온 사람으로 …… 처음 들어온 여공들은 하루에 최고 15, 6전이며, 6, 7년을 이 속에서 늙고 시달린 숙련공이라야 최고 3, 40전이라 하니, 이 얼마나 적은 수입인가? 일급 15, 6전으로 어떻게 살아가겠느냐는 의문이 들 것이다. …… 그나마 아침은 너무 이르고, 점심은 먹을 시간이 모자라며, 저녁은 하루 종일 시달려 기진맥진하여 먹지 못하고 그 적은 양의 밥도 남긴다고 한다. …… 노동 시간이 길고 먹는 음식도 형편없으니 그들의 영양과 건강은 보지 않아도 가히 짐작된다.

- 『조선중앙일보』, 1936. 7. 2. -

소작인 선언(1922)　　　　　　　　　　　　　　　　　　　　　　　p.346

소작인은 단결하라. 사람은 본연의 자유와 평등이 있다. 그러므로 인류의 최초 생활 상태를 살펴보면 아무 계급도 존재하지 않았으며 그 자유 평등을 구속한 흔적도 없었다. 그러나 그때 인류가 홍수·맹수·기후·풍토 등 모든 자연현상과 싸우지 않으면 도저히 생존할 수 없었다. 이 모든 것은 인류 사회의 공동생활을 점점 조직으로 발달하게 했다.

- 『동아일보』, 1922. 7. 31. -

조선 노·농 총동맹 강령 초안(1924)

1. 우리는 노농 계급을 해방하여 완전한 신사회를 실현시키는 것을 목적으로 한다.
1. 우리는 단결의 위력으로써 최후의 승리를 획득할 때까지 철저하게 자본 계급과 투쟁할 것이다.
1. 우리는 노농 계급의 현재 생활에 비추어 시시각각 복리 증진 및 경제적 향상을 도모한다.

1920년대 농민의 처지

- 농촌의 쇠퇴는 극에 달하여 농민의 생활은 비참하다. …… 조선의 농촌이 이와 같은 참상에 이른 것은 소작 관행이 불합리하다는 것에 이유가 있다. 우리 농민의 생활을 빈궁으로부터 구제하고자 하면 더 성의 있는 근본적인 대책을 내놓아야 한다. …… 무엇보다도 소작 제도의 개선을 절규하는 바이다. 소작인들의 요구 조건을 간단하게 정리하면 다음과 같다.
  1. 소작권을 보장하라! 지주가 자유자재로 경작지를 몰수함에 따라 소작인들은 안심하고 농업에 종사할 수 없는 형편이다.
  2. 소작료를 인하하라! 소작인이 죽도록 경작에 노력하여 생산이 증가해도 그 대가를 제대로 받지 못하고 있다.

  - 『개벽』, 1922. 11. -

- 이전에는 지세도 지주 측에서 부담할 뿐만 아니라 소출을 반반씩 나누어 주는 반분작을 마다하고 도조로 주기를 희망할 만큼 후하였는데, 지금에 와서는 오히려 그 반분작을 바랄 수도 없다고 한다. 너야 굶든 죽든 말든 내 배만 부르면 그만이라는 셈으로 한 번 매겨 놓은 도지는 수확이 좋든 나쁘든 조금도 감해 주지 않고 그대로 받아 가는데, 작년 같은 흉년에도 불벼락같이 받아 갈 것을 받아가고야 말았다.

  - 『동아일보』, 1925. 2. 22. -

- 요즘 군 내에 있는 지주 중에 몇 명만 빼고는 대부분 가혹한 소작료를 받는데 …… 대개는 일본인 지주가 많다. 일본인에 전염되어 …… 비교적 후하던 조선인 지주들도 불과 몇 해 만에 돌변하여 소작인에게 가혹한 태도를 취하는 것은 일본인 지주가 생긴 이후부터라고 한다.

  - 『동아일보』, 1925. 2. 22. -

- 소작료는 지방에 따라 다르지만 많은 곳은 수확량의 8할 내지 9할까지 받기도 한다. …… 보통은 5할이 평균이다. 그러나 전라북도의 어느 지방에서는 소작인들에게 수확량의 8할을 내도록 하는 것이 보통이라고 한다. 충청북도 어느 지방도 지주가 소작인과 계약을 맺을 때마다 소작료를 올려서 요즘에는 6할 내지 7할에 이르게 되었다. 경상남도의 어느 지역에서는 소작료로 수확량의 8할을 거두는 것이 보통이라고 한다.

  - 『동아일보』, 1927. 7. 4. -

1920년대 소작 쟁의의 요구 사항

1. 종래의 지정 소작료를 폐지할 것
1. 소작료는 생산의 절반을 분배할 것
1. 지세 및 부가세를 지주 부담으로 할 것
1. 지주 및 마름 등에 물품 증여의 습관을 전폐할 것
1. 지주에 대한 무상 노력을 전폐할 것
1. 물세를 전폐할 것

- 진주 노동자 대회 결의 사항(1922) -

1. 소작 조건을 보장하고 소작료는 실제 수확량의 40%를 한도로 할 것.
1. 지세, 공과금은 지주가 부담할 것.
1. 지주나 마름의 선물 및 부역 강요에 대해서는 거절할 것.
1. 머슴 및 일용 노동자들과의 단결을 도모할 것.
1. 동양 척식 회사의 일본인 이민을 반대할 것.

- 경상남도 노동 운동자 협의회 요구 사항(1924) -

1920년대의 노동 운동 p.346

근래 동맹 파업이 끊일 새 없다. …… 물론 임금 문제가 중요한 원인이다. 고용주도 사람이고 직공도 사람인데, 어찌하여 그와 같은 학대와 저임금을 받고 불평이 생기지 않겠는가! 고용주들아! 파업이 계속되는 것은 그대들의 손해일 뿐만 아니라 사회의 손실이 아닌가!

- 『개벽』, 1925. 4. -

암태도 소작 쟁의 p.346

• 지주 문재철과 소작 쟁의 중인 전남 무안군 암태도 소작인 남녀 500여 명은 지난 8일 오후 6시경에 범선 9척을 나누어 타고 또다시 목포로 건너와서 광주지방법원 목포지청에 몰려들어 왔는데 …… 무엇보다도 두려운 죽음을 불구하고 다시 이 법정에 들어온 것은 사활 문제가 이때에 있다 하며, 또는 우리가 결속하기를 이 문제가 해결토록까지 동맹하기 위하여 지금까지 혈서에 참가한 자가 수십 명에 달하였다 하며, 이번 운동의 결과를 얻지 못할 경우면 아사 동맹을 결속하고 자기들의 집에서 떠날 때부터 지금까지 식사를 폐지하였다고 한다.

- 『동아일보』, 1924. 7. 12. -

• 오랫동안 맹렬히 싸워 오던 암태 소작 문제는 이사이 일단락을 마쳤다는데, …… 지주 문재철씨는 소작인회의 요구인 4할(40%)을 승낙하는 동시에 금 이천 원을 그 소작인회에 기부하기로 되었더라.

- 『동아일보』, 1924. 9. 28. -

원산노동연합회의 호소문 p.347

금반 우리의 노동 정지는 다만 국제통상주식회사 원산 지점이 계약을 무시하고 부두 노동조합 제1구에 대하여 노동을 정지시킨 것으로 인하여 각 세포 단체가 동정을 표한 것뿐이다. 그러므로 결코 동맹 파업을 행한 것은 아니다. 그럼에도 불구하고 재향 군인회, 소방대가 출동한다 하여 온 도시를 경동케 함은 실로 이해할 수 없는 현상이니 …… 또한, 원산상업회의소가 우리 연합회 회원과 그 가족 만여 명을 비非시민과 같이 보는 행동을 감행하고 있는 것이 사실이므로 …… 상업회의소에 대하여 입회 연설회를 개최할 것을 요구하였다.

- 『동아일보』 -

을밀대 강주룡 p.347

우리는 49명 파업단의 임금 감하를 크게 여기지 않습니다. 이것이 결국은 평양의 2,300명 고무 직공의 임금 감하의 원인이 될 것임으로 우리는 죽기로써 반대하려는 것입니다. …… 나는 평원 고무 공장 사장이 이 앞에 와서 임금 감하의 선언을 취소하기까지는 결코 내려가지 않겠습니다.

강주룡은 1931년 평양 고무공장 파업을 주도하였는데, 그는 을밀대 지붕 위에서 투쟁을 벌이고 단식 농성을 이어가다 아사하였다.

나는 근로 대중을 대표하여 죽음을 명예로 알 뿐입니다. 여러분, 구태여 나를 여기서 강제로 끌어 내릴 생각은 마십시오. 누구든지 이 지붕 위에 사닥다리를 대놓기만 하면 나는 곧 떨어져 죽을 뿐입니다.
- 『동광』, 1931. 7. -

농민의 계층별 분화와 농민 운동의 성격 변화 p.347

쟁의 수단은 대체로 온건하였으나 근래 사회주의 운동의 발전과 더불어 농민이 조선인의 80%를 차지하고 있는 데 대해 공산주의자들이 주목하는 바 되어 각지에 농민단체를 설치하여 이것을 좌익적으로 지도 조정하고, 또 쟁의에 관여하여 계급의식을 선동함에 이르러 쟁의도 점차 심각해지게 되었다. …… 1930년경부터 투쟁의 형태가 차츰 전투적으로 변해 갔다. 이미 단순히 경작권 확보를 위해서가 아니라 '토지를 농민에게'와 같은 구호를 내걸고 농민 야학, 강습소 등을 개설하여 계급적 교육을 시행하고, 또 농민조합의 조직도 크게 달라져 청년부, 부인부, 유년부와 같은 부문 단체를 조직하여 지주에 대한 투쟁이 정치 투쟁화되는 경향이 생겼다.
- 쓰보에 센지, 『조선민족독립운동비사』 -

1930년대 소작 쟁의의 요구 사항 p.347

• 조선의 당면 과제는 봉건 유제와 잔재의 파괴, 농업 제 관계의 근본적인 변혁, 토지 혁명을 목표로 한 부르주아 민족주의 혁명이다.
- 명천 농민 조합이 작성한 당면 과제에 대한 문건 -

• 언론·출판·집회·결사의 자유 획득, 노농 운동 관계 악법의 철폐
- 정평 농민 조합 강령 -

• 타도 제국주의, 조선 민족 해방 만세, 전 세계 약소 민족 해방 만세
- 단천 농민 조합 슬로건 -

1. 일체의 채무 계약이 무효를 주장한다.
1. 잡세를 철폐하라.
1. 토지는 농민(에게)
1. 노동자의 단결을 강고히 하자.
1. 우리가 버려야 할 것은 철쇄이며 우리가 얻어야 할 것은 사회이다.
1. 현 계급(단계)은 부르주아 민주주의의 전취 과정에 있다.
1. 만국의 무산자여 단결하라.
- 양양 농민 조합 제5회 정기 대회(1931) -

9월 테제 p.347

일본제국주의는 민족 개량주의적 부르주아에게 자치를 약속함으로써 그들을 매수하고 그들의 도움을 얻어 새로운 혁명의 방파제를 쌓으려 하고 있다. …… 신간회도 역시 마찬가지로 민족 개량주의적 단체이다. 그들은 학생 스트라이크 및 노동자 시위운동에 대한 그들의 사보타주 정책으로 그것을 증명하고 있다. …… 한편 조선 노동자 운동의 큰 약점과 결함도 폭로되었다. 노동조합 운동의 주요 약점은 조선 프롤레타리아가 아무런 독자의 혁명적 노동조합 조직을 갖지 않았다고 하는 데 있다.
- 「조선의 혁명적 노동조합 운동의 임무에 관한 프로핀테른 결의(9월 테제)」(1930) -

조선 청년 총동맹 창립 p.348

이리하여 비로소 대중을 기초로 하는 신사회의 건설을 목표로 한 제2기의 청년 운동이 일어났다. 많은 의심에 의심을 거듭하여 침통한 번민을 맛볼 대로 맛보아 온 일반 민중은 이제야 과거보다 몇 배의 용기와 환희를 회복하였다. 이리하여 대동단결의 신조를 굳세게 하는 동시에 전 조선 청년 총동맹의 기치를 든 것이다. - 『동아일보』, 1924. 4. 21. -

천도교 소년회의 활동 p.348

천도교 소년회가 어린이를 위하여 부모의 도움이 더욱 두터워지기를 바라는 마음으로 이번 일을 계기로 '어린이의 날'이라는 이름으로 "항상 10년 후의 조선을 생각하십시오."라고 쓴 네 가지의 인쇄물을 시내에 배포하며 그 소년 회원이 거리마다 늘어서서 취지를 선전한다는데, 이러한 일은 조선 소년 운동의 처음이라 하겠으며, 다른 사회에서도 많이 응원하여 "조선 사람의 10년 후의 일"을 위하여 노력하기를 바란다. - 『동아일보』, 1922. 5. 1. -

천도교 소년회는 1921년에 방정환을 비롯한 천도교 청년들이 '어린 아이를 때리는 것은 한울님을 때리는 것'이라는 최시형의 가르침을 이어받아 창립하였다.

소년 운동의 선언문(1923. 5. 1, 첫 번째 어린이날) p.348

1. 어린이를 재래의 윤리적 압박으로부터 해방하여 그들에 대한 완전한 인격적 예우를 허하게 하라.
2. 어린이를 재래의 경제적 압박으로부터 해방하여 만 14세 이하의 그들에 대한 무상 또는 유상의 노동을 폐하게 하라.
3. 어린이 그들이 고요히 배우고 즐겁게 놀기에 족한 각양의 가정 또한 사회적 시설을 행하게 하라.

방정환은 아이들을 인격적으로 대접하자는 뜻에서 '어린이'라는 말을 사용하였다. 그는 어린이를 소중히 여기고 바르게 키우는 것이 독립 운동의 인재를 양성하는 길이라 여겼다.

황에스더 p.349

우리의 조국은 결코 남자들만의 것이 아니다. 우리 여성들도 독립운동에 참여할 의무가 있다. 역사의 수레는 한 바퀴만으로 달리지 못한다.

동경 유학생회가 2·8 독립 선언을 앞두고 여자 유학생을 배제하려 하자, 황에스더는 열변을 토하며 참여하였다고 한다.

한이순 판결문 p.349

피고 한이순 등은 천안 사립 광명학교 학생으로 독립 만세 운동을 공모하고 3월 20일 학생 약 80명을 인솔하여 양대리 시장에 이르러 국기를 흔들고 조선 독립 만세를 불렀다. - 공주 지방 법원, 1919. 4. 28. -

대한 독립 여자 선언서 p.349

유정(有情)한 남자들은 각 처에서 독립을 선언하고 만세를 부르는데 우리들은 그 중에 기와(起臥)하면서 무지몽매하고 신체가 허약한 여자의 일단(一團)이나, 같은 국민 같은 양심의 소유자이므로 주저함이 없이, 살아서는 독립기 아래서 활기 있는 새 국민이 되고, 죽어서는 구천하에서 수많은 선철(先哲)을 찾아가 모시는 것이 우리의 제일가는 의무이므로, 동포여 빨리 분기하자.

차미리사 p.349

나는 학교에 갈 수 있는 사람을 인도하려는 것은 아닙니다. 학비가 없어 학교에 갈 수 없고 나이 많아서 입학할 수 없는 무식하고 들어앉아 있는 부녀에게 신문 한 장이라도 읽을 만한 눈을 뜨게 하려는 것입니다. - 한상권, 『차미리사 평전』 -

조선 여성 동우회 선언문

여성의 지위와 생활도 여러 가지 역사적 변환을 계속하였다. 원시의 참된 인간인 여성에서 일종의 퇴화(退化)와 무교육과 노예생활의 구렁텅이로만 타락을 당하여 왔다. 더욱이 현대에 이르러서는 여성의 다수를 노동과 성의 시장으로 구출(驅出)하였다. …… 이 현대 여성생활을 대표한 여성은 소위 지배계급인 유산자인 남성에게 여지없이 인권의 유린을 당하고 건강과 생명은 그들에게 희생이 되고 말았다. …… 빵이 없는 자여! 비인간적 생활에서 운 여성이여! 분기하자! 그리하여 굳게 굳게 결속하자! 우리와 이해가 많이 공통되는 군중과 제휴하자!

조선 여성 동우회 강령(1924)

1. 본회는 사회 진화 법칙에 의하여 신사회의 건설, 여성 해방 운동에 입(立)할 일꾼의 양성과 훈련을 기함.
1. 본회는 조선 여성 해방 운동에 참가할 여성의 단결을 기함.

여성 의식의 확산

- 남편과 자식들에게 대한 의무같이 내게는 신성한 의무 있네.
나를 사람으로 만드는 사명의 길로 밟아서 사람이 되고저.

  - 『매일신보』, 1921. 4. 3. -

- "여성을 보통 약자라 하지만 결국 강자이며, 여성을 적다고 하지만 위대한 것은 여성입니다. …… 조선 남성 심사는 이상합니다. 자기는 정조 관념이 없으면서 처에게나 일반 여성에게 정조를 요구하고 또 남의 정조를 빼앗으려고 합니다."

  - 『삼천리』(1934) -

근우회 창립 취지문

인류 사회는 많은 불합리를 생산하는 동시에 그 해결을 우리에게 요구하여 마지 않는다. 여성 문제는 그중의 하나이다. 세계는 이 요구에 응하여 분연하게 활동하고 있다. 세계 자매는 수천 년래의 악몽으로부터 깨어서 우리의 생활 도정에 횡재하고 있는 모든 질곡을 분쇄하기 위하여 싸워온 지 이미 오래다. 이 역사적 세계적 혁명에서 낙오될 수 있으랴. 우리 사회에서도 여성 운동은 거의 분산되어 있었다. 그것에는 통일된 조직이 없었고 통일된 목표와 지도 정신도 없었다. 고로 이 운동은 효과를 충분히 내지 못하였다. 우리는 운동상 실천으로부터 배운 것이 있으니, 우리가 실제로 우리 자체를 위하여 우리 사회를 위하여 분투하려면 우선 조선 자매 전체의 역량을 공고히 단결하여 운동을 전반적으로 전개하지 않으면 아니 된다. 일어나라! 오너라! 단결하자! 분투하자! 조선의 자매들아! 미래는 우리의 것이다.

근우회는 신간회의 자매 단체로 결성된 여성 단체이다. 좌우 합작으로 조직된 전국적 여성 단체로서, 다양한 여성들의 사회적 권익을 위해 노력하다가 1931년경 내분과 자금 부족으로 해체되었다.

근우회 행동 강령

1. 교육의 성별 차별 철폐 및 여자의 보통교육 확장
2. 여성에 대한 봉건적·사회적·법률적 일체 차별의 철폐
3. 일체 봉건적 인습과 미신 타파
4. 조혼 폐지 및 혼인·이혼의 자유
5. 인신매매 및 공창 폐지

6. 농민 부인의 경제적 이익 옹호
7. 부인 노동자의 임금 차별 철폐 및 산전 산후 2주간의 휴양과 임금 지불
8. 부인 및 소년 노동자의 위험 노동 및 야간 작업 폐지
9. 언론·집회·결사의 자유
10. 노동자 농민 의료 기관과 탁아소 제정 확립

- 근우회 2회 전국대회 강령(1929) -

근우회는 중앙 상무 위원회를 열고 다음 사항을 결의하다. p.3

1. 재일 조선 노동자를 쫓아낸 것에 대하여 내무성에 항의문을 발송하고 도쿄 지회로 하여금 직접 활동케 함.
1. 전주 여고보 퇴학 처분 건은 사회 교양을 위한 반(班) 조직에 관한 것이니 퇴학 처분은 부당한 것으로 인정하고 동교에 처분 해제 권고문을 송달함.

- 『동아일보』, 1929. 9. 25. -

나혜석 p.350

내가 인형을 가지고 놀 때 기뻐하듯 / 아버지의 딸인 인형으로
남편의 아내인 인형으로 / 그들을 기쁘게 하는 위안물이 되도다

- 인형의 가(家) -

일생을 두고 자신을 사랑할 것.
그림 그리는 일을 방해하지 말 것.
시어머니, 전처가 낳은 딸과 떨어져 두 사람만 따로 살 것.

- 결혼 조건 -

'외로움과 싸우다 객사하다'
사남매 아해들아!
애미를 원망하지 말고 사회 제도와 잘못된 / 도덕과 법률과 인습을 원망하라
네 애미는 과도기에 선각자로 그 / 운명의 줄에 희생된 자였더니라

- 이혼고백서(1934) -

조선 형평사 설립 취지문(1923) p.350

공평公平은 사회의 근본이고 사랑은 인간의 본성이다. 고로 우리는 계급을 타파하고 모욕적인 칭호를 폐지하여 교육을 장려하고 우리도 참다운 인간으로 되고자 함이 본사本社의 주지主旨이다. 지금까지 조선의 백정은 어떠한 지위와 압박을 받아왔던가? 과거를 회상하면 하루종일 눈물을 금할 수 없다. 이에 지위와 조건 문제 등을 제기할 여가도 없이 목전의 압박에 절규함이 우리의 실정이다. 따라서 이 문제를 먼저 해결하는 것이 우리의 임무라고 인정함은 당연한 것이다. 천하고, 가난하고, 열등하고, 약하며 굴종하는 자는 누구인가? 슬프다! 그것은 우리 백정이 아닌가! …… 그러나 이러한 비극에 대한 사회의 태도는 어떠했는가? 소위 지식 계층에 의한 압박과 멸시만이 있지 않았던가. …… 우리 조선 민족 이천만 중 한 사람이라도 애정으로써 단결하여 부조하고 생활의 안정을 꾀하며 공동의 존립책을 꾀하고자 이에 사십여 만이 단결하여 본사를 세우고 그 주지를 천명하여 표방하고자 한다.

- 『조선일보』, 1923. 4. 30. -

백정 운동

다 같은 조선 민족이지만 '백정'이니 '피쟁이'니 '갓바치'니 '천인'이니 하여 그 무엇이 특별한 조건이나 있는 것처럼 왜 천대와 학대를 하며 멸시를 하는가. …… 다 같은 인생으로, 다 같은 조선 사람으로, 다 같은 남자로, 다 같은 여자로서, 짐승이나 또는 저 무엇으로 대우할 이유가 무엇이며 무슨 도리인가. 우리들은 이와 같은 생각에, 없던 눈이 뜨였으며 없던 귀가 뚫렸으며 없던 일이 벌어졌다.

- 『정진』 -

반(反)형평운동

형평사 창립 축하식 다음 날 진주에서 2,500여 명의 사람들이 형평사를 습격하려 하였다. 그리고 형평사를 지원하거나 이와 관계 있는 사람은 백정이 아닐지라도 '신백정'으로 여기겠다는 선언을 발표하였다. 일부 농민들은 백정들에게 경제적인 피해를 주기 위해 소고기 불매 운동을 벌이기도 하였다. 특히 예천에서는 예전 형평 분사 창립 2주년 기념식을 축하하기 위해 단상에 오른 예천 청년 회장이 축사는커녕 "백정을 압박하는 것이 하등의 죄악이 될 것이 없다. 어느 시대·국가를 물론하고 국법이 있는 것이다. 그 국법을 어기다가 백정이 된 것이다. 그러니 백정을 압박하는 것이 결코 개인의 죄악이나 사회의 죄악이 아니다. 또 조선 왕조 오백 년은 그와 같은 압박을 받았지마는 지금은 좋은 시대를 만나 형평운동이 일어나기 전부터 칙령으로 차별을 철폐하였으니, 형평사는 조직할 필요가 없다. 아무쪼록 돈을 많이 모아 공부만 잘하면 군수도 될 수 있다."라는 발언을 하였다. 이후 축하식에 참여한 군중들은 행사를 난장판으로 만들고 형평사 회원들의 집까지 쫓아가 폭력을 휘둘렀다.

- 김석희, 예천형평사분사 창립 2주년 기념식(1925) -

만주 이주 동포의 생활

논을 개간하는 일은 여간 힘드는 일이 아니었다. 중국 사람들은 쌀을 주식으로 하지 않기 때문에 논이 없었다. 우리는 황무지를 우선 전답으로 만들어야 했다. 우리 망명자들이 논을 개간하여 서간도 땅에 처음으로 벼농사가 시작되었다. …… 땅을 고르게 해서 물을 대어 논을 만드는 일이 연장도 없고 일을 해본 적도 없는 사람들에겐 여간 고생이 아니었다. 겨우 잡곡밥 한 공기 남짓 밖에 못 먹은 처지라 배는 항상 고프고 기운도 없었다.

- 허은, 『아직도 내 귀엔 서간도의 바람 소리가』 -

중앙아시아 이주 동포의 생활

기차에 탄 카레이스키들은 꼼짝없이 우리에 갇힌 가축들 같았다. …… (기)차 안이 울음바다로 변하였다. 칼바람 때문이었을까. 극심한 추위와 싸우다가 그대로 잠이 들어 얼어 죽은 사람이 여러 명이었다. 몸이 쇠약한 노인들과 어린아이들이 추위를 견디지 못하고 세상을 떠난 것이었다.

- 문영숙, 『까레이스키, 끝없는 방랑』 -

관동 대학살

- 지진과 동시에 시내 각 처에 있는 가스관이 파열되어 가스가 분출하고 있다. 여기에 조선인들은 단체를 만들어 가지고 불을 지르며 다닌다. 그렇기 때문에 시내 120여 개소에서 불이 났으며, 각 처에서 폭탄을 던져 불길을 조장하고 있다. 각 처의 우물에 독약을 넣고 이재민의 자녀에게 주는 빵 속에 독약을 뿌려서 준다고 하니 기가 막히는 일이다.
  - 『가와키타 신문』, 1923. 9. 7. -

- 내 부모를, 자식을, 아내를, 형제를 죽인 것도 다 조선 놈들이다. 내 집을 빼앗은 것도, 나를 이렇게까지 주림과 목마름의 괴로움을 주는 것도 다 그놈들 때문이라고 믿게 되었으니, 평온할 수가 없는 것이다. …… 민중은 불령선인(不逞鮮人)의 피에 주리고 있었다. 이런 상태였기 때문에 조선 사람은 말할 것도 없고, 일본인을 조선인으로 잘못 보고 죽인 일이 도쿄에서는 중대한 문제가 되고 있는 것이다.
  - 『가와키타 신문』, 1923. 9. 7. -

- 참모장의 말이 발표되었다. 이번 불령선인의 행위에 관하여는 처음부터 배후에 무슨 세력이 있어서 지휘하고 있는 듯이 생각된다. 사임이 감에 따라 과연 몇 가지 사실이 발견되었는데, 즉 이번 불령선인의 부정행위 이면에는 사회주의자와 소련의 과격파가 큰 관계를 가진 것 같다.
  - 『시모노 신문』, 1923. 9. 8. -

> 1910년대 말 일본에서는 사회주의가 확산되고 급속한 공업화로 각종 사회 문제가 대두하고 있었다. 지진 발생으로 일본 내 민심이 동요하고 조선인의 봉기가 우려되자, 일본 정부는 조선인들을 공공의 적으로 몰아 이와 같은 위기를 극복하고자 하였다. 일본인은 '자경단'을 조직하여 조선인 학살에 나섰고, 일본 정부는 이를 묵인 또는 비호하면서 관동 대학살이라는 희대의 사건을 주도하였다.

미국 이주 동포의 생활

- 그들은 유랑 생활을 하면서도 가는 곳마다 한글 학교를 세워 2세들에겐 모국어와 민족의식을 가르쳤고, 비록 3년간이었지만 메리다에 숭무 학교(崇武學校)를 설립해 광복 정신을 고취하기 위한 군사 훈련을 연마하기도 하였다. …… 각종 민족 관계 기념식을 매년 거행하였고, 국민회에 납세 의무를 충실하게 이행하였는가 하면 상하이나 충칭의 임시 정부로 독립 성금을 보내는 일에도 누구보다도 열심이었다.
  - 이자경, 『한국인 멕시코 이민사』 -

- 첫 이민자들은 한국을 떠나기 전에 단발을 한 이들도 있었고 상투를 그대로 틀고 온 이도 있었다. 상투를 자르지 않고 온 이들은 돈만 벌면 즉시 한국 고향 땅으로 귀국하기 위해서였다는 것이다. 첫 배로 도착한 이민자는 오하후섬 와일루아 농장 목굴리아 동네에 가서 사탕수수 재배 등 중노동에 종사했다. …… 모두 7천여 명의 선구자들이 이곳에 도착했고 문화와 말, 음식이 다른 새 땅에서 기약 없는 이민 생활을 하면서 한국인의 뿌리를 내려갔다.

멕시코에 조성된 '제물포 거리'

- 묵서가(멕시코)는 미국과 이웃한 문명 부강국이니 …… 한국인도 그곳에 가면 반드시 큰 이득을 볼 것이다.
  - 『황성신문』, 1904. 12. 17. -

- 멕시코에 재류(在留)한 일반 동포시여! 우리가 형편을 깨닫지 못하여 신성한 인민으로 천한 동물과 같이 남에게 팔려 온 바 되어 만리절역(萬里絕域)에 와서 우마(牛馬)의 일을 대신하며 노예의 학대를 무한히 당하였으니 …….
  - 『신한민보』, 1909. 4. 14. -

> 1905년 일본 인력 회사가 『황성신문』에 낸 광고를 보고 1,000여 명이 제물포를 떠나 멕시코 메리다에 도착하였다. 여기에서 끌려간 곳은 에네켄 농장으로, 가혹한 노동에 시달리는 생활이 시작되었다. 인천시와 메리다시는 이들의 고단했던 삶을 기리며 '제물포 거리'를 지정하였다.

생활 모습의 변화

- 철근 콘크리트, 벽돌 등의 고층 건물이 날 보아라 자랑하면서 그 위대한 형체를 하루하루 쌓아 올려, 서울 시내에는 도처에 '강철의 거리'를 이루고 있는데, …… 이 밖에도 내자동에 수백 실을 가진 커다란 아파트도 건축 중이라 하니 서울 거리거리에는 갑자기 하늘까지 솟는 근대식 대건물이 명랑하게 가득 들어설 모양이라고.
  - 『삼천리』, 1934. 11. -

- 조선 사람이 '전차 좀 태워 주오.' 했더니 뒷문에 섰던 차장이 '요 다음 차 타.'라고 반말로 버럭 같은 소리를 질렀다. 종업원들은 누런 양복을 입고 표 단 모자를 쓰고 가죽 가방에 쇠가위를 들었으니 무슨 고관대작이나 된 줄로 아나, 모두 전기 회사를 원망했다.
  - 『조선일보』, 1921. 9. 6. -

- 오십 전만 가져도 하룻저녁 위안을 얻을 수 있는 극장과 십 전짜리 백동전 한 푼만 있어도 브라질에서 온 커피에 겸하여 미인 웨이트리스까지 볼 수 있는 카페조차 없다면, 서울의 젊은이는 가뜩이나 고색하고 건조무미한 생활에 얼마나 더 적막을 느낄 것인가?
  - 『별건곤』, 1930. 7. -

- 조선 여자에게는 지금 무엇보다도 직업적 교육이 필요하다고 생각합니다. 부인 해방이니 가정 개량이니 하지만은 다 제 손으로 제 밥을 찾기 전에는 해결이 아니 될 것입니다.
  - 『동아일보』, 1926. 1. 3. -

- 모던 걸 아가씨들 둥근 종아리 / 데파트 출입에 굵어만 가고,
  저 모던 보이들의 굵은 팔뚝은 / 네온의 밤거리에 야위어 가네.
  뚱딴지 서울 꼴불견 많다. / 뚱딴지 뚱딴지 뚱딴지 서울
  - 『뚱딴지 서울』(1938) -

신여성에 대한 부정적 인식

- 강향란이라는 기생이 돌연히 머리를 깎고 남자 옷을 입고 정치 강습원에 통학 중이라 한다. 암탉이 새벽에 우는 것도 그 집안이 기우는 장본이라 하였다. 하물며 여자가 남자로 환형한 그것이야 변괴가 아니고 무엇이리오, 이렇게 천한 물건은 우리 사회에서 하루라도 빨리 매장해 버려야 될 것을 …….
  - 부춘생, '토목언', 『시사평론』, 1922. 7. -

- 요사이 학생들 치맛감, 적삼감을 고를 때에 속 잘 들여 보이는 것 찾느라고 비추어 보기에 야단, 포목전 주인의 걱정하는 말, "개화가 다 되어 벌거벗고 다니게 되면 우리는 무얼 해먹나."
  - 『신여성』(1924) -

- 장난치던 아동배들도 '야, 단발 미인 간다. 이거 봐라!' 하고 떠들어대고 가게 머리에서 물건 팔던 사람들도 무슨 구경거리나 생긴 듯 멍하니 서서 그들의 가는 양을 유심히 본다.
  - 『별건곤』(1926) -

- 유행이라는 것은 그 이름과 마찬가지로 일종의 전염병 같은 것이니 한번 미균이 발생만 하면 어떠한 힘으로도 막으려야 막을 수 없이 일사천리의 세로 쑥 퍼지고야 마는 것이다.
  - 『별건곤』(1928) -

- 지금 당신이 단발을 했다고 하는 것은 당신이 얽매여 있던 '하렘'에 작별을 고한 것입니다. 얌전하게 땋아서 내린 머리는 얌전하다는 것에는 틀림없지만 거기에는 이 시대에 뒤처진 봉건 시대의 꿈이 흐릅니다.

  - 『동광』(1932) -

- 모던 걸들 사이에서는 아직도 성히 단발을 하고 있는데 어찌 알았으리요. 단발을 하는 것이야말로 머리가 벗겨지는 큰 원인입니다. 단발을 하고 또 값싼 퍼머넌트 웨이브를 늘 하고 있는 여자는 이삼 년 안에는 꼭 대머리가 될 것입니다.

  - 『동아일보』, 1935. 5. 10. -

가로의 전등도 일인가에만 치중

경성부 내 가로 조명을 하기 위하여 매년 약 7천 원의 전등 요금을 지불하는데 그 가로등은 대개 혼마치 …… 등 가로등이 없어도 밝은 곳에 가로등을 많이 달고, 북촌 어두운 곳에는 가로등을 짓지 않는다 하여 …….

- '남촌은 광명, 북촌은 암흑', 『조선일보』, 1931. 3. 14. -

창경원 벚꽃놀이

대체 무어라 이 난장판을 아니 황홀경을 이름 짓는단 말인가? 사람의 물결로 보자니 불빛이 너무도 현란하고 불빛으로만 보자니 꽃이 그 또한 너무도 황홀하지 않은가!

- 『동아일보』, 1939. 4. 18. -

도시 빈민의 삶

- 언덕 비탈을 의지하여 오막살이들이 생선 비늘같이 들어박힌 개복동, 그중에서도 상상꼭대기에 올라앉은 납작한 토담집. 방이라야 안방 하나, 건넌방 하나 단 두 개뿐인 것을 명님이 네가 도통 오 원에 집주인한테서 세를 얻어 가지고, 건넌방은 따로 '먹곰보' 네한테 이 원씩 받고 세를 내주었다. 대지가 일곱 평 네 홉이니, 안방 세 식구, 건넌방 세 식구, 도합 여섯 사람에 일곱 평 네 홉인 것이다.

  - 채만식, 『탁류』 -

- 경성부의 발표에 의하면 부내의 토막민 수가 1,583호에 인구가 5,000여 명에 달한다고 한다. 이미 그 수가 많은 데 놀라지 아니할 수가 없거니와 이것이 소화(昭和) 3년(1928)의 통계에 나타난 것보다 근 200호 가 증가하였다는 것을 볼 때에 경성부 행정 당국의 이 방면에 대한 조치가 부족한 것을 새삼스러이 느끼지 아니할 수 없다. 이것은 도시의 미관상 위생상으로도 큰 문제인 동시에 토막민 자체에 대한 사회적 책임으로 보아 중대한 사회 문제라 아니할 수 없는 것이다.

  - 『동아일보』, 1931. 11. 22. -

- 반쯤 쓰러진 초막에 토굴같이 컴컴한 방. 집안 세간이라고는 귀 떨어진 냄비 한 개, 깨진 항아리 한 개, 쭈그러진 양철 대야 한 개, 석유 상자 하나, 일가의 전 재산을 다 팔아도 오십 전도 못 될 듯하다. …… 십오 세 된 손자 하나를 데리고 초막에서 괴로운 세월을 보내는데, 그 손자가 양철 쓰레기통을 주워다가 그럭저럭 실낱같은 목숨을 이어 간다고 한다.

  - 『조광』, 1937. 4. -

공출로 인한 한국 농촌의 참상

- 잡곡 부족에 따라 초근목피(草根木皮)를 식료로 충당하는 것이 점차 증가하여 현재 초근목피를 식용으로 하는 것이 거창서 관내에 6,407호, 31,974명이다. 이중 이전부터 춘궁기에 같은 생활을 한 451호, 4,463명을 공제하여도 본 대책(식량 배급 정책) 실시 결과 5,756호, 27,331명이 증가하였다.

  - 『경제 치안 주보』(1942) -

- 경상북도 문경군의 면내 유력자인 ○○○ 씨는 가족 10명을 데리고 약 30두락(2정보)의 자작을 하고 있다. 그러나 벼 공출이 많아 4월 중순경부터 식량이 끊어져 매일 같이 식량 구매를 위해 인접 군면 등을 돌아다녔으나 빈손으로 집에 돌아왔다. 그는 굶주려 울고 있는 가족을 보고 참을 수 없어 자살을 기도하였다.

  - 김정인 외, 『총독부 경찰 보고 자료』-

시간관념의 선전

오는 6월 10일 정오에 '때의 기념'이라는 새로운 사업을 실행할 예정인데, 당일 정오의 오포 소리가 나는 것을 한 표준으로 하여 시내 각 공장에서는 일제히 '기적'을 불게 할 터이며, 기타 교회에서는 …… 종을 울리게 하고, …… 해마다 한 번씩 이날을 표준으로 하여 때에 대한 관념을 일으키게 하려는 목적인데, …… 경성에서는 날마다 오정이 되면 오포를 놓아서 시간의 통일을 도모할 것이다.

- 『동아일보』, 1921. 6. 9. -

외국인의 눈에 비친 한국의 모습

- 물을 운반하는 직업은 비록 힘든 노동이 수반되지만 수입이 좋아 매우 인기가 있다. 보수도 좋을 뿐 아니라 백정이나 곡예사, 마술사보다 더 귀하게 평가되어, 이런 여러 이유로 물장사들 사이에는 막강한 조합이 형성되어 있다. 옛날에 사용되었던 나무 물통은 튼튼하긴 하였지만, 더 가볍고 용적이 큰 양철 물통에 완전히 밀려났다. 이렇게 되자 한국에서 그 전통을 자랑하던 수공업 중 하나가 문을 닫게 되었다.

  - 아손 그렙스트, 『스웨덴 기자 아손, 100년 전 한국을 걷다』-

- 지난날의 서울의 모습이란 울퉁불퉁한 골목과 겨우내 쌓인 온갖 쓰레기, 발목까지 빠지는 진흙탕 등이었는데, 지금 신속하게 개선되고 있다. 어둡고 좁기만 하던 길이 차츰 넓어지고 있다. 복구된 대로를 따라서 초가지붕이 기와지붕으로 대부분 바뀌었으며, 가옥과 상점의 앞모양을 말끔하게 단장하였다.

  - 비숍, 『조선과 그 이웃 나라들』-

CHAPTER 04 민족 문화 수호 운동

1 일제의 교육 정책과 역사·언론·종교 탄압

제1차 조선 교육령(1911)

제1조 조선에 있는 조선인의 교육은 본령에 따른다.
제2조 교육은 교육에 관한 칙어에 입각하여 충량한 국민을 육성하는 것을 본의로 한다.
제3조 교육은 시세와 민도에 적합하게 함을 기한다.
제4조 교육은 크게 보통 교육, 실업 교육, 전문 교육으로 나눈다.
제5조 보통 교육은 보통의 지식, 기능을 부여하고 특히 국민된 성격을 함양하며, 국어(일본어)를 보급함을 목적으로 한다.
제6조 실업 교육은 농업, 상업, 공업 등에 관한 지식과 기능을 가르치는 것을 목적으로 한다.
제8조 보통학교는 아동에게 국민 교육의 기초인 보통 교육을 시행하는 곳으로서, 신체의 발달에 유의하며 국어를 가르치고 도덕 교육을 시행하며 국민으로서의 성격을 양성하여 그 생활에 필수적인 보통의 지식과 기능을 전수한다.

사립 학교 규칙(1911)

제1조 학교의 설립, 폐쇄, 학교장·교원의 임용 등을 총독부의 허가 사항으로 한다.
제2조 수업 연한, 교과서, 교육 과정 및 매주 수업 시간 수, 학생 정원, 학년, 학기, 입학자에 관한 업무를 총독부의 허가 사항으로 한다.
제3조 교과서는 총독부의 편찬에 의한 것 또는 검정을 거친 것으로 규정한다.
제4조 법령을 위반했을 경우 학교의 폐쇄, 학교장·교원의 해고를 명할 수 있다.

서당 규칙(1918)

제1조 서당을 개설하려고 할 때에는 다음 사항을 갖추어 도지사, 군수에게 제출해야 한다.
  1. 이름, 위치 2. 학생 수 3. 교수용 서적명 4. 유지 방법 5. 개설자, 교사 성명 및 이력서
제2조 서당에서의 교과서는 조선 총독부 편찬의 교과서를 사용하여야 한다.
제3조 조선 총독부가 적격자로 인정하지 않는 자는 서당의 개설자 또는 교사가 될 수 없다.
제4조 도 장관은 서당의 폐쇄 또는 교사의 변경, 기타 필요한 조치를 명령할 수 있다.
제5조 다음 경우에는 도지사가 서당의 폐쇄 또는 교사의 변경, 기타 필요한 조치를 명령할 수 있다.
  1. 법령에 위반한 때 2. 공안을 해치거나 교육상 유해하다고 인정될 때

제2차 조선 교육령(1922)

제2조 국어(일본어)를 상용하는 사람의 보통교육은 소학교령, 중학교령 및 고등여학교령에 의한다.
제3조 국어(일본어)를 상용하지 아니하는 사람에게 보통교육을 하는 학교는 보통학교, 고등보통학교 및 여자고등보통학교로 한다.
제5조 ① 보통학교의 수업 연한은 6년으로 한다. 다만, 현지의 정황에 의하여 5년 또는 4년으로 할 수 있다.
   ③ 수업 연한 6년의 보통학교에 수업 연한 2년의 고등과를 설치할 수 있다.

제3차 조선 교육령에 의한 심상소학교령(1938)

제1조 심상소학교는 국민 도덕의 함양과 국민 생활에 필수적인 보통의 지능을 갖게 함으로써 충량한 황국 신민을 육성하는 데 있다.
제13조 심상소학교의 교과목은 수신, 국어(일어), 산수, 국사, 지리, 이과, 직업, 도화, 수공, 창가, 체조이다. 조선어는 수의 과목으로 한다.
제16조 국체의 본의를 명확히 밝혀 아동에게 황국 신민으로서의 자각을 환기한다. 국가 사회에 봉사하는 마음으로 내선일체의 미풍을 기른다.
제20조 국어는 황국 신민으로서의 자각을 굳게 하며 지덕을 개발하는 것으로써 요지를 삼는다.

국민학교령(1941)

제1조 국민학교는 황국의 길에 따라서 초등 보통교육을 실시하여 국민의 기초적 연성을 행하는 것을 목적으로 한다.
제2조 국민학교에 초등과 및 고등과를 둔다. 다만, 현지 사정에 의하여 초등과 또는 고등과만을 둘 수 있다.
제4조 ① 국민학교의 교과는 초등과 및 고등과를 통틀어 국민과(수신, 국어, 국사, 지리), 이수과(산수, 이과), 체련과(체조, 무도), 예능과로 하며 ······.

제4차 교육령(1943)

제2조 중학교, 고등여학교, 실업학교는 일본 본토에 호응하여 수업 연한을 4년으로 단축한다.
제3조 중등학교 교육의 목적은 황국의 도(道)에 입각하여 국민의 연성을 주한(主限)으로 한다.
제8조 당분간 일본의 정황에 의하여 국민학교 초등과 수료 정도로 입학하는 수업 연한 3년의 실업학교의 설치를 인정하는 이외 실업보습학교도 당분간 존치하도록 한다.

『조선반도사』 편찬 요지

조선인은 다른 식민지의 야만 미개한 민족과 달라서 독서와 문장에 있어 조금도 문명인에 뒤떨어질 바 없는 민족이다. 고래(古來)로 사서(史書)가 많고, 또 새로이 저작에 착수한 것도 적지 않다. 그리하여 전자(前者)는 독립 시대의 저술로서 현대와의 관계를 결하고 있어 헛되이 독립국 시절의 옛 꿈에 연연케 하는 폐단이 있다. 후자(後者)는 근대 조선에 있어서의 일로·일청 간의 세력 경쟁을 서술하여 조선의 나아갈 바를 설파했다고 하는 어느 재외 조선인의 저서인 『한국통사』처럼 진상을 규명하지 않고 함부로 망설을 드러내 보이고 있는 것이다. 이러한 사적들이 인식을 현혹시키는 해독 또한 참으로 큰 것임을 말로 다할 수 없다. 그러나 이를 절멸시킬 방책만을 강하게 고집한다는 것은 헛된 일이 될 뿐 아니라, 혹은 그 전파를 장려하는 일이 될지도 모른다는 점을 헤아려야 한다. 오히려 구사(舊史)의 금압 대신 공명 적확(公明的確)한 저서(著書)로써 대처하는 것이 보다 첩경이고 또한 효과가 클 것이다.

타율성론

아시아 대륙의 중심에 가까이 부착된 이 반도는, 정치적으로도 문화적으로도 반드시 대륙의 여파를 받음과 동시에, 또 주변 위치 때문에 항상 그 본류로부터 벗어나 있었다. 여기서 한국사의 두드러진 특징인 부 수성이 말미암은 바가 이해될 것이다.
- 미지나 쇼에이, 『조선사개설』(1940)

정체성론 p.354

한국의 현 왕조는 본래 일개 무문(武門)에서 나와서 중앙의 군권(君權)을 장악하기에 이르렀지만, 태조 이성 계를 제외하고는 그 왕실을 이기는 무문이 일어나서 그 지위를 빼앗은 자가 없었다고 말할 수밖에 없으며 그 위망(威望) 무문 전제(武門專制)의 봉건 국가에 이르기는 멀다. 한국인에게 더욱 결핍한 용감한 무 사적 정신의 대표자인 우리 일본 민족은 …… 봉건적 교육과 이를 바탕으로 하는 경제 단위의 발전을 결한 한국과 한국인에 대해서는 그 부패 쇠망의 극에 달한 '민족적 특성'을 밑바닥에서부터 소멸시킴으로써 이를 동화시켜야 할 자연적 운명과 의무를 가지는 '유력 우세한 문화'의 사명의 무거움을 자임해야 하지 않을까.

- 후쿠다 도쿠조, '한국의 경제 조직과 경제 단위', 『경제학 연구』(1914) -

조선일보 폐간 p.355

신문이 폐간되다
붓이 꺾이어 모든 일 끝나니 / 재갈 물린 사람들 뿔뿔이 흩어진 경성의 가을
한강물도 울음 삼켜 흐느끼며 / 작은 연못 외면한 채 바다 향해 흐르네.

- 한용운(1940) -

동아일보 폐간 p.355

본보는 총독부의 신문 통제 방침에 의하여, 본 호로 최종 호를 삼고 폐간하게 되었으며, 주식회사 동아일보사는 금일 본사 회의실에서 개최된 임시 총회의 결의에 의하여 해산하게 되었습니다. 과거 20여 년 동안 본보와 본사를 위하여 한결같이 편달 애호해 주신 만천하 독자 여러분께 끝없는 감사의 뜻을 표하며, 여러분의 행복과 건강을 빌어 마지않나이다.

- 『동아일보』, 1940. 8. 11. -

사찰령(1911) p.355

제1조 사찰을 병합·이전·폐지하고자 할 때는 조선 총독의 허가를 얻어야 함.
제3조 사찰의 본말 관계·승규·법식·기타의 필요한 사법은 각 본사에서 정하여 조선 총독의 인가를 얻어야 함.
제5조 사찰에 속하는 토지, 삼림, 건물, 불상, 석물, 고문서, 고서화 등의 귀중품은 조선 총독의 허가를 받지 않으면 이를 처분할 수 없음.

- 『조선 총독부 관보』 -

포교 규칙(1915) p.355

제1조 본령에서 종교라 칭함은 신도(神道)·불도(佛道) 및 기독교를 이름.
제2조 종교 선포에 종사하고자 하는 자는 다음의 사항을 구비하여 포교자가 될 자격을 증명할 문서 및 이력서를 첨부하여 조선 총독에게 신고해야 함.
  1. 종교 및 그 교파·종파의 명칭 2. 교의의 요령 3. 포교의 방법 …….
제4조 조선 총독은 포교의 방법, 포교 관리자의 권한 및 포교자 감독의 방법 또는 포교 관리자가 부적당하다고 인정할 때는 그 변경을 명령할 수도 있음.

- 『조선 총독부 관보』 -

대종교에 대한 탄압

대종교의 간부인 서일이 독립군의 수령으로 그 교도를 이끌고 일본에 항전하였으니, 대종교는 곧 반동 군단의 모체로서 종교를 가장한 항일 단체이다. 이 단체가 중국 영토에서 활동하고 있으므로 책임을 지고 이를 해산해야 한다.

- 미쓰야 협정(1925) -

2 국학 연구

잡지 『한글』

- 『한글』이 났다. 『한글』이 났다. 훈민정음의 아들로 났으며, 2천 3백만 민중이 동무로 났다. 조선 문학의 바른 길이 되며, 조선 문화의 원동력이 되어, 조선이란 큰 집의 터전을 닦으며 주춧돌을 놓기 위하여 병인년 이듬해인 정묘년 벽두에 났다.

- 『한글』 창간호(1927) -

- 금일 세계적으로 낙오된 조선 민족이 다시 일어설 수 있는 바른 길은 문화의 향상과 보급이 급선무이다. 문화를 촉진하는 방편으로는 문화의 기초가 되는 언어의 정리와 통일을 급속히 꾀하지 않을 수 없는 것이다. 그를 실천할 최선의 방책은 사전을 편성함에 있는 것이다.

훈민정음 반포 제483회 기념일에 발기인 108인
- 『한글』, 1936. 2. -

한글 맞춤법 통일안

총론
1. 한글 맞춤법은 표준말을 그 소리대로 적되, 어법에 맞도록 함으로써 원칙을 삼는다.
2. 표준말은 대체로 현재 중류 사회에서 쓰는 서울말로 한다.
3. 문장의 각 단어는 띄어 쓰되, 토는 그 윗말에 붙여 쓴다.

각론 제1항 한글의 자모의 수는 이십 사자로 하고, 그 순서는 다음과 같이 정한다.
ㄱㄴㄷㄹㅁㅂㅅㅇㅈㅊㅋㅌㅍ ㅏㅑㅓㅕㅗㅛㅜㅠㅡㅣ

조선어학회 사건

일본 경찰은 고문으로 얻어 낸 자백이 사람마다 다르므로 넉 달이 지나도록 신문 조서를 쓰지 못하다가, 엉뚱한 사실을 갖다 붙여 치안 유지법 제1조에 해당하는 내란죄로 몰아서 1943년 1월 하순에 조서를 쓰기 시작하여 3월 15일에 대체로 끝을 맺었다. …… 그리고 증거물이라 하여, 오랫동안 여러 사람의 심혈을 쏟아 이루어 놓은 조선어 사전의 원고까지 홍원 경찰서로 실어 갔으니, 그 귀중한 원고가 아주 없어져 버릴 위기를 겪기도 하였다. …… 그들이 신문 조서에 올린 죄목은 예를 들면 이런 것이었다.
(1) 조선어 사전 원고에 있는 "태극기, 백두산, 단군" 들의 풀이가 반국가 사상의 표현이다.
(2) '조선 기념 도서 출판관'을 조직하여 이인의 아버지 환갑 기념으로 '조선 문자 급 어학사'를 펴낸 일이 있다.
(3) "조선어 연구회"라는 명칭을 "조선어 학회"로 바꾸었다.

- 한글 학회, 『한글 학회 100년사』 -

1921년에 결성된 조선어 연구회는 1931년, 한글 규범의 확립을 목적으로 조선어 학회로 이름을 바꾸고 각종 학술 사업을 전개하였다. 『우리말 큰 사전』 편찬을 준비하면서 한글 맞춤법 통일안, 표준어, 외래어 표기법 등을 제정하였다.

우리말 큰 사전 머리말(1957)   p.355

말은 사람의 특징이요, 겨레의 보람이요, 문화의 표상이다. 조선말은, 우리 겨레가 반만년 역사적 생활에서 문화 활동의 말미암던 것이요, 연장이요, 또 그 결과이다. 그 낱낱의 말은, 다 우리의 무수한 조상들이 잇고 이어 보태고 다듬어서 우리에게 물려준 거룩한 보배이다. 그러므로 우리말은 곧 우리 겨레가 가진 정신적 및 물질적 재산의 총목록이라 할 수 있으니, 우리는 이 말을 떠나서는 하루 한 때라도 살 수 없는 것이다.

『과학조선』 창간호에 실린 글   p.356

조선의 과학의 역사에는 찬란한 것이 많다. 문화의 보급화에 따라서 그 발달에 가장 큰 유도력이 된 '활 자'의 창조는 고려 고종 21년(약 700년 전)이었고, 이조 태종 3년(약 530년 전)에는 주자소가 설치되어 동(銅) 활자를 주조하였으니, 서양에서 활자를 비로소 창조한 것이 1450년경이라 한즉 이보다 50년이나 뒤진 일이다. …… 우리는 요사이에 와서 종종 특허 관련 좋은 소식을 듣는다. …… 과학의 조선이 바야흐로 발흥할 때가 아닌가!

민족의 국혼(國魂)   p.356

옛 사람이 이르기를, 나라는 없어질 수 있으나 역사는 없어질 수 없다고 하였으니, 그것은 나라는 형체이고 역사는 정신이기 때문이다. 이제 한국의 형체는 허물어졌으나, 정신만이라도 오로지 남아 있을 수 없는 것인가. 이것이 통사를 저술하는 까닭이다. 대개 국교(國敎), 국학(國學), 국어(國語), 국문(國文), 국사(國史)는 혼(魂)에 속하는 것이요, 전곡(錢穀), 군대(軍隊), 성지(城池), 함선(艦船), 기계(機械) 등은 백(魄)에 속하는 것으로, 혼의 됨됨은 백에 따라서 죽고 사는 것이 아니다. 그러므로 국교와 국사는 망하지 않으면 곧 그 나라도 망하지 않는 것이다. 오호라! 한국의 백은 이미 죽었으나 소위 혼이란 것은 남아 있는 것인가, 없어진 것인가.

- 박은식, 『한국통사』 -

> 『한국통사』(1915)에서는 1860년대 이후 국권 피탈까지 일제의 침략사를 서술하였고, 서문에서 '국혼'을 강조하였다. 박은식은 나라가 형체라면 역사는 정신이요, 민족의 국교와 국사, 즉 '혼(魂)'을 지키면 나라가 망하지 않는다는 역사관을 바탕으로 한국사를 연구하였다.

아(我)와 비아(非我)의 투쟁   p.356

역사란 무엇이뇨. 인류 사회의 아(我)와 비아(非我)의 투쟁의 시간부터 발전하며 공간부터 확대되는 심적 활동의 상태 기록이니, …… 무엇을 아라 하며 무엇을 비아라 하는가? 무릇 주체적 위치에 선 자를 아라 하고, 그밖에는 비아라 하는데, 이를테면 조선 사람은 조선을 아라 하고, 영국, 미국, 프랑스 등은 각기 제 나라를 아라하고 조선을 비아라 하며, 무산계급은 무산계급을 아라 하고 지주나 자본가 등을 비아라 하지만, 지주나 자본가 등은 각기 저의 무리를 아라 하고, 무산계급을 비아라 하며 …… 그리하여 이에 대한 비아의 접촉이 잦을수록 비아에 대한 아의 투쟁이 더욱 맹렬하여, 인류 사회의 활동이 그칠 사이가 없으며 역사의 앞길이 완성될 날이 없으니, 그러므로 역사는 아와 비아의 투쟁의 기록인 것이다.

- 신채호, 『조선상고사』 -

5천 년간 조선의 얼   p.357

누구나 어릿어릿하는 사람을 보면 '얼' 빠졌다고 하고 '멍'하니 앉은 사람을 보면 '얼' 하나 없다고 한다. '얼'이란 이같이 쉬운 것이다. …… 사람이란 감격이 있다. 감격은 곧 얼의 유통되는 혈맥이니 우리 古典·往籍을 읽다가 어떤 때 眉宇가 들리고 어떤 때 悲淚交下하는 것이 모두 감격으로서 통하는 혈맥이다. …… 우리로서 우리의 과거를 어루만지지 아니한다면 모르되 만지기만 한다면 우리의 손이 다닫기 전에 벌써 옛 脈이 이제로 뜀을 體覺할 것이다. 우리로서 어찌 우리를 알려 하지 아니할 것인가. 우리의 얼이 어떠함을 어찌 按索하지 아니할 것인가.

- 정인보, 『조선사연구』 -

조선학 운동

- 16일은 조선 학술사상 태양 같은 존재이신 정약용 선생의 탄일(誕日)이오, 금년은 마침 그 가신 지 백년이 된다. …… 조선 현하 특수문화 건설공작을 고심(苦心) 평의(評議)하는 지금에 있어 이 조선 제학(諸學)의 집대성을 한 정약용 선생의 경륜과 포부를 재음미하고 신인식하고 아울러 이를 천하 식자(識者)에게 일명(日明) 선양하는 것은 …… 당면한 도정(途程)에서 그 자연과 역사에 뿌리 깊은 원천을 박은 문화의 하천을 소통 및 관개(灌漑)하는 뜻깊은 실천공작으로 되는 것이다.

- 『조선일보』, 1935. 7. 16. -

- 조선 근고(近古)의 학술사를 종계(綜系)하여 보면 반계(磻溪)가 일조(一祖)요, 성호(星湖)가 이조(二祖)요, 다산이 삼조(三祖)인데 …… 전인(前人)의 창(創), 계(繼)한 뒤에 나서 박관간취(博觀簡取), 착열정택(錯列精擇)의 공(功)을 진(盡)한 이가 그 집성의 미를 향유함이 또한 무괴(無怪)타 할 것이다.

- 『동아일보』, 1935. 7. 16. -

사회 경제 사학

- 조선사 연구는 바로 과거의 역사적, 사회적 발전의 변동 과정을 구체적으로, 현실적으로 구명하는 동시에 그 실천적 동향을 이론화하는 것을 임무로 하고 있다. 그것은 인류 사회의 일반적 운동 법칙으로서 사적 변증법에 의해 그 민족 생활의 계급적 제 관계와 아울러 사회 체제의 역사적 변동을 구체적으로 분석하고 다시 그 법칙성을 일반적으로 추상화하는 것에 의해서만 가능하다.

- 우리 조선의 역사적 발전의 전 과정은 가령 지리적 조건, 인종학적 골상, 문화 형태의 외형적 특징 등 다소의 차이는 인정되더라도, 외관적이니 소위 특수성이 다른 문화 민족의 역사적 발전 법칙과 구별되어야 하는 독자적인 것이 아니며, 세계사적인 일원론적 역사 법칙에 의해 다른 민족과 거의 같은 궤도로 발전 과정을 거쳐 온 것이다. 그 발전 과정의 완만한 템포, 문화의 특수적인 농담(濃淡)은 결코 본질적인 특수성이 아니다.

- 백남운, 『조선사회경제사』 -

> 1930년대 백남운을 중심으로 성립된 사회 경제 사학은 우리 역사가 세계사의 보편적 발전 법칙에 입각해 발전하였음을 강조하여 식민주의 사관을 반박하였다.

문헌 고증 사학

역사 연구의 임무는 생활 진전의 일반적인, 인간에 대한 보편한 법칙을 발견하는 데에도 있는 것이나, 또 민족의 구체적인 생활의 실상과 그 진전의 정세를 구체적으로 파악하여, 역사로서 그것을 구성하는 데에도 있을 것이다. 따라서 그 연구의 도정에서도, 무슨 일반적인 법칙이나 공식만을 미리 가정하여 그것을 어떤 민족의 생활에 견강부회하는 방법을 취하여서는 안 된다.

- 이상백, 『조선문화사연구논고』 -

3 종교·문학·예술

천도교의 제2의 3·1운동 계획 p.358

존경하는 천도교인 및 민중 여러분! 우리는 일어나야 합니다. 그래서 섬나라 사람은 섬으로 보내고 대한 사람은 대한을 지켜야 합니다. …… 우리는 틀림없이 광복하고 말 것이니, 민중이여 안심하고 경건하게 이번의 독립 시위 운동에 참가하십시오.

- 자주독립 선언문(1922) -

> 손병희는 동학을 천도교로 개칭하여 동학의 전통을 계승하였다(1905). 천도교는 3·1 운동과 6·10 만세 운동을 주도하였다.

한용운의 『조선 불교 유신론』 p.358

승려 교육에 있어서 급선무가 셋이다. 첫째는 보통학이다. 보통학이란 사람의 의복, 음식에 비길 만하다. 동·서양과 황·백인종을 따질 것이 없이, 사람이라면 다 의복을 입고 음식을 먹어서 살아갈 줄 아는 터이니, 의복을 안 입고 음식을 안 먹는 자가 있다고 하면, 이는 며칠이 못 가서 그가 이 세상과 하직할 것임을 짐작할 수 있다. 둘째는 사범학이다. …… 승려 가운데 15세에서 40세까지 조금이라도 재덕이 있는 자를 가려 배우게 하고, 그 과정을 보통학, 사범학, 불교학을 화합·가감해서 적절을 기한다면 가르친 지 4, 5년 안에 소학교의 교사가 모자라지 않을 뿐 아니라, …… 불교가 장래 큰 광명을 발하게 됨이 오직 이 일에서 생겨날 것이다. 셋째로, 외국 유학이다. 인도에 가 배워서 부처님과 조사들의 참다운 발자취를 찾게 하며, 널리 경론으로서 우리나라에 전해지지 않은 것을 구하여, 그 중요한 것을 골라 번역해 세계에 펴게 할 필요가 있다.

정교(政敎)를 분립하라! p.358

정치와 종교는 서로 보조할 수 있는 것이요, 서로 간섭할 수 없는 것이다. 정치는 국가를 본위로 하는 사무적 행위니 인민의 표현 행위를 관리하는 것이요, 종교는 지역과 족별(族別)을 초월하여 인생의 영계(靈界), 즉 정신을 정화 순화, 즉 존성화(存性化)하여 표현 행위의 근본을 함양하며, 안심입명(安心立命)의 대도를 개척하는 것이다. 그러므로 종교를 인위적 제도로써 제한 혹은 좌우할 수 없는 것이다. 종교는 그 성질에 있어서 시간과 공간을 초월하여 전 인류의 정신계를 영도하느니, 지역적이고 단명적인 인위적 제도, 즉 정치로써 종교를 간섭한다는 것은 향기로운 풀과 악취나는 풀을 같은 그릇에 담는 것과 같아서 도저히 조화를 얻을 수 없을 뿐 아니라 도리어 사람에게 불행한 결과를 줄 뿐이다.

- 한용운, 『불교』(1931) -

개조론 p.359

우리는 들었노라. 날마다 날마다 우리의 고막을 때리는 개조개조(改造改造)의 소리, 그 소리야 매우 흥미 있고 의미 있고 그리하여 힘 있고 정신 있도. …… 우리의 과거는 이성의 요구로는 심히 괴이한 가운데 있어 왔도. 우자의 열자에 대한 행위, 부자의 빈자에 대한 행위, 지자의 우자에 대한 행위, 내지 강자의 약자에 대한 행위, 물질의 정신에 대한 행위 모두가 불공평이었고 모두가 불이상이었다. 우자의 조처는 있었으나 열 자의 해석은 없었으며 부자의 대우는 있었으나 빈자의 제도는 없었으며 지·강자의 무대는 있었으나 우·약자의 낙원은 없었나니 이것이 과거 사회의 병적 상태이었으며 과거 세계의 비인도·부정의한 실험이었도.

- 『개벽』 창간호(1920) -

심훈, 그날이 오면(1930. 3. 1.)

그날이 오면, 그날이 오면은 / 삼각산이 일어나 더덩실 춤이라도 추고,
한강 물이 뒤집혀 용솟음칠 그날이 / 이 목숨이 끊기기 전에 와주기만 하량이면
나는 밤하늘에 나는 까마귀와 같이 / 종로의 인경(人磬)을 머리로 들이받아 울리오리다
두개골이 깨어져 산산조각이 나도 / 기뻐서 죽사오매 오히려 무슨 한이 남으리이까
그날이 와서 오오 그날이 와서 / 육조(六曹) 앞 넓은 길을 울며 뛰며 뒹굴어도
그래도 넘치는 기쁨에 가슴이 미어질 듯 하거든 / 드는 칼로 이 몸의 가죽이라도 벗겨서
커다란 북을 만들어 들쳐 메고는 / 여러분의 행렬(行列)에 앞장을 서오리다
우렁찬 그 소리를 한 번이라도 듣기만 하면 / 그 자리에 거꾸러져도 눈을 감겠소이다

이육사, 광야(1945 발표)

까마득한 날에 하늘이 처음 열리고 어데 닭 우는 소리 들렸으랴.
모든 산맥들이 바다를 연모해 휘달릴 때도 차마 이곳을 범하던 못하였으리라.
끊임없는 광음을 부지런한 계절이 피어선 지고 큰 강물이 비로소 길을 열었다.
지금 눈 나리고 매화 향기 홀로 아득하니 내 여기 가난한 노래의 씨를 뿌려라.
다시 천고의 뒤에 백마 타고 오는 초인이 있어 이 광야에서 목놓아 부르게 하리라.

박목월, 나그네(1946 수록)

강나루 건너서 / 밀밭 길을 / 구름에 달 가듯이 / 가는 나그네
길은 외줄기 / 남도 삼 백리 / 술 익는 마을마다 / 타는 저녁놀 / 구름에 달 가듯이 / 가는 나그네

노천명, 님의 부르심을 받들고서

님이면 군복에 총을 메고 / 나라 위해 진중에 나감이 소원이러니
이 영광의 날 / 나도 사나이였으면, 나도 사나이였으면 / 귀한 부르심 입는 것을……
이제 아세아의 큰 운명을 걸고 / 우리의 숙원을 뿜으며 / 저 영미(英美)를 치는 마당에야.

노천명, 부인 근로대(1942)

한 땀 두 땀 무운을 빌며 / 바늘을 옮기는 양 든든도 하다
일본의 명예를 걸고 나간 이여 / 훌륭히 싸워주 공을 세워주
나라를 생각하는 누나와 어머니의 아름다운 정성은 / 오늘도 산만한 군복 위에 꽃으로 피었네

서정주, 마쓰이 오장 송가(1944)

마쓰이 히데오! / 그대는 우리의 가미가제 특별공격대원 / ……
우리의 동포들이 밤과 낮으로 / 정성껏 만들어 보낸 비행기 한 채에
그대. 몸을 실어 날았다가 내리는 곳 / ……
쪼각쪼각 부서지는 산더미 같은 미국 군함! / ……
장하도다 / 우리의 육군 항공 오장 마쓰이 히데오여
너로 하여 향기로운 삼천리의 산천이여

PART 8

현대 사회의 발전

CHAPTER 01 광복과 분단
CHAPTER 02 민주주의의 시련과 발전
CHAPTER 03 남북 관계의 진전
CHAPTER 04 현대의 경제·사회·문화

CHAPTER 01 광복과 분단

1 강대국과 민족 세력의 갈등

대한민국 임시 정부 요인과 장제스의 담화 기록 p.364

[시간] 1943년 7월 26일 오전 9시
[참석자]
- 대한민국 임시 정부 측: 김구, 조소앙, 김규식, 지청천, 김원봉
- 중국 측: 장제스, 우티에청

장제스: 한국의 완전한 독립을 실현하는 과정은 쉽지 않을 것입니다. 그러나 한국 혁명 동지들이 진심으로 단결하고 협조하여 함께 노력한다면 조국 광복의 뜻을 이룰 수 있을 것입니다.
김구·조소앙: 우리의 독립 주장이 이루어질 수 있도록 중국이 지지해 주기를 희망합니다.

- 국사 편찬 위원회, 『대한민국 임시 정부 자료집』 -

카이로 선언(1943. 12. 1) p.364

3국(미국, 영국, 중국)은 일본에 대한 장래의 군사 행동을 합의하였다. …… 또한 일본은 폭력과 탐욕으로 약탈한 다른 일체의 지역으로부터 축출될 것이다. 세 위대한 연합국은 한국 인민의 노예상태에 유의하여, 한국이 적절한 시기(in due course)에 자유롭게 독립할 것을 결의한다. 이를 위해 세 위대한 연합국은 일본과 교전 중인 여러 국가와 협조하여 일본의 무조건적인 항복을 받기에 필요한 중요한 작전을 장기적으로 계속 수행할 것이다.

- 「The Cairo Conference: Statement Released December 1, 1943」, RG 338 -

카이로 회담에 대한 반응 p.364

전후 조선의 독립과 자유는 주요 동맹국으로부터 강력히 보장받았다. 이 회담 후 우리 민족과 국가의 국제적인 지위는 높아졌다. 우리나라의 독립을 보증했다는 점에 대해서 우리는 중국·미국·영국 3대 연합국 지도자들에게 감사를 표시한다. …… 이렇게 유리한 국제 정세하에서 우리 독립운동은 중대한 진보를 이루었다. 국내의 반일 투쟁은 날로 확대되고 있다. 중국 동북 지역 동포들도 용감하게 무장 투쟁을 전개하고 있으며, 미주 지역의 교포도 임시 정부를 위해 노력하고 있다. …… 본 당은 조선 의용대를 한국광복군 제1지대로 개편하였고 이로써 전 민족의 총 단결이 완성되기를 기대하고 있다.

- 『3·1절 제25주년 기념 선언』(1944) -

미국의 대 한국 인식 p.364

지금 미국은 한국의 독립을 위해 노력하고 있어 사람들의 관심이 커지고 있다. 그럴수록 충칭에 망명 중인 대한민국 임시 정부의 독립운동은 더욱 거세질 것이다. …… 카이로 회담에서 루스벨트 대통령은 한국 해방을 약속했다. 적당한 기회가 마련되면 한국인은 일제 군국주의에 마지막 결정타가 될 봉기를 일으킬 것이다. 매년 한국에서는 일제의 지배 시설에 대한 파괴 행위가 36,000건 이상 발생하고 있다. 이 점을 보더라도 한국은 미국의 유능한 동맹국이 될 수 있다.

- 『뉴욕타임스』, 1944. 11. 7. -

얄타 회담

소·미·영 3국의 지도자는 독일이 항복하고 또한 유럽 전선이 종결한 후 2, 3개월 이내에 소련이 …… 연합국에 참전하며 대일전에 참가할 것을 협정하였다.

포츠담 선언

카이로 선언의 여러 조항은 이행되어야 하며 또한 일본국의 주권은 혼슈, 홋카이도, 규슈, 시코쿠와 연합국이 결정하는 작은 섬들에 국한될 것이다.

38도선 제안

일본의 항복이 갑작스레 다가와서 국무부와 3군은 일본 항복 후의 조치에 대해 긴급히 검토해야 했다. …… 군에서는 만약 우리의 작전 능력을 뛰어넘는 제안을 하면 소련이 받아들일 가능성이 그만큼 줄어든다고 주장하였다. 사실 시간이 없었다. …… 우리들은 소련이 동의하지 않을 경우 미군이 현실적으로 진주할 수 있는 것보다 더 북쪽이었지만 38도선을 건의하였다. 미군 관할 지역 내에 한국의 수도를 포함하는 것이 중요하다고 생각했기 때문에 그렇게 하였다. …… 소련이 38도선을 받아들였을 당시 본인은 약간 놀랐던 것으로 기억된다. 왜냐하면 본인은 이 지역에서 우리의 군사력에 비추어 볼 때 소련은 훨씬 남쪽의 선을 주장할 것이라고 생각했기 때문이다.

일본 평화 헌법

일본 국민은 …… 전쟁과 무력을 통한 위협 또는 무력행사를 …… 영구히 포기한다. 전 항의 목적을 달성하기 위해 육해공군과 그 외 다른 전력을 보유하지 않는다.
- 『평화 헌법 제9조』(1946. 11. 공포) -

대한민국 임시 정부의 건국 강령(1941)

〈제1장 총강〉
임시 정부는 13년(1931) 4월에 대외 선언을 발표하고 삼균 제도의 건국 원칙을 천명하였으니, 이른바 '보통 선거 제도를 실시하여 정권을 균(均)히 하고, 국유 제도를 채용하여 이권(利權)을 균히 하고, 공비(公費) 교육으로써 학권(學權)을 균히 하며 국내외에 대하여 민족 자결의 권리를 보장하여 민족과 민족, 국가와 국가의 불평등을 과감히 제거할지니, 이로써 국내에 실현하면 특권 계급이 곧 없어지고, 소수 민족의 침몰을 면하고, 정치와 경제와 교육 권리를 고르게 하여 높낮이를 없게 하고 동족과 이족에 대하여 또한 이러하게 한다.' 하였다. 이는 삼균 제도의 제1차 선언이니 이 제도를 발양 확대할 것임.

조선 독립 동맹의 건국 강령(1942)

본 동맹은 조선에 대한 일본 제국주의의 지배를 전복하고 독립 자유의 조선 민주 공화국을 수립할 목적으로 다음 임무를 실현하기 위하여 싸운다.
1. 전 국민의 보통 선거에 의한 민주 정권을 수립한다.
3. 국민 인권을 존중하는 사회 제도를 실현한다.
4. 법률적·사회 생활적 남녀평등을 실현한다.

6. 조선에 있는 일본 제국주의자의 일체 자산 및 토지를 몰수하고 일본 제국주의와 밀접한 관계에 있는 대기업을 국영으로 귀속하며 토지 분배를 실행한다.
8. 국민의 의무 교육 제도를 실시하고 국가가 교육비를 부담한다.
9. 국민 의무 교육 제도를 실시하고 이에 필요한 경비는 국가가 부담한다.

- 『진찰기 일보』(1942) -

조선 건국 동맹의 건국 강령(1944) p.364

1. 각인 각파를 대동단결하여 거국일치로 일본 제국주의 제 세력을 구축하고 조선 민족의 자유와 독립을 회복할 것.
2. 반추축 제국(연합국)과 협력하여 대일 연합 전선을 형성하고 조선의 완전한 독립을 저해하는 일체의 반동 세력을 박멸할 것.
3. 건설부면에 있어서 일체의 시정을 민주주의 원칙에 의거하고, 특히 노·농 대중의 광복에 치중할 것.

『여운형 투쟁사』(1946) -

광복 직전 여운형이 조선 총독부에 요구한 5개 조항 p.365

1. 전국적으로 정치범과 경제범을 즉각 석방할 것.
2. 서울의 3개월분 식량을 확보할 것.
3. 치안 유지와 건국을 위한 정치 운동에 대하여 간섭하지 말 것.
4. 학생과 청년을 조직 훈련하는 데 대하여 간섭하지 말 것.
5. 노동자와 농민을 건국 사업에 동원하는 데 대하여 간섭하지 말 것.

광복 p.365

- 정오, 일본 천황 히로히토의 떨리는 목소리가 라디오에서 흘러 나왔다. 서울 거리는 삽시간에 흥분과 환호의 도가니로 변해 버렸다. 아침나절까지만 해도 보이던 국민복이니 몸뻬 차림이 자취를 감추고 흰 옷 입은 시민들이 거리로 쏟아져 나왔다.

- 미군은 항공기의 엄호 아래 인천 월미도에 상륙하였다. 다음 날 아침에는 장갑차를 앞세운 미군 선발 부대가 경인가도를 통해 서울에 진주하였다. 이어 오후에는 총독부 제1회의실에서 하지 중장이 아베 총독으로부터 항복 문서 서명을 받았다.

- 8월 16일 …… 담임인 니시하라 선생이 들어와 칠판에 커다랗게 이종환(李鍾煥)이라고 한자로 판서를 하더니, 이종환이라고 발음을 하고 나서 이것이 나의 이름이니 그리 알라고 하였다. 그러고는 각자 집에서 부르는 이름과 성을 대라고 하였다. 돌아가며 출석부 번호 순서대로 자기의 성명을 밝혔다. 이렇게 기이한 통성명을 통한 이름 찾기가 해방 이후 우리가 치른 첫 의식이었다.

- 유종호, 『나의 해방 전후』 -

여운형의 휘문중학교 연설 p.365

조선 민족의 해방의 날은 왔습니다. 어제 15일, 엔도 정무총감이 나를 불러 가지고 "과거 두 민족이 합하였던 것이 조선에 잘못됐던가는 다시 말하고 싶지 않다. 오늘날 나누는 때에 서로 좋게 나누는 것이 좋겠다. 오해로 피를 흘리고 불상사를 일으키지 않도록 민중을 지도하여 주기를 바란다."라고 하였습니다.

- 이기형, 『여운형 평전』 -

분단선이 되어 버린 38선

인천에 와 닿고 보니 뜻도 않았던 삼팔선이 그어져 제 나라가 아닌 것처럼 남과 북이 제멋대로 굳었다. 그래도 내 땅이라 못 갈리 없다고 삼팔의 경계선을 넘다가 빵 하고 산상에서 터져 나오는 총소리에 기겁을 하고 서성이다 보니 동행자 중 한 사람이 거꾸러졌다. 삼팔선의 국경 아닌 국경을 넘기란 이렇게도 모험인 것을 체험하고, 고향이래야 일가친척도 한 사람 없는 그리 푸진 고향도 아니다.
- 계용묵, 『별을 헨다』 -

> 주인공의 가족 일행은 38도선을 땅 위에 가볍게 그어 놓은 선 정도로 여기고 넘어가다가 놀라는 장면이 묘사되어 있다. 본래 38도선은 전후 처리를 위해 소련군과 미군이 한반도 임시 경계선으로 설정해 두었기 때문에 남한과 북한 주민의 왕래가 가능했으나 점차 민족의 분단선으로 고착되었다.

조선 건국 준비 위원회

인류는 평화를 갈망하고 역사는 발전을 지향한다. 인류사상 공전적(空前的) 참사인 제2차 세계 대전의 종결과 함께 우리 조선에도 해방의 날이 왔다. 지난 반세기 동안 우리 조선은 제국주의 일본의 식민지로서 제국주의적 봉건적 착취와 억압 하에 모든 방면에 있어서 자유의 길이 막혀 있었다. 그러나 우리는 과거 36년 동안 우리의 해방을 위하여 투쟁을 계속하여 왔다. 이 자유 발전의 길을 열려는 모든 운동과 투쟁은 제국주의와 그와 결탁한 반동적 반민주주의적 세력에 의하여 완강히 거부되어 왔었다. 전후 문제의 국제 해결에 따라 조선은 제국주의 일본의 굴레로부터 벗어나게 되었다. 그러나 조선 민족의 해결은 다난한 운동 역사상에 있어 겨우 새로운 한 걸음을 내디디었음에 불과하나니 이 완전한 독립을 위한 허다한 투쟁은 아직 남아 있으며 새 국가의 건설을 위한 중대한 과업은 우리의 앞에 놓여 있다. 그러면 차제에 우리의 당면 임무는 완전한 독립과 진정한 민주주의 확립을 위하여 노력하는 데 있다. 일시적으로 국제 세력이 우리를 지배할 것이나 그것은 우리의 민주주의적 요구를 도와줄지언정 방해하지는 않을 것이다. 봉건적 잔재를 일소하고 자유 발전의 길을 열기 위한 모든 진보적 투쟁은 전국적으로 전개되어 있고 국내의 진보적 민주주의적 여러 세력은 통일 전선의 결성을 갈망하고 있나니 이러한 사회적 요구에 의하여 우리의 건국 준비 위원회는 결성된 것이다.

그러므로 본 준비 위원회는 우리 민족을 진정한 민주주의적 정권에로 재조직하기로 한 새 국가 건설의 준비 기구인 동시에 모든 진보적 민주주의적 세력을 집결하기 위하여 각층 각계에 완전히 개방된 통일 기관이요 결코 혼잡된 협동 기관은 아니다. 왜 그런고 하면 여기서는 모든 반민주주의적 반동 세력에 대한 대중적 투쟁이 요청되는 까닭이다. 과거에 있어서 그들은 일본 제국주의와 결탁하여 민족적 죄악을 범하였고 금후에도 그들은 해방 조선을 건설하는 도중에서 방해할 가능성이 있나니 이러한 반동 세력 즉 반민주주의적 세력과 싸워 이것을 극복 배제하고 진정한 민주주의의 실현을 위하여 강력한 민주주의 정권을 수립하여야 할 것이다. 이 정권은 전국적 인민 대표 회의에서 선출된 인민 위원으로서 구성될 것이며 그 동안 해외에서 조선 해방 운동에 헌신하여 온 혁명 전사들과 특히 그 지향적 집결체에 대하여는 적당한 방법에 의하여 전심적(專心的)으로 맞이하여야 할 것은 물론이다. 그리하여 조선 전 민족의 총의(總意)를 대표하여 이익을 보호할 만한 완전한 새 정권이 나와야 하며 이러한 새 정권이 확립되기까지의 일시적 과도기에 있어서 본 위원회는 조선의 치안을 자주적으로 유지하며 한걸음 더 나가 조선의 완전한 독립 국가 조직을 실현하기 위하여 새 정권을 수립하는 산파적인 사명을 다하려는 의도에서 아래와 같은 강령을 내세운다.

- 우리는 완전한 독립 국가의 건설을 기함
- 우리는 전 민족의 정치적 경제적 사회적 기본 요구를 실현할 수 있는 민주주의적 정권의 수립을 기함
- 우리는 일시적 과도기에 있어서 국내질서를 자주적으로 유지하며 대중생활의 확보를 기함

- 1945년 8월 28일 건국 준비 위원회 서기국(9월 2일 발표) -

> 건국 준비 위원회는 1945년 8월 15일 광복과 함께 조직되었고, 전국 각지에 설치된 지부를 중심으로 치안과 행정권을 장악하였다. 좌우익의 지식인들이 광범위하게 참여하였으며, 민중의 지지를 받으며 실질적인 행정을 담당하였다.

태평양 방면 미 육군 총사령관 맥아더 포고령 1호   p.365

태평양 방면 미국 육군 부대 총사령관인 나는 다음과 같이 포고한다. 일본국 정부가 연합국에 대해 무조건 항복함으로써 연합군과 일본군 사이에 오랫동안 진행되어 오던 무력 충돌은 끝나게 되었다. 일왕의 명령과 일본 대본영이 조인한 항복 문서의 내용에 따라 본관의 지휘 하에 있는 빛나는 군대는 금일 북위 38도 이남의 한반도를 점령한다. 한국인이 오랫동안 노예 상태에 처해 있었다는 점과 적당한 시기에 한국을 해방·독립시킬 것이라는 연합국의 결정을 명심하며, 한국인은 점령의 목적이 항복 문서의 규정들을 이행하고, 한국인의 인간적·종교적 권리를 보호하는 데 있다는 것을 확신해야 한다. 태평양 방면 미국 육군 부대 총사령관인 본관은 이에 북위 38도선 이남의 한반도와 한국인에 대하여 군사적인 관리(군정)를 실시하고자 한다.

제1조 북위 38도선 이남의 조선 영토와 조선 인민에 대한 통치의 모든 권한은 당분간 본관의 권한 하에 시행한다.

제2조 정부 등 모든 공공사업 기관에 종사하는 유급, 무급 직원과 고용인, 그리고 기타 중요한 제반 사업에 종사하는 자는 별도의 명령이 있을 때까지 종래의 정상 기능과 업무를 수행할 것이며, 모든 기록 및 재산을 보호·보존하여야 한다.

제3조 모든 사람은 속히 나의 모든 명령과 나의 권한 하에 발한 명령에 복종하여야 한다. 점령 부대에 대한 모든 반항 행위 혹은 공공 안녕을 어지럽게 하는 모든 행위에 대하여는 엄중한 처벌이 있을 것이다.

제4조 민의 재산권은 이를 존중한다. 주민은 본관의 별도 명령이 있을 때까지 일상적인 직무에 종사하라.

제5조 군정 기간 동안 영어를 모든 목적을 위해 사용하는 공용어로 한다.

소련 극동 제25군 사령관 이반 치스차코프 포고문   p.365

조선 인민들이여! 붉은 군대와 연합국 군대들은 조선에서 일본 약탈자들을 구축(驅逐)하였다. 조선 인민들이여 기억하라! 행복은 여러분들 수중에 있다. 여러분들은 자유와 독립을 찾았다. 이제는 모든 것이 여러분에게 달렸다. 붉은 군대는 조선 인민이 자유롭게 창조적 노력에 착수할 만한 모든 조건을 만들어 놓았다. 조선 인민은 반드시 스스로 자기 행복을 창조하는 자가 되어야 할 것이다. 공장, 제조소 및 공작소 주인들과 상업가 또는 기업가들이여! 왜놈들이 파괴한 공장과 제조소를 회복시켜라! 새 생산 기업체를 개시하라! 붉은 군대 사령부는 모든 조선 기업소들의 재산을 보호하며 그 기업소들의 정상적 작업을 보장하기 위하여 백방으로 원조할 것이다. …… 위대한 스탈린 대원수는 그들에 대하여 말씀하시기를 "우리의 목적은 그 인민들의 해방 투쟁에 있어서 그들을 방조하며 다음에는 그들이 자기 소원대로 자기 땅에서 자유로운 생활을 하도록 하는 것이다."라고 하였다. …… 당신들에게는 유력하고 정직한 친우(親友)인 소련이 있다. 당신들의 해방군인 붉은 군대에 백방으로 방조하라. 조선의 자유와 독립 만세! 조선의 발흥을 담보하는 조선과 소련 친선 만세.

한국민주당 성명서(1945. 9. 8.)   p.365

우리는 국내적으로 사상을 통일하고 결속을 공고히 한 다음 곧 해외로부터 돌아올 우리 대한민국 임시정부를 맞이하여 그로 하여금 하루바삐 완전한 자유 독립 정부가 되도록 지지하지 않으면 안 될 것이다. 이 민족적 의무와 公道가 정해져 있음에도 소수 세력이 '인민공화국'을 참칭하여 기미 이래 독립운동의 결정체인 우리 임시정부를 부인하고 있다. …… 여운형, 안재홍은 이른바 위원 수를 늘린다 하여 소수의 저명인사를 건국준비위원회라는 좁은 기구에 끌어넣기에 광분하였다.

…… 그들은 이제 이른바 인민대회라는 것을 개최하고 인민공화국 정부를 조직했다고 발표했다.
……
1. 국내적으로 단결하여 환국하는 대한민국 임시 정부를 맞이하고, 이 정부로 하여금 4국 공동 관리의 군정으로부터 완전한 자유 독립 정부가 되도록 지지·육성할 것
2. 임정을 부인하는 도배徒輩는 허용할 수 없으며, 건준의 전반기에 무모한 행동 과정을 질책할 것
3. 건준의 인공국 조직에 반기를 들 것

재한국 정치 고문 베닝호프가 미국 국무 장관에게(1945. 9. 15.) p.365

남한은 불꽃이 튀면 즉각 폭발할 화약통이라고 묘사할 수 있습니다. …… 일본인 관료의 해임은 여론상으로는 바람직하지만, 당분간은 이루어지기 어려울 것입니다. 그들은 명목상으로는 교체되겠지만, 실제로는 업무를 계속 수행할 것입니다. …… 정치적으로 가장 고무적인 요소는 연로하고 교육 받은 한국인들 가운데 수백 명의 보수주의자들이 서울에 존재한다는 것입니다. 그들 중 많은 수가 일본에 협력하였지만, 그러한 오명은 사라질 것입니다.
- 미국 국립인쇄소, 『미국의 대외 관계(FRUS) 1945』 Vol. Ⅵ -

조선 인민 공화국 부정 p.365

북위 38도 이남의 조선에는 오직 한 정부가 있을 뿐이다. …… 자천자임(自薦自任)한 관리라든가 경찰이라든가 국민 전체를 대표하였노라는 대소 회합이라든가 조선 인민 공화국이라든지 조선 인민 공화국 내각은 권위와 세력과 실재가 전혀 없는 것이다.
- 미군정 장관 육군 소장 아놀드, 1945. 10. 11 -

김구의 귀국 성명 p.366

나는 지난 5일 중경을 떠나 상해로 와서 22일까지 머물다가 23일 상해를 떠나 당일 서울에 도착하였습니다. 나와 각원 일동은 한갓 평민의 자격을 가지고 들어왔습니다. 앞으로는 여러분과 같이 우리의 독립 완성을 위하여 진력하겠습니다.
- 『자유신문』, 1945. 11. 26. -

조선 노동조합 전국 평의회 설립 p.366

8월 15일 이후 전국 각 산업 중요 도시를 중심으로 전개된 노조 운동은 자연 발생적, 지역적, 수공업적 혼합형의 조직체를 벗어나지 못하였으므로, 이것을 목적 지향적인 지도에 의하여 전국적으로 정연한 산업별적 조직으로 체계화, 강력화시켜야 될 것이다. 예컨대 금속, 화학, 섬유, 교통 등의 산업 부문의 노동자를 전국적인 종적 조직체로 조성하고, 다시 이 여러 개의 전국적 산업별 단일 노동조합이 총결집하여 전국 평의회를 결성하는 것이다.
- 민주주의 민족 전선 사무국(1945. 11. 5.), 『조선 해방 연보』 -

모스크바 3국 외상 회의

1. 조선을 독립 국가로 재건설하며 그 나라를 민주주의적 원칙 하에 발전시키는 조건을 조성하고 가급적 속히 장구한 일본의 조선 통치의 참담한 결과를 청산하기 위하여 조선의 공업, 교통, 농업과 조선 인민의 민족문화의 발전에 필요한 모든 시책을 취할 임시 조선 민주주의 정부를 수립할 것이다.
2. 임시 조선 민주주의 정부 구성을 원조할 목적으로 먼저 그 적의(適宜)한 방책(方策)을 고출(考出)하기 위하여 남조선 합중국 관구, 북조선 소련군 관구의 대표자들로 공동위원회가 설치될 것이다. 그들의 제안 작성에 있어 그 위원회는 조선의 민주주의 정당 및 사회단체와 협의하여야 한다. 그 위원회가 작성한 건의서는 이 공동위원회에 대표를 가진 정부가 최후 결정을 하기 전에 미·영·소·중 제국(諸國) 정부에 그 짐작에 이바지하기 위하여 제출되어야 한다.
3. 조선 인민의 정치적 경제적 사회적 진보와 민주주의적 자치 발전과 또는 조선 국가 독립의 수립을 원조 협력 후견할 방책을 작성할 것도 또한 임시 조선 민주주의 정부 및 조선 민주주의 단체의 참여 하에 공동위원회가 수행할 과업이다. 공동위원회의 제안은 최고 5개년 기간의 4개국 후견의 협약을 작성하기 위하여 미·영·소·중 제국 정부의 공동 짐작에 이바지하도록 임시 조선 민주주의 정부와 협의한 후 제출되어야 한다.
4. 남북 조선과 관련된 긴급한 제 문제를 고려하기 위하여 또는 남조선 합중국 관구와 북조선 소련군 관구의 행정 경제면의 항구적 균형을 수립하기 위하여 2주일 이내에 조선에 주둔하는 미·소 양군 사령부 대표로서 회의를 소집할 것이다.

1945년 12월 말 모스크바에서는 미·영·소 3국 외무장관 회의(모스크바 3상 회의)가 개최되었다. 미국과 소련은 서로의 주장을 절충해 한국의 임시 민주 정부 수립과 이를 위한 미·소 공동 위원회 설치, 최대 5년간의 신탁 통치를 결의하였다.

모스크바 3국 외상 회의 결정에 대한 입장 차이

• 카이로, 포츠담 선언과 국제 헌장으로 세계에 공약한 한국의 독립 부여는 금번 모스크바에서 개최한 3국 외상 회의의 신탁 관리 결의로 수포로 돌아갔으니 다시 우리 3천만은 영예로운 피로써 자주 독립을 획득하지 아니하면 아니 될 단계에 들어섰다. 동포여! 8·15 이전과 이후, 피차의 과오와 마찰을 청산하고서 우리 정부 밑에 뭉치자. 그리하여 그 지도 하에 3천만의 총 역량을 발휘하여서 신탁 관리제를 배격하는 국민 운동을 전개하여 자주 독립을 완전히 획득하기까지 3천만 전 민족의 최후의 피 한 방울까지도 흘려서 싸우는 항쟁 개시를 선언한다.
　　　　- 신탁통치 반대 국민총동원위원회 반탁시위 선언문, 『중앙신문』, 1946. 1. 1. -

• 지난 연말에 모스크바 3국 외상 회의의 결의라 하여 우리나라에 신탁 통치제를 시행하고 5년간의 기한부로 독립을 승인하겠다는 소식이 들리자, 전 국민은 물 끓듯 반대의 물의가 분분하며, 그 의사 표시로 서울을 비롯하여 지방 각처와 각 정당 각 단체 각 계급 각층이 같은 애국열에 한데 뭉치어 시위행진까지 하였던 것이다. 그러면 우리가 무엇을 반대함이런가? 냉정히 검토해 보기로 하자. 우리의 반대하는 의사의 내용은 외래 세력의 우리 내정 간섭에 대한 배격이다. 연합국에 대해 장래 우리나라와의 우호 관계와 세계 평화를 위해 우리나라를 즉시 독립 국가로 승인해 달라는 요구이다. 신탁, 협조, 후견의 언구를 농하여 내정 간섭에 인과적 관계를 맺으려는 3국 외상의 탈선적 호의를 반대함이다.
　　　　- 신탁 통치 반대 국민 총동원 위원회 성명서(1946) -

• 연합국에 대해 장래 우리나라와의 우호 관계와 세계 평화를 위해 우리나라를 즉시 독립 국가로 승인해 달라는 요구이다. 신탁, 협조, 후견이라는 문구로 내정 간섭에 인과적 관계를 맺으려는 3국 외상의 탈선적 호의를 반대함이다.
　　　　- 『동아일보』, 1946. 1. 13. -

- 우리는 이번 모스크바 회담이 조선 민족 해방에 대해 가지는 의의를 지극히 크게 평가하여 그 규정과 이에 대한 태도를 다음과 같이 결정하였다. 첫째, 그것이 카이로, 포츠담 양 회담의 구체화라는 점에 역사적 의의가 있는 것이다. 그 후의 국제 문제 해결과 조선 민족의 노력으로 이번 모스크바 회담에서 건립의 범위와 방법이 처음으로 구체적 결정을 보인 것이다. 즉, '적당한 시기'가 '최고 5년'으로 되었고, '적당한 순서'가 '신탁 통치를 거치게' 된 것이다. 따라서 그것은 소위 배신행위나 기만도 아니요, 하등의 국제법 위반이 아니다.
  - 조선 인민 공화국 중앙 인민 위원회 결의서(1946) -

- 모스크바 3국 외상 회의의 결정을 신중히 검토한 결과, 이번 회담은 세계 민주주의 발전에 있어서 또 한 걸음 진보이다. …… 문제의 5년 기한은 그 책임이 3국 외상 회의에 있는 것이 아니라, 우리 민족 자체의 결정, 장구한 일본 지배의 해독과 민족적 분열에 있다고 우리는 반성하지 않으면 안 된다. …… 세계 평화와 민주주의적 국제 협조의 정신하에서만 조선 문제가 해결되어야 한다. …… 이것은 우리가 5년 이내에 통일되고 우리의 발전이 상당한 때에는 단축될 수 있는 것이니 이것은 오직 우리의 역량 발전 여하에 달린 것이다 …… 우리의 할 일은 무엇보다도 먼저 통일의 실현에 있다.
  - 조선공산당 중앙 위원회의 모스크바 3국 외상 회의 지지 담화, 『동아일보』, 1946. 1. 4. -

대한민국 비상 국민 회의 결의(1946. 2. 1.)   p.368

전 민족의 총의를 집결한 본 비상 국민 회의의 개회 벽두에 있어서 우리는 북미합중국과 소연방과 일반 국민에게 충심으로부터 감사의 뜻을 표한다. …… 5천 년래의 문화 역사를 가진 한민족은 완전한 자주 독립의 빛난 국가로서 안으로는 강토의 주권을 보유하여 전 민족의 복지를 도모하며 밖으로는 국제헌장에 준거하여 세계 평화에 적극적으로 기여하기를 결의한다. 특히, 미·소·중·영의 연합국과는 긴밀한 우호 협조의 관계를 지속하여 동아의 평화 건립의 주석柱石이 되기를 기하는 바이다. 이 결의와 기대는 연합국이 영웅적 희생에 보답하여 20세기 새 문명의 과제를 수행하는 3천만 한국 민중의 거룩한 의무인 것을 각오하는 바이다. 이를 결의한다.
- 『조선일보』, 1946. 2. 2.

민주주의 민족전선 준비위원회의 선언문   p.368

1. 민주주의 민족전선은 조선 인민의 총투표로써 선거될 인민대표대회가 구성될 때까지 과도적 임시 국회의 역할을 장악할 것이며 임시적 민주주의 정부 수립의 책임을 자부할 것을 선언한다.
1. 민주주의 민족전선은 3상 회의 결정의 원칙에 기한 미·소 공동 위원회의 조선 임시 민주주의 정부 조직에 있어 조선 민족의 유일한 정식 대표로서 발언권을 확보하며 민주주의 연합국의 경제적 부흥에 대한 원조 협력에 적극적으로 동의함을 선언한다.
1. 민주주의 민족전선은 현하 조선 인민의 생활이 극도로 궁박한 상태에 있는 것을 정확히 파악하여 식량 및 생활필수품의 생산·분배·토지·농업·교통·물가·통화 등의 문제에 대한 응급 또는 근본 대책을 지급 수립하여 그 해결에 최선의 노력을 다할 것을 선언한다.
- 『해방일보』, 1946. 2. 6. -

남조선 대한국민 대표 민주의원 선언문 p.368

한국의 여러 민주주의 정당과 사회단체에서 피선(被選)된 남부 한국 민주주의 대표 회의의 의원인 우리는 대표 회담의 모든 일을 봉행하며 이 땅에 머무른 미군 총사령관이 한국의 과도정부 수립을 준비하는 노력에 자문 자격으로 협조하기를 동의함. 우리는 우리의 모든 활동을 대표회의로 조정하고 우리의 노력을 경주하여 한국 인민의 형상을 개선하며 그로써 한국의 완전 독립을 속히 실현하기에 공헌하기를 기함

- 『동아일보』, 1946. 2. 15. -

미·소 공동 위원회 공동 성명(1946. 4. 18.) p.368

공동 위원회는 목적과 방법에 있어서 진실로 민주주의적이며, 또 다음의 선언서를 시인하는 조선 민주주의 제 정당 및 사회단체들과 협의하기로 함. 우리는 모스크바 3상 회의 결의문 중 조선에 관한 제1절에 진술한 바와 같이 그 결의의 목적을 지지하기로 선언함. 즉, 조선의 독립 국가로서의 재건설, 조선의 민주주의적 원칙으로 발전함에 대한 조건의 설치와 조선에서 일본이 오랫동안 통치함으로써 생긴 참담한 결과를 가급적 속히 청산할 것

무기한 휴회에 관한 하지 중장의 성명서 p.368

소련 대표는 모스크바 3국 외무 장관 회의 결정 사항을 반대하는 사람을 조선 임시 정부 조직에 참여하지 못하도록 제외하자고 제안했다. 그러나 우리는 민주주의의 근본인 의사 발표권을 거부하는 것이므로 반대했다.

- 『중외신보』, 1946. 5. 10. -

정읍 발언(1946. 6. 4.) p.368

이제 우리는 무기 휴회된 미·소 공동 위원회가 재개될 기색도 보이지 않으며, 통일 정부를 고대하나 여의케 되지 않으니, 우리는 남한만이라도 임시 정부, 혹은 위원회 같은 것을 조직하여 38 이북에서 소련이 철퇴하도록 세계 공론에 호소하여야 할 것이니 여러분도 결심하여야 할 것이다. 그리고 민족 통일 기관 설치에 대하여 지금까지 노력하여 왔으나, 이번에는 우리 민족의 통일 기관을 귀경한 후 즉시 설치하게 되었으니, 각 지방에 있어서도 중앙의 지시에 순응하여 조직적으로 활동해 주기 바란다.

- 국사편찬위원회, 『자료 대한민국사』 II -

좌익 측 5원칙(1946. 7. 27.) p.368

1. 조선은 민주 독립을 보장하는 3상 회의 결정을 전면적으로 지지함으로써 미소공동위원회의 속개 운동을 전개하여 남북통일의 민주주의 임시 정부 수립에 매진하되 북조선 민주주의민족전선과 직접 회담하여 전적 행동 통일을 기할 것
2. 토지개혁(무상몰수, 무상분여), 중요 산업 국유화, 민주주의적 노동 법령 및 정치적 자유를 위시한 민주주의 제 기본 과업 완수에 매진할 것
3. 친일파 민족 반역자, 친팟쇼 반동 거두를 완전히 배제하고 테러를 철저히 박멸하며 검거 투옥된 민주주의 애국지사의 즉시 석방을 실현하여 민주주의적 정치 운동을 활발히 전개할 것
4. 남조선에 있어서도 정권을 군정으로부터 인민의 자치 기관인 인민위원회에 즉시 이양하도록 기도할 것
5. 군정 고문기관 혹은 입법기관 창설에 반대함

우익 측 8원칙(1946. 7. 29.) p.368

1. 남북을 통한 좌우합작으로 민주주의 임시정부 수립에 노력할 것
2. 미소공동위원회 재개를 요청하는 공동 성명서를 발할 것
3. 소위 신탁 문제는 임시정부 수립 후 이 정부가 미소공동위원회와 자주 독립 정신에 기하여 해결할 것
4. 임시정부 수립 후 6개월 이내에 보통선거에 의한 전국민대표회의를 소집할 것
5. 국민대표회의 성립 후 3개월 이내에 정식 정부를 수립할 것
6. 보통선거를 완전히 실시하기 위하여 전국적으로 언론, 집회, 결사, 출판, 교통, 투표 등의 자유를 절대 보장할 것
7. 정치, 경제, 교육의 모든 제도 법령은 균등 사회 건설을 목표로 하여 국민대표회의에서 의정할 것
8. 친일파 민족반역자를 징치하되 임시정부 수립 후 즉시 특별 법정을 구성하여 처리할 것

좌우 합작 7원칙(1946. 10. 8.) p.368

본 위원회의 목적(민주주의 임시정부를 수립하여 조국의 완전 독립을 촉성할 것)을 달성하기 위하여 기본 원칙을 아래와 같이 의논하여 정함

1. 조선의 민주 독립을 보장한 삼상 회의 결정에 의하여 남북을 통한 좌우합작으로 민주주의 임시정부를 수립할 것
2. 미소 공동 위원회 속개를 요청하는 공동 성명을 발표할 것
3. 토지 개혁에 있어서 몰수, 유조건 몰수, 체감매상(遞減買上) 등으로 토지를 농민에게 무상으로 나누어 주며, 시가지의 기지와 큰 건물을 적정 처리하며, 중요 산업을 국유화하며, 사회 노동 법령과 정치적 자유를 기본으로 지방 자치제의 확립을 속히 실시하며, 통화와 민생 문제 등등을 급속히 처리하여 민주주의 건국 과업 완수에 매진할 것
4. 친일파 민족 반역자를 처리할 조례를 본 합작 위원회에서 입법기구에 제안하여 입법기구로 하여금 심리 결정하여 실시케 할 것
5. 남북을 통하여 현 정권하에 검거된 정치 운동가의 석방에 노력하고 아울러 남북 좌우의 테러 행동을 일절 즉시로 제지토록 노력할 것
6. 입법기구에 있어서는 일체 그 권능과 구성 방법 운영에 관한 대안을 본 합작 위원회에서 작성하여 적극적으로 실행을 기도할 것
7. 전국적으로 언론, 집회, 결사, 출판, 교통, 투표 등 자유를 절대 보장되도록 노력할 것

단기 4279년(1946) 10월 7일
좌우 합작 위원회

> 1차 미·소 공동 위원회가 결렬된 후 이승만은 남한만의 정부 수립을 주장하였다. 이런 상황에서 여운형과 김규식 등은 좌우 합작을 모색하여 좌우 합작 7원칙을 발표하였다. 이런 노력의 결과 남조선 과도 입법의원과 과도 정부가 설립되었으며, 의장은 김규식이었다.

남조선 과도입법의원 개원식 개회사 p.369

오늘 단기 4279년 12월 12일 12시 한국의 유사 이래 처음으로 되어진다고 할 만한 이 입법의원이 성립되어 개원식을 함에 있어서는 그 의의가 막대한 것이요. 작년 8월 15일 이래 부분적으로라도 해방을 얻어 우리의 3천만 민족으로서는 전적으로 기쁜 감상을 가지면서도 앞으로 많은 기대가 있는 것이다. …… 위에 말한 바와같이 이 입법의원은 명실상부한 과도입법의원인데도 초보적 과도입법의원인 것을 본원의 현재 의원으로서는 명확히 인식하여야 할 것이다. 왜 그러냐 하면 이 초보적 입법의원의 사명은 최속한 기간내에 남북이 통일한 총선거식으로 피선된 확대된 입법의원을 산출하는 제2계단으로 들어가야 할 것이고 그 확대입법의원은 미소공동위원회의 단속개회(斷繼

開會)가 되면은 더욱 좋거니와 혹 어떠한 변환으로 급히 속개되지 아니 하더라도 최속(最速)한 기간내에 우리의 손으로 우리를 위한 우리의 임시정부를 산출하여 안으로는 완전자주독립의 국가를 건설해야 하며 우리의 주인인 한국 3천만 민중의 복리를 도모할 것이며 밖으로는 국제적 지위를 획득하여 동아 및 전세계평화와 행복을 위하여 모든 민주주의연합국과 협력매진할 것이다. 입법의원의 성능에 있어서 현금 정세의 관계로 재한미주둔사령장관 지배하에 있는 미군정청 제118호 법령으로 시설되는 것이지마는 이 입법의원이 결코 미주둔군 사령장관이나 미군정의 자문기관으로 행사할 것은 아니며 또 미군정을 연장시키기 위한 것도 아니다. 오히려 말하자면 남에 있는 미군정이나 북에 있는 어떠한 군정이나 그 존재를 단축시키려는 것이다. …(후략)…

단기 4천2백79년 12월 12일 12시
남조선과도입법의원장 金奎植

북한의 토지 개혁에 관한 법령(1946. 3. 5.) p.369

제2조 몰수되어 농민소유지로 넘어가는 토지들은 아래와 같다.
 ㄱ. 일본국가, 일본인 및 일본인단체의 소유지
 ㄴ. 조선 민족의 반역자, 조선 인민의 이익에 손해를 주며 일본 제국주의자의 정권기관에 적극 협력한 자의 소유지와 일본 압박 밑에서 조선이 해산될 때에 자기 지방에서 도주한 자들의 소유

제3조 몰수하여 무상으로 농민의 소유로 분여하는 토지는 아래와 같다.
 ㄱ. 1농호에 5정보 이상 가지고 있는 조선인 지주의 소유지
 ㄴ. 스스로 경작하지 않고 전부 소작 주는 소유자의 토지
 ㄷ. 면적에 관계없이 계속적으로 소작 주는 전 토지
 ㄹ. 5정보 이상을 소유한 성당, 사원 기타 종교 단체의 소유지

- 「북조선 토지개혁에 대한 법령」, 『조선중앙년감』 -

② 5·10 총선거와 대한민국 정부의 수립

한국 문제 해결방안으로 채택된 UN 총회 결의안(1947. 11. 14.) p.370

① UN에서의 한국 문제 토의에 선거에 의한 한국 국민의 대표가 참여하도록 초청한다. 이러한 참여를 용이하게 하고 이 대표들이 군정 당국에 의해 지명된 자가 아니라 한국 국민에 의하여 정당하게 선거된 자라는 것을 감시하기 위하여 조속히 UN 한국 임시위원단(United Nations Temporary Commission on Korea)을 설치하여 한국에 부임케 하고, 이 위원단에게 전 한국을 통하여 여행·감시·협의할 수 있는 권한을 부여한다.

② UN 한국 임시위원단은 호주·캐나다·중국·엘살바도르·프랑스·인도·필리핀·시리아·우크라이나 소비에트 사회주의공화국의 9개국 대표로 구성되며, 늦어도 1948년 3월 31일까지 보통·비밀선거 원칙에 따라 UN 한국 임시위원단 감시하에 선거를 실시하여 남북 인구비례에 따른 대표자들로 국회를 구성하고 중앙 정부를 수립하며, 이 정부는 위원단과 협의하여 국방군을 조직하고, 남북의 점령 당국으로부터 정부 기능을 이양받으며, 가능하다면 90일 이내에 양 점령군이 철퇴하도록 점령 당국과 협정을 맺는다.

삼천만 동포에게 읍고함(1948. 2.)

우리가 기다리던 광복은 우리 국토를 양분하였으며, 앞으로는 그것을 영원히 양국의 영토로 만들 위험성을 내포하고 있다. …… 한국이 있어야 한국 사람이 있고, 한국 사람이 있고야 민주주의도 공산주의도 또 무슨 단체도 있을 수 있는 것이다. 그러면 우리의 자주독립적 통일 정부를 수립하려 하는 이때에 있어서 어찌 개인이나 자기의 집단의 사리사욕에 탐하여 국가 민족의 백년대계를 그르칠 자가 있으랴? …… 마음속의 38도선이 무너지고야 땅 위의 38도선도 철폐될 수 있다. 내가 어리석고 못났으나 일생을 독립운동에 희생하였다. …… 이제 새삼스럽게 재화를 탐내며 명예를 탐낼 것이냐, 더구나 외국 군정하에 있는 정권을 탐낼 것이냐. …… 현실에 있어서 나의 유일한 염원은 3천만 동포와 손을 잡고 통일된 조국의 달성을 위하여 공동 분투하는 것뿐이다. 이 육신을 조국이 수요한다면 당장에라도 제단에 바치겠다. 나는 통일된 조국을 세우려다가 38도선을 베고 쓰러질지언정 일신의 구차한 안일을 취하여 단독 정부를 세우는 데는 협력하지 않겠다.

유엔 소총회 수정 결의

소총회는 유엔 한국 임시 위원단 의장이 표명한 모든 의견을 명심하며, 1947년 11월 14일자 총회 결의에 명시된 계획이 실시될 것과 또 이에 필요한 조치로서 유엔 한국 임시 위원단이 한국 전역 선거의 감시를 진행시킬 것과 만일 그것이 불가능하다면 위원단이 접근할 수 있는 한의 한국 내 지역의 선거 감시를 진행시킬 것이 필요하다고 간주하며 …… 유엔 한국 임시 위원단이 접근할 수 있는 지역에서 결의 제112호(Ⅱ)에 기술된 계획을 시행함이 동 위원단에 부과된 임무임을 결의한다.
- '소총회 결의' 583-A, 1948. 2. 26. -

김구·김규식이 김두봉에게 보낸 편지

지금 이곳에는 38도선 이남 이북을 별개국으로 생각하는 사람도 많습니다. 그렇게 만들려고 노력하는 사람들도 많습니다. …… 남이 일시적으로 분할해 놓은 조국을 우리가 우리의 관념이나 행동으로 영원히 분할해 놓을 필요가 있겠습니까. 비록 우리가 우리 몸을 반쪽 낼지언정 허리가 끊어진 조국을 어찌 차마 더 볼 수 있겠습니까. 그러한 까닭에 우리는 우리의 문제를 우리 자신만이 해결할 수 있다는 것을 확신하고 남북 지도자 회담을 주창하였습니다.
- 김구, 『백범어록』 -

남북 협상 공동 성명 (1948. 4. 30.)

1. 우리 강토에서 외국 군대가 즉시 철거하는 것이 조선 문제를 해결하는 유일한 방법이다.
3. 연석회의에 참가한 모든 정당 사회단체들은 임시 정부를 수립하고 통일적 조선 입법 기관을 선거하여 통일적 민주 정부를 수립해야 한다.
4. 이 성명서에 서명한 모든 정당 사회 단체들은 남조선 단독 선거의 결과를 결코 인정하지 않을 것이며 지지하지도 않을 것이다.

김규식의 발언

나는 항상 조선 문제는 조선 사람 자신이 해결해야 한다는 입장을 취해 왔다. …… 지난 세월 나는 미국의 장단에 맞추어 춤을 추었지만, 지금부터는 조선의 장단에 맞추어 춤을 추겠다.
- 소련 민정 장관 레베데프의 일기 -

김규식의 남북 협상 참여 소감
p.371

이번 우리의 북행은 우리 민족의 단결을 의심하는 세계 인사에게는 물론이오, 조국의 통일을 갈망하는 다수 동포들에게까지 이번 행동으로써 많은 기대를 이루어준 것이다. 그리고 전조선 제정당 사회단체 연석회의는 조국의 위기를 극복하며 민족의 생존을 위하여 우리 민족도 세계의 어느 우수한 민족과 같이 주의와 당파를 초월하여서 단결할 수 있다는 것을 또 한 번 행동으로써 증명한 것이다. 이 회의는 자주적 민주적 통일 조국을 재건하기 위하여 미·소 양군 즉시 철퇴를 요구하는 데 의견이 일치하였다.

남로당의 구국 투쟁(1948. 2. 7.)
p.371

조선의 분할 침략 계획을 실시하는 UN 한국 위원단을 반대한다. 남조선의 단독 정부 수립을 반대한다. 양 군 동시 철퇴로 조선 통일 민주주의 정부 수립을 우리 조선 인민에게 맡기라. 국제 제국주의 앞잡이 이승만, 김성수 등 친일 반동파를 타도하라.

제주 4·3 항쟁
p.371

제주도 사태가 이렇게까지 악화된 것은 시정 방침에 신축성이 없다는 것과 공무원들이 부패하였다는 것 등을 들 수 있겠다. 제주도라는 곳은 워낙 살기 어려운 곳이고, 특히 공무원들은 제주도에 가는 것을 무슨 정배나 가는 양으로 생각함으로써 인재라고 할 만한 사람들은 제주도로 안 가고 보니, 명예나 돈이나 바라는 친구들이 어찌 바른 행정을 할 수 있겠는가? 이러한 부패상은 작년에 내가 갔을 때 이미 역력히 드러나고 있었다. 예를 들면 고름이 제대로 든 것을 좌익 계열에서 바늘로 터뜨린 것이 제주도 사태의 진상이라 할 것이다.

- 이인 검찰 총장의 발언, 『서울신문』, 1948. 6. 17. -

제주 4·3 사건 진상 조사 보고서
p.371

이 진상 조사 보고서는 '제주 4·3 특별법'의 목적에 따라 사건의 진상 규명과 희생자·유족들의 명예 회복에 중점을 두어 작성하였으며, 제주 4·3 사건 전체에 대한 성격이나 역사적 평가를 내리지 않았습니다.

…… 1948년 제주섬에서는 국제법이 요구하는, 문명 사회의 기본 원칙이 무시되었다. 특히, 법을 지켜야 할 국가 공권력이 법을 어기면서 민간인들을 살상하기도 했다. 토벌대가 재판 절차 없이 비무장 민간인들을 살상한 점, 특히 어린이와 노인까지도 살해한 점은 중대한 인권 유린이며 과오이다. 결론적으로 제주도는 냉전의 최대 희생지였다고 판단된다. 바로 이 점이 제주 4·3 사건의 진상 규명을 50년 동안 억제해 온 요인이 되기도 했다.

- 제주 4·3 사건 진상규명 및 희생자 명예 회복 위원회(제주 4·3 위원회, 2003) -

> 진상 보고서에서는 제주 4·3 사건을 "1947년 3월 1일 경찰의 발포 사건을 기점으로 하여, 경찰·서청의 탄압에 대한 저항과 단선·단정 반대를 기치로 1948년 4월 3일 남로당 제주도당 무장대가 무장 봉기한 이래 1954년 9월 21일 한라산 금족 지역이 전면 개방될 때까지 제주도에서 발생한 무장대와 토벌대간의 무력 충돌과 토벌대의 진입과정에서 수많은 주민들이 희생당한 사건"으로 정의했다.

언론의 당시 세태상에 관한 보도(1950. 4.)
p.371

요구해서 주지 않으면 '빨갱이', 같이 장사[同商]해서 남는 이익을 독점코자 다른 쪽을 '빨갱이'로 …… 정치 노선이 달라도 '빨갱이'…… 빨갱이는 약국의 감초처럼 어디나 이용되지 않는 곳이 없다. 그야말로 언제 어떤 모략에 걸릴지 불안해서 아무리 양민이라도 안심하고 지내기 힘든 세상이다.

학도호국단의 창설 p.371

• 국가 비상시국 수습 대책의 일부로 문교부와 국방부는 중등학교 생도를 중심으로 대한민국 학도호국단을 결성하고자 준비 중에 있는데, 이번에 작성된 학도호국단 조직과 지도 요강을 보면 구성 인원은 현재 중등 학교 이상의 남녀 학교 전원을 단원으로 하기로 되어 있고, 학원과 향토 방위의 성과를 최고도로 추진하기 위하여 이를 학교별로 조직하리라 한다.
- 『경향신문』, 1948. 12. 5. -

• 작년 10월 여순 반란 사건이 발생한 후부터 시국 수습 대책과 공산주의 세력에 대비하고자 모든 방안을 강구하여 왔는데 국가 대사 시에는 학도들이 총궐기하여 조국을 수호하여야만 하겠다는 역사적, 민족적 요청으로 학도호국단 결성을 준비하여 오던 중 서울시에서는 8일 서울운동장에서 서울 시내 10만 학도들의 호국단 결성을 보게 되었다.
- 『서울신문』, 1949. 3. 9. -

학도호국단 선서 p.371

1. 우리 학도는 화랑도의 기백과 숭고한 3·1 정신을 계승 발휘하여 모든 반민족적 행동과 반국가적 사상을 철저히 쳐부수고 국토 통일과 조국 방위에 결사 헌신한다.
1. 우리 학도는 학원을 바로잡아 민족문화 앙양을 위하여 분투 노력한다.

이승만 초대 대통령 취임사(1948. 7. 24.) p.372

국회 성립이 또한 완전무결한 민주 제도로 조직되어 2~3 정당이 그 안에 대표가 되었고, 무소속과 좌익 색채로 지목받는 대의원이 또한 여럿이 있게 될 것입니다. 기왕 경험을 추측하면 이 많은 국회의원 중에서 사상 충돌로 분쟁 분열을 염려한 사람들이 없지 않았던 것입니다. …… 이북 동포 중 공산주의자들에게 권고하노니 우리 조국을 남의 나라에 부속하자는 불충한 사상을 가지고 공산당을 빙자하여 국권을 파괴하려는 자들은 우리 전 민족이 원수로 대우하지 않을 수 없나니, 남의 선동을 받아 제 나라를 결단내고 남의 도움을 받으려는 반역의 행동을 버리고 남북의 정신 통일로 우리 강토를 회복해서 조상의 유업을 완전히 보호하여 가지고 우리끼리 합하여 공산이나 무엇이나 민의를 따라 행하는 것이 좋을 것입니다. …… 새 나라를 건설하는데는 새로운 헌법과 새로운 정부가 필요하지만 새 백성이 아니고 결코 될 수 없는 겁니다. 부패한 백성으로 신성한 국가를 이루지 못하나니 이런 민족이 날로 새로운 정신과 새로운 행동으로 구습을 버리고 새 길을 찾아서 날로 분발 전진하여야 지나간 40년동안 잃어버린 세월을 다시 회복해서 세계 문명국에 경쟁할 것이니 나의 사랑하는 3천만 남녀는 이날부터 더욱 분투 용진해서 날로 새로운 백성들 이름으로써 새로운 국가를 만년 반석 위에서 세우기로 결정합시다.

유엔의 대한민국 승인 p.372

유엔 한국 임시 위원단이 총선거를 감시하고 협의할 수 있었던 남한 지역에서 효과적인 통제 및 사법권을 보유한 합법 정부가 수립되었으며 …… 이 정부는 선거가 가능하였던 한반도 내에서 유일한 합법 정부임을 승인한다.
- 유엔 총회 결의 제195(Ⅲ)호(1948. 12.) -

대한민국 정부 수립에 대한 해외 각국의 여론   p.372

• 미국 뉴욕타임스의 사설
일본인에게서 배운 탄압 방식이라든가 북조선 정부의 위협이란 난제에 봉착할 것이다. 한국의 전도에는 양양한 희망이 가로놓여 있다. 하여튼 수년 후의 대한민국은 찬란한 왕국으로서의 과거의 역사를 정당화할 것이며 신생 국가로 아시아 각국에 모범을 보이고 또 십억의 극동 국민을 민주주의와 평화로 이끄는 데 공헌할 기회를 가질 것이다.

— 『동아일보』, 1948. 8. 18. —

• 중국 중앙일보의 사설
오직 장애는 북조선의 공산주의자 지배하 정권을 여하히 청산하느냐 하는 문제에 있다. …… 한국 정부의 장래는 주로 세계의 이 부분에 공산주의 만연을 여하히 효과적으로 저지하느냐에 달려 있다. 과거 3년간 공산주의자는 구주(유럽)의 다수 국가의 정치적 토대를 파괴하였다.

— 『동아일보』, 1948. 8. 18. —

3 정부 수립 이후의 과제와 6·25 전쟁

반민족 행위 처벌법   p.373

제1조 일본 정부와 통모하여 한·일 합병에 적극 협력한 자, 한국의 주권을 침해하는 조약 또는 문서에 조인한 자와 모의한 자는 사형 또는 무기징역에 처하고 그 재산과 유산의 전부 혹은 2분지 1 이상을 몰수한다.

제2조 일본 정부로부터 작위를 받은 자 또는 일본 제국 의원이 되었던 자는 무기징역 또는 5년 이상의 징역에 처하고 그 재산과 유산의 전부 혹은 2분지 1 이상을 몰수한다.

제3조 일본 치하 독립운동가나 그 가족을 악의로 살상·박해한 자나 또는 이를 지휘한 자는 사형, 무기 또는 5년 이상의 징역에 처하고 그 재산의 전부 또는 일부를 몰수한다.

제4조 좌의 각 1호에 해당하는 자는 10년 이하의 징역에 처하거나 15년 이상의 공민권을 정지하고 그 재산의 전부 혹은 일부를 몰수할 수 있다.

1. 습작한 자.
2. 중추원 부의장, 고문 또는 참의가 되었던 자.
3. 칙임관 이상의 관리가 되었던 자.
4. 밀정 행위로 독립운동을 방해한 자.
5. 독립을 방해할 목적으로 단체를 조직하였거나 그 단체의 수뇌 간부로 활동하였던 자.
6. 군·경찰의 관리로서 악질적인 행위로 민족에게 해를 가한 자.
7. 비행기, 병기, 탄약 등 군수 공업을 책임 경영한 자.
8. 도, 부의 자문 또는 의결 기관의 의원이 되었던 자로서 일정에 아부하여 그 민족적 죄적이 현저한 자.
10. 일본 국책을 추진시킬 목적으로 설립된 각 단체 본부의 수뇌 간부로서 악질적인 지도적 행동을 한 자.
11. 종교, 사회, 문화, 경제, 기타 각 부문에서 민족적 정신과 신념을 배반하고 일제 침략주의와 그 시책을 수행하는 데 협력하기 위하여 악질적인 반민족 언론, 저작과 기타 방법으로써 지도한 자.
12. 개인으로서 악질적인 행위로 일제에 아부하여 민족에게 해를 가한 자.

제5조 일본 치하에 고등관 3등급 이상, 훈5등 이상을 받은 관공리 또는 헌병, 헌병보, 고등 경찰의 직에 있던 자는 본 법의 공소시효 경과 전에는 공무원에 임명될 수 없다. 단, 기술관은 제외된다.

제6조 본 법에 규정된 죄를 범한 자 중 개전의 정이 현저한 자는 그 형을 경감 또는 면제할 수 있다.

제7조 타인을 모함할 목적 또는 범죄자를 옹호할 목적으로 본 법에 규정한 범죄에 관하여 허위의 신고, 위증, 증거인멸을 한 자 또는 범죄자에게 도피의 길을 협조한 자는 당해 내용에 해당한 범죄규정으로 처벌한다.

제8조 본 법에 규정한 죄를 범한 자로서 단체를 조직한 자는 1년 이하의 징역에 처한다.

'반민족 행위자 처벌을 위한 특별법(1948)'은 국민의 지지와 열망 속에서 제헌 의회에서 제정하였으나, 친일파들의 방해와 이승만 정부의 탄압으로 성과를 거두지 못하고 조기에 폐지되었다.

친일 행위에 대한 변명 p.373

• 윤치호
친일파라고 규탄되고 배척된 사람들 중에는 유능하고 유용하게 쓰여질 사람들이 많다. 그런데 이들 독선적인 규탄자들은 누구인가? 그들 대부분은 1945년 8월 15일 정오 때까지도 동방요배를 하고 황국신민의 서사를 외우고 천황 폐하 만세를 부르짖던 자들이 아니었던가? …… 국내에 살 수밖에 없는 우리로서는 일본의 신민으로 그들의 요구와 지령이 전횡적이라 하여도 순종할 수밖에 없었던 것이 아닌가? 우리의 아들들을 전쟁터에 보내고 우리의 딸들을 공장에 보내라고 요구하였을 때 거절할 수 있었단 말인가? 그러므로 일본 통치하에서 일본 신민으로서 어느 누가 한 소행을 비난한다는 것은 넌센스이다.

• 이광수
도쿄까지 가서 학병을 강요하게 된 것은 학병을 가지 않으면 학병을 나가서 받는 것 이상의 고생을 할 것 같았기에 나가라고 권했다. …… 나의 친일은 부득이 민족을 위해 한 일이다.

• 최남선
까마득하던 조국의 광복이 뜻밖에 얼른 실현하여 이제 민족 정기의 호령이 팽팽히 이 강산을 뒤흔드니 누가 이 앞에 숙연하지 않겠습니까. 하물며 저는 잘못을 하였으니 오직 공손하게 반민 특위법의 처단에 모든 것을 맡기고 그 채찍을 감수하겠습니다. 이러한 것이 조금이라도 이 땅 이 강산에 태어난 자손들에게 교훈이 되기를 바랍니다. 눈물을 흘리며 참회하면서 국민 여러분께 잘못을 구하며, 민족 정기의 엄정한 처벌을 기다립니다.

이승만의 성명서(1949. 2. 19.) p.373

• 우리가 건국 초창에 앉아서 앞으로 세울 사업에 더욱 노력해야 할 것이요. 지난날에 구애되어 앞 날에 장해되는 것보다 …… 국가의 기강을 밝히기에 표준을 두어야 할 것이니 …… 또 증거가 불충분한 경우에는 관대한 편이 가혹한 형벌보다 동족을 애호하는 도리가 될 것이다.
— 『경향신문』, 1949. 1. 11. —

• 국회에서는 대통령이 친일파를 옹호한다고 말하며 민심을 선도하고 있다. 이 세상에서는 무근한 사실로 타인을 얽어서 괴롭히는 것을 공산당이 취하는 방식이라 말할 수 있을 것이다. …… 과거에 친일한 자를 한꺼번에 숙청하였으면 좋을 것인데, 지나간 군정 3년 동안에 못한 것을 지금에 와서 단행하면 앞으로 우리나라가 해나갈 일에 여러 가지로 지장이 많을 것이다.

• 근자에 진행되는 것을 보면 특별 조사 위원 2, 3인이 경찰을 데리고 다니며 사람을 잡아다가 구금 고문한다는 보도가 들리게 되니 이는 국회에서 조사 위원회를 조직한 본의도 아니요, 정부에서 이를 포용할 수도 없는 것이므로 대통령령으로 검찰청과 외무부 장관에게 지휘해서 특경대를 폐지하고 특별 조사 위원들이 체포 구금하는 것을 막아서 혼란 상태를 정돈케 하라 한 것이다.

반민 특위 위원장의 국회 보고서 p.373

조사 위원회는 가장 악질적인 친일파와 민족에게 해독을 끼친 자들을 심판하고자 노력하였는데, 돌연 특별 경찰대의 개입으로 사무 집행에 막대한 지장을 받게 되었다. 7월에 공소 시효 단축 문제가 국회에 상정되었는데, 이에 반발하여 위원장 등이 사직하였지만 결국 반민법 공소 시효를 단축하는 법이 개정, 공포되었다.

반민 특위 피습(1949. 6. 6.) p.373

총대로 나의 허리를 마구 때리고 발로 찼다. 나는 대항할 힘도 없이 그 자리에 엎어졌다. 다른 경찰이 합세하여 나를 발로 찼다. 결국 나는 그들에게 신분증과 권총을 빼앗기고 사무실 뒤편에 있는 마당으로 끌려갔다. 끌려가서 보니 나보다 먼저 출근한 특위 요원들과 낯이 익은 국회 의원 등 여러 명이 모두 머리에 손을 얹고 땅바닥에 꿇어앉아 있었다.

— 반민 특위 조사관 정철용의 증언 —

일제 강점하 (친일) 반민족행위 진상규명에 관한 특별법 p.373

제2조(정의) 이 법에서 '친일 반민족 행위'라 함은 일본 제국주의의 국권 침탈이 시작된 러·일 전쟁 개전 시부터 1945년 8월 15일까지 행한 다음 각호의 어느 하나에 해당하는 행위를 말한다.
1. 국권을 지키기 위하여 일본 제국주의와 싸우는 부대를 공격하거나 공격을 명령한 행위
3. 독립운동 또는 항일 운동에 참여한 자 및 그 가족을 살상·처형·학대 또는 체포하거나 이를 지시 또는 명령한 행위
4. 독립운동을 방해할 목적으로 조직된 단체의 장 또는 간부로서 그 단체의 의사 결정을 중심적으로 수행하거나 그 활동을 주도한 행위
6. 을사늑약, 한·일 병합조약 등 국권을 침해한 조약을 체결 또는 조인하거나 이를 모의한 행위
10. 일본 제국주의 군대의 소위 이상의 장교로서 침략 전쟁에 적극 협력한 행위
11. 학병·지원병·징병 또는 징용을 전국적 차원에서 주도적으로 선전 또는 선동하거나 강요한 행위
12. 일본군을 위안할 목적으로 주도적으로 부녀자를 강제 동원한 행위
13. 사회·문화 기관이나 단체를 통하여 일본 제국주의의 내선융화 또는 황민화 운동을 적극 주도함으로써 일본 제국주의의 식민 통치 및 침략 전쟁에 적극 협력한 행위
14. 일본 제국주의의 전쟁 수행을 돕기 위하여 군수품 제조 업체를 운영하거나 대통령령이 정하는 규모 이상의 금품을 헌납한 행위
16. 고등 문관 이상의 관리, 헌병 또는 경찰로서 무고한 우리 민족 구성원을 감금·고문·학대하는 등 탄압에 적극 앞장선 행위
19. 일본 제국주의의 식민 통치와 침략 전쟁에 협력하여 포상 또는 훈공을 받은 자로서 일본 제국주의에 현저히 협력한 행위

농지개혁법(1949. 6. 21.)

제1조 본법은 헌법에 의거하여 농지를 농민에게 적정히 분배함으로써 농가경제의 자립과 농업생산력의 증진으로 인한 농민 생활의 향상 내지 국민 경제의 균형과 발전을 기함을 목적으로 한다.

제2조 본법에서 농지는 전, 답, 과수원, 잡종 기타 법적 지목 여하에 불구하고 실제 경작에 사용하는 토지 현장에 의한다. 농지 경영에 직접 필요한 지소, 농도, 수로 등은 당해 몽리농지에 부속한다.

제3조 본법에 있어 농가라 함은 가주 또는 동거가족이 농경을 주업으로 하여 독립생계를 영위하는 합법적 사회 단위를 칭한다.

제5조 정부는 좌에 의하여 농지를 취득한다.
  1. 좌의 농지는 정부에 귀속한다.
   (가) 법령 급 조약에 의하여 몰수 또는 국유로 된 농지
   (나) 소유권의 명의가 분명치 않은 농지
  2. 좌의 농지는 적당한 보상으로 정부가 매수한다.
   (가) 농가 아닌 자의 농지
   (나) 자경하지 않는 자의 농지, 단, 질병, 공무, 취학 등 사유로 인하여 일시 이농한 자의 농지는 소재지위원회의 동의로써 도지사가 일정기한까지 보류를 인허한다.
   (다) 본법 규정의 한도를 초과하는 부분의 농지
   (라) 과수원, 종묘포, 상전 등 숙근성 작물 재배토지를 3정보 이상 자영하는 자의 소유인 숙근성 작물재배 이외의 농지

제6조 좌의 농지는 본법으로써 매수하지 않는다.
  1. 농가로서 자경 또는 자영하는 일가당 총면적 3정보 이내의 소유 농지. 단, 정부가 인정하는 고원, 산간 등 특수지역에는 예외로 한다.
  2. 자영하는 과수원, 종묘포, 상전 기타 숙근성 작물을 재배하는 농지 ……

제8조 보상은 좌의 방법에 의하여 정부에서 발행하는 정부보증부융통식증권으로 소유명의자 또는 기선정한 대표자에게 지급한다.
  1. 증권액면은 전조에서 결정된 보상액을 환산한 당해 년도 당해 농지 주산물 수량으로 표시한다.
  2. 증권의 보상은 5년 균분 년부로 하여 매년 액면 농산물의 결정가격으로 산출한 원화를 지급한다. 단, 보상액이 소액이거나 또는 정부가 인정하는 육영, 교화, 학술재단에 대한 보상은 일시불 또는 기간을 단축할 수 있다.

제10조 본법에 의하여 농지를 매수당한 지주에게는 그 희망과 능력 기타에 의하여 정부는 국가 경제 발전에 유조한 사업에 우선 참획케 알선할 수 있다.

제13조 분배받은 농지에 대한 상환액 급 상환 방법은 다음에 의한다.
  1. 상환액은 당해 농지의 주생산물 생산량의 12할 5분을 5년간 납입케 한다.
  2. 상환은 5년간 균분 년부로 하여 매년 주생산물에 해당하는 현곡 또는 대금을 정부에 납입함으로써 한다.
  3. 농가의 희망과 정부가 인정하는 사유에 따라서 일시 상환 또는 상환기간을 신축할 수 있다.

— 법제처, 국가법령정보센터 —

농지 개혁의 정신
p.374

농지 개혁의 정신은 원래 지주들의 전업을 전제하고 있는 것인 동시에, 종래의 반봉건 제도에 얽매여 있던 소작인층 국민으로 하여금 진실로 이 반봉건 제도에서 이탈하여 자기의 경제생활을 향상함으로써 국가 전체의 경제를 발전시키자는 것이다. 그렇다고 하면 명목에 그치는 농지 개혁은 도리어 새 국가 건설을 방해하는 것이라 아니할 수 없다. 농토는 소작인에게 돌아가고도 오히려 소작인의 경제 상태는 변함이 없고 국가 경제의 향상이 여의치 못하다고 하면 그것은 한갓 명목에 지나지 못할 것이요, 일시적인 방편 정책에 불과할 것이다.

- 『조선일보』, 1949. 3. 18. -

귀속재산처리법(1949. 12. 19.)
p.375

제1조 본법은 귀속재산을 유효적절히 처리함으로써 산업부흥과 국민 경제의 안정을 기함을 목적으로 한다.

제2조 본법에서 귀속재산이라 함은 단기 4281년 9월 11일부 대한민국 정부와 미국 정부 간에 체결된 재정 및 재산에 관한 최초협정 제5조의 규정에 의하여 대한민국 정부에 이양된 일체의 재산을 지칭한다. 단, 농경지는 따로 농지개혁법에 의하여 처리한다. 단기 4278년 8월 9일 이전에 한국 내에서 설립되어 그 주식 또는 지분이 일본기관, 그 국민 또는 그 단체에 소속되었던 영리법인 또는 조합 기타 ……

제3조 귀속재산은 본법과 본법의 규정에 의하여 발하는 명령의 정하는 바에 의하여 국유 또는 공유재산, 국영 또는 공영기업체로 지정되는 것을 제한 외에는 대한민국의 국민 또는 법인에게 매각한다.

제8조 귀속재산의 매각은 좌의 4종으로 나눈다.

 1. 기업체 매각
  귀속재산 중 일본 기관, 그 국민 또는 그 단체가 영리를 목적으로 하는 사업에 공용하던 부동산, 동산 기타제권리 등 일체의 재산을 종합적 단일체로 평가하여 매각하는 것이다. 단, 기업체로서 존속할 가치가 없는 때 또는 기업체 운영에 지장이 없을 때에는 그 재산을 분할하여 매각할 수 있다.

 2. 부동산 매각
  귀속재산 중 전호에 규정하는 기업체에 속하지 아니하는 주택, 점포, 대지 기타 부동산을 매각하는 것이다.

 3. 동산 매각
  귀속재산 중 제1호의 규정에 속하지 아니하는 동산을 매각하는 것이다.

 4. 주식 또는 지분 매각
  귀속된 주식 또는 지분을 매각하는 것이다. ……

제15조 귀속재산은 합법적이며 사상이 온건하고 운영 능력이 있는 선량한 연고자, 종업원 또는 농지개혁법에 의하여 농지를 매수당한 자와 주택에 있어서는 특히 국가에 유공한 무주택자, 그 유가족, 주택 없는 빈곤한 근로자 또는 귀속 주택 이외의 주택을 구득하기 곤란한 자에게 우선적으로 매각한다.

제16조 전조에 의하여 매각함이 불능 또는 부적당하다고 인정될 때에는 일반 또는 지명공매에 부하여 최고입찰자에게 매각한다. ……

제17조 귀속재산의 매수자의 선정은 관재위원회의 심사를 경하여 그 재산의 업무를 소관하는 각 부장관이 행한다.

제18조 귀속재산의 매각가격은 그 재산의 매각계약 당시의 시가를 저하하지 못한다. 전항의 시가에는 제23조의 금액을 참작가감하여 결정하여야 한다.

제19조 귀속재산의 매각대금은 일시 전액 현금납부를 원칙으로 하되 동산 매각 이외의 재산 매각에 있어서 최고 15년의 기한으로 분할하여 대금을 납부할 수 있다. 전항의 규정에 의하여 매각대금을 분납할 경우에는 그 제1기분 납금은 매각대금의 10분지1 이상으로 하여야 한다. 매각대금납부기간중 일반물가의 변동이 현저할 때에는 그때 이후의 납부금액은 법률로써 변경할 수 있다. 귀속재산의 매각대금은 농지개혁법에 의한 농지증권으로 납부할 수 있다.

귀속재산처리법시행령(1950. 3. 30.)

제10조 법 제15조의 규정에 의하여 합법적이며 사상이 온건하고 운영 능력이 있는 선량한 자로서 귀속재산을 우선적으로 매수할 수 있는 자의 순위는 좌와 같다.
1. 기업체, 주식 및 지분에 있어서는 임차인 및 관리인, 당해 기업체의 주주, 사원, 조합원 및 2년 이상 계속 근무한 종업원, 농지개혁법에 의하여 농지를 매수당한 자의 순위로 한다. 단, 주주, 사원, 조합원은 단기 4278년 8월 9일 이전부터 당해 기업체의 주주, 사원, 조합원이어야 한다.
2. 주택에 있어서는 임차인, 국가에 유공한 무주택자 및 그 유가족, 주택 없는 빈곤한 근로자, 귀속주택 이외의 주택을 구득하기 곤란한 자의 순위로 한다.
3. 점포, 창고, 공대지 기타 주택 이외의 부동산에 있어서는 임차인, 관리인의 순위로 한다.
4. 동산에 있어서는 그 연고자로 한다. ……

제11조 전조의 규정에 의하여 귀속재산을 우선적으로 매수할 수 있는 자는 본령의 시행일로부터 3월 이내에 매수신청서를 그 재산의 업무를 소관하는 각부장관(以下 各部長官이라 略稱한다)을 경유하여 관재청장에게 제출하여야 한다. 제9조의 규정에 의하여 매수자로 선정된 자는 3주일 이내에 관재청장이 정하는 바에 의하여 매수계약을 체결하여야 한다. ……

스탈린의 발언(1950. 3. 30.)

기본적으로 공격은 3단계로 작성하시오. 전쟁은 기습적이고 신속해야 합니다. 남조선과 미국이 정신을 차릴 틈을 주어서는 안 됩니다. 강력한 저항과 국제적 지원이 동원될 시간을 주지 말아야 합니다.

- '구소련 문서' -

김일성과 스탈린의 대화

김일성: 마오쩌둥 동지는 중국 혁명만 완성되면 우리를 돕고, 필요할 경우 병력도 지원하겠다고 했습니다. 하지만 우리는 자신의 힘으로 통일을 이루겠습니다.

스탈린: 엘리트 공격 사단을 창설하고 추가 부대 창설을 서두르시오. 사단의 무기 보유를 늘리고 이동·전투 수단을 기계화해야 합니다. 이와 관련된 귀하의 요청을 모두 들어주겠습니다. …… 북측의 선제공격과 남측의 대응 공격이 있은 뒤 전선을 확대할 기회가 생길 것이오. 전쟁은 기습적이고 신속해야 합니다. 강력한 저항과 국제적 지원이 동원될 시간을 주지 말아야 합니다.

- 소련 공산당 중앙위원회 국제국 -

중국의 공산화 p.375

중국 공산당이 국민당에 대해 승리를 거둔 덕분에 조선이 행동 개시하는 데 유리한 환경을 만들었다. …… 필요하다면 중국 군대를 무리 없이 조선에 투입할 수도 있다. …… 이제 중국과 소련이 동맹 조약을 체결하였으므로 미국은 아시아의 공산 세력에 대한 도전을 더욱 망설일 것이다.

- 소련 공산당 중앙위원회 국제국 -

6·25 전쟁 발발 p.375

오늘 하루 호외가 두 번이나 돌고 신문은 큼직한 활자로 "괴뢰군의 38전선에 걸친 불법 남침"을 알리었다. …… '전쟁은 기어이 벌어지고 말았구나.' 하는 생각에 뒤이어 '5년 동안 민족의 넋을 가위 누르던 동족상잔의 비극이 마침내 오고야 마는구나.' 하는 순간, 갑자기 길이 팽팽 돌고 눈앞이 깜깜해졌다.

- 김성칠, 『역사 앞에서』 -

국제 연합 헌장 p.376

제7장 평화에 대한 위협과 평화의 파괴 및 침략 행위에 관한 조치
제41조 안전 보장 이사회는 결정 사항을 집행하기 위해 무력을 사용하지 않는 선에서 어떠한 조치를 취할 것인지 결정할 수 있다. 안전 보장 이사회는 회원국에 대해 이러한 조치의 실행을 요구할 수 있다.
제42조 안전 보장 이사회는 제41조의 조치가 불충분하다고 추정되거나 불충분한 것으로 판명될 경우, 국제 평화와 안전의 유지 또는 회복에 필요하다고 판단되는 모든 행동, 즉 육·해·공군을 동원한 무력 사용에 들어갈 수 있다.

UN 안전 보장 이사회 결의 p.376

• 결의문 82호
대한민국 정부는 UN 한국 임시위원단의 감시 아래에 한국인의 자유로운 의지와 적법한 의사 표시 절차에 근거하여 이루어진 선거로 수립되었으며, 한반도에서 유일하게 그와 같은 합법적 절차로 수립된 정부임을 확인한다. …… 대한민국 정부에 대한 북한의 무장 공격은 평화를 깨는 심각한 행위라는 점에 유의하여 다음과 같이 결의한다.
1. 적대 행위를 즉각 중지할 것을 요구한다. 북한 당국은 군대를 38도선 이북으로 철수해야 한다.
3. UN 회원 국가들은 이 사태를 해결하기 위하여 모든 지원을 아끼지 말아야 하며, 북한 당국에 어떤지 원도 제공하지 말아야 한다.

• 결의문 83호
안전 보장 이사회는 북한 당국이 전쟁 행위를 중지하지 않고 북위 38도선 이북으로 철수하지 않았다는 것과 국제적 평화와 안전을 회복시키는 데 긴급한 군사적 조치가 요청된다는 UN 한국 위원단의 보고서를 주목하고, 평화와 안전을 확보하기 위하여 즉각적이고 효과적인 조치를 UN에 요청한 대한민국의 호소를 주목하여 UN 회원국들이 대한민국에 대하여 이 지역에서 무력 공격을 격퇴하고 국제 평화와 안전을 회복하기 위하여 필요한 지원을 제공할 것을 권고한다.

인천 상륙 작전

연합군 해병대와 보병대는 15일 대거 인천 해안에 상륙하였다. …… 상륙은 월미도 공격으로부터 그 첫발을 내딛었다. …… 오전 6시 30분경 해병대는 월미도 마루에 유엔기를 세웠다.
- 『부산일보』, 1950. 9. 17. -

유엔군의 참전과 맥아더의 무조건 항복 권고 방송(1950. 10. 1.)

인민군 총사령관에게
그대의 군대와 잠재적 전투 능력이 불원간 전면적으로 패배되고 완전히 파괴되는 것은 불가피한 것이다. …… 본관은 유엔군 최고 사령관으로서, 그대와 그대의 지휘 하에 있는 군대가 한국의 어느 지점에서든지 본관이 지시할 군사적 감독 하에 무장을 버리고 적대 행위를 중지할 것을 요구한다.
- 『한국 전란 1년지』 -

6·25 전쟁기의 노래: '굳세어라 금순아'(1953)

눈보라가 휘날리는 바람 찬 흥남 부두에 / 목을 놓아 불러 보았다 찾아를 보았다 / 금순아 어디로 가고 길을 잃고 헤매었더냐 / 피눈물을 흘리면서 1·4 이후 나 홀로 왔다 / 일가친척 없는 몸이 지금은 무엇을 하나 / 이내 몸은 국제 시장 장사 치기다 / 금순아 보고 싶구나 고향 꿈도 그리워진다 / 영도 다리 난간 위에 초생달만 외로이 떴다

정전 협정 5개 항목의 의제(1951. 7. 26.) 및 합의 소요 시간

제1의제 의제 선택과 의사 일정 채택(13일)
제2의제 전투 행위를 정지한다는 기본 조건 아래 양군 사이에 비무장 지대를 설치하기 위해 군사 분계선을 설정하는 문제(4개월)
제3의제 정화 및 정전을 실전하기 위한 구체적 조지로서 정화 및 정전 감시 조항, 실시 기구의 구성, 권한 및 직책 문제(6개월 10일)
제4의제 전쟁 포로에 관한 처리 문제(18개월 11일)
제5의제 외국 군대의 철수와 한반도 문제의 평화적 해결을 위한 쌍방 관련 국가들의 정부에 권고하는 문제(21일)

정전 협정 체결(1953. 7. 27.)

양측의 사령관들은 그들의 통제 아래에 있는 모든 군사력이 일체 적대 행위를 완전히 정지하도록 명령한다. …… 한 개의 군사 분계선을 확정하고 쌍방이 이 선으로부터 2km씩 후퇴함으로써 적대 군대 간에 한 개의 비무장 지대를 설정한다. 한 개의 비무장 지대를 설정하여 이를 완충지대로 함으로써 적대 행위의 재발을 초래할 수 있는 사건의 발생을 방지한다.
51. 본 정전 협정이 효력을 발생하는 당시에 양측이 수용하고 있는 전체 전쟁 포로의 석방과 송환은 본 정전 협정 조인 전에 쌍방이 합의한 다음 규정에 따라 집행한다.
　ㄴ. 양측은 직접 송환하지 않은 나머지 전쟁 포로를 군사적 통제와 수용으로부터 석방하여 모두 중립국 송환 위원회에 넘겨 본 정전 협정 부록 '중립국 송환 위원회 직원의 범위'의 각조 규정에 의하여 처리케 한다.
55. 판문점을 쌍방의 전쟁 포로 인도 인수 지점으로 정한다.

한·미 상호 방위 조약

제1조 당사국은 관련될지도 모르는 어떠한 국제적 분쟁이라도 국제적 평화와 안전과 정의를 위태롭게 하지 않는 방법으로 평화적 수단에 의하여 해결하고, 국제 관계에 있어서 유엔의 목적이나 당사국이 유엔에 대하여 부담한 의무에 배치되는 방법으로 무력에 의한 위협이나 무력 행사를 삼갈 것을 약속한다.
제2조 당사국 중 어느 일방의 정치적 독립 또는 안정이 외부로부터의 무력 침공에 의하여 위협을 받고 있다고 어느 당사국이든지 인정할 때에는 언제든지 당사국은 서로 협의한다.
제3조 각 당사국은 …… 타 당사국에 대한 태평양 지역에 있어서의 무력 공격을 자국의 평화와 안전을 위태롭게 하는 것이라고 인정하고 공통한 위험에 대처하기 위하여 각자의 헌법상의 수속에 따라 행동할 것을 선언한다.
제4조 상호 합의에 의하여 결정된 바에 따라 미합중국의 육군, 해군과 공군을 대한민국의 영토 내와 그 주변에 배치하는 권리를 대한민국은 이를 허락하고 미합중국은 이를 수락한다.

미국의 대 아시아 정책 변화

1. (b) 연합국들은 일본과 그 영해에 대한 일본 국민들의 완전한 주권을 인정한다.
14. (b) 이 조약에 별도로 정해져 있는 경우를 제외하고 연합국은 연합국의 모든 배상 청구권, 전쟁 수행 중에 일본국 및 그 국민이 취한 행동으로 발생한 연합국 및 그 국민의 다른 청구권 및 점령의 직접 군사비에 관하여 연합국의 청구권을 포기한다.
- 샌프란시스코 강화 조약(1951) -

전쟁으로 인한 적대감

• 그저께 마을에서 반을 통하여 한 집에 한 사람씩 성균관 앞으로 모이라기에 나가 보았더니 청년 몇 사람을 끌어다 놓고 따발총을 멘 인민군들이 군중을 향하여 "이 사람이 반동분자요, 아니요?" 하고 물으매, 모두들 기가 질려서 아무 말이 없는데 그중의 한두 사람이 "악질 반동분자요."하고 소리치니 두말없이 현장에서 총을 쏘아 죽였다.

• 현철 군이 그저께 아리랑 고개에서 불심 검문을 만나 "어디 갔다 오느냐?" 하기에 "동무 집에 놀러 갔다 온다." 하였더니 "동무란 말을 쓰는 걸 보니 너 빨갱이 아니냐?" 하더라고. 우리 연배면 '친구'라는 좋은 말도 있지만 현철이 나이 또래에는 '동무'라야 격에 맞을 터인데 무슨 알맞은 대용어라도 찾아내야겠다.
- 김성칠, 『역사 앞에서』 -

이우근 학도병의 편지

어머니! 나는 사람을 죽였습니다. 수류탄이라는 무서운 폭발 무기를 던져 일순간에 죽이고 말았습니다. 적은 다리가 떨어져 나가고 팔이 떨어져 나갔습니다. 너무 가혹한 죽음이었습니다. 아무리 적이지만 그들도 사람이라고 생각하니, 더욱이 같은 언어와 같은 피를 나눈 동족이라고 생각하니 가슴이 답답하고 무겁습니다. …… 어서 전쟁이 끝나고 어머님 품에 덜썩 안기고 싶습니다, …… 어쩌면 제가 오늘 죽을지도 모릅니다. 저 많은 적들이 저희들을 살려 두고, 그냥은 물러갈 것 같지가 않으니까 말입니다. …… 웬일인지 문득 상추쌈을 먹고 싶습니다. 그리고 옹달샘의 이가 시리도록 차가운 냉수를, 벌컥벌컥 한없이 들이키고 싶습니다. …… 어머님! 놈들이 다시 다가오는 것 같습니다. 다시 또 쓰겠습니다.
- 『매일신문』, 2007. 6. 4. -

좌우 대립으로 인한 희생
p.377

- 서울대 부속 병원 사건(1950. 6. 28.)

서울대학 병원의 경우 1개 소대 규모의 경비병이 병원을 지키고 있었으나 새벽에 적이 시내에 침입하자 움직일 수 있는 전상자 80여 명을 성명 불상의 장교가 지휘하여 동 병원 뒷산으로 올라가서 적을 최후까지 저지하다가 모두 전사하였다. 그리고 남아 있던 중상자 및 일반 환자들은 뒤늦게 침입한 북괴군에 의하여 학살을 당하였으니 그 처참한 광경은 이를 형용키 어려웠을 것이다.

- 국방부, 『한국 전쟁사』 -

- 국민 보도 연맹 사건

사찰계, 수사계, 정보계 경찰들과 군인 몇몇이 짝을 지어 각 면 단위로 들어가 보도 연맹원들을 소집하였다. 본인은 경찰 서너 명, 군인 4명과 함께 백곡면으로 보내졌고 그곳에서 눈에 띄는 보도 연맹원 3명을 소집하였다. 군인들이 가리개를 씌운 후 인근 저수지로 끌고 가 이들을 꿇어앉히고 뒤에서 사살하는 광경을 보았다.

- 진실·화해를 위한 과거사 정리 위원회 -

- 대전 형무소 사건

1950년 7월 1일 대전 지방 검찰청 검사장은 '공산당 우두머리를, 좌익의 극렬분자를 처단하라.'라는 전문을 대전 형무소 당직 주임에게 하달한 후 피란길에 올랐다. …… 대전 형무소 사건의 희생자들은 주로 충남 지역의 분주소와 내무서, 정치 보위부에서 끌려와 대전 내무서나 대전 정치 보위부에서 취조를 받은 후 대전 형무소에 수감되어 있던 우익 인사들이다. …… 대전 형무소 수감자들은 1950년 9월 25일 새벽에서 9월 26일 새벽 사이 대전 형무소 후문 쪽 온상의 밭고랑, 취사장 우물, 용두산, 도마리, 탄방리 등으로 끌려가 희생당했다.

- 진실·화해를 위한 과거사 정리 위원회 -

- 노근리 양민 학살 사건

노근리 사건은 6·25 전쟁 기간 중인 1950년 7월 25일부터 동년 7월 29일까지 충청북도 영동군 영동읍 하가리 및 황간면 노근리의 경부선 철로 일대에서 미공군의 공중 폭격과 기총 소사, 미 지상군의 사격에 의해 발생한 민간인 살상 사건이다. 2001년 미국 대통령이 전쟁 중 미군에 의하여 발생한 민간인 살상 사건에 대해서 유감을 표명하였다.

- 노근리 사건 희생자 심사 및 명예 회복 위원회 -

반공 체제 강화
p.377

- 우리의 맹세

우리는 대한민국의 아들 딸, 죽음으로써 나라를 지키자.
우리는 강철같이 단결하여 공산 침략자를 쳐부수자.
우리는 백두산 영봉에 태극기를 날리고 남북 통일을 완성하자.

- 문교부(1952) -

- 반공 대열의 최선봉에 나선 백만 학도들의 결의를 새로이 하는 대한 학도 반공 궐기 대회가 서울 동대문 운동장에서 젊은 학도들이 참가하여 문교부 장관과 내무부 장관, 서울 시장, 중국 대사 등 많은 빈객을 맞이한 가운데 성대히 거행되었다.

- 『동아일보』, 1956. 10. 21. -

CHAPTER 02 민주주의의 시련과 발전

1 제1공화국과 4·19 혁명

제헌 헌법 전문
p.378

유구한 역사와 전통에 빛나는 우리들 대한 국민은 기미 3·1 운동으로 대한민국을 건립하여 세계에 선포한 위대한 독립 정신을 계승하여 이제 민주 독립 국가를 재건함에 있어서 정의·인도와 동포애로써 민족의 단결을 공고히 하며 모든 사회적 폐습을 타파하고 민주주의 제 제도를 수립하여 정치, 경제, 사회, 문화의 모든 영역에 있어서 각인의 기회를 균등히 하고 능력을 최고로 발휘케 하며 각인의 책임과 의무를 완수케 하여 안으로는 국민 생활의 균등한 향상을 기하고 밖으로는 항구적인 국제 평화의 유지에 노력하여 우리들과 우리들의 자손의 안전과 자유와 행복을 영원히 확보할 것을 결의하고 우리들의 정당, 또 자유로이 선거된 대표로서 구성된 국회에서 단기 4281년 7월 12일 이 헌법을 제정한다.

제1장 총강
 제1조 대한민국은 민주 공화국이다.
 제2조 대한민국의 주권은 국민에게 있고 모든 권력은 국민으로부터 나온다.
 제4조 대한민국의 영토는 한반도와 그 부속 도서로 한다.
 제16조 모든 국민은 균등하게 교육을 받을 권리가 있다. 적어도 초등 교육은 의무적이며 무상으로 한다.
 제18조 근로자의 단결, 단체 교섭과 단체 행동의 자유는 법률의 범위 내에서 보장된다.
 제25조 모든 국민은 법률의 정하는 바에 의하여 공무원을 선거할 권리가 있다.
 제29조 모든 국민은 법률의 정하는 바에 의하여 납세의 의무를 진다.
 제30조 모든 국민은 법률의 정하는 바에 의하여 국토방위의 의무를 진다.
 제84조 대한민국의 경제 질서는 모든 국민에게 생활의 기본적 수요를 충족할 수 있게 하는 사회 정의의 실현과 균형 있는 국민 경제의 발전을 기함을 기본으로 삼는다.
 제86조 농지는 농민에게 분배하며 그 분배의 방법, 소유의 한도, 소유권의 내용과 한계는 법률로써 정한다.
 제87조 중요한 운수, 통신, 금융, 보험, 전기, 수리, 수도, 가스 및 공공성을 가진 기업은 국영 또는 공영으로 한다. …… 대외무역은 국가의 통제하에 둔다.
 제101조 국회는 1945년 8월 15일 이전의 악질적인 반민족 행위를 처벌하는 특별법을 제정할 수 있다.

발췌개헌 지시
p.378

나는 민주주의를 철저히 믿는 국회의원들에게 헌법 개정을 부탁하는 바입니다. 이 헌법 개정에나 개인으로는 조금도 관계가 없다는 점을 밝힙니다. 나는 대통령의 지위를 보유하려는 의도를 가지고 있지 않습니다. …… 이렇게 됨으로써 영구한 평화는 보장되며 우리와 자유를 사랑하는 모든 민족이 복리를 진보적으로 누릴 것으로 믿는 바입니다.

- 이승만 대통령의 광복절 기념사(1951) -

이승만 대통령 우상화 작업 p.378

3월 26일 날이 이승만 대통령 생일날이에요. …… 이승만 대통령 경축 행사에 매스 게임(집단 체조)을 해야 했는데, 우리 학년이 한 600명 내지 640명이 되었는데, …… 한 달 전부터 연습을 해야 되잖아요? …… 아이, 대학을 가야 하는데, 공부해야 하는데 공부해야 할 시간을 다 박탈해 가면서, 독재자를 위해 이런 걸 하는데 왜 불만이 없어요!

- 김학재 외, 『한국 현대 생활 문화사 1950년대』 -

자료는 대통령 생일을 기념하는 매스 게임에 동원된 경복 고등학교 2학년 학생의 말이다. 1949년부터 대통령 생일에는 기념식이 국가 행사로 진행되었고 국기가 게양되었다. 각 지역에서는 대통령의 호인 '우남'이 들어가는 공원이나 기념관을 만드는 등 이승만 우상화 작업이 진행되었다.

1차 개헌(1952. 7. 7.) p.378

제31조 ① 입법권은 국회가 행한다.
　　　　② 국회는 민의원과 참의원으로 구성한다.
제53조 ① 대통령과 부통령은 국민의 보통, 평등, 직접, 비밀 투표에 의하여 각각 선거한다.
〈부칙〉 이 헌법은 공포한 날로부터 시행한다. 단, 참의원에 관한 규정과 참의원의 존재를 전제로 한 규정은 참의원이 구성된 날로부터 시행한다.

대통령 직선제 개헌안을 골자로 하고 내각 책임제 개헌안을 약간 가미하여 절충한 발췌 개헌안이 국회에 제출되었고, 국회는 기립 표결을 거쳐 찬성 163, 반대 0으로 이를 통과시켰다.

2차 개헌(1954. 11. 29.) p.378

제7조의 2 ① 대한민국 주권의 제약 또는 영토의 변경을 가져올 국가 안위에 관한 중대 사항은 국회의 가결을 거친 후에 국민 투표에 부쳐 민의원 의원 선거권자 3분지 2 이상의 투표와 유효 투표 3분지 2 이상의 찬성을 얻어야 한다.
제31조 입법권은 국회가 행한다. 국회는 민의원과 참의원으로 구성한다.
제55조 ① 대통령과 부통령의 임기는 4년으로 한다. 단 재선에 의하여 1차 중임할 수 있다.
　　　　② 대통령이 궐위된 때에는 부통령이 대통령이 되고 잔임 기간 중 재임한다.
〈부칙〉 이 헌법 공포 당시의 대통령에 대하여는 제55조 제1항 단서의 제한을 적용하지 아니한다.

진보당 강령 p.379

1. 우리는 공산 독재는 물론 자본가와 부패 분자의 독재도 이를 배격하고 진정한 민주주의 체제를 확립하여 책임 있는 혁신 정치의 실리를 기한다.
2. 우리는 생산 분배의 합리적 통제로 민족 자본의 육성과 농민, 노동자, 모든 문화인 및 봉급생활자의 생활권을 확보하여 조국의 부흥 번영을 기한다.
3. 우리는 안으로 민주 세력의 대동단결을 추진하고 밖으로 민주 우방과 긴밀히 제휴하여 민주 세력이 결정적 승리를 얻을 수 있는 평화적 방식에 의한 조국 통일의 실현을 기한다.

- 『동아일보』, 1955. 12. 23. -

보안법 개정 반대 p.379

자유당은 야당의 국가 보안법 개정안 반대 투쟁에 대항하기 위하여 반공 투쟁 위원회를 구성하리라 한다. 6·25 전쟁으로 우리 국민의 반공 사상은 깊이 배어 있다. 그러나 지금 반공 투쟁을 내세우는 것은 야당이 국가 보안법 개정안에 반대하고 있는 만큼 이를 통과시키기 위한 명분을 만드는 것에 불과하다. 반공이라는 굴레를 씌워 보려는 것이다. …… 언론 통제를 위하여 반공의 굴레를 씌우고 야당 탄압의 도구로 이 법을 이용하며 국민으로 하여금 침묵을 강요하는 것이거니와, 결국 이것은 자유당이 자기 몸을 옭아매는 것이 될 것이다.

- 『경향신문』, 1958. 11. 22. -

국가보안법 개정(1958. 12. 24)   p.379

- 1. 허위 사실을 발설하거나 유포한 자는 5년 이하의 징역에 처한다.
  2. 대통령, 국회 의장, 대법원장을 비난한 자는 10년 이하 징역에 처한다.

- 한국의 현실을 논하자면 다수결의 원칙이 관용, 아량, 설득에 기초한다는 정치학적 논리가 문제가 아닌 것이요. 선거가 올바로 되느냐 못 되느냐의 원시적 요건부터 따져야 할 것이다. …… 선거가 진정 다수 결정에 무능력할 때는 결론으로는 또 한 가지 폭력에 의한 진정 다수 결정이란 것이 있을 수 있는 것이요, 그것을 가리켜 혁명이라고 할 것이다.

  - 『경향신문』, 1959. 2. 4. -

조봉암의 유언(1959)   p.379

이 박사(이승만)는 소수가 잘 살기 위한 정치를 하였고, 나와 동지들은 대다수 국민이 고루 잘 살게 하기 위한 민주주의 투쟁을 하였다. 나에게 죄가 있다면 많은 사람이 고루 잘 살 수 있는 정치 운동을 한 것밖에 없다. …… 다만 내 죽음이 헛되지 않고 이 나라의 민주 발전에 도움이 되길 바란다.

진보당 사건 재심   p.379

피고인에게 형을 선고하기에 앞서 그 정상을 살펴본다. 피고인은 일제 강점기하에서 독립운동가로서 조국의 독립을 위하여 투쟁하였고, 광복 이후 조선 공산당을 탈당하고 대한민국 건국에 참여하여 제헌 국회의 국회의원, 제2대 국회의원과 국회 부의장 등을 역임하였으며, 1952년과 1956년 제2, 3대 대통령 선거에 출마하기도 하였다. 또한, 피고인은 초대 농림부 장관으로 재직하면서 농지 개혁의 기틀을 마련하여 우리 나라 경제 체제의 기반을 다진 정치인이었다. 그런데 그 후 진보당 창당과 관련한 이 사건 재심 대상 판결로 사형이 집행되기에 이르렀는바, 이 사건 재심에서 피고인에 대한 공소 사실 대부분이 무죄로 밝혀졌으므로 이제 뒤늦게나마 재심 판결로써 그 잘못을 바로잡고, 무기 불법 소지의 점에 대하여는 형의 선고를 유예하기로 한다.

- '대법원 재심 판결문'(2011. 1. 20.) -

내무부 장관 최인규의 3·15 부정 선거 지시   p.379

- 지금 형편으로는 이승만 대통령 각하께서 이 나라에 안 계신다고 하면 나라는 망한다는 결론밖에 나오지 아니하는 것입니다. …… (선거에 대비해) …… 경찰관이나 일반 공무원이 열성과 지혜를 가지고 일을 다 해서 이 대통령 각하를 돕는 동시에 …… 이 대통령 각하를 위하여 오늘부터 나서서 일하는 것이 거룩한 일이기 때문에 …….

  - 내무부 장관 취임사(1959. 3.) -

- 지역별로 4할 정도를 사전 기표하여 투표함에 미리 넣어둘 것. 3~9인 조를 편성, 조장이 조원의 표를 확인, 자유당 선거 운동원에게 보여주고 투표함에 넣도록 할 것.

  - 내무부 장관 지시 사항(1959. 11.) -

민주당이 폭로한 3·15 부정 선거 지시 비밀 지령   p.379

1. 4할 사전 투표: 투표 당일의 자연 기권표, 선거인 명부에 허위 기재한 유령 유권자 표, 금전으로 매수하여 기권하게 만든 기권표 등을 그 지역 유권자의 4할 정도씩 만들어 투표 시작 전에 자유당 후보에게 기표하여 투표함에 미리 넣도록 할 것.

2. 3인조 또는 9인조 공개 투표: 미리 공작한 유권자로 3인조 또는 9인조의 팀을 편성시켜서, 그 조장이 조원의 기표 상황을 확인하고 기표한 투표 용지를 자유당 측 선거 운동원에게 제시, 투표함에 넣도록 할 것.
3. 완장 부대 활용: 자유당 측 유권자에게 '자유당'이란 완장을 착용시켜 야당 성향의 유권자에게 심리적 압박을 주어 자유당에게 투표하게 할 것.
4. 야당 참관인 축출: 민주당 측 참관인을 매수하여 투표 참관을 포기시키거나 투표소 밖으로 축출할 것.

- 『동아일보』, 1960. 3. 4. -

고려대학교 학생회 선언문(1960. 4. 18.) p.379

이제 질식할 듯한 기성 독재의 최후적 발악은 바야흐로 전체 국민의 생명과 자유를 위협하고 있다. 그러기에 역사의 생생한 증언자적 사명을 띤 우리 청년 학도는 이 이상 역류하는 피의 분노를 억제할 수 없다. 오랫동안 이와 같은 극단의 악덕과 패륜을 포용하고 있는 이 탁류(濁流)의 역사를 정화하지 못한다면 우리는 후세의 영원한 저주를 면하지 못하리라.

서울대학교 문리대의 4·19 혁명 선언문(1960. 4. 19.) p.379

상아의 진리탑을 박차고 거리에 나선 우리는 질풍과 같은 역사의 조류에 자신을 참여시킴으로써 지성과 진리, 그리고 자유의 대학 정신을 현실의 참담한 박토에 뿌리려 하는 바이다. …… 민주주의와 민중의 공복이며 중립적 권력체인 관료와 경찰은 민주를 위장한 가부장적 전제 권력의 하수인으로 발 벗었다. 민주주의 이념의 최저의 공리인 선거권마저 권력의 마수 앞에 농단되었다. 언론·출판·집회·결사 및 사상의 자유의 불빛은 무식한 전제 권력의 악랄한 발악으로 하여 깜박이던 빛조차 사라졌다.

대학 교수단의 시국 선언문(1960. 4. 25.) p.379

이번 4·19 참사는 우리 학생 운동 사상 최대의 비극이요, 이 나라 정치적 위기를 초래한 중대 사태이다. …… 우리 전국 대학교 교수들은 이 비상 시국에 대처하여 양심의 호소로서 다음과 같이 우리의 소신을 선언한다.
1. 마산·서울 기타 각지의 데모는 주권을 빼앗긴 국민의 울분을 대신하여 궐기한 학생들이 순수한 정의감의 발로이며, 불의에는 언제나 항거하는 민족 정기의 표현이다.
2. 이 데모를 공산당의 조종이나 야당의 사주로 보는 것은 고의의 왜곡이며, 학생들의 정의감에 대한 모독이다.
3. 합법적이요, 평화적인 데모 학생들에게 총탄과 폭력을 주저 없이 남용하여 공전의 민족 참극을 빚어낸 경찰은 자유와 민주를 기본으로 한 대한민국의 국립 경찰이 아니라 불법과 폭력으로 권력을 유지하려는 일부 정치 집단의 사병私兵이다.
4. 누적된 부패와 부정과 횡포로써 이 민족적 대참극과 치욕을 초래케 한 대통령을 위시하여 …… 그 책임을 지고 물러가지 않는다면 국민과 학생 들의 분노는 가라앉기 힘들 것이다.
5. 3·15 선거는 부정 선거이다. 공명선거에 의하여 정·부통령을 재선거하라.
12. 곡학아세의 사이비 학자를 배격한다.

4·19 혁명에 참여한 학생들
p.379

• 잊을 수 없는 4월 19일 / 학교에서 파하는 길에 / 총알은 날아오고 / 피는 길을 덮는데 / 외로이 남은 책가방 / 무겁기도 하더군요 / 나는 알아요 우리는 알아요 / 엄마 아빠 아무 말 안해도 / 오빠와 언니들이 / 왜 피를 흘렸는지
- 수송초등학교 강명희 -

• 형님과 누나들의 아우성이 거리와 골목을 휘몰아 갔습니다. 누나는 붙잡는 소매를 뿌리치고 나가 책가방에 돌멩이를 나르고 형님은 친구끼리 어깨를 걸고 박수와 총알 속을 지나갔습니다.
- 동북중학교 2학년 강예섭, '4월 19일' -

• 경무대 바로 앞에는 먼저 온 사람들로 가득하였다. "부정 선거 다시 해라! 민주주의는 우리가 지킨다." 마음과 마음을 다짐하며 구호를 외치고 또 반복하며 외치고 있을 때 어디에선가 총소리가 아련히 들리기 시작하였다. …… 선두에 있던 남학생들이 "엎드려, 엎드려!" 하며 다급한 소리로 외쳤다. 바로 옆 가까이에서 총알이 떨어지는 소리가 들린다. …… 인정사정없이 무자비하게 잔인한 경찰은 엎드려 있는 우리를 향해 마구 총을 쏘아 대었다.
- 4·19 혁명에 참여한 이재영이 남긴 일기 -

• 4월 19일, 부득이 써야만 할 일이 일어났다. 아무렇지도 않은 평상시의 날이었다. …… 학교 담 너머 대학로에서 '우~ 와~' 소리가 요란. …… 이러는 동안 전교 학생이 아래 신 교사 앞 운동장에 모여 있었다. 정치인들의 불법 정치에 분개, 모두들 교문을 나설 결심이었다. 50여 명으로 추산되는 순경이 학교 근처에 와 있다.
- 동성 고등학교 3학년 이병태의 일기 -

• 끝까지 부정 선거 데모로 싸우겠습니다. 지금 저와 저의 모든 친구들 그리고 대한민국 모든 학생들은 우리나라 민주주의를 위하여 피를 흘립니다. 어머니, 데모에 나간 저를 책하지 마시옵소서. 우리들이 아니면 누가 데모를 하겠습니까? 저는 아직 철없는 줄 압니다. 그러나 국가와 민족을 위하는 길이 어떠하다는 것을 알고 있습니다. …… 너무 조급하여 손이 잘 놀려지지 않는군요. 거듭 말씀드리지만, 저의 목숨은 이미 바치기로 결심했습니다.
- 한성여중 2학년 진영숙 열사(1960. 4. 19.) -

민주화를 촉구한 미국 정부
p.379

금일 오후에 한국에서 퍼지고 있는 (한국) 국민의 심각한 불안과 폭력 행위에 대해 미국 정부가 우려를 품고 있으며 …… 미국 정부는 한국에서 나타난 시위가 최근 시행된 선거와 자유 민주주의에 합당치 않은 탄압적인 방법에 대해서 품고 있는 국민의 불만을 반영하는 것으로 보고 있다는 사실을 통보받았다.
- 『동아일보』, 1960. 4. 21. -

이승만 대통령 하야 발표문(1960. 4. 26.)
p.379

나는 해방 후 본국에 돌아와서 우리 여러 애국 애족하는 동포들과 더불어 잘 지내왔으니 이제는 세상을 떠나도 한이 없으나, 나는 무엇이든지 국민이 원하는 것만이 있다면 민의를 따라서 하고자 하는 것이며 또 그렇게 하기를 원했던 것이다. 보고를 들으면 우리 사랑하는 청소년 학도들을 위시해 우리 애국 애족하는 동포들이 내게 몇 가지 결심을 요구하고 있다 하니 …… 첫째, 국민이 원하면 대통령직을 사임하겠다. 둘째, 3·15 선거에 많은 부정이 있었다고 하니 선거를 다시 하도록

지시하였다. …… 셋째, 선거로 인한 불미스러운 점을 없애기 위하여 이미 이기붕 의장을 모든 공직에서 완전히 물러나도록 조치하였다. 넷째, …… 국민이 원한다면 내각 책임제 개헌을 하겠다.
4·19 혁명이 일어나자 이승만 정부는 주요 도시에 비상계엄을 선포하고 군대를 투입하였다. 계엄군은 경찰과 달리 물리력 사용을 자제하며 최대한 중립을 지켰다. 미국 역시 민주화를 촉구하며 이승만에 대한 지지를 철회하였다. 4월 26일 대통령의 퇴진을 요구하는 범국민적 시위가 다시 일어났다. 마침내 이승만은 대통령직을 사임하겠다는 성명을 발표하였으며, 얼마 뒤 하와이로 망명의 길을 떠났다.

4·19 혁명 기념사

• 4·19 혁명 10주년 기념사
앞으로 전개될 모든 형태의 민족운동, 사회 운동 및 민주 통일 운동은 다 같이 4·19를 그들의 고향으로 한다. 따라서 4·19 혁명은 그 자체로서 '영구 혁명'의 출발이지 그 완성은 아니다.
- 서울대 학생회 -

• 4·19 혁명 20주년 기념사
4·19가 있었기에 우리는 (박정희의) 유신을 거부해야 할 당위성을 찾았고, 4·19가 있었기에 우리는 필승의 신념을 가질 수 있었다.…… 4·19는 결코 5·16에 의해 말살된 것이 아니다.
- 김대중 -

• 4·19 혁명 58주년 기념사
4·19 혁명은 이 땅에서 처음으로 민중에 의해 절대 권력을 무너뜨리며, 신생 독립국 대한민국의 민주주의를 싹틔웠습니다. 4·19 혁명은 아시아 최초의 성공한 시민 혁명이라는 세계사적 위업이 됐습니다. 4·19는 죽지 않고, 대한민국의 민주주의가 위기에 처할 때마다 부활했습니다. 4·19는 1979년 부·마 항쟁으로, 1980년 5·18 광주 민주화 운동으로, 1987년 6월 민주 항쟁으로 되살아났고, 2016년에는 촛불 혁명으로 장엄하게 타올랐습니다.

4·19 혁명 회고

이승만 1인 독재 체제 밑에서 참고 또 참아 오던 분노는 3·15 부정 선거에서 민주주의라는 이상이 비참하게 짓밟히는 것을 보았을 때 해일처럼 터지고 만 것이다. 맨주먹의 젊은 학생들이 독재의 아성을 향해 포효하며 육박하였을 때 국민이 일제히 이에 호응하였다.
- 『조선일보』, 1970. 4. 19. -

3차 개헌(1960. 6. 15.)

제32조 ② 양원은 국민의 보통, 평등, 직접, 비밀 투표에 의하여 선거된 의원으로써 조직한다.
　　　　③ 민의원 의원의 정수와 선거에 관한 사항은 법률로써 정한다.
　　　　④ 참의원 의원은 특별시와 도를 선거구로 하여 법률의 정하는 바에 의하여 선거하며 그 정수는 민의원 의원 정수의 4분지 1을 초과하지 못한다.
제53조 ① 대통령은 양원 합동 의회에서 선거하고 재적 국회의원 3분지 2 이상의 투표를 얻어 당선된다.
제55조 대통령의 임기는 5년으로 하고 재선에 의하여 1차에 한하여 중임할 수 있다.

제69조 ① 국무총리는 대통령이 지명하여 민의원의 동의를 얻어야 한다. 단 대통령이 민의원에서 동의를 얻지 못한 날로부터 5일 이내에 다시 지명하지 아니하거나 2차에 걸쳐 민의원이 대통령의 지명에 동의하지 아니한 때에는 국무총리는 민의원에서 이를 선거한다.
⑤ 국무위원은 국무총리가 임면하여 대통령이 이를 확인한다.
⑥ 국무총리와 국무위원의 과반수는 국회의원이어야 한다.
⑧ 군인은 현역을 면한 후가 아니면 국무위원에 임명될 수 없다.
제70조 ① 국무총리는 국무회의를 소집하고 의장이 된다.
③ 국무총리는 국무원을 대표하여 의안을 국회에 제출하고 행정 각 부를 지휘 감독한다.
제71조 국무원은 민의원에서 국무원에 대한 불신임 결의안을 가결한 때에는 10일 이내에 민의원 해산을 결의하지 않는 한 총 사직하여야 한다.

장면 내각의 시정 방침(1960. 8.) p.380

1. 일본과의 국교 정상화 및 UN 감시 하의 남북한 자유 선거에 의한 통일 달성
2. 관료 제도의 합리화와 공무원 재산 등록 및 경찰 중립화를 통한 민주주의 구현
3. 부정 선거의 원흉과 발포 책임자, 부정·불법 축재자 처벌
4. 외자 도입과 경제 원조 확대를 통한 경제 개발 계획 추진
5. 군비 축소와 군의 정예화 추진을 통한 국방력 강화 및 군의 정치적 중립 확보

4차 개헌(1960. 11. 29.) p.380

부칙에 다음의 각항을 신설한다.
⑯ 이 헌법 시행 당시의 국회는 단기 4293년 3월 15일에 실시된 대통령, 부통령 선거에 관련하여 부정행위를 한 자와 그 부정행위에 항의하는 국민에 대하여 살상 기타의 부정행위를 한 자를 처벌 또는 단기 4293년 4월 26일 이전에 특정 지위에 있음을 이용하여 현저한 반민주행위를 한 자의 공민권을 제한하기 위한 특별법을 제정할 수 있으며 단기 4293년 4월 26일 이전에 지위 또는 권력을 이용하여 부정한 방법으로 재산을 축적한 자에 대한 행정상 또는 형사상의 처리를 하기 위하여 특별법을 제정할 수 있다.
⑰ 앞 항의 형사 사건을 처리하기 위하여 특별재판소와 특별 검찰부를 둘 수 있다.

통일론에 대한 민주당의 반대 입장 p.380

1. 중립화 통일론에 대하여: 한국이 중립화하여 자유 세계와의 군사적 유대가 없을 때 중공·소련이 침략을 감행하면 무슨 방법으로 이를 격퇴할 수 있는가.
2. 남북 협상론에 대하여: 교활하고 악랄한 공산 분자와의 협상에 앞서 우선 혁명 후의 국내 정국을 안정시키고 대공對共 협상의 목표와 방법에 대하여 국내 여러 정당 단체 간의 충분한 의견 교환이 있어야 한다.

- 통일 정책에 대한 민주당 성명(1961. 1. 8.) -

장면 국무총리 시정 연설 중 시정 방침 p.380

① 일본과 국교 정상화
② 유엔 감시하의 남북한 자유 선거에 의한 통일 달성

③ 관료 제도 합리화와 공무원 재산 등록 및 경찰 중립화
④ 부정 선거 원흉과 발포 책임자, 부정·불법 축재자 처벌
⑤ 외자 도입과 경제 원조 확대를 통한 경제 개발 계획 수립 및 실행
⑥ 군비 축소와 군의 정예화 추진을 통한 국방력 강화 및 군의 정치적 중립

- 『동아일보』, 1960. 8. 28. -

2 5·16 군사 정변과 제3공화국

군사 정권의 '5·16 혁명 공약' p.380

1. 반공을 국시의 제1 의(義)로 삼고, …… 반공 체제를 재정비·강화할 것입니다.
2. UN 헌장을 준수하고 …… 미국을 위시한 자유 우방과의 유대를 더욱 견고히 할 것입니다.
3. 이 나라 사회의 모든 부패와 구악을 일소하고 …… 청신한 기풍을 진작할 것입니다.
4. 절망과 기아 선상에서 허덕이는 민생고를 시급히 해결하고 국가 자주 경제 재건에 총력을 경주할 것입니다.
5. 민족적 숙원인 국토 통일을 위하여 공산주의와 대결할 수 있는 실력의 배양에 전력을 집중할 것입니다.
6. 이와 같은 우리의 과업이 성취되면 참신하고도 양심적인 정치인들에게 언제든지 정권을 이양하고 우리들 본연의 임무에 복귀할 준비를 갖추겠습니다.

국가 재건 비상 조치법(1961. 6. 6.) p.380

총칙
제1조 (국가 재건 최고 회의의 설치) 대한민국을 공산주의의 침략으로부터 수호하고 부패와 부정과 빈곤으로 인한 국가와 민족의 위기를 극복하여 진정한 민주 공화국으로 재건하기 위한 비상조치로서 국가 재건 최고 회의를 설치한다.
제2조 (국가 재건 최고 회의의 지위) 국가 재건 최고 회의는 5·16 군사 혁명 과업 완수 후에 시행될 총선거에 의하여 국회가 구성되고 정부가 수립될 때까지 대한민국의 최고 통치 기관으로서의 지위를 가진다.
제3조 (국민의 기본권) 헌법에 규정된 국민의 기본적 권리는 혁명 과업 수행에 저촉되지 아니하는 범위 내에서 보장된다.

부정축재자처리법(1961. 10. 26.)

제1조 (목적) 본법은 국가 공직 또는 정당의 지위나 권력을 이용하거나 사위 기타 부정한 방법으로 재산을 축적한 부정 공무원, 부정 이득자, 학원 부정 축재자의 부정 축재에 대한 행정상, 형사상의 특별 처리를 규정함을 목적으로 한다.

제2조 (부정축재자의 정의)
① 본법에서 부정공무원이라 함은 단기 4286년 7월 1일 이후 단기 4294년 5월 15일까지에 다음 각호의 1에 해당하는 공무원, 정당인 또는 국가 요직에 있던 자로서 그 지위나 권력을 이용하여 국가재산의 횡취 기타 부정한 방법으로 총액 5천만환 상당 이상의 재산을 취득 축적한 자를 말한다.
  1. 국가 또는 지방자치단체의 공무원
  2. 공법인의 임원으로서 국가 또는 지방자치단체의 장이 임명하는 자와 그 임명이나 선임에 관하여 국가 또는 지방자치단체의 장의 동의를 요하는 공공단체의 임원
  3. 은행의 임원과 국영기업체의 임원으로서 국가가 임명하는 자
  4. 법령에 의하여 공무원의 신분을 가진 자 및 국가 또는 지방자치단체의 위촉에 의하여 공공의 사무를 처리하는 자
  5. 주식의 과반수를 정부가 소유하거나 주식의 과반수를 정부가 소유하는 법인이 그 주식의 과반수를 소유하는 법인의 임원 또는 관리인
  6. 정당중앙위원 이상의 간부급인 지위에 있던 자

② 본법에서 부정이득자라 함은 단기 4286년 7월 1일이후 단기 4294년 5월 15일까지에 다음 각호의 1에 해당하는 자를 말한다.
  1. 국공유재산이나 귀속재산의 매매계약이나 임대차계약(契約條件의 變更을 包含한다. 以下 같다) 등으로 인한 취득 점유에 의하여 총액 1억환 상당 이상의 부정이득을 취득한 자
  2. 부정한 방법으로 총액 10만불 이상의 정부 또는 은행보유외환의 대부를 받거나 매수한 자
  3. 금융기관으로부터 융자를 받고 총액 5천만환 이상의 정치 자금을 제공한 자
  4. 국가 또는 공공단체의 공사도급이나 물품매매의 입찰에 있어서 담합 또는 수의계약을 하거나 관허사업의 인허가를 부정하게 얻어 총액 2억환 상당 이상의 부정 이득을 취득한 자
  5. 외자 구매 외환 또는 그 구매 외자의 배정을 독점함으로써 총액 2억환 상당 이상의 부정 이득을 취한 자
  6. 조세에관한법률에 위반하여 총액 2억환 이상의 국세를 포탈하거나 국세징수 의무를 이행하지 아니한 자
  7. 재산을 해외에 도피시킨 자

③ 본법에서 학원부정축재자라 함은 단기 4286년 7월 1일이후 단기 4294년 5월 15일까지에 학원의 운영 또는 학원설립을 빙자하여 5천만환 상당 이상의 재산을 부정하게 취득축적한 자를 말한다.

제6조 (부정축재처리위원회) 본법에 규정된 부정축재자를 처리하기 위하여 국가재건최고회의에 부정축재처리위원회(以下 委員會라 稱한다)를 둔다.

제7조 (위원회의 구성)
① 위원회는 국가재건최고회의 최고위원 7인으로써 구성하고 위원장과 위원은 최고회의의 장이 이를 임명한다.
② 위원장은 위원회를 소집하고 위원회의 사무를 처리하며 위원회를 대표한다.

5차 개헌(1962. 12. 26)

제36조 ① 국회는 국민의 보통, 평등, 직접, 비밀선거에 의하여 선출된 의원으로 구성한다.
　　　　② 국회의원 수는 150인 이상 200인 이하의 범위 안에서 법률로 정한다.
제37조 국회의원의 임기는 4년으로 한다.
제64조 ① 대통령은 국민의 보통, 평등, 직접, 비밀선거에 의하여 선출한다. 다만, 대통령이 궐위된 경우에 잔임 기간이 2년 미만인 때에는 국회에서 선거한다.
　　　　③ 대통령 후보가 되려 하는 자는 소속 정당의 추천을 받아야 한다.
제69조 ① 대통령의 임기는 4년으로 한다.
　　　　③ 대통령은 1차에 한하여 중임할 수 있다.

김종필·오히라 메모

1. 일제 35년 간의 지배에 대한 보상으로 일본은 3억 달러를 10년간 걸쳐서 지불하되 그 명목은 '독립 축하금'으로 한다.
2. 경제 협력의 명분으로 정부 간의 차관 2억 달러를 3.5%, 7년 거치, 20년 상환이라는 조건으로 10년 간 제공하며, 민간 상업 차관으로 1억 달러를 제공한다.
3. 독도 문제를 국제 사법 재판소에 이관한다.

> 1962년 당시 중앙정보부장이었던 김종필과 일본 외무대신 오히라는 비밀리에 만나 재산 청구권 행사를 경제 협력 방식으로 전환할 것에 합의하였다.

한·일 재산 및 청구권문제 해결과 경제협력에 관한 결정

대한민국과 일본국은 양국 및 양국 국민 간의 청구권에 관한 문제를 해결할 것을 희망하고 양국 간의 경제협력을 증진할 것을 희망하여 같이 합의하였다.

제1조 ① 일본국은 대한민국에 대하여 현재의 1080억원(108,000,000,000円)으로 환산되는 3억 아메리카합중국불($300,000,000)과 동등한 가치를 가지는 일본국의 생산물 및 일본인의 용역을 본 협정의 효력 발생일로부터 10년간의 기간에 걸쳐 무상으로 제공한다.
제2조 ① 양 체약국은 양 체약국과 그 국민의 재산, 권리 및 이익과 양 체약국 및 그 국민 간의 청구권에 관한 문제가 …… 완전히 그리고 최종적으로 해결된 것이 된다는 것을 확인한다.
　　　　③ …… 본 협정의 서명 일에 …… 그 국민에 대한 모든 청구권으로서 동일자 이전에 발생한 사유에 기인하는 것에 관하여는 어떠한 주장도 할 수 없는 것으로 한다.
제4조 ① 본 협정은 비준되어야 한다. 비준서는 가능한 한 조속히 서울에서 교환한다.
　　　　② 본 협정은 비준서가 교환된 날에 효력을 발생한다. 이상의 증거로서 하기 전권위원은 본 협정에 서명하였다.

1965년 6월 22일 동경에서 동등히 정본(正本)인 한국어 및 일본어로 본서 2통을 작성하였다.
- 대한민국 관보 제4225호 -

민족적 민주주의를 장례한다

민족사는 바야흐로 위대한 결단을 요구하는 전환기에 섰다. 4월 항쟁의 참다운 가치성은 반외세, 반매판, 반봉건에 있으며 민족 민주의 참된 길로 나가기 위한 도전이었으나, 5월 군부 군사 정변은 이러한 민족 민주 이념에 대한 정면적인 도전이었으며 노골적인 대중 탄압의 시작이었다. 민족적 민주주의는 수렵적 정보 장치를 합리화하기 위한 행상적 탈춤으로 변장되었고, 굶주린 대중의 감각적 광복을 위한 독화毒花의 미소를 띠었다. 국제 협력이라는 미명 아래 우리 민족의 치 떨리는 원수 일본 제국주의를 수입, 대미 의존적 반신불수인 한국 경제를 2중 예속의 철쇄로 속박하는 것이 조국 근대화로 가는 첩경이라고 기만하는 반민족적 음모를 획책하고 있다. 우리는 외세 의존의 모든 사상과 제도의 근본적 개혁 없이는, …… 민족 자립으로 가는 어떠한 길도 폐쇄되어 있음을 분명히 인식한다. 굴욕적 한·일 회담의 즉시 중단을 엄숙히 요구한다.

- 일본에의 예속으로 직행하는 매국의 한일 굴욕 회담을 전면 중지하라.
- 농민·노동자·소시민의 피눈물을 밟고 서서 홀로 살쪄 가는 매판성 악덕 재벌을 처형하고 몰수하라.
- 불법 상행위를 자행한 일본인 상사를 즉각 추방하라.
- 5월 군사 정부는 5·16 이래의 부정·부패·독선·무능·극악의 경제난, 민족 분열, 굴욕적 한일 회담 등 역사적 범죄를 자인하고 국민의 심판에 붙이라.
- 5·16 이래 구속된 정치범을 즉각 석방하라.

— 한·일 굴욕 회담 반대 학생 총연합회(1964. 5. 20.) —

대한민국과 일본국 간의 기본 관계에 관한 조약 p.381

제1조 양 체약 당사국간에 외교 및 영사 관계를 수립한다. 양 체약 당사국은 대사급 외교 사절을 지체없이 교환한다. 양 체약 당사국은 또한 양국 정부에 의하여 합의되는 장소에 영사관을 설치한다.
제2조 1910년 8월 22일 및 그 이전에 대한 제국과 대일본제국간에 체결된 모든 조약 및 협정이 이미 무효임을 확인한다.
제3조 대한민국 정부가 국제연합 총회의 결정 제195호(III)에 명시된 바와 같이 한반도에 있어서의 유일한 합법 정부임을 확인한다.

재경 대학교수단 한일협정 비준 반대 선언문 p.381

대한민국의 주권자는 엄연히 국민이다. 국민은 정부의 정책을 언제나 자유로이 비판하는 권리를 가진다. 그럼에도 불구하고 정부는 국민의 비등하는 여론을 최루탄과 경찰봉에 의한 폭압 및 가식에 찬 선전으로 봉쇄하는 한편 일본에 대해서는 이해할 수 없는 초조와 애걸로써 굴욕적인 협정에 조인하고 말았다. 우리 교수 일동은 한일협정의 내용을 신중히 분석 검토한 끝에 다음과 같은 이유로 그것이 우리의 민족적 자주성과 국가적 이익에 막대한 손실을 가져올 뿐더러 장차 심히 우려할 사태가 전개될 것이 예견되므로 이에 그 비준의 반대를 선언한다.

첫째로 기본조약은 과거 일본 제국주의 침략을 합법화시켰을 뿐 아니라 우리 주권의 약화 및 제반 협정의 불평등과 국가적 손실을 초래한 굴욕적인 전제를 설정해 놓았다.

둘째로 청구권은 당당히 요구할 수 있는 재산상의 피해를 보상하는 것이 못 되고, 무상제공 또는 경제협력이라는 미명 아래 경제적 시혜를 가장하였으며 일본 자본의 경제적 지배를 위한 소지를 마련해 주었다.

셋째로 어업협정은 허다한 국제적 관례와 선례에 비추어 의당히 정당화되는 평화선을 포기함으로써 우리 어민의 생존권을 치명적으로 위협하고 한국어업을 일본 어업 자본에 예속시키는 결과를 초래하였다.

넷째로 재일교포의 법적 지위에 관한 제 규정은 종래의 식민주의적 처우를 청산시키기는커녕 징병, 징용 등 일본 군국주의의 강제 노력동원 등에 의해 야기된 제 결과를 피해자(재일교포)에 전가시킴으로써 비인도적 배신을 자행했다.

다섯째 강탈 또는 절취로 불법 반입해간 문화재의 반환에 있어서 정부는 과장적 나열에 그친 실속 없는 품목만을 인도받음으로써 마땅히 요구해야 할 귀중한 품목의 반환을 자진 포기한 결과가 되었다. 정부는 이 모든 희생을 무릅쓰는 이유가 일본과 제휴하여 반공태세를 강화하는 데 있다고 주장 미국 역시 이를 뒷받침하여 왔다. 그러나 일본측은 여전히 한일 국교 정상화가 반공을 위한 조치는 결코 아니라고 밝히고 있으니 굴욕외교의 명분은 어디서 찾아볼 수 있겠는가.

국민의 압도적 다수가 맹렬히 반대하는 한일 협정의 비준을 정부가 그대로 강행하는 경우에는 한국을 위해서는 물론 올바른 한일 국교 정상화를 위해서나 전통적인 한미 간의 우호 관계를 위해서나 불행한 결과만을 가져오리라고 우리는 단정한다.

이상의 모든 점을 고려한 끝에 우리들은 다음과 같이 요구한다.

첫째, 국회는 여야를 막론하고 당파적 이해를 초월하여 이 치욕적인 불평등 협정을 결연히 거부하라.

둘째, 정부는 그동안의 애국학생들에 대한 비인도적 만행을 사과하고 구속 학생들을 즉시 석방하라.

- 『동아일보』, 1965. 7. 12. -

브라운 각서(1966. 3. 4.) p.382

이동원 외무부 장관 귀하

미국 정부는 월남에서 싸우고 있는 자유세계 군대에 대한 고도로 효과적인 기여를 다시 증강하려는 대한 민국 정부의 결정을 충심으로 환영합니다. 본인은 한국의 안전과 발전에 대한 우리의 공동 이익에 비추어 미국은 한국 방위와 경제적 발전이 더욱 증진되기 위하여 다음의 조치를 취할 용의가 있음을 말씀드릴 권한을 받았습니다.

A. 군사 원조

1. 한국에 있는 한국군의 현대화 계획을 위하여 앞으로 수년 동안에 걸쳐 상당량의 장비를 제공한다.
2. 월남에 파견되는 추가 증파 병력에 필요한 장비를 제공하는 한편, 증파에 따른 모든 추가적 원화 경비를 부담한다.
3. 월남에 파견되는 추가 병력을 완전히 대치하게 될 보충 병력을 장비하고 훈련하며 이에 따른 재정을 부담한다.

B. 경제 원조

1. 이 같은 추가 병력의 …… 유지하는 데 필요한 순 추가 비용의 전액과 동액의 추가 원화를 한국 측 예산을 위하여 방출한다.
2. 수출을 진흥시키기 위한 모든 분야에서 한국에 대한 기술 원조를 강화한다.
3. 1965년 5월에 한국에 대해 약속했던 1억 5천만 달러 규모의 차관에 덧붙여 미국 정부는 적절한 사업이 개발됨에 따라 …… 한국의 경제 발전을 돕기 위한 추가 AID(Agency for International Development, 미국 국제 개발처) 차관을 제공한다.

6차 개헌(1969. 10. 21.) p.383

제36조 ② 국회의원의 수는 150인 이상 250인 이하의 범위 안에서 법률로 정한다.
제61조 대통령에 대한 탄핵소추는 국회의원 50인 이상의 발의와 재적의원 3분의 2 이상의 찬성이 있어야 한다.
제69조 ③ 대통령의 계속 재임은 3기에 한한다.

제4303주년 개천절 경축사(1970. 10. 3.)　　　　　　　　　　p.383

지난 60년대는 바로 자립과 번영을 기약하는 조국 근대화의 대업을 우리 스스로의 힘으로 이룩하려는 국민적인 자각이 싹트고, 사회 각층에 새로운 분발과 노력이 충만했던 의욕적인 건설의 시기였습니다. …… 다가온 이 70년대에는 기필코 조국 근대화를 완수하고 통일의 준비를 대충 끝내야 합니다. …… 김일성 일당의 반민족적인 발악과 준동이 그 어느 때보다 우리의 물샐틈없는 대비와 힘의 배양을 요구하고 있고, 또 날로 규모가 확대되는 건설과 개발 사업도 새로운 기술과 창의적인 노력을 필요로 하고 있습니다. 이러한 시련과 과제는 우리들이 보다 더 근면 검소하고 줄기찬 노력으로 경제 건설에 매진하면서, 승공의 역량을 더욱더 증강함으로써 능히 극복하고 해결할 수 있다고 믿습니다.

제7대 대선 선거 유세　　　　　　　　　　　　　　　　　　　p.383

- 이번에 박정희 씨가 승리하면, 앞으로는 선거도 없는 영구집권의 총통제를 한다는 데 대한 확고한 증거를 나는 가지고 있습니다.
  　　　　　　　　　　　　- 김대중 신민당 후보의 서울 유세(1971. 4. 18.) -
- 여러분들에게 '나를 한 번 더 뽑아 주십시오' 하는 이야기도 이것이 마지막이라고 했습니다. 이번에는 여러분들이 표를 많이 모아서 우리 공화당과 이 사람을 한 번 더 지지하여 일할 수 있는 뒷받침을 해 주시면, 앞으로 4년 동안 여러분들을 위해서 있는 정력을 다 해서 한번 멋있는 수도 서울을 만들어 보겠습니다.
  　　　　　　　　　　　　- 박정희 민주공화당 후보의 서울 유세(1971. 4. 25.) -

3 유신 헌법과 장기 독재 체제의 구축

계엄 포고 1호(1972. 10. 17.)　　　　　　　　　　　　　p.384

1. 모든 정치 활동 목적의 옥내외 집회 및 시위를 일체 금한다. 정치 활동 목적이 아닌 옥내외 집회는 허가를 받아야 한다.
2. 언론, 출판, 보도 및 방송은 사전 검열을 받아야 한다.
3. 각 대학은 당분간 휴교 조치한다.
4. 정당한 이유 없는 직장 이탈이나 태업 행위를 금한다.
5. 유언비어의 날조 및 유포를 금한다.
6. 야간 통행금지는 종전대로 시행한다.
7. 정상적 경제 활동과 국민의 일상 생업의 자유는 이를 보장한다.
8. 외국인의 출입국과 국내 여행 등 활동의 자유는 이를 최대한 보장한다.

　이 포고를 위반한 자는 영장 없이 수색, 구속한다.
　　　　　　　　　　　　　　　- 중앙일보사, 『광복 30년 중요 자료집』(1975) -

유신 헌법(7차 개헌, 1972. 12. 27.)

제39조 ① 대통령은 통일 주체 국민 회의에서 토론 없이 무기명으로 선거한다.
제40조 ① 통일 주체 국민 회의는 국회의원 정수의 3분의 1에 해당하는 수의 국회의원을 선거한다.
② 제1항의 국회의원 후보자는 대통령이 일괄 추천하며 …….
제53조 ① 대통령은 천재지변 또는 중대한 재정·경제상의 위기에 처하거나, 국가의 안전 보장 또는 공공의 안녕과 질서가 중대한 위협을 받거나 받을 우려가 있어 신속한 조치를 할 필요가 있다고 판단할 때에는 내정·외교·국방·경제·재정·사법 등 국정 전반에 걸쳐 필요한 긴급 조치를 할 수 있다.
② 대통령은 …… 국민의 자유와 권리를 잠정적으로 정지하는 긴급 조치를 할 수 있고, 정부나 법원의 권한에 관하여 긴급 조치를 할 수 있다.
④ 제1항과 제2항의 긴급 조치는 사법적 심사의 대상이 되지 아니한다.
제59조 ① 대통령은 국회를 해산할 수 있다.

미니스커트 단속

• 시집갈 처녀가 되고도 남은 딸이 무릎 위로 바싹 달라붙은 미니스커트 옷차림에 긴 백을 어깨에 메고 내뱉는 듯한 말투로 "아빠 나 외출하고 와요." 하고 후다닥 뛰어나간다. 오늘날 젊은이의 사회는 우리 가정에서 요구하는 모습과는 엄청나게 차이가 있어서, 누구를 향한 것인 지 겨냥이 뚜렷하지 않은 레지스탕스를 일으킨다. 젊은이들의 이상, 사고방식, 이성관, 생활관, 언어 등도 상당히 빠른 속도로 변질되어 전진하고 있다.

- 『여성동아』, 1968. 11. -

• 경찰은 며칠 뒤 발효되는 개정 경범죄 처벌법의 시행을 앞두고, 국민들의 조심을 당부하기 위해 3월 20일까지를 제1단계 계몽 운동 기간으로 정해 경범 정화 운동을 편다. 경범죄 위반자는 즉결 심판에 회부하다. 경찰은 앞으로 11개 항목을 특별 단속할 예정인데, 이 법 시행을 앞두고 적용 범위 등 조심해야 할 일을 살펴본다.

과도 노출과 투시 의상 착용(제1조 44호): 공공 장소에서 신체를 과도하게 노출하거나 안까지 투시되는 옷을 착용하여 타인에게 혐오감을 주게 한 자.

- 『경향신문』, 1973. 3. 9. -

> 박정희 정부 시기의 '경범죄 처벌법'에 따라 머리카락이 긴 청년들은 경범죄로 벌금까지 물어야 했다. 또한 자료에서처럼 여성들의 치마 길이도 단속의 대상이었다. 미니스커트의 끝단과 무릎 사이가 15cm가 넘으면 경범죄가 적용되었다. 또한 정부는 노래, 문학 작품, 영화 등을 검열하여 금지곡·금서로 지정했고, 영화는 부분 삭제하기도 하였다.

대통령 긴급조치 1호(1974. 1.)

1. 대한민국 헌법을 부정, 반대, 왜곡 또는 비방하는 일체의 행위를 금한다.
2. 대한민국 헌법의 개정 또는 폐지를 주장, 발의, 제안 또는 청원하는 일체의 행위를 금한다.
3. 유언비어를 날조, 유포하는 일체의 행위를 금한다.
4. 전 1,2,3항에서 금한 행위를 권유, 선동, 선전 …… 방송, 보도 …… 타인에게 알리는 일체의 언동을 금한다.
5. 이 조치를 위반한 자와 이 조치를 비방한 자는 영장 없이 체포·구속·압수·수색하며 비상 군법 회의에서 심판·처단하여 15년 이하의 징역에 처한다.
7. 이 조치는 1974년 1월 8일 17시부터 시행한다.

대통령 긴급조치 4호(1974. 4.) p.385

1. 전국 민주 청년 학생 총연맹과 이에 관련되는 제 단체를 조직하거나 또는 이에 가입하거나, 단체나 그 구성원의 활동을 찬양, 고무 또는 이에 동조하거나, 그 구성원과 회합, 또는 통신 기타 방법으로 연락하거나, 그 구성원의 잠복, 회합·연락 그 밖의 활동을 위하여 장소·물건·금품 기타의 편의를 제공하거나, 기타 방법으로 단체나 구성원의 활동에 직접 또는 간접으로 관여하는 일체의 행위를 금한다.
2. 단체나 그 구성원의 활동에 관한 문서, 도화·음반 기타 표현물을 출판·제작·소지·배포·전시 또는 판매하는 일체의 행위를 금한다.
3. 학생의 정당한 이유 없는 출석 거부, 수업 또는 시험의 거부, 학교 내외의 집회, 시위, 성토, 농성, 그 외의 모든 개별적 행위를 금지하고 …… 이 조치를 위반한 학생은 퇴학, 정학 처분을 받을 수 있고, 해당 학교는 폐교 처분을 받을 수 있다.
4. 이 조치를 비방한 자는 사형, 무기 징역 또는 5년 이상의 징역에 처한다.

천주교 정의 구현 전국 사제단의 요구 사항(1974. 9. 26.) p.385

1. 유신 헌법을 철폐하고 민주 헌정을 회복하라.
1. 긴급 조치를 전면적으로 무효화 하고 구속 중인 지학순 주교를 비롯하여 성직자, 교수, 학생, 민주 애국 인사를 즉각 석방하라.
1. 국민의 생존권과 기본권을 존중하고 언론·보도·집회·결사의 자유를 보장하라.
1. 서민 대중의 최소한의 생활과 복지를 보장하는 경제 정책을 확립하라.

김상진의 양심선언문(1975. 4. 11.) p.385

민주주의란 나무는 피를 먹고 살아간다고 한다. 들으라! 동지여! 우리의 숭고한 피를 흩뿌려 이 땅에 영원한 민주주의의 푸른 잎사귀가 번성하도록 할 용기를 그대들은 주저하고 있는가! 들으라! 우리는 유신헌법의 잔인한 폭력성을, 합법을 가장한 유신헌법의 모든 부조리와 악을 고발한다. 우리는 유신헌법의 비민주적 허위성을 고발한다. 우리는 유신헌법의 자기중심적 이기성을 고발한다. 학우여! 아는가! 민주주의는 지식의 산물이 아니라 투쟁의 결과라는 것을. 금일 우리는 어제를 통탄하기 전에, 내일을 체념하기 전에, 치밀한 이성과 굳은 신념으로 이 처참한 일당독재의 아성을 향해 불퇴진의 결의로 진격하자. 민족사의 새날은 밝아오고 있다.

3·1 민주 구국 선언문(1976) p.385

4·19 학생 의거로 이승만 독재를 무너뜨려 '자유 민주주의'에 대한 신념을 가슴에 회생시켰다. 그러나 그것도 잠깐, 우리 또다시 독재 정권의 쇠사슬에 매이게 되었다. 삼권 분립은 허울만 남았다. 국가 안보라는 구실 아래 신앙과 양심의 자유는 날로 위축되어 가고 언론의 자유와 학원의 자주성은 압살당하고 말았다. …… 우리의 비원인 민족 통일을 향해서 국내외로 민주세력을 키우고 규합하여 한 걸음 한 걸음 착실히 전진해야 할 마당에 이 나라는 1인 독재 아래 인권은 유린되고 자유는 박탈당하고 있다. …… 이 나라의 먼 앞날을 내다보면서 '민주 구국 선언'을 국내외에 선포하는 바이다.

1. 이 나라는 민주주의의 기반 위에 서야 한다. 민주주의는 대한민국의 국시이다. 대한민국의 정통성은 민주주의에 있다. 그러므로 어떤 구실로도 민주주의가 위축되어서는 안 된다. 이북 공산주의 정권과 치열한 경쟁에 뛰어든 이 마당에 우리가 길러야 할 힘은 민주 역량이다. 국방력도 경

제력도 길러야 하지만, 민주 역량의 뒷받침이 없을 때 그것은 모래 위에 세운 집과 같다. ……
그러므로 우리는 국민의 자유를 억압하는 긴급 조치를 곧 철폐하고 민주주의를 요구하다가 투
옥된 민주인사들과 학생들을 석방하라고 요구한다. 국민의 의사가 자유롭게 표명될 수 있도록
언론·집회·출판의 자유를 국민에게 돌리라고 요구한다. 다음으로 우리는 유신 헌법으로 허울만
남은 의회 정치가 회복되어야 한다고 주장한다. 자유로이 표현되는 민의를 국회는 입법에 반영
해야 하고, 정부는 이를 행정에 반영해야 한다.
2. 경제 입국의 구상과 자세가 근본적으로 재검토되어야 한다. …… 그런데 현 정권은 경제력이 곧
국력이라는 좁은 생각을 가지고 모든 것을 희생시켜가면서 경제 발전에 전력을 쏟아 왔다.
3. 민족 통일은 오늘 이 겨레가 짊어진 최대의 과업이다. 국토 분단의 비극은 광복 후 30년 동안
남과 북에 독재의 구실을 마련해 주었고, 국가의 번영과 민족의 행복과 창조적 발전을 위하여
동원되어야 할 정신적·물질적 자원을 고갈시키고 있다.

- 윤보선, 김대중, 함석헌 등 각계 인사 일동 -

민주 투쟁 선언문   p.385

귀와 눈은 진리에 대해 첩첩이 봉쇄되어 저들의 날조된 선전과 허위에 염증을 앓고 있고 …… 탄
식하며 좌시할 수 없음을 이 푸르고 높은 10월의 하늘과 더불어 맹세코자 한다. …… 식민지적 경
제 구조를 온존시키고, 그 위에 원조와 차관 경제로써 허세를 부리면서 GNP와 수출 만능으로 대
외 의존을 심화하여 온 매판 기업가와 관료 지배 세력은 …… 모든 경제적 모순과 실정을 근로자
의 불순으로 뒤집어씌우고 협박, 공포, 폭력으로 짓눌러 왔음을 YH 사건에서 단적으로 보여주고
있고 저들의 입으로나마 나불대던 민주 공화국의 형식 논리마저도 이제는 부정함을 야당의 파괴
음모에서 깨닫게 하여 주었다. ……학우여! 오늘 우리의 광장은 군사 교육장으로 변하였고 자유로
운 토론은 정보원과 그 앞잡이 상담 지도관과 호국단이 집어 삼키지 않았는가! 타율과 굴종으로
노예의 길을 걸어 천추의 한을 맺히게 할 것인가 아니면 박정희와 유신과 긴급 조치 등 불의의 날
조와 악의 표본에 의연히 투쟁함으로써 역사 발전의 장도(長道)에 나설 것인가?

- 부산 대학교 민주 학생 일동(1979. 10. 15.) -

4 군사 정권의 연장과 6월 민주 항쟁

YWCA 위장 결혼 사건   p.386

박정희 대통령이 서거한 이후 민주화를 요구하는 첫 번째 시위는 1979년 11월 24일 서울 YWCA
에서 열린 '통대(통일 주체 국민 회의의 대통령) 선출 저지 민주화 촉구 대회'였다. 참석자들은 "어
째서 또 한 차례의 유신 대통령 선출이 필요하며, 어째서 금후 5년까지의 유신 독재 연장이 필요
하단 말인가."라며 통일 주체 국민 회의에서의 대통령 선출을 반대하고 거국 민주 내각을 수립하
자고 주장하였다. 이 집회는 결혼식을 위장하여 열린 것이어서 'YWCA 위장 결혼 사건'이라고도
불린다.

- 김정남, 『진실, 광장에 서다』 -

계엄 사령관의 담화(1980. 5. 21.)   p.386

1. 지난 18일에 발생한 광주 지역 난동은 치안 유지를 매우 어지럽게 하고 있으며, 계엄군은 폭력으로 국내 치안을 어지럽히는 행위에 대하여는 부득이 자위를 위하여 필요한 조치를 취할 수 있는 권한을 보유하고 있음을 경고합니다.
2. 지금 광주 지역에서 야기되고 있는 상황을 볼 때 법을 어기고 난동을 부리는 폭도는 소수에 지나지 않고, 대다수의 주민 여러분은 애국심을 가진 선량한 국민임을 잘 알고 있습니다. 선량한 시민 여러분께서는 가능한한 난폭한 폭도들로 인해 불의의 피해를 입지 않도록 거리로 나오지 말고 집안에 꼭 계실 것을 권고합니다.
3. 여러분이 아끼는 고장이 황폐화되어 여러분의 생업과 가정이 파탄되지 않도록 자중 자애하시고, 판단성 있는 태도로 폭도와 분리될 수 있도록 함으로써 계엄군의 치안 회복을 위한 노력에 최대 협조가 있기를 기대합니다.

- 광주광역시 5·18 사료 편찬 위원회, 『5·18 민주화 운동 자료 총서』 -

광주 시민군 궐기문(1980. 5. 25.)   p.386

우리는 왜 총을 들 수밖에 없었는가? 그 대답은 너무나 간단합니다. 너무나 무자비한 만행을 더이상 보고 있을 수만 없어서 너도나도 총을 들고 나섰던 것입니다. …… 정부 당국에서는 17일 야간에 계엄령을 확대 선포하고 …… 또한, 18일 아침에 각 학교에 공수 부대를 투입하고 이에 반발하는 학생들에게 대검을 꽂고 …… 아! 이럴 수가 있단 말입니까? 계엄 당국은 18일 오후부터 공수 부대를 대량 투입하여 시내 곳곳에서 학생, 젊은이들에게 무차별 살상을 자행하였으니! …… 우리는 이 고장을 지키고 우리의 부모형제를 지키기 위해 손에 손에 총을 들었던 것입니다.

제3차 민주 수호 범시민 궐기 대회 선언문(1980. 5. 25.)   p.386

1. 유신 잔당들은 불법으로 계엄령을 확대·선포하고 피에 굶주린 맹수들을 풀어 무자비한 만행을 자행하며 무차별 학살·탄압하였다.
2. 우리 시민은 민주주의와 내 고장을 지키기 위해 분연히 총을 들고 일어섰다.
3. 우리 80만 시민은 최후의 일각까지, 최후의 일인까지 싸울 것을 죽음으로 맹세한다.
4. 무력 탄압만 계속하고 있는 명분 없는 계엄령을 즉각 철폐하라.

당시 국내 언론   p.386

- 광주 사태 10일 만에 진압되어 평정
- 불순분자들이 체제 전복을 기도한 사태
- 광주 사태는 극렬한 폭도들에 의해 악화되는 조짐이 보였다. 따라서 군은 생활고와 온갖 위협에 시달리는 시민 구출을 위해 군 병력을 광주에 투입하였다.

- KBS 9시 뉴스(1980. 5. 27.) -

해외 언론 보도   p.386

- (한국) 정부는 여기(광주)에서 일어나는 폭력(the violence here)의 원인을 공산주의 선동에 의한 것이라고 왜곡함으로써 시위가 계엄령 반대와 군부의 과잉 진압 때문에 일어났다는 것을 숨기려 하고 있습니다.

- 미국 CBS 뉴스(1980. 5. 28.) -

- '혈액이 부족하여 많은 환자가 수술을 받지 못한다.'라는 사실을 시민군의 가두 방송으로 알게 된 시민들이 헌혈을 자원하는 발길이 끊이지 않았던 것이다. …… 병원 개원 이래 가장 많은 혈액을 보유하게 되었고 보관할 냉장고가 부족할 지경이었다.

- 전남대학교 병원, 『5·18 10일간의 야전 병원』 -

공수 부대원의 회고록 p.386

27일 새벽 무사히 시내 탈환 작전을 마무리한 특전사가 승리자인 양 그 전공을 자랑한다면 이는 정말 어처구니없는 일일 것이다. 일국의 최정예 군대가 아무런 훈련도 작전도 없이 급조된 시민들과 학생들로 구성된 소수의 시위대를 무참히 학살하고 이겼노라고 말할 수 있다는 말인가? 내가 듣기로는 막상 군인들이 진입하였을 때 시위대는 차마 총도 쏘지 못하고 망설이는 어린 학생들이었다는데.

- 이경남 목사, 『당대비평』(1999) -

전두환·노태우 대법원 판결 요지(1997) p.386

5·18 내란 행위자들이 …… 헌법 기관인 대통령, 국무 위원들에 대하여 강압을 가하고 있는 상태에서, 이에 항의하기 위하여 일어난 광주 시민들의 시위는 …… 헌정 질서를 수호하기 위한 정당한 행위 …… 그 시위 진압 행위는 …… 국헌 문란에 해당한다.

8차 개헌(1980. 10. 27) p.387

제39조 ① 대통령은 대통령 선거인단에서 무기명 투표로 선거한다.
제40조 ① 대통령 선거인단은 국민의 보통, 평등, 직접, 비밀선거에 의하여 선출된 대통령 선거인으로 구성한다.
제45조 대통령의 임기는 7년으로 하며, 중임할 수 없다.

6월 민주 항쟁의 도화선 p.387

- 검찰이 발표한 조사 결과 내용만 보도할 것. 사회면에서 취급할 것. 검찰 발표 전문은 꼭 실어 줄 것. 이 사건의 명칭을 '성추행'이라 하지 말고 '성 모욕 행위'로 할 것. 발표 외에 독자적인 취재 보도 내용 불가.

- 부천 경찰서 성고문 사건 보도지침(1986. 7. 17.) -

- 서울대 학생 박종철 군은 1987년 1월 14일 치안본부 남영동 대공 분실에 연행되었다. 경찰의 발표에 따르면, 오전 10시 50분쯤부터 수사관의 심문을 받기 시작, 11시 20분쯤 수사관이 수배된 선배의 소재를 물으면서 책상을 세게 두드리는 순간 의자에 앉은 채 갑자기 '윽'하는 소리를 지르며 쓰러졌다는 …….

- 『경향신문』, 1987. 1. 16. -

- 박종철 군의 고문치사 사건은 숱한 고문 사례의 한 가지이지만 그것이 죽음에 이르렀다는 데 문제의 중요성이 있다. 지금까지 수감자에 대한 가혹 행위, 농성 근로자들이나 학생들에 대한 폭행 등으로 수없이 시비가 일었으나 …… 어정쩡한 수사 태도가 급기야 박군의 고문치사 사건으로 이어졌다.

- 『경향신문』, 1987. 1. 21. -

6월 민주 항쟁은 1987년 6월 10일부터 6월 29일까지 대한민국에서 전국적으로 벌어진 반독재, 민주화 운동이다. 박종철 고문치사 사건이 도화선이 되어 일어난 직선제 개헌 운동에 대해 정부에서는 4·13 호헌 조치를 단행하였다. 이한열이 시위 도중 최루탄에 맞아 쓰러지자 6월 10일 이후 시위는 전국적으로 확대되었다

직선제 개헌 운동 선언문
p.388

현재의 군사 독재 정권은 지난 80년 5월에 국회를 불법적으로 해산하고 민주 인사들을 대량 투옥하고 광주의 민중 항쟁을 무력으로 짓눌러 수천 명의 동포를 살상한 뒤에 국민의 주권을 유린하는 헌법을 제정하여 통치권을 장악했다. 그들이 국민의 민주적 합의도 없이 통과시킨 현행 헌법은 국민의 기본 권을 박탈하고 있음은 물론이고 실질적으로 군사 독재 정권의 장기 집권을 제도적으로 보장하고 있다. …… 따라서 우리는 …… 군사 독재 정권의 퇴진을 전제로 한 민주 헌법 쟁취 범국민 서명 운동을 전개하고자 한다.

- 군사 독재 퇴진 촉구와 민주 헌법 쟁취를 위한 범국민 서명 운동 선언(1986. 3. 5.) -

6·10 대회 선언문
p.388

국민 합의를 배신한 4·13 호헌 조치는 무효임을 전 국민의 이름으로 선언한다. 오늘 우리는 전 세계 이목이 주시하는 가운데 40년 독재 정치를 청산하고 희망찬 민주 국가를 건설하기 위한 거보를 전 국민과 함께 내딛는다. 국가의 미래요, 소망인 꽃다운 젊은이를 야만적인 고문으로 죽여 놓고 그것도 모자라서 뻔뻔스럽게 국민을 속이려 했던 현 정권에게 국민의 분노가 무엇인지를 분명히 보여주고, 국민적 여망인 개헌을 일방적으로 파기한 4·13 호헌 조치를 철회시키기 위한 민주 장정을 시작한다.

- 신동아 편집실, 『선언으로 본 80년대 민족 민주 운동』 -

6·10 대회 결의문(1987. 6. 10.)
p.388

첫째, 이 땅에서 권력에 의한 고문, 테러, 불법 연행, 불법 연금 등 여하한 인권 유린도 영원히 추방되어야 한다는 것은 그 누구도 거스를 수 없는 국민적 요구이다.
셋째, 정치 군부 세력의 몇몇 핵심자들끼리 독재 권력을 무슨 사유물인 것처럼 주고받으려는 음모에서 비롯된 이른바 4·13 호헌 성명이 무효임을 선언하며, …… 범국민적 운동을 더 한층 가열할 것임을 결의한다.

- 민주 헌법 쟁취 국민운동 본부 -

6·29 민주화 선언(1987)
p.388

저의 구상을 주저 없이 말씀드리겠습니다. 이 구상은 대통령 각하께 건의를 드릴 작정이며, 당원 동지 그리고 국민 여러분의 뜨거운 뒷받침을 받아 구체적으로 실현시킬 결심입니다.
첫째, 여야 합의 하에 조속히 대통령 직선제 개헌을 하고 새 헌법에 의한 대통령 선거를 통해 1988년 2월 평화적 정부 이양을 실현토록 해야겠습니다. 오늘의 이 시점에서 저는 사회적 환란을 극복하고, 국민적 화해를 이룩하기 위하여 대통령 직선제를 택하지 않을 수 없다는 결론에 이르게 되었습니다.
둘째, 직선제 개헌이라는 제도의 변경뿐만 아니라, 이의 민주적 실천을 위하여는 자유로운 출마와 공정한 경쟁이 보장되어 국민의 올바른 심판을 받을 수 있는 내용으로 대통령 선거법을 개정하여야 한다고 봅니다.
셋째, 우리 정치권은 물론 모든 분야에 있어서의 반목과 대결이 과감히 제거되어 국민적 화해와 대단 결을 도모하여야 합니다. 그러한 의미에서 저는 그 과거의 어떠하였든 간에 김대중씨도 사면 복권되어야 한다고 생각합니다.

다섯째, 언론 자유의 창달을 위해서 관련 제도와 관행을 획기적으로 개선해야 합니다. 아무리 그 의도가 좋더라도 언론인 대부분의 비판의 표적이 되어온 언론기본법은 시급히 대폭 개정되거나 폐지되어 다른 법률로 대체되어야 할 것입니다. 지방 취재기자를 부활시키고 프레스 카드 제도를 폐지하며 지면의 증면 등 언론의 자율성을 최대한 보장하여야 합니다. 정부는 언론을 장악할 수도 없고 장악하려고 시도하여서도 아니 됩니다. 국가 안녕보장을 저해하지 않는 한 언론은 제약받아서는 아니 됩니다. 언론을 심판할 수 있는 것은 독립된 사법부와 개개인의 국민임을 다시 한 번 상기합니다.

여섯째, 사회 각 부문의 자치와 자율은 최대한 보장되어야 합니다. 각 부문별로 자치와 자율의 확대는 다양하고 균형있는 사회발전을 이룩하여 국가발전을 이룩하여 국가발전의 원동력이 된다고 믿습니다. 개헌절차에도 불구하고 지방의회 구성은 예정대로 순조롭게 진행되어야 하고 시, 도 단위 지방의회 구성도 곧이어 구체적으로 검토, 추진하여야 할 것으로 생각됩니다.

일곱째, 정당의 건전한 활동이 보장되는 가운데 대화와 타협의 정치풍토가 조속히 마련되어야 합니다. 정당은 국리민복을 위하여 책임 있는 주장이나 정책을 추진함으로써 국민의 정치적 의사를 형성하고 결집하는 민주적 조직체이어야 합니다. 정당이 이러한 목적에 위배되지 않는 건전한 활동을 하는 한, 국가는 이를 보호하고 육성하는 데 전력하여야 할 것입니다.

- 민주정의당 대표 노태우 -

> 6·10 국민 대회를 계기로 국민들의 민주화 요구가 더욱 확산되자 범국민적 저항에 직면한 전두환 정부는 마침내 대통령 직선제 개헌, 정치 활동 규제 철폐 등을 담은 시국 수습 방안을 발표하였다(6·29 민주화 선언). 이에 따라 현행 헌법인 대통령 임기 5년 단임, 대통령 직선제 선출, 헌법 재판소 설치 등을 담은 9차 개헌이 이루어졌다(1987).

9차 개헌(1987. 10. 29.)   p.388

제67조 ① 대통령은 국민의 보통, 평등, 직접, 비밀선거에 의하여 선출한다.
제70조 대통령의 임기는 5년으로 하며, 중임할 수 없다.

5 민주화의 진전

3당 합당   p.389

민주 정의당과 통일 민주당, 그리고 신민주 공화당은 여야의 다른 위치에서 그동안 이 나라를 위해 나름대로 최선의 노력을 기울여 왔습니다. 그러나 오늘 우리의 현실은 보다 굳건한 정치 주도 세력과 국민적 역량의 결집을 요구하고 있습니다. 우리 사회 모든 민족, 민주 세력은 이제 뭉쳐야 합니다. …… 첫째, 민주 정의당과 통일 민주당, 그리고 신민주 공화당은 민주 발전과 국민 대화합 민족 통합이라는 시대적 과제 앞에 오로지 역사와 국민에 봉사한다는 일념으로 아무 조건 없이 정당법의 규정에 따라 새로운 정당으로 합당한다. …… 국민 여러분 우리 역사상 처음으로 이제 여야 정당이 합당하여 새로운 국민 정당이 탄생됩니다. 우리 정치사에 새로운 기원이 열리는 것입니다. 새 국민 정당의 출범은 정치의 안정 정치의 선진화를 이룩하여 위대한 역사를 창조하는 새로운 출발이 될 것입니다.

- 3당 합당 공동 발표문(1990) -

역사 바로 세우기

최근 국민의 사랑과 존경을 받아야 할 전직 대통령 두 분이 구속되는 헌정 사상 처음 있는 일이 벌어졌습니다. 검찰 조사 과정에서 나타난 엄청난 탈법과 비리의 실상은 우리 모두에게 분노와 허탈감을 안겨 주고 있습니다. …… 전직 대통령을 구속하고 재판하는 일은 국가적으로 불행하고 부끄러운 일입니다. 그러나 이러한 과정을 거치지 않으면 우리 역사는 바로 설 수 없습니다. …… '역사 바로 세우기'는 잘못된 과거를 바로 잡아 미래를 바로 세우려는 노력입니다. 그것은 바로 '나라 바로 세우기'인 것입니다. 이는 제가 대통령에 취임한 이래 일관되게 추진해 온 일입니다. 우리가 광복 50주년을 맞아 일제 잔재인 옛 조선 총독부 건물을 철거하기 시작한 것도 역사를 바로 잡아 민족정기를 확립하기 위한 것입니다. …… 저는 '역사 바로 세우기'는 바로 '제2 건국'이라는 믿음으로 국민과 더불어 이 시대적 과업을 완수하고자 합니다. 바로 이것은 국민의 명예 혁명이기도 합니다.

- 역사 바로 세우기와 삶의 질 개선(1996) -

지방 자치제 실시

- 지방 선거의 핵심은 주민들의 이해와 생활의 질을 좌우하는 현안들을 가장 가까운 거리에서 다루게 될 대역을 뽑는 과정이다. …… 34년이나 기다려 비로소 본격적인 지방자치 실현을 위한 통합 선거를 치르게 된 부끄러움은 숨길 수 없다. …… 지각해 버린 풀뿌리 민주주의를 뒤늦게나마 반석 위에 올려놓아야 한다는 자각은 6·27을 고비로 더욱 명료하게 다져져야 할 것이다.

- 광역 및 기초 단체장과 의원을 함께 뽑는 이번 선거를 계기로, 우리나라는 전면적인 지방 자치를 실시하게 됩니다. …… 지방 자치는 지역 주민이 주체가 되어 삶의 질을 향상시키고 지역 발전을 이룩하는 '주민 자치'입니다. 지방 자치는 주민 개개인의 건설적 에너지가 지역 발전으로 수렴되고, 나아가서 국가 발전으로 이어지게 하는 데 참뜻이 있습니다.

- 김영삼 대통령 특별 담화문(1995) -

대한민국 헌법 제8장 지방 자치

제117조
1. 지방 자치 단체는 주민의 복리에 관한 사무를 처리하고 재산을 관리하며, 법령의 범위 안에서 자치에 관한 규정을 제정할 수 있다.
2. 지방 자치 단체의 종류는 법률로 정한다.

제118조
1. 지방 자치 단체에 의회를 둔다.
2. 지방 의회의 조직·권한·의원 선거와 지방 자치 단체의 장의 선임 방법, 기타 지방 자치 단체의 조직과 운영에 관한 사항은 법률로 정한다.

국민 기초 생활 보장법(1999)

제1조 [목적] 이 법은 생활이 어려운 자에게 필요한 급여를 행하여 이들의 최저 생활을 보장하고 자활을 조성하는 것을 목적으로 한다.
제3조 [급여의 기본 원칙] ① 이 법에 의한 급여는 수급자가 자신의 생활 유지·향상을 위하여 그 소득·재산·근로 능력 등을 활용하여 최대한 노력하는 것을 전제로 이를 보충·발전시키는 것을 기본 원칙으로 한다.

박근혜 대통령 탄핵 헌법 재판소 결정문

피청구인은 공익 실현 의무(헌법 제7조 제1항 등)를 위반하였으며, 기업의 자유와 재산권(헌법 제15조, 제23조 등)을 침해하였고, 비밀 엄수 의무(국가 공무원법 제60조)를 위배하였다. …… 피청구인의 헌법과 법률 위배 행위는 국민의 신임을 배반한 행위로서 헌법 수호의 관점에서 용납될 수 없는 중대한 법 위배 행위라고 보아야 한다. 피청구인을 대통령직에서 파면한다.

세계도 인정한 한국의 '촛불 혁명'

• 한국인은 저항 운동이 어떤 것인지 온 세상에 보여 주었다. …… 한국인은 많은 대중이 참가하는 시위가 강력하고 평화적이며 심지어 정중하지만 여전히 효과적일 수 있음을 보여 주었다.
- 미국 『워싱턴 포스트』, 2016. 12. 8. -

• 대규모 집회의 분위기가 전반적으로 축제 같았고, 시민들은 대통령이 즉각 퇴진하고 검찰 수사를 받을 것을 촉구하였다.
- 프랑스 AFP 통신, 2016. 12. 11. -

CHAPTER 03 남북 관계의 진전

1 북한의 정치와 경제

조선 민주주의 인민 공화국 헌법(1948)   p.392

제1조 우리나라는 조선 민주주의 인민 공화국이다.
제2조 주권은 인민이 최고 주권 기관인 최고 인민 회의와 지방 주권 기관인 인민 위원회를 근거로 하여 행사한다.
제103조 조선 민주주의 인민 공화국의 수부(首府)는 서울시이다.

사회주의 헌법(1972. 12. 27.)   p.392

제5조 조선 민주주의 인민 공화국은 …… 전국적 범위에서 외세를 물리치고 민주주의적 기초 위에서 조국을 평화적으로 통일하며 완전한 민족적 독립을 달성하기 위하여 투쟁한다.
제89조 조선 민주주의 인민 공화국 주석은 국가의 수반이며 조선 민주주의 인민 공화국 국가 주권을 대표한다.

김일성 헌법(1998)   p.393

- 구 헌법상 국가의 수반이며 국가 주권을 대표하는 국가 주석은 김일성으로 하고 본문 조항에서는 주석직을 폐지하였다.
- 당·정을 포괄하는 명목상 국가 주권의 최고 지도 기관이었던 중앙 인민 위원회도 폐지하였다.
- 군사 최고 기관인 국방위원회에 국방위원장이 실질적인 국가 지도자의 역할을 수행하도록 함으로써 김정일의 권력 기반을 강화하였다.

1960년대 중반의 북한 경제   p.393

1,100만 명이 거주하는 도시가 넓은 강 양쪽에 펼쳐져 있다. 넓은 가로수 길에는 5층 건물들이 있으며, 공공건물, 운동장, 극장과 함께 초호화 호텔도 하나 있다. 빈민이 없는 도시. …… 노동자와 종업원들을 위한 완벽한 사회 보장 시스템도 있다. 빈곤이 없는 국가다.
- 조앤 로빈슨, 『한국의 기적』(1965) -

합영법(1994. 1. 20. 개정)   p.394

제1조 조선 민주주의 인민 공화국 합영법은 우리나라와 세계 여러 나라들 사이의 경제 기술 협력과 교류를 확대 발전시키는 데 이바지한다.
제2조 우리나라의 기관, 기업소, 단체는 다른 나라의 법인 또는 개인과 공화국 영역 안에 합영 기업을 창설하고 운영할 수 있다.
제5조 합영 기업은 당사자들이 출자한 재산에 대한 소유권을 가지며 독자적으로 경영 활동을 한다.
제7조 공화국 영역 밖에 거주하고 있는 조선 동포들과 하는 합영 기업, 일정한 지역에 창설된 합영 기업에 대하여 세금의 감면, 유리한 토지 이용 조건의 제공 같은 우대를 한다.

자유경제 무역 지대법(1993. 1. 31.)   p.394

제1장 자유 경제 무역 지대법의 기본
 제1조 조선 민주주의 인민 공화국 자유 경제 무역 지대법은 자유 경제 무역 지대를 창설하고 효과적으로 관리 운영하며 대외 경제 협력과 교류를 확대 발전시키는 데 이바지한다.
 제2조 자유 경제 무역 지대는 특혜적인 무역 및 중계 수송과 수출, 가공, 금융, 봉사 지역으로 선포한 조선 민주주의 인민 공화국의 주권이 행사된다. 이 지대에서는 국가가 특별히 세운 제도와 질서에 따라 경제무역 활동이 진행된다.
 제4조 국가는 투자가가 자유 경제 무역 지대에 투자한 자본과 얻은 소득, 그에게 부여된 권리를 법적으로 보장한다.
 제7조 공화국 영역 밖에서 거주하고 있는 조선 동포들도 이 법에 따라 자유 경제 무역 지대 안에서 경제 무역 활동을 할 수 있다.

7·1 경제 관리 개선 조치(2002)의 주요 내용   p.394

- 일부 지역에서 협동 농장 토지를 개인에게 할당·경작하도록 하는 개인 영농제 시범 실시
- 협동 농장 수확량의 70~80%를 국가에 납부하던 것을 50~60% 정도로 축소
- 물가 인상: 쌀은 기존 kg당 10~20전에 배급하던 것을 40~50원에 판매, 주택 임대료는 월세
- 임금 인상: 동일한 비율로 이루어지는 것이 아니라 직종에 따라 15~20배까지 차등 인상
- 공장·기업소의 자율성 및 인센티브 확대: 공장·기업소가 거둔 수입을 종업원에게 나누어 주거나, 해당 공장 혹은 기업소가 경영 개선을 위해 자체적으로 사용할 수 있도록 허용

2 냉전과 남북 대화의 시작

조봉암의 평화 통일론 - 1950년대   p.394

우리는 오직 피 흘리지 않는 통일을 원한다. 조국의 평화적 통일을 파괴한 책임은 6·25를 범한 북한 공산당에 있다. 그들의 반성과 책임 규명은 평화 통일의 선행 조건이 아닐 수 없다. 오늘날 남한의 소위 무력 통일론도 이미 불가능하고 불필요한 것이다. 평화적 통일에의 길은 오직 하나 남북한에서 평화 통일을 저해하고 있는 요소를 견제하고 민주주의적 진보 세력이 주도권을 장악하는 것뿐이다. 우리는 조국의 평화적 통일 방안이 결코 대한민국을 부인하거나 말살하는 데 있지 아니하고 도리어 그것을 육성하고 혁신하고 진실로 민주화하는 데 있음을 확신한다. 그렇기 때문에 우리는 우리 자신의 대한민국의 정치 권력을 획득해야 하며 그런 연후에 국제 정세의 진운에 발맞추어 제 우방과 긴밀히 협조하여 UN을 통한 민주적이고 평화적인 조국 통일의 구체적 방안을 책정하려는 것이다. 민주주의 승리에 의한 조국의 평화적 통일, 이것만이 우리의 유일한 길이다.

제26주년 광복절 경축사   p.395

국민 여러분! 나는 오늘 다시 이 자리를 빌어 북괴에 대해 지금이라도 늦지 않았으니 우리의 평화 통일 제의를 하루 속히 수락하고, 무력과 폭력을 포기할 것을 거듭 촉구하면서 평화 통일만이 우리가 추구하는 통일의 길임을 다시 한 번 천명하는 바입니다. …… 특히 이번에 우리 대한 적십자사가 제의한 인도적 남북 회담은 1천만 흩어진 가족을 위해서 뿐만 아니라, 5천만 동포들의 오랜 갈증을 풀어 주는 복음의 제의로서 나는 이를 여러분과 함께 환영하며 그 성공을 빌어 마지않습니다.

7·4 남북 공동 성명(1972) p.395

첫째, 통일은 외세에 의존하거나 외세의 간섭을 받음이 없이 자주적으로 해결하여야 한다.
둘째, 통일은 서로 상대방을 반대하는 무력 행사에 의거하지 않고 평화적 방법으로 실현해야 한다.
셋째, 사상과 이념, 제도의 차이를 초월하여 우선 하나의 민족으로서 민족적 대단결을 도모하여야 한다.

7·4 남북 공동 성명의 결과 p.395

7·4 남북 공동 성명의 발표를 계기로 호칭 문제에 있어 서울, 평양 등 지역적 명칭과 남북이란 용어 및 북한이란 용어 등이 쓰이고 있다. 중앙 정보부장은 7·4 남북 공동 성명의 배경을 설명하면서 세 차례에 걸쳐 북한이란 용어를 공식으로 사용했다. 이는 현재까지 '북괴'로 통용되던 과거의 예와는 상당한 변모를 가져온 것이다.

6·23 선언 - 평화 통일 외교 정책에 관한 특별 성명(1973) p.395

5. 국제 연합의 다수 회원국의 뜻이라면 통일에 장애가 되지 않는다는 전제 하에 우리는 북한과 함께 국제 연합에 가입하는 것을 반대하지 않는다. 우리는 국제 연합 가입 전이라도 대한민국 대표가 참석하는 국제 연합 총회에서의 '한국 문제'토의에 북한 측이 같이 초청되는 것을 반대하지 않는다.
6. 대한민국은 호혜 평등의 원칙 하에 모든 국가에게 문호를 개방할 것이며, 우리와 이념과 체제를 달리하는 국가들도 우리에게 문호를 개방할 것을 촉구한다.

③ 남북 대화의 진전과 통일 논의

민족 화합 민주 통일 방안(1982) p.395

통일 조국의 정치 이념과 국호·대내외 정책의 기본 방향·정부 형태와 국회 구성을 위한 총선거의 방법과 시기 및 절차 등은 민족통일 협의회의가 구성되어 쌍방이 통일 헌법을 기초하는 과정에서 토의 후 합의할 문제들입니다. 우리가 구상하는 통일 헌법 초안은 민족통일 협의회의에서 제시될 것입니다. 북한 측이 진정 조국의 자주적 평화 통일을 바란다면 그들도 우리와 마찬가지로 민족통일 협의회의에서 그들이 구상하는 통일 헌법 초안을 정정당당하게 내어놓고 우리 측의 초안과 비교·검토하는 가운데 하나의 단일안을 만드는 절차에 동의하여야 할 것입니다.

7·7 특별 선언(북방 선언) p.396

1. 정치인, 경제인, 언론인, 종교인, 문화·예술인, 체육인, 학자 및 학생 등 남북 동포 간의 상호 교류를 적극 추진하며, 해외 동포들이 자유로이 남북을 왕래하도록 문호를 개방한다.
5. 남북 간의 소모적인 경쟁, 대결 외교를 종결하고 북한이 국제 사회에 발전적 기여를 할 수 있도록 협력하며, 또한 남북 대표가 국제무대에서 자유롭게 만나 민족의 공동 이익을 위하여 서로 협력할 것을 희망한다.
6. 한반도의 평화를 정착시킬 여건을 조성하기 위하여 북한이 미국·일본 등 우리 우방과의 관계를 개선하는 데 협조할 용의가 있으며, 또한 우리는 소련·중국을 비롯한 사회주의 국가들과의 관계 개선을 추구한다.

남북 사이의 화해와 불가침 및 교류 협력에 관한 합의서(남북 기본 합의서, 1991)

남과 북은 분단된 조국의 평화적 통일을 염원하는 온 겨레의 뜻에 따라 7·4 남북 공동 성명에서 천명된 조국 통일 3대 원칙을 재확인하고, 정치·군사적 대결 상태를 해소하여 민족적 화해를 이룩하고, 무력에 의한 침략과 충돌을 막고 긴장 완화와 평화를 보장하며, 다각적인 교류·협력을 실현하여 민족 공동의 이익과 번영을 도모하며, 쌍방 사이의 관계가 나라와 나라 사이의 관계가 아닌 통일을 지향하는 과정에서 잠정적으로 형성되는 특수 관계라는 것을 인정하고, 평화 통일을 성취하기 위한 공동의 노력을 경주할 것을 다짐하면서, 다음과 같이 합의하였다.

제1장 남북 화해
제1조 남과 북은 서로 상대방의 체제를 인정하고 존중한다.
제2조 남과 북은 상대방의 내부 문제에 간섭하지 않는다.
제3조 남과 북은 상대방에 대한 비방, 중상을 하지 않는다.
제4조 남과 북은 상대방을 파괴, 전복시키려는 일체 행위를 하지 않는다.

제2장 남북 불가침
제9조 남과 북은 상대방에 대하여 무력을 사용하지 않으며 상대방을 무력으로 침략하지 아니한다.
제10조 남과 북은 의견 대립과 분쟁 문제들을 대화와 협상을 통하여 평화적으로 해결한다.
제12조 남과 북은 이 합의서 발표 후 3개월 안에 남북 공동 군사 위원회를 설치 운영한다.

제3장 남북 교류 협력
제15조 남과 북은 민족 경제의 통일적이며 균형적인 발전과 민족 전체의 복리 향상을 도모하기 위하여 자원의 공동 개발, 민족 내부의 교류로서의 물자 교류, 합작 투자 등 경제 교류 협력을 실시한다.
제16조 남과 북은 흩어진 과학, 기술, 교육, 문화, 예술, 보건, 체육, 환경과 신문, 라디오, 텔레비전 및 출판물을 비롯한 출판 보도 등 여러 분야에서 교류와 협력을 실시한다.
제18조 남과 북은 흩어진 가족과 친지의 자유로운 서신 거래와 왕래, 상봉 및 방문을 실시하고 자유 의사에 의한 재결합을 실현하며, 기타 인도적으로 해결할 문제에 대한 대책을 강구한다.

한반도 비핵화 선언(1991)

1. 남과 북은 핵무기의 시험·제조·생산·접수·보유·저장·배비·사용을 하지 아니한다.
2. 남과 북은 핵에너지를 오직 평화적 목적에만 이용한다.
3. 남과 북은 핵 재처리 시설과 우라늄 농축 시설을 보유하지 아니한다.
4. 남과 북은 한반도의 비핵화를 검증하기 위하여 상대측이 선정하고 쌍방이 합의하는 대상들에 대하여 남북 핵 통제 공동위원회가 규정하는 절차와 방법으로 사찰을 실시한다.
5. 남과 북은 이 공동선언의 이행을 위하여 공동선언이 발효된 후 1개월 안에 남북 핵 통제 공동위원회를 구성, 운영한다.
6. 이 공동선언은 남과 북이 각기 발효에 필요한 절차를 거쳐 그 문본을 교환한 날부터 효력이 발생한다.

한민족 공동체 건설을 위한 3단계 통일 방안 제시(1994. 8. 15.)   p.396

정부는 이미 하나의 민족 공동체 건설을 위해 '화해·협력 단계', '남북 연합 단계'를 거쳐서, '1민족 1국가의 통일 국가를 완성'하는 3단계 통일 방안을 제시한 바 있습니다. 우선 남과 북은 적대와 대립의 남북 관계를 화해와 협력의 관계로 바꾸어 나가야 합니다. 예멘이 정치적 통일을 이루고도 내전을 치를 수밖에 없었던 것은 화해와 협력의 과정을 거치지 않고, 성급하게 외형만의 통일을 이루었기 때문입니다. 남과 북은 화해와 협력을 바탕으로 공존·공영하면서, 평화를 정착시키는 남북 연합 단계로 나아가야 합니다. 남북 연합 단계에서는 남과 북이 경제·사회 공동체를 형성, 발전시킴으로써 정치적 통합을 위한 여건을 성숙시켜 나가야 합니다. 정부의 '한민족 공동체 건설을 위한 3단계 통일 방안'은 통일의 중간 과정을 거쳐 궁극적으로는 1민족 1국가로 통일을 완성해 나가는 것입니다.

2. 통일 국가의 수립 절차는 남북 대화의 추진으로 신뢰 회복을 기해 나가는 가운데 남북 정상회담을 통해 민족 공동체 헌장을 채택한다.
3. 남북의 공존공영과 민족 사회의 동질화, 민족 공동생활권의 형성 등을 추구하는 과도적 통일체제인 남북 연합을 건설한다.
4. 통일 헌법이 정하는 바에 따라서 총선거를 실시하여 통일 국회와 통일정부를 구성함으로써 완전한 통일 국가인 통일 민주공화국을 수립하는 것이다.
5. 남북 연합 단계에서는 민족 공동체 헌장에서 합의하는 데 따라 남북 정상 회의·각료 회의·평의회·공동 사무처 등을 두기로 규정한다.

6·15 남북 공동 선언(2000)   p.397

1. 남과 북은 나라의 통일 문제를 그 주인인 우리 민족끼리 서로 힘을 합쳐 자주적으로 해결해 나가기로 하였다.
2. 남과 북은 나라의 통일을 위한 남측의 연합제 안과 북측의 낮은 단계의 연방제 안이 서로 공통성이 있다고 인정하고, 앞으로 이 방향에서 통일을 지향시켜 나가기로 하였다.
3. 남과 북은 올해 8·15에 즈음하여 흩어진 가족·친척 방문단을 교환하며, 비전향 장기수 문제를 해결하는 등 인도적 문제를 조속히 풀어나가기로 하였다.
4. 남과 북은 경제 협력을 통해 민족 경제를 균형적으로 발전시키고, 사회·문화·체육·보건·환경 등 제반 분야의 협력과 교류를 활성화하여 서로의 신뢰를 다져 나가기로 하였다.
5. 남과 북은 이상과 같은 합의 사항을 조속히 실천에 옮기기 위하여 빠른 시일 안에 당국 사이의 대화를 개최하기로 하였다.

6·10 국민 대회를 계기로 국민들의 민주화 요구가 더욱 확산되자 범국민적 저항에 직면한 전두환 정부는 마침내 대통령 직선제 개헌, 정치 활동 규제 철폐 등을 담은 시국 수습 방안을 발표하였데(6·29 민주화 선언). 이에 따라 현행 헌법인 대통령 임기 5년 단임, 대통령 직선제 선출, 헌법 재판소 설치 등을 담은 9차 개헌이 이루어졌다(1987).

남북 관계 발전과 평화 번영을 위한 선언, 10·4 남북 정상 선언(2007. 10. 4.)   p.397

1. 남과 북은 6·15 공동선언을 고수하고 적극 구현해 나간다.
2. 남과 북은 사상과 제도의 차이를 초월하여 남북 관계를 상호 존중과 신뢰 관계로 확고히 전환시켜 나가기로 하였다.
4. 현 정전 체제를 종식시키고 항구적인 평화 체제를 구축해 나가야 한다는 데 인식을 같이 하고 …… 종전을 선언하는 문제를 추진하기 위해 협력해 나가기로 하였다.
5. 남과 북은 민족 경제의 균형적 발전과 공동의 번영을 위해 경제 협력사업을 공리공영과 유무상통의 원칙에서 적극 활성화하고 지속적으로 확대 발전시켜 나가기로 하였다.
   • 서해 평화 협력 특별 지대를 설치하여 공동어로 구역과 평화 수역 설정, 민간 선박의 해주 직항로 통과, 한강 하구 공동 이용 등을 적극 추진해 나가기로 하였다.

- 개성-신의주 철도와 개성-평양 고속도로를 공동으로 이용하기 위해 개보수 문제를 협의·추진하기로 하였다.
6. 남과 북은 민족의 유구한 역사와 우수한 문화를 빛내기 위해 역사·언어·교육·과학 기술·문화 예술·체육 등 사회문화 분야의 교류와 협력을 발전시켜 나가기로 하였다.
  - 백두산 관광을 실시하며 이를 위해 백두산-서울 직항로를 개설하기로 하였다.
  - 2008년 북경 올림픽에 남북 응원단이 경의선 열차를 이용하여 참가하기로 하였다.
7. 역사, 언어, 교육, 과학 기술, 문화 예술, 체육 등 사회 문화 분야의 교류와 협력을 발전시켜 나가기로 하였다.

— 국가 기록원, 대통령 기록관 누리집 —

5·24 조치(요약, 2010)   p.397

첫째, 북한 선박의 우리 해역 운항을 전면 불허한다.
둘째, 남북 교역을 중단한다.
셋째, 우리 국민의 방북을 불허한다.
넷째, 북한에 대한 신규 투자를 불허한다. …… 현재 진행 중인 사업의 투자 확대도 금지한다.
다섯째, 대북 지원 사업은 원칙적으로 보류한다.

— 『한겨레』, 2010. 5. 24. —

한반도의 평화와 번영, 통일을 위한 판문점 선언(요약, 2018. 4. 27.)   p.397

1. 공동 번영과 자주 통일의 미래를 앞당겨 나갈 것이다.
  - 우리 민족의 미래는 우리 스스로 결정한다는 민족 자주의 원칙을 확인하였다.
  - 10·4 선언에서 합의한 사업들을 적극 추진해 나가며 1차적으로 동해선 및 경의선 철도와 도로들을 연결하고 활용하기 위한 대책들을 취해 나가기로 하였다.
3. 한반도의 항구적인 평화 체제 구축을 위해 협력할 것이다.
  - 불가침 합의를 재확인하고 엄격히 준수하기로 하였다.
  - 올해 종전을 선언하고, 평화 체제 구축을 위한 남·북·미 또는 남·북·미·중 회담을 적극 추진하기로 하였다.
  - 완전한 비핵화를 통해 핵 없는 한반도를 실현한다는 공동의 목표를 재확인하였다.

CHAPTER 04 현대의 경제·사회·문화

1 정부 수립 전후의 경제 상황

미곡 수집령
p.398

제1조 목적
광범한 기아, 영양불량, 질병, 민심 불안을 제거하기 위하여 조선군정청은 북위 38도 이남의 조선에 있는 미곡을 수집하되, 적당한 가격을 지불함. 단 매 호(戶)에서는 1석(石)의 100분의 45(67.5킬로그램)를 상주 하는 가족 인원수로 곱한 수량의 백미 혹 현미를 가지고 있을 수 있음. 백미 혹 현미에 대신하여 벼[正租]로 전부 혹은 일부의 대등량을 소지할 수 있음

대충자금 사용
p.398

재무부 장관에 정식 취임한 나는 미국의 원조 물자 및 잉여 농산물의 판매 대전(代錢)으로 조성된 대충자금의 사용 방안에 관해 미국 측과의 이견 조정에 직면하게 되었다. …… 원조 물자나 잉여 농산물의 판매 대전 중 우리나라가 사용할 수 있는 돈은 반드시 국방비에만 사용할 수 있다는 주장을 내세웠고, 또 우리나라는 이를 미국 측 주장대로 감수하여 온 처지에 있었다.

- 재계회고 -

> 대충자금이란 미국의 대외 원조 물자를 한국 정부가 국내에서 팔아 얻은 대금을 적립한 것이다.

광복 직후의 경제
p.398

길가에 방공호가 하나 남아 있었다.
집 없는 사람들이 그 속에서 거적을 쓰고 살고 있었다.
그 속에서 아이 하나가 제비 새끼처럼 내다보며 지나가는 사람에게 물었다.
"독립은 언제 되나요?"

- 윤석중, '독립'(1946. 8.) -

한·미 원조 협정(1948. 12.)
p.398

대한민국 정부는 대한민국의 경제적 위기를 방지하며 국력 부흥을 촉진하고 국내 안정을 확보하기 위하여 미합중국 정부에 재정적, 물질적, 기술적 원조를 요청하였으며, 미합중국 의회는 …… 대한민국 국민에게 원조를 제공할 권한을 미합중국 대통령에게 부여하였고, 대한민국 정부 및 미합중국 정부는 대한민국 정부의 독립과 안전 보장에 합치되는 조건에 의한 그 원조의 제공이 …… 한국 국민과 미국 국민 간의 우호적 연대를 일층 강화할 것을 확신하므로 …… 아래와 같이 협정하였다.
1조 미합중국 정부는 1948년 6월 28일에 통과된 법률 및 해당 법률의 개정 또는 보충에 따라서 미합중국 대통령이 허용할 범위 내의 원조를 대한민국 정부에 제공하기로 한다.
2조 대한민국 정부는 이용할 수 있는 모든 한국의 자원을 가장 유효한 방법으로 이용할 뿐 아니라 미합중국 정부가 대한민국 정부에 제공하는 원조도 같은 유효한 방법으로 이용하기로 한다. 또한 한국 경제를 급격히 속히 강화하며 안정시키기 위하여 대한민국 정부는 아래의 조치를 유효 적절하게 취할 것을 이에 약속한다.

마이어 협정(1952)의 내용
p.399

1. 양측 대표 각 1인으로 구성되는 합동 경제 위원회(Combined Economic Board)를 설치한다.
2. 통합사령부는 제공된 자료의 범위 내에서 식량·의류·주택 등 생활 필수 재화를 공여하고, 전염병·질병 및 불안 방지 조치를 강구하며, 생활 필수 재화의 생산 사업을 지원한다.
3. 한국 정부는 통화팽창 및 투기 행위를 억제하고 건전하며 종합적인 재정·금융 정책을 실시한다. 또한, 임금·물가의 안정, 외환 재원의 유효한 사용, 수출품 생산의 증대를 위해 노력한다.

한·미 잉여농산물 협정(1955)
p.399

1. 미국 정부는 자국 잉여 농산물을 한국 정부가 승인한 구입자에게 한국 통화(환화)로 매도하는 데 필요한 재화를 조달하고, 협정된 금액에 따라 각 품목에 대한 구입승인서를 발행한다. 이때 한국 측의 도입 품목과 그 물량은 미국의 재고량에 따라 결정되고 세계시장 가격으로 구매되도록 한다.
2. 미국 정부가 지불하는 잉여 농산물의 달러 대금과 해상운임 및 조작비의 달러 대금은 한국 통화로 환산해 한국은행에 미국 정부 계정으로 예치한다. 이때 환율은 미군 달러 공매환율의 가중 평균치를 적용한다.
3. 잉여 농산물의 판매로 미국 측이 얻은 한국 통화는 각 년도 협정에 따라 일부를 잉여 농산물의 시장 개척비, 주한 미국 기관의 비용 등에 사용하고, 나머지 금액은 공동방위를 위해 한국군이 사용해야 할 장비·물자·시설의 비용에 충당한다. 이때 한국 정부가 사용하는 판매 대전과 관련해 그 사용 방법과 우선 순위는 미국 정부가 결정한다.

2 경제 개발 5개년 계획과 이후의 경제 변동

저임금 저곡가의 폐해
p.400

지금 농촌은 돈에 화신이 들린 것 같다. 열 대여섯 살 고사리 손들이 돈을 벌겠다고 도시로, 도시로 나간다. 식모살이로 공장으로 말이다. 그런데 여기서 또 어처구니없는 일이 발생한다. 제 자식놈들 값싼 노임 받으라고 제 아비는 농사지어 값싸게 내다 판다. 값싼 농산물로 값싼 노임 뒷받침하면 그렇잖아도 돈이 많은 기업가만 돈을 벌게 되지 않겠는가? 어린 자식은 돈 벌겠다고 도시로 나갔으니 일손은 모자랄 것이고 제 아비 값싼 곡가에 자식놈 값싼 노임이니 죽어라 벌어본 들 가난할 수밖에. 이래도 농민은 게을러서 못 사는 것일까? 곡가는 다른 물가에 영향이 크니 인상할 수 없고 농촌에서 사용하는 생활필수품은 날만 새면 올라가니 또 한 번 가난해질 수밖에 없지 않겠는가?

- 이태호, 『불꽃이여 이 어둠을 밝혀라』 -

제1차 경제 개발 5개년 계획
p.400

계획 기간 중 경제의 체제는 되도록 민간인의 자유와 창의를 존중하는 자유 기업의 원칙을 토대로 하되 기간산업 부문과 그 밖의 중요 산업 부문에 대해서는 정부가 직접적으로 관여하거나 또는 간접적으로 유도정책을 쓰는 '지도받는 자본주의 체제'로 한다.

박정희 정부는 조국 근대화 실현을 국정의 주요 목표로 삼고 제1차 경제 개발 5개년 계획(1962)을 추진하였다.

통화개혁의 실시 p.400

종전의 통화를 10분의 1로 환가하여 원 단위로 변경하는 법적 절차가 취해졌다. 비밀리에 개회된 최고 회의는 …… 재정위원의 제안 설명을 들은 후 심의하여 이 법을 통과시켰다. 전 국민은 새로 공포되는 법에 따라 한국은행에서 발행하는 1원권, 5원권, 10원권, 50원권, 100원권, 500원권을 사용하게 되었다. 액면 50환 이하의 구화폐는 잠시 병용되지만 그 밖의 구화폐는 무효가 된다. 구화폐는 금융 기관에 예입 신고해야 하며, 규정에 따라 10대 1의 비율로 새로운 '원' 표시 화폐로 교환된다.

서독에 파견된 간호사와 광부 p.400

- "30대 중반에 남편을 여의고 3년째 혼자 남매를 키우던 어려운 상황에서 선택한 독일행이었습니다. 한국에 두고 온 아이들을 생각하면서 악착같이 벌었지요. 돈 드는 바깥출입은 일절 하지 않았습니다." 월급 800마르크(당시 우리 돈으로 5만 4천 원) 가운데 600마르크를 꼬박꼬박 한국의 친정어머니에게 송금하였다. 쌀 한 가마니에 3천 원, 초급 공무원 월급이 3천 3백 원 하던 때였다.
  - 『문화일보』(2005) -

- 1969년부터 3년간 뒤스부르크 시립 병원 간호조무사로 일하였던 윤모 씨는 "그땐 정말 수도 없이 야근을 했다."라고 말하였다. 윤 씨는 오후 8시부터 다음날 오전 6시까지 신생아 병동에서 아기 기저귀를 갈고 우유를 먹이고 목욕을 시켰다. 남들이 한 달 700마르크 벌 때 윤 씨는 병원 두 곳에서 야간 근무를 하며 1,200마르크를 벌었다.
  - 『조선일보』, 2013. 1. 4. -

- 지하에 처음 들어간 날, 막장의 높이가 1m나 될까. 몸을 눕히거나 아예 기지 않고는 전진할 수 없었다. 점심시간이 되자 모두 석탄가루를 뒤집어쓴 채 준비해 온 빵과 사과를 꺼냈다. 나도 무의식중에 사과를 깨물었다. 한 입 베어 낸 언저리에 석탄가루가 새까맣게 앉았다. 순간 참았던 눈물이 왈칵 쏟아졌다.
  - 『뉴스플러스』(1997) -

삼분 폭리 사건 p.400

1963년 밀가루, 설탕, 시멘트 등의 가격이 폭등하였다. 밀가루와 설탕은 당시 국민들의 생활과 관련이 깊었고, 시멘트는 경제 개발로 인한 건설 경기로 인하여 꼭 필요한 것들이었다. 삼분은 소수의 기업이 독과점하는 구조였다. 이들은 가격 상승으로 폭리를 취하였고, 박정희 정부에 정치 자금을 제공하기도 하였다.

8·3 조치 p.401

모든 기업은 1972년 8월 2일 현재 보유하는 모든 사채를 정부에 신고해야 한다.
모든 사채는 1972년 8월 3일 자로 월 1.35%, 3년 거치 5년 분할 상환으로 조정한다.

8·3 조치의 피해 p.401

조광 와이샤쓰 배달원 윤 모 씨는 은행 적금으로 받은 돈을 포함해서 1백만 원을 사채로 돌려 생활비와 곗돈으로 납입해 왔는데 앞으로 생활비는커녕 곗돈 납입조차 못하게 되어 오히려 빚만 지게 될 것이라고 걱정했다.
- 『동아일보』, 1972. 8. 4. -

[사료의 정석] 史師 사료한국사

김지하의 시 '오적' 중 일부   p.401
첫째 도둑 나온다 재벌이란 놈 나온다 … / 재벌 놈 재조 봐라 / 장관은 노랗게 굽고 차관은 벌겋게 삶아 … / 세금 받은 은행 돈, 외국서 빚낸 돈 / 온갖 특혜 좋은 이권은 모조리 꿀꺽 … / 귀띔에 정보 얻고 수의 계약 낙찰시켜 헐값에 땅 샀다가 길 뚫리면 한 몫 잡고 …

박정희 대통령 연두 기자 회견(1973. 1. 12.)   p.401
우리나라 공업은 이제 바야흐로 중화학 공업 시대로 들어갔습니다. 따라서 정부는 이제부터 중화학 공업 육성의 시책에 중점을 두는 중화학 공업정책을 선언하는 바입니다. …… 1980년대 초에 우리가 100억 달러의 수출 목표를 달성하려면, 전체 수출 상품 중에서 중화학 제품이 50%를 훨씬 더 넘게 차지해야 하는 것입니다. 그러기 위해서 정부는 지금부터 철강·조선·기계·석유 화학 등 중화학 공업 육성에 박차를 가해서 이 분야의 제품 수출을 강화하려고 추진하고 있습니다.

> 수출 100억 달러는 1977년에 달성되었으나 그 과정에서 많은 사회 경제적 문제가 야기되었다.

한강의 기적   p.401
한국인들은 서독이 제2차 세계 대전 후 '라인 강의 기적'을 이룩한 것과 같이, 서울을 관통하여 흐르는 '한강의 기적'과 같은 빛나는 공업 발전을 이룩한 데 대해 자부심을 가지고 있다.
— '근면한 나라, 한국', 『경향신문』, 1975. 8. 29. —

수출 100억 달러   p.401
'100억 달러 수출'이 달성되면, 우리나라의 국력은 북한을 완전히 압도하게 되고, 국민의 생활이 북한 주민보다 월등히 윤택해진다. 또한, 방위 산업을 비롯한 모든 중화학 공업이 북한을 능가해서, 감히 6·25 전쟁과 같은 도발은 못 하게 된다. 결과적으로 남의 자유 경제 체제가 북의 사회주의 체제보다 우월하다는 것이 입증되어, 남북한 간의 '체제의 경쟁'에서 완승하게 된다. 결국 '100억 달러 수출 과업'은 국가 원수의 동지 이념에 관계되는 사항이다. …… 우리나라가 중화학 공업을 건설한다는 것은 '남북 간의 경제전'에 돌입한다는 뜻이다. 이 전쟁에 패하면 패한 쪽의 체제는 무너지게 될 것이다.
— 오원철, 『박정희는 어떻게 경제 강국 만들었나』 —

> 수출 100억 달러를 달성하기 위해 기업 중심의 선성장 후분배 정책으로 인해 많은 농민과 노동자들이 희생되었으며, 정경유착과 과잉 투자, 중복 투자 등으로 대기업의 특혜와 이로 인한 횡포가 만연했다.

국민 생활의 안정을 위한 대통령 긴급조치(긴급조치 3호, 1974. 1. 14.)   p.401
제1조 (목적) 이 긴급 조치는 …… 격동하는 세계 경제의 충격에 따른 국민 경제의 위기를 국민의 총화적 참여에 의하여 극복함을 목적으로 한다.
제4조 (석유류세 세율의 특례) 휘발유에 대하여는 석유류세법에 의한 석유류세의 세율을 100분의 300으로 한다.
제11조 (취득세 세율의 특례) ① 고급 주택, 별장, 골프장, 고급승용차, 비업무용 고급 선박 또는 고급 오락장을 취득하거나 법인이 비업무용 토지를 취득하는 경우에는 지방세법에 의한 취득세의 세율을 취득가액 또는 연부금액의 100분의 15로 한다.

> 1973년 10월에 시작된 석유파동으로 박정희 정부가 발한 대통령 긴급조치이다. 이 조치에는 근로조건의 개선, 물가 안정을 위한 부당이득세 신설, 그리고 정부 예산 조정 등에 관한 내용이 규정되어 있다.

석유 파동
p.401

박△△ 씨 등 주부 100여 명은 서울 도봉구 미아동의 ○○주유소로 석유통 2~3개씩을 들고 몰려와 "석유를 달라."라고 호소했다. 박 씨 등은 "석유를 사기 위해 집에서 2km나 떨어진 이곳에 왔는데 며칠째 석유를 한 방울도 못 사고 그냥 돌아갔다."라며 불만을 털어놓았다. ○○주유소 옆에서 낚시점을 경영하고 있었던 이□□ 씨도 "바로 옆집에 살면서도 연 3일째 석유를 못 사고 있다."라고 말했다.

- 『경향신문』, 1979. 7. 4. -

박정희 정부의 성장 중심 정책에 대한 긍정 평가
p.401

박정희 전 대통령이 추진한 경제 개발 정책을 높이 평가하는 외국 학자들의 주장에 따르면 …… 경제가 일정 수준에 올라 중산층이 두터워져야 민주주의가 발전할 수 있다는 것이다. 그런 점에서 자유를 부득이 유보하고 경제 발전을 우선시한 박 전 대통령의 생각은 옳았다는 것이다.

- 『주간조선』, 1999. 11. 4. -

박정희 정부의 성장 중심 정책에 대한 부정 평가
p.401

경제 개발이라는 미명 아래 가혹한 인권 탄압과 고문, 유신 독재로 국민에게 말로 표현할 수 없는 고통을 안겨 준, 우리 역사에서 가장 긴 18년간의 독재 정권이었다. …… 또 부익부 빈익빈, 정경 유착의 왜곡된 경제 구조와 오늘의 경제 위기도 박정희 정권의 잘못된 경제 정책에 기인한 바 크다.

- 김영삼 대통령(1999. 5. 17.) -

OECD 가입
p.402

세계 10위권의 우리 경제는 이제 새로운 궤도 위로 올라섰습니다. 선진국 경제 협의체인 경제 협력 개발 기구(OECD) 가입도 눈앞에 두고 있습니다. 우리의 경제 협력 개발 기구 가입은 그동안 일관되게 추진해 온 세계화 정책의 당연한 결실입니다. 이는 또한 한국이 21세기 신국제 질서 창조에 적극적으로 참여하는 것을 의미합니다. …….

- 김영삼 대통령, '제15대 국회 개원식 연설'(1996. 7. 8.) -

외환 위기
p.402

1달러=1,719원, 나흘 새 500원 폭등! 주가는 22포인트 급락! 환율이 연 4일째 상승 제한폭까지 치솟으면서 외환 시장 개장 3분만에 거래가 중단되고, 외국인 주식 투자 한도 확대 조치에도 불구하고 주가는 20포인트 이상 폭락하는 등 금융 시장의 혼란 상태가 지속되고 있다. 특히 환율은 최근 나흘 동안 무려 500원 가까이 폭등하면서 지난해 말(844원 20전)에 비해 2배 이상 뛰어 각 기업과 가계에 큰 충격을 던지고 있다. 11일 외환 시장에서 미 달러화에 대한 원화 환율은 시장이 열리자마자 3분 만에 상승 제한선인 1,719원 80전까지 단숨에 뛰어올랐다.

- 『경향신문』, 1997. 12. 12. -

IMF 대기성 차관 협약을 위한 양해 각서안
p.402

· IMF로부터 적절한 규모의 자금 지원
· 부실 금융 기관 구조 조정 및 인수, 합병 제도 마련

- 외국 금융 기관의 국내 자회사 설립 허용
- 외국인 주식 취득을 종목당 50%까지 확대
- 노동 시장의 유연성을 높임.

- 국가 기록원 -

국제 통화 기금 지원 요청 발표문(1997)   p.402

최근 한국 경제는 대기업 연쇄 부도에 따른 대외 신인도 하락으로 국제 금융 시장에서 단기 자금 만기 연장의 어려움 등 외화 차입의 곤란으로 일시적인 유동성 부족 사태에 직면하게 되었습니다. …… 정부는 금융 시장의 안정이 확고히 정착되게 하기 위해 …… 국제 통화 기금(IMF) 자금 지원을 요청하기로 하였습니다.

외환 위기 당시 사회 모습   p.402

- 경제난에 가정불화도 늘어난다

사회 복지 법인 '생명의 전화'에 따르면 국제 통화 기금(IMF)의 구제 금융 이후 경제 문제와 관련한 가정불화를 호소하는 상담 건수가 60% 이상 증가하였다고 한다. 상담 내용은 '고생을 무릅쓰고 근검절약하면서 금융 기관에 저축하였지만 돈을 못 찾게 되었다.', '실직 후 재취업을 시도하였지만 모두 거절당해 희망이 없다.' 등이 대부분이다.

- 『한국일보』, 1997. 12. 14. -

- 취업·학비난에 "차라리 군에 가자" IMF 휴학 사태

국제 통화 기금(IMF)의 여파로 시민들의 생활고가 가중되면서 학비 부담을 이기지 못해 학업을 중단하는 대학 1, 2년생들이 속출하고 있다. 졸업을 앞둔 3, 4학년 학생 중에는 휴학 중인 경우가 많아 내년도 대학가에 공동화 현상마저 우려되고 있다.

- 『경향신문』, 1997. 12. 16. -

- '고환율 → 고금리 → 주가 하락 악순환' 우려

무디스사가 한국에 대한 신용도를 추가 하락시키자 곧바로 달러화 대비 원화 환율이 2,000원을 넘어섰다. 전문가들은 '환율 2,000원 진입'을 금융 시스템 붕괴, 외환 위기, 기업 부도 도미노, 경기 침체 등 총체적인 한국 경제의 현 상황을 악화시키는 요인으로 보고 있다.

- 『매일경제』, 1997. 12. 23. -

- 등산 출근 현상

IMF 외환 위기에 따라 대기업에서 구조 조정이라는 명목하에 직원들을 대량 해고하는 사태가 벌어졌다. 실직자들은 자신이 실직당하였다는 것을 가족과 주변에 알리고 싶지 않아서 아침에 양복(출근복) 차림으로 집을 나선 후 산에서 지내다가 퇴근 시간 무렵에 귀가하는 '등산 출근' 현상이 나타났다.

- 한국인들의 '열정'과 '절박함'

1997년 외환 위기를 극복하고자 세계은행과 국제 통화 기금 전문가들이 협의할 때 한국인들에게는 무엇인가를 이루고자 하는 열정과 절박함이 있었다. 그들이 하나를 요구하면 그 이상까지도 제시하면서 그들이 생각하는 것 이상의 성과를 보이려 하였고, 또 그들이 알려 준 것을 완전히 소화하려고 노력하였다.

외환 위기에 대한 국가의 대응
p.402

시련은 이제 시작 단계에 불과하다. 대형 금융 기관과 대기업의 연쇄 부도가 일어나는 이 시기에 본격적으로 대량 실업이 발생할 것이라는 예측이 제기되고 있다. 이 위기를 넘긴다고 해도 한국 경제가 성장력과 고용 흡수력을 회복한다고 장담하기 어렵다. 고용의 안정성도 중요하지만, 실업의 충격을 완화하는 쪽으로 복지 정책의 역점을 옮길 시기가 되었다. 정부가 노사정 합의에 따라 고용 안정 기금을 늘리고 실업 급여의 대상과 기간을 늘린 것은 긍정적이다. 복지 정책 차원에서 고용 보험 제도도 확충되어야 한다. 불황일수록 재정 투자를 확대해 수요를 창출해야 한다. ······.
- 『동아일보』, 1998. 2. 26. -

국제 통화 기금의 구제 금융 졸업을 알리는 뉴스
p.402

돌 반지, 결혼반지가 장롱에서 나왔고 달러 모으기도 호응을 얻었습니다. 그러나 '국가 부도 위기'라는 거대한 파도에 휩쓸려 구조 조정이 시작되면서 실직자, 노숙자가 쏟아져 나왔습니다. 국제 통화 기금 빚을 모두 갚은 오늘, 터널을 빠져나왔지만, 최근의 경기 침체는 국제 통화 기금의 구제 금융 졸업의 축배를 선뜻 들지 못하게 하고 있습니다.
- 『문화 방송』, 2001. 8. 23. -

한미 자유 무역 협정을 둘러싼 논쟁
p.402

• 세계 최대 시장을 안정적으로 확보함으로써 관세 등 거래 비용이 줄어들고 통상마찰이 완화되는 효과를 누린다.
- FTA 국내 대책 본부 -

• '자유 무역 협정은 우리 경제적 생존과 직결'
우리나라는 명실상부한 통상 국가로서 지속적인 경제 발전을 위해서는 교역의 확대가 필수적입니다. 요컨대 열린 세계 시장이 우리의 경제적 생존과 직결되는 것입니다. 최근의 세계 통상 환경을 보면, 자유 무역 협정을 중심으로 지역주의가 가속화하는 상황입니다.
- 산업 통상 자원부 -

• 헤비급과 플라이급 선수를 체급 구별도 없이 싸우게 하는 것과 같아서 우리 경제는 자칫 초토화 위험에 직면한다.
- 한미 FTA 저지 범국민 운동 본부 -

• '자유 무역 협정은 1%만을 위한 협정'
한미 자유 무역 협정은 약값과 의료비를 폭등시키고 건강 보험 제도를 위태롭게 만듭니다. ······ 또 공기업 민영화로 전기·수도·가스 요금을 폭등시키는 협정입니다. 영세 상인을 보호하는 제도는 한미 자유 무역 협정 위반이 되며, 한국의 농업은 도탄에 빠지게 됩니다. ······.
- 한미 자유 무역 협정 저지 범국민 운동 본부 -

3 현대의 사회·문화

6·25 전쟁 중의 교육
p.403

어떤 초등학교는 교외 어떤 산 위에서, 그전 일본 신사에서, 개천 자리에서, 그리고 한 남자 중학교는 산 밑 골짜기에서 각기 수업을 받고 있다. 남한은 어디를 가든지, 정거장에서, 약탈당한 건물

안에서, 천막 속에서, 그리고 묘지에서도 수업을 하고 있다. 교과서 있는 학생은 교과서를 가지고, 책 없는 학생은 책 없는 대로, 지리, 수학, 영어, 미술 그리고 공민 교실로 몰려들고 있다. 여학생들은 닭을 치고 계란을 팔아서 학교를 돕는다. 안동에서는 학생들이 흙벽돌로 교사 세 채를 이미 건축하였다.

- 『뉴욕타임스』, 1951. 4. 23. -

국민교육 헌장(1968)   p.403

우리는 민족중흥의 역사적 사명을 띠고 이 땅에 태어났다. 조상의 빛난 얼을 오늘에 되살려, 안으로 자주 독립의 자세를 확립하고, 밖으로 인류 공영에 이바지할 때다. 이에 우리의 나아갈 바를 밝혀 교육의 지표로 삼는다. …… 반공 민주 정신에 투철한 애국 애족이 우리의 삶의 길이며, 자유 세계의 이상을 실현하는 기반이다. 길이 후손에 물려 줄 영광된 통일 조국의 앞날을 내다보며, 신념과 긍지를 지닌 근면한 국민으로서, 민족의 슬기를 모아 줄기찬 노력으로 새 역사를 창조하자.

안재홍의 신민족주의와 신민주주의   p.404

고대 이래의 조국 고유 민족 자발의 민족주의가 있다. …… 동일예속과 동일해방에서, 모든 진보적이요, 반항 제국주의적인 지주와 자본가와 농민과 노동자가, 한꺼번에 만민공생의 신발족(新發足)을 함을 요청하는 역사적 명제 하에 있으므로 …… 그것을 현대적 의의에 발전시키어 만들어진 것이다.

손진태의 『조선민족사개론』   p.404

진정한 민족주의는 민족 전체의 균등한 행복을 위하는 것이 아니면 안 될 것이다. 민족 전체가 정치적으로 경제적으로 사회적으로 문화적으로 균등한 의무와 권리와 지위와 생활의 행복을 가질 수 있을 때에 비로 소 완전한 민족 국가의 이상이 실현될 것이요, 민족의 친화와 단결이 비로소 완성될 것이다. 가장적(假裝的)인 민족주의 하에서 민족의 친화 단결이 불가능한 것은 과거의 역사 및 금일의 현실이 명백하게 이것을 증명하고 있다. 민족의 단결이 없이 완전한 자주 독립은 있을 수 없고, 따라서 민족 문화의 세계적 발전 기여도 있을 수 없는 일이다. 그리고 민족의 단합은 오직 진정한 신민족주의에서만 얻을 수 있을 것이다.

> 광복 이후 손진태는 역사학이 나아갈 방향으로 신민족주의를 통한 민족 단결과 평등·친화·자주 독립을 제창하였다.

자유 언론 실천 선언   p.405

우리는 오늘날 우리 사회가 처한 미증유의 난국을 극복할 수 있는 길이 언론의 자유로운 활동에 있음을 선언한다. …… 따라서 우리는 자유 언론에 역행하는 어떠한 압력에도 굴하지 않고 …… 다음과 같이 결의한다.
1. 신문, 방송, 잡지에 대한 어떠한 외부의 간섭도 우리의 일치된 단결로 강력히 배제한다.
2. 기관원의 출입을 엄격히 거부한다.
3. 언론인의 불법 연행을 거부한다. 불법 연행을 자행하는 경우 기자가 귀사할 때까지 퇴근하지 않는다.

1974년 10월 24일
- 동아일보사 기자 일동, '자유언론실천선언' -

정부의 압력으로 백지가 된 동아일보 광고면을 메운 글(1975. 1.) p.405

- 이겨라! 동아 - 청담동 복덕방 (14일)
- 동아일보 보는 재미로 세상 산다. - 서점 주인 (11일)
- 술 한잔 덜 먹고 여기에 내 마음 담는다. - 드라이브맨 안 (24일)
- 빛은 어두울수록 더욱 빛난다. - 동아일보를 아끼는 한 소녀 (13일)
- 동아! 너마저 무릎 꿇는다면 진짜로 이민 갈 거야. - 대학생 S (18일)
- 약혼했습니다. 우리 2세가 태어날 때 아들이면 '동아'로, 딸이면 '성아'(여성동아)로 이름을 짓기로 했습니다. - 이묵과 오희 (20일)

새마을 운동가 p.406

초가집도 없애고 마을길도 넓히고,
푸른 동산 만들어 알뜰살뜰 다듬세.
살기 좋은 내 마을 우리 힘으로 만드세.

> 새마을 운동은 근면·자조·협동을 내세운 지역 사회 개발 운동이다.

새마을 운동과 유신 p.406

새마을 운동은 한국적 민주주의 토착화를 위한 실천 도장이요. 참다운 애국심을 함양하기 위한 실천도장인 동시에, 10월 유신의 이념을 구현하기 위한 실천도 장이다.
- 박정희, 전국 새마을 지도자 대회 유시(1973. 11. 21.) -

근로기준법(1961년 12월 4일 일부 개정) p.406

제42조 (근로 시간) ① 근로 시간은 휴게 시간을 제하고 1일에 8시간 1주일에 48시간을 기준으로 한다. 단 당사자의 합의에 의하여 1주일에 60시간을 한도로 근로할 수 있다.
제45조 (휴일) ① 사용자는 근로자에 대하여 1주일에 평균 1회 이상의 유급 휴일을 주어야 한다.
제55조 (근로 시간) 13세 이상 16세 미만자의 근로 시간은 1일에 7시간 1주에 42시간을 초과하지 못한다. 단 사회부의 인가를 얻은 경우에는 1일에 2시간 이내의 한도로 연장할 수 있다.

여성 근로자들의 삶 p.406

우리 가족은 1965년 겨울 어느 날 서울로 이사하였다. 내 나이 열두 살이었다. …… 병마에 고생하시는 아버지와 어머니를 위해 한 푼이라도 돈을 벌어야 했다. …… 나는 고향 언니와 함께 중랑교 뚝방 무허가 판자촌 집을 나섰다. …… 중랑교에서 서대문 가는 버스를 타고 동대문에서 내려 지하도를 건너 평화 시장으로 따라 들어갔다. …… 그곳은 아동복 블라우스를 만드는 공장이었다. …… 평화 시장 공장 점심시간은 오후 1시부터 2시까지였다. 하지만 보조들은 점심 먹을 시간이 없었다. 오전에 밀린 일을 남아서 처리해야 했기 때문이다.
- 신순애, 「열세 살, 여공의 삶」 -

한 청년 노동자가 대통령에게 보내는 편지(1969) p.406

대통령 각하. 저는 서울특별시 성북구 쌍문동 208번지 2통 5반에 거주하는 22살의 청년입니다. 직업은 의류 계통의 재단사로서 5년의 경력을 가지고 있습니다. 저의 직장은 시내 동대문구 평화 시장으로서 종업원은 3만여 명이 됩니다. …… 그러나 저희들은 근로 기준법의 혜택을 조금도 못

받으며 더구나 3만여 명을 넘는 종업원의 90% 이상이 평균 18세의 여성입니다. …… 인간으로서 어떻게 여자에게 하루 15시간의 작업을 강요합니까? …… 40%를 차지하는 시다공들은 평균 연령 15세의 어린이들로서 …… 하루에 70원 내지 100원의 급료를 받으며 1일 15시간의 작업을 합니다. …… 저희들의 요구는 1일 15시간의 작업 시간을 1일 10시간~12시간으로 단축해 주십시오. 1개월 휴일 2일을 늘여서 일요일마다 휴일로 쉬기를 원합니다. 건강 진단을 정확하게 하여 주십시오. 시다공의 수당을 50% 인상하십시오. 절대로 무리한 요구가 아님을 맹세합니다. 인간으로서 최소한의 요구입니다.

동일방직 노동자들의 노동 운동 탄압에 대한 호소 p.406

지난 21일 새벽 출근하는 저희들은 희망과 기대를 갖고 선거장으로 갔는데 몇몇 술 먹은 회사 측 남자들이 몽둥이로 노동조합 사무실의 기물을 무자비하게 파괴하고 투표함을 모두 때려 부쉈고 …… 치안 유지를 위해 동원된 정복 경찰들은 도와달라고 외치는 저희들에게 욕설만 퍼붓고 구경만 하는 것이었습니다.

- 김삼웅 편, 『민족·민주·민중 선언』(1984) -

함평 고구마 사건 p.406

'농협은 왜 우리를 기만하는가?', '썩은 고구마를 보상하라!', '내 고구마를 사 주시오.' 농협의 창구에서 타들어 가는 입술을 깨물며 보상을 요구하였던 농민들의 목마른 외침은 두 돌을 몇 달 남겨두지 않은 지금까지 계속되고 있다. 그동안 함평 고구마 사건으로 피해를 입은 농민들은 끓어오르는 울분을 억누르면서 농협의 정당한 보상을 꾸준히 요구해 왔지만 농협은 더욱 기승을 더해 농민을 무시하고 무성의한 답변으로 일관해 왔다.

- 가톨릭 농민회, '썩은 고구마를 보상하라' -

1987년 노동자 대투쟁 p.407

1987년 7, 8월의 노동자 대투쟁은 울산에서 시작됐다. 삽시간에 태화강 둔치에 5만여 명의 노동자가 모이면서, 며칠 뒤 공설 운동장에 10만여 명의 노동자가 모이면서, 파출소와 동사무소의 기능이 정지되면서 그것이 삽시간에 전국으로 퍼져나갔다. 허겁지겁 울산으로 내려간 나에게 한 노동자가 꼬깃꼬깃 접힌 유인물 한 장을 주머니에서 꺼내 보여주었다. 구겨진 종이장에 적혀 있던 구호들이 20년이 지난 지금까지도 눈앞에 선명하다. "머리를 기를 수 있게 해달라!", "출퇴근 시 사복 착용하게 해달라!", "안전화 신고 조인트 까지 마라!" 상상이나 할 수 있는가. 수만 명의 노동자가 모여서 외쳤던 중요한 요구 사항들이 그런 것들이었다니……

- 하종강, 『쓰린 가슴으로 떠올린 노동자 대투쟁』 -

경제 정의 실천 시민 연합(1989) p.407

우리는 모든 계층의 국민의 선한 의지와 힘을 모으고 조직화하여 경제 정의를 실천하기 위한 비폭력적이며 평화적인 시민운동을 힘차게 전개할 것이다.
모든 국민은 빈곤에서 탈피하여 인간다운 삶을 영위할 권리가 있다.
경제적 기회 균등이 모든 국민에게 제공되어야 한다.
민주주의를 왜곡시키는 금권 정치와 정경 유착은 철저히 척결되어야 한다.

- 경제 정의 실천 시민 연합 발기 선언 -

참여 연대 창립 선언문(1994)　　　　　　　　　　　　　　　　　p.407

지금 우리는 시급히 해결해야 할 수많은 사회 문제, 인권 문제를 안고 있습니다. 소외된 자, 억압받는 자에 대한 무관심은 동료 시민으로서의 신성한 의무를 방기하는 태도입니다. 우리는 기필코 신체적, 정신적, 사회적으로 어려움에 처한 이웃들이 보다 인간답게 살 수 있는 여건을 함께 만들어 가야 하겠습니다. …… 오랜 산고 끝에 우리는 새로운 사회의 지향점을 '참여'와 '인권'을 두 개의 축으로 하는 희망의 공동체 건설로 설정하였습니다. 우리는 '참여 민주 사회와 인권을 위한 시민 연대(약칭 참여 연대)'가 여러 시민이 함께 모여, 다 같이 만들어 가는 공동체의 조그마한 밑거름이 되기를 바라마지 않습니다. 모두가 힘을 합쳐 새로운 시대, 참여와 인권의 시대를 만들어 갑시다.

시민 없는 시민 단체　　　　　　　　　　　　　　　　　　　　p.407

'시민 없는 시민운동'이라는 말이 유행하였다. 이 말은 전문가나 활동가가 시민 단체를 운영하고 시민 참여가 부족하다는 시민운동의 자기 반성 과정에서 처음 사용되었다. 그러다가 시민운동을 비난하려는 사람들이 이 말을 가져다 쓰기 시작하면서 유행어가 되었고 상당히 강력한 비판의 언어가 되었다.

- 더 플랜 B(시민·공익 활동 인터넷 미디어) -

소설 『자유부인』을 둘러싼 논쟁　　　　　　　　　　　　　　　p.407

참다 못하여 붓을 들어 일면식도 없는 귀하에게 몇 마디를 올리겠습니다. …… 지금 문제가 되어 있는 귀하의 작품 『자유부인』까지도 저는 아직 읽어본 적이 없습니다. 그처럼 저는 귀하를 인간적으로나 또는 작품을 통하여서나 전혀 아는 바가 없는 것입니다. …… 저도 그 욕설을 방청하는 동안에 자연히 귀하가 쓰신 작품의 스토오리까지 알게 되었습니다. …… 대학교수를 양공주(洋公主) 앞에 굴복시키고 대학교수 부인을 대학생의 희생물로 삼으려고 하고 있습니다.

- 『대학신문』, 1954. 3. 1. -

남녀 평등 - 1990년 개정된 가족법의 주된 내용　　　　　　　　p.407

- 8촌 이내의 혈족은 친족이 된다. 4촌 이내의 인척은 모두 친족이다. 부부 중 한 쪽이 사망한 경우에 아내뿐만 아니라, 남편도 재혼을 하게 되면 종전 처가 쪽과의 인척 관계가 없어진다.
- 부부의 동거 장소는 부부가 협의하여 결정한다. 다만 서로 협의가 되지 않을 경우에는 가정 법원의 결정에 따른다. 친권은 부모가 똑같이 행사하여, 생모도 이혼모도 친권자가 될 수 있다.
- 호주는 신분상의 지위이므로 상속이 아닌 호주 승계하는 것으로 한다. 장남도 호주 승계를 포기할 수 있으며, 여성 호주의 지위를 보장한다. 호주의 가족에 대한 입적 동의권·분가 강제권·거소지 지정권·각종 청구권·부양 의무 등 권리 의무를 삭제하고, 특히 호주가 되면 당연히 상속받던 분묘에 속한 임야, 농지, 족보, 제구 등도 실제로 제사를 지내는 사람에게 상속된다.
- 호주의 승계 여부와 결혼 여부에 관계없이 자녀들의 상속분은 균등하게 한다.

21세기 남녀평등 헌장(2001)　　　　　　　　　　　　　　　　p.407

1. 남녀는 가정 안에서 역할과 책임을 공유한다. 특히 자녀 양육은 남녀 모두의 권리이자 의무이다.
2. 임신과 출산은 여성의 사회적인 기여로 인정되고, 마땅히 보호받는다. 임신과 출산으로 인하여 어떠한 차별이나 불이익을 받아서는 안 된다.

3. 남녀는 능력에 따라 동등하게 경제 활동에 참여하고 이에 걸맞은 대우를 받는다. 여성 고용과 임금에서 남성과 동등한 권리와 기회를 공유한다. 장애인을 포함한 소외 여성에 대해서는 별도의 적극적인 지원이 이루어져야 한다.
4. 남녀는 시민적·정치적 권리를 동등하게 행사한다.
5. 남녀는 동등하게 교육받을 기회를 갖는다.
6. 남녀는 평등하고 민주적인 문화를 가꾸어 나간다. 여성을 향한 모든 형태의 폭력을 없애기 위하여 적극적인 연대를 강화한다.
7. 남녀는 환경 보존과 한반도의 항구적인 평화 체제 정착을 위하여 함께 노력한다. 남녀평등 사회 실현을 앞당기기 위하여 국제적인 연대를 강화한다.

호주제 폐지

이번 법안의 국회 통과로 가부장적 가(家)의 개념과 호주제가 전면 폐지됨에 따라 헌법 이념에 충실하고 현실의 가족생활에 부합하는 새로운 가족 제도를 만들 수 있는 계기가 마련되었다. 법안의 주요 내용으로 호주 관련 조항이 없어지고 개인이 각각의 신분 등록부를 가지게 됨과 동시에 자녀의 성 또한 부부의 협의에 의해 어머니 성을 따를 수 있게 되는 등의 내용이 마련되었다.

- 한국 여성 민우회(2005. 3.) -

간소복의 착용

표준 간소복이란 의미는 국가에서 일률적으로 지정하였다는 의미에서 표준이고, 종전의 펄렁펄렁한 한복 대신 활동하기에 편리한 간편복이란 의미에서 간소복이다. …… 1961년 6월 25일, 재건 운동 서울시 지부가 여성 신생활 복장을 시민에게 공개하였다. 10여 명의 유명 배우들이 간소복을 입고 모델로 나섰다.

- 국가기록원, 『기록으로 보는 생활사』 -

만원버스

2배도 좋고 3배도 좋고 타는 데까지 쓸어 넣는다. 신경질적인 안내양에게는 눈치까지 봐가며 비위를 맞춰 줘야 하는 것이 승객들의 처지다. 운전사는 정류장에서 갑자기 출발하면서 핸들을 꺾는다. 승객들을 차 안쪽으로 밀어 넣기 위해 개발한 운전법이다. 이른바 '조리질 운전'이다. 이렇게 쏠리고 밀린 끝에 내리면 단추가 한두 개씩 떨어지기 일쑤다.

- 『서울신문』, 1974. 12. 5. -

사료의 정석
史師 사료한국사

내용문의

동영상 강의	www.ssamplus.com
스누팀 카페	http://cafe.daum.net/historyedusnu
편저자	김정현
발행일	2024년 01월 17일
발행처	에이치북스
도서문의	서울시 동작구 노량진동 58-39 2층 TEL. 010-8220-1310
ISBN	979-11-92659-50-3 13910
정가	35,000원

본 교재의 독창적인 내용에 대한 일체의 무단 전재, 모방은 법률로 금지되어 있습니다.
파본은 교환해 드립니다.